Das Wesen von Seemacht

Potsdamer Schriften des Zentrums für Militärgeschichte und Sozialwissenschaften der Bundeswehr

Begründet vom
Militärgeschichtlichen Forschungsamt

Band 32

Torsten Albrecht, Carlo Masala
und Konstantinos Tsetsos

Das Wesen von Seemacht

Die internationalen Beziehungen im maritimen Umfeld des 20. und 21. Jahrhunderts

ZMSBw • Potsdam 2021

Bibliografische Information der Deutschen Nationalbibliothek
Die Deutsche Nationalbibliothek verzeichnet diese Publikation in der Deutschen Nationalbibliografie; detaillierte bibliografische Daten sind im Internet über www.dnb.de abrufbar.

2., durchgesehene Auflage

Redaktion: ZMSBw, Fachbereich Publikationen (0889-02)
Projektkoordination: Esther Geiger
Lektorat: Marcel Kellner, Berlin
Korrektorat: Fachbereich Publikationen
Satz: Martina Reuter
Karten und Grafiken: Bernd Nogli

Umschlagabbildung:
© Bundeswehr/Marine Nationale
Counter Daesh II, Fregatte Augsburg F213 (mit FAA Cassard, FASM Jean de Vienne, FDA Chevalier Paul, USS Ross und BCR Marne) im Kriegsschiff-Verband um den französischen Flugzeugträger »Charles de Gaulle« im Mittelmeer am 22. Oktober 2016.

ISBN 978-3-941571-43-3

Inhaltsverzeichnis

	Geleitwort	11
	Vorwort	13
1.	**Einleitung**	**15**
1.1.	Forschungsstand und Problematik	15
1.2.	Motivation für die Bearbeitung des Themas	24
1.3.	Methodik	38
1.4.	Inhalt der Abhandlung	41
2.	**Seemacht aus Sicht der Politischen Theorie**	**45**
2.1.	Realismus	46
2.2.	Neorealismus	48
2.3.	Politische Raumtheorie	53
2.4.	Seemacht als Mittel zur Gewährleistung von Macht und Gegenmacht	61
3.	**Das maritime Umfeld und seine Veränderungen unter sicherheitspolitischen Aspekten**	**65**
3.1.	Die Änderungen in den Umweltparametern	66
3.1.1.	Temperatur und Spurengase	68
3.1.2.	Meeresspiegel, Niederschlag, Arktische Meereisbedeckung	69
3.1.3.	Projektion der Umweltparameter	70
3.2.	Auswirkungen auf die Seeverkehrswirtschaft und Energie	72
3.3.	Sicherheitspolitik	74
3.3.1.	Umwelt	74
3.3.2.	Migration und Lebensraum	79
3.3.3.	Energie als strategisches Gut	81
3.3.4.	Maritime Technologien	81
3.3.4.1.	Aktueller Stand und Trends im maritimen Sektor	82
3.3.4.2.	Navigation	83
3.3.4.3.	Schiffbau und Plattformen	85
3.3.4.4.	Aktueller Stand und Trends in der Wehrtechnik	87
3.3.4.5.	Ausgewählte Rüstungspotenziale	89
3.3.4.5.1.	Volksrepublik China	90
3.3.4.5.2.	Indien und Pakistan	94

3.3.4.5.3. Russland 99
3.3.4.5.4. Zukunftsprojekte 102
3.3.4.5.5. Beispiele für die aktuelle Aufrüstung und Projektion von Seemacht in der Arktis 111
3.3.5. Maritime Beobachtung, Maritimes Lageverständnis und Lagebild 117
3.3.6. Heutige Seestreitkräfte und ihre Projektion 121
3.4. Synopse des Kapitels 127

4. Seestreitkräfte und Seemacht als Instrument der internationalen Politik 131
4.1. Seestreitkräfte als strategisches Instrument für die Erlangung von Seemacht 131
4.2. Die Bedingungen und Elemente von maritimer Macht und Seemacht 140
4.2.1. Maritime Macht 140
4.2.2. Seemacht und Seeherrschaft 143
4.3. Wirkungsmechanismen von Seemacht 147
4.3.1. Seestreitkräfte und Seemacht im Frieden 149
4.3.2. Seestreitkräfte und Seemacht in der Krise 150
4.3.3. Seestreitkräfte und Seemacht im Krieg 153
4.3.4. Die Rolle von Stützpunkten für Seestreitkräfte 157
4.3.5. Aufbau von Seestreitkräften 159
4.3.5.1. Flottenorganisation 159
4.3.5.2. Waffensysteme 161
4.3.5.3. Einbindung in Bündnisse 164
4.4. Synopse des Kapitels 166

5. Einflüsse des maritimen Umfeldes auf Seemacht 169
5.1. Geostrategie und maritime Wirtschaft 170
5.1.1. Umwelt und Klima 170
5.1.2. Ressourcen und Territorien 176
5.1.2.1. Bergbau, Energie und Fischereiwesen 176
5.1.2.2. Territorien 184
5.1.3. Seeverkehr 199
5.1.4. Migration und Lebensraum 211
5.1.4.1. Spannungsfeld und Seemacht 211
5.2. Maritime Sicherheit 218
5.2.1. Maritime Sicherheit und Politik 219
5.2.2. Maritime Regime 221
5.2.3. Maritime Beobachtung 223
5.3. Strategische Interessen 226
5.4. Konzeption von Seestreitkräften 229

5.5. Wehrtechnik ... 233
5.5.1. Konzeptionelle Ableitung von Fähigkeiten für Seestreitkräfte ... 233
5.5.2. Technologische Ableitungen von Fähigkeiten für Seestreitkräfte ... 238
5.5.3. Technologie und Einsatzverfahren ... 241
5.6. Synopse des Kapitels ... 245

6. Die Rolle und das Wirken von Seestreitkräften bis zum Ende des 20. Jahrhunderts ... 251
6.1. Die Bedeutung von Seestreitkräften aus militärpolitischer Sicht vor 1990 ... 251
6.2. Das Verständnis des Wirkens sowjetischer Seestreitkräfte ... 253
6.3. Das Verständnis von Seestreitkräften in der Warschauer Vertragsorganisation ... 257
6.4. Das Verständnis des Wirkens US-amerikanischer Seestreitkräfte ... 260
6.5. Das Verständnis von Seestreitkräften in der NATO ... 262
6.6. Synopse des Kapitels ... 266

7. Die Rolle und das Wirken von Seestreitkräften im 21. Jahrhundert ... 269
7.1. Das veränderte Verständnis von Seestreitkräften in der NATO ... 270
7.1.1. NATO Response Forces (NRF), Very High Readiness Joint Task Forces (VJTF) und Framework Nation Concept (FNC) ... 274
7.1.2. Die Ständigen Einsatzverbände der NATO ... 277
7.1.2.1. SNMG 1 ... 278
7.1.2.2. SNMG 2 ... 279
7.1.2.3. SNMCMG 1 ... 280
7.1.2.4. SNMCMG 2 ... 280
7.2. Die veränderten Einsatzformen von Seestreitkräften ... 281
7.2.1. Operationen der NATO ... 281
7.2.2. Operationen der EU ... 284
7.2.2.1. EUNAVFOR Operation Atalanta ... 284
7.2.2.2. EUNAVFOR MED Operation Sophia ... 287
7.2.2.3. Operation Counter Daesh ... 289
7.2.3. Operationen der UN ... 290
7.2.3.1. Operation United Nation Interim Forces in Lebanon Maritime Operation ... 290
7.3. Das Wirken von russischen Seestreitkräften ... 293
7.4. Das Wirken von US-amerikanischen Seestreitkräften ... 295
7.5. Synopse des Kapitels ... 296

8. Regionale maritime Interessen und das regionale Streben nach Seemacht ... 299
8.1. Maritime Interessen und Strategien regionaler Mächte und ausgewählter Staaten ... 300
8.1.1. NATO und EU ... 300
8.1.1.1. NATO ... 300
8.1.1.2. EU ... 303
8.1.1.3. Kerngedanken der Maritimen Sicherheitsstrategie der EU ... 303
8.1.1.4. Implementierungsansätze ... 304
8.1.1.5. Politisches Dokument zur Arktispolitik der EU ... 305
8.1.1.6. Globale Strategie der EU für die Außen- und Sicherheitspolitik ... 307
8.1.2. USA ... 309
8.1.2.1. QDR 2014 ... 310
8.1.2.2. NSS 2018 ... 311
8.1.2.3. NPR 2018 ... 313
8.1.2.4. NMS 2015 ... 313
8.1.3. Russische Föderation ... 317
8.1.3.1. Strategie der nationalen Sicherheit bis 2020 ... 317
8.1.3.2. Militärdoktrin 2014 ... 318
8.1.3.3. Marinedoktrin 2020 ... 320
8.1.4. Volksrepublik China ... 321
8.1.4.1. Militärstrategie 2020+ ... 321
8.1.4.2. Maritime Strategie 2015 ... 323
8.1.5. Indien ... 325
8.1.6. Australien ... 328
8.1.7. Japan ... 330
8.1.8. Deutschland ... 333
8.2. Der seestrategische Charakter verschiedener Seegebiete für Seemacht ... 338
8.2.1. Arktischer Ozean und Europäisches Nordmeer ... 338
8.2.2. Nordatlantik ... 345
8.2.3. Ostsee und Nordsee ... 346
8.2.4. Golf von Guinea ... 350
8.2.5. Mittelmeer ... 353
8.2.6. Indisch-asiatischer und asiatisch-pazifischer Raum ... 354
8.3. Synopse des Kapitels ... 359

9. Strategische Handlungsfelder maritimer Sicherheitspolitik im 21. Jahrhundert ... 363
9.1. Strategische Handlungsfelder der NATO und EU ... 364
9.2. Strategische Handlungsfelder der USA ... 367
9.3. Strategische Handlungsfelder der Russischen Föderation ... 368
9.4. Strategische Handlungsfelder der Volksrepublik China ... 370

9.5. Strategische Handlungsfelder Deutschlands 371
9.6. Synopse des Kapitels 374

10. Sicherheitspolitische Handlungsoptionen im maritimen Raum 377
10.1. Handlungsoptionen für die NATO und EU 378
10.2. Handlungsoptionen für die Bundesrepublik Deutschland 380
10.3. Synopse des Kapitels 385

11. Schlussfolgerungen und Ausblick 387
11.1. Sicherheitspolitik 387
11.2. Maritime Fähigkeiten 391
11.3. Schlussbemerkungen 393

12. Zusammenfassung 397

13. Anhang
13.1. Abbildungsverzeichnis 405
13.2. Quellen und Literatur 407
13.3. Abkürzungen 427
13.4. Faktoren der Maritimen Sicherheit 435
13.5. Autoren 455

Geleitwort

Ein amerikanischer Wissenschaftler hat einmal erstaunt festgestellt, wie widersinnig und unangebracht es ist, unseren Planeten *Erde* zu nennen, wo er doch zum größten Teil aus *Wasser* besteht. In der Tat gilt unser Denken und Handeln vor allem dem Geschehen, den Ereignissen und den Vorgängen an Land. Das mag daran liegen, dass der Mensch zum Leben festen Boden unter den Füßen braucht. Wir sollten aber nicht übersehen, dass Fortschritt, Prosperität und Entwicklung der Menschheit immer die Erschließung, die Nutzbarmachung und den Ausgriff in den maritimen Raum voraussetzte. Allein schon der Blick in die Geschichte macht deutlich, dass sich Völker, die Handel und Seefahrt betrieben, schneller entwickelten und früher reiften, dass sich ihr wirtschaftliches Wachstum rascher vollzog, dass ihre Kulturen kräftiger blühten. Von den Küsten und über die Ozeane breitete sich Zivilisation aus. Seefahrt aber brachte eben nicht nur Kontakt, Kultur und Kaufmannschaft, sondern auch Konflikt und Konfrontation, nicht nur Handel, sondern auch Händel.

Die hohe See jedenfalls war und ist die Brücke zwischen Kontinenten und Völkern, sie ist das die Lebensräume der Menschen verbindende, aber auch trennende Element. Die See bietet einerseits Schutz, andererseits aber auch Möglichkeiten, eigene Interessen zu projizieren und Wirkung in entfernten Regionen zu entfalten. Noch sind die im maritimen Raum geltenden Rechtsregime weniger engmaschig als anderswo. Nicht von ungefähr spricht man von der Freiheit der Meere.

Heute ist es vor allem der weltumspannende Handel, der uns die Bedeutung des maritimen Raumes vor Augen führt: Es gibt kaum eine Ware oder ein Produkt, das produziert oder konsumiert wird, das nicht über die See den Weg zum Kunden findet. Übersehen wird, welcher Stellenwert dem maritimem Raum aber auch in anderer Hinsicht zukommt.

Das Meer ist das Regulativ unseres Wetters und Klimas, ist Quelle reicher Nahrungs- und Rohstoffvorkommen, ist Möglichkeit und Chance neuer Formen der Energiegewinnung, ist beliebter und hochfrequentierter Erholungs- und Erlebnisbereich, ist der Lebensraum, in dem sich Menschen und maritime Infrastruktur in besonderer Weise ballen, ist heute vielen Menschen Ausgangspunkt für den Aufbruch in eine neue Zukunft. Damit ist der maritime Raum heute wie ehedem prädestiniertes Handlungsfeld menschlicher Kommunikation und Interaktion, ist gleichermaßen Kontor der Kaufleute wie Arena von Krisen, Kriegen und Konflikten, ist vor allem aber auch Lebensader unserer export- und rohstoffabhängigen Gesellschaft.

Sprach man im Zusammenhang mit der »Vermessung der Welt« ehemals von der Terra incognita, so ist es heute an uns, diese noch immer in vielerlei Hinsicht unbekannte Welt, das Mare incognita, zu entdecken. Es kann nicht überraschen, dass Begehrlichkeiten, Ansprüche und Interessenkonflikte in Bezug auf den maritimen Raum zunehmen; die schleichende Durchdringung dieses Raumes können wir tagtäglich durch die sich verdichtende maritime Infrastruktur in Form von Windparks, Erdgasleitungen, Kommunikationstrassen, Gezeitenkraftwerken und offensiv reklamierten Gebietsansprüchen beobachten. Vor diesem Hintergrund ist es ein Gebot der Stunde, sich mit der Bedeutung und den Bedingungen dieses Raumes zu befassen. Eben diesem Zweck gilt das vorgelegte Buch. In einem umfassenden, interdisziplinären Ansatz, der historische, politische, wirtschaftliche, ozeanografische, technologische und militärische Aspekte integriert, werfen die Autoren einen Blick auf die maritime Domäne, stellen Entwicklungen dar, reflektieren Konfliktpotenziale und skizzieren Handlungslinien von Akteuren. Sie entwerfen eine Vorstellung vom Wesen der Seemacht und ihrer Rolle im 21. Jahrhundert. Ein Verständnis dafür braucht es mehr denn je, wenn wir es mit der Maxime ernst meinen, den Umgang mit den Meeren als gemeinsames Erbe, aber auch als gemeinsame Aufgabe der Menschheit zu verstehen und zu verorten.

Rainer Brinkmann
Vizeadmiral, Stellvertreter des Inspekteurs der Marine und
Befehlshaber der Flotte und Unterstützungskräfte

Vorwort

Völlig zu Recht hat der Befehlshaber der Flotte und Unterstützungskräfte, Vizeadmiral Brinkmann, in seinem Geleitwort darauf hingewiesen, dass es seltsam anmutet, von der Erdkugel zu sprechen, da sie zu fast drei Vierteln von Wasser oder Meeren bedeckt ist. Eigentlich müsste sie Wasser- oder Meereskugel heißen.

Viele, vor allem historische Disziplinen, haben das Meer neu entdeckt. Sozialhistoriker widmen sich im Sinne einer »Geschichte von unten« den Seeleuten, Piraten und Hafenarbeitern. Wissenschaftshistoriker wenden sich Fragen der Navigation und Vermessung der Welt zu. Technikhistoriker blicken auf Schiffsantriebe und Schiffsunfälle. Militärhistoriker beleuchten die Kriege zur See, während Wirtschaftshistoriker den Seehandel und die Bedeutung der Schifffahrt analysieren. Literaturwissenschaftler setzen sich mit der Rolle und Bedeutung der Meere in der Literatur auseinander. Umweltwissenschaftler stellen Fragen zu ökologischen Veränderungen und definieren so Herausforderungen für die Zukunft.

Ihnen allen ist gemeinsam, dass ihre Fragen und Forschungen in die jeweiligen Zeitläufte und regionalen Bedingungen eingebettet sind. Alles hängt irgendwie zusammen und dies wird bei der Betrachtung der Weltkarte besonders deutlich, da alle Meere ein einziges sind.

Die See hat das Verbindende, aber auch das Trennende. Sie kann durch Stürme zum Schreckensort werden oder bei Sonnenschein zum Erlebnis- und Freizeitort. Die See ist Lebensraum und Lebensspender gleichermaßen. Sie beeinflusst unser Wetter und reguliert das Klima. Die See ist aber auch Handelsraum und Machtsphäre. Mit der Seefahrt kam Handel und damit Reichtum, aber auch Elend und Leid, wie am Beispiel der Sklaverei deutlich wird.

Die Sicherheit der Seefahrts- und Handelswege war immer ein Bedürfnis von Mächten und Staaten. Nur reibungsloser Handel sicherte Wohlstand und Reichtum der Nationen. Umgekehrt galt aber auch: Wer die Meere beherrschte, beherrschte oft die Welt.

Beides zeigt sich heute täglich von neuem: Die langen Reihen von Tankern und Frachtschiffen, die die Kontinente miteinander verbinden, sind Quellen weltweiten Wohlstands, wenngleich nicht immer zu gleichen Bedingungen. Was aber wenn der freie Seehandel durch private oder militärische Gewalt behindert oder gar verhindert wird? Die Piraterie am Horn von Afrika oder die Übergriffe auf die Handelsschifffahrt in der Straße von Hormus haben der Welt vor nicht allzu langer Zeit die Folgen derartiger Übergriffe vor Augen geführt.

Alfred von Tirpitz, der »Vater« des deutschen Schlachtflottenbaus am Ende des 19. Jahrhunderts, beklagte nach dem verlorenen Ersten Weltkrieg in seinen »Erinnerungen«, die Deutschen hätten die See nicht verstanden. Ob das auch heute noch so ist, können die Leserinnen und Leser nach der Lektüre dieses Buchs selbst für sich beantworten.

Ich danke den Autoren für den gelungenen Band, der unsere Sicht auf die maritime Domäne bereichert. Dem Team des Fachbereichs Publikationen unter Leitung von Herrn Dr. Christian Adam danke ich für die professionelle Umsetzung des Bandes.

Ich wünsche dem vorliegenden Buch eine hohe Verbreitung.

Dr. Jörg Hillmann
Kapitän zur See und Kommandeur des
Zentrums für Militärgeschichte und Sozialwissenschaften der Bundeswehr

1. Einleitung

Die Debatte um maritime Entwicklungen und Perspektiven nimmt in der derzeitigen öffentlichen Wahrnehmung immer noch einen nachgeordneten und peripheren Stellenwert ein. Die zunehmende Befassung mit maritimen Themen, wie der Gewährleistung der Freiheit der Meere und des ungestörten Warentransports auf See, begünstigen zwar die Wahrnehmung, können sie jedoch noch nicht nachhaltig in eine verstärkte Debatte wenden. Das wurde bereits in den 1970er-Jahren festgestellt.[1] Seitdem hat sich an dem eher landseitigen Fokus der Sicherheitspolitik, insbesondere in Europa sowie in den Bündnissen wie der NATO und der EU, nichts grundlegend geändert. Darüber hinweg täuschen kann auch nicht das derzeitige verstärkte Engagement der Bündnisse im maritimen Umfeld. Dies impliziert, dass auch Themen wie die Entwicklung von Seestreitkräften und die damit verbundene maritime Macht und Seemacht in den Wirkungsmechanismen der internationalen Beziehungen kaum eine Rolle spielen. Wobei betont werden muss, dass im europäischen und deutschen Verständnis das Streben nach Seemacht nur schwach ausgeprägt ist und in der sicherheitspolitischen Praxis ebenfalls kaum Niederschlag findet.

1.1. Forschungsstand und Problematik

Der Sammelband von Mahncke und Schwarz beinhaltet die Ergebnisse einer Studie zum Thema »Seemacht und Außenpolitik« aus dem Jahre 1973/1974. Die zu maritimen Aspekten in jüngerer Zeit veröffentlichten Publikationen[2] betrachten lediglich einzelne Aspekte des maritimen Umfeldes, sodass das umfassende Werk von Mahncke und Schwarz bis heute als das deutsche Standardwerk zum Thema der Seemacht anzusehen ist. Angerissen wurde das Gesamtthema zusätzlich auf der 21. Historisch-Taktischen Tagung der Flotte »Der Einsatz von Seestreitkräften im Dienst der auswärtigen Politik« im Jahre 1981.[3] Anders verhält es sich im englischsprachigen Raum, wo maritime Fragestellungen traditionell einen höheren Stellenwert einnehmen. Hier zählen die Arbeiten von Till[4] und Bratton[5] zu den am meisten beachteten Werken zum Thema »Sea Power«.

Um sich der Seemacht und den Seestreitkräften zu nähern, muss den Fragen nachgegangen werden, wie sich das maritime Umfeld derzeit und zukünftig entwi-

---

1 Mahncke, Schwarz 1974.
2 Lippke 2009.
3 Deutsches Marine Institut 1983.
4 Till 2013.
5 Till, Bratton 2012.

ckelt, ob und inwieweit es auf das internationale System wirkt bzw. dieses verändert sowie wie das Wirken von Seestreitkräften eingeordnet wurde und wird. Hier gelten als unmittelbare Bezüge die Arbeiten von Mahan[6] und Kirchhoff[7], die bis heute, insbesondere zum Thema des Wesens von Seestreitkräften, weder an Relevanz noch an Aktualität verloren haben. Vor allem Mahan befasst sich mit der Seemacht, definiert diese über die nummerische Stärke von Seestreitkräften und stellt bereits den Zusammenhang zwischen dem Wirken von Seestreitkräften und der wirtschaftlichen und gesellschaftlichen Verfassung einer Nation her. Er beschreibt den bis heute gültigen Zusammenhang zwischen verschiedenen Faktoren des maritimen Umfeldes und den Fähigkeiten von Seestreitkräften als einen der wesentlichen für die Ausübung von Seemacht. Seemacht wird durch ihn somit bereits im 19. Jahrhundert als ein mehrdimensionaler Begriff und Zustand in den internationalen Beziehungen benannt und manifestiert. Kirchhoff bezieht sich in seinen beiden Bänden zur Seemacht im Ostseeraum auf die Mehrdimensionalität von Seemacht und belegt dies mit Konflikten und Kriegen im Ostseeraum, in denen vorwiegend Dänemark, Schweden und Russland die Stellung einer Seemacht innehatten. Mit Blick auf das 21. Jahrhundert unterstreichen Bruns[8] und Grove[9] die Ausführungen von Mahan.

Eng mit dem Thema »Seemacht« ist die Debatte um Räume verbunden. Räume sind in der Regel der wesentliche Faktor von Seemacht: Erstens ist das Interesse an Räumen und deren Einnahme der wichtigste Grund, Seemacht entfalten zu wollen bzw. diese zu entfalten – mit dem Ziel, diese Räume langfristig zu sichern oder anderen Seestreitkräften den Zugang zu diesen Räumen zu verwehren. Zweitens sind Räume das Umfeld, in dem Seemacht entfaltet und ausgeübt wird. Sie stellen somit die dreidimensionale Projektionsebene für Elemente von Seemacht dar. In ihnen werden politische und militärische Entscheidungen operationalisiert und politische, gesellschaftliche und militärische Auseinandersetzungen ausgetragen. Räume sind somit, nicht nur im Kontext der Seemacht, ein wichtiger Bestandteil für politische Prozesse und ihre Instrumente. Korf und Schetter[10] befassen sich mit Räumen aus gesellschafts- und kulturwissenschaftlicher Sicht und sehen diese als physische und symbolische Austragungsorte für politische Auseinandersetzungen. Die Autoren beziehen sich vorwiegend auf einen der wichtigsten Theoretiker zum territorialen Raum, Carl Schmitt. Dieser setzt den Raum in Bezug auf Ordnung und Immanenz in den Kontext von Recht, Staat und Souveränität. Seine grundlegenden Werke zur politischen Theologie, zur völkerrechtlichen Großraumordnung, zur Theorie der Partisanen, zu Land und Meer und zum Nomos der Erde[11] zeigen den Bezug des Raumes zu politischen Prozessen und das Verständnis des ordnenden Charakters des (territorialen) Raumes für Staaten und ihre Politik sowie den damit verbundenen Wechselwirkungen und Implikationen zum politischen, staatlichen Handeln. Im Unterschied zu dem in Bezug auf Räume häufig verwendeten geografischen Bezug,

6 Mahan 1892.
7 Kirchhoff 1907, 1908.
8 Bruns 2012, S. 5.
9 Grove 1990, S. 229–232.
10 Korf, Schetter 2012, S. 147–170.
11 Schmitt 1941/1991, 1995, 1950/1997, 1963/2006, 1942/2008.

der Räume in den geopolitischen Kontext setzt, projiziert Carl Schmitt den Raum in eine ausschließlich politische Ebene. Diese Sicht erlaubt eine sicherheitspolitische Sichtweise hinsichtlich der Akteure. Schmitt unterscheidet in seiner theoretischen Betrachtung zwischen Freunden und Feinden. Diese Akteurs-Betrachtung lässt auch eine Einbeziehung von theoretischen Elementen des internationalen Systems zu, wodurch eine Projektion ins 21. Jahrhundert möglich ist.

Zuverlässige Aussagen und Szenarien zur sicherheitspolitischen Entwicklung im 21. Jahrhundert sind trotz umfassender und theoretisch fundierter Analyse derzeit nicht vollends möglich. Aufgrund der bisherigen politischen, wirtschaftlichen und technologischen Entwicklungen und Tendenzen lassen sich jedoch Annahmen formulieren,[12] die es erlauben, die zukünftigen maritimen Herausforderungen zu identifizieren, Vermeidungs- und Anpassungsstrategien/-technologien zu entwickeln. Dies erlaubt es, Aussagen zur Ausprägung, Entwicklung und Veränderung von Seemacht und dem Wirken von Seestreitkräften zu treffen.[13] Veränderungen des Klimas nehmen in der Debatte um das maritime sicherheitspolitische Umfeld und die daraus abzuleitenden operativen und technologischen Erfordernisse für Seestreitkräfte als zusätzlicher Faktor einen hohen Stellenwert ein. Der damalige UN-Generalsekretär Kofi Annan wies bereits im Jahre 2000 darauf hin, dass die globalen Klimaänderungen eines der Schlüsselelemente des zukünftigen maritimen Umfeldes sind und bereits heute – belegbar durch die zunehmende Anzahl beobachteter Starkwetterereignisse und eisfreier Tage in den Polargebieten – fortschreiten und durch teilweise erhebliche Folgen, wie den Verlust von Land und Wohneigentum, Wassermangel und Umweltflucht, für die Menschen bemerkbar sind und zukünftig verstärkt wahrgenommen werden. Beispiele dafür sind die Hochwasserkatastrophen von 2010 in Pakistan sowie die allgemeine Zunahme der Monsunstärke im Indischen Ozean.[14] Die Intensivierung von Starkwetterereignissen hat Behörden, Institutionen und den einzelnen Menschen dafür sensibilisiert, dass die zu beobachtenden Klimaveränderungen, insbesondere die messbare Zunahme der mittleren globalen Lufttemperatur sowie die Abnahme von Eisbedeckung und Eisdicke in den Polargebieten,[15] zum großen Teil anthropogen verursacht sind und ihnen verstärkt Augenmerk geschenkt werden muss.[16] Aus dem fortschreitenden, besonders in der Arktis sichtbaren Klimawandel resultieren auch politische, hier vornehmlich sicherheitspolitische, und damit einhergehende ökonomische, soziale und ethnische Probleme und Spannungen sowie Begehrlichkeiten. Die umweltbedingte Migration infolge von Wüstenbildung, Hochwasser oder Wassermangel[17] ist nur ein Beispiel für Spannungspotenzial und mögliche Handlungsräume für das Wirken von

---

12 US Department of Defense 2010; Dresdner Studiengemeinschaft für Sicherheitspolitik (DSS) 2009; DSS 2010; Parliament by the Prime Minister by Command of Her Majesty 2010.
13 NATO 2010; Major 2010; EU-Rat 2014; Seidler 2015; EU-Rat 2016.
14 Intergovernmental Panel on Climate Change (IPCC) 2007, 2013.
15 Ebd.
16 Albrecht 2013, 2014.
17 Wissenschaftlicher Beirat der Bundesregierung Globale Umweltveränderungen (WBGU) 2007.

Seestreitkräften.[18] Nach Schätzungen des Bundesumweltministeriums[19] ist zukünftig ca. 25 Millionen Menschen pro Jahr ein menschenwürdiges Leben in ihrem bisherigen Lebensraum dauerhaft oder zeitweise nicht mehr möglich. Sie müssen auf neue Lebensräume, etwa in den Großstädten, im noch fruchtbaren ländlichen Raum der eigenen Staaten oder der Nachbarstaaten sowie in den Industriestaaten ausweichen. Zahlreiche Beispiele zeigen bereits heute, dass die Fluchtbewegungen in einigen Erdteilen, vor allem in Afrika und Asien, zukünftig vermehrt von gewaltsamen und bewaffneten Konflikten um natürliche Ressourcen, besonders um Trinkwasser und Landflächen, begleitet sein werden.

Grundlegend für die Betrachtungen des maritimen Umfeldes der Zukunft und die daraus folgenden technologischen Ableitungen sind Änderungen von Klimaparametern, die sich zunehmend auf globale und regionale Klimaverhältnisse auswirken. Daraus ergibt sich eine ernstzunehmende Gefahr für große Teile der Weltbevölkerung und für die Stabilität der Weltordnung.[20] Sowohl in nationalen als auch internationalen politischen Strategien und darauf aufbauend in technologischen Masterplänen[21] nehmen die Klimaänderungen und deren Folgen eine immer zentralere Rolle ein. Die Entwicklung von Klimafolgenstrategien sowie die daraus erwachsenden Adaptions- und Mitigationsmaßnahmen für politische Instrumente, zu denen auch das militärpolitische Instrument Einsatz und Wirken von Seestreitkräften zählt, wird als eine der herausfordernsten und wichtigsten Aufgaben der Zukunft für die internationale Gemeinschaft, Politik, sozioökonomischen und gesellschaftlichen Entscheidungsträger und Akteure sowie für Forschung und Technologie angesehen. Eine besondere Stellung nehmen im Kontext der Festlegung von staatlichen Anpassungs- und Vermeidungsstrategien die Sicherheitspolitik, die Wehrtechnik und der Einsatz von Streitkräften, im zunehmenden Maße auch der von Seestreitkräften ein, die meist indirekt über vielfältige Implikationen mit Klimaparametern verbunden sind. Aus den Veränderungen letztgenannter erwachsen nationale und international abgestimmte Sicherheitsinteressen und Ableitungen für militärische Fähigkeiten von Staaten und Staatenbündnissen.

Eine wichtige/zentrale Rolle in Überlegungen zu künftigen Aspekten von Seemacht und zur möglichen Projektion von Seemacht mittels Seestreitkräften nimmt dabei das nördliche Polargebiet ein, der Arktische Ozean. Bedingt durch die sensibel reagierenden Wassermassentransformationsprozesse im Wasserkörper sowie den Ein- und Ausströmprozessen zwischen Arktischem Ozean und Nordatlantik entlang der Framstraße und des Nordwesteuropäischen Schelfs sowie denen in der Grönland- und Barentssee ist die Region zu einem Schlüsselgebiet der interdisziplinären Arktisforschung avanciert. In die Betrachtungen zum Arktischen Ozean fließt, zusätzlich zu Ozean und Atmosphäre, das Meereis als weitere klimatische Hauptkomponente ein. Es zeigt einen ozeanischen und atmosphäri-

18 Siehe dazu die seit Mitte 2015 laufende Seenotrettungshilfe der EU mittels der EU Operation Sophia im Mittelmeer sowie die NATO-Operation im östlichen Mittelmeer/Ägäis mittels der Standing NATO Maritime Group 2 (SNMG 2).

19 Bundesministerium für Umwelt, Naturschutz und Raumordnung (BUNR) 2002.

20 Albrecht 2013, S. 3.

21 Bundesministerium für Wirtschaft und digitale Infrastruktur (BMWi) 2011.

schen Antrieb und wirkt zeitverzögert zurück.[22] Die Meereisbedeckung und der Eistransport erstrecken sich auf jahreszeitliche, zwischenjährliche und dekadische Zeitskalen[23] mit der Folge einer Schwankung der Konvektion, Tiefenwasserbildung und des Süßwassertransports, also Veränderungen in den für die ozeanische Zirkulation des nördlichen Nordatlantiks wichtigsten Prozessen.[24] Aus den Klimabedingungen resultierend ergibt sich die strategische Bedeutung des arktischen Raumes, der aufgrund der extremen Verhältnisse und der, abgesehen von einem kurzen Zwischenspiel während des Kalten Krieges, bisher geringen wirtschaftlichen Bedeutung als uninteressant für die internationale Gemeinschaft angesehen wurde.[25] Verursacht durch die globalen Klimaänderungen und die zunehmende Rohstoffknappheit zeichnet sich ab, dass sich die Interessenlage derzeit in einem Wandel befindet, was die Bedeutung der Region unterstreicht. Vornehmlich die globale Erwärmung bleibt nicht ohne Folgen. Sie führt zum Abschmelzen der Polkappen, was sich insbesondere in der Arktis zeigt. Dort wurde in den letzten Jahren ein konstanter Rückgang der Meereisbedeckung beobachtet.[26] Dies wiederum führt dazu, dass sich die geologischen Gegebenheiten in der Arktis und somit auch ihre geostrategische Bedeutung verändern. Durch den Rückgang der Meereisdecke können einerseits Rohstoffe wie Mangan, Erdgas oder Erdöl[27] zugänglich werden, andererseits bieten sich neue Möglichkeiten zum Transit durch eine ganzjährig mögliche Nordost- und Nordwestpassage.[28]

Diese wirtschaftlichen und strategischen Gesichtspunkte führten in den letzten Jahren vermehrt zu Auseinandersetzungen zwischen den Anrainerstaaten der Arktis. Beispielsweise erhoben sowohl die Russische Föderation, Kanada, Norwegen, Dänemark und die USA Ansprüche auf die Polarregion.[29] So stellte die Russische Föderation im Jahre 2007 eine russische Flagge in 4000 Metern Tiefe auf dem Lomonossowrücken auf,[30] um ihre Besitzansprüche zu untermauern. Kanada reagierte hierauf mit militärischen Großmanövern im Gebiet der Arktis. Frank-Walter Steinmeier zieht für die Region der Arktis sogar die Möglichkeit eines neuen »kalten Krieges am Nordpol« in Betracht.[31] Bis jetzt blieb ein offener, gewalttätiger Konflikt zwischen den Anrainern jedoch aus.[32]

Die Konsequenzen aus den Änderungen in den Klimaparametern ergeben unmittelbar weitreichende Implikationen auf die wirtschaftspolitischen und sicherheitspolitischen Interessen von einzelnen Staaten oder Staatenbündnissen,[33] die

22 Albrecht 2014.
23 Parkinson et al. 1999, S. 20–37; Kwok, Rothrock 1999, S. 5177; Krumpen et al. 2016, S. 523–534.
24 Albrecht 2010, 2014, S. 5.
25 Lindsey 1989, S. 1.
26 Gerdes, Köberle 2007; Wang et al. 2016, S. 86–109; Wang et al. 2016, S. 110–132.
27 Zentrum für Transformation der Bundeswehr 2010, S. 64.
28 Haftendorn 2009.
29 Kefferpütz 2010, S. 2; Ohlendorf 2016, S. 3–19.
30 Fritz-Vannahme, in: Zeit Online 2008.
31 Steinmeier 2007.
32 Albrecht 2013, S. 5, 60.
33 Siehe dazu das neue Strategische Konzept der NATO vom November 2010, verabschiedet in Lissabon am 19.11.2010, eines der vier Aktionsfelder unter dem Hauptfokus »Access to the Global

nicht nur auf die arktische Region und den maritimen Sektor wirken. Neben den Bedrohungen für die Umwelt existieren somit Gefahren für die Sicherheit und den Weltfrieden. Die Zusammenhänge zwischen Klima, Wirtschaft, Politik, Technologie und Gesellschaft treten in klimatisch extremen Regionen wie den Polargebieten und den Tropen besonders drastisch hervor. In den Analysen der Europäischen Union etwa wird für die Arktis von einer »sich ändernden geostrategischen Dynamik der Region mit potenziellen Konsequenzen für die internationale Stabilität und die europäischen Sicherheitsinteressen« gesprochen.[34] Somit werden sicherheitspolitische Auswirkungen der Klimasystemänderungen, vor allem in den Extremklimagebieten, nicht an einem Sicherheitsbegriff, sondern vielmehr an Stabilitätsgesichtspunkten gemessen werden. Aufgabe der interdisziplinären Analyse ist es somit, aus identifizierten politischen Faktoren und Risiken in Problemregionen, wie der Arktis, anschließend Empfehlungen für die sicherheitspolitischen Entscheidungsträger zu formulieren,[35] die dann idealerweise in zivil-technologische und wehrtechnische Forderungen sowie letztlich in technologische Forschungs- und Entwicklungsprojekte münden.[36]

Um eine möglichst detaillierte Vorgabe für die Formulierung der, auch ressortübergreifenden Fähigkeiten von Streitkräften im Kontext des Themas von Seestreitkräften festlegen zu können, müssen sich die Anforderungen aus dem Auftrag und den Aufgaben von Seestreitkräften ableiten. Bezüglich der Arktis sind dies vornehmlich Anforderungen an maritime Fähigkeiten. Für die Bundesrepublik Deutschland geben die Verteidigungspolitischen Richtlinien vom 18. Mai 2011 (VPR) den Rahmen des Einsatzes der Streitkräfte und damit auch den Rahmen für die Entwicklung von Fähigkeiten und Wehrtechnik vor: Hier sind etwa die wahrscheinlichen Aufgaben die der internationalen Konfliktverhütung und Krisenbewältigung, die Protektion von strategischen Gütern und der Schutz der Bevölkerung. Sie bestimmen somit die Grundzüge der Struktur der deutschen Streitkräfte. Zusätzlich zu berücksichtigten ist, dass die Bundeswehr Führungsverantwortung in Einsätzen übernehmen können soll. Dies erfordert, dass die Bundeswehr die benötigten Fähigkeiten für das gesamte Aufgabenspektrum bereitstellt, in die Beiträge anderer Nationen flexibel und synergetisch integriert ist/wird bzw. eigene Beiträge in Bündnisse einbringt. Darüber hinaus betonen die VPR die stärkere Verzahnung der vorhandenen wehrtechnischen Potenziale sowie die Verbesserung der Informationssysteme als eine dauerhaft zu leistende Aufgabe. Die Fähigkeit zur militärischen Krisenbewältigung im multinationalen Kontext und die Einbeziehung nicht-militärischer Fähigkeiten zur Wahrung deutscher Sicherheitsinteressen stellen gemäß VPR wichtige Ziele deutscher Sicherheits- und Verteidigungspolitik dar. Sie stehen im Kontext zu Anforderungen und Entwicklungen hin zu einem ganzheitlichen Ansatz in NATO[37] und Europäischer Union. Damit verbunden ist auch ein Wandel in der Nutzung militärischer Technologie. Vom klassisch strategisch-operativen Ansatz der Ausnutzung

Commons« ist die hohe See, mit dem Blick auf den Seeweg durch die Arktis, weitere Felder sind der Luftraum über der hohen See, der Weltraum und der Cyberraum. Siehe NATO 2010, S. 3.

34 Europäische Kommission 2008, S. 3.

35 Winkelmann 2008, S. 2.

36 Albrecht 2012, 2014.

37 Seidler 2015.

von Technologie und Raum des 20. Jahrhunderts zur Lösung eines militärischen Konflikts wird abgerückt und stattdessen wird zunehmend der Informationsraum als Faktor neben den militärischen Aktionsräumen Land, See-, Luft- und Weltraum für eine erfolgreiche Auftragserfüllung essentiell. Zwar wird die heutige Existenz von neuen hochtechnologisierten Konflikten[38], wie denen im Informationsraum, die klassischen und herkömmlichen – auch zwischenstaatlichen – Formen des Konflikts im maritimen Raum und die klassische Seekriegführung nicht ablösen, sie aber qualitativ sowohl durch neue Möglichkeiten des eigenen Handelns als auch durch zusätzliche Bedrohungen erweitern, die insbesondere unterhalb der Schwelle der bewaffneten Gewaltanwendung greifen können. Dies wird zusätzlich durch den in der modernen Wirtschafts- und Geschäftswelt stetig zunehmenden Informationsaustausch über Netze und Netzwerke begünstigt, was wiederum aus dem steigenden Bedarf an rasch verfügbaren, relevanten und vertrauenswürdigen Informationen folgt. Die Nutzung neuer technischer Möglichkeiten ist hier der Schlüssel sowohl zur stetigen Effizienzsteigerung als auch zur Ressourcenoptimierung von Seestreitkräften. Der Informationsaustausch über Netze und Netzwerke unterliegt jedoch auch neuen Risiken, denen begegnet werden bzw. auf die man vorbereitet sein muss. Für Seestreitkräfte gilt dies insbesondere bezüglich der Härtung ihrer Sensoren und Effektoren gegenüber möglichen Netzwerk-, Soft- und Hardwareangriffen sowie bei der Sicherung von validen Lagebilddaten im Seeraum.[39] Letzteres ist eine der Voraussetzungen für die Ausübung von Seemacht[40] durch Seestreitkräfte.

In Abwägung von Vorteilen und Risiken eröffnen die neuen, zukunftsorientierten Technologien Chancen für militärische Anwendungen und operative Planungen von Seestreitkräften. Der Einsatz und die Nutzung dieser sind so ausgerichtet, dass Seestreitkräfte eine Informations-, Führungs- und Wirkungsüberlegenheit, im Sinne eines Verbundes von Führung, Aufklärung, Wirkung und Unterstützung mit dem Ziel einer optimierten militärischen Auftragsdurchführung im maritimen Operationsgebiet erzielen können. Um dem gerecht zu werden, sind vernetzte und multinational interoperable und wirkungsvolle Seestreitkräfte unabdingbar. Die Vernetzung von Sensoren und Effektoren mit dem Ziel der schnelleren, flexibleren, präziseren Wirkung unter einem möglichst geringen Kräfte- und Mittelansatz mündet in die Umsetzung mittels vernetzter Wirkungsketten. Komplexere Waffensystemplattformen, wie beispielsweise Kriegsschiffe, zeichnen sich dadurch aus, dass für den Ansatz der vernetzten Wirkkette mehrere Sensoren und Effektoren zur Verfügung stehen. Hier werden die Informationen der vorhandenen Sensoren so verbunden, dass es zur Auswahl des bestmöglichen Wirkmittels kommt. Diese Wirkkette greift jedoch in Bezug auf die streitkräftegemeinsame Wirkung im Sinne des Verbundes von Führung-Aufklärung-Wirkung-Unterstützung zu kurz, da sie nur plattform- bzw. systemorientiert ist.[41] In der heutigen technologischen

38 Tamminga 2015.
39 NATO 2005.
40 Im Kontext der NATO etwa mittels der Standing NATO Maritime Group 1 und 2 sowie der Standing NATO Mine Counter Measure Group 1 und 2. Siehe NATO 2016.
41 Albrecht 2014.

Umsetzung sicherheitspolitischer Vorgaben ist ein gemeinsamer, multinationaler Ansatz erforderlich.

Ein Beispiel für dessen Realisierung ist etwa die Landfeuerunterstützung als Wirkung von See an Land durch Seestreitkräfte, die im NATO-Kontext als »Joint Fire Support« bezeichnet wird.[42] Mittels dieses Wirkverbundes soll die Wirkungsüberlegenheit gegenüber einem Gegner erzielt werden, indem notwendige Maßnahmen zeitgerecht, in angemessenem Umfang und durch das am besten geeignete Mittel, das verfügbar ist, durchgeführt werden. Wirkungsforderungen wachsen in der Regel von der taktischen bis zur Entscheidungsebene auf. Seestreitkräfte vereinen diese Ebenen meistens auf kleinstem Raum, in der Regel in einem größeren Kriegsschiff ab Fregatte aufwärts. Dies ist ein wesentliches Alleinstellungsmerkmal für das Wirken von Seestreitkräften, da dadurch der sicherheitspolitische Wille zur maritimen Projektionsfähigkeit und Entfaltung flexibel und zügig umgesetzt werden kann. Um eine Entfaltung von Seestreitkräften und Seemacht heute erreichen zu können, reicht, vor dem Hintergrund des komplexen sicherheitspolitischen und maritimen Umfeldes, eine ausschließliche Betrachtung der maritimen Fähigkeiten nicht mehr aus. Hier ist eine Koordination der zum Wirkverbund beitragenden Aufklärungs- und Wirkmittel im Sinne eines streitkräftegemeinsamen Ansatzes gemäß dem vernetzten Ansatz[43] von NATO und EU notwendig.[44] Die Koordination erfolgt zwischen

- Artillerie/indirektem Feuer und Infanterie (Mörser),
- Heeresfliegern,
- Luftstreitkräften,
- See- und Seeluftstreitkräften sowie
- Heeresaufklärungstruppe und Luftverteidigungskräften der Luftwaffe

durch Koordinierungselemente und Feuerunterstützungsorganisationen auf den jeweiligen taktischen Führungsebenen. Hauptaufgabe dieser Koordinierungselemente sind Planung, Koordination und Steuerung sowie die Wahrnehmung der Beratungsfunktion. Sie sind untereinander sowie mit den jeweils relevanten Führungsebenen der Land-, Luft- und Seestreitkräfte verbunden und bilden durch die direkte Verbindung mit den vorhandenen Sensoren und Wirkmitteln das Rückgrat des Wirkverbundes Joint Fire.[45]

Die erforderlichen Kommunikations- und Informationsbeziehungen zu nationalen und multinationalen Kräften und Mitteln der See- und Luftstreitkräfte werden u.a. durch die Teilhabe der Koordinierungselemente an taktischen Datenlinknetzen sichergestellt.[46] Auf Ebene eines Divisions-/Brigadegefechtsstands des Heeres sind

---

42 EADS 2005, S. 1 f.

43 Festzuhalten ist, dass der vernetzte Ansatz neben den hier dargestellten militärischen Kapazitäten zivile Fähigkeiten einbezieht bzw. vorsieht. Insbesondere im Rahmen der EU sind zivile Maßnahmen präferiert. Da sich hier jedoch auf die Entfaltung von Seestreitkräften bezogen wird, treten die zivilen Aspekte in den Hintergrund.

44 NATO 2011; Seidler 2015.

45 Deutsches Heer 2012.

46 Luftwaffe 2012.

alle zu Joint Fire beitragenden Fähigkeiten in einer Zentrale der Joint Fire Support Coordination Group (JFSCG) zusammengefasst.

Im Heer stellt die JFSCG das primäre Element zur Entscheidungsfindung auf der taktischen Ebene für Landoperationen für den Einsatz von Aufklärungs- und Wirkmitteln im Rahmen der Streitkräftegemeinsamen Taktischen Feuerunterstützung dar und ist das entscheidende Bindeglied zu Joint Fires im Rahmen von Joint Targeting. Sie nimmt damit eine Schlüsselposition unter allen Joint-Fire-Koordinierungselementen ein.

Ebenfalls im Rahmen der vernetzten Wirkung bzw. Operation von Seestreitkräften ist der Wirkverbund Luftverteidigung angesiedelt. Er ist, ebenso wie das Joint-Fire-Konzept, streitkräftegemeinsam und multinational angelegt. Der Publikation der Luftwaffe[47] folgend ist es das Ziel eines umfassenden Luftverteidigungsverbundes, die Luftverteidigung schneller und effizienter zu gestalten. Für die Luftverteidigungskräfte ist die horizontale und vertikale Vernetzung aller relevanten Gefechtsstände, Einrichtungen, Führungssysteme sowie Sensoren und Effektoren innerhalb und außerhalb eines Verbundes Voraussetzung. Diese stellen anteilig das Wirken von Seestreitkräften im Verbund der Luftverteidigung, in dem sie unabdingbarer Bestandteil sind, sicher. Diese Kräfte werden grundsätzlich durch Joint Forces Air Component Headquarters (JFAC HQ) geführt. Das Deployable Control and Reporting Center (DCRC) zur taktischen Führung von Luftstreitkräften (luft- und bodengestützt) erstellt ein identifiziertes Luftlagebild (Recognized Air Picture), das dem Air Operation Centre (AOC), dem Brigadegefechtsstand (über die JFSCG) sowie der Combined Task Force (CTF) übermittelt wird. Darüber hinaus ist das DCRC beauftragt, die Umsetzung und Einhaltung der Befehlsgebung des AOC, die Entflechtung der Luftraumnutzer (Luftraumkoordination) sowie die Kampfführung der in den Luftraum wirkenden Waffensystemen der luft- und bodengestützten Luftverteidigung zu führen, streitkräftegemeinsam zu koordinieren und zu überwachen. Mit dem Surface to Air Missile Operations Centre (SAMOC) verfügen die Flugabwehrraketenkräfte der Luftwaffe grundsätzlich über eine vernetzte Operationsführungs- und Wirkfähigkeit. Seestreitkräfte werden mit ihren Flugabwehrwaffen an Bord auftragsbezogen dort unterstellt.

See- und Seeluftstreitkräfte sind über das Maritime Air Operations Centre (MAOC) und taktische Datenlinks angebunden. Sie nehmen zudem eine tragende und entscheidende Rolle in der Abwehr ballistischer Raketen von See aus ein. Die NATO trägt dem sowohl konzeptionell als auch operationell bereits Rechnung.[48] Der so idealerweise anzusetzende Wirkverbund lässt einen Fähigkeitszugewinn in einer verbesserten Vernetzung der gesamten Luftverteidigungskräfte erwarten. Diese Vernetzung geht über das bestehende Netzwerk der NATO Integrated Extended Air Defence (NATINEAD) hinaus und verbessert damit das Lagebewusstsein, im Sinne des Wirkens von Seestreitkräften das maritime Lagebewusstsein, auf der einen Seite und die Zuweisung und den Einsatz von Wirkmitteln von und auf See auf der anderen Seite.

---

47 Ebd.
48 NATO 2016, S. 37 f.

Hier besteht essentieller Forschungsbedarf für das aktive Wirken von Seestreitkräften in verschiedenen maritimen Umfeldern.

1.2. Motivation für die Bearbeitung des Themas

Die zunehmende öffentliche Diskussion über das maritime Umfeld im 21. Jahrhundert, insbesondere bezüglich der globalen Erwärmung, hat in den letzten Jahren dazu geführt, dass die vermutlichen sicherheitspolitischen Implikationen auf das gesamte maritime Umfeld verstärkt in den Mittelpunkt von politischen, technischen, fähigkeitsorientierten und operationellen Diskussionen rücken. Die Ergebnisse des vierten und fünften Sachstandsberichtes des Weltklimarates der Vereinten Nationen (IPCC) aus den Jahren 2007[49] und 2013[50] zeigen, dass die Erwärmung der Erdatmosphäre rascher voranschreitet als bis dahin erwartet. Zwar sind die Ergebnisse des IPCC 2007 und 2013 in ihren Absolutwerten des Temperaturanstiegs neu zu bewerten, doch zeigt sich aus den Modellergebnissen die Tendenz einer raschen globalen Temperaturerhöhung.[51]

Die Abnahme der menschlichen Lebensräume, die Verknappung der natürlichen Ressourcen, besonders von Wasser, die Zunahme von Extremwetterereignissen, zunehmende Migration sowie die vermehrt auftretenden bewaffneten Konflikte stellen die am wahrscheinlichsten eintretenden Folgen der Änderungen des globalen maritimen Umfeldes dar, wobei für einige Regionen der Erde die Klimaänderungen als ausschlaggebendes Moment angesehen werden können.[52] Da die generelle Tendenz zu Änderungen der Klimaparameter trotz bereits angelaufener Abmilderungsstrategien unumkehrbar scheint, ergeben sich zunehmend Fragestellungen zu sicherheitspolitischen Optionen, technischen bzw. wehrtechnischen Maßnahmen sowie den Aufgaben und den operativen bzw. operationellen Einsatzmöglichkeiten von Seestreitkräften zur Seeprojektion als Maßnahmen der Folgenprävention, die sowohl in den Mittelpunkt der sicherheitspolitischen, der wissenschaftlich-technischen[53] als auch der maritimen Debatte rücken.[54]

Gemäß der Annahmen der Autoren wird in den nächsten Jahrzehnten die Bedeutung von Rohstoffen als Element der Versorgungssicherheit ansteigen und eines der Hauptinteressen der internationalen Politik darstellen.[55] Mit Blick auf den asiatisch-pazifischen Raum rücken maritim-sicherheitspolitische Themen in den Fokus der allgemeinen Betrachtungen, indem sich aufgrund der vermehrten maritimen Zwischenfälle ein Wandel in der sicherheitspolitischen Situation im asiatisch-pazifischen Raum, besonders hinsichtlich der Stellung der USA und Chinas, abzeich-

[49] IPCC 2007a.
[50] IPCC 2013a, S. 5–8.
[51] Albrecht 2013, S. 10; Albrecht 2014, S. 6.
[52] Ebd.
[53] Hayhurst et al. 1996, S. 1–10.
[54] Albrecht 2014; Bruns 2015, S. 3–20.
[55] Geiger 2009, S. 5; Münkler 2004, S. 167.

net.[56] Besonders die Sicherheit der Seestraßen in Südostasien, mit den Straßen von Malakka, Singapur und Sunda als den bedeutendsten Straßen in südostasiatischen Gewässern, steht im Fokus der maritimen sicherheitspolitischen Betrachtungen.[57] Ergänzend wird auf die SWP-Studie »Piraterie und maritime Sicherheit« hingewiesen, in der die Debatte um die maritime Sicherheit als Handlungsfeld für die maritime Sicherheitspolitik neu thematisiert wird.[58]

Es ist davon auszugehen, dass sich die bisher auftretenden klassischen, sicherheitspolitischen Gefährdungspotenziale, wie etwa die Knappheit an elementaren ökonomischen Unterstützungsmitteln des staatlichen Handelns, durch die veränderten klimatischen Rahmenbedingungen, insbesondere in Extremregionen, verschärfen werden.[59] Zusätzlich wird dieses Spektrum an Bedrohungen innerhalb des maritimen Umfeldes[60] um neue erweitert werden, sodass herkömmliche sicherheitspolitische Unterscheidungen, militärstrategische, zivile, äußere und staatliche innere Sicherheit sowie militärtechnische Potenziale zunehmend gegenstandslos werden.[61] Daher sind neben der Erweiterung der Begrifflichkeiten in der Sicherheitspolitik auch wehrtechnische Neuerungen bzw. Weiterentwicklungen sowie die Benennung und verbindliche Festlegung eines der Sicherheitspolitik und der wehrtechnischen Fähigkeitsentwicklung folgenden Einsatzspektrums von Seestreitkräften, verbunden mit einem durch die politischen Entscheidungsträger herausgegebenen »Level of Ambition«[62] erforderlich, um so die neuen, zusätzlichen Gefährdungspotenziale, besonders hinsichtlich der maritimen Komponenten, sachlich umfassend zu erkennen und diesen ggf. mit maritimen Projektionsmitteln, wie Seestreitkräften, begegnen zu können. Ein gemeinsames Kriterium eines erweiterten und umfassenden Verständnisses von maritimer Sicherheit und ihrer Bedrohung, das das Wirken von Seestreitkräften erfordern kann, ist die strategische Anwendung von Waffengewalt durch soziale Gruppen – mit unterschiedlicher Zielsetzung.[63] Zusätzlich ergeben sich aus den Klimaänderungen im Zuge der Klimafolgenforschung neu identifizierte u.a. maritime klimainduzierte Bedrohungspotenziale, wie die Zunahme der Extremwetterereignisse und die Ressourcenknappheit, die sich aufgrund einer sich zuspitzenden und antagonistisch gerichteten Tendenz in spontanen, schwer vorhersagbaren Gewaltausbrüchen zukünftig vermehrt entladen könnten.[64] Diesen Vorfällen fehlt es jedoch meistens an der strategischen Dimension, um sie als globale Sicherheitsbedrohung ansehen zu können und im maritimen Raum Elemente von Seemacht wirken zu lassen.

---

56 Berger 2011, S. 1–4.
57 Möller 2006, S. 1.
58 Mair 2010, S. 5–6.
59 Albrecht 2012, 2014.
60 Pflügler 2009, S. 1; Kefferpütz 2010, S. 2; Wolfrum 2008, S. 9.
61 Albrecht 2014.
62 Nationale Zielvorgaben für den Einsatz von Streitkräften in Operationen. Die Zielvorgabe gilt für das gesamte Aufgabenspektrum von Streitkräften im Einsatz, siehe für die Bundeswehr dazu: Bundesministerium der Verteidigung 2004.
63 Pradetto, Baier 2004, S. 192; Münkler 2006, S. 11; Münkler 2007, S. 3–5; Kaldor 2001, S. 24–50.
64 WBGU 2007, S. 124. Europäische Kommission 2008c, S. 9.

Parallel zur genannten Konfliktverschärfung ist die Entstehung neuer Konflikte mit maritimer Induktion und Klimainduktion gegenwärtig beispielsweise in der nördlichen Polarregion zu beobachten, in der sich Staaten unter Drohung einer Anwendung militärischer Mittel um Souveränitätsrechte streiten.[65] Ein weiteres Beispiel für ein Entstehungspotenzial liegt auf dem Indischen Subkontinent, besonders in Bangladesh, wo von einem erwarteten Meeresspiegelanstieg und der daraus resultierenden Überflutung des Ganges-Deltas bis zu 200 Millionen Menschen betroffen wären und neue Ressourcen- und Territorialstreitigkeiten ausgelöst werden könnten.[66] Nicht außerhalb der Betrachtung bleiben dürfen die Entwicklungen im maritimen Raum mit einer besonderen sicherheitspolitischen Dimension in Asien, hier im indisch-asiatischen und asiatisch-pazifischen Raum, sowie solche, die im Mittelmeer, am Golf von Guinea und in der Ostsee liegen. Das dortige sicherheitspolitische Umfeld ist heute stärker denn je durch veränderte Bedrohungen und neue, anders geartete Risiken gekennzeichnet, die auch auf Deutschland, Europa und Nordamerika reflektieren. Aufgrund erodierender staatlicher Ordnungsstrukturen in Teilen Afrikas, des Mittleren und Nahen Ostens, aber auch in Lateinamerika und Asien, der zunehmenden Multipolarität und einem Wiedererstarken nationalstaatlicher Ordnungsmuster in Teilen der Welt ist mit weiteren geopolitischen Spannungen zu rechnen. Im Lichte dieser sicherheitspolitischen Trends wird dem maritimen Raum dabei, als zentralem Macht- und Ordnungsprojektionsraum, eine elementare Rolle zukommen.[67]

Bedrohungen wie klassische zwischenstaatliche Konflikte, die direkte sicherheitspolitische und ökonomische Auswirkungen etwa für Deutschland und die EU oder für die NATO zur Folge haben, können nicht vollends ausgeschlossen werden. Diese sind vor allem durch Grenz- und Territorialgewässerkonflikte sowie Dispute um Ausschließliche Wirtschaftszonen (AWZ) geprägt und stellen weiterhin ein direktes maritimes Bedrohungsszenario dar. Neben eindeutig erkennbaren Bedrohungen gefährden aber immer mehr indirekte Risiken die maritime Sicherheit. Dazu gehören der maritime Terrorismus, politische, ökonomische, ethnische und religiöse substaatliche Konflikte und Staatenzerfall in unmittelbarer Nähe von Meerengen und Ressourcenquellen sowie Übergriffe auf Handels- und Passagierschiffe durch Piraten, kriminelle Gruppen oder Terroristen. Auch ökonomische, energiepolitische und ökologische Entwicklungen gefährden zunehmend die Sicherheit im maritimen Raum. Die genannten klimatischen Veränderungen, Umweltzerstörung, illegale Migration sowie illegaler Waffen- und Drogenhandel als Ausprägung organisierter Kriminalität sind Risiken, die Europa und Deutschland indirekt oder direkt von See her bedrohen. Die Abhängigkeit moderner Industrie- und Dienstleistungsgesellschaften von freien Seewegen, aber auch die zunehmende Bedeutung von kritischen Infrastrukturen zur Energiegewinnung sowie von Energiequellen auf See stellt gleichsam ein großes Verwundbarkeitspotenzial dar. Diesem kann in der Regel nur mit der Projektion von Seestreitkräften begegnet werden.

---

[65] Ohlendorf 2016; Wolfrum 2008, S. 4–11.
[66] WBGU 2008, S. 126; Warner et al. 2009, S. 2, 21.
[67] Marine DACH 2016, S. 1–3.

Der Konflikt in der Ukraine, der Krieg in Syrien und terroristische Anschläge verdeutlichen, dass die europäische Staatenordnung und der westliche Demokratieentwurf auch weiterhin durch zwischen- und innerstaatliche Konflikte in geografischer Nähe bedroht sind. Sowohl für den Nord- und Ostseeraum, die Seestraßen Westafrikas, das Mittelmeer und die Arktis als auch in Bezug auf für die Weltwirtschaft essentielle Seeverbindungslinien deutet dies auf die Notwendigkeit einer Vertiefung der bestehenden Sicherheits- und Verteidigungsarchitektur sowie deren Ausbau und eine Stärkung des internationalen Seerechts hin (Autorenteam DACH-Dokument Marine 2016). In ihrer Eigenschaft als Hauptträger der maritimen Fähigkeiten engagieren sich heute Seestreitkräfte, vorwiegend im multinationalen Verbund, für die Bewältigung solcher Bedrohungen und bedienen sich dabei einerseits der Abschreckung, andererseits auch der diplomatischen Konfliktregulierung. Diese Elemente des Wirkens von Seestreitkräften sind seit Mahan und Kirchhoff die wesentlichsten Wesensmerkmale für die Projektion von Seemacht. Die politischen und sozioökonomischen Verwerfungen und innerstaatlichen Konflikte sowie die Flüchtlingskrise im Mittelmeerraum, im Mittleren Osten und auf dem afrikanischen Kontinent sowie der damit einhergehende Verfall von staatlichen Ordnungen, die Proliferation von Massenvernichtungswaffen und die Intensivierung humanitärer Krisen bedürfen präventiver Maßnahmen zur Konfliktverhütung, zum Krisenmanagement und zur Konfliktbewältigung. Hierfür bieten sich ebenfalls Seestreitkräfte als deeskalierendes Mittel mit besonderen Vorzügen im Vergleich zu Land- und Luftstreitkräften an. Auf Grundlage dieser Bedrohungen und Risiken wurde eine geografische Priorisierung der Aktivitäten von Seestreitkräften in transatlantischem, europäischem und nationalem (deutschen) Kontext vorgenommen:

- Im Ostseeraum liegt die Herausforderung für Seestreitkräfte in der Sicherstellung der territorialen Integrität Deutschlands, der EU und der Partner sowie in der Abwehr von Bedrohungen durch maritime Abschreckung, die es durch multilaterale Zusammenarbeit, vorwiegend wie seit Aufstellung von deutschen Seestreitkräften ausschließlich praktiziert, zu stärken gilt. Hier sind auch im Verständnis von Mahan und Kirchhoff Seestreitkräfte der verlässliche Träger maritimer Fähigkeiten im Rahmen der Landes- und Bündnisverteidigung.
- Dies gilt ebenso für die Nordsee, die Arktis und den Atlantik, wo in enger Zusammenarbeit mit Bündnispartnern, etwa in den ständigen maritimen NATO-Verbänden, Seeverbindungslinien, maritime Ressourcen und kritische Infrastrukturen gesichert werden.
- Der Beitrag im Mittelmeerraum konzentriert sich primär auf die Unterstützung regionaler Partner, vor allem die enge Zusammenarbeit mit EU-Staaten und Israel, aber auch auf die Unterstützung von Drittstaaten zur Stabilisierung des maritimen Raumes. Diese Beiträge fokussieren hierbei die Krisen- und Konfliktprävention, Beiträge zur humanitären Hilfe, die Verfolgung organisierter Kriminalität, die Eindämmung der Proliferation von Waffen und die Bekämpfung des maritimen Terrorismus.
- In der Region um den Golf von Guinea, am Horn von Afrika und im Indischen Ozean leisten Marinen ihren Beitrag zur Wahrung sicherheitspolitischer

Interessen, auch über die maritime Dimension hinaus. Dazu gehören vor allem stabilisierende Maßnahmen zur Stützung fragiler Staaten, Hilfe zur Selbsthilfe, der Schutz von Seeverbindungslinien und die Unterstützung von EU-, NATO- und UN-Missionen in der jeweiligen Region.

– Global betrachtet richten sich die Aktivitäten von Seestreitkräften auf die Sicherung der Seewege durch die internationale und völkerrechtliche Gestaltung des maritimen Raumes, die intensive Kooperation mit regionalen Institutionen und Schlüsselstaaten, die als Stabilitätsanker in einer Region fungieren sollen, sowie auf die Unterstützung ziviler Tätigkeiten im Bereich der humanitären Hilfe, des Umweltschutzes, der Wissenschaft und der wirtschaftlichen Kooperation.

Trotz der Erweiterungen der Aufgaben von Marinen im Laufe der Jahrzehnte, angepasst an das jeweilige sicherheitspolitische und maritime Umfeld, haben die seit mehr als 100 Jahren postulierten Aufgaben für das Wesen und Wirken von Seestreitkräften und die Entfaltung von Seemacht aktueller denn je ihre Berechtigung. In der Zusammenschau der aktuellen Diskussion zum Thema maritime Sicherheit, maritimes Umfeld und Seemacht bzw. Seestreitkräfte ist die Herangehensweise durch vier identifizierte Defizite gekennzeichnet.

– Seit dem Erscheinen des Werkes von Mahncke und Schwarz im Jahre 1974 erfolgte kaum eine wissenschaftliche Debatte zur maritimen Sicherheit im Kontext von Seemacht und internationaler Politik. Wird die Debatte geführt, erfolgt dies in der Regel meistens nur in Teilaspekten und kaum transdisziplinär. Dies hat zur Folge, dass Geo-, Wirtschafts-, Technikwissenschaftler sowie die sich mit seefahrtspezifischen Fragen befassenden Disziplinen, wenn überhaupt, nur geringen Einfluss auf die mit maritimen Fragen betrauten sicherheitspolitischen bzw. parlamentarischen Debattenführer und deren Gremien nehmen können.[68] Dabei ist anzumerken, dass die Herstellung eines Zusammenhangs zur Seemacht und zum Wirken von Seestreitkräften in diesem Kontext gänzlich fehlt und in keiner Debatte geführt wird. Ebenso fehlt ein Diskurs zum Zusammenhang von Seemacht und Räumen. Beide sind eng miteinander verbunden und bedingen einander. Zwar gibt es in der theoretischen Debatte Ansätze aus der politischen Geografie bzw. Geopolitik, die auch in die Politikwissenschaft ausstrahlen, jedoch fehlt eine politisch-theoretische Betrachtung. Die geopolitische Sicht greift für die sicherheitspolitische Diskussion von Seemacht zu kurz, da sie sich fast ausschließlich auf Geofaktoren abstützt.

– Die Debatte insbesondere bezüglich des möglichen Klimawandels, der Migration und der Möglichkeit veränderter geopolitischer Räume, der daraus möglicherweise abzuleitenden Projektions- und Rüstungsbestrebungen bis zur Erlangung von regionaler Seemacht und Hegemonie einzelner Staaten im maritimen Umfeld und der damit verbundenen Auswirkungen auf die Sicherheit ist

68 Einzelne Diskussionen werden vorwiegend auf dem Gebiet der Energiesicherheit und der maritimen Sicherheit geführt, die jedoch vorwiegend als Einzeldebatte angelegt sind und nur Teilaspekte betrachten. Siehe dazu etwa: Geden 2007, S. 1–12; Lang 2010, S. 1–27.

derzeit teilweise noch von Panikverbreitung und Populismus[69] gekennzeichnet und daher meistens mit wenig besonnener und notwendiger wissenschaftlicher zusammenschauender Präzision und Fundiertheit versehen.

– Die gegenwärtige Debatte und die angewendeten Instrumentarien reichen derzeit selten aus, um über spekulative Aussagen hinaus sowohl sicherheitspolitische Konsequenzen identifizieren als auch konzeptionelle wehrtechnische und operationelle Erfordernisse für das Wirken von Seestreitkräften als einer der Garanten für die Sicherheit im maritimen Umfeld ableiten und festlegen zu können.
– Die derzeitige Formulierung von wehrtechnischen und operationellen Anforderungen an Seestreitkräfte und die mögliche Entfaltung von Seemacht beschränkt sich häufig auf die aktuelle Einsatzrealität der Streitkräfte und wird, ohne Berücksichtigung von eventuell anders gearteten Einsatzszenarien aufgrund eines völlig anderen maritimen sicherheitspolitischen Umfeldes, in die Zukunft übertragen. Eine Einbeziehung eines veränderten maritimen Umfeldes, etwa bedingt durch den Klimawandel und die sich daraus ergebenden Möglichkeiten und Risiken, in die Konzeption von maritimen Fähigkeiten bzw. Seestreitkräften erfolgt kaum bzw. regional überhaupt nicht. Die Entfaltungsmöglichkeit von Seestreitkräften bis hin zur Gewährleistung von Seemacht wird nur in Teilaspekten diskutiert.[70]

Die angeführten Defizite erfordern eine transdisziplinäre und konzeptionelle Gesamtbetrachtung des Themas. Die für das Thema Seemacht notwendige politikwissenschaftliche, mit wirtschafts- und geowissenschaftlichen und militärpolitisch-konzeptionellen Elementen versehene Betrachtung[71] und eine mit Bezug zur aktuellen Praxis ausgerichtete Themenbearbeitung sind notwendig, um einerseits vornehmlich die maritimen geo- und sicherheitspolitischen Folgen aus den möglichen Änderungen des maritimen Umfeldes zu bestimmen und andererseits die sicherheits- und geopolitischen Konseqenzen an konkreten, für die Bundesrepublik Deutschland, die NATO und Bündnispartner relevanten Beispielen, wie die Arktis, dem Mittelmeer, dem Golf von Guinea und dem asiatischen Raum aufzuzeigen. So können mögliche Reaktionsmechanismen von maritimer Sicherheit, Seemacht und den dafür notwendigen wehrtechnischen und operationellen Erfordernissen identifziert, vorgeschlagen und diskutiert werden. Die Abhandlung soll an die bereits im Jahre 2013[72] und 2014[73] erstellten Arbeiten anschließen und das Thema maritimes Umfeld aus einer weiteren Perspektive betrachten, um den vorhandenen

69 Sowohl im Film als auch im begleitenden Buch stellt Al Gore die Folgen der Erderwärmung dar. Teilweise sind diese jedoch medienwirksam in Szene gesetzt und geben nicht den wissenschaftlichen Sachverhalt exakt wieder. Sie dienen jedoch dazu die breite Öffentlichkeit auf die Problematik und den nötigen Handlungszwang hinzuweisen, siehe Gore 2007.

70 Bruns, Paul 2015.

71 Der Fokus in den Betrachtungen liegt auf den Implikationen aus den politikwissenschaftlichen/ sicherheitspolitischen Aspekten im Kontext des maritimen Umfeldes, wobei die enge Verzahnung zu den anderen genannten Wissenschaftsdisziplinen unumgänglich ist.

72 Albrecht 2013.

73 Albrecht 2014.

Kentnisstand abzurunden. Darin fließen die Erkenntnisse des Promotionsvorhabens von Stenzel[74] für die Region Ostasien ein.
Im Fokus der Betrachtungen liegen die folgenden Fragestellungen:

- Welche Konsequenzen ergeben sich für die deutsche maritime Sicherheitspolitik hinsichtlich der möglichen Veränderungen im maritimen Umfeld und der Anforderungen an die Rolle von Seestreitkräften im 21. Jahrhundert? Ausgehend von der Situation des veränderten maritimen Umfeldes stellt sich die Frage, ob und wie die maritime Sicherheits- und Militärpolitik von durch maritime, beispielsweise klimatische und geopolitische Faktoren verschärften Konflikten und ihren Sekundärfolgen betroffen sein wird. Außerdem bleibt zu untersuchen, welche sicherheitspolitischen Handlungsfelder und -räume identifiziert werden könnten und wie die Rolle von Seestreitkräften darin zu sehen ist. Hier interessiert insbesondere die Frage nach der Rolle von Seestreitkräften in Frieden, Krise und Krieg.
- Welche Möglichkeiten und Mittel bieten sich zu strategischen Mitigationen und Adaptionen maritimer Sicherheitspolitik, besonders hinsichtlich des Wirkens von Seestreitkräften?
- Welche Handlungsfelder hinsichtlich strategischer Optionen können aus einer Gesamtbetrachtung der Seemacht abgeleitet werden?
- Ist die Entfaltung von Seemacht mittels Seestreitkräften eine mögliche Handlungsoption für Bundeswehr, NATO und EU?
- Welche maritimen operationellen Anforderungen ergeben sich aus den strategischen Optionen für eine Ausrichtung auf maritime Fähigkeiten von Streitkräften?
- Bietet sich für eine Formulierung der maritimen Anforderungen ein unmittelbarer Bezug zu dem in Bundeswehr, NATO und EU verfolgten Prinzip der vernetzten Sicherheit?

Die Abhandlung ist vom Gedanken geleitet, dass in der Diskussion sowie der Analyse um die sicherheitspolitischen Konsequenzen und der sich daraus ergebenden Rolle von Seestreitkräften impliziert durch mögliche Veränderungen der Faktoren im maritimen Umfeld zwischen Sicherheits- und Stabilitätsrisiken im weiteren Sinne und den sicherheitspolitischen maritimen Risiken im engeren Sinne sowie zwischen konfliktgenerierenden und konfliktverschärfenden Dimensionen differenziert werden muss, um letztlich die geeigneten maritimen wehrtechnischen und operationellen Anforderungen, etwa im Kontext des ganzheitlichen Ansatzes, für Seestreitkräfte zu formulieren, um so ggf. Seemacht ausüben zu können.
Darunter ist nachfolgend zu verstehen:

- Die Unterscheidung zwischen Sicherheits- und Stabilitätsrisiken der Veränderungen des maritimen Umfeldes im weiteren Sinne und den sicherheitspolitischen Risiken im engeren Sinne erlaubt es, der These nachzugehen, dass nicht jede Gefährdung der Ressourcen-, Versorgungs- und Katastrophensicherheit im maritimen Umfeld als Aufgabe der sicherheitspolitischen Gefahrenabwehr anzusehen ist und nicht alle Ressourcen- und Versorgungskonflikte die staat-

[74] Stenzel 2016.

liche, regionale und internationale Sicherheit im engeren politischen Sinne bedrohen und somit den Einsatz von Seestreitkräften erfordern. Eine solche Differenzierung gestattet es, die relevanten sicherheitspolitischen, durch maritime Faktoren induzierten Dimensionen genauer betrachten zu können.[75]

- Die Differenzierung zwischen konfliktgenerierenden und -verschärfenden Dimensionen der Veränderungen der Parameter des maritimen Umfeldes im 21. Jahrhundert erlaubt eine Differenzierung hinsichtlich der zu ergreifenden Maßnahmen in der Sicherheitspolitik, um die strategischen Konsequenzen der Umfeldänderungen handhaben und ihnen präventiv begegnen zu können. Hinsichtlich der zu entwickelnden und umzusetzenden Strategien und der damit verbundenen Formulierung von wehrtechnischen und operationellen Anforderungen ist es von fundamentaler Bedeutung, ob Konflikte als Ursache der Veränderungen neu entstehen oder einen bestehenden Konflikt verschärfen, da hiervon ggf. das Wirken von Seestreitkräften abhängt.
- Neben den oben angeführten Überlegungen ist die Themenbearbeitung dadurch motiviert, dass sich hinsichtlich der strategischen Adaption Erfordernisse für Seestreitkräfte ableiten lassen. Hier ist die Frage relevant, wie sich Seestreitkräfte auf die durch die Änderungen im maritimen Umfeld verursachten oder verstärkten Konflikte einstellen müssen. In diesem Kontext ist die Frage nach den erforderlichen maritimen Strategien sowie den benötigten allwetter- und -klimafähigen Technologien, um möglicherweise als ultima ratio mit Seekriegsmitteln auf mögliche Konflikte reagieren zu können, zu beantworten. Die Frage nach eventuellen Veränderungen im Verständnis von maritimen Operationen in teilweise bisher unzureichend berücksichtigten Einsatzgebieten ist eine weitere Frage, die es zu verfolgen gilt.[76]
- Am Ende steht die Beantwortung der Frage, ob etwa die technische, operative, sozial- und landeskundliche Kompetenzbildung und Sensibilisierung der Angehörigen der Seestreitkräfte auf neue Konflikte hin verändert werden muss und ob die bisherigen Organisationsformen der Streitkräfte ausreichen, um neuen maritimen Konflikten entgegentreten zu können.

Im ständigen Fokus der Betrachtungen wird die deutsche Perspektive berücksichtigt, nämlich dass stets die Einbettung der Bundesrepublik Deutschland in multinationale Organisationen (UN, NATO, EU) angestrebt bzw. gemäß politischer Maßgabe (Bundesregierung 2006) vorgesehen ist. Des Weiteren sind die Strategien stets kompatibel zu denen der Hauptmächte USA, Frankreich, Großbritannien, wie etwa zu dem QDR 2014 der USA.[77] Diese Sichtweise erforderte, dass die Politik

[75] Albrecht 2013.

[76] Für die Arktis wurde der Frage bei Albrecht 2014 nachgegangen.

[77] US Department of Defense 2014. Das Ziel des QDR 2014 ist eine Betrachtung der Streitkräfte der Vereinigten Staaten und ihres wahrscheinlichen Einsatzgebietes sowie ein sich hieraus ergebendes Reformerfordernis über einen Zeitraum von 5 bis 20 Jahren in der Zukunft. Die im Anschluss folgende Zusammenfassung des Dokuments bedient sich der Struktur des QDR 2014. Lange Strecken des Dokuments sind sehr allgemein gehalten und ergeben keine in der Praxis anwendbaren Ergebnisse oder lassen nur sehr indirekte Schlüsse auf Veränderungen in der US-Sicherheitspolitik zu. Im QDR 2014 werden insgesamt die heute vorherrschenden Konfliktformen auf die nächs-

und Ausrichtung der NATO und EU[78] hinsichtlich der maritimen strategischen Konsequenzen berücksichtigt wurden.

Aus der Analyse der Faktoren müssen anschließend Empfehlungen abzuleiten sein, wobei die nachfolgenden vier Aspekte in den Vordergrund rücken:

- Der politische Aspekt, der der Frage nachgeht, welche institutionellen politischen Rahmenbedingungen existieren müssen, um den, teils rasanten, Veränderungen des maritimen Umfeldes im 21. Jahrhundert begegnen zu können.
- Der strategische Aspekt, der der Frage nachgeht, wie sich Seestreitkräfte zukünftig aufstellen müssen, um den sicherheitspolitischen Implikationen der veränderten maritimen Faktoren effizient begegnen zu können.
- Im Ergebnis der ersten zwei Aspekte ergibt sich der dritte Aspekt in Form der Fragestellung, welche sicherheitspolitischen Empfehlungen sich für die deutsche internationale Politik mit Schwerpunkt auf dem maritimen Umfeld und auf der Rolle von Seestreitkräften als Träger des politischen Willens ableiten lassen.
- Auf der Grundlage der obigen drei Punkte ergibt sich die Ableitung des ggf. neuen Wirkens von Seestreitkräften, deren Formulierung sich an der Ausrichtung der operativen Vorgaben und der wehrtechnischen Möglichkeiten[79] orientiert.

Die im Rahmen der Gesamtanalyse betrachteten Wechselwirkungen zwischen Parametern des maritimen Umfeldes sind eng mit der Gesamtfragestellung hinsichtlich der sicherheits- und rüstungspolitischen Auswirkungen[80] verbunden. Ein wissenschaftlicher Fokus der Abhandlung liegt in einer Zusammenschau und Aufarbeitung von Faktoren des maritimen Umfeldes und einer kurzen Vorstellung der wirtschaftlichen sowie seerechtlichen Zweige mit dem Ziel, ein Verständnis dafür zu vermitteln. Einer der betrachteten Aspekte hinsichtlich der Umweltfaktoren ist, neben den in der breiten Öffentlichkeit bekannten Klimafaktoren, etwa die gemessene Veränderung des Ostgrönlandstromes. Die in dem Seegebiet jährlich durchgeführten Messungen dienen dem Ziel, die Ursachen der Variabilität der für die thermohaline Zirkulation des Atlantiks bedeutenden Ausstromkomponenten des Arktischen Ozeans und des Europäischen Nordmeers, dem Overflow und dem Süßwasserausstrom, zu ermitteln. Die Ausstromkomponenten des Arktischen Ozeans und des Europäischen Nordmeeres sind der oberflächennahe, kalte Süßwasserausstrom[81] über dem Ost-

ten 20 Jahre projiziert. Es erfolgt eine Betrachtung des Bedrohungspotentials einer verstärkten militärischen Macht in Asien und dem »Anti Access« and »Aerial Denial« (A2/AD)-Ansatz der US-Streitkräfte. Zudem wird mehrfach das Erfordernis einer Stabilisierung Nordafrikas und des Mittleren Ostens angesprochen. Konkrete Szenarien, aus denen der Umfang der Streitkräfte anhand der Erfordernisse abgeleitet wird, werden nur kurz erwähnt, nicht jedoch weiter analysiert. Eine Reform der Struktur/Organisation der Streitkräfte wird nicht betrachtet, jedoch vertieft auf die Auswirkungen der Budgetkürzungen eingegangen, siehe: US Department of Defense 2014, S. 1–88.

78 Hier sind die Aussagen der Alliance Maritime Strategy der NATO und der Allied Maritime Governance der NATO und der EU Maritime Strategy und der korrespondierende Aktionsplan sowie die Global Strategy of the EU vom Juni 2016 relevant.

79 Albrecht et al. 2016, S. 36–39.

80 Albrecht, Beckmann 2010.

81 Rahmstorf et al. 1996, S. 129–158.

grönlandschelf und der Overflow über den Schwellen des Grönland-Schottland-Rückens[82]. Die niederfrequenten Schwankungen des Ausstroms sind das Ergebnis des veränderlichen atlantischen Einstroms, der Veränderungen der Zirkulationsmuster, der Umwandlungsvorgänge, der Niederschlagsverteilung und der Eisbildung in den beiden Seegebieten.[83]

Ein weiterer Aspekt im Rahmen der Eingangsbetrachtungen sind, neben der Herstellung eines Zusammenhangs zwischen den großskaligen Schwankungen des Arktischen Ozeans und des Europäischen Nordmeeres, die Spurengaskonzentrationen in der Atmosphäre. Aufgrund ihrer teilweise globalen Wirksamkeit auf die atmosphärische Temperaturverteilung stehen sie vorwiegend im Fokus der öffentlichen klimarelevanten zivilen Betrachtungen.[84] Die Auswahl der arktischen Klimakomponente erfolgte dahingehend, dass aufgrund der klimatischen Veränderungen und der sich daraus ergebenden sicherheitspolitischen Konstellationen Seemacht in diesen Raum projiziert werden kann bzw. wird, um vitale Interessen von Staaten durchzusetzen. Hier bietet sich an, die Entfaltung von Seemacht und die Rolle von Seestreitkräften darzustellen.

Im engen Kontext der natürlichen Parameter rücken durch das zurückweichende Packeis in der Arktis bis zum Jahre 2050 die Schifffahrtsrouten längs der sibirischen und kanadischen Küste als attraktiver Seeweg der Zukunft ins Blickfeld der Analyse.[85] Für die Seeverkehrswirtschaft bedeutet dies, dass zukünftig beispielsweise die Route Europa – Asien auf 14 000 bis 15 000 Kilometer, statt der bisherigen 21 000 Kilometer durch den Suezkanal, verkürzt wird. Dieser Sachverhalt legt die Vermutung nahe, dass sich das Fracht- und das Transportaufkommen auf See, besonders zwischen den arktischen Häfen, erhöhen werden.[86] Dies kann zur Folge haben, dass im Schiffbau, verursacht durch die große Nachfrage an Frachtraum, mit einem im Vergleich zu heute erhöhten Auftragsaufkommen zu rechnen ist. Damit ergibt sich die Frage, ob mit einer Entwicklung neuer maritim-orientierter Märkte und Infrastrukturen sowie mit einer Reduzierung der Schiffsemissionen an Kohlendioxid bis 2050 aufgrund der Nutzung der arktischen Seewege zu rechnen ist.[87] Bereits im Jahr 2016 waren Anzeichen erkennbar, dass die entstehende Infrastruktur und deren Schutz zu einem strategischen Gut bzw. Interesse von Staaten avanciert, welches nur durch die Projektion von Seestreitkräften und die damit verbundene Entfaltung von Seemacht sichergestellt werden kann. Aufgrund der bis 2050 möglicherweise gewandelten natürlichen Bedingungen in der Arktis rücken die Öl- und Gasförderung aus dem Arktischen Ozean vermehrt ins Blickfeld der Nationen, besonders der Arktis-Anrainerstaaten.[88] Der Prozentanteil der Offshore-Energiegewinnung mit-

82 Willebrand et al. 2001, S. 123–126.
83 Albrecht 2013; Albrecht 2014.
84 Europäische Kommission (EC) 2008, S. 9; WBGU 2008, S. 1–20; IPCC 2013a; World Ocean Review (WOR) 2014, S. 28–53.
85 Winkelmann 2008; Marx 2009; Ohlendorf 2016, S. 1–21. Parliament by the Prime Minister by Command of Her Majesty 2015, S. 12 f., 16. NMS 2015.
86 Albrecht 2013, 2014.
87 Albrecht 2013; Albrecht und Brauner 2016, S. 38.
88 Gerdes und Köberle 2007, S. 1–11; Haas et al. 2009, S. 1–5.

tels Förderplattformen im Ozean wird deutlich zunehmen. Somit ist zu erwarten, dass zukünftig im maritimen Wirtschaftssektor die Offshore-Technologie als Schlüsseltechnologie dominieren wird.[89] Mit den Innovationen auf diesem Gebiet ist zu erwarten, dass bis in große Tiefen (2000 m und mehr) auch in polaren Gebieten vorgedrungen wird. Das schließt ein, dass beispielsweise Gashydrate (eisähnliche, vorwiegend an den Kontinentalrändern vorkommende Gemische aus Wasser und Methan),[90] Manganknollen und Erzschwämme gefördert werden können und gleichzeitig Kohlendioxid in den Meeresboden gepresst werden kann.[91]

Hier ist der Frage nachzugehen, ob aufgrund des vielseitigen Rohstoffangebots im Meeresboden, besonders in dem des Arktischen Ozeans, sowohl von einem ggf. aggressiven Wettlauf um diese Rohstoffe als auch von einer verstärkten Anspruchshaltung der Anrainerstaaten bis zum Jahre 2050 auszugehen ist, die in einen Wettlauf um die modernste arktische Wehrtechnologie und die beste Entfaltung von Seemacht münden.

Ein weiterer, sich bis 2050 verstärkt etablierender maritimer Wirtschaftsfaktor wird die Energiegewinnung auf See und an den Küsten sein.[92] Hier spielt die Arktis derzeit noch eine untergeordnete Rolle, jedoch ist auch hier von einer Zunahme der Arktis als »Technologiestandort« auszugehen. Gezeitenkraftwerke (wie in St. Malo, Frankreich), die Nutzung der Energie aus der Meeresströmung und des ozeanischen Bodenstroms, die Energie von Meereswellen sowie die Meereswärmenutzung – die Meeresoberfläche bietet als Sonnenkollektor ein Energienutzungsvolumen bis zu 150 Millionen kWh/Jahr[93] – stellen bereits in außerarktischen Gebieten neue umweltfreundliche Energiequellen dar. Diesbezüglich ergibt sich die Annahme, dass sich damit einhergehend auch neue maritime Wirtschaftszweige und Handelsströme etablieren, die militärisch schützenswert sein werden. In den Ausführungen der Abhandlung wird dieser Frage im Grundlagenteil nachgegangen.

Bezüglich der Fischfangindustrie muss die Frage beantwortet werden, ob bis zum Jahre 2050 die Meere intensiver als bisher befischt werden. Dies würde eine Überfischung aller Ozeane und eine daraus resultierende Minderung der Ertragsquoten bewirken.[94] Es zeichnet sich ab, dass Fischfarmen und deren Aquakulturen vermehrt entstehen werden, um der gestiegenen Lebensmittelnachfrage genügen zu können. Hier stellt sich die Frage, inwieweit sich die Streitigkeiten über Fischereirechte ausweiten können.[95]

---

89 International Energy Agency (IEA) 2010, S. 11; WOR 2014, S. 10–51, 142–143; IEA 2015, S. 21–22, S. 107.

90 Laut Studie des Solarenergie-Fördervereins Deutschland e.V. (SFV) von 2007 könnten allein mittels Geothermie (ohne die Anteile der Solar- und Windenergie) bis zu 225 Mrd. kWh Wärme und gleichzeitig bis zu 25 Mrd. kWh Strom produziert werden. Im Vergleich dazu liegt der jährliche Gesamt-Energieverbrauch (Strom und Wärme) in Deutschland bei 2450 Mrd. kWh, das sind 30 000 kWh/Jahr und Kopf.

91 Maribus 2014.

92 Albrecht 2013.

93 IEA 2011; WOR 2014, S. 157–161.

94 Froese 2004, S. 86; Frost, Andersen 2006, S. 737–746; Maribus 2014.

95 Albrecht 2013, 2014.

Im Zuge der Zunahme der weltweiten Mobilität ist davon auszugehen, dass Kreuzfahrten und Sportschifffahrt in polare Regionen der Erde zunehmen werden. Daraus ableitend ist zu erwarten, dass große Kreuzfahrtschiffgesellschaften ihre Flotte zukünftig erneuern und erweitern. Im Zuge der Analyse ergeben sich auch in diesem Kontext Ansatzpunkte hinsichtlich der maritimen Sicherheit in arktischen Gewässern.

Die dargestellten maritimen Faktoren stehen auch mit strategischen Faktoren in einer engen und sehr komplexen Wechselwirkung.[96] Mit Blick auf die natürlichen Ressourcen spielen neben dem Thema der Sicherung des privilegierten Rohstoffabbaus in der Arktis, besonders der Öl- und Gaslagerstätten, mögliche Grenzverwerfungen und Gebietsansprüche, etwa auf Inseln zwischen den Anrainerstaaten, eine Rolle. So sorgt sich beispielsweise Kanada bereits jetzt um seine hoheitlichen Grenzen und seine Ausschließliche Wirtschaftszone in der Beaufortsee, hier im Bereich der Queen-Elizabeth-Inseln, und sieht sich russischen Begehrlichkeiten gegenüber. Ähnlich verhält es sich auf der Inselgruppe Svalbard in der Barentssee, wo sich Streitigkeiten betreffs der Inselnutzung zwischen Norwegen und Russland ergeben könnten. So wird seit Jahrzehnten die Insel Björnaya durch den russischen Steinkohle-Bergbau intensiv genutzt. Ob diese Streitigkeiten in einen Konflikt bewaffneter Art münden können, ist derzeit offen. Ebenso bleibt abzuwarten, ob Drittstaaten wie China aktiv wirken könnten und ob Arktisanrainer ihre Projektion von Streitkräften ausweiten. Diese Projektion könnte vorwiegend nur über ein ausgedehntes Engagement und die damit verbundene Wirkung von Seestreitkräften erzielt werden und letztlich bedeuten, dass durch staatliche Akteure Seemacht ausgeübt wird oder ein Ringen um diese in der Arktis erfolgt. Neben den obigen Aspekten, die im wesentlichen Resultat natürlicher und wirtschaftlicher Veränderungen sind, gewinnen Projektions- und Rüstungsbestrebungen von Schwellennationen[97] an Bedeutung und können zu essentiellen sicherheitspolitischen Spannungen führen, denen etwa die Mitgliedstaaten von NATO und EU strategisch Rechnung tragen müssen.[98] Hier ist es Aufgabe der Analyse, die maritimen Interessen einzelner Akteure in der Arktis herauszustellen und wehrtechnisch zu bewerten.

Analoge Betrachtungen ergeben sich für den ostasiatischen Raum, insbesondere hinsichtlich des Projektionsbestrebens Chinas im Südchinesischen Meer. Hier werden die durch Mahan[99] bereits festgestellten Merkmale der Entfaltung von Seemacht offenkundig. Die Schaffung von Stützpunkten im Seeraum, die permanente Präsenz von Seestreitkräften im Sinne eines Flagge-Zeigens und die Abschreckung durch

---

96 Albrecht 2013.

97 Knittel 2010, S. 27–30; Ivashentsov 2010, S. 128–139; Mearsheimer 2010, S. 87–100. In seinem Artikel geht Knittel auf das Machtprojektionsstreben Chinas und in dessen Peripherie Nordkoreas ein und stellt dieses den Interessen der USA und Japans gegenüber, er geht von einer zunehmenden Rivalität der beiden Kontrahentenbündnisse aus. Zu einem ähnlichen Schluss kommt Mearsheimer. Hinsichtlich der Machtprojektion, insbesondere der nuklearen Waffen in Nordkorea, sieht Ivashentsov eine Zunahme des Projektionsstrebens Nordkoreas, welches besonders durch den Westen und von Südkorea und Taiwan mit Sorge betrachtet wird. Hier wurde und wird eine Eindämmung und Kontrolle über die im Artikel genannten Six-Party Talks, eine Konferenz zwischen Russland, China, den USA, Nordkorea, Südkorea und Japan, angestrebt.

98 Algieri, Feichtinger 2010, S. 135–139; NATO 2016.

99 Mahan 1892.

Show of Forces sind demnach wesentliche Merkmale von Seemacht,[100] die in Chinas Aktivitäten im ostasiatischen Seeraum einen hohen Wiedererkennungswert haben und somit auf ein Engagement zur Erreichung von Seemacht schließen lassen.

Stenzel und Seidler[101] stellen fest, dass die maritimen Entwicklungen im asiatisch-pazifischen Raum das 21. Jahrhundert maßgeblich beeinflussen werden. In der Erweiterung dessen ist festzuhalten, dass die Entwicklungen die rasantesten und womöglich auch im Kontext der internationalen Beziehungen nachhaltigsten sind, die bisher und zukünftig zu beobachten sind und Auswirkungen auf hegemoniale Konstellationen und Bestrebungen haben werden.

Nach Stenzel werden Auswirkungen auf regionale und globale sicherheitspolitische Strukturen, die sowohl im wissenschaftlichen als auch im politischen Raum konträr diskutiert werden, möglicherweise neue Machtgefüge und Beziehungsmuster im Kräfteviereck China-Indien-Japan-Amerika ergeben. Davon werden die weitere Entwicklung Chinas und das künftige Verhältnis der Volksrepublik zu den Vereinigten Staaten abhängen. Es lässt sich aufgrund der wirtschaftlichen Stärke Chinas ein deutlicher Mitgestaltungswille bei globalen Fragen erkennen,[102] der u.a. darin fußt, dass China mit Beginn des 21. Jahrhunderts das größte Blauhelm-Kontingent von allen Staaten mit Sitz im Ständigen Ausschuss des Sicherheitsrats in andere Länder entsandte. In den Gestaltungswillen eingebettet ist, dass China seit 2010 ein umfassendes Modernisierungsprogramm für die Seestreitkräfte aufgelegt hat, um etwaige Seemachtbestrebungen und regionalhegemoniale Ambitionen zu untermauern und zu fördern.[103] Diese Ambitionen nach Seemacht werden im asiatisch-pazifischen Raum bis hin zur Westküste der USA kritisch, wenn nicht sogar mit Sorge verfolgt. Hier werden insbesondere regionale Akteure wie Japan, Australien und die USA aktiviert, ggf. eine Gegen-Seemacht aufzubauen, um das derzeitige Gefüge der friedlichen Ordnung zu erhalten. Im System der internationalen Beziehungen lassen sich hier, ebenfalls analog zur Arktis, neorealistische Ansätze der Schaffung von Macht und Gegenmacht im maritimen Umfeld der Akteure erkennen, die es erlauben, den Aspekt weiterzuverfolgen.

Um die Rolle von Seestreitkräften im maritimen Raum einzuordnen, ist es erforderlich, der Frage nach dem Rahmen ihrer Wirkung und den dazu vorhandenen Fähigkeiten nachzugehen.

In erster Linie leisten Seestreitkräfte, wie auch Land- und Luftstreitkräfte, einen Beitrag zur Verteidigung und zum Schutz der territorialen Integrität einer Nation. Diese Aufgabe beinhaltet die Kontrolle der Territorialgewässer, der AWZ und der maritimen Infrastruktur. Die besondere Verantwortung der Seestreitkräfte ergibt sich meistens unmittelbar aus dem Verfassungsauftrag. Die territoriale Integrität ist mit Unterstützung durch und im Gegenzug auch für Bündnispartner sicherzustellen.[104]

---

100 Mahan 1892.
101 Stenzel 2016; Seidler 2013.
102 Stenzel 2016.
103 International Institute for Strategic Studies (IISS) 2016.
104 Marine DACH 2016, S. 6.

Eine glaubhafte maritime Abschreckung erfordert maritime Fähigkeiten zum Einsatz im gesamten Spektrum der Intensität: vom Frieden über die Krise bis hin zum Krieg. Die meisten Seestreitkräfte, wie auch die deutsche Marine, beschränken sich dabei auf konventionelle Mittel. Daran ausgerichtet sind somit Ausrüstung, Fähigkeiten, Ausbildung und Betrieb von Seestreitkräften. Wobei eine zunehmende Nuklearisierung der maritimen Fähigkeiten weltweit erkennbar ist. Im Bereich der Landesverteidigung spielen die Abwehr klassischer Bedrohungen und neuartiger Risiken im Rahmen der verbundenen dreidimensionalen Seekriegführung[105] eine bedeutende Rolle. Asymmetrische oder hybrid agierende Akteure unterwerfen sich nicht den völkerrechtlichen Normen von zwischenstaatlichen Konflikten und Beziehungen und sind nicht an Grenzen gebunden. Hier müssen Seestreitkräfte befähigt sein, Spezialoperationen abzuwehren, maritimem Terrorismus vorzubeugen und den Schutz kritischer Infrastruktur sowie der eigenen Informationsnetzwerke (Cyberabwehr) zu gewährleisten. Dies schließt die Fähigkeiten zur ressortgemeinsamen und multilateralen Zusammenarbeit im Zuge der Früherkennung möglicher Bedrohungen und Risiken ein. Die Rolle von Seestreitkräften im maritimen Raum beinhaltet somit:

- die durchhaltefähige konventionelle, ggf. nukleare Abschreckung;
- die Projektion von maritimen Fähigkeiten im Sinne von Prävention und Show of Forces;
- die ggf. robuste Durchsetzung eines politischen Willens, inklusive einer Eskalationsfähigkeit;
- das Wirken gegen Spezialoperationen zum Schutz maritimer Infrastruktur und Schutz der eigenen Informationsnetzwerke sowie anderer strategischer Güter;
- die ressortübergreifende und multinationale Zusammenarbeit;
- die Unterstützung diplomatischer und vertrauensbildender Maßnahmen.

Im Sinne der Bündnisfähigkeit von Seestreitkräften, hier exemplarisch aus deutscher Sicht mit Blick auf NATO und EU, stehen

- die verlässliche Unterstützung von NATO-Partnern im regionalen und globalen Rahmen,
- die Beteiligung an maritimen Initiativen und Maßnahmen im Rahmen der Gemeinsamen Sicherheits- und Verteidigungspolitik der EU (GSVP),
- die gemeinsame Übung von Seestreitkräften in Szenarien hoher Intensität sowie
- die Interoperabilität in der NATO und EU

im Mittelpunkt der Wahrnehmung der Rolle von Seestreitkräften. Diese Wahrnehmung ist mit dem NATO Defence Planning Process und dem EU Capability Developement Mechanism[106] konzeptionell hinterlegt. Anzumerken ist, dass diese Merkmale auch auf die Bündnisfähigkeit in andersgearteten Konstellationen als den hier genannten ihre Gültigkeit haben, da für ein effizientes Wirken von Seestreitkräften in jeglichem Bündnis diese Merkmale vorauszusetzen sind.

Festzuhalten ist auch, dass der derzeitige und zukünftige Hauptprojektions- und Aufmarschraum, wie am Beispiel des Südchinesischen Meeres sichtbar, der

---

105 Über und unter Wasser und aus der Luft sowie von Land.

106 Marine DACH 2016, S. 6; Seidler 2015.

Seeraum ist bzw. sein wird, um vitale Interessen von Staaten durchzusetzen. Hierzu sind Operationen von und auf See erforderlich, die nur durch Seestreitkräfte, und zwar im streitkräftegemeinsamen Ansatz, zu erbringen sind. Seestreitkräfte avancieren hierdurch zum fast ausschließlichen Garanten für die Entfaltung von Seemacht und die verlässliche Planung und Durchführung von Operationen. Aufgrund ihrer besonderen Rolle, wie beispielsweise der diplomatischen Rolle, wirken sie auch bestenfalls als deeskalierender Faktor in Krisen.[107] Diese Rolle kann durch Land- und Luftstreitkräfte nicht wahrgenommen werden. In der Zusammenschau aller für diese Abhandlung motivierenden maritimen Faktoren sieht sich unsere Gesellschaft bis 2050 einem maritimen Umfeld gegenüber, welches sich auf alle Lebensbereiche erstrecken und auswirken wird. Die sicherheits-, militär- und rüstungspolitischen Entscheidungsträger auf verschiedenen Ebenen werden neuen, bisher kaum debattierten Herausforderungen gegenüberstehen. Der hier verfolgte Leitgedanke einer möglichst gesamtheitlichen Betrachtung der maritimen Faktoren im Kontext der sicherheitspolitischen Analyse, der technologischen Lösungsfindung und der Betrachtung der Rolle von Seestreitkräften als letztliche Konsequenz erlaubt die notwendige transdisziplinäre Darstellung und Diskussion des Hauptthemas sowie zumindest die Teilbeantwortung der aufgeworfenen Fragestellungen, hier mit dem Schwerpunkt auf der Rolle von Seestreitkräften im 21. Jahrhundert.

1.3. Methodik

Den theoretischen Rahmen, um die obige Thematik umfassend betrachten und politikwissenschaftlich-theoretisch einordnen zu können, gibt die neorealistische Denkschule. Der policy-orientierte Ansatz bezieht sich hier auf die maritime Sicherheitspolitik mit den Elementen maritimes Umfeld und Seemacht bzw. Seestreitkräfte. Hierfür ergeben sich Anhaltspunkte bei Schneider und Janning.[108] Der Ansatz verfolgt das Ziel, neben den politischen Entscheidungen der Hauptakteure deren daraus abgeleitete Handlungsoptionen zu bestimmen und zu bewerten. Dies darf jedoch nicht losgelöst sein von Faktoren des maritimen Umfeldes, zu denen neben den quantifizierbaren und vorhersagbaren bzw. validierbaren Faktoren wie Umwelt, Rüstung und Wirtschaft, Stärke und Fähigkeiten von Seestreitkräften auch schwer vorhersagbare Faktoren, wie der menschliche Faktor als Entscheidungsträger und Multiplikator bzw. Befürworter für die politische Rolle von Seestreitkräften sowie Strukturen, die sich aus den Entscheidungen und Handlungen ergeben, gehören. Der daraus erwachsene Einfluss von etablierten Strukturen, etwa von Seestreitkräften, und das daraus induzierte politische Verständnis von Seemacht und der Rolle von Seestreitkräften und dem sicherheitspolitischen und operationellen Handeln sind somit als ein entscheidendes Element in der Analyse der situationsabhängigen und -bestimmenden Faktoren zu berücksichtigen, um letztlich die handelnden Akteure, Einflussgrößen und Rahmenbedingungen zu bewerten. Somit wird die Abhandlung

[107] Mahncke, Schwarz 1974.
[108] Schneider, Janning 2006, S. 15–18.

neben dem theoretischen Ansatz auch dem praxisorientierten gerecht und somit anwendungsorientiert. Es werden neorealistische Grundannahmen einbezogen, was es notwendig macht, sowohl den Realismus als auch den Neorealismus in seinen Grundzügen darzustellen. Grundlegende Elemente für die Organisation in den internationalen Beziehungen des 20. Jahrhunderts, das vornehmlich vom Ost-West-Konflikt geprägt war, sind hier die Erhaltung bzw. Erreichung von Macht und Sicherheit und die von maritimer Sicherheit in ihren verschiedenen Facetten bzw. Dimensionen. Der Theorieansatz ist, aufgrund der Prägung durch den Ost-West-Konflikt welcher eine bipolare Weltordnung[109] erzeugte, eine strukturelle Theorie. Aus heutiger Sicht wird dieses Grundelement im 21. Jahrhundert zwar verzerrt bzw. zeigt offene Randbereiche, jedoch nimmt es, besonders mit Blick auf die möglichen zwischenstaatlichen Konflikte im maritimen Umfeld, weiter einen hohen Stellenwert in der Politikanalyse ein. Ebenfalls erscheint der theoretische Ansatz sinnvoll für die Analyse von Seemacht, da es sich dabei meistens auch um eine bipolare Ordnung, die auf Macht und Gegenmacht sowie den dazugehörigen Capabilities beruht, handelt. Der bedingt durch das Thema vornehmlich empirisch-analytische Ansatz in der Abhandlung folgt dem Anspruch nach einer qualitativ-empirisch ausgerichteten Orientierung der Themenbearbeitung.

In die Betrachtungen des internationalen Systems sind somit die Grundgedanken des Neorealismus von Waltz[110] aufgenommen worden. Das dem Neorealismus zugrundeliegende Bild von staatlicher Macht ist durch die Verbindung mit dem Konfliktbegriff nach Singer[111] in der neorealistischen Theorie zu einem brauchbaren Werkzeug der Analyse der internationalen Konflikte avanciert, welches es erlaubt, einen Zusammenhang zwischen der Struktur des internationalen Systems, dem Handeln der Akteure, der Machtverteilung zwischen diesen sowie der Entstehung und Regulierung bzw. Lösung von internationalen Konflikten herzustellen. Hier sind militärische Fähigkeiten nur eine Option. Im Kontext der Machtverteilung auf See, also der Erlangung und Entfaltung von Seemacht, spielen maritime militärische Fähigkeiten in Form von Seestreitkräften eine nicht unwesentliche Rolle und werden daher als Mittel und Lösungsansatz der internationalen Politik herausgehoben dargestellt. Wichtig erscheint dabei, dass die Faktoren und Mittel in der Folge des Zusammenspiels bzw. -hangs besonders auf internationale Machtverschiebungen und Systemänderungen[112] wirken können. Im Sinne des maritimen Umfeldes bedeutet das, dass die Rolle und das Wirken von Seestreitkräften auf die Gestaltung von Seemacht Einfluss nehmen und aktuelle Konstellationen im internationalen System im maritimen Umfeld verändern können. Somit kann auch in diesem Punkt die obige Theorie als politisch-theoretische Hinterlegung für die Fragestellungen nach den Faktoren und ihren Implikationen auf das international geprägte maritime Umfeld von heute und der Zukunft sowie auf die Rolle von Seestreitkräften herangezogen und für Folgerungen hinsichtlich der Abschätzung von möglichen Entwicklungen

109 Siedschlag 1998, S. 207.
110 Waltz 1959, 1979, S. 2010.
111 Singer 1949, S. 145–170.
112 Roloff 2004, S. 102.

im maritimen Umfeld verwendet werden. Als weiterer theoretischer Bezug wird die Raumtheorie nach Carl Schmitt herangezogen. Das Verständnis von Raum und Territorium im Kontext der Akteure, Schmitt bezeichnet diese als Freund und Feind, eignet sich für die Diskussion um Seeräume und die damit verbundene Seemacht. Diese Sicht erlaubt es, die sicherheitspolitische Dimension von Seeräumen und der Akteure in ihnen zu diskutieren und die Debatte um Seemacht und Territorien, um die es bei der Entfaltung von Seemacht vornehmlich geht, politikwissenschaftlich theoretisch zu führen.

Die Nutzung von zwei theoretischen Perspektiven gestattet es zudem, einerseits die Akteure und ihre Mittel für Seemacht mittels der neorealistischen Sicht und andererseits die Seeräume, die für die Ausübung von Seemacht meistens der Anlass sind und in denen Seemacht ausgeübt wird, zu betrachten. Die Kombination von beiden theoretischen Sichtweisen ermöglicht eine Diskussion von zwei wesentlichen Elementen des maritimen Umfeldes, der Macht- bzw. Akteurs- und der Raumverhältnisse, aus politikwissenschaftlicher Sicht. Die Projektion der Theorie in die praktische sicherheitspolitische Ebene lässt die Theorie zu einem operationalisierten Instrument für das Verständnis des Wesens von Seemacht avancieren. Um den für die Durchsetzung von Seemacht notwendigen Aspekt der maritimen Fähigkeiten aufzunehmen, sind neben dem politikwissenschaftlichen Ansatz, der den Schwerpunkt in der Themenbearbeitung darstellt, auch konzeptionell-technologische Überlegungen aus den Natur- und Ingenieurswissenschaften eingeflossen. Diese beschränken sich jedoch auf einzelne Ausführungen zu mathematischen und physikalischen Grundlagen, um maritime Fähigkeiten exemplarisch zu beschreiben. Hier werden die Computational Fluid Dynamics (CFD) Hydrocodes, das modifizierte Punkt-Masse-Modell der NATO nach STANAG 4355 sowie eine Übersicht zu maritimen technologischen Entwicklungen dargestellt. Die Ergebnisse der Arbeit resultieren vornehmlich aus dem intensiven Studium von Literatur aus den Bereichen Natur-, Politik- und Ingenieurwissenschaft. Die sich gemäß dem Thema ergebenden komplexen und teilweise nicht eindeutig abgrenzbaren Zusammenhänge zwischen den Wissenschaftsdisziplinen sind herausgearbeitet und bewertet worden. Ein Beleg für die Gültigkeit der Merkmale der ausgewählten Theorie am praktischen Beispiel wurde in Form von ausgewählten Fallbeispielen und -regionen erbracht. Hier ist jedoch anzumerken, dass bedingt durch die Komplexität und Schnelllebigkeit des multidimensionalen maritimen Umfeldes sowohl die Faktoren des maritimen Umfeldes als auch deren Wechselwirkungen nicht allumfassend, mit dem Anspruch auf Vollzählig- und Vollständigkeit, erfasst werden konnten.[113] Dies trifft ebenso auf die Verifizierung der theoretischen Merkmale zu. Die Anwendung einer politischen Theorie täuscht jedoch nicht darüber hinweg, dass es sich bei der vorliegenden Arbeit vornehmlich um eine qualitativ orientierte Themenbearbeitung handelt, was auf der eher praxisorientierten Beschaffenheit des Themas beruht. Eine quantitative Analyse erscheint für die Bearbeitung nicht angebracht, da keine direkten Vergleichsmöglichkeiten[114] gegeben sind. Die Anwendung eines theoretischen

[113] Albrecht 2013, 2014.
[114] Schneider, Janning 2006, S. 40 f.

Apparates darf allerdings auch nicht den Blick darauf verstellen, dass es sich bei den Teilaspekten zu den Fähigkeiten von Seestreitkräften vor allem um eine konzeptionell orientierte Behandlung handelt, was auf der operationellen Sicht der Rolle von Seestreitkräften beruht und die somit der praxisbezogenen Beschaffenheit geschuldet ist. Eine reine theoretische, von den Anforderungskriterien der Seestreitkräfte losgelöste Analyse scheint für die Bearbeitung nicht angebracht und wäre auch nicht zielgruppenorientiert. Eine Besonderheit in der Methodik ist die Behandlung von verschiedenen Fallbeispielen. Die Fallbeispiele orientieren sich im Ausgangspunkt an der heutigen Situation von Seemacht und der Rolle von Seestreitkräften im maritim-sicherheitspolitischen Umfeld und geben Anhaltspunkte zu möglichen, nicht verifizierbaren, zukünftigen maritimen Erfordernissen. Dabei werden heutige maritime Einsätze, Aktivitäten und Entscheidungen von staatlichen und nichtstaatlichen Akteuren, strategische, operative und wehrtechnische Ausrichtungen von Staaten und derzeitige maritime Brennpunkte in verschiedenen Bereichen des maritimen Umfeldes einbezogen.

1.4. Inhalt der Abhandlung

Um die oben gestellten Fragen im Rahmen der Themenstellung beantworten zu können, werden Aspekte in allen aufgeworfenen maritimen Bereichen bearbeitet. Die vorliegende Abhandlung analysiert und bewertet daher in einem ersten Schritt die maritimen Faktoren und setzt diese in Kontext zu sicherheitspolitisch relevanten Aspekten. Bei der Analyse liegt der Fokus auf den Auswirkungen der Änderungen von maritimen Parametern, wie etwa dem Schlüsselelement Umwelt, auf die Sicherheitspolitik, wobei die maritime Sichtweise im Vordergrund steht. Neben den Veränderungen in den klimatisch wirksamen Parametern werden die Auswirkungen von Klimaänderungen, die im Laufe des Jahrhunderts zu erwarten sind, die see-, hafen- und energiewirtschaftlichen und die seerechtlichen Faktoren dargestellt. Diese werden in einen sicherheitspolitischen Zusammenhang gestellt, in dem die sicherheitspolitisch relevanten Folgen dieser Auswirkungen diskutiert und analysiert werden, um sie anschließend einer sicherheitspolitischen Bewertung zu unterziehen. Um dem Wesen von Seemacht und den internationalen Beziehungen nachzugehen, muss ein Verständnis von Seemacht und der Rolle von Seestreitkräften existieren. Diesem Erfordernis wird Rechnung getragen, indem ein kurzer historischer Überblick gegeben wird und die Ansätze von Mahan aus dem Jahre 1892 und Kirchhoff aus dem Jahre 1907, aber auch die von Mahncke und Schwarz von 1974 und die neueren Darstellungen von Till[115] und Till und Bratton[116] dargestellt werden. Hier wird auf die vergangene, aktuelle und zukünftige Rolle von Seestreitkräften und das Wesen von Seemacht eingegangen. Die Unterscheidung zu maritimer Macht und Seeherrschaft sowie deren Rolle in verschiedenen Konstellationen der internationalen Beziehungen findet ebenfalls Berücksichtigung. Im darauffolgen-

115 Till 2013.
116 Till, Bratton 2012.

den Abschnitt wird eine Bestandsaufnahme der derzeitigen maritimen Fähigkeiten dargestellt, um einen technologischen Abholpunkt festzulegen. Um den theoretischen Anteil darzulegen, ist ein kurzes Kapitel zur neorealistischen Theorie, zur Theorie von Räumen und exemplarisch zu den mathematischen Methoden für die Bestimmung von Fähigkeiten von Seestreitkräften zu finden. Intention des Kapitels ist es, zu verdeutlichen, dass nur durch das Kontinuum von natürlichen, wirtschaftlichen, technischen und sicherheitspolitischen Faktoren, über die Definition von maritimen Fähigkeiten, Ableitungen für die maritime Wehrtechnik und somit für das Wirken von Seestreitkräften getroffen werden können. Um diese Fähigkeiten identifizieren zu können, ist es auch notwendig, etwaige Einsatzformen von Seestreitkräften zu konstruieren und zu formulieren, die bestenfalls in Form von Empfehlungen für Handlungsoptionen transportiert werden.[117] Die Abhandlung stützt sich in konzeptioneller Sicht bei der Beschreibung der Auswirkungen der klimarelevanten Änderungen auf die fachspezifischen Untersuchungen sowie auf den vierten und fünften Sachstandsbericht des Weltklimarates[118] und bezüglich der sicherheitspolitischen Folgen auf das Hauptgutachten des Wissenschaftlichen Beirates der Bundesregierung für Globale Umweltveränderungen (WBGU) des Jahres 2007 »Sicherheitsrisiko Klimawandel«.[119] Bezüglich der Themen Wirtschaft und Energie erfolgte die Analyse unter Heranziehung von Dokumenten der WTO[120], des IfW[121], der UNCTAD[122] und der IEA[123] sowie auf sicherheitspolitische Analysen der EU[124], der Bundesregierung[125], von NATO-Staaten wie beispielsweise den USA[126] und Großbritannien[127], der NATO[128] und Russland[129] und Studien etwa der Stiftung Wissenschaft und Politik (SWP) zu verschiedenen Themen. Aus technologischer Sicht fließen die NATO-STANAG[130], die Grundlagenwerke von Cranz[131], Hauck[132], Molitz[133] und Carlucci[134] ein.

An der Fragestellung der Arbeit orientiert ist deren Aufbau: Nach einer umfassenden Darstellung der maritimen Faktoren und der zukünftigen Entwicklung dieser Faktoren steht die sicherheitspolitische Bewertung mit Bezug auf die politische Theorie im Zentrum.

117 Masala 2013, 2014.
118 IPCC 2007, 2013.
119 WBGU 2008.
120 World Trade Organization (WTO) 2009, 2010.
121 Institut für Weltwirtschaft (IfW) 2009, 2010, 2015.
122 United Nations Conference on Trade and Development (UNCTAD) 2009.
123 IEA 2009, 2010, 2015; WOR 2014.
124 EC 2008.
125 Bundestag 2006, 2016.
126 US Department of Defense 2010, 2014, 2015.
127 Parliament of the Prime Minister 2010, 2015.
128 NATO 2010, 2016.
129 DSS 2009, 2010, 2015.
130 NATO STANAG (4355) 2006.
131 Cranz 1925.
132 Hauck 1972, 1990.
133 Molitz, Strobel 1963.
134 Carlucci, Jacobson 2007.

Abschließend wird die Thematik zusammengefasst und mündet in Empfehlungen hinsichtlich maritimer sicherheitspolitischer Handlungsfelder und hinsichtlich der Entwicklungen zur Entfaltung von Seemacht unter Berücksichtigung wehrtechnischer maritimer Entwicklungen.

2. Seemacht aus Sicht der Politischen Theorie

Das maritime Umfeld und die Entfaltung von Seemacht sollen im Folgenden mittels einer theoretischen Sicht der internationalen Beziehungen analysiert werden. Eine geeignete Grundlage dafür ist die Theorie des Neorealismus, hier vor allem gestützt auf die grundlegenden Werke von Waltz (1959, 1979 und 2010)[1] und Donnelly[2] (2000). Am Anfang steht eine Übersicht zur Theorie des Realismus, um anschließend den Neorealismus als eine dem Realismus verwandte Theorie zu betrachten. Auf dieser Grundlage erfolgt der Übergang zum Thema Seemacht. Der Neorealismus erscheint für die Betrachtung des maritimen Umfeldes und der von Seemacht deshalb geeignet, weil hier vorwiegend die grundlegenden Elemente des Neorealismus (wie Machtzuwachs, Allianzbildung, Ausgleich von Machtkonstellationen und der Aufbau von Fähigkeiten) die treibenden Elemente von Nationen sind, um zum einen im maritimen Umfeld zu wirken und maritime strategische Güter zu schützen sowie zum anderen Seestreitkräfte als außenpolitisches Instrument, auch für die Erlangung und Entfaltung von Seemacht, einzusetzen. Zur theoretischen Charakterisierung des maritimen Umfeldes ist es sinnvoll, dieses in den politiktheoretischen Kontext zu setzen. Das maritime Umfeld besteht ausschließlich aus Räumen, vorwiegend Seegebieten und Küstenlinien. In ihnen wird Seemacht entfaltet und sie sind meistens der Anlass zur Entfaltung von Seemacht und dem Wirken von Seestreitkräften. Als theoretischer Bezug zum Thema Raum wird hier die Raumtheorie nach Carl Schmitt[3] herangezogen. Das Verständnis von Raum und Territorium im Kontext der Akteure eignet sich hervorragend für die Diskussion um Seeräume und die damit verbundene Seemacht. Diese Sicht erlaubt es, die sicherheitspolitische Dimension von Seeräumen und die Akteure in ihnen zu diskutieren und außerdem die Debatte um Seemacht und Territorien, um die es bei der Entfaltung von Seemacht vornehmlich geht, politikwissenschaftlich theoretisch zu führen. Die Nutzung von zwei theoretischen Sichten gestattet es, einerseits die Akteure und ihre Mittel für Seemacht mittels der neorealistischen Sicht und andererseits die Seeräume, die für die Ausübung von Seemacht meistens der Anlass sind und in denen Seemacht ausge-

---

1 Siedschlag 2001; Diez 2008, S. 187–204 und andere Theorien wie der Neoliberalismus, siehe u.a. Siedschlag (1988), S. 195–225, werden ebenfalls einbezogen, um das Eingangsthema in hinreichender Breite auszuführen. Aufgrund des praktisch-interdisziplinären Ansatzes der Arbeit ist eine ausführliche theoretische Behandlung verschiedener politischer Theorien nicht zielführend und wird daher nicht weiterverfolgt.

2 Donnelly, J.: Realism and International Relations, Cambridge, 2000.

3 Schmitt war ein prägender, wegen seiner späteren nationalsozialistischen Verstrickungen heute hoch umstrittener Staatsrechtslehrer der Weimarer Zeit. Er war jedoch einer der Gründungsväter des Grundgesetztes. Seine Arbeiten zur Politischen Raumtheorie finden heute noch in der Diskussion um Ordnungspolitik ihren Niederschlag.

übt wird, zu betrachten. Die Kombination von beiden theoretischen Sichten ermöglicht eine Diskussion von zwei wesentlichen Elementen des maritimen Umfeldes aus politikwissenschaftlicher Sicht. Die Projektion der Theorie in die praktische sicherheitspolitische Ebene lässt die Theorie zu einem operationalisierten Instrument für das Verständnis des Wesens von Seemacht avancieren.

2.1. Realismus

Der Realismus[4] ist eine, in ihren Annahmen auf historisch weit zurückreichenden Erkenntnissen basierende, politische Theorie. Grundannahmen des Realismus, wie zum Beispiel das Element der Macht, lassen sich über Hobbes, Macchiavelli bis zu Thukydides zurückverfolgen.[5] Die Entstehung des Realismus als politische Theorie der internationalen Beziehungen vollzog sich vorwiegend im Laufe des zwanzigsten Jahrhunderts als Reaktion auf die, insbesondere in der US-Außenpolitik vorherrschende, Maxime der »Balance of Power«.[6] Begünstigt durch den direkten Einfluss auf die Politik, den bekennende »Realisten« wie zum Beispiel der ehemalige US-Außenminister Henry Kissinger ausübten, behielt der Realismus auch in der Zeit nach dem Zweiter Weltkrieg seine Relevanz. Jack Donnelly hält jedoch fest, dass der Realismus trotz seiner Präsenz in der internationalen Politik, nicht anhand von einer oder zwei Grundannahmen definierbar ist. Vielmehr handelt es sich um einen Oberbegriff, unter dem viele einzelne politische Theorien subsumiert werden.[7] Trotzdem lassen sich einige Gemeinsamkeiten unter diesen Theorien erkennen und zuordnen.[8] Im Abriss des Abschnittes werden diese Gemeinsamkeiten herausgestellt und die Betrachtung des Realismus vertieft. Ziel ist es, aus den Theorien des Realismus das Verhalten der Akteure, hier für die Entfaltung von Seemacht und den damit verbundenen Einsatz von Seestreitkräften, möglichst ableiten zu können und diese Theorie gegebenenfalls so zu nutzen, dass sie sich auf einen speziellen Fall anwenden lässt. Der Realismus bezieht sich in seinen Ansichten vor allem auf die »constraints on politics imposed by human nature and the absence of international government«.[9] Von dieser Aussage lässt sich darauf schließen, dass der Realismus seine Theorie in zwei Analysegrößen unterteilt, einerseits in die durch das menschliche Wesen diktierten Zwänge und andererseits in die im Beziehungsgeflecht der Staaten vorhandenen. Diese Zwänge führen wiederum zu Konflikten.[10] Ein entscheidendes Moment des Realismus ist somit die Annahme, dass eine Gesetzmäßigkeit zwischen dem menschlichen Wesen, welches als überwiegend egoistisch dargestellt wird, und dem staatlichen Handeln besteht.[11] Die Verbindung aus menschlichem Wesen

4 Siehe dazu umfassend Albrecht 2013.
5 Donnelly 2000, S. 1.
6 Ebd., S. 1.
7 Ebd., S. 6.
8 Albrecht 2013.
9 Donnelly 2000, S. 9.
10 Waltz 1959, S. 3.
11 Ebd., S. 10.

und dem daraus resultierenden staatlichen Handeln wird insbesondere durch die Annahme einer anarchischen Ordnung des internationalen Systems verstärkt.[12] Die Anarchie führt dazu, dass die Abgründe im Menschen hervortreten, da der Mensch nur in einem organisierten und hierarchischen System seine egoistische Ausrichtung beherrscht, kontrolliert oder auch unterdrückt. Der Mensch ist in einer solchen Umgebung »tamed by political authority and rule«.[13] Dem Realismus nach besteht daher ein signifikanter Unterschied zwischen dem innenpolitischen Verhalten und dem Verhalten von Staaten untereinander. Der natürliche Zustand zwischen Staaten ist aus diesem Grund der Krieg.[14] Mit Krieg ist hier jedoch nicht die direkte Anwendung von physischer Gewalt gemeint, sondern vielmehr die allgegenwärtige Möglichkeit einer Gewaltanwendung durch die Akteure des internationalen Systems.[15] Aus dieser konstanten Bedrohungssituation folgt für das internationale System, dass kein Staat dem anderen vertrauen kann und jeder Staat dem anderen gegenüber Misstrauen bzw. Skepsis empfinden muss, da er sich im Zweifelsfalle gegen diesen potenziellen Aggressor verteidigen muss.[16] Dominierendes Ziel eines Staates im internationalen System ist daher die Sicherheit, die sich aus dem Überlebenswillen der einzelnen Staaten ergibt. Sie wiegt mehr als etwaige moralische Bedenken.[17] Die einzige Möglichkeit, um diese Sicherheit zu erreichen, ist das Erringen von Macht bzw. Vormacht, welche das Erreichen der Sicherheit ermöglichen soll.[18] Dieser Aspekt ist für die Erreichung und Entfaltung von Seemacht einer der entscheidendsten, da hier genau diese Vormacht durch Staaten, also Akteure, erzielt werden soll. Beim Realismus lassen sich vor allem zwei große Unterströmungen unterscheiden. Entscheidend für eine Differenzierung ist das Maß, in dem die Analysegrößen Mensch und internationales System berücksichtigt werden. Hervorstechend sind dabei die Betonung der Anarchie und die des menschlichen Wesens als bestimmende Faktoren der Weltpolitik. Je nach Strömung wird hierbei das eine oder das andere Attribut betont.[19] Während Theoretiker wie Morgenthau das menschliche Wesen als bestimmendes Merkmal in den internationalen Beziehungen sehen, betont Waltz vor allem den Zustand der Anarchie. Diese Unterscheidung der Theorien wirkt sich vor allem auf die behandelten Analyseebenen aus. Während die eine Theorie sich auf den Wirkungszusammenhang zwischen biologischen Voraussetzungen und staatlichem Handeln konzentriert und daher auch als biologischer Realismus bezeichnet wird, konzentriert sich die andere Strömung auf die im internationalen System vorhandenen Zwänge und leitet hieraus das staatliche Handeln ab. Die zweite Theorie geht von den quasi »gesellschaftlichen« Strukturen und den hieraus auf den einzelnen Akteur wirkenden Zwängen aus. Sie wird daher auch als Strukturrealismus bezeich-

12 Albrecht 2013.
13 Donnelly 2000, S. 10.
14 Waltz 2010, S. 102.
15 Ebd.
16 Ebd., S. 104.
17 Ebd., S. 126.
18 Ebd., S. 126.
19 Donnelly 2000, S. 11.

net.[20] Als gängigste Bezeichnungen für diese zwei Strömungen haben sich jedoch die Begriffe (klassischer) Realismus, für den biologischen Realismus, bzw. Neorealismus für den Strukturrealismus[21] etabliert. Diese Begriffe rühren jedoch nur aus der chronologischen Betrachtung der Theorien her und drücken wenig über sich selbst aus.[22] Die folgenden Betrachtungen werden sich mit dem Neorealismus beschäftigen, da vor allem strukturelle Zwänge in der vorliegenden Problemstellung zu erkennen sind und diese vor allem anhand des Neorealismus betrachtet und aufgezeigt werden können. Hierbei soll vor allem die Theorie nach Waltz als Werkzeug dienen.[23]

2.2. Neorealismus

Waltz[24] startet seine Betrachtungen mit einer Beobachtung über das internationale System und merkt an, dass das Verhältnis der Staaten, trotz geschichtlicher Wechsel, untereinander höchst stetig bzw. andauernd[25] bleibt. Er sucht die Antwort hierauf in den Strukturen des internationalen Systems und weist auf dessen anarchischen Charakter[26] hin. Die dem System innewohnenden Strukturen sind seiner Meinung nach für seine Konstanz verantwortlich. Er widmet sich daher der Frage, was ein System in den internationalen Beziehungen grundlegend charakterisiert und wie es einen solchen Einfluss auf die einzelnen Staaten entwickeln kann. Hierfür unterteilt er das System zunächst in die Bestandteile Struktur und Wechselwirkung, diese werden als »structure« und »interacting units« benannt.[27] Die Interacting Units bezeichnen hierbei die im Falle von Seemacht und -herrschaft im maritimen Raum handelnden Staaten, die auf einer Ebene unterhalb der Struktur agieren. Diese sind zwar Sender und Adressat der internationalen Politik, jedoch stellt die Struktur das wichtigste Element des internationalen Systems im Neorealismus dar, bei der es sich wiederum um das Arrangement der handelnden Staaten handelt.[28] Mit »Arrangement« ist indessen nicht das Verhältnis der Units untereinander, im Sinne der außenpolitischen Handlungen, Instrumente (wie im Falle von Seemacht: die Seestreitkräfte) und Beziehungen der Staaten, sondern die Ordnung der Staaten in Relation zueinander gemeint. Ähnlich einer Rangfolge stehen die Staaten sich hierbei gegenüber oder sind sich über- und untergeordnet. Für Seemacht ist es somit relevant, ob ein Staat im maritimen Raum Seemacht gegenüber einem oder mehreren anderen Staaten ausübt. Dieses Verhältnis von Über- und Unterordnung vollzieht sich anhand von drei Grundbedingungen, dem Ordnungsprinzip, dem Charakter der Units und der Potenzial- bzw. Fähigkeitsverteilung, die als »distribu-

20 Albrecht 2013.
21 Donnelly 2000, S. 11.
22 Ebd.
23 Waltz 2010.
24 Siehe auch Albrecht 2013.
25 Waltz 2010, S. 66.
26 Ebd.
27 Ebd., S. 79.
28 Waltz 2010, S. 81.

tion of capabilities« bezeichnet wird.[29] Letzteres ist wiederum für die Ausübung von Seemacht bedeutend, da Seemacht durch einen Staat oder ein Staatenbündnis nur entfaltet und außenpolitisch glaubwürdig ausgeübt werden kann, wenn dieser bzw. dieses über durchhalte- und durchsetzungsfähige maritime Fähigkeiten verfügt. Im Gegensatz zum innenpolitischen System der Staaten sind im internationalen System zunächst alle Akteure gleichgestellt, niemand ist dem anderen vorangestellt. Durch die Abwesenheit eines Staates mit systemweiter Sanktionsgewalt bildet sich im internationalen System auch keine Hierarchie heraus.[30] Die Ordnung als Bestandteil der Struktur und die allgemeine Annahme von Anarchie als Basis des internationalen Systems scheinen sich zunächst auszuschließen. Waltz führt jedoch an, dass Ordnung und Struktur im internationalen System durch das Zusammenwirken der Units, also Staaten, entstehen. Grundvoraussetzung dafür ist, dass die Handlungen jeder einzelnen Unit auf das Erreichen bestimmter Ziele ausgerichtet sind – im Kontext des Abhandlungsthemas also auf das Erreichen des Zieles Seemacht. Das Grundmotiv ist in Waltz Augen der Wille zu überleben. Dieses »survival motive« ist eng mit dem Ziel der Staaten, Sicherheit zu erlangen, verbunden.[31] Mit dem Blick auf Seemacht ist diese Sichtweise zu erweitern. Denn die Erlangung von Seemacht folgt nicht zwangsläufig bzw. in den meisten Fällen überhaupt nicht dem Motiv des Überlebens. Vielmehr ist hier das Motiv des Beherrschens, Zugewinnens und der Kontrolle maßgeblich. Um die genannten Zustände Überleben, Beherrschen, Zugewinnen und Kontrolle zu erreichen, versuchen Staaten unter anderem ihre Macht zu maximieren; dies ist jedoch nicht das primäre Ziel ihrer politischen Anstrengungen.[32] Die Ziele der Staaten können ansonsten vielfältig sein und auch das Motiv der Sicherheit unterliegt einer Ziel-Mittel-Abwägung. So schließt Waltz trotzdem Nachfolgendes nicht aus: »states may persistently seek goals that they value more highly than survival«.[33] Eine solche, stark von den strukturellen Normen abweichende Handlung wird jedoch vom System sanktioniert, da es auf Normabweichungen eingestellt ist. Eine Abweichung oder Befolgung wird daher von der Struktur des Systems bestraft oder belohnt.[34] Mit Blick auf Seemacht kann eine Strafmaßnahme die Verhängung von Sanktionen im maritimen Raum, die Seeblockade, der Ausschluss von der Nutzung bestimmter Seewege und der Ausbau von maritimen Fähigkeiten sein. Dieser Selbsterhaltungsmechanismus lässt jedoch eine oder zumindest vereinzelte Ausnahmen von der Regel zu, da erst ein stetiges Verstoßen gegen die Strukturprinzipien eine Gefährdung des Systems darstellt, oder wie Waltz es ausdrückt: »To keep it going, most, but not all, people have to act as expected«.[35] Fraglich ist jedoch, ob ein solcher Verstoß im Charakter der Units begründet sein könnte. Beispielhaft kann zu diesem Aspekt das Südchinesische Meer herangezogen werden. Hier erfolgte erst nach langjährigen und dauerhaften

29 Waltz 2010, S. 88.
30 Ebd., S. 103.
31 Ebd., S. 91.
32 Ebd., S. 92.
33 Ebd., S. 92.
34 Ebd.
35 Ebd.

Aktivitäten Chinas zum Ausbau des Südchinesischen Meeres mit dem Ziel, es dem-eigenen Territorium einzugliedern, eine Internationale Sanktionsmaßnahme, etwa mit dem Schiedsspruch des Internationalen Gerichtshofes in Den Haag vom Juli 2016. Hier kann letztlich eine Systemgefährdung des internationalen Systems in Südost- und Ostasien festgehalten werden. Ein weiteres Beispiel für den Eingriff, erst bei stetigem Verstoß, ist das zu Anfangs zurückhaltende Agieren der USA in den Gewässern Südost- und Ostasiens. Auch hier waren sichtbarere Aktivitäten durch US-Streitkräfte erst festzustellen, nachdem die chinesischen Aktivitäten massiv zugenommen hatten. Hier gilt analog, dass auch hier eine Systemgefährdung wahrgenommen wurde, einerseits hinsichtlich der Staatenbeziehungen und Staatenbündnisse in Südost- und Ostasien und im asiatisch-pazifischen Raum und andererseits in der Aufrechterhaltung der regionalen Hegemonie im asiatisch-pazifischen Raum, die derzeit noch die USA für sich reklamieren.

Das zweite Ordnungsmerkmal des internationalen Systems stellt der Charakter der Units dar. Bei der Erklärung dieser Bedingung besinnt sich Waltz zunächst auf einen Vergleich zum innenpolitischen System von Staaten. Während die Funktion der Akteure innerhalb dieses Systems differenziert ist, zum Beispiel die klaren Funktionen von Ministern oder dem Parlament, so ist in der internationalen Anarchie jede Einheit zunächst gleich und in ihren Funktionen undifferenziert.[36] Die funktionale Spezialisierung von Staaten ist jedoch nicht gegeben, da jeder Akteur das Ziel des Selbsterhalts, für Seemacht jedoch auch des Beherrschens, verfolgt. Staaten gleichen sich daher in ihrer Spezialisierung.[37] Eine Differenzierung ergibt sich erst durch eine Änderung des Ordnungsprinzips des internationalen Systems, zum Beispiel von der Anarchie hin zur Hierarchie oder durch die unterschiedliche Verteilung von Fähigkeiten und Potenzialen, wie es für die Entfaltung und Ausübung von Seemacht unerlässlich ist. Anzumerken ist hierbei, dass der Begriff der gleichen Units davon bestimmt ist, dass sie zwar in ihrer Größe, Macht und Form variieren, ihre Handlungsfähigkeit sich jedoch bei allem auf die Reaktion auf interne und externe Problemstellungen beschränkt.[38] Während Donnelly[39] argumentiert, dass der Charakter eines Staates durchaus relevant ist, um zu verstehen, wie der jeweilige Staat auf strukturelle Zwänge reagiert, sieht Waltz den Charakter als zunächst nachrangig an, da er keinen direkten Einfluss auf die strukturelle Ordnung hat. Einzig und alleine die Annahme, dass Staaten »Sicherheitsmaximierer« sind, bestimmt im Einzelnen deren Charakter. Erst wenn diese Sicherheit gewährleistet ist, ist ein Akteur in der Lage, andere Ziele, wie z.B. Gewinnmaximierung, zu verfolgen.[40] Für Seemacht verwischt diese Annahme der Sicherheitsmaximierung, da Staaten aus einer Position der Stärke und Sicherheit heraus nach Seemacht streben und diese ausüben. Das Ziel des Sicherheitsmaximums kann zunächst bei dem Staat angenommen werden, der in den Zwang versetzt wird, eine Gegenseemacht auf-

36 Ebd., S. 93.
37 Ebd., S. 91.
38 Ebd., S. 96.
39 Donnelly 2000, S. 51.
40 Waltz 2010, S. 126.

zubauen und auszuüben. Insgesamt lässt sich feststellen, dass die Units vor allem durch das Ordnungsprinzip und die »Distribution of capabilities« bestimmt werden und ihr Charakter vor dem Hintergrund der anarchischen Struktur von nachrangiger Bedeutung für das Zusammenwirken des internationalen Systems ist. Dies ergibt sich deswegen, weil im Gegensatz zum innenpolitischen System die Units keine differenzierten Einheiten mit spezifizierten Funktionen sind, sondern gleiche Einheiten, die die Aktivitäten der anderen duplizieren.[41] Dennoch lassen sich die Staaten anhand eines Attributes im Rahmen des internationalen Systems unterscheiden. Wie vorhergehend angeführt, unterscheiden sich die Units in ihrer Ausstattung mit »capabilities to perform tasks«.[42] Diese Fähigkeiten bestehen aus Eigenschaften, wie etwa der unterschiedlichen Ausstattung mit militärischer Macht,[43] politischer Stabilität, aber auch der Größe des eigenen Territoriums und der Bevölkerung.[44] Die Staaten befinden sich daher in einem konstanten Prozess der Einschätzung der anderen Units und ihrer Ausstattung mit Capabilities.[45] Eine Umverteilung dieser Capabilities führt daher unvermeidlich zur Veränderung der Struktur, insbesondere der Rangordnung des Systems. Diese verursacht unterschiedliche Erwartungen der Units bezüglich der Ergebnisse ihres Handelns. Mit Blick auf Seemacht kann so ein Staat zur Bewertung kommen, dass seine Seestreitkräfte über glaubwürdigere und durchsetzungsfähigere Mittel verfügen als dies bei anderen, ggf. konkurrierenden Staaten der Fall ist, und sich so in der militärischen Verfassung sehen, Seemacht ausüben zu können.

Durch eine Veränderung, etwa in der Rangordnung des internationalen Systems, ändert sich auch die Relation zwischen den Capabilities, welche den Units zugeteilt sind.[46] Dies wiederum führt dazu, dass die Akteure ihren Handlungshintergrund verlieren und somit ihre Ausgangsposition neu finden müssen, so wie beispielsweise in den obigen Ausführungen zur Bewertung des Potenzials der Durchsetzung von Seemacht eines Staates dieser zu einer neuen Ausgangsposition gelangen kann, um nun Seemacht gegenüber anderen Staaten im gleichen Seeraum ausüben zu wollen und zu können. Somit ändert sich die komplette Handlungsgrundlage der einzelnen Staaten. Dieses Problem ergibt sich aus dem Umstand, dass die Macht einzelner Units immer im Vergleich zu den anderen gemessen wird, für Seemacht also, im Vergleich des Potenzials der vorhandenen Seestreitkräfte zur Entfaltung von Seemacht. Sie ist im internationalen System quasi begrenzt und wird auf die einzelnen Staaten verteilt. Zwar sind die Capabilities dann den einzelnen Units zurechenbar, jedoch sind sie diesen nicht eigen, sondern werden vom internationalen System gestellt. Die Staaten müssen daher genau erörtern, wie sie auf eine Machtfülle bzw. -dominanz ihres Gegenübers reagieren. Hierbei besteht grundsätzlich die Möglichkeit der Kooperation zwischen den Staaten. Diese ist aber mit mehr Risiken als Vorteilen behaftet. Selbst in der Kooperation findet eine Machtabschätzung des Partners statt.

41 Ebd., S. 97.
42 Ebd.
43 Im Kontext von Seemacht: die von Seestreitkräften.
44 Waltz 2010, S. 131.
45 Ebd., S. 131.
46 Ebd., S. 98.

Für die Reaktion auf einen Seemacht ausübenden Staat, bietet sich die Kooperation zu diesem nur begrenzt an, etwa im Sinne von Teilhabe an Manövern im interessierenden Seeraum zur Beobachtung der Aktivitäten des Seemacht ausübenden Staates. Kooperation kann hier nur im Sinne von Zusammenschluss der Staaten als sinnvoll erachtet werden, die die Seemacht eines Staates zusammen eindämmen bzw. kontrollieren wollen. Im neorealistischen Sinne wird die Kooperation zwischen Staaten als Partner, wie eingangs in dem Absatz ausgeführt, jedoch kritisch betrachtet. Eine Übervorteilung des Partners ist eine potenzielle Risikoquelle für den Ausgangsstaat, die in seiner eigenen Beschädigung oder sogar Zerstörung gipfeln könnte.[47] »The uncertainty of each about the others future intentions« führt zu einer Betonung des »Selbsthilfesystem[s]« in den internationalen Beziehungen, da ein Staat jederzeit mit einem Angriff der anderen Staaten zu rechnen hat.[48] Dieses Zwangsmoment führt auf struktureller Ebene zu dem Druck, eine Balance of Power herzustellen.[49] Die Staaten müssen somit versuchen, der Ungleichverteilung von Capabilities durch Gegenmachtbildung entgegenzutreten. Aus der empfundenen Bedrohung heraus, der stärkere Akteur würde sich gegen den einzelnen Staat stellen, intensivieren die Bedrohten einerseits ihre internen Anstrengungen, um die Übermacht bzw. Dominanz zu kompensieren, andererseits versuchen sie sich auf externem Wege abzusichern und gehen Allianzen ein, oder sie versuchen die Allianzen der Übermacht zu schwächen und zu stören.[50] Für die Ausbildung von Seemacht und Gegenseemacht sind diese Annahmen von Waltz grundlegend. Staaten versuchen der Projektion von Seestreitkräften zur Entfaltung von Seemacht mittels der massiven Projektion von eigenen oder bündnisgemeinsamen Seestreitkräften entgegenzuwirken, um so ein Kräftegleichgewicht, also eine Balance of Power, zwischen den im interessierenden Seeraum stationierten Seestreitkräften herzustellen. Bei der Bildung von Allianzen, die aufgrund der Konstruktion der internationalen Strukturen, im Besonderen aufgrund der Unsicherheit über das Verhalten des Partners, schwierig ist, wird sich der Allianzen suchende Staat/Akteur grundsätzlich dem schwächeren Staat anschließen, da dieser nach der Beseitigung des Machtungleichgewichtes ein schwächerer Gegner ist als der gegenwärtig stärkere Akteur.[51] Auch hier ist für Seemacht eine Ergänzung notwendig, da die durch Waltz genannten Allianzen zu kurz greifen. Der Aspekt des schwächeren Staates ist weniger relevant. Da sowohl der geografische Raum, aufgrund der Dimension des Seeraumes, in dem Seemacht ausgeübt bzw. in dem ihr entgegengewirkt werden soll, in der Regel sehr groß ist, als auch mehrere Faktoren in diesem Seeraum wechselwirken, beruhen die maritimen Allianzen nicht auf der Grundlage der Schwäche eines einzelnen Staates, sondern vielmehr auf dem Motiv der Bündelung von verschiedenen maritimen Fähigkeiten, meistens von Seestreitkräften, um den Seeraum als Ganzes, in die eine oder andere Interessenrichtung, handhaben zu können. Die Allianz ist somit aus dem Motiv der Stärke heraus geleitet. Der

47 Ebd., S. 105.
48 Ebd.
49 Ebd., S. 132.
50 Ebd., S. 118.
51 Ebd., S. 126.

Anreiz der Staaten, sich am System der Balance of Power zu beteiligen, entsteht dabei durch das System selbst, vor allem durch die strukturellen Zwänge und insbesondere durch die allgegenwärtige Bedrohung der einzelnen Units. Es besteht jedoch keine Verpflichtung an diesem Prinzip teilzunehmen. Die Folgen einer Verweigerung sind freilich, dass sich der Staat einer etwaigen Bedrohung aussetzt, und seine Ziele und deren Erreichung aufs Spiel setzt. Die Befolgung der Gesetzmäßigkeiten der »Balance of Power« oder Balance-of-Power-Theorie erscheint daher als wahrscheinlichste Handlung der einzelnen Staaten.[52] Ein Hauptaugenmerk der Theorie besteht daher darin, das Ergebnis staatlicher Aktivitäten unter den gegebenen Bedingungen des internationalen Systems zu erklären, da diese Ergebnisse oftmals von den innenpolitisch zu beobachtenden Ergebnissen abweichen. Für Ausübung von Seemacht und Gegenseemacht und den Einsatz der Seestreitkräfte als dazu meistens notwendiges außenpolitisches Mittel und deren Projektion im Seeraum sowie den Auf- und Ausbau von Stützpunkten an seestrategischen Positionen an der Küste oder auf See ist die Balance of Power die grundlegende Theorie bzw. der Maßstab für maritimes Handeln von Staaten und somit eine stetige praktische Anwendung.

2.3. Politische Raumtheorie

Die internationalen politischen Beziehungen sind durch das Handeln der Akteure in Räumen und um Räume, meistens im Sinne von Territorien, gekennzeichnet. Sie sind somit häufig Gegenstand von Streitigkeiten und Konflikten. Dabei geht es wie auch schon in früheren Zeiten häufig um Räume im geografischen Sinne, also solche, die durch Grenzen und Gebiete beschrieben und eingemessen sind. Zunehmend werden jedoch auch virtuelle Räume, wie der Cyberraum und Informationsraum, oder nicht begrenzbare Räume, wie der Weltraum, relevant bzw. sind es bereits. Nachdem der Raumbegriff länger nicht in den politikwissenschaftlichen Diskurs eingeflossen ist, wird die politische Diskussion um Räume nun wieder präsenter und intensiver geführt.[53] Vor dem Hintergrund der Debatte um die Ansprüche auf Territorien, somit auf geografische Räume, und die damit verbundenen geostrategischen Aussagen von staatlichen Akteuren, widmet sich die politische Wissenschaft vornehmlich der Betrachtung von politischen Auseinandersetzungen um und in geografischen Räumen. Dieser Betrachtung soll in diesem Abschnitt gefolgt werden, in dem die politische Raumtheorie aus Sicht des Rechtsphilosophen Carl Schmitt dargestellt wird. Dies erfolgt in Bezug auf die Elemente von Schmitt, einer anti-universalistischen, anti-liberalen und von Krieg geprägten Weltanschauung für die politische Debatte. Korf und Schetter[54] bezeichnen Schmitt als »letzten Vertreter einer grand theory«, der von einer Korrespondenz von Gesellschaft und Raum ausgeht. Dies führte dazu, dass sich im politiktheoretischen Diskurs viele Theoretiker auf ihn in verschiedenen Ausprägungen bezogen haben. Für Schmitt stellt der Raumbezug

52 Ebd., S. 118.
53 Korf, Schetter 2012, S. 147.
54 Ebd., S. 147.

in seinen theoretischen Betrachtungen der Weltordnung das wichtigste und alle Leitfragen beherrschende Element dar. Für ihn ist in einer politischen Debatte die Einbeziehung des Raumes essentiell. In der Themenbearbeitung und im Verständnis Carl Schmitts von politischen Themen und von politischen Auseinandersetzungen und Konflikten sind die Aneignung, auch die völkerrechtswidrige und gewaltsame, und die Abgrenzung von Räumen die Basis jeden politischen Handelns. Für ihn sind somit Politik und Raum in untrennbarer Einheit verbunden. Heutige Debatten zur Raumtheorie drehen sich darum, ob die Raumphilosophie von Schmitt noch relevant sei, indem beispielsweise der Frage nachgegangen wird, ob der souveräne Nationalstaat heute noch benennbar ist. Dies wird gestützt von der These Schmitts aus den fünfziger Jahren, dass die von Grenzen und Räumen gezeichnete Weltordnung an Bedeutung verliert.[55] In der heutigen Debatte um Territorien, und die politischen Auseinandersetzungen um sie, stehen die, auch gewaltsame, d.h. erkämpfte und mit militärischen Mitteln erzielte, Land(ein)nahme durch souveräne Nationalstaaten und die unregierbaren Räume im Mittelpunkt. Beide werden in Schmitts politischer Raumphilosophie behandelt.[56] Für Schmitt stellt der Raum eine unverzichtbare Dimension dar, um politische Prozesse zu erfassen. Er nutzt in den vorgenannten Publikationen unterschiedliche Sichten und Tiefen des Raumbegriffes. Mal bezieht er sich am Rande auf den Raum, wie in der »Theorie des Partisanen«[57], mal steht der Raum im Vordergrund der Betrachtungen, wie bei »Land und Meer«.[58] In letzterer Veröffentlichung stellt er beispielsweise den Raum und seine Entwicklung vom Aufstieg Alexanders des Großen bis zur Errichtung von Englands Seemacht dar.[59] Der Seemachtbezug dient der Darstellung des Verhältnisses von Land- und Seemächten zum Raum. Schmitt schreibt deshalb von einer Entwicklung des Raumes, weil er davon ausgeht, dass sich die Struktur des Raumes ändert, sobald neue Länder, Territorien und Meere auftreten. Diese Strukturen sind dann für die Ordnung, u.a. das Recht, und die Einheit des Raumes bestimmend. Für ihn ist der Raum untrennbar mit der Ordnung und Ortung verbunden.[60] Der Raum ist ein physischer, der durch Materie und Begrenzungen gekennzeichnet ist und in dem Rechts- und Ordnungsvorstellungen existieren. Somit steht das Recht in unmittelbarem Zusammenhang zur Erde. Er schreibt dazu, dass »aus dem Boden das Recht« erwächst und »das Recht als Ordnung an eine bestimmte Ortung gebunden« ist. »Das Recht ist erdhaft und auf die Erde bezogen«.[61] Der von ihm eingeführte Begriff

55 Korf, Schetter 2012, S. 148.

56 Die Grundlage für die Ausführungen sind die Werke »Land und Meer« (Schmitt 1942, 2008); »Der Nomos der Erde« (Schmitt 1950, 1997); »Theorie des Partisanen« (Schmitt 1963, 2006); »Zwischenbemerkung zum Begriff des Politischen« (Schmitt 1963, 2006); »Staat, Großraum, Nomos. Arbeiten aus den Jahren 1916–1960« (Schmitt 1995); »Völkerrechtliche Großraumordnung mit Interventionsverbot für raumfremde Mächte« (Schmitt 1941, 1991); sowie ergänzend die Schriften von Günzel, Kümmerling 2010; Dünne et al. 2006.

57 Schmitt 1963, 2006, S. 71–74.

58 Schmitt 2008, 1942.

59 Günzel, Kümmerling 2010, S. 137; Schmitt 1942, 2008, S. 55.

60 Dünne et al. 2006, S. 409.

61 Schmitt 1950, 1997, S. 10–13.

des Nomos als einteilendes und verortendes Maß[62] für Grund und Boden der Erde verdeutlicht seine Auffassung von Ordnung und Ortung. Darunter fällt auch die Land- und See(ein)nahme. Er schreibt, dass »die Landnahme für uns nach außen« (gegenüber anderen Völkern) »und nach innen« (für die Boden- und Eigentumsordnung innerhalb eines Landes) »der Ur-Typ eines konstituierenden Rechtsvorgangs« ist.[63] Mit »innen« meint Schmitt auch die Teilung bzw. Aufteilung des eingenommenen Landes oder Seegebietes sowie die Neuordnung der Eigentumsverhältnisse. In dem Werk »Land und Meer« vergleicht er den Raum in den unterschiedlichen Sphären Land, als klar strukturiert und begrenzt, und See, als verschwommen und fließend. Hieraus folgt die Darstellung der unterschiedlichen Beziehungen von Land- und Seemächten zum Raum. Nach Schmitt ist das Meer ein freier, »unabsehbarer« Raum und somit in völkerrechtlichem Sinne kein Staatsgebiet.[64] Das impliziert, dass es auf dem Meer verschiedenen Akteuren offen steht, ihren Tätigkeiten und Handlungen nachgehen zu können.[65] Dabei ist es unerheblich, ob es sich dabei um Fischerei, friedliche Durchfahrt oder Seekriegführung handelt. Diese Sicht behandelt jedoch nicht die Möglichkeit, dass sich Interessen und Aktivitäten der Akteure im gleichen Seeraum überschneiden oder einander entgegenwirken. Nach Dünne et al.[66] können im Schmitt'schen Verständnis des Seeraums und seiner Akteure sowohl friedliche Fischerei, friedliche Seefahrt und Seekriegführung einer Seemacht, (mit z.B. Minenlegung und Unterseebootkrieg) nebeneinander und sogar im gleichen Raum ablaufen.[67] Es wird weiter ausgeführt, dass bis zur Entstehung von maritimen Imperien in griechischen Thalassokratien[68] die Freiheit der Meere als freies Feld für freie Beute durch freie Seefahrer verstanden wurde.[69] Ordnung und Sicherheit auf dem Meer galten seitdem als Grundsatz und jede Störung dieser, im Sinne von früher verstandener Freiheit, galt als Verbrechen. Damit verbunden waren Sanktionen und Strafen. Das Recht wurde somit von Land auch auf See projiziert und übertragen.[70] Schmitt bezeichnet diesen Vorgang als Seenahme, im Sinne von Landnahme auf dem Meer. Merkmal dieser Land- bzw. Seenahme ist, dass in einem festgelegten Raum, hier dem See- oder Landraum, Ordnung und Struktur durch Normen des Rechts entstanden sind. Beispiele hierfür sind die Seenahmen im Mittelmeer durch die Anrainer der Antike, die Vereinnahmung der Ostsee durch die Hanse, die Entdeckung Amerikas durch Kolumbus, der Kolonialismus, einschließlich der Seeräume, und die heutigen Bestrebungen[71] zur Vereinnahmung der Arktis durch die »Arctic Five«, des Süd- und Ostchinesischen Meeres durch China oder die Krimannexion durch Russland 2014. Allen ist gemein-

62 Korf, Schetter 2012, S. 151.
63 Schmitt 1950, 1997, S. 17.
64 Schmitt 1942, 2008, S. 12, 86 f.
65 Schmitt 1942, 2008, S. 14 f.
66 Dünne et al. 2006, S. 410.
67 Schmitt 1942, 2008, S. 14.
68 Dünne et al. 2006, S. 411.
69 Schmitt 1942, 2008, S. 41–44.
70 Dünne et al. 2006, S. 411; Schmitt 1942, 2008, S. 51–54.
71 Schmitt 1942, 2008, S. 16–39.

sam, dass sie erst durch das menschliche Raumbewusstsein und die Machtinstrumente zur Entfaltung im Seeraum und Erhaltung der Macht möglich wurden.[72] Maßgeblich für die Land- und Seenahme und letztlich für die Durchsetzung des Rechts und den Machterhalt sind Rechtsnormen, die nach außen und die nach innen gerichtet sind. Für Schmitt ist Landnahme immer ein Ausdruck der staatlichen Souveränität.[73] Nach außen orientiert bedeutet nach Dünne et al.[74] eine Gegenüberstellung zwischen dem einen land-/seenehmenden und dem anderen land-/seenehmenden Akteur (in der Regel Nationalstaaten bzw. deren Territorien), im Falle einer Konkurrenzsituation, wie sie im Falle der Arktis heute auftritt, oder dem land-/seebesitzenden Akteur, der letztlich verdrängt werden muss.[75] Bei den Akteuren kann es sich auch bereits um eine Seemacht handeln,[76] was wahrscheinlich ist und auch im Falle der Arktis zutrifft. Nach Schmitt wird das Land auf zweierlei Arten genommen: Entweder es wird, im bildlichen Sinne, Raum neu genommen bzw. Land aus einem freien Raum herausgenommen oder es wird dem bisherigen Besitzer weggenommen.[77] In beiden Fällen entstehen neue Eigentumsverhältnisse und neue Normen für die Ordnung und Struktur des Raumes, worin ein neues Rechtsverständnis eingebettet ist. Im zweitgenannten Fall entsteht meistens eine Konfliktsituation im Raum,[78] im ersteren Fall ist die Land-/Seenahme meistens unproblematisch, wobei jedoch Streitigkeiten um die Besitz- und Eigentumsverhältnisse und die Raumgröße nicht ausgeschlossen sind. Daher sind Räume für Schmitt immer auch umkämpfte Räume, die in seinem Verständnis in Räume und Gegenräume gegliedert sind. Jeder Raum erzeugt immer einen Gegenraum,[79] ein Akteur ruft einen Gegenakteur hervor. Im Sinne des Territoriums ist das meistens ein Nationalstaat, der Raum ist dessen Territorium oder ein Raum in seiner politischen Interessensphäre, den er nehmen möchte. Somit verschmelzen hier politisches Handeln und geografischer Raum miteinander. Schmitt kommt so zur Ansicht, dass Raum und Politik nicht trennbar sind. Politische Akteure nehmen geografische Räume auch in Konkurrenz zueinander.

Für die Innensicht der Landnahme sind Landteilung bzw. -aufteilung, Besitz des Landes und Eigentumsverhältnisse am Land bzw. im Raum für die Ordnung und Struktur des Raumes relevant. Nach Dünne et al.[80] sind die Eigentumsverhältnisse der gemeinsamen Land-/Seenahme nachgeordnet, »gemeinsam« bedeutet hier die Gesamtheit des landnehmenden Akteurs, der in der Regel aus verschiedenen Einzelakteuren besteht. Ohne diese gemeinsame Einnahme von Land und See ist eine nachfolgende und nachgeordnete Aufteilung nicht möglich. Es wird im ersten Schritt somit immer eine gemeinsame Land-/Seenahme erfolgen. Somit ist fest-

72 Schmitt 1941, 1991, S. 50–52.
73 Schmitt 1941, 1991, S. 37; Korf, Schetter 2012, S. 155.
74 Dünne et al. 2006, S. 413. Vgl. dazu Schmitt 1942, 2008, S. 71.
75 Schmitt 1942, 2008, S. 72 f.
76 Ebd., S. 75.
77 Ebd., S. 79.
78 Ebd., S. 78–81.
79 Korf, Schetter 2012, S. 153.
80 Dünne et al 2006, S. 413.

zuhalten, dass die gemeinsame Land-/Seenahme über der Landteilung und dem Landeigentum stehen. Dünne et al.[81] bezeichnen diesen Aspekt als »Obereigentum der Gemeinschaft im Ganzen«. Mit Blick auf die Projektion von Rechtsnormen in den neu gewonnenen/genommenen Raum ergibt sich dort eine veränderte Jurisdiktion, damit verbunden ist dann die Ausübung von politischer Macht, da sich die Jurisdiktion, also die Gerichtsbarkeit, auf das eingenommene Land oder Seegebiet überträgt.[82] Die Land- und Seeräume werden bedingt durch den technischen Fortschritt und die damit verbundene Entwicklung des Flugzeuges und der Raumfahrzeuge miteinander verbunden.[83] Das Bindeglied ist der Luftraum.[84] Durch Flugzeuge kann also das Recht des raumnehmenden Akteurs in einen weiteren Raum projiziert und mit den Machtinstrumenten für den jeweiligen Raum behauptet werden.[85] In Bezug auf die Betrachtung von Ordnung und Struktur bedeutet die Gewinnung und Nutzung des Luftraumes eine Erweiterung des Raumbegriffes um eine weitere Dimension.[86] Damit geht die Verschiebung der Raumbegrenzung einher. Wird der Weltraum hinzugenommen, erweitert sich der Raum nochmals, hier jedoch mit dann unendlichen Grenzen. Für die raumnehmenden Akteure ergeben sich so bei jeder Raumerweiterung, bedingt durch die Möglichkeit, raumnehmende Instrumente einzusetzen, neue Projektionsmöglichkeiten. Andererseits tun sich jedoch auch neue Fragestellungen bei jeder Raumnahme auf, hinsichtlich der Schutzmöglichkeiten für den Raum und der in ihm verorteten Infrastruktur mit Orten und Städten, der Wirkungsmechanismen im Raum, der Machtambitionen und der Macht-bzw. Rechtsdurchsetzung.[87]

Eine weitere Perspektive in Schmitts Raumtheorie ist, neben der erstgenannten meist gewaltsamen territorialen Landnahme zur Sicherung der souveränen Macht, zweitens der unregierte Raum. In den meisten Fällen der Land- und Seenahme geht es um erstgenannte. Kennzeichnend dafür ist, dass es sich meistens um un- oder dünnbesiedelte Territorien handelt, die zudem politisch und militärisch schwer kontrollierbar sind,[88] da die geografischen Gegebenheiten eine Kontrolle nicht zulassen. Die Perzeption für deren gewaltsame Einnahme ist, dass mit wenigen militärischen Mitteln und geringem Widerstand diese Territorien genommen werden können. Waren früher vorwiegend Territorienausdehnungen, im Sinne von neuem Staatsgebiet oder auch neuem Lebensraum und Einwohnerzuwachs (z.B. für Steuerzahlungen) und die Teilhabe an der wirtschaftlichen Entwicklung der Antrieb für Land-/Seenahmen, ist für die im Fall zwei charakterisierte heutige, durch Nationalstaaten durchgeführte Territoriennahme die bevorzugte Nutzung von vermuteten und bestätigten Rohstoffen in dem jeweiligen Raum vordergründig. Beispiele hierfür sind die Arktis und das Süd-/Ostchinesische Meer. Während früher

81 Ebd.
82 Schmitt 1942, 2008, S. 86–89.
83 Schmitt 1942, 2008, S. 101–104.
84 Ebd., S. 104.
85 Ebd., S. 104 f.
86 Ebd., S. 105.
87 Schmitt 1941, 1991, S. 51.
88 Korf, Schetter 2012, S. 156.

die Präsenz des Staates in den neuen Gebieten aufgebaut und sichtbar wurde, ist heute weitestgehend zu erkennen, dass staatliche Strukturen und Ordnungen nicht aufgebaut werden und es ausschließlich um die Ausbeutung der Rohstoffe geht. Der Staat hat an dem Territorium und seinen ggf. vorhandenen Einwohnern kein oder kaum Interesse. Schmitt[89] bezeichnet diese Räume als völkerrechtlich ohne Herrschaft, bevor sie durch staatliche Gewalt und die damit verbundene projizierte Jurisdiktion vereinnahmt werden. Korf und Schetter[90] beziehen sich diesbezüglich auf Geiger.[91] Dieser übertrug den Begriff des herrenlosen Landes auf das heutige Staatsverständnis der Land-/Seenahme. Er erkannte fünf Merkmale:

1. Der Staat selbst ist meistens nicht oder kaum in dem neuen Raum präsent. Er vollzieht und markiert jedoch mit der Einnahme seine staatliche Souveränität.
2. In den Räumen existieren bisher vermeintlich herrenlose Ressourcen. Vermeintlich deshalb, weil diese eventuell durch indigene Bevölkerung vermutlich genutzt werden.
3. Der einnehmende Staat sieht die indigene Bevölkerung als außerhalb der eigenen Gesellschaft und fühlt sich ihr gesellschaftlich, moralisch und technologisch überlegen.
4. Die landnehmenden Akteure setzen eine vom einnehmenden Staat gedeckte, privatisierte Gewaltenteilung und -ordnung durch.
5. Es wird zügig eine Ausbeutungswirtschaft durch die Akteure aufgebaut, die schnelle Gewinne für sie verzeichnen lässt.

Die indigene Bevölkerung profitiert in der Regel nicht davon. Unabhängig und abweichend von den obigen Merkmalen bleibt aus der Sicht Schmitts die Land-/Seenahme ein Akt der staatlichen Souveränität, verbunden mit der territorialen Ortung, Ordnung und Struktur, die durch die Projektion der Jurisdiktion des einnehmenden Staates gekennzeichnet und bestimmt wird.[92] Schmitt betrachtet die Landnahme somit als einen ausschließlich staatlichen Akt, während Geiger von einem eher privatrechtlichen Akt ausgeht. Auch wenn die obigen Merkmale heute häufig zutreffen, bleibt der Landnahme-Akt ein von Staaten durchgeführter Vorgang. Am Beispiel der Arktis und des Süd- und Ostchinesischen Meeres wird dies sichtbar, dort agieren souveräne Staaten. Die Perspektive der unregierten Räume trifft für den Seeraum nur bedingt zu, Beispiele hierfür sind bzw. waren etwa das Horn von Afrika und der Golf von Guinea. Unregierte Räume werden häufig in den Zusammenhang mit Terroristen, Drogen und Widerstandskämpfern gestellt. In diesen Räumen findet auch Gewaltausübung statt, sie sind somit auch Gewalträume.[93] Zusätzlich wird hier oft von fragiler Staatlichkeit ausgegangen. Unregiert bedeutet hiermit, dass davon ausgegangen wird, dass kein verfasster Staat politische Legitimität und Souveränität ausübt. Vernachlässigt werden die im Raum lebenden Menschen und deren Netzwerkstrukturen und politischen Entscheidungen, die anders geartet sein

89 Schmitt 1950, 1997, S. 48–54.
90 Korf, Schetter 2012, S. 157.
91 Geiger 2008.
92 Schmitt 1950, 1997, S. 96, 164, 173, 177.
93 Korf, Schetter 2012, S. 161 f.

können als die im Raum definierten.[94] Der Begriff »unregiert« folgt dem Verständnis von staatlichen Territorialstrukturen mit ihren Kontrollmöglichkeiten zur Raumkontrolle, wie an Grenzen, auf Luftwegen und Seestraßen. Im Schmitt'schen Verständnis übt der Staat im Raum die Souveränität aus, in unregierten Räumen kann jedoch von einem Verlust dieser Souveränität und der staatlichen Ordnung und Struktur ausgegangen bzw. diese angezweifelt werden.[95] Das signifikanteste Merkmal der unregierten Räume ist, dass in diesen Räumen Unordnung und Nichtstruktur gilt, was dem Schmitt'schen Raumverständnis widerspricht. Korf und Schetter[96] (2012: 164) schreiben dazu, dass unregierte Räume durch militärische Operationen und Missionen kaum nachhaltig beherrschbar und zivilisierbar sind. Sie gehen soweit, diese Räume als »Zonen der unkontrollierten Machtausübung, in denen nicht nur die Gesetze des Staates, sondern auch die Zivilisation ausgesetzt werden«, zu bezeichnen. Sie schließen, dass somit der Schmitt'sche Ansatz von Landnahme, mit einer staatlichen Vereinnahmung, begründet auf Jurisdiktion und Struktur, nicht anwendbar sein kann. Die Wiederherstellung der Ordnung und Struktur bzw. Landnahme im Schmitt'schen Verständnis könnte nur erfolgen, wenn umfassende militärische Interventionen zur Herstellung der Staatlichkeit, idealerweise durch die UN oder bündnisgemeinsam, durchgeführt würden. Im Bewusstsein heutiger internationaler Politik wird diese Option jedoch nur selten in Betracht gezogen. Beispiele für das internationale Bestreben nach Wiederherstellung der Staatlichkeit sind die Operation Enduring Freedom (OEF) und die EU-Operation EUNAVFOR Atalanta am Horn von Afrika. Nach Korf und Schetter[97] erscheinen heute deshalb schnelle Interventionen, meistens durch Luftschläge, als bestes Mittel des Eingreifens in unregierten Räumen. Schmitt[98] betonte die Perspektiven der Führung eines Luftkrieges bereits 1950, sodass die Ausführung von Korf und Schetter (2012) im Einklang mit diesem Schmitt'schen Verständnis stehen. Mit Bezug auf Schmitt[99] ist anzumerken, dass die Einbeziehung des Luftraumes als weitere Dimension des Raumes, bei Schmitt als Raumevolution bezeichnet, insbesondere für unregierte Räume eine Möglichkeit darstellt, um militärische Interventionen durchzuführen, obwohl keine Rechtsbindung und Staatlichkeit vorherrscht. Räume können heute kontrolliert werden, ohne dass ein physischer staatlicher »foot print«, häufig in Form von »boots on the ground«, also der Präsenz von Bodentruppen, notwendig ist. Dies hat den Vorteil, dass in den unregierten Räumen mit ihrer fehlenden Jurisdiktion und staatlichen Ordnung, verbunden mit den fehlenden Rechtsnormen, trotzdem staatliche Macht ausgeübt werden kann und sich auf die Gesetzmäßigkeit des intervenierenden Staates bezogen werden kann. Es entsteht dadurch jedoch keine Staatsgewalt, sondern lediglich eine partielle Gewaltausübung, ohne das genommene Land wirklich zu beherrschen. Beispiel dafür sind die durch die USA durch-

---

94 Ebd., S. 162.

95 Ebd., S. 164; Schmitt 1950, 1997, S. 96 f.

96 Korf, Schetter: Räume des Ausnahmezustands, Carl Schmitts Raumphilosophie, PERIPHERIE Nr. 126/127, 32. Jg, 2012, Verlag Westfälisches Dampfboot, Münster, 147–170, 2012.

97 Korf, Schetter 2012, S. 165.

98 Schmitt 1950, 1997, S. 263, 297.

99 Schmitt 1950, 1997, S. 20, 263, 297; Schmitt 1942, 2008, S. 101–104.

geführten Drohnenoperationen in Afghanistan. Die Einbeziehung des Luft- und Weltraumes in die Betrachtung ermöglicht eine Entgrenzung des Raumes und somit einen Landnahmebegriff, der über das ursprüngliche Verständnis von Landnahme, die Einnahme von Boden und Meer, hinausgeht. Gleichzeitig kann der Entgrenzung der Rechtsnormen und dem Verlust an Ordnung und Struktur entgegengewirkt bzw. diese umgangen werden. Es wird somit, analog zur Land-/Seenahme in umkämpften Räumen, die Ausübung souveräner staatlicher Macht ermöglicht. Erkennbar ist, dass die heutigen Räume häufiger unregierte Räume sind und die Raumdimensionen verwischen, sodass von einer eher globalen Raumordnung ausgegangen werden muss. Korf und Schetter[100] halten fest, dass durch die globale Raumordnung kaum noch umkämpfte Räume existieren, da die heutigen Räume nicht mehr mit einer politischen Ordnung einhergehen. Dies wird an der Anzahl von unregierten Räumen weltweit sichtbar. Für den Seeraum selbst sind jedoch die umkämpften Räume und die damit verbundene Land-/Seenahme im Schmitt'schen Verständnis noch relevant, wie an den Territorialbestrebungen in der Arktis und dem Süd- und Ostchinesischen Meer sichtbar wird. Unregierte Räume im maritimen Umfeld sind seltener. Beispiele hierfür sind bzw. waren das Horn von Afrika und Teile des Golfs von Guinea. Für den Seeraum kann auch der Ansicht von Korf und Schetter[101] nicht gefolgt werden, dass die Landnahme herrenloser Räume im Schmitt'schen Verständnis ein Auslaufmodell ist. Hier zeigen wiederum die Arktis und die Seegebiete im Süd- und Ostchinesischen Meer das Gegenteil. Der von Schmitt[102] aufgezeigte universalistische Entwurf eines völkerrechtlichen Großraumprinzips zum Interventionsverbot raumfremder Mächte, worin explizit die Monroe-Doktrin aus dem 19. Jahrhundert der USA[103] thematisiert wird, ist unter der Betrachtung heutiger Interventionsoptionen, besonders in unregierten Räumen, nicht mehr zu vermitteln. Und das, obwohl die Monroe-Doktrin bis heute, insbesondere im außenpolitischen Verständnis der USA, hintergründig Relevanz hat. Die in ihr enthaltenen Elemente der territorialen Expansion treten heute ebenso hervor wie im 19. und 20. Jahrhundert bis zum Ende des Kalten Krieges. Der Aspekt der Expansion von Einflusssphären und der Aufbau von rechtlichen Ordnungen und Strukturen unter der Einbindung von verlässlichen Partnern bzw. Akteuren, die in der Monroe-Doktrin unter dem Aspekt der territorialen Expansion aus der Sicht des 19. Jahrhunderts ausgeführt sind, stehen heute weniger denn je im Vordergrund der US-Strategien. Nach Paech[104] wirkt die Gültigkeit der Doktrin allerdings weiterhin als Legitimation, auch im völkerrechtlichen Sinne, die für Interventionen und Neuordnungen von Territorien und darüber hinaus von Erdteilen bzw. sogar der Welt herangezogen wird. Somit wirkt sie mit der Sicht auf Räume als Argumentationshilfe für die Veränderung von Raumordnungen sowohl territorial als auch rechtlich.

---

100 Korf, Schetter 2012, S. 167.
101 Ebd.
102 Schmitt 1941, 1991.
103 Schmitt 1991, 1941, S. 12–22.
104 Paech 2003, S. 1258–1268.

2.4. Seemacht als Mittel für Gewährleistung von Macht und Gegenmacht

Der mehrfach in diesem Kapitel genannte Aspekt von Seemacht und Gegenseemacht als Mittel des Erhalts der Balance of Power und des Sicherheitsanspruches von Staaten kann auch aus dem Motiv des Zwangs zum Handeln von Staaten heraus geprägt sein. Hierfür können Staaten aus eigener Bewertung und eigenem Engagement dazu angehalten werden, Macht oder Gegenmacht zu entfalten und auszuüben. Diese muss nicht unmittelbar und originär mit dem maritimen Raum verbunden sein. Sie kann auch kontinental geprägt sein und so auf den maritimen Raum ausstrahlen. Die Erlangung von Macht an Land, etwa durch Landstreitkräfte als potente Fähigkeit oder Capability eines Staates im Sinne des Neorealismus, kann dazu führen, dass dieser Staat auch gleichzeitig Seemacht – zumindest im küstennahen Seeraum oder in einer Zone rund um eine Insel, auf der Landstreitkräfte stationiert sind – ausübt. Da Staaten nach neorealistischem Verständnis Sicherheitsmaximierer und nach Erreichen eines Sicherheitsstandes Machtmaximierer sind, wird im Vergleich zwischen den Capabilities der Staaten/Units abgewogen, ob die vorhandenen Capabilities das jeweilige staatliche Ziel noch erlauben. Staaten können so zu dem Entschluss kommen, dass sie einen außen- und sicherheitspolitischen und damit verbunden einen militärpolitischen und -strategischen Paradigmenwechsel durchführen müssen. Dieser Paradigmenwechsel kann zum Aufbau neuer Capabilities führen, um dem dann veränderten Sicherheitsbedürfnis entsprechen zu können. Staaten können auf diese Weise auch zum Wechsel in ihrem Verständnis des eigenen Machtanspruchs gelangen. Dies beinhaltet auch den Wechsel im sicherheits- und militärpolitischen Selbstverständnis und Handeln eines Staates. So kann ein Staat, der bisher ausschließlich auf die Ausübung von Landmacht fokussiert war, nun Interesse an der Entfaltung von Seemacht haben. Eine Nation als kontinentale Macht wird somit dann zu einer Nation mit Seemachtsambitionen. Beispiel hierfür sind Indien und China.[105] Beide sind klassisch und geschichtlich gesehen Kontinentalmächte, erst mit der Zunahme des maritimen Handels nach Asien und der bisher dauerhaften US-Hegemonie in Asien, mit deren Selbstverständnis als geopolitische Macht in Asien, dem Streben Chinas als geopolitische Gegenmacht der USA und dem Streben Chinas in den Indischen Ozean – sogar mittels Stützpunktpolitik in Pakistan – ließen China und Indien einen politischen Paradigmenwechsel erkennen, mit dem Anspruch auf regionale Seemacht im indisch-asiatischen bzw. asiatisch-pazifischen Seeraum. Beide Staaten haben aufgrund ihres Sicherheitsempfindens und dem damit verbundenen Streben nach maximaler Sicherheit und des Anspruchs nach einem Machtmaximum ihre Capabilities, um die beiden Aspekte zu erreichen, neu ausgerichtet. Im Verhältnis zu den USA sind beide Staaten als Gegenmacht anzusehen. Im Verhältnis untereinander zeigt sich, dass China hier eher als Machtakteur, der den asiatischen Seeraum vom Horn von Afrika bis in den Pazifik kontrollieren möchte, und Indien als dessen Gegenmachtakteur, in dessen Verständnis der Seeraum vom Golf von Bengalen bis zur Straße von Malakka

105 Arz 2016.

indisch kontrollierter Seeraum ist, wirkt. Der Seeraum ist hier der Raum bzw. das Medium oder die Dimension, in der Macht und Gegenmacht ausgeübt werden. Seemacht ist somit das Instrument der Außenpolitik. Mit neorealistischem Blick kann in diesem Kontext auch festgestellt werden, dass Seemacht hier selbst eine Capability zur Sicherheitsmaximierung bzw. Machtmaximierung darstellt. Gleichzeitig sind in diesem Verständnis Seemacht und Gegenseemacht Capabilities für den Erhalt der Balance of Power. Am obigen Beispiel lässt sich zudem erkennen, dass die Ausübung bzw. die Entfaltung von Seemacht meistens aus der freien Intention eines Staates hervorgebracht wird. Ein Staat kann zwar zu einem politischen Paradigmenwechsel gezwungen werden, jedoch nicht zur Ausübung und Entfaltung von Seemacht. Dem gegenüber wird die Gegenseemacht eines Staates vornehmlich unter dem Zwang des Handels gegen die Ausübung von Seemacht initiiert werden. Um etwa nicht die Kontrolle über interessengeprägte Seeräume zu verlieren oder einem verminderten Sicherheitsgefühl bzw. des (auch bereits gefühlten) Verlustes des Sicherheitsmaximums eines Staates aufzuliegen, ist dieser Staat als außen- und sicherheitspolitischer Akteur gezwungen, Capabilities zur Entfaltung von Gegenseemacht aufzubauen. Im Sinne der Balance-of-Power-Theorie ist dieses Vorgehen fast schon ein Automatismus. Gleichzeitig ist festzuhalten, dass Gegenseemacht bzw. Gegenmacht auch als eine Art offener Protest bzw. Rebellion gegen existierende Seemacht verstanden werden kann. Staaten lehnen sich somit im internationalen System gegen Akteure bzw. andere Staaten im maritimen Raum auf und signalisieren, etwa mit dem Entsenden von Seestreitkräften, hier ohne Auftrag zur Eskalation und zu Kampfhandlungen (ausgenommen ist hiervon die Selbstverteidigung) ihren diplomatischen Unmut über die Entfaltung von Seemacht. Dieser Protest kann im Idealfall zu einer Herstellung des Machtgleichgewichtes im internationalen System führen. Es lässt sich hier eine Analogie zu innenpolitischen Themen herstellen. Regierungsparteien und Opposition sowie Diktaturen und Widerstandsorganisationen, sogar Bürgerinitiativen gegen Gesetze oder staatliche Entscheidungen sind in diesem Kontext Beispiele für Machtausübung und die daraus entstehende Gegenmacht in Form von Protest. Bonß und Lau[106] haben sich diesem Sachverhalt von Macht und Beherrschen im Staatsgefüge aus soziologischer Sicht genähert. Die Betrachtung des Themas Seemacht in einem vertieften politik-theoretischen oder soziologischen Kontext wird hier nicht verfolgt. Festzuhalten ist, dass Seemacht und Gegenseemacht praktische Fallbeispiele für die theoretische Schule des Neorealismus sind. Sowohl die Merkmale des Sicherheits- und Machtmaximierens als auch die der Balance of Power sind für das Agieren im maritimen Raum dimensionsbestimmend. Gleiches gilt für die Capabilities und die Allianzbildung. Die Festlegung und Umsetzung der Capabilities ist entscheidend für den Erfolg der Ausübung sowohl von Seemacht als auch von Gegenseemacht. Hiervon hängt somit der Erfolg der Sicherheits- bzw. Machtmaximierung ab. Mit Blick auf die Allianzbildung ist festzuhalten, dass das Handeln im maritimen Raum fast ausschließlich mittels Allianzen erfolgt. Dies impliziert, dass Seemacht und Gegenseemacht ebenso fast ausschließlich – selbst für Nationen wie die USA, die in Ostasien auf Japan und Südkorea angewiesen sind – in

[106] Bonß, Lau 2011.

Allianzen ausgeübt wird bzw. werden muss. Dies ist nicht nur der Größe der Seeräume geschuldet, sondern auch durch die Vielzahl der notwendigen maritimen, sowohl politischen als auch militärischen Fähigkeiten, also Capabilities verursacht. Einzelne Staaten können allein die notwendigen Capabilities zur Erlangung von dauerhafter und durchhaltefähiger Seemacht und Seeherrschaft in Gänze kaum realisieren. Hier ist heute bereits die Allianzbildung sichtbare Praxis. Dieser Aspekt der Allianzbildung für die Ausübung von Macht und Gegenmacht bzw. Seemacht und Gegenseemacht ist eine der markantesten Veränderungen in der sicherheitspolitischen Praxis des 21. Jahrhunderts gegenüber davorliegenden Perioden. Während dort einzelne Staaten alleine Macht und Gegenmacht ausüben konnten, da sie sowohl politisch als auch militärisch umfassend potent waren, sind Staaten heute, im 21. Jahrhundert, sowohl politisch als auch haushälterisch und militärisch in ihren Fähigkeiten und Möglichkeiten begrenzt, sodass Allianzen das Mittel der Wahl sind, um etwaige außenpolitische Ziele durchsetzen zu können. Mit Blick auf die neorealistische Theorie im 21. Jahrhundert ist hier eine Ergänzung zu den Aussagen von Waltz hinsichtlich der zögerlichen Handhabung der Allianzbildung von Staaten anzubringen. Dieser Aspekt rückt heute in den Hintergrund. Vielmehr ist auch im theoretischen Kontext davon auszugehen, dass Allianzbildungen eines der Hauptinstrumente bzw. Capabilities von Staaten sind. Analoges gilt für Mahncke und Schwarz, bei denen ebenfalls unter dem Eindruck des Kalten Krieges, wie auch bei Waltz, die bipolare Weltordnung mit ihrem Verständnis für Militärpolitik und -strategie ideenleitend war. Seestreitkräfte als die wahrscheinlichste Capability von Staaten agieren heute ausschließlich im Bündnis, um Seemacht oder Gegenseemacht zu entfalten.

In den nachfolgenden Abschnitten wird sich dem Thema Seemacht und Seestreitkräfte weiter genähert und die einzelnen Elemente von Seemacht werden in den neorealistischen Zusammenhang gebracht.

3. Das maritime Umfeld und seine Veränderungen unter sicherheitspolitischen Aspekten

Das sicherheitspolitische Umfeld, sowohl regional als auch global betrachtet, ist heute, im 21. Jahrhundert, stärker denn je durch veränderte Bedrohungen und neue Risiken gekennzeichnet. Aufgrund erodierender staatlicher Ordnungsstrukturen in Teilen Afrikas, des Mittleren und Nahen Ostens, aber auch in Lateinamerika und Asien, der zunehmenden Multipolarität und einem Wiedererstarken des Nationalstaats als Ordnungsmodell in Teilen der Welt, ist mit weiteren geopolitischen Spannungen zu rechnen. Die aktuellen sicherheitspolitischen Trends zeigen, dass dem maritimen Umfeld dabei, als zentralem Macht- und Ordnungsprojektionsraum, eine elementare Rolle zukommt. Bedrohungen wie klassische zwischenstaatliche Konflikte, die direkte sicherheitspolitische und ökonomische Auswirkungen für einzelne Staaten und Regionen zur Folge haben, können nicht vollends ausgeschlossen werden. Diese sind vor allem durch Grenz- und Territorialgewässerkonflikte, wie im Südchinesischen Meer, und Dispute um Ausschließliche Wirtschaftszonen (AWZ), wie in der Arktis, geprägt und stellen weiterhin ein direktes Bedrohungsbild dar. Neben eindeutig erkennbaren Bedrohungen gefährden aber immer mehr indirekte Risiken die maritime Sicherheit. Dazu gehören der maritime Terrorismus, politische, ökonomische, ethnische und religiöse substaatliche Konflikte, Staatenzerfall in unmittelbarer Nähe von Meerengen und Ressourcenquellen sowie Übergriffe auf Handels- und Passagierschiffe durch Piraten, kriminelle Gruppen oder Terroristen wie z.B. am Golf von Guinea und dem Horn von Afrika. Auch ökonomische, energiepolitische und ökologische Entwicklungen gefährden zunehmend die Sicherheit im maritimen Raum. Klimatische Veränderungen, Überfischung der Ozeane, Umweltzerstörung, illegale Migration, illegaler Waffen- und Drogenhandel als Ausprägung organisierter Kriminalität sowie Projektion von Macht mittels Seekriegsmitteln sind Risiken, die den freien Zugang zum Meer, die wirtschaftliche Prosperität, die territoriale Integrität und Souveränität sowie das friedliche nachbarschaftliche und vertrauensbildende Verhältnis zwischen Staaten regional oder global, meistens allerdings indirekt von See her, bedrohen. Die Abhängigkeit heutiger moderner Industrie- und Dienstleistungsgesellschaften von freien Seewegen, aber auch die zunehmende Bedeutung von kritischen Infrastrukturen zur Energiegewinnung sowie Energiequellen auf See stellen als strategisches Gut außerdem ein großes Verwundbarkeitspotenzial dar. Um dieses heutige maritime Umfeld charakterisieren zu können und abzuschätzen, wo die maritimen Bedrohungen angesiedelt sind, ist es erforderlich, die einzelnen Faktoren des Umfeldes detailliert zu betrachten. Hierzu ist anzumerken, dass im Kontext des Themas nur die Darstellung der Faktoren sinnvoll ist, die einen direkten und indirekten Zusammenhang zu Seemacht, Seestreitkräften und dem System der internationalen Beziehungen aufweisen. Die Betrachtung von maritimen Faktoren als grundlegende Elemente von Seemacht folgt dem Ansatz von Mahan,[1] in dem sowohl politische als auch ökonomische, kulturelle, territoriale und militärische Aspekte eines Staates auf die Entfaltung von Seemacht einwirken. Bezogen auf heutige Verhältnisse bestätigten Till und Bratton[2] diese Sicht. Umfassende Beschreibungen zu maritimen Faktoren finden sich in der Literatur mehrfach.[3]

3.1. Die Änderungen in den Umweltparametern

Die Debatte um mögliche sicherheitspolitische Implikationen aus den Veränderungen im Klimasystem ist, insbesondere nach dem Erscheinen des Anfang 2015 durch die UNEP herausgegebenen IPCC Report 2013, im sicherheitspolitischen und politikwissenschaftlichen Diskurs aktuell. Daher ist es angebracht, das Thema Klima und Sicherheitspolitik im maritimen Kontext erneut einer Betrachtung bzw. Bewertung zu unterziehen. Um sich dem Thema politikwissenschaftlich zu näheren, ist es sinnvoll, entlang einer aufgestellten Teilfragestellung zu verfahren. Anhand dieser werden nachfolgend sowohl Klimaparameter als auch sicherheitspolitische Faktoren und Implikationen diskutiert, die in unmittelbarem Bezug zu maritimen Themen stehen, was allein schon dem Sachverhalt geschuldet ist, dass viele der Klimafaktoren maritim ausgeprägt sind. Diese Teilfragestellung bezieht sich darauf, ob die wissenschaftliche Debatte bezüglich des Themas Umweltveränderungen und deren sicherheitspolitische Auswirkungen im maritimen Umfeld des 21. Jahrhunderts inter- bzw. transdisziplinär geführt wird. Zwar verweisen einzelne Arbeiten auf fachübergreifende Handlungsfelder,[4] diese greifen jedoch nicht weit genug und stellen daher kaum den Zusammenhang zwischen den einzelnen Fachgebieten/Wissenschaftszweigen her. Dies hat zur Folge, dass etwa die Klimaforschung nur geringen Einfluss auf die gesellschafts- und staatswissenschaftliche Diskussionsführung sowie die internationalen Beziehungen nehmen kann, und das selbst bei Fragen zur maritimen Sicherheit.[5] Daher bietet dieses Kapitel den Rahmen für einen Überblick über mögliche sicherheitspolitische Zielsetzungen und Schlussfolgerungen mit dem Fokus auf maritime staatliche Sicherheit und Stabilität im Rahmen der internationalen Beziehungen, exemplarisch hier für Regionen an der Peripherie Europas. Diese Vorgehensweise verfolgt, gemäß dem Gesamtansatz der Abhandlung, den inter-/transdisziplinären Ansatz[6] bzgl. der Frage nach einer gemeinsamen multilateralen sicherheitspolitischen

1 Mahan 1892, S. 1.
2 Till, Bratton 2012, S. 7, 18; Till 2013, S. 6–9.
3 WOR 2014; Autorenteam Jopp 2014; Krause, Bruns 2016; Albrecht 2012, 2014.
4 WBGU 2007; IPCC 2007, 2013.
5 Einzelne Diskussionen werden vorwiegend auf dem Gebiet der Energiesicherheit und der maritimen Sicherheit geführt, die jedoch vorwiegend als Einzeldebatte angelegt sind und nur Teilaspekte betrachten. Siehe u.a. Geden et al. 2007; Lang 2010, S. 1–27.
6 Mittelstraß 2003.

Strategie für einzelne Regionen und Staaten, wie sie etwa für die EU[7] erstellt wurde. Sie erlaubt die Formulierung eines Kontinuums, beginnend mit der Beschreibung von einzelnen Umweltfaktoren über sicherheitspolitische Implikationen bis hin zu (maritimen) wehr- und energietechnologischen Konzepten.[8]

Das maritime Umfeld wirkt mit seinen Faktoren auf alle Bereiche der Gesellschaft. Sowohl die maritime Umwelt als auch die maritime Wirtschaft, einschließlich des Seeverkehrs und Fischereiwesens sowie der Energie- und Wasserressourcen, und die sicherheitspolitischen Aspekte, betreffen Staaten und Staatenbündnisse. Diese sehen sich aufgrund der Komplexität bisher kaum diskutierten Herausforderungen gegenüber. Im Folgenden wird eine Auswahl der für das Gesamtthema relevanten Faktoren vorgestellt, um dann in einem weiteren Schritt mögliche Lösungsansätze betrachten zu können. Aufgrund der Vielfältigkeit der Faktoren und der Beziehungen zwischen ihnen kann hier kein Anspruch auf Vollständigkeit erhoben werden. Vielmehr werden die für die Gesamtbetrachtung des maritimen Umfeldes prägnantesten Faktoren aufgegriffen.

Die Änderungen in den atmosphärischen und ozeanografischen Parametern können hinsichtlich der Veränderungen des natürlichen maritimen Umfeldes teilweise erhebliche Auswirkungen auf die Wahrnehmung von Bedrohungen und Risiken haben. Der Anstieg der Temperatur, in Verbindung mit dem Anstieg der Konzentration an Spurengasen, ist die in der breiten Öffentlichkeit bekannteste Auswirkung, jedoch sind Änderungen in den Niederschlagsmengen gravierender, da diese sich auf regionale Süßwasserressourcen und die Nahrungsmittelproduktion auswirken können, welche dann sicherheitspolitische Implikationen zur Folge haben können. Eine weitere derzeit kontrovers diskutierte Größe ist die Eisbedeckung des Arktischen Ozeans. Aus dessen Verminderung können bisher noch nicht absehbare Konflikte entstehen, die aus Streitigkeiten bezüglich der Seeraumnutzung hinsichtlich der Ressourcenabschöpfung im Ozean, von Fischereirechten und der Gewährung von Durchfahrtsrechten resultieren. Zusätzlich ergibt sich aus dem Transport von großen Mengen an Meereis aus dem Arktischen Ozean in den nördlichen Nordatlantik der Aspekt der Modifizierung von Wassermassen[9], wodurch infol-

7 Masala, Tsetsos 2012. EC 2016.

8 Albrecht 2016, S. 28.

9 Der genannte Eistransport infolge der Aussüßung des Meerwassers wirkt sich auf die Eisbedeckung des Arktischen Ozeans aus. Dessen Eisbedeckungsminimum lag bisher im Sommer/Herbst 2009 bei 4,52 Millionen Quadratkilometer. Dies war die zweitkleinste Fläche seit Beginn der Aufzeichnung von Satellitendaten 1979 durch das National Snow and Ice Data Center (NSIDC) der US-Raumfahrtbehörde NASA, das der University of Colorado in Boulder angeschlossen ist. Lediglich im September 2007 war die nördliche Eisbedeckungsmenge der Erde noch kleiner. Setzt sich dieser negative Trend der vorangegangenen Jahre weiter fort, so ist nach verschiedenen Quellen mit einer dauerhaft geringeren Eisbedeckung in den kommenden Jahrzehnten zu rechnen. Siehe Lindsay et al. 2009, S. 165; Overland et al. 2008, S. 589 und Belchansky et al. 2008, S. 716. In den Analysen mit Daten aus dem vergangenen März, wo die Eisdecke am Ende des arktischen Winters ihre maximale Ausdehnung erreicht, ergab sich ein im langjährigen Vergleich negativer Trend. Es wurde festgestellt, dass bereits der Zerfall des dickeren älteren Meereises fortgeschritten war und nur noch 30 % dieser Eismassen die Fläche des arktischen Ozeans bedeckte, im Vergleich dazu waren es früher 50–60 % Bedeckung. Verstärkt wird das Phänomen durch einen windinduzierten Transport aus der Arktis hinaus auf den Atlantik.

ge der Aussüßung des Ozeans die Zirkulationssysteme im Ozean verändert werden könnten. Des Weiteren wäre mit einer Änderung im Windregime zu rechnen, welches beispielsweise für den Mitteleuropäischen Raum mehr Trockenperioden bedeuten würde, andererseits jedoch auch Überflutungsgefahr für Nordeuropa inklusive des Auftretens von Extremwetterereignissen zur Folge haben könnte. Diese naturbedingten Faktoren können in sicherheitspolitischer Hinsicht mit ihren Auswirkungen auf das Niederschlagsangebot und durch die mögliche Vernichtung von urbanen Räumen in das Blickfeld der politischen Debatten rücken.

3.1.1. Temperatur und Spurengase

Die Änderungen der globalen Durchschnittstemperatur in Verbindung mit dem Anstieg an anthropogenen und biogenen Spurengasen in der Atmosphäre, der Anstieg des Meeresspiegels, der Rückgang der Schneebedeckung sowie der des Eisbedeckungsgrades und der Eisdicke im nördlichen Polargebiet sind messbare Kenngrößen der sich verändernden Umweltfaktoren. Seit Beginn der Messungen im Jahr 1850 ist die globale bodennahe Durchschnittstemperatur um 0,76 ± 0,19°C angestiegen.[10] Der Anstieg der Durchschnittstemperatur in den vergangenen 100 Jahren betrug zum Vergleich 0,074 ± 0,018°C pro Dekade. In den letzten 50 Jahren erhöhte er sich auf 0,13 ± 0,03°C pro Dekade. Seit 1975 stieg die Temperatur um ca. 0,2°C pro Dekade an. Bis zur Mitte des 20. Jahrhunderts zeigte die Erderwärmung zunächst große Schwankungen, die jedoch während der letzten 50 Jahre gleichförmig stetig anstiegen und ab 1975 eine deutliche Tendenz zu höheren Temperaturwerten zeigt.

Regional zeigen sich große Unterschiede bei der Erwärmung. In der Arktis und den angrenzenden Gebieten ist sie am stärksten. Die Temperaturen dort stiegen fast doppelt so schnell wie im globalen Mittelwert. Über den Kontinenten stieg die Temperatur während der vergangenen Jahrzehnte doppelt so schnell wie über den Ozeanen, dies zeigt sich an den Absolutwerten von 0,54°C über den Kontinenten und 0,26°C über den Ozeanen. Über der Nordhalbkugel ist die Erwärmung aufgrund der Landmassenverteilung höher als über der Südhalbkugel. Feste Erde erwärmt sich schneller als ein Wasserkörper. Über der Antarktis ist bislang keine Erwärmung zu beobachten.[11] Zusätzlich verstärkt wird die Temperaturerhöhung über der Nordhemisphäre durch die erhöhten Konzentrationen von biogenen und anthropogenen Spurengasen in der Troposphäre und unteren Stratosphäre.[12] Sowohl im nördlichen Polargebiet als auch in den Subtropen und Tropen der nördlichen Breiten geben Kohlenmonoxid (CO), Methan (CH_4), Carbonylsulfid (COS) sowie Kohlenwasserstoffe, außer Methan (NMHC) und Formaldehyd (CH_2O), Indikationen für einen signifikanten Anstieg in den letzten Jahren, der sowohl von den Emissionen der Industriestaaten als auch von der Biomassenverbrennung in Afrika und Südamerika verursacht wird. So nahm beispielsweise das troposphäri-

10 IPCC 2007, S. 5; IPCC 2013, S. 5–8.
11 IPCC 2007, S. 5; IPCC 2013, S. 5.
12 Darunter fallen auch die Treibhausgase.

sche Treibhausgas CO pro Jahr zwischen 1,0 und 2,4 Prozent je nach Autor und Bezugszeitraum zu.[13]

3.1.2. Meeresspiegel, Niederschlag, Arktische Meereisbedeckung

Die global gemittelten Meeresspiegeldaten, seit 1870 aufgezeichnet, zeigen bis in unser Jahrzehnt einen gleichförmigen Anstieg, der sich in den letzten Jahren noch beschleunigt hat. Der Meeresspiegel ist um 20 cm im globalen Mittel angestiegen. Im vergangenen Jahrhundert stieg er um 17 ± 5 mm pro Jahrzehnt. Dieser Wert erhöhte sich seit 1993 auf 31 mm pro Jahrzehnt.[14] Die Ursache des Anstiegs ist die Ausdehnung des Wasserkörpers bei seiner Erwärmung sowie die Zufuhr von Schmelzwasser der Gletscher. Der fast doppelt so hohe Anstieg in heutiger Zeit ist vermutlich durch das Abschmelzen des Grönlandeises und den Abbruch des antarktischen Eisschelfs verursacht.

Die Veränderungen in den Niederschlagsmengen variieren von Region zu Region. Generell ist von einer Zunahme in den hohen Breiten und einer Abnahme in den Subtropen auszugehen. In den mittleren Breiten werden die Niederschläge im Winter zu- und in den Sommern abnehmen.[15] Signifikant wird dabei zu beobachten sein, dass etwa in Nordeuropa, in Zentral- und Nordasien sowie im östlichen Nord- und Südamerika deutlich höhere Niederschläge zu erwarten sind. Im Mittelmeerraum hingegen sowie im südlichen Afrika und in Südasien sind signifikant trockenere Jahreszeiten vorhergesagt. Alle nicht explizit genannten Regionen werden keine signifikanten Langzeittrends aufzeigen. Des Weiteren wird die Sturm- und Extremwetterhäufigkeit zunehmen, wie etwa die Häufigkeit der Hurrikan- und Sturmaktivität im atlantischen Raum.[16]

Die Veränderungen in der Arktis aufgrund der Änderungen von atmosphärischen und ozeanografischen Parametern[17] und deren Implikationen auf das arktische Klima schlagen sich in einer dünneren Eisdecke sowie in einer geringeren Ausdehnung der Eisbedeckung nieder.[18] Ein Beitrag zur Meeresspiegelerhöhung ist durch das Abschmelzen des Meereises nicht zu erwarten, da es sich um schwimmendes Eis handelt. Die Ausdehnung des Meereises im Arktischen Ozean wurde erstmals 1978 mittels Satelliten vermessen. Seitdem ist eine Abnahme um 2,7 ± 0,6 Prozent pro Jahrzehnt erkennbar. Im Sommer beträgt die Abnahme pro Jahrzehnt 7,4 ± 2,4 Prozent.[19] Die arktischen Eismaxima in den Wintern 2006/2007 waren die niedrigsten bisher gemessenen. Im März 2007 betrug die vom Eis bedeckte Fläche der Arktis nur 14,7 Mio. km^2. Messwerte aus dem arktischen Sommer 2007 be-

[13] Notholt 1998, S. 3; World Meteorological Organization (WMO) 1995, S. 1; Notholt et al. 2000, S. 1337; Albrecht et al. 2002, S. 1713–1718.
[14] IPCC 2007, S. 5; IPCC 2013, S. 8.
[15] IPCC 2007, S. 76; IPCC 2013, S. 40.
[16] IPCC 2007, S. 254; IPCC 2013, S. 88.
[17] Krumpen et al. 2016, S. 523–534.
[18] Haas et al. 2008, S. 2; Haas et al. 2010, S. 4; Gerdes, Köberle 2007, S. 3–7; Wang et al 2016, S. 86–109; Wang et al. 2016, S. 110–132.
[19] IPCC 2007, S. 7; IPCC 2013, S. 9, 10, 15.

stätigen die Aussage von einem anhaltend abfallenden Trend in der Eisbedeckung. Im September 2007 war die vom Eis bedeckte Arktisfläche so klein wie nie zuvor. Sie betrug 4,28 Mio. km^2. Der bisherige Sommertiefstwert lag im Jahre 2005 bei 5,57 Mio. km^2. Dies entspricht einem Rückgang von 23 Prozent bzw. einem Gebiet fünf Mal so groß wie die Fläche Großbritanniens.[20] In den Folgejahren blieb der Wert unter dem von 2005.[21] Die Ausdehnung von 2007 entspricht der gemäß in den IPCC Szenarien modellierten Eisabnahme für 2035,[22] sodass hier eine rascher als im Modell vorausgesagt abnehmende Tendenz beobachtet werden kann. Signifikant ist die Abnahme in der Eisbedeckung des mehrjährigen Eises.

3.1.3. Projektion der Umweltparameter

Die dargestellten beobachteten Umweltparameter geben nicht ausreichend Auskunft über die Entwicklung der Verhältnisse in der Zukunft. Dazu ist es nötig auf Modellrechnungen zurückzugreifen. Für die meisten Klimaparameter bietet sich hier der IPCC-Report von 2007 und 2013[23] an. Angenommen wird dabei eine zukünftige Treibhausemission nach dem Szenario A1B[24], da dieses Szenario mit der größten Wahrscheinlichkeit eintreten wird. Es wird darin angenommen, dass durch die Weltgemeinschaft keine effizienten Maßnahmen zur Verminderung der Klimaänderungen eingeleitet bzw. durchgesetzt werden können.[25] Gemäß der Modellrechnung soll die globale Durchschnittstemperatur zwischen 1,7 und 4,4°C ansteigen,[26] also um die gleiche Rate wie in den letzten 30 Jahren. Das Ausmaß der Erwärmung fällt gemäß den Modellrechnungen über Land deutlich größer als über dem Ozean aus. Des Weiteren sollen die Polargebiete sich stärker erwärmen als die restlichen Landgebiete. Die Simulation von als wichtige Parameter für die Erdoberflächenerwärmung identifizierten Spurengaskonzentrationen, besonders von troposphärischen Gasen, sagt einen weiteren Anstieg voraus. Sowohl Methan- als auch Nicht-Methan-Kohlenwasserstoffe nehmen hierbei eine signifikante Rolle ein und wirken so zusammen mit den Aerosolen auf Temperatur, Transportmuster und Niederschläge in der Atmosphäre ein. Diese Modellrechnungen zeigen jedoch gerade für die mittlere Atmosphäre gegenüber den Messungen, wie beispielsweise den FTIR-Messungen[27], Abweichungen von bis zu 50 Prozent. Für die untere Atmosphäre fallen die Abweichungen um 10–20 Prozent geringer aus. Nach der Implementierung weiterer chemischer Substanzen und Reaktionszyklen in die Chemie-Transport-

20 Lindsay et al. 2009, S. 165–167, 171.

21 Perovich et al. 2009, S. 1.

22 Anzumerken ist, dass im September die minimale Eisbedeckung und im März die höchste Eisbedeckung in der Arktis vorherrscht, derzeit gibt es eine Diskussion, ob in den IPCC-Szenarien nicht von 2350 statt von 2035 die Rede ist.

23 IPCC 2007, S. 1; IPCC 2013, S. 1054.

24 Nakićenović et al. 2000; Jacob et al. 2008.

25 IPCC 2007, S. 1; IPCC 2013, S. 90.

26 IPCC 2007, S. 13; IPCC 2013, S. 88 f.

27 FTIR: Fourier Transform InfraRed-Spektroskopie.

Modelle ist davon auszugehen, dass die Abweichungsraten zwischen Messung und Modell verringert werden können.[28]

Die globale Temperaturänderung bewirkt eine Änderung in der Niederschlagsverteilung bis Ende des laufenden Jahrhunderts. Gemäß den Rechnungen des IPCC[29] werden in den hohen Breiten die Niederschläge wahrscheinlich zunehmen, während sie in den meisten kontinentalen Landgebieten der Subtropen abnehmen werden. In Mitteleuropa sind voraussichtlich trockenere Sommer und feuchtere Winter zu erwarten. Die modellierte Niederschlagsmenge ergibt besonders im Mittelmeerraum signifikante Niederschlagsabnahmen. Des Weiteren werden gemäß den Modellrechnungen die Extremniederschlagsereignisse zunehmen. Global wird eine leichte Zunahme der Niederschlagsmenge erwartet, wodurch sich jedoch die globale Wasserbilanz aufgrund der zu erwartenden höheren Verdunstung nicht ändern wird. In den Modellrechnungen wird für weitere Parameter von deren Zunahme ausgegangen. So wird nach Rahmstorf[30] der Meeresspiegel um 1 ± 0,5 m ansteigen und die Gletscher werden schmelzen. Betroffen von den klimatischen Bedingungen ist sowohl das Meereis in der Antarktis als auch in der Arktis. Es wird davon ausgegangen, dass im Zeitraum 2030–2050 die Arktis im Spätsommer komplett eisfrei sein wird.[31] Tropische Wirbelstürme werden wahrscheinlich intensiver, sodass zu erwarten ist, dass Niederschlagsmengen und Windgeschwindigkeiten zunehmen. Damit einher geht die Ausdehnung der von tropischen Wirbelstürmen gefährdeten Meeresgebiete. Die negativen Auswirkungen der Veränderung der atmosphärischen und ozeanografischen Parameter wirken auf den Menschen und dessen Lebensraum sowie auf die natürliche Umwelt mit ihren Lebewesen. Mit der Zunahme der Parameter hin zu Extremwerten ist von einer Verschärfung der Auswirkungen in allen Lebensbereichen auszugehen. Je höher etwa die Durchschnittstemperatur ansteigt, desto größer ist die Wahrscheinlichkeit, dass eine kaum steuerbare und irreversible Eigendynamik des Systems Erde-Atmosphäre ausgelöst wird. Das Abschmelzen des grönländischen Inlandeises, das Abbrechen des westantarktischen Eisschelfs ins Meer, der Zusammenbruch des Golfstroms, der Kollaps des Amazonas-Regenwaldes aufgrund rückgängiger Niederschläge und die Intensivierung des indischen Sommermonsuns. Es ist dann davon auszugehen, dass bei Eintritt solcher Folgen die Absolutwerte der Parameter sowie die daraus folgenden Auswirkungen die bisher in den Szenarien erfassten übersteigen werden. Zu beachten ist jedoch, dass die derzeit berechnete Eintrittswahrscheinlichkeit für die Eigendynamik für das laufende Jahrhundert sehr niedrig ist. Die beschriebenen Änderungen in den Parametern[32] sind identisch mit denen in den Sachstandsberichten des IPCC von 2007 und 2013. Jedoch sind die Ergebnisse mit erheblichen Unsicherheiten behaftet. Beispielsweise wird der angebende Wert für globale Mitteltemperatur als Untergrenze angegeben,

---

28 Albrecht et al. 2002, S. 1713–1718; Albrecht, Wolke 2010, S. 19–27.

29 IPCC 2013, S. 88.

30 Rahmstorf 2007, S. 368.

31 Gerdes, Köberle 2007, S. 10 f.; Lindsay et al. 2009, S. 165; Persönliche Mitteilung von Rüdiger Gerdes am 15.3.2010 am Rande einer Vortragsveranstaltung zum Thema Arktis und Sicherheit in Bremerhaven sowie im Juni 2010 während einer persönlichen Konsultation in Bremerhaven.

32 Ebd.

wodurch eine kontroverse Diskussion in der Fachwelt ausgelöst worden ist. Die Unsicherheiten beruhen auf den Modellergebnissen für Prozesse wie den gesamten Kohlenstoffkreislauf, die Wirkung von Aerosolen und die Methan-Emissionen. Die Modellierungen unter Einbeziehung des Kohlenstoffkreislaufs zeigen etwa eine um 30 Prozent höhere Erderwärmung als die ohne. Grund dafür ist die abnehmende Aufnahmekapazität der Ozeane bei zunehmender Erwärmung.[33] Die Abnahme der Aerosolemissionen[34], besonders in den mittleren Breiten und den Tropen, sowie die Annahme der Aerosolimmissionen in den Polargebieten, kann eine weitere Zunahme der globalen Temperatur, als Folge der fehlenden kühlenden Wirkung der Aerosole, verursachen, die bisher noch nicht abzuschätzen ist. Ebenso schwer einschätzbar ist die Freisetzung von Methan, vorwiegend in Form von Hydraten, durch die Ozeanerwärmung und das Auftauen der Permafrostböden im subarktischen Raum. Eventuell[35] ist hier zu erwarten, dass 2000 Mrd. Tonnen in den nächsten 1000 bis 100 000 Jahren emittiert werden. Gemittelt über die Jahrtausende würden die Emissionen mindestens 50 Prozent der derzeitigen anthropogenen Treibhausgasemissionen betragen.[36] Für die anderen treibhausrelevanten Spurengase gibt es zwar keine vergleichbaren Abschätzungen, es lässt sich jedoch aufgrund der Vielzahl von Spurengasen, die einen Methanzyklus in ihren Reaktionsketten beinhalten, eine ähnliche Tendenz voraussagen. Den Spurengasen kommt also auch in Zukunft ein besonderer Stellenwert in den Aussagen zu den Veränderungen der atmosphärischen und ozeanografischen Parameter zu.

3.2. Auswirkungen auf die Seeverkehrswirtschaft und Energie

Die wirtschaftlichen Entwicklungen im Seeverkehr werden außer durch die Weltkonjunktion und das damit verbundene Handelsaufkommen durch Umweltparameter beeinflusst. Daher ist eine Einbeziehung der oben beschriebenen Umweltbedingungen der Zukunft unerlässlich. Es wurde u.a. dargestellt, dass sich aufgrund der möglichen veränderten Temperaturverteilung Extremwetterereignisse häufen können. Dies hätte unmittelbare Implikationen auf den Seeverkehr hinsichtlich der Transport- und Navigationsbedingungen, besonders hinsichtlich der Wind- und Seegangverhältnisse.[37] Die Risiken für Schiffe und Ladungen können sich dadurch zukünftig erhöhen oder den Frachtdurchlauf von einem zu einem anderen Ort verzögern,[38] da weniger gefährdete Transportrouten befahren werden müssen. Dies kann zu Kostensteigerungen für Reedereien und Zwischen- und Endabnehmer

33 IPCC 2013, S. 93, 870.
34 WBGU 2009, S. 9.
35 IPCC 2007, S. 544; IPCC 2013, S. 271.
36 IPCC 2007, S. 544; IPCC 2013, S. 271.
37 Besonders das Auftreten von Freak Waves, signifikanten Einzelwellenereignissen mit Wellenhöhen bis zu 30 Metern, führten bereits mehrfach im Südatlantik zu unerwarteten Schäden an Schiffen und Personen. Als Beispiel sei hier das Kreuzfahrtschiff MS »Bremen« genannt, welches im Februar 2001 von einer 35 Meter Welle erfasst wurde und nur knapp der Kenterung entging.
38 WOR 2010, S. 177; WOR 2014, S. 164–172.

aufgrund höherer Transport- und Versicherungskosten führen.[39] Hinsichtlich der Einbeziehung von Umweltbedingungen in den Seeverkehr stellt sich außerdem die Frage nach der Routenoptimierung und des daraus resultierenden verminderten Ausstoßes an Abgasen bzw. Treibhausgasen (wie Kohlendioxid) durch die Schiffe. Zukünftig wird die Umrüstung der Flotten hin zu »grünen Flotten« für die Reedereien zunehmend in den Mittelpunkt ihrer schiffbaulichen Aktivitäten rücken, um so zur Verminderung des anthropogenen Treibhauseffektes beizutragen.[40] Dies schließt nach verbreiteter Meinung[41] auch die Installation von Monitoringsystemen zur Messung und Verarbeitung von Spurengasdaten entlang der Schiffsrouten ein,[42] um so den quantitativen Beitrag des Weltseeverkehrs zur Klimaveränderung bestimmen und Empfehlungen zu dessen Reduzierung geben zu können.[43] Im Zuge des Abschmelzens des Arktischen Meereises können sich neue Seehandelswege durch den Arktischen Ozean bis 2050 entwickeln, wodurch nach jetzigen Schätzungen sowohl mit einer Verringerung an Transportzeit und -kosten als auch an Treibstoffverbrauch und somit CO_2-Ausstoß zu rechnen ist.[44] Eine Nutzung der Nordost- und Nordwestpassage für den arktischen Seeverkehr steht dabei im Fokus der Betrachtungen, eine direkte Passage über die Beringstraße ist derzeit Gegenstand eines Forschungsprojektes.[45] Hinsichtlich der Nutzung des Arktischen Ozeans für den Seeverkehr ist jedoch zukünftig eine stärkere Interessenbekundung einerseits von den Anrainerstaaten und andererseits von Nichtanrainerstaaten zu erwarten, die Konfliktpotenzial bergen kann. Die derzeitige Debatte bezüglich der territorialen Abgrenzung der Hoheitsgebiete im arktischen Raum verdeutlicht den zukünftigen Abstimmungs- und Koordinierungsbedarf besonders zwischen den Anrainerstaaten.[46] Als eine der möglichen energierelevanten Regionen der Zukunft wurde die Arktis identifiziert, deren Meereisabnahmen in den nächsten Jahren Abbaupotenziale bieten. In den Küstenregionen der Arktis lagern Methanhydrate in einigen hundert Metern unter den Permafrostablagerungen. Da sich die Vorkommen am Kontinentalschelf konzentrieren, ist ein Abbau des Methanhydrates mit moderatem technologischem Aufwand möglich,[47] sodass auf dem Gebiet bereits Produktionstests vor Alaska angelaufen sind und bis 2014 in großflächige Offshore-Feldversuche umgesetzt werden sollen.[48] Inwieweit diese Vorhaben bis zur industriellen Förderung vorangetrieben

[39] WOR 2010, S. 177; WOR 2014, S. 173.
[40] UNCTAD 2008, S. 3; UNCTAD 2009, S. 3.
[41] UNCTAD 2009, S. 23; Albrecht, Brauner 2016, S. 38.
[42] International Maritime Organization (IMO) 2009, S. 7, 11.
[43] IMO 2009, S. 11.
[44] UNCTAD 2009, S. 3; UNCTAD 2015, S. 80–90; WTO 2010, S. 178.
[45] Prof. Ralf Brauner, Jade-Hochschule, persönliche Mitteilung: Seit Ende 2012 läuft ein Projekt des AWI Bremerhaven, Gruppe Meereisphysik, in Zusammenarbeit mit der Jade-Hochschule Elsfleth, Fachbereich Seefahrt, zur Untersuchung der Möglichkeit des Seetransits über die Beringstraße, ohne Nutzung der Nordost-/Nordwestpassage, da dort das mehrjährige Eis seit 2010 signifikant abgenommen hat und das einjährige Eis im Sommer vermindert ist. Erste Abschätzungen zeigen, dass sich die Einsparungen für den Seeverkehr gegenüber denen bei Nutzung der Nordost-/Nordwestpassage auf ein Vielfaches belaufen, 18.5.2015.
[46] Winkelmann 2008, S. 1.
[47] WBGU 2006, S. 97.
[48] WOR 2010, S. 155; WOR 2014, S. 104–112.

werden, ist fraglich, da neben der technologischen Machbarkeit auch der ökonomische und energiestrategische Nutzen der Förderung hinterfragt wird.[49] Eine mögliche Realisierung, über die Feldversuche hinaus, wird nach Meinung des WBGU erst im nächsten Jahrzehnt erwartet.[50]

3.3. Sicherheitspolitik

Die oben dargestellten exemplarischen natürlichen, wirtschaftlichen und rechtlichen Faktoren stehen untereinander in einer engen und komplexen Wechselwirkung. In ihrer Gesamtheit verursachen sie sicherheitspolitische Implikationen und ergeben so Aktionsfelder für die Sicherheitspolitik, im Speziellen für die maritime Sicherheitspolitik.

3.3.1. Umwelt

Die Erörterung der sicherheitspolitischen Auswirkungen allein auf das maritime Umfeld zu beschränken, wäre zu kurz gegriffen, da die maritimen Faktoren mit der globalen Entwicklung und den Mechanismen in den internationalen Beziehungen zusammenhängen. Sie haben somit neben der maritimen eine globale Dimension. Sowohl in nationalen als auch in internationalen politischen Debatten werden seit längerem mögliche klimainduzierte Implikationen für die Sicherheitspolitik unter dem Themenschwerpunkt Umwelt und Sicherheit geführt. Seitdem ist diese Debatte auf den Tagesordnungen der politischen Akteure. Ein Ergebnis der Debatte war das durch das UNEP 1988 gegründete IPCC. Dessen Aufgabe besteht seitdem darin, regelmäßig den aktuellen Sachstand der Klimaentwicklung sowie die daraus abgeleiteten Bedrohungspotenziale zusammenzutragen und zu veröffentlichen.[51] Letztmalig erfolgte dies Ende 2013. Ausgehend von der zweiten Weltklimakonferenz in Genf Ende 1990 wurde eine Klimarahmenkonferenz initiiert. In der folgenden UN-Vollversammlung wurde eine »Internationale Verhandlungsgruppe« zur Vorbereitung einer Konvention eingesetzt.[52] Im Jahre 1992 wurde dann in Rio de Janeiro die Klimarahmenkonvention mit dem Ziel vereinbart, die Treibhausgaskonzentrationen der Atmosphäre auf einem stabilen Niveau zu halten, um so negative Folgen für Mensch und Ökosysteme zu vermeiden. Neben der Führung der Debatte auf UN-Ebene erschien eine Befassung mit dem Thema innerhalb der EU notwendig. Aufgrund einer Initiative der deutschen Bundesregierung wurde das Thema Klimawandel in die EU getragen und durch Verhandlungen unter dem Dach der Klimarahmenkonvention betont. So setzte die EU im Jahre 1996 fest, den vorindustriellen Wert der globalen Temperatur um ma-

49 WBGU 2006, S. 97.
50 Ebd., S. 97.
51 Bundestag 1991, S. 837.
52 Yamin, Depledge 2004, S. 23.

ximal 2°C übersteigen zu wollen,[53] ein Wert, der auch heute noch als Ziel in den Dokumenten zur Klimapolitik festgeschrieben steht. Die EU wurde seitdem zum wichtigsten Verhandlungs- und Vertragspartner unter der Klimarahmenkonvention. Auf der dritten Vertragsstaatenkonferenz der Klimarahmenkonvention in Kyoto von 1997 wurde die EU zur treibenden Kraft für die Unterzeichnung des Kyoto-Protokolls, in dem sich die Industriestaaten erstmals bindend auf eine Begrenzung der Treibhausemissionen festlegten. Die EU etablierte sich somit als eine der Plattformen im Vordenken der sicherheitspolitischen Klimaauswirkungen, was sich auch während der Klimakonferenz in Paris Ende 2015 zeigte. Im Jahre 2007 etwa führte die EU eine Weiterentwicklung ihrer Klimapolitik durch, indem sie Klima-, Energie- und Sicherheitspolitik in eine enge Wechselbeziehung brachte. Zusätzlich wurde der Energiesicherheit ein hoher Stellenwert zugeordnet. Ende des Jahres 2007 wurde auf der 13. Vertragskonferenz der Klimarahmenkonvention auf Bali ein neues Klimaabkommen vorgestellt, welches dann im Dezember 2009 in Kopenhagen verabschiedet und 2013 nach Auslaufen des Kyoto-Protokolls in Kraft gesetzt werden sollte. Auf der Konferenz in Kopenhagen wurde jedoch kein neues Klimaabkommen vereinbart, sodass die Abschlusserklärung kaum inhaltliche Punkte zum Thema Klimaschutz enthielt. Die EU erhoffte sich, teils vergebens, substantielle Aussagen auf der Vertragsstaatenkonferenz 2011 in Südafrika. Erst im Dezember 2015 auf der Klimakonferenz in Paris konnte ein verbindlicher Klimavertrag zwischen den Nationen, allerdings mit geringeren Klimazielen als beabsichtigt, vereinbart werden. Ziel der Verhandlungen in Kopenhagen im Jahre 2009 war es, die globalen Treibhausemissionen bis 2050 bzw. 2100 gegenüber 1990 um 50 Prozent zu reduzieren, um den Anstieg der globalen Erwärmung um 2°C gegenüber der vorindustriellen Temperatur in der Atmosphäre zu begrenzen. Im Kontext mit der Forderung nach Begrenzung ihrer eigenen Emissionen wurden die Industrienationen von den Schwellen- und Entwicklungsländern auch dazu aufgefordert, umweltfreundliche Technologie zu transferieren und finanzielle Unterstützung zu leisten. Die Forderungen zielten darauf ab, selbst die Fähigkeit generieren zu können, den Ausstoß von Treibhausgasen und weitere spezifische Emissionen zu reduzieren, um die Folgen des Klimawandels abzumildern. Die Industrienationen konnten diesen Appellen nur in geringem Maße nachkommen, da sie sich selbst lediglich auf geringe Emissionsreduzierungen und finanzielle Hilfen einigen konnten. Auch der Technologietransfer gestaltet sich aufgrund patentrechtlicher Aspekte kompliziert. Andererseits forderten die Industriestaaten nachweisbare Emissionsreduzierungen von den Entwicklungs- und Schwellenstaaten. Anfang des Jahres 2008 wurden auf der Tagung des Europäischen Rates ein Bericht der EU-Kommission und des Hohen Vertreters der Gemeinsamen Außen- und Sicherheitspolitik (GASP) zur Bedeutung des Klimawandels für die Sicherheitspolitik debattiert und mögliche sicherheitspolitische Konsequenzen abgeleitet. Daraufhin wurden im Dezember 2008 erste Beschlüsse des Europäischen Rates abgefasst, die zum Ziel hatten, den bezüglich des Klimawandels zu führenden Dialog mit Drittländern und Organisationen zu vertiefen, die Auswirkungen des Klimawandels an Hand von Schwerpunktregionen wie

[53] Europäischer Umweltrat 1996, S. 1.

der Sahelzone, des Nahen Ostens und Zentralasiens zu untersuchen und abgeleitet aus den Analysen zu den Auswirkungen des Klimawandels in einzelnen Regionen Frühwarnsysteme zu integrieren. Ebenfalls 2008 bewertete der Europäische Rat die Hauptbedrohungen für die Europäische Sicherheitsstrategie (ESS) neu. Dies mündete in die erstmals erfolgte Formulierung sicherheitspolitischer Interessen der EU in der Arktis mit der »integrated European Union policy for the Arctic« vom April 2016 und die Erlassung einer neuen »EU Global Strategy« für die Sicherheitspolitik, die im Juni 2016 durch die EU-Außenbeauftragte vorgestellt wurde. Zusätzlich zu den bisherigen, wie internationaler Terrorismus und Proliferation von Massenvernichtungswaffen, wurden nun der Klimawandel und die Energiesicherheit aufgenommen. Bis heute nimmt die Betrachtung dieser Bedrohungen einen hohen Stellenwert in der sicherheitspolitischen Diskussion der EU ein und wirkt bis in die deutsche Klima-, Außen- und Sicherheitspolitik hinein.

Die obigen Ausführungen zeigen, dass die Debatte um Klima und die internationale Sicherheit bzw. Sicherheitspolitik sowohl von regionaler als auch globaler Relevanz und Brisanz ist. In die Debatte eingeschlossen ist die Frage nach möglichen Konfliktkonstellationen bzw. möglichen Sicherheitsrisiken, die sich in verschiedenen Facetten bis auf die regionale und lokale Ebene niederschlagen können. Insbesondere betrifft dies den regionalen Rückgang von Süßwasserressourcen, die regionale Reduzierung des Nahrungsmittelangebots, das vermehrte Auftreten von Extremwetterereignissen, die durch klimatische Veränderungen induzierte Migration und die Rohstoffbegehrlichkeiten sowie die Nutzung der Transportwege in der Arktis.

1. Die Süßwasserressourcen etwa hängen vorwiegend von den Niederschlagsmengen, den Abflussraten der Flüsse und der Verdunstung ab. Letztere wird Modellrechnungen zufolge aufgrund der steigenden Temperaturen zunehmen. Die Niederschlagsmengen werden wiederum regional variieren, so werden etwa die Niederschlagsraten in den Subtropen zurückgehen. Hingegen wird der Einfluss der Abflussmengen von Flüssen mit Ursprung in den Gletschern großer Gebirge auf die Süßwasserverfügbarkeit zunehmen, wenn nicht sogar ausschlaggebend sein. Die Gletscher speisen die Flüsse auch in den Trockenzeiten mit Schmelzwasser, sodass diese stetig Wasser führen. Das Abschmelzen der Gletscher würde eine kurzfristige Erhöhung der Abflussraten verursachen, jedoch langfristig zu geringeren führen, da die Gletscher und damit die zur Verfügung stehende Wassermenge stetig abnehmen werden.[54] Aufgrund der Tatsache, dass die großen Gletscher und die davon gespeisten Flüsse im Himalaja und den Anden liegen bzw. entspringen, wäre die dortige Bevölkerung, also ca. ein Fünftel der Weltbevölkerung, von den Auswirkungen am stärksten betroffen. In Gebieten, in denen bereits heute Wasserknappheit vorherrscht – besonders in Teilen Afrikas – sind kritische Entwicklungen in der Nahrungsmittelproduktion und -verfügbarkeit zu erkennen. Dort ist von einer wirtschaftlichen Wasserknappheit auszugehen,[55] da die Bevölkerung keinen oder

54 Warner et al. 2009, S. 5 f.
55 International Water Management Institute (IWMI) 2007, S. 10.

nur eingeschränkten Zugang zu ausreichenden und sauberen Wasserressourcen hat. Erkrankungen bzw. Epidemien aufgrund fehlender Versorgung mit sauberem Trinkwasser werden eine zu beobachtende Folge sein. Durch das sich verändernde Niederschlagsmuster, besonders in den Subtropen Afrikas, treten vermehrt Dürreperioden auf, sodass bis 2020 bis zu 220 Mio. Menschen von Wassermangel betroffen sein könnten.[56] Ebenfalls betroffen sein könnten die Karibik und die pazifischen Inseln.

2. Die Nahrungsmittelproduktion und -verfügbarkeit hängen eng mit den Süßwasserressourcen zusammen. In Teilen der Erde wird sowohl die Agrar- als auch die Nahrungsmittelproduktion aufgrund der veränderten Temperatur- und Niederschlagsverteilung bis 2050 bzw. bis 2100 zunehmen.[57] Mit steigender Temperatur ist jedoch langfristig mit einer Abnahme in den Produktionsraten zu rechnen, wodurch die Nahrungsmittelverfügbarkeit und der Zugang dazu verringert werden und so Hungersnöte zunehmen könnten. Neben der Süßwasserproblematik stellt die Zunahme der Extremwetterereignisse eine Gefahr für die Agrarproduktion dar, da aufgrund von Bodendegradation und Vernichtung von landwirtschaftlichen Nutzungsflächen nicht genügend Nahrungsmittel produziert werden könnten. In den Industriestaaten ist mit einer Zunahme der Nahrungsmittelproduktion zu rechnen, während in den Entwicklungsländern, besonders in den Wüstenzonen Afrikas und Asiens, die landwirtschaftliche Produktion abnehmen wird.[58]
3. Die Zunahme der Extremwetterereignisse schlägt sich vorwiegend in einem verstärkten Auftreten von Sturm- und Flutkatastrophen nieder. Deren Ursache ist vornehmlich im Anstieg des Meeresspiegels und der Intensivierung von tropischen Wirbelstürmen zu suchen.[59] Bis 2100 ist davon auszugehen, dass mehrere hundert Millionen Menschen von den Überflutungen betroffen sein und so ihren abgestammten Lebensraum verlieren könnten. Zusätzlich würde der Anstieg des Meeresspiegels, aufgrund der zunehmenden Küstenerosion und der Vermischung von Salz- mit Süßwasser, Landressourcen, wie etwa auf dem indischen Subkontinent, verringern. Menschliche Aktivitäten wären dann in den betroffenen Küstenregionen kaum mehr möglich. Zusätzlich verstärkt wird der Effekt durch den Eingriff des Menschen in das küstennahe Ökosystem, also durch die steigende Grundwasserentnahme und die dadurch verursachte Landabsenkung. Abholzungen von großen Waldflächen an den Oberläufen der großen Flüsse verringern die Wasserspeicherfähigkeit der angesiedelten Wälder und führen so zu einer Deregulierung der Abflussraten. Dadurch können Überflutungen in den Flussdeltas begünstigt werden.[60]

Gemäß dem Bericht des WBGU von 2008 ist zu erwarten, dass die künftigen Konfliktherde des laufenden Jahrhunderts in Asien, den Randgebieten der Sahara

56 Warner et al. 2009, S. 2; IPCC 2007, S. 444; IPCC 2013, S. 1074.
57 IPCC 2007, S. 275; IPCC 2013, S. 88, 1074.
58 WBGU 2009, S. 67; IPCC 2007, S. 14.
59 WBGU 2008, S. 110.
60 Ebd., S. 111.

und Südamerika durch die Degradation der Süßwasserressourcen und den Rückgang der Nahrungsmittelproduktion geschaffen oder verstärkt werden; gleiches gilt für Südostasien, Südasien und die Karibik durch die Zunahme von Extremwetter- und Wirbelsturmereignissen. Hinsichtlich der Auswirkungen, die sich aus dem Abschmelzen des Meereises in der Arktis ergeben, ist zu erwarten, dass sich die Lebensbedingungen der indigenen arktischen Bevölkerung verändern, da ihre Lebensgrundlagen eng mit den natürlichen Gegebenheiten verbunden sind. Die wirtschaftlichen Auswirkungen werden sich vermutlich in der Nutzung des sommerlichen, eisfreien Arktischen Ozeans als Transitroute für die Schifffahrt und als potenzielle Rohstoffquelle für geologische Bodenschätze niederschlagen. Beide indirekten Auswirkungen heben das bisher geringfügige Interesse an der Region Arktis an und befördern staatliche Begehrlichkeiten und Ansprüche bezüglich der Neuordnung und Grenzziehung im arktischen Raum. Somit entsteht im nördlichen Polargebiet gegebenenfalls eine Konfliktkonstellation, deren Potenzial mit zunehmendem Abschmelzen des Eises intensiviert werden könnte. Die angegebenen Konfliktkonstellationen zeigen beispielhaft, wie eng Klima und Sicherheit zusammenhängen und nicht zuletzt mit maritimer Sicherheit verbunden sind. Letztere wird sowohl in der nationalen als auch internationalen Wahrnehmung zunehmend durch eher nicht maritime Sicherheitsrisiken, wie innenpolitische Instabilitäten infolge von Konflikten und Krisen, internationalem Terrorismus und Profileration von Massenvernichtungswaffen und deren Trägermitteln, beeinträchtigt. Sowohl staatliche als auch nichtstaatliche Akteure sowie über das gesamte Intensitätsspektrum verteilte gewaltsame Konfrontationen sind in den gegenwärtigen und zukünftigen Bedrohungsszenarien relevant[61] und auch für die maritime Sicherheit ausschlaggebend.

Aufgrund ihrer maritimen Abhängigkeit sind besonders für viele Staaten der EU die Bedrohungen auf See von essentieller Bedeutung für die Volkswirtschaft und damit für die Sicherheits- und Verteidigungspolitik. Hier muss der Vorsorge gegenüber möglichen Angriffen und Anschlägen, auch bei fehlender oder nur kurzer Vorwarnzeit, die entsprechende Aufmerksamkeit gewidmet werden. Dies gilt auch für den Hintergrund der hohen medialen Wirkung und des Einschüchterungspotenzials für die jeweilige Bevölkerung, besonders infolge terroristischer Aktivitäten und einer damit verbundenen Erschütterung des staatlichen Gemeinwesens. Massenvernichtungswaffen stellen in diesem Zusammenhang ein mögliches globales Bedrohungspotenzial dar. Eine etwaige Gefährdung der maritimen Sicherheit impliziert ein maritimes Umfeld, das die Handlungsfähigkeit der betreffenden Nationen beeinträchtigen könnte. Dies kann zur Folge haben, dass die für Europa und Deutschland lebenswichtigen Seeverbindungslinien nicht mehr uneingeschränkt genutzt werden können und somit ein entsprechender Seehandel nicht mehr möglich ist. Des Weiteren ist nicht auszuschließen, dass ein Schutz der Bevölkerung und der lebenswichtigen Infrastruktur in der Küstenzone und auf See (z.B. Offshore-Windparks) sowie der Häfen und der Handelsschiffe nicht mehr gewährleistet werden kann, mit möglichen Auswirkungen auf die Energiesicherheit

61 Bundesministerium der Verteidigung (BMVg) 2004, S. 7; BMVg 2011, 2015.

und die ungehinderte Nutzung der Meeresressourcen. Vor dem Hintergrund der exemplarisch dargestellten weltweiten Risikoregionen, der verschiedenen involvierten Bevölkerungsgruppen und Nationen sowie der davon betroffenen Staaten zeigt sich, dass die maritime Sicherheit ein globales multinationales Anliegen, über die Klimaproblematik hinaus, darstellt, das somit nur multinational, vornehmlich auf staatlicher Ebene, angegangen werden muss. Dabei ist jedoch zu berücksichtigen, dass es sich, etwa im Falle der Piraterie in Afrika, meistens um nichtstaatliche Akteure mit einem nicht mit demokratischen Wertenormen in Einklang zu bringendem Rechts- und Gewaltverständnis handelt. Die Spielräume für zivile und gewaltlose Durchsetzung der maritimen Sicherheit sind somit sehr eng begrenzt. Damit verbunden ist die Problematik der Bekämpfung und strafrechtlichen Verfolgung von Piraterie. Aufgrund des fehlenden multinationalen einheitlichen Rechtsverständnisses und der daraus resultierenden stark unterschiedlichen Handlungsmöglichkeiten, besonders für Seestreitkräfte, fehlt derzeit beispielsweise die multinationale Durchschlagskraft in der Abwehr von Piraterie. Somit ist zu erwarten, dass solche Themen im Zusammenhang mit Klimaänderungen und den damit zusammenhängenden sicherheitspolitischen Implikationen weiterhin die nationalen Regierungen und multinationalen Gremien beschäftigen werden.

3.3.2. Migration und Lebensraum

Ein indirekter Faktor des maritimen Umfeldes, der u.a. mit den Veränderungen in der Küstenzone, und möglichen Küstenerosionsprozessen zusammenhängt, sind Migrationsbewegungen durch den Verlust von Lebensraum im Zuge des Meeresspiegelanstiegs oder durch industrielle Großvorhaben.[62] Derzeit sind Migrationsbewegungen durch Umweltänderungen kaum vollständig erfasst, Ansätze dazu gibt es bei Warner et al.[63] Zusätzlich ist von einer Binnenvertreibung[64] auszugehen, das heißt, einer Migration innerhalb der Landesgrenzen, die mehrere Millionen Menschen betreffen wird und somit migrationsbedingte Konflikte auslösen kann. Als Hauptstreitpunkte rücken neben der Wasserversorgung, der Bereitstellung von Lebensraum und Nahrungsmitteln ethnische und religiöse Ansichten in den Mittelpunkt. Als einschlägig kann hier etwa die Grenzregion zwischen Bangladesch und Indien angesehen werden.[65] Im indischen Bundesstaat Assam kam es 1983 zu gewalttätigen Auseinandersetzungen, die, bedingt durch einen raschen Bevölkerungsanstieg durch immigrierte Bangalis zu einer Verknappung an Böden und sinkenden Ernten in der Region und zu Gewalttaten mit 1700 Toten führten. Damit einher gehen auch Grenzkonflikte, die durch Migrationsströme bedingt sind. Insbesondere drängen afrikanische und arabische Flüchtlinge über die südeuropäischen Seegrenzen nach Europa und fordern so die EU-Außengrenzsicherung heraus, was täglich durch die Nachrichten von der Ägäis, der Insel Lampedusa und der

[62] Overhoff 2001.
[63] Warner et al. 2009.
[64] Stöckmann 2001, S. 35.
[65] Ebd., S. 36.

griechischen und türkischen Küste sichtbar wird. Eine Sicherung der europäischen Mittelmeergrenzen zu den Maghreb-Staaten erscheint als schwierige, kaum umfassend zu bewältigende Aufgabe. Mittels der FRONTEX-Initiative aus dem Jahre 2004 wird versucht, diese EU-gemeinsam zu schultern, was sich in der Umsetzung insbesondere seit Herbst 2015[66] als besonders schwierig erweist. Welzer[67] benennt dazu den FRONTEX-Jahresbericht aus dem Jahre 2006, in dem die Aufgabe nochmals verdeutlicht wird. Aus Sicht Welzers[68] zeigen Grenzkonflikte mehrere Facetten, die sich von totaler militärischer und polizeilicher Abschottung und Grenzsicherung über ausgewählten selektiven Grenzübertritt bis hin zum Grenzübertrittsverbot und zur Ausweisung erstrecken. Dabei sind oft illegale Grenzübertritte Gegenstand von konfliktbehafteten Situationen und Maßnahmen. Weiter führt Welzer[69] aus, dass die Transit- und Herkunftsländer der Migranten in die Grenzangelegenheiten einzubinden sind, um zur Minderung von Flüchtlingsströmen beizutragen. Auch hier erweisen sich aktuelle Bemühungen der EU im Zuge der Verhandlungen mit den Herkunftsländern zur Verminderung des anhaltenden Flüchtlingsstroms seit Mitte 2015 als schwierig. Die Einbindung kann die aktive und passive Abwehr der Flüchtlingsströme in den Herkunfts- und Transitländern beinhalten, was praktisch jedoch kaum umsetzbar ist. So wird angegeben, dass als aktive Form der Einbindung die EU sich in den letzten Jahren darum bemüht, afrikanische Staaten dazu zu verpflichten, ihre Staatsbürger von der Migration abzuhalten. Die passive Einbindung beinhaltet beispielsweise Grenzabkommen zwischen der EU und afrikanischen Staaten, die es den EU-Grenzschutzbehörden erlauben, in den afrikanischen Hoheitsgewässern zur Flüchtlingsabwehr zu operieren. Insbesondere vor der nordafrikanischen Küste wäre aus Sicht der EU ein Engagement erforderlich. Die jedoch hierfür notwendige Mandatierung sowohl von der EU als auch von den einzelnen Nationen gestaltet sich kompliziert. Eine etwaige Ausdehnung der laufenden Mission EUNAVFOR MED Sophia bis zur lybischen Küste, inklusive eines Küstenstreifens, ist zwischen den EU-Staaten kaum konsensfähig.

Nicht ausgenommen von der Betrachtung sind Grenzkonflikte, deren Gegenstand die territoriale Ausdehnung eines Staatsgebietes ist. Hauptinteressen in den Streitigkeiten sind die Durchsetzung und Behauptung von wirtschaftlichen und machtpolitischen Zielen, wie die Sicherung von fossilen Rohstoffen, freie Seehandelswege und strategische Projektions- und Einflussgebiete. Beispielhaft seien an dieser Stelle Chinas Anspruch auf Taiwan und die Spratley-Inseln im Südchinesischen Meer und Russlands Anspruch auf die Ausdehnung des Festlandsockels im Arktischen Ozean genannt. Verbunden sind diese Konflikte in Regel mit völkerrechtlichen, im speziellen seerechtlichen Aspekten, Debatten und Auslegungen. Eine ausführliche Thematisierung, auch zu einzelnen Regionen und im Kontext der Konflikttheorie, sind u.a. zu finden bei Albrecht.[70] Daher wird an

66 FRONTEX 2015, S. 26.
67 Welzer 2008, S. 186, 299.
68 Ebd., S. 181.
69 Ebd.
70 Albrecht 2012, 2014.

dieser Stelle nicht weiter auf die Thematik eingegangen. Es handelt sich lediglich um einen Teilaspekt von Seemacht, der etwa für die Arktis und das Südchinesische Meer bedeutend ist, sich jedoch eher für regionale Betrachtungen zum Thema eignet, wie sie bei Stenzel[71] vorgenommen werden. Für den hier vorgesehenen eher globalen Ansatz ist eine ausführliche Diskussion an dieser Stelle nicht angebracht.

3.3.3. Energie als strategisches Gut

In der Betrachtung des maritimen sicherheitspolitischen Umfeldes zeigt sich, dass sowohl historisch als auch aktuell gesehen der Streit um die Verfügbarkeit von Ressourcen, wie Wasser und Energie, Ursache für Konflikte und Kriege war bzw. ist und hier mittels der Ausübung von Seemacht Energieressourcen gesichert werden. Insbesondere die zukünftige Sicherstellung einer ununterbrochenen Energieversorgung rückt in den Mittelpunkt der strategischen konzeptionellen Papiere auf nationaler und internationaler Ebene. So formuliert die NATO in ihrem neuen strategischen Konzept aus dem November 2010[72] die Energiesicherheit als eine der Kernfunktionen der Allianz.[73] Somit stellen die Energieversorgung und deren Schutz eines der signifikantesten strategischen Güter der Zukunft dar und besitzen eine sicherheitspolitische Dimension, die aufgrund der künftig stärker maritim geprägten Energiequellen eine zunehmende maritime Komponente und eine Unschärfe in der Abgrenzung zu anderen, eher nicht klassischen sicherheitspolitischen und maritimen Feldern wie der Zusammenarbeit mit anderen Ressorts und Organisationen aufweist.[74] Ein wesentliches Merkmal für die Sicherung der Energieversorgung und der damit verbundenen Durchsetzung eines strategischen Gutes wird mit Blick in das aktuelle maritime sicherheitspolitische Umfeld des ersten und zweiten Jahrzehnts des 21. Jahrhunderts sichtbar. Die Durchsetzung der strategischen Interessen von Staaten erfolgt fast ausschließlich mittels des Einsatzes von Seestreitkräften, die wiederum regionale Seemacht erzeugen sollen. Somit hängen Seemacht und Energie über die Sicherung von maritimen Räumen zusammen.

3.3.4. Maritime Technologien

Dieses Kapitel befasst sich mit maritimen Technologie verbunden mit einer Konzentration auf Einzelaspekte, die sich auf das Wirken von Seestreitkräften und der damit zusammenhängenden Entfaltung von Seemacht beziehen. Als eine der öffentlich breit diskutierten Regionen stehen die nördlichen Breiten im stetigen Fokus der Debatten. Die damit verbundenen maritimen Technologien mit ihren technologischen und prozeduralen Anforderungen an die Seefahrzeuge in einer

71 Stenzel 2016.
72 NATO 2010, S. 1.
73 Strategisches Konzept der NATO vom 5.11.2010, 3. Entwurf, Seite 1–14. Im Dokument wird die Energiesicherheit als eine Kernfunktion hinsichtlich des Art. 5 – kollektive Verteidigung – aufgeführt, gleichzeitig wird als Bedrohung der Angriff auf die Energieversorgung, auch durch Angriffe auf Netzwerkstrukturen, genannt.
74 Albrecht 2012, S. 148–154.

Extremklimaregion, einschließlich ihrer Sensor- und ggf. Waffentechnik, sind letztlich die wesentlichen praktischen und sichtbaren Zeichen und auch Beweise für die Fähigkeiten von Seestreitkräften und die Entfaltung von Seemacht. Derzeit ist ein Wettlauf um die besten Fähigkeiten zwischen verschiedenen Staaten, wie den USA, Kanada, Russland, Norwegen, Dänemark (als Arctic Five bekannt), China und auch Indien mit dem Ziel von Seemachtstreben beobachtbar.

3.3.4.1. Aktueller Stand und Trends im maritimen Sektor[75]

Die ersten Überlegungen zur Nutzung der nördlichsten Seewege reichen bis ins 15. Jahrhundert zurück. Die Nutzung dieses Seeweges ist heute nicht mehr unrealistisch, verbunden mit allen Vor- und Nachteilen für die Umwelt, Wirtschaft und die internationalen Beziehungen. Die Seewege von Europa nach Asien verkürzten sich durch die Nordwestpassage um 7000 sm und durch die Nordostpassage um 8000 sm,[76] vornehmlich im Zeitraum von August bis Oktober. Die Reedereien könnten den Bunkerverbrauch aufgrund der kürzeren Strecke erheblich reduzieren, welches zu einem effizienteren Seetransport führen würde. Mit der Passage durch das Nordpolarmeer könnten die Kosten für die Passage des Suezkanals oder des Panamakanals sowie die erhöhten Versicherungskosten für die Passage des Golfs von Aden entfallen.[77] Zu berücksichtigen ist, dass andererseits erhöhte Kosten für die Durchfahrt der arktischen Gebiete, etwa zusätzliche Ausrüstungskosten der Schiffe und erhöhte Versicherungskosten, für eine sichere Passage der arktischen Gebiete eingeplant werden müssten. Bei der Passage ist das Wetter mit seinen Elementen für die Witterungs- und Wetternavigation sowie die langfristig angelegte Klimanavigation zu berücksichtigen.[78] Dadurch dass keine Sicherheit über die Eisfreiheit der Route – auch nicht in den arktischen Sommermonaten – besteht, werden sich viele Reedereien gegen eine der verkürzten Strecken entscheiden.[79] Dieses hat vor allem ökonomische Gründe; die Passagen könnten durch Eis blockiert sein, somit zu einer Verspätung des Schiffes und zu erheblichen Ersatzleistungen zu Lasten der Reedereien durch Schadensersatzansprüche des jeweiligen Charterers führen. So sieht der dänische Reedereiverband in den arktischen Seewegen keine neue Möglichkeit für die Handelsschiffffahrt, sondern eher ein immer größer werdendes Interesse am sogenannten »Zielverkehr« durch Kreuzfahrten, Offshore-Industrie und Fischerei.[80] Der Bericht über die maritimen Abhängigkeiten Deutschlands für das Jahr 2009 bestätigt diese Aussage.[81] Mit der weltweit steigenden Nachfrage nach Rohstoffen wird eine gewinnorientierte Offshore-Förderung von Bodenschätzen aus dem Gebiet des Arktischen Ozeans wahrscheinlich. Sie trägt ebenfalls zum Seeverkehr bei. Die Konstruktion von geeigneten Plattformen kann nur über den Einsatz von

75 Siehe auch Albrecht 2014.
76 Christensen 2009.
77 Rühl 2012.
78 SOLAS 1974.
79 Christensen 2009.
80 Ebd.
81 Deutsche Marine 2009.

Spezialschiffen realisiert werden. Sowohl Schiffe als auch Plattformen und zu nutzende Pipelines müssen den extremen klimatischen Bedingungen angepasst werden, um genügend Widerstandskraft gegenüber vorwiegend im Winter auftretendem Presseis und den extrem niedrigen Temperaturen zu bieten. Durch die Ozeanerwärmung ist zu erwarten, dass sich der Lebensraum bedeutender Fischarten nach Norden verlagern wird. Zur Erfüllung der Fangquoten wird die Fischindustrie ihren Fangbereich in die höheren Breiten ausdehnen und somit zum Seeverkehr beitragen. Der Transitverkehr durch die Arktis wird als Konsequenz des Fehlens der erforderlichen maritimen Infrastruktur minimal ausfallen. Notwendig für die Belebung ist die Erhöhung der Sicherheit im Seeverkehr. Die Unwegsamkeit des Landweges, die extremen klimatischen Bedingungen und die Polarnacht in den arktischen Gebieten stellen diesbezüglich Hindernisse dar. Die Landwege sind schon heute durch den ständigen Wechsel zwischen dem Tauen des Permafrostbodens in der Sommerzeit und dem Gefrieren im Winter nahezu unpassierbar; Infrastrukturmaßnahmen können nur, wie bereits heute in der Tundra-Region, auf Stützen in den Sommermonaten errichtet werden[82], wodurch Transportzeiten zu den Baustellen und die Bauzeiten erheblich verlängert werden. Der Transport durch das arktische Gebiet kann effizient ausschließlich auf dem See- und Luftweg erfolgen.[83] Durch die klimatischen Veränderungen können sich neue Gegebenheiten für die maritime Wirtschaft hinsichtlich der überregionalen maritimen Sicherheit, vorwiegend direkt im Seeverkehr, ergeben. Diese umfassen grundsätzlich die navigatorischen Bereiche, den Schiffsbau und die schiffstechnischen Bereiche. Deren Belange lassen sich auch auf die wehrtechnischen Erfordernisse ausdehnen.

3.3.4.2. Navigation

Die arktischen Seegebiete zeigen extremere Bedingungen als andere Regionen, die heute und zukünftig im Fokus der Politik liegen. Tiefe Temperaturen, extreme Wetterbedingungen hinsichtlich des Niederschlags und Winds sowie andauernde Dunkelheit im Polarnachtzeitraum, starke Eisbildung und die geografische Lage stellen Herausforderungen für die navigatorische Schiffsführung dar. Die tiefen Temperaturen führen durch das Gefrieren von Wasser zur Eisbildung, welches bis zum Erreichen von Packeis die Stadien Neueis/Eisbrei, Tellereis, Festeis und Treibeis durchläuft. Bis zu einer Festeisdicke von bis zu 10 cm können Schiffe mit konventionellem Antrieb durch das Festeis fahren.[84] Dabei stellen Neueis/Eisbrei und Tellereis keine Gefahr für das Schiff dar. Die Schiffsführung muss berücksichtigen, dass Eis einen erheblichen Widerstand für das Schiff darstellt und somit die Fahrt durchs Wasser stark reduziert wird. Das Manövrieren des Schiffes wird somit erheblich beeinflusst.[85] Des Weiteren muss die Schiffsführung berücksichtigen, dass Meereis bei vielen Navigationshilfen, wie dem Echolot, Störungen hervorrufen kann. Beim

---

82 Moretani 2010, S. 9–20.
83 Moretani 2010.
84 Wand 2008.
85 Rühl 2012.

Steuern mit Hilfe des Magnetkompasses muss die Nähe zum magnetischen Nordpol beachtet werden, da sich die Feldlinien in diesem Bereich stark annähern. Hieraus resultiert eine starke Schwankung der Missweisung in den polaren Gebieten, welche den Magnetkompass als unbrauchbar erscheinen lässt.[86] Die Interpretation der Radarechos im arktischen Bereich ist gegenüber der Auswertung in niedrigen Breiten verändert, dieses gilt insbesondere beim Annähern an Gebiete mit Meereis. So stellt ein zuverlässiger Ausguck nicht nur beim Fahren im Eis, sondern schon in der Nähe von Eisgebieten eine enorme Hilfe dar, da dieser meteorologische Anzeichen für die Anwesenheit von Meereis, wie sogenannte »Ice Blinks«, Nebel oder vereinzelte Eisschollen, zeitiger der Schiffsführung bzw. dem Wachoffizier melden kann.[87]

Seekarten der Mercatorprojektion sind in der Arktis aufgrund ihrer Projektion über den Zylinderentwurf nicht zu verwenden. Zur Darstellung der Polarregionen werden daher Karten basierend auf der stenografischen Projektion (hier sind keine geraden Linien vorhanden) oder der gnomischen Projektion (hierbei werden Großkreise als Geraden dargestellt) genutzt.[88] Bedingt durch die veränderte Projektion ist die Navigation auf diesen Karten im Vergleich zu Karten in Mercatorprojektion verändert. Des Weiteren muss bei der Nutzung von GPS-Positionen darauf geachtet werden, auf welchem Bezugssystem die Karte erstellt wurde, da ein Teil der russischen Karten noch auf einem Bezugssystem von 1942 beruht und somit zu erheblichen Unterschieden bei den Positionen beitragen kann.[89] Empfohlen wird bei der Übertragung von einer Position auf die nächste Karte, dieses mit Hilfe von Peilung und Abstand (also optisch oder mittels Radarabstandsmessung) durchzuführen.[90] Des Weiteren sollte vor allem mit festen Seezeichen navigiert werden, da ausgelegte Betonnung durch Eis verschoben werden kann. Bei der Nutzung von Leuchtfeuern sollte durch die Schiffsführung beachtet werden, dass sich durch den Einfluss von Schnee, Wind und gefrierender Nässe die Farbe eines Leuchtfeuers ändern könnte oder nicht zu sehen ist.[91] Zusätzlich könnte das Eis durch seine spiegelnde Wirkung zu einer optischen Täuschung beitragen. Zur Erhöhung der navigatorischen Sicherheit werden etwa durch die kanadische Küstenwache neben dem täglichen Seewetterbericht ein täglicher Eisbericht sowie Eiskarten über das Internet und per Funk veröffentlicht. Nicht nur die Wettervorhersage, sondern auch die Prognose der Eisveränderungen stellt eine Herausforderung dar, da in der Arktis ein enges Netz aus Beobachtungsstationen an Land, auf See und aus dem Weltraum, wie zum Beispiel in Mitteleuropa, nur reduziert vorhanden ist.[92] Des Weiteren ist die erschwerte Verfügbarkeit der im »Global Maritime Distress and Safety System« (GMDSS) vorgeschriebenen Inmarsat-Verbindungen in den hohen Breiten eine weitere Erschwernis für eine sichere Navigation. Die vier geostationären Satelliten befinden sich entlang des Äquators verteilt und ermöglichen einen Empfang von

86 United Kingdom Hydrographic Office 2010.
87 Wand 2011.
88 Wandelt 2010.
89 Rühl 2012.
90 United Kingdom Hydrographic Office 2010.
91 United Kingdom Hydrographic Office 2007.
92 United Kingdom Hydrographic Office 2010.

Emails, Telegrammen/-texten und Telefonaten auf Schiffen bis maximal 70° N oder S.[93] Daher wurden bei der Einführung des GMDSS die Meere und Ozeane in die Seegebiete A1–A4 eingeteilt. Die Polargebiete stellen dabei das Gebiet A4 dar, in welchem ein Seenotfall nicht über Inmarsat-Satelliten gemeldet werden kann. Eine Alarmierung aus diesem Gebieten kann nur über Kurzwelle gesendet werden. Für weitere Erläuterungen sei auf Ponick et al.[94] verwiesen. Zusätzlich müssen Schiffe, welche im Seegebiet A4 fahren, mit einer »COSPAS/SARSAT[95] Emergency Position Indicating Radio Beacon« (EPIRB) ausgerüstet sein, damit eine Alarmierung durch diese polumlaufenden Satelliten wahrgenommen werden kann und Hilfe auf dem schnellsten Weg in Richtung des Unglücksortes geschickt werden kann.

Diese aufgeführten Punkte sind neben dem übrigen Passage Planning für eine Seereise durch die Schiffsführung in der Reiseplanung gemäß Safety of Life at Sea (SOLAS) Kapitel V zu berücksichtigen.

3.3.4.3. Schiffbau und Plattformen

Die natürlichen und navigatorischen Besonderheiten der Arktis stellen den Schiffbau und die Schifftechnik vor spezifische Problem-/Fragestellungen, weil Stabilität, Standkraft und Festigkeit des Schiffes auch bei einer Fahrt durch die Polarmeerregionen sichergestellt sein müssen. Schiffe für den Arktisseeverkehr müssen mit einem verstärken Rumpf und einer bestimmten Eisklasse gemäß des Germanischen Lloyds versehen sein, um das Schiff vor einem zusätzlichen Druck des Eises schützen zu können. Der Dachverband der Klassifikationsgesellschaften hat aufgrund der Zunahme des Seeverkehrs in polaren Gewässern »Guidelines for the Construction of Polar Ships«[96] herausgegeben, die in den jeweiligen Bauvorschriften der einzelnen Klassifikationsgesellschaften niedergelegt sind. Diese beziehen sich hauptsächlich – abhängig von der erforderlichen Eisklasse – auf die Anordnung und Struktur der Längsspanten, Querspanten, Rahmenspanten und Stringer des Schiffes.[97] Des Weiteren sind der Propeller und das Ruder bei der Eisfahrt zusätzlichen Belastungen ausgesetzt,[98] die durch umsichtige Manöver, aber auch durch technische Vorkehrungen reduziert werden können. So besitzt zum Beispiel das Forschungsschiff Polarstern neben einem großen Tiefgang auch Kortdüsen an beiden Antriebspropellern und ein verstärktes Ruderblatt.[99] Das vorherrschende extreme Wetter in der Arktis kann die Sicherheit des Schiffes ebenfalls gefährden. So kann gefrierender Regen, Spritzwasser oder gefrierender Nebel sich auf die kalten

93 Ponick et al. 2006.

94 Ebd.

95 COSPAS/SARSAT: 1982 durch die Staaten Frankreich, USA, CAN und UdSSR eingerichtetes Satelliten Tracking System für Schiffe und Flugzeuge in Seenot, auf Englisch wird COSPAS mit Space System for the Search of Vessels in Distress übersetzt, SARSAT steht für Search and Rescue Satellite Aided Tracking.

96 Kaps 2011, S. 13–64.

97 Kaps 2011.

98 Wand 2011.

99 Pahl 2008, S. 51–58.

Stahlteile des Schiffes absetzen[100] und den Gewichtsschwerpunkt des Schiffes erheblich in Richtung des Metazentrums verlagern, was bis zum ungünstigsten Fall der negativen Anfangsstabilität führen kann. Außerdem kann diese Gewichtszunahme zu einer erheblichen Veränderung der Festigkeit (Scherung, Biegung, Torsion) führen und muss ebenfalls berücksichtigt werden. Zum Schutz vor Vereisung an Deck wird in der Literatur empfohlen den Kurs so zu ändern, dass kein oder nur noch geringes Spritzwasser an Deck gelangt, Persennings zu nutzen oder Picken/Abklopfen des Eises durchzuführen.[101] Zusätzlich sollten Handelsschiffe mit Zielhäfen in der Arktis, analog zu den eisrandfähigen Forschungsschiffen, mit einem System versehen sein, welches das Schiff nach dem Einfrieren im Eis, verursacht durch die Löschung und Stauung des Handelsguts, wieder herauslösen könnte ohne größere Schäden am Schiff zu verursachen. Das Forschungsschiff Polarstern ist etwa extra dafür mit einer Heeling-Tank-Anlage ausgerüstet, mit welcher das Schiff aufgeschaukelt werden kann.[102]

Die Offshore-Industrie nimmt derzeit und zukünftig einen bedeutenden Einfluss auf die wirtschaftliche Entwicklung im arktischen Raum. Neben dem Schiffsverkehr entwickelt sich auch die maritime Wirtschaft entlang der arktischen Küsten. Die Versorgung der Offshore-Plattformen und die Verarbeitung der gewonnenen Rohstoffe stehen dabei im Mittelpunkt der Aktivitäten. Neben deren zahlreichen Vorteilen existieren jedoch auch wesentliche Risiken. Unter anderem sind die wirtschaftliche und politische Entwicklung, Kriege und internationale Konflikte, Konsumverhalten, die globale Wirtschaftssituation, Modifikationen in der Demografie und das Klima-/Wettergeschehen zu betrachten.[103] Vor allem der Klimaaspekt muss im arktischen Seegebiet aufgrund der meteorologischen und ozeanografischen Einflüsse analytisch betrachtet werden, da er die Investitionskosten um einen wesentlichen Betrag erhöht. So muss ein zusätzlicher Eisschutz an den Plattformen, unabhängig von der Konstruktionsweise der einzelnen Exemplare, aber auch an Pipelines vorhanden sein, um eine Umweltkatastrophe zu vermeiden.[104] Bei extremen Wetterbedingungen ist eine Verlängerung der Bauzeit sowie ein damit einhergehender Einnahmeausfall einzuplanen. Dieses stellt eine nicht zu unterschätzende Unsicherheit bei den arktischen Offshore-Projekten dar. Auch muss der Faktor Umweltschutz bei Planung und Bau der Plattformen berücksichtigt werden und erhöht zusätzlich den Investitionsbedarf. Auch landseitig müssen umfassende Investitionen getätigt werden, da die Seeschifffahrt einen landseitigen Service und Anlaufstellen benötigt. Bedingt durch die maritime Abhängigkeit der Industrienationen von immer weiter entfernten Energie-, aber auch Rohstoffvorkommen und Absatzmärkten bietet die globale Vernetzung dem internationalen Terrorismus und Staaten mit Hegemonieambitionen auf regionaler Skala eine zusätzliche Gelegenheit, den hochentwickelten Nationen in einem erheblichen Maße zu schaden. Ein Angriff auf eine

---

100 Brauner 2010, S. 247–318.
101 Wand 2011.
102 Brauner 2010.
103 Albrecht 2012, 2014.
104 Rühl 2012.

abgelegene Ölplattform im Nordpolarmeer würde neben dem Produktionsausfall auch eine Umweltkatastrophe in einer sich ohnehin schon verändernden Arktis bedeuten.[105] Bei Angriffen im Winter auf eine auf dem Meeresboden verlegte essentielle wichtige Versorgungspipeline ist davon auszugehen, dass das Meereis die gesamten Instandhaltungsarbeiten verzögert und zu einer Umweltkatastrophe, schlimmer als die Katastrophe der Ölplattform »Deepwater Horizon«, führt.[106] Problembehaftet ist vermutlich die Versorgung von der Wasseroberfläche zum Meeresboden, da durch den Eisfluss und die Strömung sich Schiffe nicht auf ihrer Position halten können, die benötigten Versorgungskabel durch den Druck des Eises gequetscht oder gar getrennt werden könnten und Versorgungslöcher im Eis gegebenenfalls mehrmals erneuert werden müssten. Eine Verschiebung der Arbeiten aufgrund der extremen klimatischen Gegebenheiten[107] kann nicht nur wirtschaftlich, sondern auch umweltpolitisch nicht vertreten werden.

Für die Planung, den Bau und den Betrieb von Offshore-Einrichtungen werden verschiedenste Spezialschiffe benötigt. Ca. 70 Prozent dieser Schiffe sind zurzeit Ankerziehschlepper (AHT) oder Ankerziehschlepper mit Versorgungsfunktion (AHTS). Die restlichen 30 Prozent der Flotte bilden Versorgungsschiffe (SV), Platform Supply Vessel (PSV), Emergency Response and Rescue Vessel (ERRV), Vermessungsschiffe, Konstruktionsschiffe, Subsea Support Schiffe, Mannschaftsboote sowie Arbeitsboote. Aufgrund der klimatischen Bedingungen sind bei Neubauten dieser Schiffe die Fahrtgebiete immer mehr zu berücksichtigen.[108]

3.3.4.4. Aktueller Stand und Trends in der Wehrtechnik

Bedingt durch die sich ggf. entwickelnden günstigeren klimatischen Bedingungen und die damit verbundenen Aussichten auf geografischen, wirtschaftlichen und politischen Zugewinn entwickeln insbesondere die Arktisanrainer rüstungstechnologische Ansätze, um Streitkräfte projizieren zu können. Hierzu sind von verschiedenen Seiten sowohl konzeptionelle als auch technologische Entwicklungen für eisrandfähige Seekriegsmittel und Wasser- und Luftfahrzeuge angedacht bzw. teilweise in der Erprobung und im operativen Einsatz. Zu letzterem zählen insbesondere die See- und Luftfahrzeuge des Such- und Rettungsdienstes (Search and Rescure – SAR) sowie die Versorgungsfahrzeuge der Anrainerstaaten. Ebenfalls dazu zählen die Eisbrecherdienste zur Freihaltung der Schifffahrtswege, etwa in der Barentssee. Zunehmende Trends sind in der Entwicklung von arktisfähigen maritimen Fähigkeiten der Streitkräfte, auch hier vorwiegend die der fünf Anrainerstaaten, erkennbar. Diese lassen die Anstrengungen der Staaten zum Willen der Entfaltung von Seemacht in der Region erkennen.

Norwegens Eisrandfähigkeiten sind derzeit begrenzt und beschränken sich auf sechs U-Boote, zwei Forschungsschiffe und vier Küstenwacheinheiten. Landgestützt

[105] Ebd.
[106] Ebd.
[107] Pahl 2008.
[108] Rühl 2012.

verfügt das Land über 16 Luftfahrzeuge, 12 Hubschrauber und vier Maritime Patrol Aircrafts (MPA: Seefernaufklärer – Flächen-/Starrflügler).[109] Im Gegensatz dazu verfügt Russland, bedingt durch seine sowjetische Vergangenheit und den damit verbundenen Kalten Krieg, über zahlreiche eisrandfähige Seekriegsmittel. Neben den 56 U-Booten ist die Nation im Besitz von vier militärischen Eisbrechern, mehreren Forschungsschiffen, 94 Luftfahrzeugen, 12 Küstenwacheinheiten sowie drei zivilen Atomeisbrechern und 36 konventionellen Eisbrechern.[110] Die kanadischen Fähigkeiten sind derzeit ebenfalls noch begrenzt, werden jedoch schrittweise ausgebaut und in dem jährlichen, im Winter (Februar–März) stattfindenden Manöver »NANOOK« weiterentwickelt. Derzeit verfügt Kanada über vier U-Boote, ein Forschungsschiff, 18 MPA sowie 31 Küstenwacheinheiten für den arktischen Einsatz. Die Tendenz ist steigend. Des Weiteren gibt Rühl die dänischen Eisrandfähigkeiten der Streitkräfte an. So verfügt das Land über ein Forschungsschiff, 15 Luftfahrzeuge, ein Patrouillenboot, vier Fregatten, die bis zu einem Meter Eis operieren können, sowie drei Eisbrecher. Angedacht ist, dass diese Streitkräfte nach der Errichtung eines Eishafens im Norden Grönlands stationiert werden sollen. Vergleichsweise gut aufgestellt, ebenfalls bedingt durch die Periode des Kalten Krieges, sind die USA. Die US-Navy verfügt über 71 U-Boote, mehr als 2000 Luftfahrzeuge, die von einem Träger auf See starten können, 181 MPA. Hinzu kommen noch die Fähigkeiten der 13 Eisbrecher und 138 Luftfahrzeuge der Küstenwache, die in den Seegebieten Alaskas operieren können.[111] Die hohe Anzahl an Seekriegsmitteln und Küstenwachfahrzeugen, die für den arktischen Einsatz in Frage kommen, kann jedoch nicht darüber hinweg täuschen, dass die für Projektionsbestrebungen zur Verfügung stehende Anzahl verhältnismäßig gering ist, da alle Staaten sowohl nationale als auch internationale Verpflichtungen und Bedürfnisse, entsprechend den politischen Vorgaben, sowie Ausbildungs- und Instandhaltungsbelange bei der Einsatzplanung und -steuerung berücksichtigen müssen. Nach vorherrschender Ansicht stehen so maximal 40–50 Prozent aller Plattformen zur operativen Verfügung. Werden aus diesem Bestand noch die ständigen internationalen und nationalen Einsatzaufgaben, auch außerhalb arktischer Dauer- und Einsatzaufgaben, berücksichtigt, stehen den Nationen für die Durchsetzung ihrer arktischen Belange nur wenige Einheiten zur Verfügung. Die Überwachung des derzeitigen Schiffsverkehrs in der Arktis kann durch die genannte Anzahl an Seekriegsmitteln und Küstenwachfahrzeugen abgedeckt werden. Dies gilt derzeit auch für die SAR-Fähigkeiten der Staaten[112] (Rühl 2012). Sollten jedoch wie erwartet der Seeverkehr und die maritimen Aktivitäten bis 2050 zunehmen, so werden Beschaffungsprojekte unumgänglich werden, welche vor dem Hintergrund der Haushaltskonsolidierung und den damit verbundenen Sparpaketen der Staaten nicht ohne weiteres umzusetzen sein werden. Eine militärische Auseinandersetzung in der Arktis, besonders zwischen den Anrainerstaaten, ist

109 Rühl 2012.
110 Ebd.
111 Ebd. Saunders 2010.
112 Die Perspektiven für die Seeschifffahrt aufgrund der klimatischen Veränderungen in der Arktis, BSc-Arbeit, Jade-Hochschule, 2012.

nicht absehbar, auch vor dem Hintergrund, dass vier NATO-Staaten zu den Arctic Five gehören und so eine einvernehmliche, vertraglich festgelegte Sicherheitspolitik vertreten, ohne jedoch die nationalen bzw. vitalen Interessen des jeweils eigenen Staates aus dem Blickfeld zu lassen. Vielmehr wird es im Falle einer Konfliktverschärfung um Projektion von Seestreitkräften gehen, die Nichtanrainerstaaten wie etwa China vor massivem Auftreten in der Arktis abhalten soll. Bedingt durch die Sparpakete in den nationalen Haushalten erscheint die Bündelung und Komplementarität von Eisrand-Fähigkeiten zwischen den Nationen, hier vorwiegend in der EU und der NATO, sowohl für militärische Aktivitäten als auch den SAR-Dienst unumgänglich. Gleiches bietet sich für weitere Felder der maritimen Sicherheit wie Offshore-Schutz und Fischereiaufsicht an.[113]

3.3.4.5. Ausgewählte Rüstungspotenziale

Aus den Veränderungen des maritimen Umfeldes ergeben sich besonders für die westlichen Nationen, bedingt durch deren politische und wirtschaftliche Verpflichtungen wie z.B. die Teilhabe an militärischen Operationen zur Friedenserzwingung und humanitären Hilfe, neue Handlungsfelder.[114] Diese konzentrieren sich vorwiegend auf den Indischen Ozean, den Pazifik, die Arktis, das Mittelmeer und den Ostseeraum. Ein Engagement ist für die betreffenden Staaten jeweils mit einem hohen finanziellen Aufwand verbunden und kann zur Überforderung der Staatshaushalte führen. Beispiel hierfür sind neben Spanien und Italien auch die USA mit einer Staatsverschuldung in Höhe von zwei Billionen Dollar. Dies führt in der Konsequenz unabdingbar zu Kosteneinsparungen, bei denen Personal, Material bzw. die Rüstung und auch die Einsätze der Streitkräfte nicht ausgenommen sind. Folgen sind Truppenreduzierung, Außerdienststellung von Wehrmaterial und Verschiebung wichtiger Rüstungsvorhaben unter der Inkaufnahme des Verlustes von maritimen Fähigkeiten der Streitkräfte bzw. der jeweiligen Staaten. Sowohl die Beschaffung als auch der Betrieb von neuen hochtechnologischen Waffensystemen erfordert hohe finanzielle Aufwendungen, die aufgrund der Finanzmittelknappheit der Staaten kaum bereitgestellt werden können. Zur Realisierung der Beschaffung neuen Wehrmaterials wird es in der Konsequenz erforderlich werden, in Dienst befindliche Waffensysteme und Personal zu reduzieren, um die dafür benötigten finanziellen Mittel frei zu setzen. Derzeit sind von diesem Prozess vorwiegend die westlichen Industriestaaten, einschließlich der USA, betroffen. Aufgrund der dadurch dann dezimierten bzw. auch fehlenden Fähigkeiten sind diese Staaten gezwungen, ihre nationalen und bündnisgemeinsamen strategischen Interessen zu überdenken und neu zu formulieren sowie für deren Durchsetzung andere Mittel als das der Projektion von Seestreitkräften auszuwählen. Der Blick auf den asiatisch-indischen und asiatisch-pazifischen Raum ergibt ein anderes, konträres Bild. Die derzeit als Schwellenländer eingestuften Staaten im asiatischen Raum konnten und können von der Verlegung industrieller Produktionsstätten aus westlichen

[113] Albrecht 2012.
[114] Ebd.

Staaten in diese Region profitieren. Dies trifft besonders hinsichtlich des Transfers von Hochtechnologien zu. Daher findet heute nicht nur ein Großteil der vormals westlichen Produktion in den asiatischen Staaten statt, sondern sie ermöglicht auch die Entwicklung und Durchsetzung eigener Technologievorhaben. Mit dieser Entwicklung ist zunächst die Steigerung des Lebensstandards, einschließlich der Kaufkraft der ansässigen Bevölkerung und eine meist zweistellige Steigerung des Bruttoinlandsproduktes der nationalen Volkswirtschaften verbunden. Weiterhin spielen der Bevölkerungsanstieg und der Bedarf an Ressourcen jeglicher Art, hauptsächlich in Form fossiler Rohstoffe wie Erdöl und Erdgas, zur Aufrechterhaltung der energieintensiven Produktion eine wesentliche Rolle. Die Folge davon ist eine erhöhte Nachfrage nach Rohstoffen, die nur mittels Importen gedeckt werden kann. Neben der dadurch verursachten Preissteigerung für Rohstoffe sind Transportengpässe und erhöhte Verkehrsdichte die negativen Begleiterscheinungen. Die Sicherung der Transportkapazitäten und -wege sowie die Sicherung der Ressourcenbeschaffung stehen daher, neben machtpolitischen Bestrebungen, im Mittelpunkt der strategischen Interessen und Rüstungsbestrebungen der asiatischen Staaten. In den nachfolgenden Ausführungen wird, nun unter den Blickwinkeln des maritimen Umfeldes und des Potenzials für die Ausübung regionaler Seemacht, auf einzelne Staaten eingegangen. Dabei wird ihre maritime strategische Ausrichtung und deren strategische Relevanz für die Weltgemeinschaft betrachtet. Zudem werden Staaten mit sekundären Interessen im arktischen Raum einbezogen, deren wehrtechnische Entwicklungen und Bestrebungen ein sicherheits- und rüstungspolitisches Spannungspotenzial für die Weltgemeinschaft, insbesondere jedoch für die westlichen Industriestaaten, darstellen.

3.3.4.5.1. Volksrepublik China

China mit seinen 1,3 Mrd. Menschen[115] erlebt seit 20 Jahren ein stetiges Wachstum seiner Wirtschaft. Die kommunistische Parteiführung hat ihre führende Stellung und ihren alleinigen Machtanspruch im Landesinneren fest etabliert und ist sich, auch außenpolitisch betrachtet, ihrer Stärke und Potenziale bewusst, was sich im Auftreten auf internationaler Ebene bzw. in internationalen Gremien widerspiegelt. Chinesische Visionen und Zielvorstellungen werden stringent formuliert und konsequent umgesetzt. Darin eingebunden ist der Ausbau der Beziehungen zu ausgesuchten Nationen auf verschiedenen Kontinenten auf den Gebieten Wissenschaft und Technik, Wirtschaft und Finanzen, Entwicklungshilfe sowie Politik und Militär[116] mit dem Ziel der Sicherung der Teilhabe an den Ressourcen des jeweiligen Landes, wie etwa denen der afrikanischen Staaten, zur Sicherstellung des Rohstoffnachschubs für die eigene Wirtschaft und zur Erschließung neuer Absatzmärkte für die eige-

[115] Vgl. Darstellung zu China im Global Fire Power Portal, online: <www.globalfirepower.com/country-military-strength detail.asp?country_id=China> (letzter Zugriff 20.8.2019).

[116] Hier sei beispielsweise die strategische Partnerschaft Deutschlands mit China seit 2004 genannt, siehe hierzu: Auswärtiges Amt, Stand März 2016; <www.auswaertiges-amt.de/DE/Aussenpolitik/Laender/Laenderinfos/China/Bilateral_node.html> (letzter Zugriff 20.8.2019).

nen Produkte. Besonders vor dem Hintergrund des täglichen Erdölverbrauchs von 8,2 Mio. Barrel[117] ist die Sicherstellung des Nachschubs an Öl eine der essentiellen Interessen der Volksrepublik China. Daher werden zunehmend Anstrengungen unternommen, den Einfluss auf die Produktionsländer zu verstärken und die Verkehrswege einschließlich der strategisch wichtigen Zugänge zu den Seehandelsrouten auszubauen und zu erhalten. Daraus erwächst das Erfordernis von strategischen Partnerschaften unabhängig von ethnischen, ideologischen oder religiösen Faktoren. So ist zum Beispiel die Zusammenarbeit mit einigen Ländern Afrikas (Mauretanien, Nigeria, Angola, Sudan usw.) aber auch die Zusammenarbeit mit Pakistan und Saudi-Arabien mit wirtschaftlich strategischen Interessen begründet und darauf begrenzt. Andererseits trägt die strategische Ausrichtung zur Entwicklung von Konkurrenzsituationen bei – oder vertieft bestehende Feindseligkeiten, wie dies z.B. mit Indien, Japan oder den USA der Fall ist. China ist sich seiner Stärke und seines Potenzials bereits heute bewusst. Dies wird mit Blick auf den Streit um den territorialen Anspruch auf die Paracelsus- und die Spratley-Inseln im Südchinesischen Meer deutlich, der nicht nur mit politischen Forderungen, sondern auch durch die Projektion militärischer Kräfte unterstrichen wird. Aus der Erkenntnis heraus, diese strategischen Ziele nicht nur mit politischen Mitteln, sondern auch mittels militärischer Einflussnahme erreichen zu können, erwächst die Forderung nach der Modernisierung der chinesischen Streitkräfte, die bereits begonnen hat. Aus der einschlägigen Literatur wird ersichtlich, dass militärische Investitionen für die Beschaffung von Land-, Luft- und Seekriegssystemen[118] mit Nachdruck vorangetrieben werden. Diese sollen China mittelfristig dazu befähigen, die vorgenannten strategischen Ziele zu erreichen. Einen besonderen Stellenwert nimmt dabei der Ausbau der Luftwaffe und Marine ein. Hier sind die Beschaffung und Entwicklung neuer Kampfflugzeuge der fünften Generation, der Ausbau der U-Boot-Flotte und die Einführung einer Flugzeugträgerkomponente mit drei oder mehr Flugzeugträgern und den dazugehörigen Unterstützungseinheiten zu nennen. Ergänzend dazu wird derzeit ein Seezielflugkörper mit großer Reichweite entwickelt, der potenziell gegen amerikanische Flugzeugträgergruppen im pazifischen Raum eingesetzt werden kann. Eine große Bedeutung wird auch der Entwicklung der Fähigkeit zur Führung von Cyberspace-Operationen beigemessen. So soll China eine große Anzahl von Computerfachleuten in eigens zu diesem Zweck aufgestellten militärischen Einheiten zusammengezogen haben, mit dem Ziel der Durchführung und der Abwehr von Angriffen im Internet. Es wird vermutet, dass die Initiatoren einiger Internetangriffe auf verschiedene internationale Firmen und ausgewählte Regierungsnetze diese chinesischen Computerexperten sind, die gezielt Informationen sammeln. Zusätzlich existieren Anstrengungen und Aktivitäten innerhalb des chinesischen Raumfahrtprogramms, hier moderne Technologien zu entwickeln, um so den entsprechenden Anspruch der Nation in der Weltgemeinschaft zu kommunizieren und zu untermauern.

---

117 Vgl. die Darstellung im Global Fire Power Portal, online: <www.globalfirepower.com/oil-consumption-by-country.asp> (letzter Zugriff 20.8.2019).

118 Für letztere siehe die Abbildungen 1 und 2.

Abbildung 1: Seekriegspotenziale der VR China im Zeitraum 2010/2011

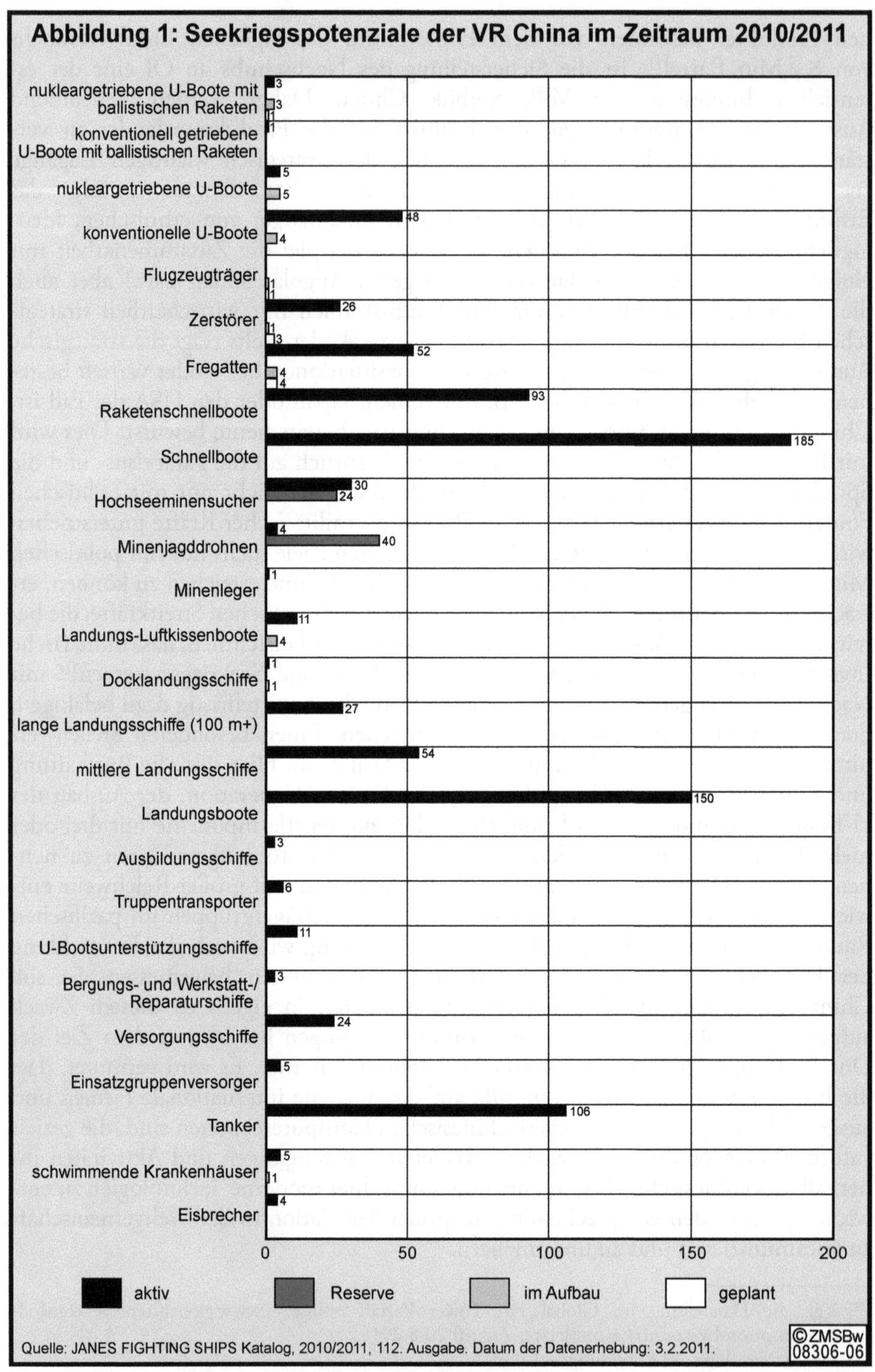

Quelle: JANES FIGHTING SHIPS Katalog, 2010/2011, 112. Ausgabe. Datum der Datenerhebung: 3.2.2011.

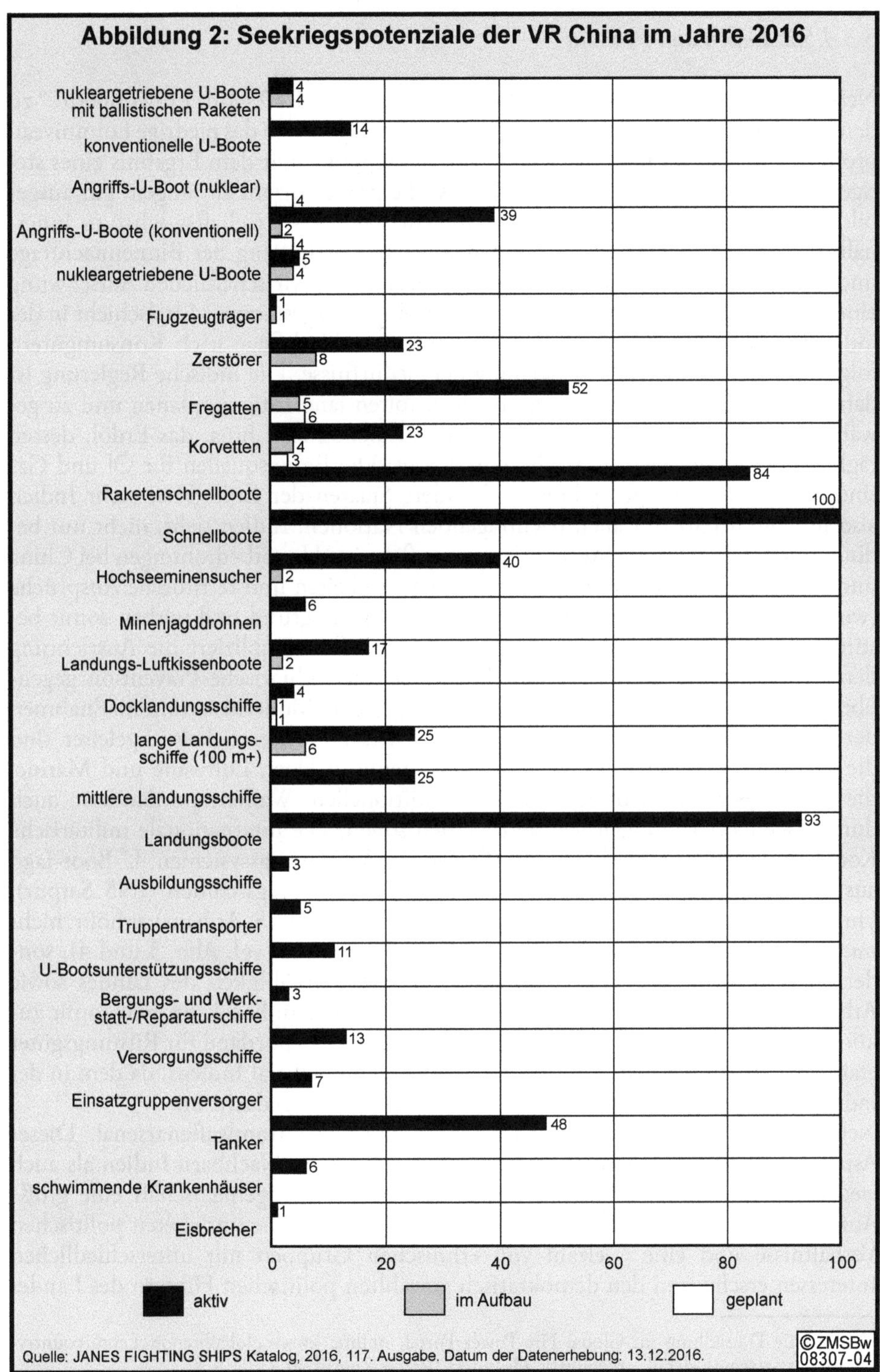
Abbildung 2: Seekriegspotenziale der VR China im Jahre 2016
nukleargetriebene U-Boote mit ballistischen Raketen 4 4
konventionelle U-Boote 14
Angriffs-U-Boot (nuklear) 4
Angriffs-U-Boote (konventionell) 39 2 4
nukleargetriebene U-Boote 5 4
Flugzeugträger 1 1
Zerstörer 23 8
Fregatten 52 5 6
Korvetten 23 4 3
Raketenschnellboote 84
Schnellboote 100
Hochseeminensucher 40 2
Minenjagddrohnen 6
Landungs-Luftkissenboote 17 2
Docklandungsschiffe 4 1 1
lange Landungs-schiffe (100 m+) 25 6
mittlere Landungsschiffe 25
Landungsboote 93
Ausbildungsschiffe 3
Truppentransporter 5
U-Bootsunterstützungsschiffe 11
Bergungs- und Werk-statt-/Reparaturschiffe 3
Versorgungsschiffe 13
Einsatzgruppenversorger 7
Tanker 48
schwimmende Krankenhäuser 6
Eisbrecher 1
0 20 40 60 80 100
aktiv
im Aufbau
geplant
Quelle: JANES FIGHTING SHIPS Katalog, 2016, 117. Ausgabe. Datum der Datenerhebung: 13.12.2016.
©ZMSBw 08307-04

3.3.4.5.2. Indien und Pakistan

Neben der Volksrepublik China gehört Indien mit ca. 1,19 Mrd. Einwohnern[119] zu den bevölkerungsreichsten Ländern der Erde. Bedingt durch das niedrige Lohnniveau produzieren ausländische Investoren dort Massengüter mit dem Ergebnis eines stetigen Wirtschaftswachstums. Zusätzlich ist die große Anzahl an jungen, gut ausgebildeten Wissenschaftlern ein Garant für ein stetiges Wirtschaftswachstum innerhalb des letzten Jahrzehnts, verbunden mit einer Steigerung der Binnennachfrage und des Konsums. In der Folge konnte sich durch den wirtschaftlichen Aufschwung eine bisher nicht vorhandene, derzeit finanziell gut ausgestattete Mittelschicht in der indischen Gesellschaft etablieren. Der steigenden Nachfrage nach Konsumgütern folgt die Frage nach der Sicherstellung der Bedürfnisse. Die indische Regierung ist daher gezwungen, die Versorgung mit Rohstoffen langfristig zu planen und zu gewährleisten. Der hauptsächliche Rohstoff ist, analog zu China, das Erdöl, dessen täglicher Verbrauch bei ca. 3 Mio. Barrel liegt. Die Bezugsquellen für Öl und Gas sind die gleichen wie für China und andere Staaten der Erde. Hier steht Indien also in Konkurrenz mit allen nachfragenden Nationen. Indien sieht, nicht nur bedingt durch seine Geschichte, den Ursprung für seine Hauptbedrohungen bei China und Pakistan. Hier stehen ungelöste Grenzstreitigkeiten und territoriale Ansprüche (wie in Kaschmir und im Himalajagebiet) im Vordergrund und wirken somit bestimmend auf die Sicherheitspolitik des Landes. Dies impliziert die Ausrichtung der Streitkräfte auf die eigene Protektion und die militärische Prävention gegenüber diesen Hauptbedrohungen mit der Folge, den Modernisierungsmaßnahmen der Nachbarstaaten folgen zu müssen. Aus dieser Notwendigkeit abgeleitet sind die aktuellen Planungen für neue Waffensysteme in Heer, Luftwaffe und Marine, die neben der Beschaffung aus den traditionellen Waffenexportländern auch durch Eigenentwicklungen realisiert werden sollen. Die internationale militärische Kooperation auf Spezialgebieten wie fliegenden Aufklärungssystemen, U-Boot-Jagd aus der Luft (P8 Poseidon) oder dem Neubau von Kriegsschiffen (INS Satpur), Flugzeugträgern (INS Vikramaditya) und U-Booten (INS Arihant) erhöht nicht nur die maritimen Fähigkeiten der indischen Streitkräfte (vgl. Abb. 3 und 4), sondern sichert auch die Forschungs- und Entwicklungsfähigkeit des Landes sowie Arbeitsplätze in verschiedenen Zweigen der Industrie. Indien kann sich somit zukünftig als regionales, wenn nicht sogar als weltweites Exportland für Rüstungsgüter etablieren. Nicht betrachtet wurde das Atomwaffenpotenzial Indiens, da dem in der indischen Seekriegskonzeption bislang keinerlei Rolle zugedacht ist.
Neben Indien und China verfügt Pakistan über ein Atomwaffenarsenal. Dieser Aspekt genießt sowohl wegen der Spannungen mit dem Nachbarn Indien als auch wegen der inneren Labilität und Instabilität in der Weltgemeinschaft eine große Aufmerksamkeit und erfüllt diese gleichsam mit Sorge. Die unsicheren politischen Verhältnisse und eine Vielzahl von ethnischen Gruppen mit unterschiedlichen Interessen erschweren den demokratisch gewählten politischen Führern des Landes

[119] Vgl. die Darstellung im Global Fire Power Portal, online: <www.globalfirepower.com/country-military-strength-detail.asp?country_id=India> (letzter Zugriff 20.8.2019).

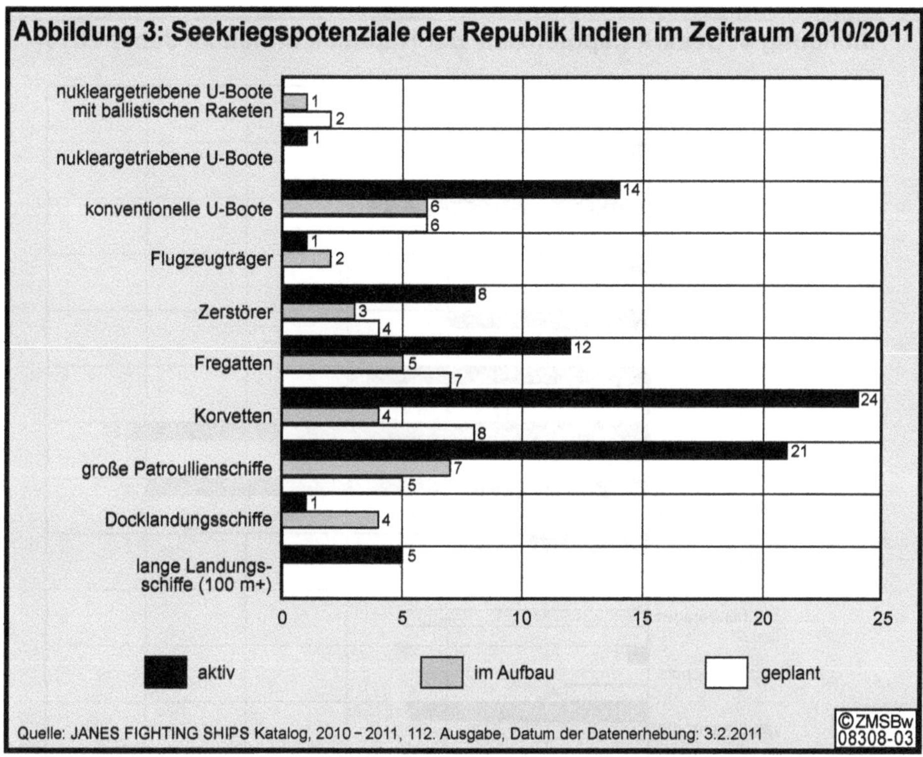

Abbildung 3: Seekriegspotenziale der Republik Indien im Zeitraum 2010/2011

Quelle: JANES FIGHTING SHIPS Katalog, 2010 – 2011, 112. Ausgabe, Datum der Datenerhebung: 3.2.2011

die Umsetzung ihrer Politik. Besonders schwer wiegt aus Sicht Pakistans selbst sowie auch aus dem Blickwinkel des Nachbarn Indien, dass islamische Extremisten, die ihre Anhänger in den Madrassen (Islamschulen) rekrutieren, mit terroristischen Anschlägen regelmäßig die Weltöffentlichkeit erschüttern und neben Entsetzen auch Zweifel an der Stabilität Pakistans entstehen lassen. Eine dominierende einflussreiche Stellung in die Politik der pakistanischen Regierung nimmt das Militär ein. Dies zeigt sich daran, dass ohne dessen Zustimmung keine politischen Entscheidungen formuliert und umgesetzt werden können. Die Streitkräfte sind daher als das Kontinuum im Staate anzusehen. Zur Durchsetzung der militärischen Macht sowohl im Landesinneren als auch grenzübergreifend ist der militärische Geheimdienst Inter Service Intelligence (ISI) zuständig. Dessen Angehörige sind ausschließlich Soldaten der Streitkräfte. Zur Erfüllung seiner Aufgaben pflegt der ISI weltweite Kontakte zu anderen Geheimdiensten wie der CIA, die u.a. im Mai 2011 zur Entdeckung und Eliminierung von Osama Bin Laden in Pakistan führten. Anderseits soll der ISI auch enge Kontakte zu den afghanischen Taliban (»Studenten der Islamschulen«) im Grenzgebiet Pakistan-Afghanistan unterhalten, sodass die Rolle und die Intentionen des ISI und des Militärs nicht immer eindeutig erkennbar sind. Aufgrund der Tatsache, dass Indien bereits 1974 einen ersten Atomwaffenversuch erfolgreich durchgeführt hat und somit in die Lage versetzt wurde, Atomwaffen selbst produzieren zu können, sah sich Pakistan gezwungen, ein eigenes Atomwaffenprogramm

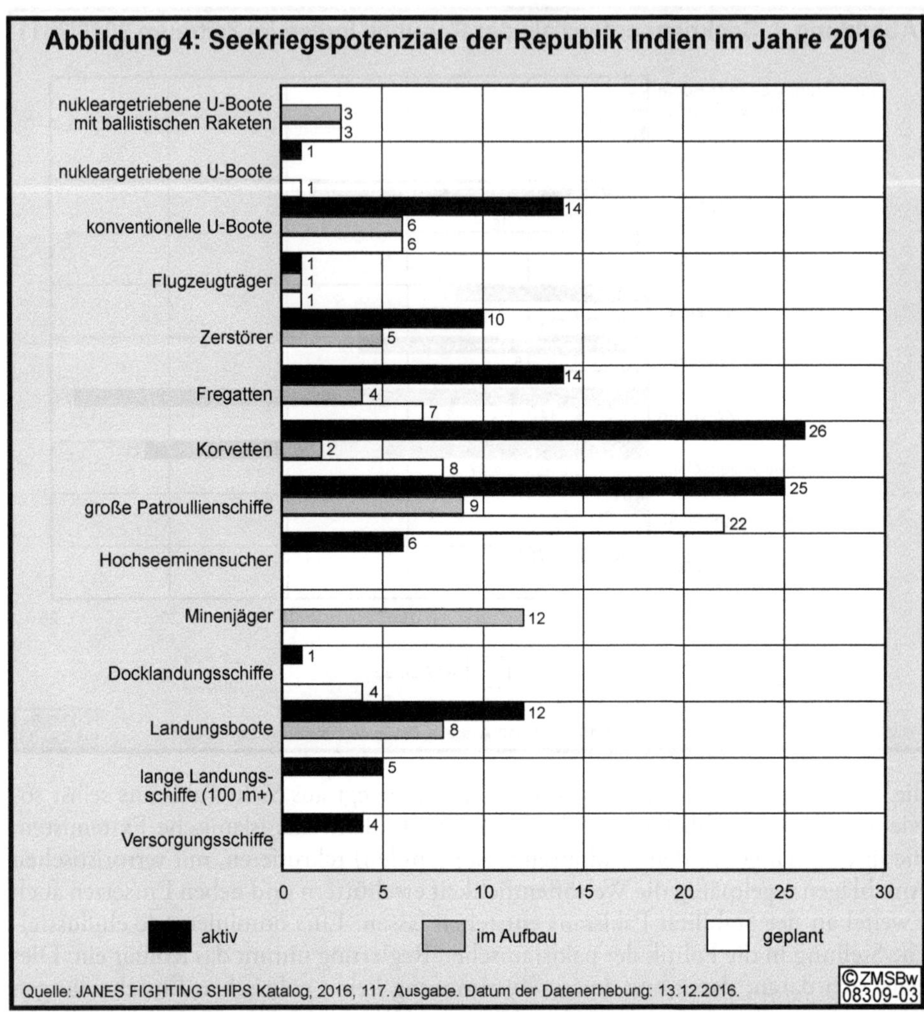

aufzulegen, um einen Gegenpol zum verfeindeten Nachbarn etablieren zu können. Mittels chinesischer und nordkoreanischer Unterstützung konnte so unter der Leitung von Khadir Abdul Khan 1998 der erste pakistanische Atomsprengkopf gezündet werden. Der heutige Bestand an Atomwaffen in Pakistan wird nach internationaler Schätzung auf bis zu einhundert Sprengköpfe und den dazugehörigen Trägersystemen angegeben. Für die westlichen Staaten ist dieser Sachverhalt besonders in Bezug auf das Vertrauen in die pakistanische Regierung bedenklich, da die Atomwaffen häufig als »Islamische Bombe« bezeichnet werden. Die zunehmende Anzahl von terroristischen Anschlägen im Lande, besonders seit dem Tod von Osama Bin Laden, verdeutlicht die instabile innere Situation und verstärkt die Sorge des Westens, dass die Atomwaffen islamistischen Extremisten zugänglich werden könnten.[120] Die permanente Modernisierung der Streitkräfte in Indien zwingt die pakistanische Regierung ebenfalls zur Beschaffung moderner Waffensysteme. Da die finanziellen Möglichkeiten für umfangreiche Rüstungsprogramme nicht gegeben sind, ist die pakistanische Regierung einerseits zur Kooperation mit westlichen Staaten gezwungen und anderseits auf Waffenlieferungen aus Russland, China und Nordkorea angewiesen. Insbesondere China gilt als verlässlicher Partner auf den Rüstungsfeldern Nuklear-, Luftfahrt- und Raketentechnik. Die strategische Partnerschaft zwischen China und Pakistan wird derzeit für die Weltgemeinschaft dahingehend untermauert, dass der westpakistanische Hafen Gwahr, nahe der iranischen Grenze, als Stützpunkt für chinesische Kriegsschiffe geöffnet wird.[121]

Abbildung 5: Seekriegspotenziale Pakistans im Zeitraum 2010/2011

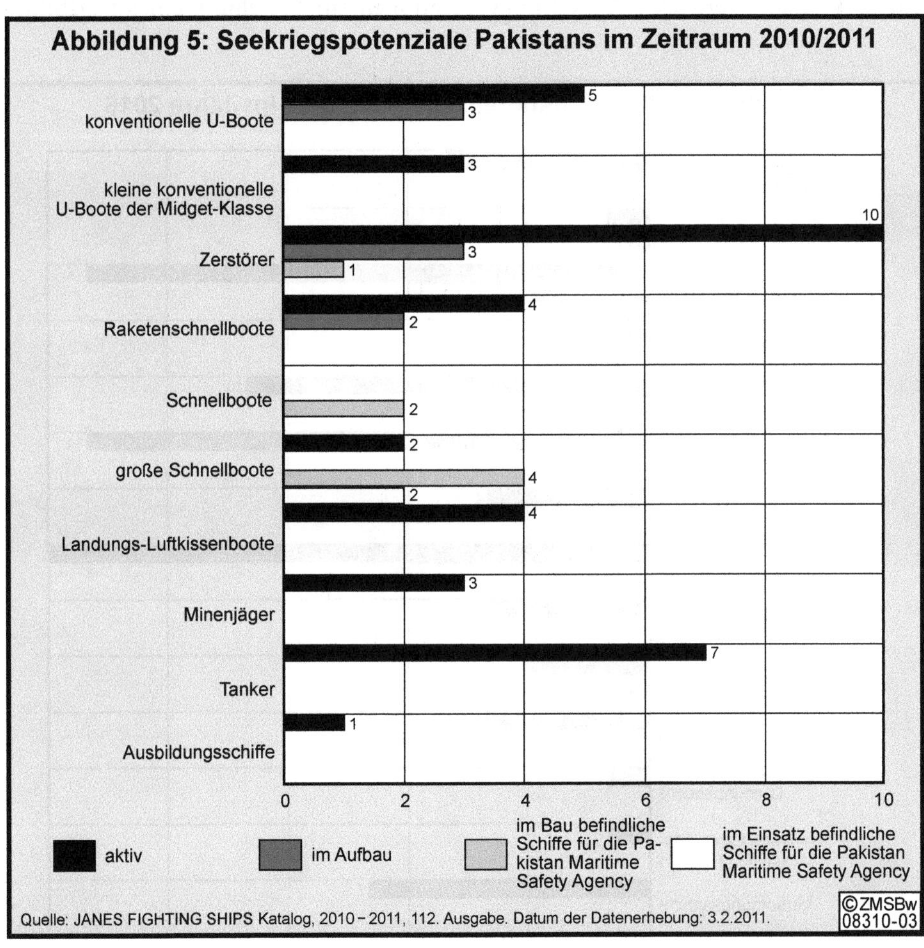

Quelle: JANES FIGHTING SHIPS Katalog, 2010 – 2011, 112. Ausgabe. Datum der Datenerhebung: 3.2.2011.

120 Vgl. Global Security Newswire, Friday.

121 Vgl. Meinhaj Hussain, Pakistan Port Gwadar To Become Chinese Naval Base, <www.grandestrategy.com/2011/05/4403220120202-pakistan-port-gwadar-to.html>, 22.5.2011 (letzter Zugriff 20.8.2019).

Im eigenen Verständnis ist Pakistan nicht nur eine Atommacht analog zum Nachbarn Indien, sondern sieht sich auch als eine Indien gleichwertige Nation und als Inhaber der regionalen Vormacht im nördlichen Indischen Ozean. Daher nimmt der Ausbau der maritimen Fähigkeiten der Streitkräfte, mit dem Fokus auf der Beschaffung von U-Booten, im Rüstungsprogramm einen dominierenden Stellenwert ein. Im Mittelpunkt dieser Beschaffungen stehen Boote aus China und aus westlichen europäischen Industriestaaten wie Frankreich oder Deutschland. Die bisher teilweise schwach ausgebildeten maritimen Fähigkeiten (vgl. Abb. 5 und 6) sollen die Streitkräfte zukünftig befähigen, die nationalen Hoheitsgewässer zu schützen, die offensiven Fähigkeiten der indischen Marine im Indischen Ozean einzuschränken, verdeckte Aufklärungsoperationen zur Erstellung eines Lagebildes

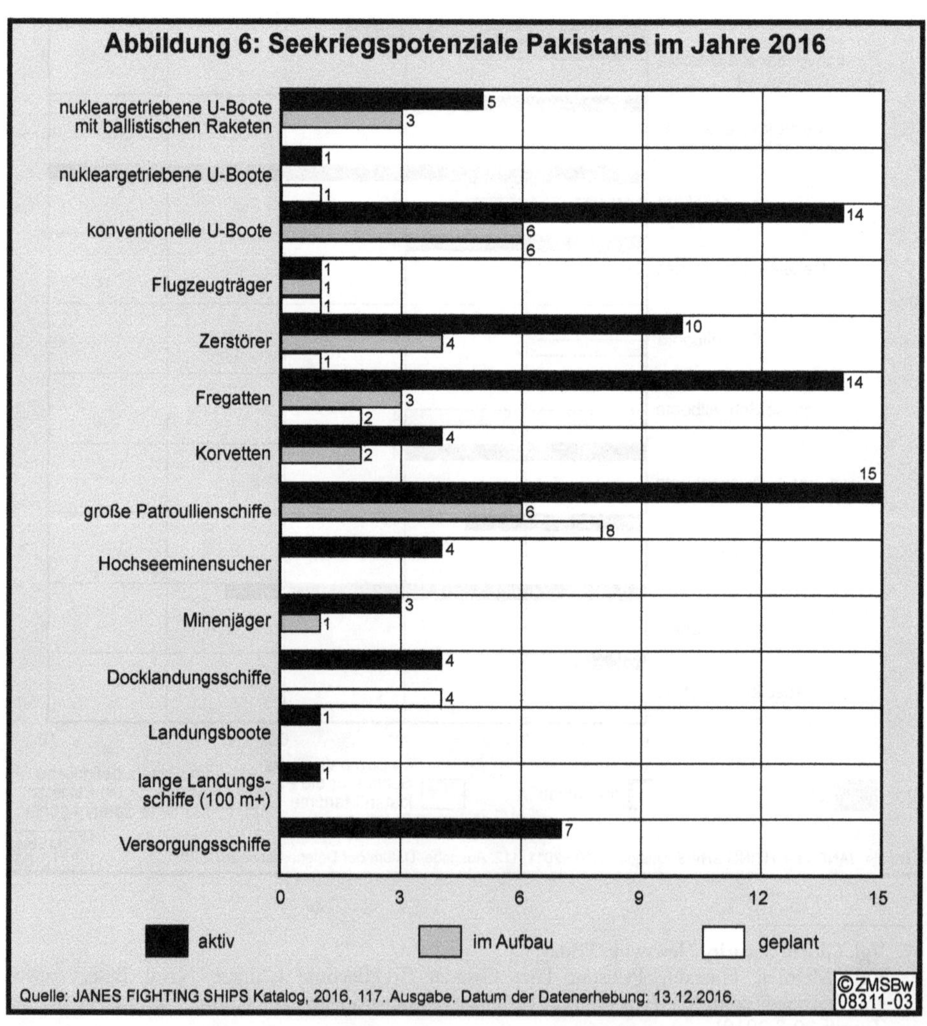

über alle im Indischen Ozean operierenden Seestreitkräfte durchzuführen und die Seewege zu den pakistanischen Seehäfen absichern zu können.

3.3.4.5.3. Russland

Seit dem Zerfall der Sowjetunion und dem Niedergang der Sowjetflotte ist die Projektion militärischer Macht über See dem jetzigen Russland, trotz des noch vorhandenen hohen maritimen Waffenarsenals (vgl. Abb. 7 bis 9), nur noch eingeschränkt möglich und somit der Einfluss Russlands im Bereich der Ozeane gesunken. Die Russische Föderation kann derzeit ausschließlich über Waffenexporte, Wirtschaftshilfe und als Vetomacht im UN-Sicherheitsrat auf entfernte Regionen einwirken. Frühere strategische Partner wie Ägypten, Jemen und Somalia sind nicht mehr bedeutend genug, um als Partner Moskaus auftreten zu können. Vielmehr haben alle drei Länder innenpolitische Instabilitäten zu überwinden. Ähnliches gilt auch für Syrien, wo Moskau im dortigen Bürgerkrieg das Assad-Regime mit Luftstreitkräften und zum Teil Marineeinheiten stützt. Im Rahmen der militärischen und wirtschaftlichen Zusammenarbeit unterhält Russland gegenwärtig engere Beziehungen

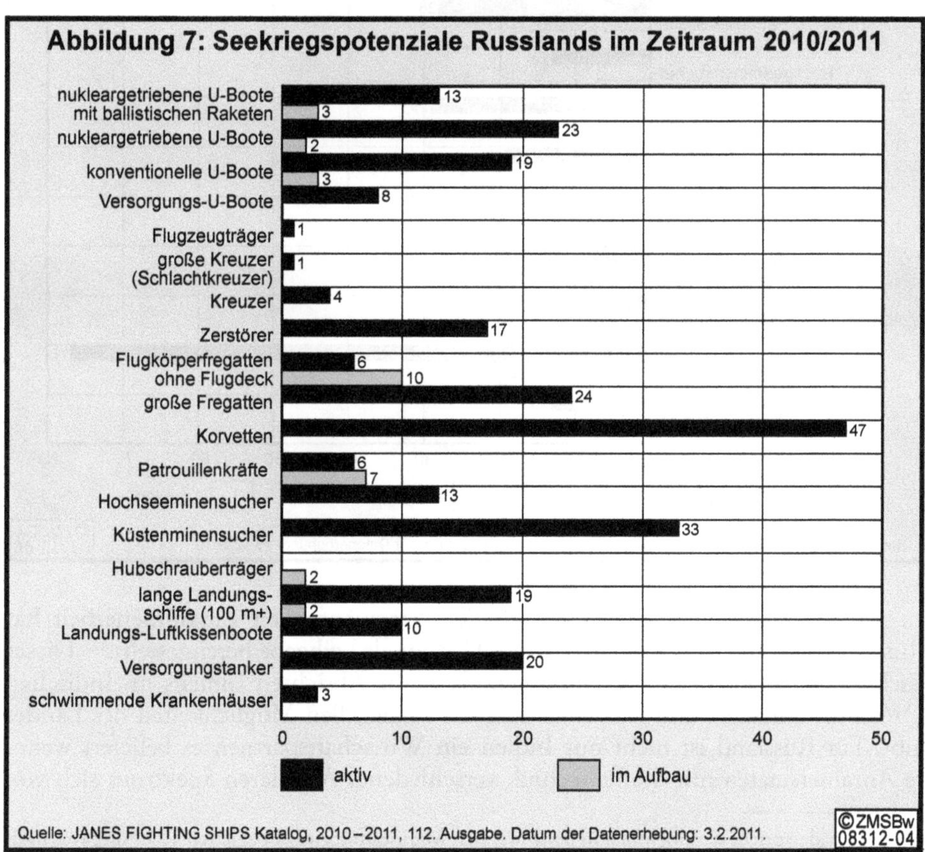

Abbildung 7: Seekriegspotenziale Russlands im Zeitraum 2010/2011

Quelle: JANES FIGHTING SHIPS Katalog, 2010–2011, 112. Ausgabe. Datum der Datenerhebung: 3.2.2011.

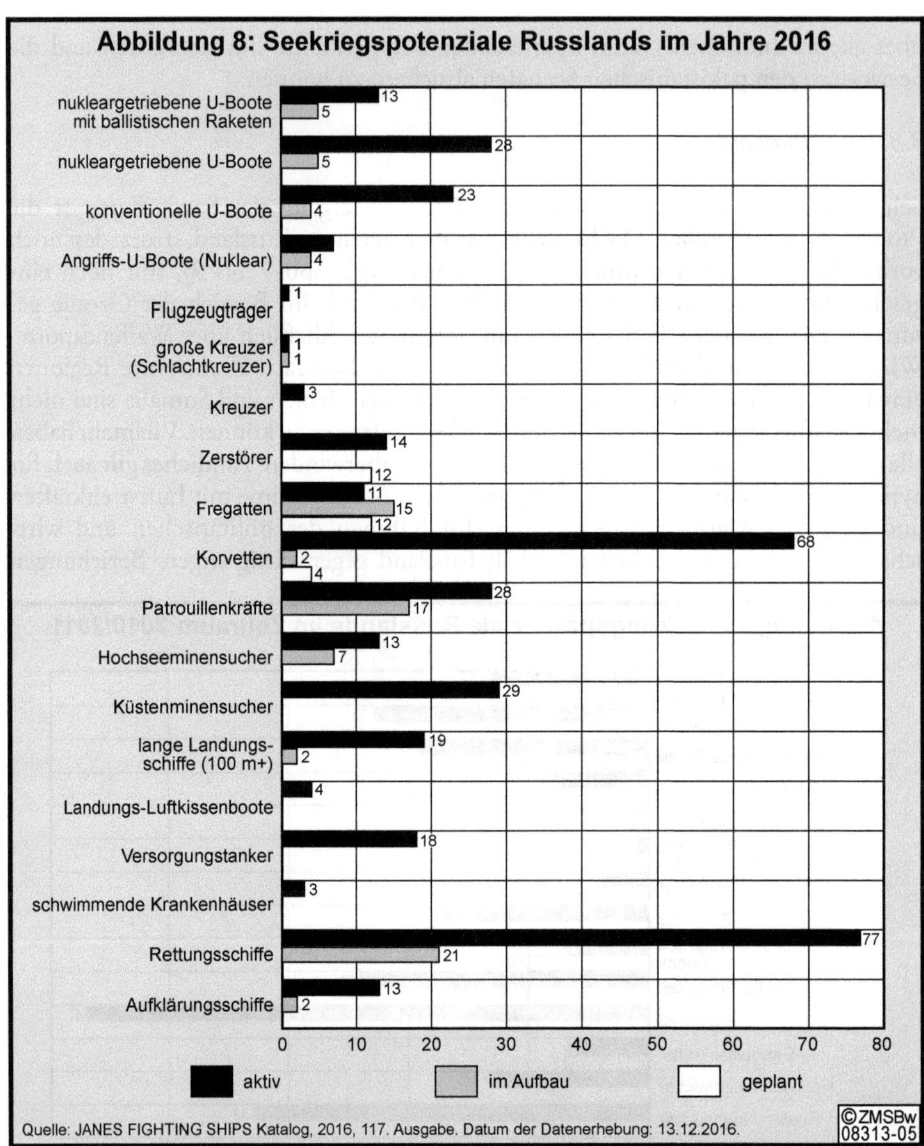

Abbildung 8: Seekriegspotenziale Russlands im Jahre 2016

Quelle: JANES FIGHTING SHIPS Katalog, 2016, 117. Ausgabe. Datum der Datenerhebung: 13.12.2016.

zu Indien. Als offensichtlicher Beweis der vertrauensvollen Zusammenarbeit hat Russland an Indien ein atomgetriebenes U-Boot als Leihgabe bereitgestellt.[122] Dieser Sachverhalt ist umso bemerkenswerter, als er die Absichten Indiens im Indischen Ozean untermauert und Auskunft über die finanziellen Möglichkeiten des Landes gibt. Für Russland ist nicht nur Indien ein Wirtschaftspartner, es beliefert weitere Anrainerstaaten mit Waffentechnik verschiedener Art, deren Spektrum sich von

[122] Dies widerspricht der öffentlich in der Indischen Marinestrategie propagierten Trennung von indischen Seekriegs- und Nuklearwaffenkonzeptionen.

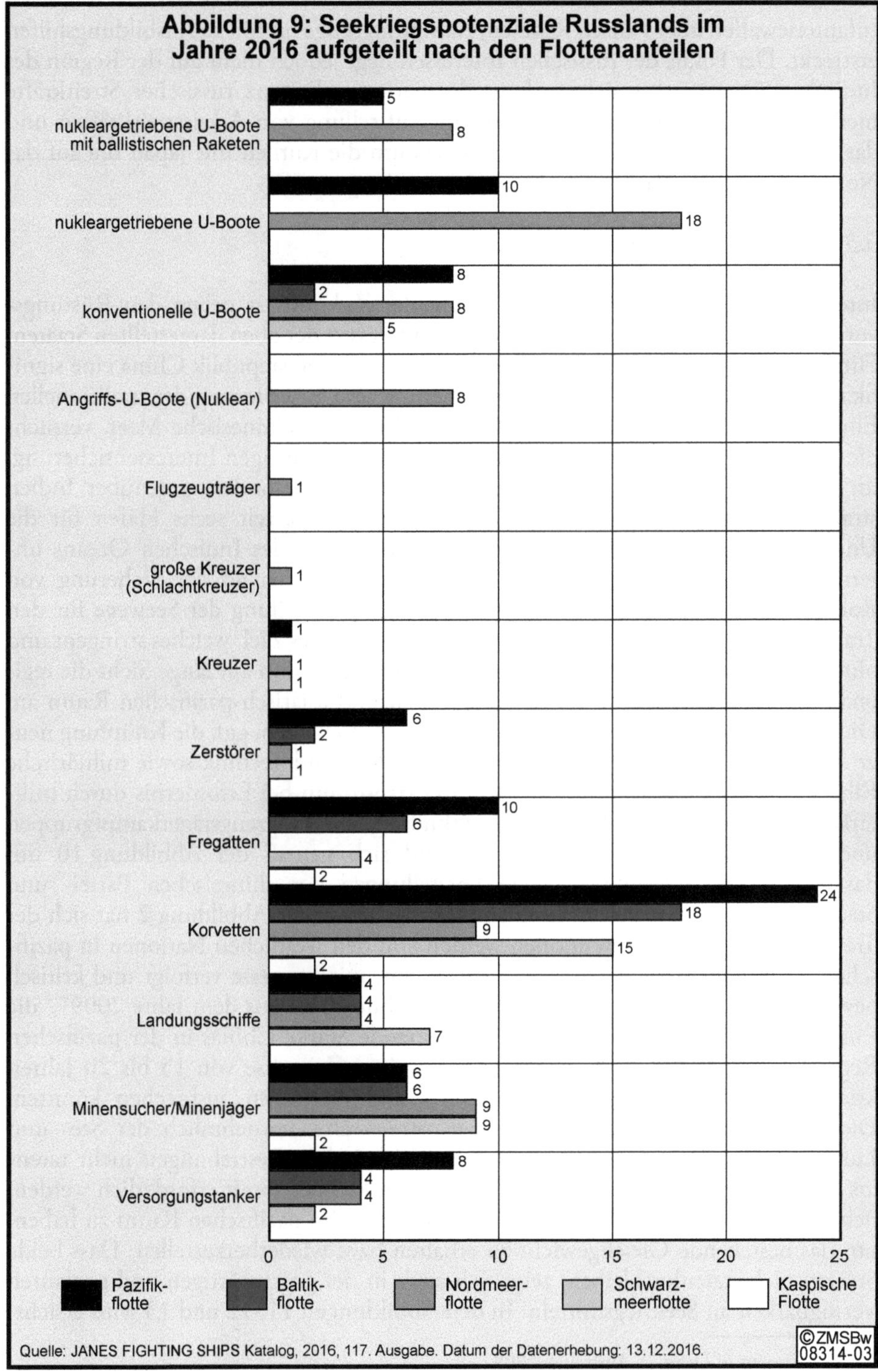
Abbildung 9: Seekriegspotenziale Russlands im Jahre 2016 aufgeteilt nach den Flottenanteilen
nukleargetriebene U-Boote mit ballistischen Raketen
5
8
nukleargetriebene U-Boote
10
18
konventionelle U-Boote
8
2
8
5
Angriffs-U-Boote (Nuklear)
8
Flugzeugträger
1
große Kreuzer (Schlachtkreuzer)
1
Kreuzer
1
1
1
Zerstörer
6
2
1
1
Fregatten
10
6
4
2
Korvetten
24
18
9
15
2
Landungsschiffe
4
4
4
7
Minensucher/Minenjäger
6
6
9
9
2
Versorgungstanker
8
4
4
2
0
5
10
15
20
25
Pazifik-flotte
Baltik-flotte
Nordmeer-flotte
Schwarz-meerflotte
Kaspische Flotte
Quelle: JANES FIGHTING SHIPS Katalog, 2016, 117. Ausgabe. Datum der Datenerhebung: 13.12.2016.
©ZMSBw 08314-03

Infanteriewaffen über Panzer, Raketen, Kampfflugzeuge bis hin zu Ausbildungshilfen erstreckt. Der Fokus der russischen Interessen liegt jedoch nicht auf der Region des Indischen Ozeans, was sich auch in der geringen Präsenz russischer Streitkräfte niederschlägt. Vielmehr verdeutlichen die Aufstellung von Arktisstreitkräften und das Interesse an einer Beilegung des Streites um die Kurilen mit Japan die auf das Nordmeer und den Pazifik gerichtete Orientierung.

3.3.4.5.4. Zukunftsprojekte

Interessant für die maritime Entwicklung der Zukunft ist neben den Rüstungsvorhaben die Ausrichtung der strategischen Interessen der oben dargestellten Staaten. Für die zukünftige geopolitische Ordnung wird die Volksrepublik China eine signifikante Rolle einnehmen. Neben der Sicherung und Erweiterung der traditionellen Einflussregionen in Ostasien, besonders rund um das Chinesische Meer, versucht die Nation bereits heute, mit der Intention einer zukünftigen Interessensicherung, im Indischen Ozean an Einfluss zu gewinnen und besonders gegenüber Indien strategische Vorteile zu erlangen. Der Ausbau von derzeit sechs Häfen für die Unterbringung militärischer Einheiten an den Küsten des Indischen Ozeans untermauert die Intentionen Chinas. Langfristig ist China an der Sicherung von Rohstoffquellen und Fördergebieten sowie der Sicherstellung der Seewege für den Transport der Rohstoffe interessiert. Als außenpolitisches Ziel, welches stringent und ohne ablenkende Momente verfolgt wird, strebt die Nation auf lange Sicht die regionale Vormachtstellung im indisch-asiatischen und asiatisch-pazifischen Raum an. Dies erfordert den Auf- und Ausbau von zivilen Fähigkeiten, ggf. die Knüpfung neuer Allianzen, einen hohen Stand von Wissenschaft und Technik sowie militärische Fähigkeiten über das gesamte Intensitätsspektrum, um bei Erfordernis durch militärische Projektion von offensiven Streitkräften, wie Flugzeugträgerkampfgruppen und amphibischen Kräften, deren Bestand sich gemäß der Abbildung 10 um das Hundertfache erhöht hat, die Vorstellungen der chinesischen Partei- und Staatsführung durchsetzen zu können. Mit Bezug auf die Abbildung 2 hat sich der Trend verstetigt. Diese Intentionen werden von den westlichen Nationen in pazifischen Raum, allen voran Japan und Australien, mit Interesse verfolgt und kritisch bewertet. So beurteilt Australien in seinem White Paper aus dem Jahre 2009[123] die Entwicklung dahingehend, dass die zunehmende Stärke Chinas in der pazifischen Region das Kriegspotenzial erhöht und auf einer Zeitachse von 15 bis 20 Jahren kriegerische Handlungen zwischen China und Australien ausbrechen könnten. Die Modernisierungen der australischen Streitkräfte, vornehmlich der See- und Luftstreitkräfte, lassen erkennen, dass die chinesischen Bestrebungen nicht tatenlos akzeptiert werden. Für Japan und Australien kann es somit erforderlich werden, neben den USA und Südkorea weitere Verbündete im pazifischen Raum zu haben, um das bestehende Gleichgewicht zu erhalten bzw. wiederherzustellen. Dass beide Staaten nicht tatenlos bleiben, zeigt sich auch in der gegenwärtigen und geplanten Verfügbarkeit an Seekriegsmitteln. In den Abbildungen 11, 12 und 13 wird ersicht-

[123] Department of Defence, Australien 2009.

Abbildung 10: Entwicklung der Seekriegspotenziale Chinas in den Jahren 2000–2001, 2005–2006 und 2010–2011

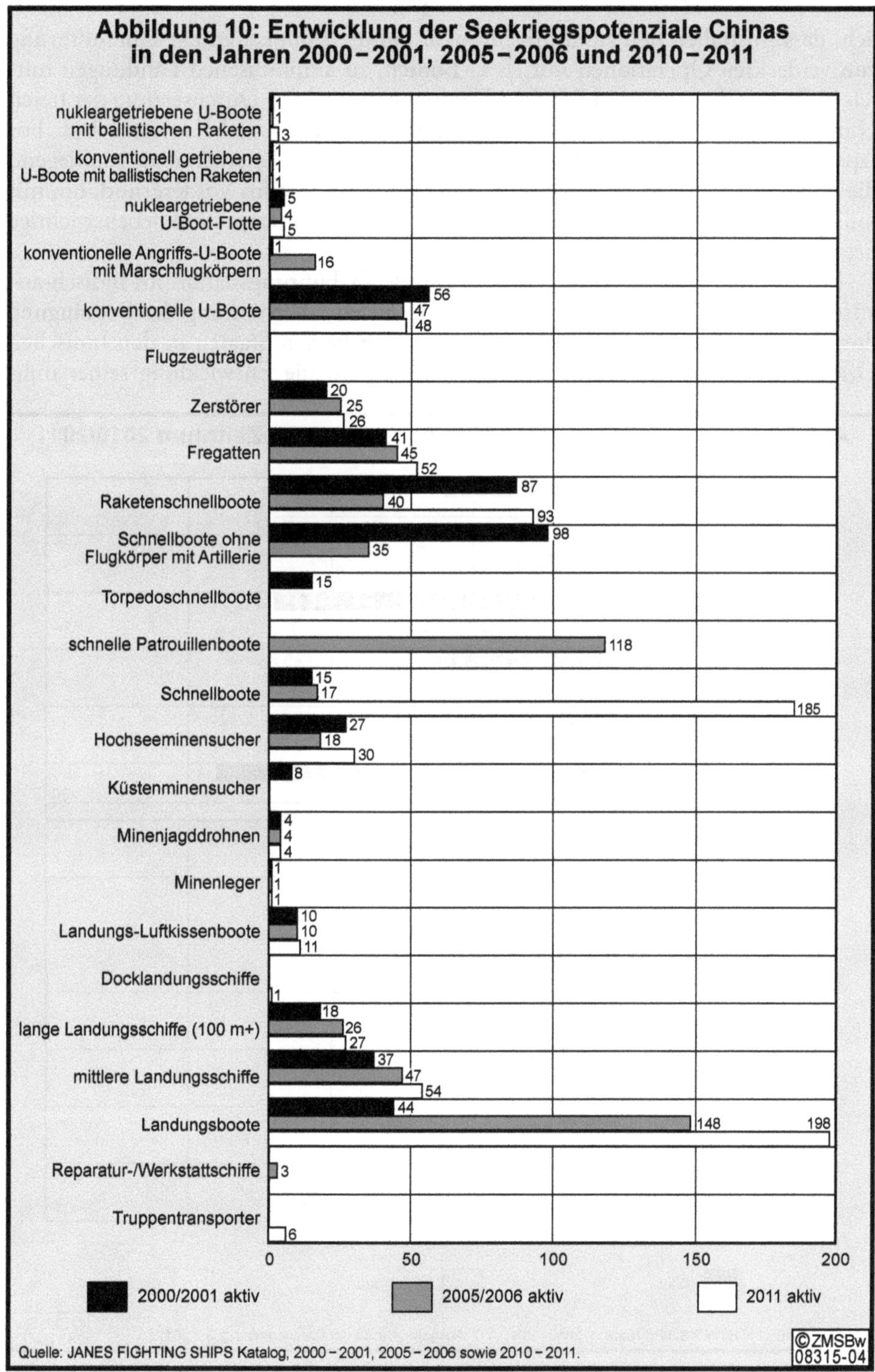

Quelle: JANES FIGHTING SHIPS Katalog, 2000–2001, 2005–2006 sowie 2010–2011.

lich, dass Australien den zukünftigen Fokus auf die Fähigkeiten zur Durchführung von verdeckten Operationen mittels U-Booten, zu amphibischen Landungen mittels einer ausgebauten amphibischen Komponente und zur Durchsetzung der freien Nutzbarkeit der See- und Handelswege mittels Fregatten und Korvetten legt. Für Japan stehen, wie in Abbildungen 14 und 15 (S. 107, 108) erkennbar, vorwiegend die offensiven Seekriegsmittel wie Zerstörer und U-Boote im Vordergrund, um mit militärischen Mitteln die Landesverteidigung zu garantieren und lebenswichtige Seewege offenzuhalten.

Neben China sieht sich Indien in der Rolle als Führungsnation im indisch-asiatischen Raum. Indien erwartet für die Zukunft eine Verstärkung der Bedrängung durch Pakistan und China. Die Expansion dieser beiden Staaten in den Indischen Ozean hinein gibt der indischen Regierung Anlass, die Entwicklung seiner mili-

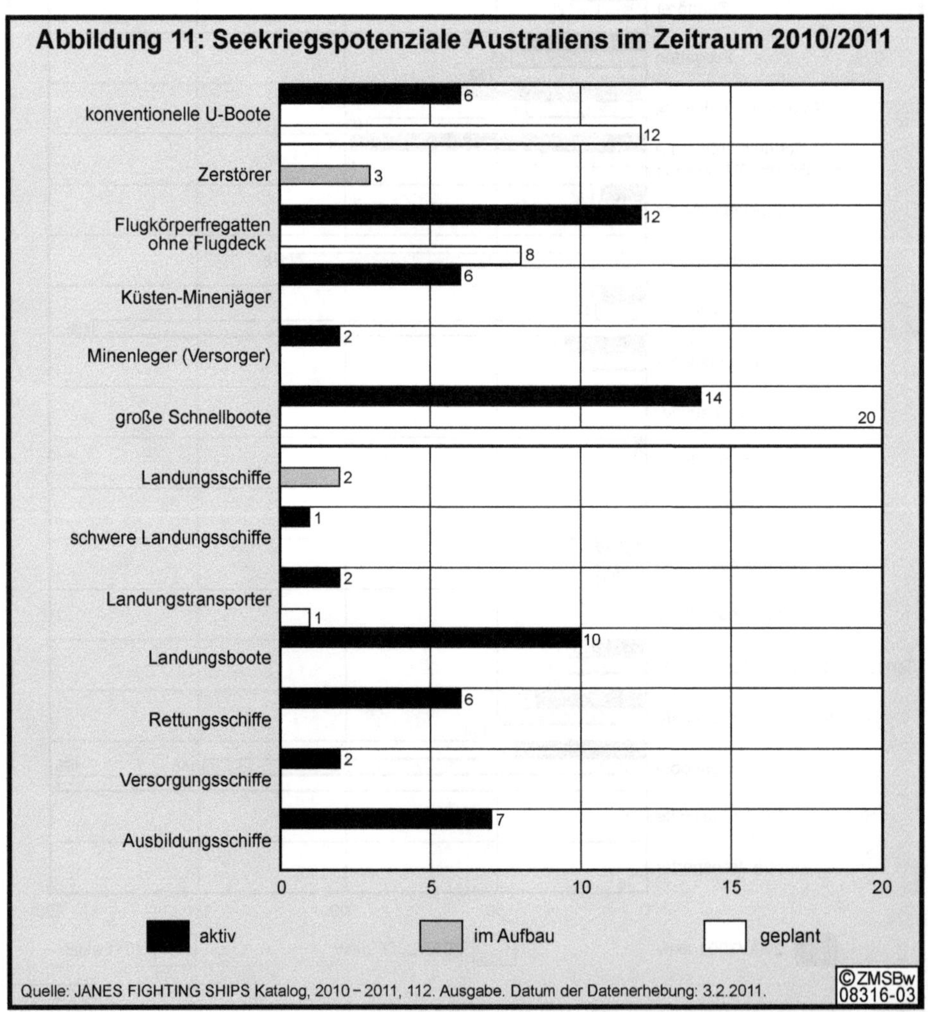

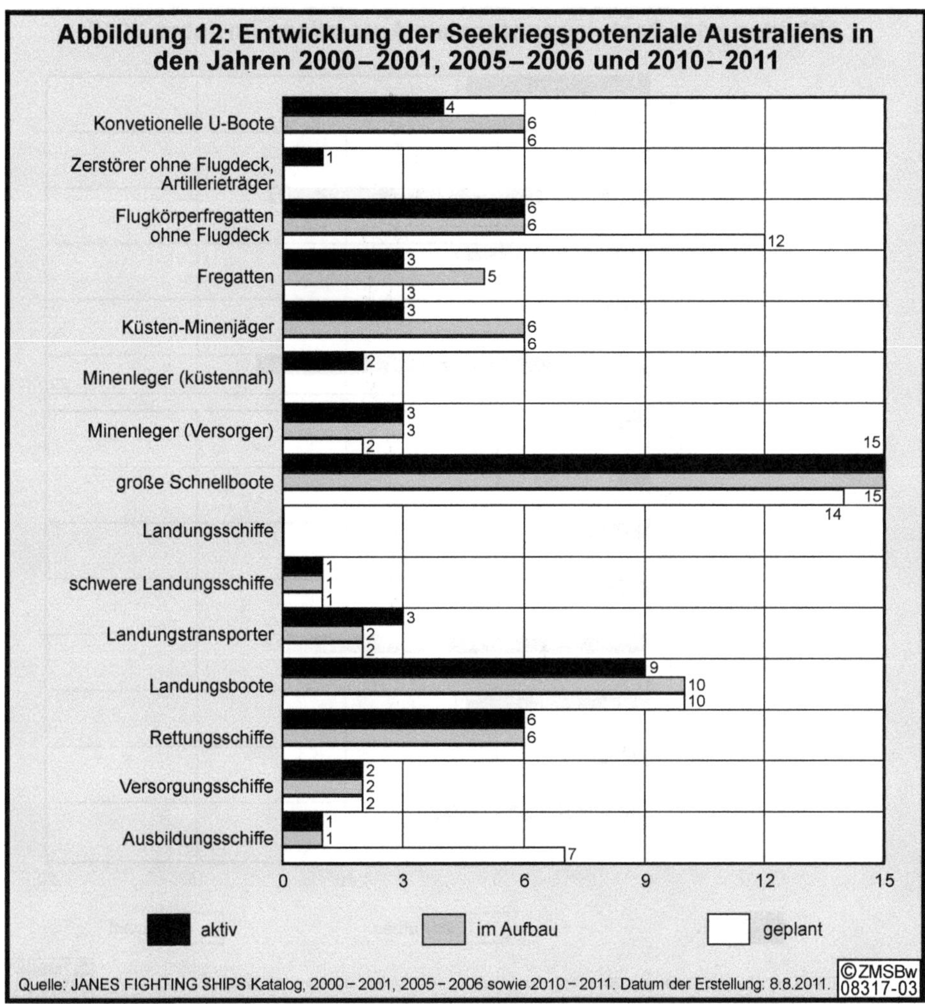

Abbildung 12: Entwicklung der Seekriegspotenziale Australiens in den Jahren 2000–2001, 2005–2006 und 2010–2011

Quelle: JANES FIGHTING SHIPS Katalog, 2000-2001, 2005-2006 sowie 2010-2011. Datum der Erstellung: 8.8.2011.

tärischen Fähigkeiten der Situation anzupassen, um in die Lage versetzt zu werden, dann zu erwartenden Bedrohungen durch Pakistan und China begegnen zu können. Dies betrifft sowohl Umfang und Ausbildung der Streitkräfte als auch die Zuverlässigkeit von Waffensystemen. Besonders mit Blick auf das langfristige chinesische Rüstungsprogramm wird es aus indischer Perspektive möglicherweise erforderlich sein, die finanziellen Ressourcen für ebenbürtige Rüstungsvorhaben zu aktivieren. Der Ausbau der atombetriebenen U-Boote und deren Bestückung mit strategischen Waffen wie Cruise Missiles sowie die gleichartige Ausstattung der Überwassereinheiten versetzen Indien zukünftig in Lage, gegenüber beiden Konkurrenten ein maritimes Bedrohungspotenzial aufzubauen.

Pakistan wird aufgrund dieser Potenziale bewerten müssen, ob einerseits ein offensives Gegenpotenzial und andererseits defensive Fähigkeiten auf- und ausge-

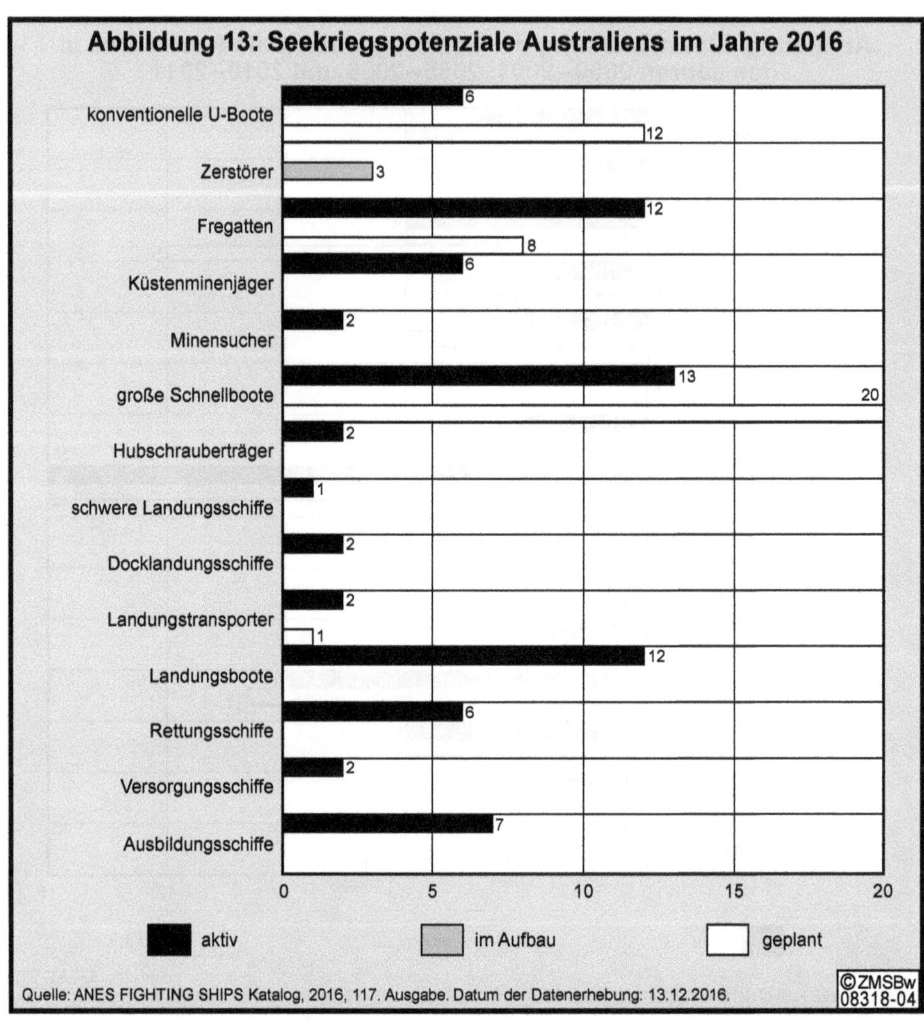

Abbildung 13: Seekriegspotenziale Australiens im Jahre 2016

Quelle: ANES FIGHTING SHIPS Katalog, 2016, 117. Ausgabe. Datum der Datenerhebung: 13.12.2016.

baut werden müssen. Die oben genannte Initiative zum Ausbau der pakistanischen U-Bootflotte ist nur eine der aus diesen Erfordernissen abgeleiteten Maßnahmen. Aus eigenen Mitteln wird es Pakistan allerdings nicht gelingen, seine Streitkräfte zu modernisieren; es wird auf ausländische Hilfe angewiesen sein. Weiterhin zeichnet sich ab, dass das Land auch in Zukunft von einer instabilen innenpolitischen Lage geprägt sein wird und daher, besonders aus dem Blickwinkel der westlichen Welt, langfristig die Sicherung der pakistanischen Atomwaffen nicht garantiert ist. Damit verbunden ist, aufgrund der oben dargestellten Verknüpfungen des pakistanischen Militärs, nicht nur die Unsicherheit bezüglich der Gewährleistung der staatlichen Atomwaffenkontrolle im eigenen Lande, sondern auch die Sorge um die Loyalität des

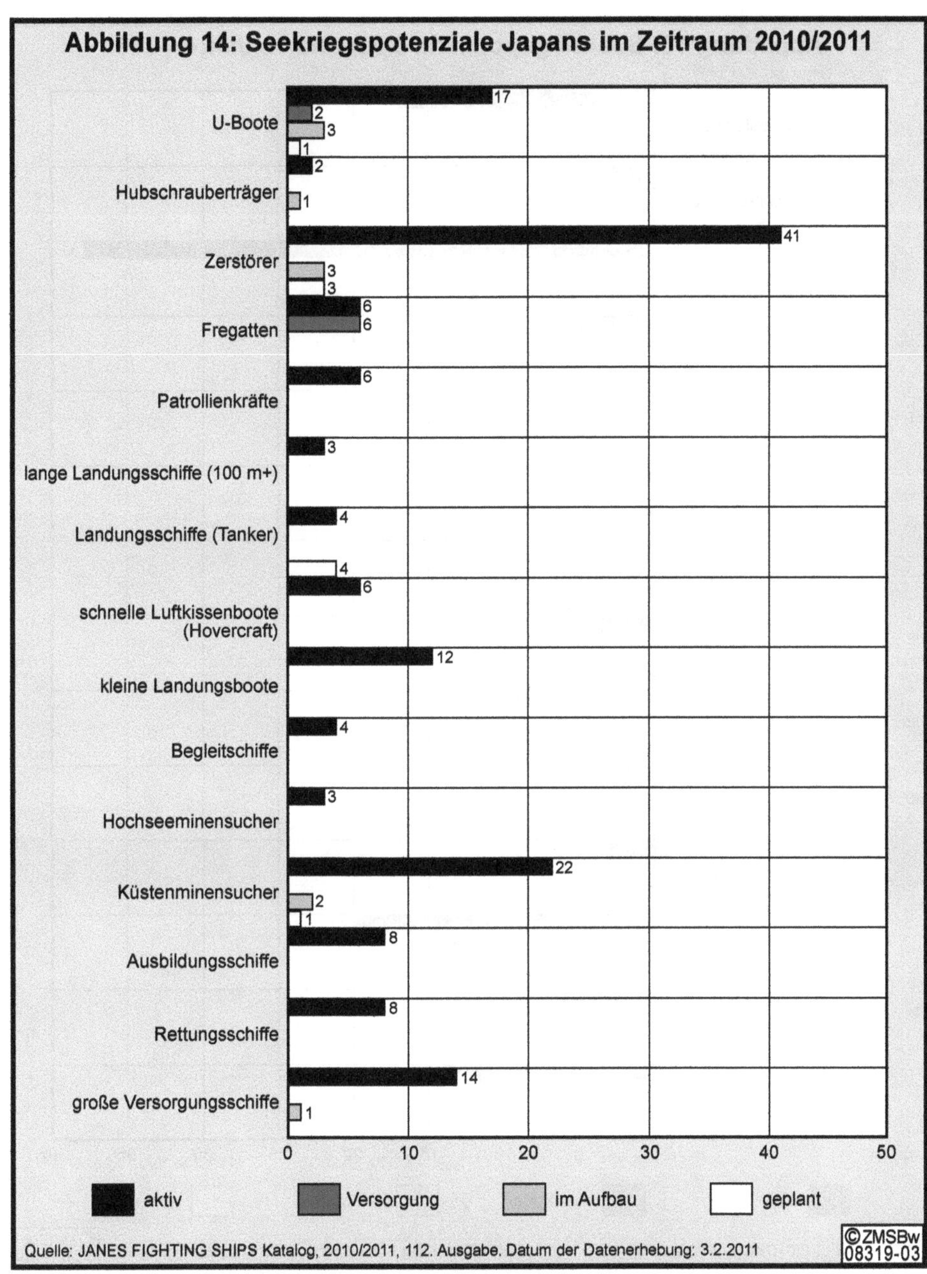

Militärs gegenüber der Regierung, bedingt durch die in den Streitkräften vertretenen unterschiedlichen Ideologien, Glaubensrichtungen und Religionszugehörigkeiten.[124]

[124] Vgl. das bedrohliche Arsenal der instabilen Nuklearmacht, online: <www.welt.de/politik/ausland/article13361007/Das-bedrohliche-Arsenal-der-instabilen-Nuklearmacht.html>,

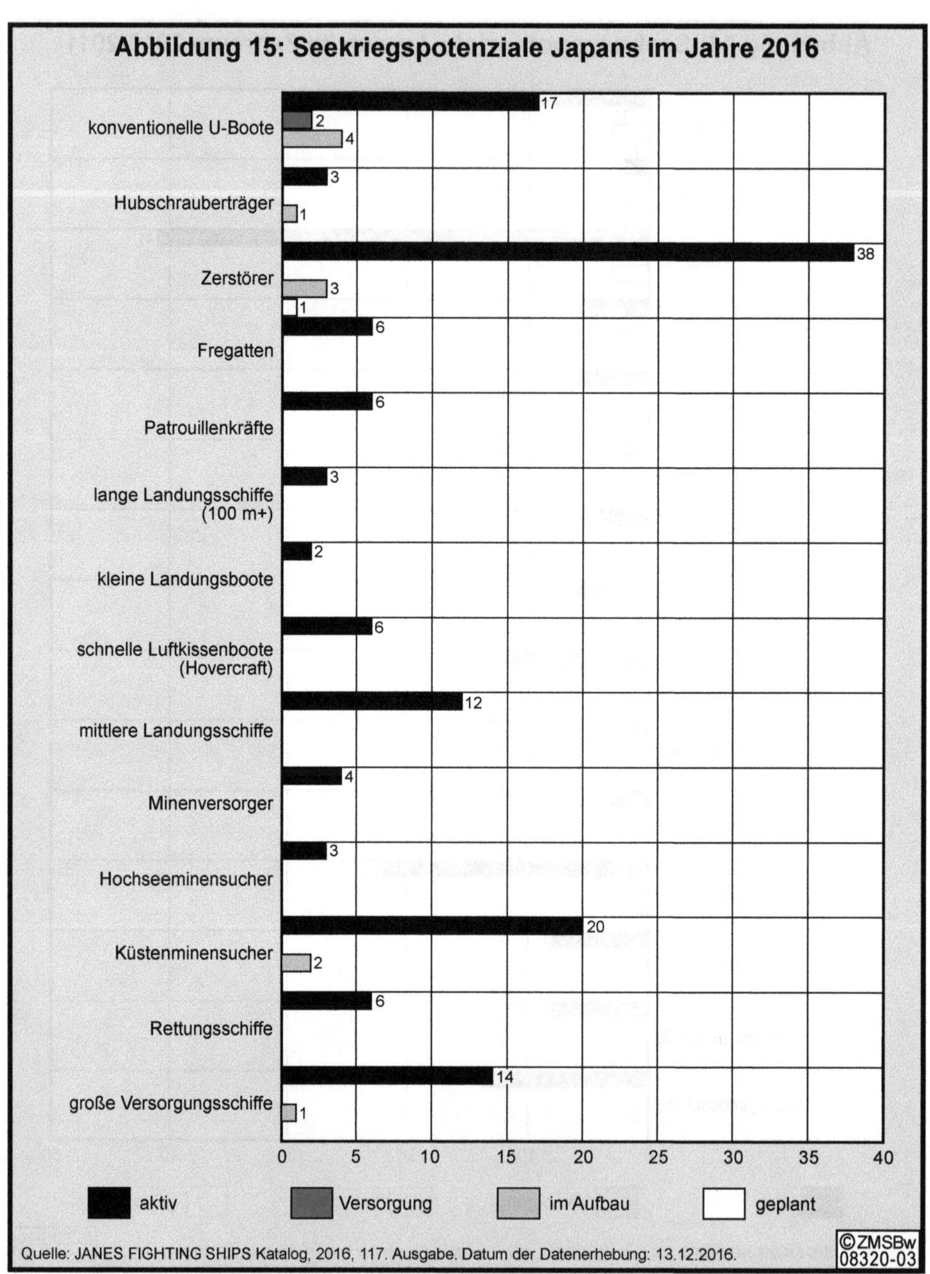

9.5.2011 (letzter Zugriff 20.8.2019).

Im Gegensatz zu Pakistan ist Indien in der Lage, seine militärischen Zukunftsprojekte mit eigenen Haushaltsmitteln umzusetzen. Das Land befindet sich im Wandel vom Entwicklungsland zu einem modernen Staat mit prosperierendem Industrieanteil. Die Prosperität beruht vorwiegend auf der Basis von gut ausgebildeten jungen Fachleuten, die für geringe Löhne den Großteil des industriellen Produktionsaufkommens erwirtschaften. Dies ermöglicht der indischen Regierung, ihren Plan zur Modernisierung der Streitkräfte hin zu einer hochtechnologischen Streitmacht umzusetzen, die militärischen Fähigkeiten zeitnah zu erreichen und in letzter Konsequenz auch unterhalten zu können. Die Gesamtlage Indiens lässt vermuten, dass sowohl innen- als auch außenpolitisch absehbar keine grundsätzlichen Veränderungen im politischen Umfeld auftreten werden.

Eine umfassende militärische Konfrontation zwischen Pakistan und Indien konnte bisher vermieden werden,[125] da in Seegebieten des Indischen Ozeans sowie im Persischen Golf eine ständige Präsenz internationaler Seestreitkräfte, hier im Rahmen von OEF und Atalanta, und die der 5. US-Flotte als stabilisierende Momente, hier im Sinne von Projektion von Seestreitkräften, wirken.

Für die westlichen Staaten wird aufgrund der hohen Staatsverschuldung und der daraus resultierenden Sparauflagen nur wenig Raum für Investitionen im Rüstungsbereich bleiben. Zudem ist die politische Schwerpunktsetzung in den einzelnen Staaten eine limitierende Größe für Rüstungsinvestitionen. Dies schränkt langfristig betrachtet die Entwicklung und Aufrechterhaltung von militärischen Fähigkeiten und die Fähigkeit zur Durchsetzung von Seemacht ein. Bedingt durch die finanziellen Einschränkungen ist mit der Aufgabe von Fähigkeiten zu rechnen, da erwartet wird, dass entsprechende Bedrohungen auf einer absehbaren Zeitskala nicht mehr existent sind. Die Wiedererlangung einer abgeschafften militärischen Fähigkeit hingegen wird aufgrund des Kompetenzverlustes nicht nur mit einem hohen Einsatz finanzieller Mittel, sondern auch mit großen personellen Anstrengungen verbunden sein. Für die westlichen Staaten ist daher ein Verlust an Durchsetzungsvermögen ihrer Interessen, zugunsten von China und Indien, zu erwarten. Eine Verschiebung des maritimen Kräftegleichgewichts wird somit sehr wahrscheinlich werden. Dem entgegenwirken können die westlichen Staaten nur, wenn sie, mit dem Ziel der Herstellung der Balance of Power, d.h. eines Gleichgewichtes von Macht und Gegenmacht im Seeraum, bereits bestehende Allianzen festigen und zusätzlich neue, bisher noch nicht genau identifizierbare anstreben und etablieren. Die in den Abbildungen 16a–d dargestellten Seekriegsmittel der großen NATO-Marine im Jahre 2016 zeigen, dass dem maritimen Fähigkeitsverlust, wenn auch teils nur ansatzweise, entgegengewirkt wird. Für den Ostseeraum, mit seinem engen Operationsgebiet, verstärken die Ostseeanrainer ihre Fähigkeiten hinsichtlich kleiner und wendiger, somit für den Ostseeeinsatz optimierter Flotten.

[125] Dies galt jedoch nicht für Grenzkonflikte: Beispielsweise für die Indisch-pakistanischen Kriege, Auseinandersetzungen im Kaschmirgebiet. Allerdings wurde bisher die nukleare Schwelle nicht überschritten.

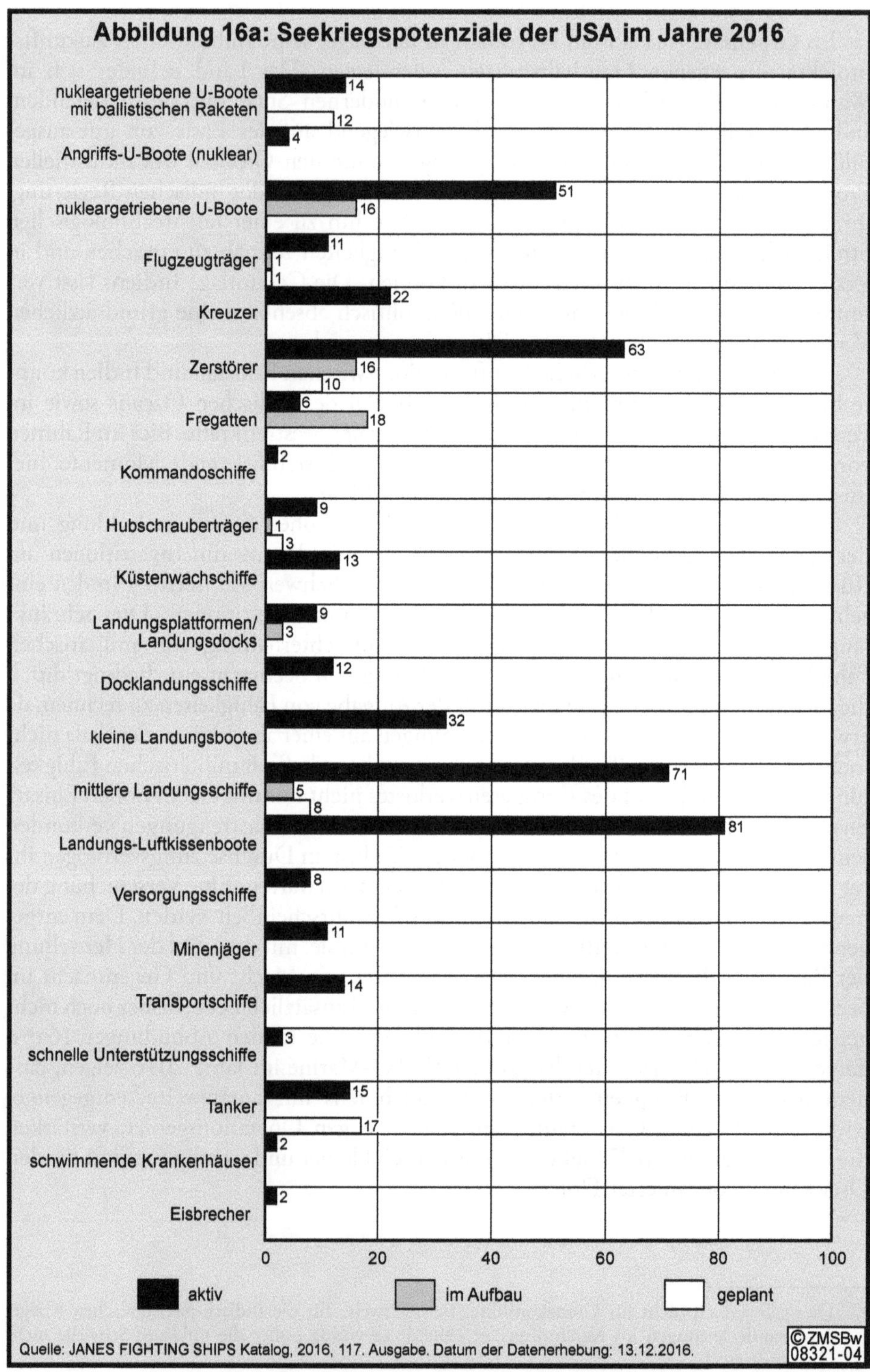
Abbildung 16a: Seekriegspotenziale der USA im Jahre 2016
nukleargetriebene U-Boote mit ballistischen Raketen
14
12
Angriffs-U-Boote (nuklear)
4
nukleargetriebene U-Boote
51
16
Flugzeugträger
11
1
1
Kreuzer
22
Zerstörer
63
16
10
Fregatten
6
18
Kommandoschiffe
2
Hubschrauberträger
9
1
3
Küstenwachschiffe
13
Landungsplattformen/ Landungsdocks
9
3
Docklandungsschiffe
12
kleine Landungsboote
32
mittlere Landungsschiffe
71
5
8
Landungs-Luftkissenboote
81
Versorgungsschiffe
8
Minenjäger
11
Transportschiffe
14
schnelle Unterstützungsschiffe
3
Tanker
15
17
schwimmende Krankenhäuser
2
Eisbrecher
2
0
20
40
60
80
100
aktiv
im Aufbau
geplant
Quelle: JANES FIGHTING SHIPS Katalog, 2016, 117. Ausgabe. Datum der Datenerhebung: 13.12.2016.
©ZMSBw
08321-04

3.3.4.5.5. Beispiele für die aktuelle Aufrüstung und Projektion von Seemacht in der Arktis

Die Literatur gibt an, dass bisher die USA und Russland, noch aus den Zeiten des Kalten Krieges, die Arktis militärisch nutzen. Atom-U-Boote, Aufklärungsflugzeuge und strategische Bomber haben während des Kalten Krieges über das Nordpolarmeer die Entfernung zum potenziellen Gegner verkürzt, seit 2007 sind diese Flug- und Seerouten wieder aktiv. Russland verfügt in Murmansk über einen großen

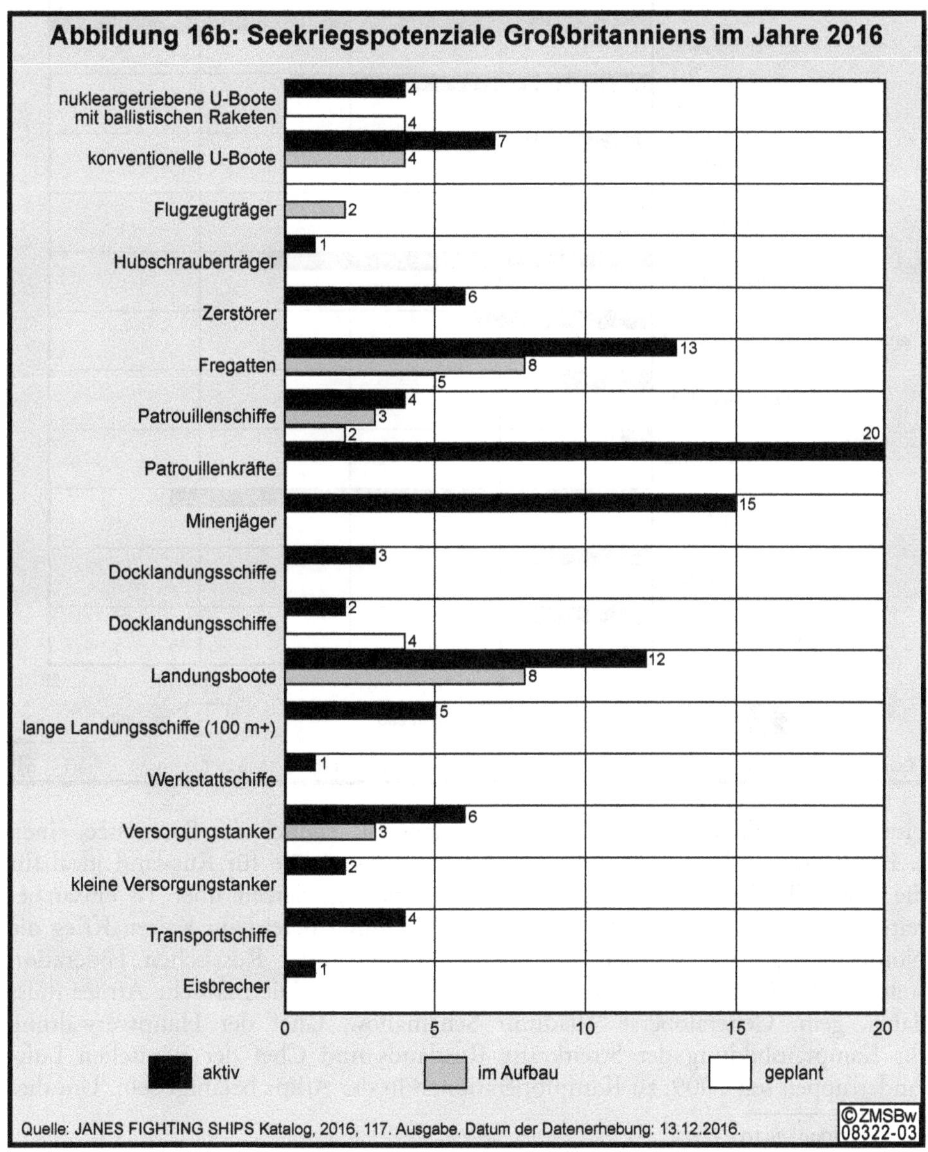

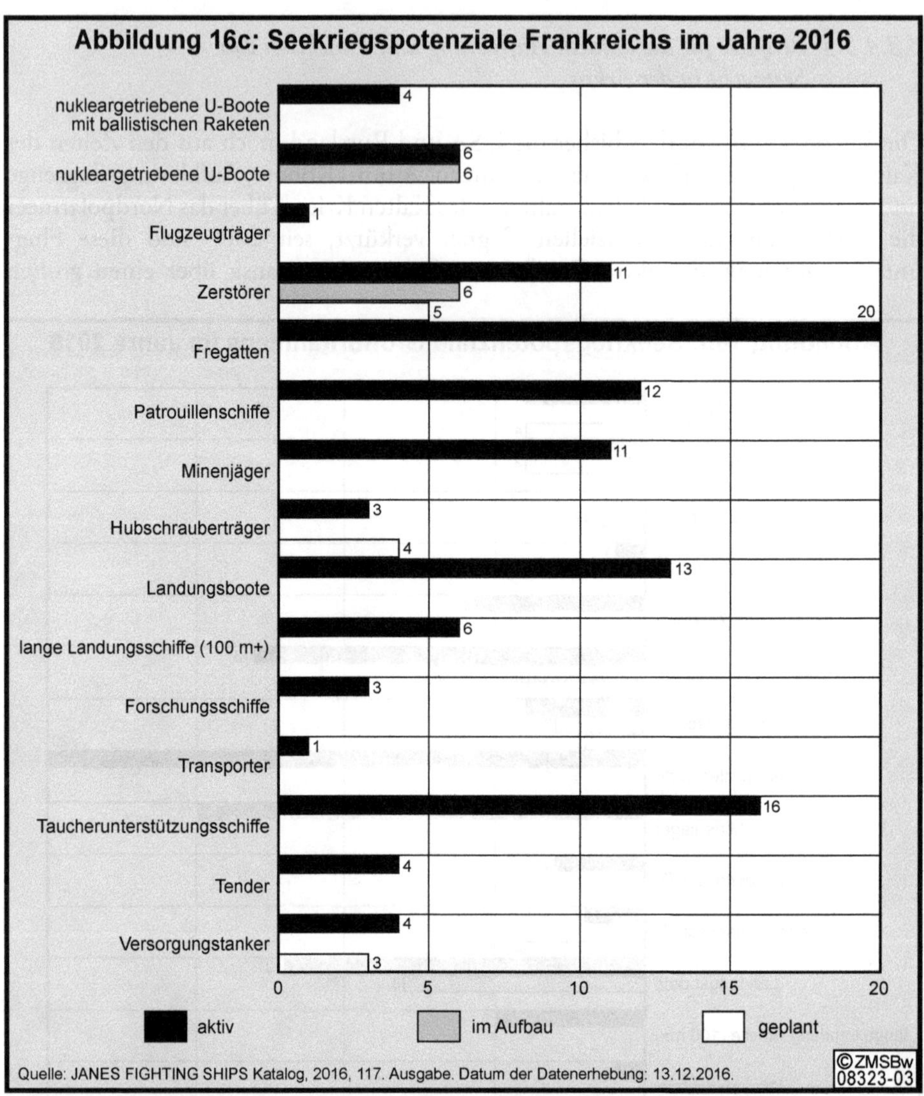

Flottenstützpunkt und beabsichtigt in Archangelsk, südlich der Barentssee, einen weiteren großen Tiefwasserhafen auszubauen. Dieser wäre für Russland ideal für die Kontrolle der Nordost-Passage. Russland verfügt derzeit über 18 einsatzbereite Eisbrecher. Atomgetriebene Eisbrecher befuhren bereits im Kalten Krieg die Nordostpassage. Gemäß den strategischen Papieren der Russischen Föderation stellt die Arktis eines der Hauptinteressengebiete dar.[126] Die russische Armee muss daher, gem. Generaloberst Wladimir Schamanow, Chef der Hauptverwaltung für Kampfausbildung der Streitkräfte Russlands und Chef der russischen Luftlandetruppen seit 2009, zu Kampfoperationen in der Arktis befähigt sein. Um dies

126 DSS 2009, 2010.

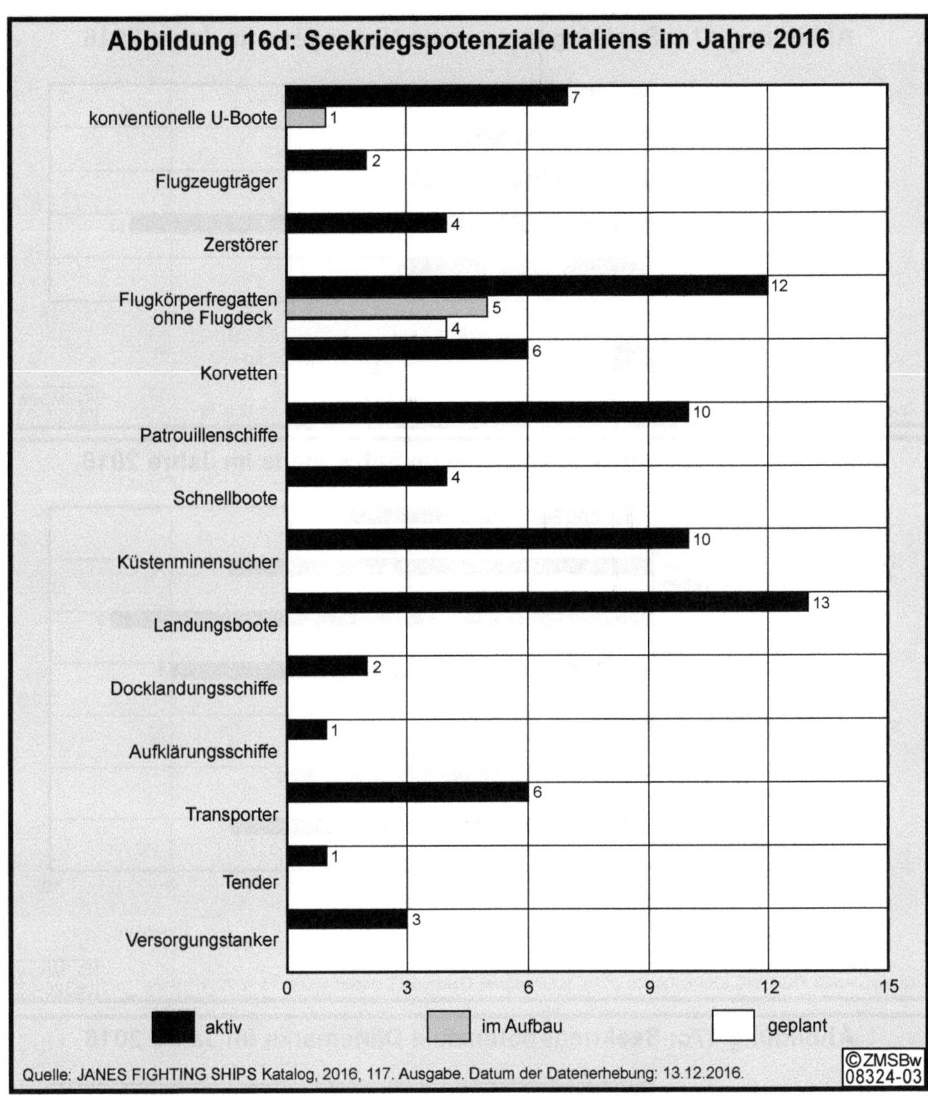

zu unterstützen und nach außen zu unterstreichen, werden alte Militärposten wie Nagurskoje am nördlichen Rand der Barentssee reaktiviert.

Russland verkündete, beginnend mit dem Jahr 2015, Kriegsschiffe und U-Boote im Eismeer patrouillieren lassen. Ein Marinesprecher in Moskau kündigte an, dass die Schiffe auch zum Küstenschutz eingesetzt werden sollen.[127]

Kanada, bis vor wenigen Jahren mit eher unscheinbarer arktischer Militärpräsenz, will seine Besitzrechte durch eine verstärkte militärische Projektion entlang der

[127] Siehe u.a. den Artikel: Russland will Kriegsschiffe ins Eismeer schicken. In: Welt Online, online: <www.welt.de/politik/ausland/article10452222/Russland-will-Kriegsschiffe-ins-Eismeer-schicken.html>, 21.10.2010 (letzter Zugriff 20.8.2019).

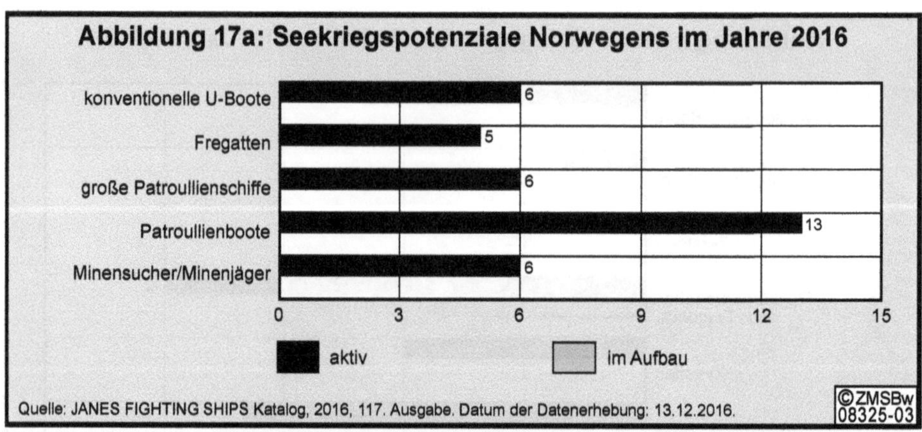
Abbildung 17a: Seekriegspotenziale Norwegens im Jahre 2016
konventionelle U-Boote
6
Fregatten
5
große Patroullienschiffe
6
Patroullienboote
13
Minensucher/Minenjäger
6
0
3
6
9
12
15
aktiv
im Aufbau
Quelle: JANES FIGHTING SHIPS Katalog, 2016, 117. Ausgabe. Datum der Datenerhebung: 13.12.2016.
©ZMSBw 08325-03

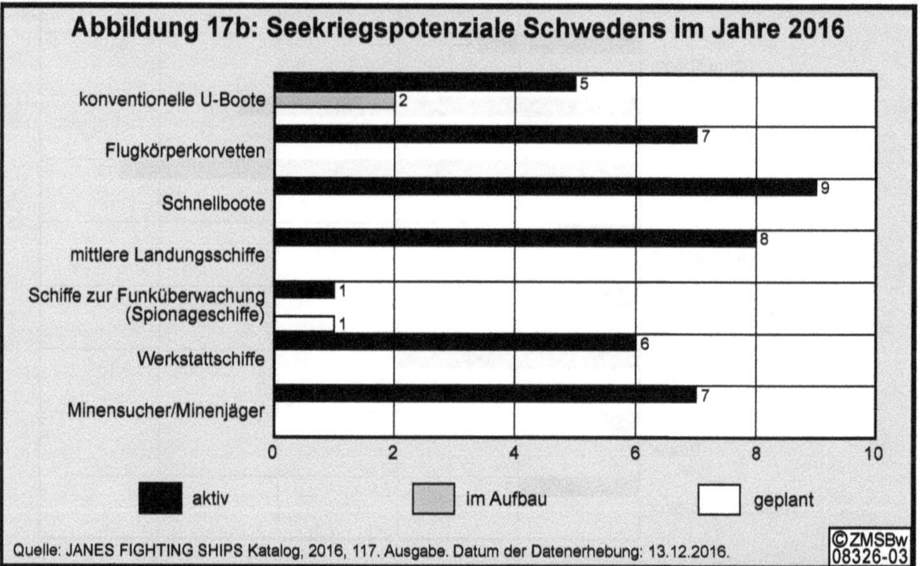
Abbildung 17b: Seekriegspotenziale Schwedens im Jahre 2016
konventionelle U-Boote
5
2
Flugkörperkorvetten
7
Schnellboote
9
mittlere Landungsschiffe
8
Schiffe zur Funküberwachung (Spionageschiffe)
1
1
Werkstattschiffe
6
Minensucher/Minenjäger
7
0
2
4
6
8
10
aktiv
im Aufbau
geplant
Quelle: JANES FIGHTING SHIPS Katalog, 2016, 117. Ausgabe. Datum der Datenerhebung: 13.12.2016.
©ZMSBw 08326-03

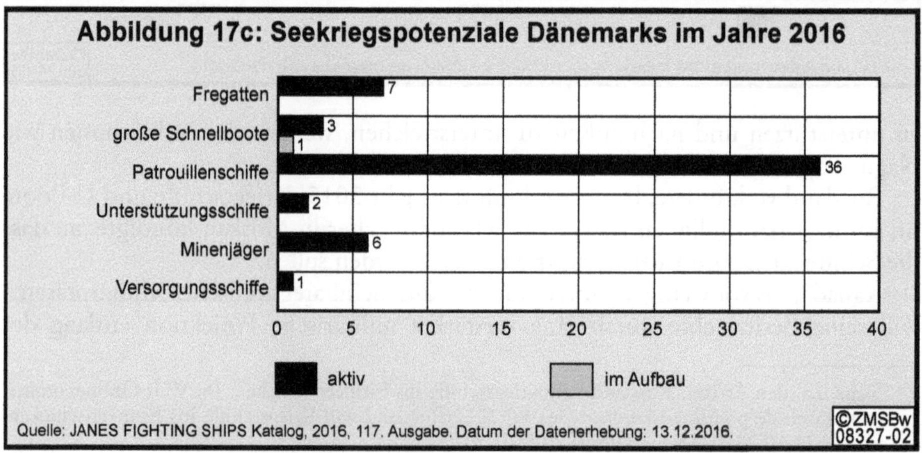
Abbildung 17c: Seekriegspotenziale Dänemarks im Jahre 2016
Fregatten
7
große Schnellboote
3
1
Patrouillenschiffe
36
Unterstützungsschiffe
2
Minenjäger
6
Versorgungsschiffe
1
0
5
10
15
20
25
30
35
40
aktiv
im Aufbau
Quelle: JANES FIGHTING SHIPS Katalog, 2016, 117. Ausgabe. Datum der Datenerhebung: 13.12.2016.
©ZMSBw 08327-02

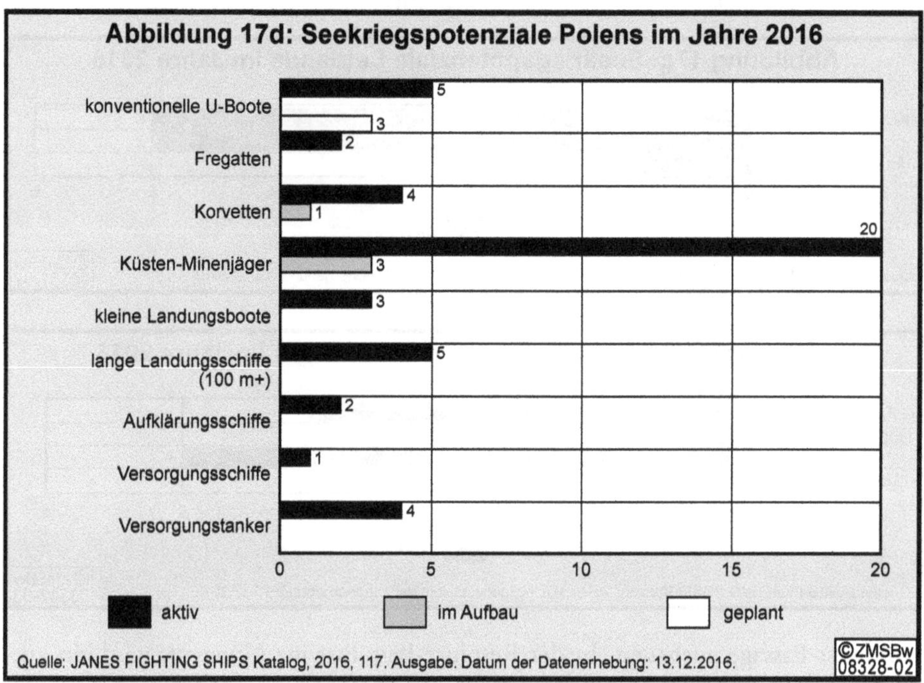
Abbildung 17d: Seekriegspotenziale Polens im Jahre 2016
konventionelle U-Boote
Fregatten
Korvetten
Küsten-Minenjäger
kleine Landungsboote
lange Landungsschiffe (100 m+)
Aufklärungsschiffe
Versorgungsschiffe
Versorgungstanker
5
3
2
4
1
20
3
3
5
2
1
4
0
5
10
15
20
aktiv
im Aufbau
geplant
Quelle: JANES FIGHTING SHIPS Katalog, 2016, 117. Ausgabe. Datum der Datenerhebung: 13.12.2016.
©ZMSBw 08328-02

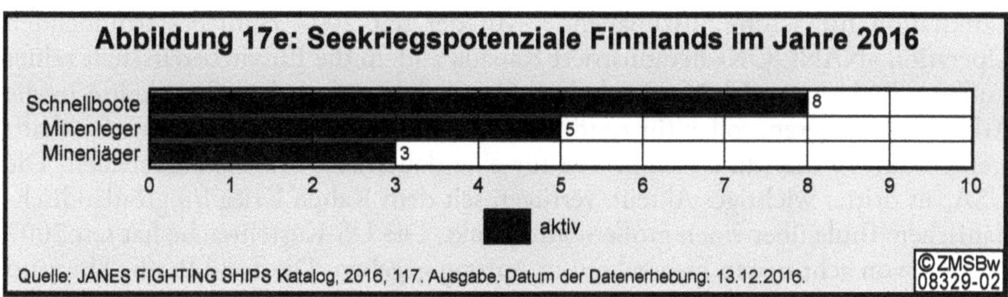
Abbildung 17e: Seekriegspotenziale Finnlands im Jahre 2016
Schnellboote
Minenleger
Minenjäger
8
5
3
0
1
2
3
4
5
6
7
8
9
10
aktiv
Quelle: JANES FIGHTING SHIPS Katalog, 2016, 117. Ausgabe. Datum der Datenerhebung: 13.12.2016.
©ZMSBw 08329-02

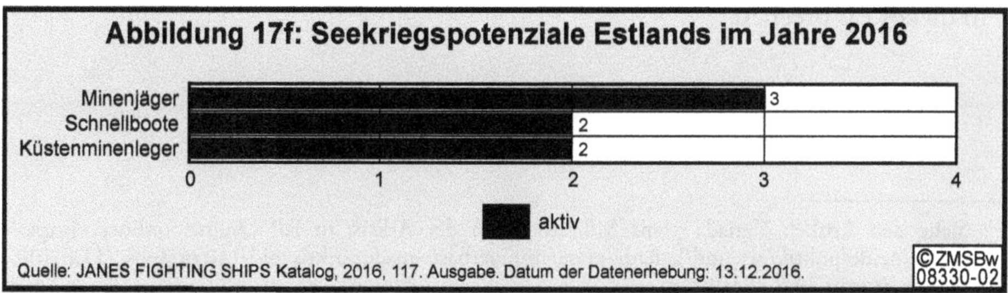
Abbildung 17f: Seekriegspotenziale Estlands im Jahre 2016
Minenjäger
Schnellboote
Küstenminenleger
3
2
2
0
1
2
3
4
aktiv
Quelle: JANES FIGHTING SHIPS Katalog, 2016, 117. Ausgabe. Datum der Datenerhebung: 13.12.2016.
©ZMSBw 08330-02

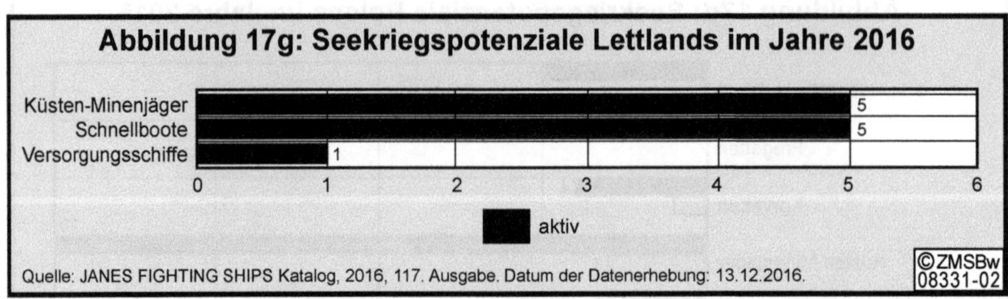

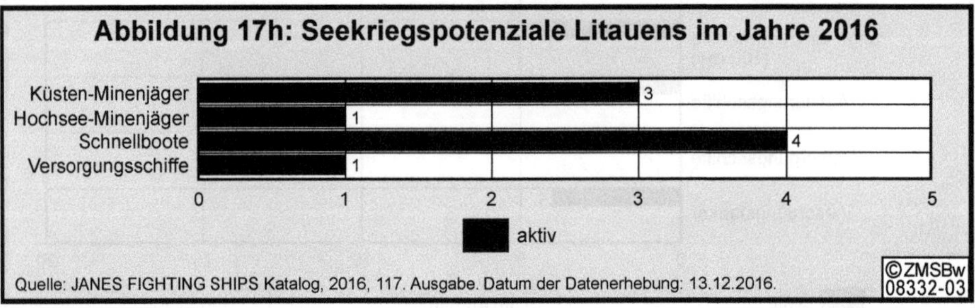

Nordwest-Passage ausbauen. In der Resolute-Bay, Provinz Nunavut, wird ein arktischer Stützpunkt mit einem Trainingszentrum für 5000 Soldaten, anstatt der bisher dort stationierten 900 »Canadian Rangers«, aufgebaut. Zusätzlich laufen Aktivitäten, um den Tiefseehafen der ehemaligen Mine in Nanisivik (Baffin-Insel) am Osteingang der Nordwest-Passage zu einem Marinestützpunkt mit einer Tankstation für Schiffe auszubauen.[128] Mit der seit 2007 jährlich stattfindenden Operation »NANOOK« demonstriert Kanada zudem die Einsatzbereitschaft seiner Luft- und Marinestreitkräfte im hohen Norden. Um dauerhaft Streitkräfte in die Arktis zu projizieren, sollen für rund fünf Milliarden Euro acht Eisbrecher beschafft werden, um so maritime Fähigkeiten für eine dauerhafte Präsenz aufzubauen. Die USA, als dritter wichtiger Akteur, verfügen seit dem Kalten Krieg im grönländisch-dänischen Thule über einen großen Stützpunkt. Die US-Küstenwache hat seit 2007 den Bau von acht neuen Eisbrechern in Auftrag gegeben. Die Todd Pacific Shipyard hat ergänzend Anfang 2009 den Auftrag erhalten, die beiden Eisbrecher »Polar Star« und »Polar Sea« der US Coast Guard zu überholen und zu modernisieren. Die »Polar Star« befand sich seit 2000 im Reservestatuts. Beide 120 m langen Schiffe verdrängen 13 000 Tonnen, sind für zwei Meter dickes Eis optimiert, können jedoch bis zu 6 m dickes Eis brechen.

---

128 Siehe den Artikel: Kanada plant Militärbasis in der Arktis, in RP Online, online: <https://rp-online.de/politik/ausland/kanada-plant-militaerbasis-in-der-arktis_aid-11094369>, 11.8.2007 (letzter Zugriff 20.8.2019).

3.3.5. Maritime Beobachtung, Maritimes Lageverständnis und Lagebild

Der maritime Raum ist gekennzeichnet durch vielfältige Risiken, die nicht alle eine sicherheitspolitische Dimension haben, jedoch die Sicherheitspolitik direkt oder indirekt beeinflussen können. Sie reichen von den natürlichen Umwelteinflüssen mit ihren Folgen, der Umweltverschmutzung über die Notwendigkeit des Schutzes von maritimer Infrastruktur und den natürlichen Ressourcen bis hin zur Sicherstellung der freien Nutzung der See für den Welthandel. Dazu kommen Phänomene wie die Nutzung der See für Migration, die Erschließung neuer Seewege oder Aktivitäten von Nationalstaaten zum Zugriff auf Seegebiete und die Erweiterung ihrer Einflusssphären, meistens mittels der Entfaltung von Seemacht.

Viele dieser Risiken oder Phänomene erfordern staatliches oder multilaterales Handeln. Dies erstreckt sich von der humanitären Hilfe im Falle von Naturkatastrophen, der Rettung von Schiffbrüchigen und Migranten[129] über den Schutz von Schiffen vor Verbrechen bis hin zur Beobachtung von Fischereiaktivitäten oder zur Überwachung fester oder beweglicher maritimer Infrastruktur.

Grundsätzlich ist der maritime Raum außerhalb der Territorialgewässer, Anschlusszonen und Ausschließlichen Wirtschaftszonen durch rechtlich bindende Abkommen beschrieben. Vollzugsbehörden existieren grundsätzlich nicht, eine durchgängige Kenntnis der Aktivitäten auf hoher See erfolgt nicht und ist nicht leistbar. Die durch die Internationale Seefahrtsorganisation (IMO) verpflichtende Bekanntgabe von Informationen über AIS[130] erfüllt lediglich ein Teil der Schiffe und Boote auf den Ozeanen, viele Schiffe entziehen sich bis heute dieser Auflage. Dem ist unter anderem geschuldet, dass die Geschehnisse auf hoher See weitestgehend unbekannt bleiben, und die Kenntnis nur dann erfolgt, wenn der Nutzer Informationen an andere Stellen weitergibt. Die Durchführung von unerkannten Aktivitäten auf den Meeren ist somit grundsätzlich möglich. Zentrale Meldestellen existieren bis auf wenige Ausnahmen nicht. Dies impliziert, dass etwa Umweltverschmutzung, Transport von Menschen und Waren in der Regel ohne Beobachtung auf der hohen See erfolgen können. Erst in der Nähe der Territorialgewässer, in den Ausschließlichen

---

[129] Siehe Mandat Phase 1 der EU Operation EUNAVFOR MED Sophia aus dem Herbst 2015 sowie die NATO Operation in der Ägäis durch die SNMG 2 (Standing NATO Maritime Group 2) seit Ende 2015.

[130] AIS: Automatic Identification System, Identifizierungssystem auf Schiffen. Das AIS dient entsprechend der Leistungsnorm der Internationalen Seeschifffahrtsorganisation (IMO) folgenden Zwecken: Kollisionsverhütung zwischen Schiffen auf See; als Mittel für Küstenstaaten, Informationen über Schiffe und ihre Ladung zu erlangen; als Hilfsmittel für die landseitige Überwachung und Lenkung des Seeverkehrs. AIS überträgt nicht nur Position, Kurs und Geschwindigkeit der umgebenden Schiffe, sondern auch Schiffsdaten (Schiffsname, Funkrufzeichen etc.); dadurch wird die Planung und Entscheidungsfindung im Seebetrieb unterstützt. Dies erleichtert z.B. Absprachen zwischen Schiffsführern über Funk. AIS funktioniert unabhängig von Einschränkungen der optischen Sicht und der Radarwellen-Ausbreitung, sodass auch Schiffe erkannt werden können, die sich hinter einem Kap oder hinter einer Flusskurve befinden, sofern die im UKW-Frequenzbereich ausgestrahlten Signale durchdringen. AIS wird als kooperatives System bezeichnet. Für seine Nutzung ist ein aktives, technisch funktionsfähiges Gerät Voraussetzung, im Gegensatz zum Radar als autarkem System.

Wirtschaftszonen oder in Seegebieten, die einer besonderen Überwachung ausgesetzt sind, erfolgt eine Beobachtung und nationale Lagedarstellung je nach Fähigkeiten und Bedarfen dort agierender Nationalstaaten. Eine für die Feststellung von sich wiederholenden Ereignissen wichtige kontinuierliche Überwachung auf der hohen See findet also in der Regel nicht statt. Diese Diskontinuität der Beobachtung erlaubt in der Regel langfristig unerkannte und unbeobachtete Aktivitäten, die sich bis dahin erstrecken können, dass unerkannt Seestreitkräfte in Interessengebiete projiziert werden können. Nicht nur um humanitäre Notlagen, wie die durch Migration über See im Mittelmeer seit 2015 täglich zu beobachtende, abzuwenden, sondern auch die Überwachung der regelbasierten und friedlichen Nutzung der Weltmeere erfordern Maßnahmen zur Teilhabe an der Beobachtung von Aktivitäten auf See, die mittels technologischer Entwicklungen unterstützt werden können. Dies unterstützt Nationen sowohl in der politischen Dialogfähigkeit als auch hinsichtlich der Kooperationsfähigkeit und Bewertung von etwaigen Handlungsoptionen im maritimen Raum.

Für maritim abhängige Nationen ist diese Fähigkeit umso wertvoller, weil ein Verlust oder eine diesbezügliche Einschränkung bedeuten können, dass bisherige Seeverbindungslinien nicht mehr uneingeschränkt genutzt werden können und somit ein entsprechender Seehandel nicht mehr möglich ist. Des Weiteren wäre dann nicht auszuschließen, dass ein Schutz der Bevölkerung und der lebenswichtigen Infrastruktur in der Küstenzone und auf See (z.B. Offshore-Windparks) sowie der Häfen und der Handelsschiffe nicht mehr gewährleistet werden kann, mit möglichen Auswirkungen auf die Energiesicherheit und die ungehinderte Nutzung der Meeresressourcen.[131]

Aus sicherheitspolitischer Perspektive betrachtet können sich zwei Dimensionen aus den oben genannten Einschränkungen ergeben: zum einen die Beschneidung der Interessen der Seehandel treibenden, meistens außenhandelsabhängigen Nationen und zum anderen die innenpolitische Stabilität oder Fragilität an Land. Nach Auffassung von Petretto[132] kann letzterem kurzfristig mit militärischen und polizeilichen Mitteln begegnet werden, die maritime Sicherheit und Stabilität im maritimen Raum langfristig und dauerhaft jedoch nur durch grundlegende politische Erneuerungen bzw. Lösungen erhalten bzw. hergestellt werden. Damit verbunden ist auch die Erhaltung und Sicherung der wirtschaftlichen Prosperität und ggf. Energiesicherheit der stark maritim-, weil außenhandelsabhängigen Nationen. Mit Blick auf die weltweiten Risikoregionen, die verschiedenen involvierten Bevölkerungsgruppen und Nationen sowie die davon betroffenen Staaten zeigt sich, dass die maritime Sicherheit und deren Durchsetzung ein globales multinationales Anliegen und Sicherheitsrisiko darstellt, das somit nur multinational, vornehmlich auf staatlicher Ebene, angegangen werden muss. Dabei ist zu berücksichtigen, dass es sich häufig um nichtstaatliche Akteure mit einem nicht mit demokratischen Werten in Einklang zu bringendem Rechts- und Gewaltverständnis handelt. Die Spielräume für zivile und gewaltlose Durchsetzung der maritimen Sicherheit sind somit sehr eng

131 Albrecht 2012, S. 172.
132 Petretto 2010, S. 10.

begrenzt. Damit verbunden ist die Problematik der Bekämpfung und strafrechtlichen Verfolgung im maritimen Raum, beispielsweise bei Piraterie. Das fehlende multinationale einheitliche Rechtsverständnis, welches die Grundlage für ein Handeln im maritimen Raum wäre, impliziert stark unterschiedliche Handlungsmöglichkeiten, meistens im nationalem Verständnis, von denen insbesondere das Wirken von Seestreitkräften betroffen ist, und führt derzeit zu einer wenig ausgeprägten multinationalen Durchschlagskraft im maritimen Raum. Somit ist zu erwarten, dass maritime Sicherheitsrisiken weiterhin auf der Tagesordnung der nationalen Regierungen, der NATO, der EU und der UNO stehen.[133]

Wird in die Thematik noch der Terrorismus auf See und an den Küsten einbezogen, ergibt sich eine weitere sicherheitspolitische Tragweite, besonders hinsichtlich der möglichen Proliferation von Massenvernichtungswaffen und der Einschränkung des Seeverkehrs. Nach Möller[134] überlappen sich teilweise die Aktionsfelder anderer maritimer Risiken, wie etwa die Piraterie, mit dem Risiko Terrorismus auf See und stehen im Zusammenhang mit anderen regionalen, geo-, innen-, außen- und wirtschaftspolitischen Fragestellungen in der jeweiligen Region. Im Gegensatz etwa zur Piraterie kann ein terroristischer Angriff auf eine Küste mit ihrer Hafen- und Energieerzeugerinfrastruktur binnen kurzer Zeit unerwartet das sicherheitspolitische Umfeld eines Staates, einschließlich der innenpolitischen Stabilität, verändern bzw. zumindest beeinflussen. Aus dieser Tatsache erwächst für die sich bedroht fühlenden Nationen der Zwang, Präventivmaßnahmen, wie auch die Projektion von Seestreitkräften, zu planen bzw. durchzuführen. Bezüglich der möglichen meist kurzfristigen Auswirkungen eines Terrorangriffes auf die strategischen Interessen eines Staates, wie die genannte Energiesicherheit und den ungestörten Seehandelsverkehr, besitzt der Terrorismus eine strategische Dimension, die anderen maritimen Risiken, wie etwa der Piraterie, so nicht zuzuordnen ist.[135]

Aufgrund der obigen Merkmale stellt Möller[136] fest, dass beispielsweise die Piraterie und der Terrorismus auf See häufig vermengt werden, was aus seiner Sicht,[137] insbesondere bezüglich der Wahl der Handlungsoptionen, hier die Wahl des Einsatzes von militärischer Gewalt, problematisch erscheint. Der genannte Autor verweist auf ein von den USA konstruiertes, vergleichsweise unwahrscheinliches Szenario größerer terroristischer Anschläge auf See in Südostasien, in dem jedoch die vielfältigen Verknüpfungen zwischen den Politikfeldern und den Handlungsoptionen herausgestellt sind.

Um den maritimen Bedrohungen auf See und im Küstengebiet möglichst präventiv begegnen zu können, ist es notwendig, in den von der Bedrohung betroffenen Staaten ein angemessenes maritimes Situations- und Bedrohungsbewusstsein[138] zu

---

133 Albrecht 2012, S. 174.

134 Möller 2006, S. 6.

135 Albrecht 2012, S. 174.

136 Möller 2006, S. 6.

137 Ebd.

138 Es gibt für die maritime Sicherheit unterschiedliche Bezeichnungen innerhalb der NATO-Staaten: So spricht die USA und die G7 von Maritime Domain Awareness (MDA), die NATO von Maritime Situational Awareness (MSA) und die EU von Maritime Surveillance (MARSUR).

entwickeln und auf, über und unter Wasser umfassende maritime Lagebilder vorliegen zu haben.[139] Ein Schwerpunkt in der Zusammenarbeit zwischen den Nationen, vornehmlich auf der Ebene EU und NATO, ist daher die gemeinsame Erstellung eines globalen Lagebildes unter der Ausnutzung der Vernetzung der Lagebilder zwischen den Staaten. Beispielhaft dafür beteiligt sich Deutschland auf dem Gebiet der maritimen Sicherheit in folgenden Institutionen:[140]

1. Virtual regional Maritime Traffic Centre (V-RMTC) (Beitritt: 17. November 2007);
2. Maritime Safety and Security Information System (MSSIS) (Beitritt: 11. Juni 2008);
3. Sea Surveillance Cooperation Baltic Sea (SUCBAS) (Beitritt: 4. März 2009);
4. EU Common Information Sharing Environment 2020 (EU CISE 2020), (Beitritt: 1. Dezember 2014);
5. Trans-Regional Maritime Network (T-RMN) (Beitritt: 21. Oktober 2010);
6. European Maritime Surveillance (MARSUR) (Beitritt: 1. September 2006).

Die Voraussetzung zur umfassenden Teilhabe an der multinationalen Infrastruktur ist die Interoperabilität zwischen den Verfahren und Informationsräumen der beteiligten Nationen auf den genannten Ebenen.[141]

Aufgrund der Datendichte und des Datenumfangs aus dem maritimen Umfeld wird somit der Aufbau eines aktuellen maritimen Gesamtlagebilds ermöglicht, welches befähigt, den Erfassungshorizont der beteiligten Staaten sowohl räumlich als auch zeitlich zu erweitern und so ergänzende Lagebilddaten zu erhalten. Im ungünstigsten Fall können so etwa Abweichungen bzw. Auffälligkeiten im Lagebild frühzeitig erkannt und mögliche Akteure mit einem Bedrohungspotenzial weiträumig identifiziert und neutralisiert werden.[142] Um den Aspekt der Lagebilderweiterung aufzugreifen, werden seit einigen Jahrzehnten Anstrengungen unternommen, um die Erdbeobachtung mittels Satelliten kontinuierlich auszweiten. Zahlreiche nationale und multinationale Satellitenprogramme wurden umgesetzt.[143] Zeitversetzt ist es in den letzten Jahren zu einem ähnlichen Anstieg der Beobachtung von Seegebieten gekommen. Oftmals dienen sie der gezielten Beobachtung bestimmter maritimer Gebiete wie den Ausschließlichen Wirtschaftszonen. Die weiträumige Beobachtung der Seegebiete erfolgt jedoch bei weitem noch nicht ohne große Lücken im Beobachtungsnetz und so dauerhaft, wie es etwa für die Beobachtung der Landmassen festzustellen ist. Der Einsatz raumgestützter Systeme für die Beobachtung der See wird momentan und auch in absehbarer Zukunft erheblich ausgeweitet. Dabei handelt es sich sowohl um Satelliten, die die Daten der AIS Informationen aufnehmen, um unterschiedliche Arten von Radarsatelliten und auch optisch beobachtende Satelliten. Die Kombination von in der Fläche beobachtenden und gleichzeitig fokussierbaren Satelliten erlaubt sowohl die Beobachtung von Seegebieten als auch

139 Albrecht 2012, S. 175.
140 Siehe u.a. Beckh 2012.
141 Ebd., S. 34.
142 Beckh 2012, S. 35.
143 Zum Beispiel: Terra SAR X des DLR e.V., online dazu: <www.dlr.de/eoc/desktopdefault.aspx/tabid 5426/10518_read-23261/> (letzter Zugriff 14.6.2016).

die Beobachtung und Erkennung einzelner Schiffe oder Objekte.[144] Parallel dazu verbessert sich der internationale Informationsaustausch. MARSUR, CISE oder SUCBAS sind u.a. Vorhaben, an denen Deutschland im Verbund der NATO, EU und Ostseeanrainer-Partner beteiligt ist. Sie ermöglichen den Zugriff auf Daten und Informationen anderer Nationen oder Institutionen. Lagebilder können so aufgerufen und visualisiert werden. Durch leistungsfähige Softwareinstrumente können diese Daten miteinander in Zusammenhang gebracht werden, um die Daten zu einer kohärenten Darstellung zu fusionieren. Das umfasst ebenfalls deren Visualisierung oder die Möglichkeit des Datenaustausches mit anderen. Diese Softwareinstrumente erlauben eine nutzerbasierte Analyse, z.B. die Beobachtung sich wiederholender Schiffsbewegungen, die z.B. auf Umweltverschmutzung, die Annäherung an maritime Infrastruktur, Transport von Migranten, Konzentration von Schiffsverkehr oder auch von Seestreitkräften hindeuten.

Die vorhergehenden Ausführungen haben verdeutlich, dass die maritime Beobachtung und das dadurch vorhandene umfassendes Lagebild des maritimen Umfeldes ein essentielles Instrument der Sicherheitspolitik eines Staates für die Prävention und Handlungsfähigkeit im maritimen Raum ist, welches sich bis hin zur Entscheidung eines möglichen Einsatzes von Seestreitkräften auswirkt.

3.3.6. Heutige Seestreitkräfte und ihre Projektion

In den vorhergehenden Abschnitten wurde verdeutlicht, dass der maritime Raum im 21. Jahrhundert eine herausragende strategische Bedeutung erlangt bzw. erlangt hat. Die Bewertung des freien Zugangs zu den Seewegen, der maritimen Energie- und Rohstoffsicherheit sowie der Sicherung der Seehandelswege, hier auch mit Blick auf die maritimen Nadelöhre entlang der Küsten, als strategische Güter wird von vielen Staaten bzw. von Bündnissen im Kontext der vielschichtigen maritimen Bedrohungen und Risiken geteilt. Sie beziehen Seestreitkräfte aktiv in Außen- und Sicherheitspolitik, hier u.a. für die Sicherstellung strategischer Güter, ein. Die Veränderungen im maritimen Umfeld und die damit verbundene veränderte Sicht auf den Schutz strategischer Güter, mit denen auch Expansionsbestrebungen einhergehen können, lassen Seestreitkräfte zum einen als ein Mittel der Sicherheitspolitik für Rüstungs- und Projektionsbestrebungen von Staaten in maritime Interessensphären und zum anderen als Gegengewicht dieser Bestrebungen avancieren. Im heutigen maritimen Umfeld sind die Stabilisierung von Regionen und Nationen und die humanitäre Unterstützung ebenso relevant wie etwa im urbanen Umfeld an Land. Daher sind militärische Operationen von und auf See zur Friedenserzwingung, Friedenserhaltung und humanitären Hilfeleistung dauerhafter Bestandteil in der Rolle heutiger Seestreitkräfte. Die Fähigkeiten und die Wehrtechnik von heutigen Seestreitkräften sind von der Dynamik und Unsicherheit der sicherheitspolitischen Entwicklung des maritimen Raumes geprägt. Das bedeutet, dass Seestreitkräfte in der Lage sind und zukünftig in der Lage sein müssen,

144 Persönliche Mitteilung an Jacobsen, DLR-Forschungsstelle für Maritime Sicherheit Bremen, 7.3.2016.

sich rasch auf neue Konfliktformen, neue Akteure, neue Aufgaben und die wachsende Geschwindigkeit technologischer Innovation einzustellen. Dies setzt ein hohes Maß an Flexibilität, Eskalationsfähigkeit, Lernfähigkeit und Professionalität, Führung und Entscheidungshilfen voraus. Im Gegensatz zu den früheren Kampf- und Unterstützungsaufgaben in der traditionellen, auf absehbare Zeit weniger wahrscheinlichen Landes- und Bündnisverteidigung geht es im derzeitigen Aufgaben- und Einsatzspektrum der Seestreitkräfte heute vorwiegend darum, Konfliktparteien gewaltsam zu trennen und ein sicheres maritimes Umfeld zu schaffen, um so die Voraussetzungen etwa für die Versorgung der Bevölkerung im Konfliktgebiet sowie die Rekonstruktion der wirtschaftlichen und sozialen Infrastruktur und damit die Herstellung stabiler Verhältnisse zu schaffen. Darüber hinweg darf jedoch nicht täuschen, dass Seestreitkräfte der Kompetenzträger der Instrumente der Sicherheitspolitik bzw. einer Sicherheit- und Verteidigungsarchitektur, für die Wahrung der territorialen Integrität, partnerschaftlicher Solidarität, tragfähiger Ordnungsstrukturen und konsentierter Rechtsregime sind.[145]

In ihrer Eigenschaft als Hauptträger maritimer Fähigkeiten können Seestreitkräfte binnen kurzer Zeit auf jegliche maritimen Bedrohungen und Risiken reagieren. Hier bedienen sie sich dabei einerseits der Abschreckung durch die schnelle Projektion maritimer Fähigkeiten – diese Eigenschaft von Seestreitkräften wurde seit Mahan[146] und ebenso in der neueren Literatur[147] als wesentliches Merkmal des Wirkens von Seestreitkräften hervorgehoben – aber andererseits auch der diplomatischen Konfliktregulierung, die durch die Anwesenheit von Seestreitkräften in einem Seegebiet auch ohne Handlungen dieser erzielt wird. Die politischen und sozialen Verwerfungen und innerstaatlichen Konflikte im Mittelmeerraum, im Mittleren Osten und auf dem afrikanischen Kontinent, wie sie derzeit, im beginnenden 21. Jahrhundert, fast täglich sichtbar werden, sowie der damit einhergehende Verfall von staatlichen Ordnungen, die Proliferation von Massenvernichtungswaffen und die Intensivierung humanitärer Krisen bedürfen hingegen präventiver Maßnahmen zur Konfliktverhütung, zum Krisenmanagement und zur Konfliktbewältigung, für die heutige Seestreitkräfte fast verzugslos herangezogen werden können. Heutige Seestreitkräfte operieren fast ausnahmslos im Verbund sowohl mit anderen Teilstreitkräften als auch mit anderen Nationen bzw. deren Marinen. Dies hat zur Folge, dass neben den nationalen sicherheitspolitischen Vorgaben multinational abgestimmte Vorgaben und Strategien eine zunehmende Bedeutung für das Wirken von Seestreitkräften haben. Für die westlichen Nationen sind diese im Rahmen der EU, der NATO, aber auch der UN angesiedelt. Im sicherheitspolitischen Verständnis und im Selbstverständnis der Seestreitkräfte operieren diese meistens direkt am Ort des Entstehens eines Konfliktes. Dazu gehören die Fähigkeit zu bewaffneten Einsätzen auf See, die Unterstützung von Landstreitkräften, die seeseitige Durchsetzung von Embargos und Sanktionen, die Durchführung humanitärer Hilfseinsätze sowie Evakuierungsoperationen. Neben der Krisenintervention kommt

145 Marine DACH 2016.
146 Mahan 1892.
147 Mahncke, Schwarz 1974; Till 2013, S. 1, 7, 9.

angesichts der zunehmenden weltweiten maritimen Abhängigkeit der Wirtschaft der Schutz der Küstengewässer und der internationalen Seewege hinzu. Ergänzt werden die maritimen Fähigkeiten durch die zur Seeraumüberwachung, zur Abwehr von Seeminen, von Unterseebooten und maritimen terroristischen Bedrohungen, einschließlich der Unterstützung durch Polizeieinheiten.

Bestätigt werden die obigen Ausführungen beispielsweise durch einen Blick auf die Sicherheitsinteressen Deutschlands im maritimen Raum, die in den Verteidigungspolitischen Richtlinien der Bundesregierung vom 27. Mai 2011 formuliert wurden. Sie beinhalten, »einen freien und ungehinderten Welthandel sowie den freien Zugang zur hohen See und zu natürlichen Ressourcen zu ermöglichen«.[148] Vor diesem Hintergrund zählten neben der Landesverteidigung als Bündnisverteidigung im Rahmen der NATO die internationale Konfliktverhütung und Krisenbewältigung einschließlich des Kampfes gegen den internationalen Terrorismus, die Beteiligung an militärischen Aufgaben im Rahmen der gemeinsamen Sicherheits- und Verteidigungspolitik der EU auch die Beiträge zum Heimatschutz (d.h. Verteidigungsaufgaben auf deutschem Hoheitsgebiet sowie Amtshilfe in Fällen von Naturkatastrophen und schweren Unglücksfällen, zum Schutz kritischer Infrastruktur und bei innerem Notstand). Die Rettung und Evakuierung sowie Geiselbefreiung im Ausland, die Partnerschaft und Kooperation als Teil einer multinationalen Integration und globalen Sicherheitszusammenarbeit im Verständnis moderner Verteidigungsdiplomatie und humanitäre Hilfe im Ausland gehören ebenfalls zu den heutigen Aufgaben der Seestreitkräfte. Mit dem Blick auf die EU und die NATO werden die Aufgaben erweitert. Auch wenn die Erweiterungsrunden der EU den Eindruck erwecken, der geografische Schwerpunkt habe sich weiter in Richtung Kontinentaleuropa verlagert, ist der geopolitische Schwerpunkt, heute mehr denn je, weiterhin dem maritimen Raum zugewandt.[149] Tatsächlich hat die EU-Erweiterung nicht zu einer Abkehr vom maritimen Raum, sondern nur zu einer Refokussierung vom Atlantik hin zu Mittelmeer, Ostsee sowie zu Schwarzem und Kaspischem Meer geführt.[150] Die im Juli 2014 verabschiedete Europäische Maritime Sicherheitsstrategie (EUMSS) bekräftigt dies und artikuliert erstmals die maritimen Sicherheitsinteressen der EU. Diese umfassen den Schutz der EU-Staaten und ihrer Bürger, das Einhalten internationalen Rechts im Sinne der Vereinten Nationen und im Speziellen der UNCLOS, den Schutz vor jeglichen maritimen Bedrohungen und Risiken, die Sicherung des freien Seeverkehrs, den Schutz maritimer ökonomischer Interessen der EU-Staaten, den Aufbau eines gemeinsamen maritimen Lagebilds, den Schutz der EU-Außengrenzen auf See und den Umweltschutz im maritimen Raum. Um diese Interessen durchzusetzen, setzt die EU vornehmlich auf eine Verbesserung der Kooperation der EU-Staaten mit internationalen Partnern im Bereich der maritimen Sicherheit, um die Rolle der EU als globaler Sicherheitsakteur zu stärken, ein Aspekt, der bereits durch heutige Seestreitkräfte umgesetzt werden kann. Zudem sieht die EUMSS vor, dass alle EU-Staaten gemeinsame Positionen in internatio-

[148] BMVg 2011, S. 1–5.
[149] Germond 2011, S. 564.
[150] Suarez de Vivero, Rodriguez Mateos 2006, S. 167–172; Masala et al. 2016, S. 118–132.

nalen Organisationen erarbeiten und diese vertreten. Einen zweiten Schwerpunkt bildet die Schaffung eines gemeinsamen Lagebilds, gemeinsamer Aufklärungs-, Überwachungs- und Informationsaustauschsysteme zur Stärkung der zwischenstaatlichen, ressort- und behördenübergreifenden sowie der grenzüberschreitenden Kooperation im Bereich der maritimen Sicherheit. Hier sind Seestreitkräfte, wie oben ausgeführt, einer der Hauptträger der Kompetenz und Fähigkeiten. Als dritten Schwerpunkt nennt die EUMSS die Entwicklung weiterer Fähigkeiten, wie etwa im Bereich des »Pooling and Sharing« u.a. von Seekriegsmitteln, die vorwiegend im Zusammenhang mit der Ausbildung, Ausrüstung und der Kooperation von zivilen und militärischen Stellen stehen. Einen vierten Schwerpunkt bildet das Risiko- und Krisenmanagement sowie geeignete Mechanismen zum Schutz kritischer Infrastrukturen auf See, etwa durch die Entwicklung gemeinsamer Risikoanalysen oder die Verbesserung der Interoperabilität zur Bewältigung von Risiken und der Gewährleistung des maritimen Transports bei Umweltkatastrophen. Letztlich widmet sich EUMSS der koordinierten Sicherheitsforschung, um innovative Technologien und Ausbildungsstandards zu entwickeln und so eine Verbesserung der inter-institutionellen, zivil-militärischen und öffentlich-privaten Zusammenarbeit herbeizuführen. Auch wenn es nicht auf den ersten Blick einsichtig wird, leisten Seestreitkräfte aufgrund ihrer sicherheitspolitisch verorteten Rolle einen nicht unwesentlichen Beitrag zu den Vorgaben der EU und beeinflussen somit die zivilen maritimen Fähigkeiten.

Mit ihrer »Alliance Maritime Strategy« von 2011 definiert die NATO im Kontext ihres strategischen Konzepts von 2010 die strategischen Zielvorgaben für den maritimen Raum anhand von vier Leitlinien: Abschreckung und kollektive Verteidigung; Krisenmanagement; Kooperative Sicherheit durch Partnerschaften, Dialog und Kooperation; maritime Sicherheit. Die Abschreckung und kollektive Verteidigung bleibt ein essentieller Bestandteil der NATO-Strategie im maritimen Raum. Die Seestreitkräfte der NATO-Staaten müssen den Organisationsgrad bzw. die Struktur, die strategische Kommunikationsfähigkeit, die operative Bereitschaft, die Interoperabilität und Professionalität besitzen, um Aggressoren abzuschrecken und Bedrohungen durch kollektive Verteidigung zu begegnen. Dieser Ansatz hat sich seit der Gründung der NATO nicht verändert. Zu den Aufgaben gehören: die nukleare Abschreckung durch maritime Kräfte; die Bereitstellung konventioneller Krisenreaktionskräfte zum schnellen Eingriff und zur Konfrontation von Gegnern durch den Einsatz überlegener maritimer Kräfte; die Aufrechterhaltung einer »Expeditionary Navy« durch Kontrolle der Seeverbindungen, effektive Minenabwehr, Unterstützung durch amphibische Fähigkeiten und Waffenwirkung von See auf Land; die Sicherung der Handlungsfreiheit durch Aufklärung und Hochpräzisionswerte und die seebasierte ballistische Raketenabwehr sowie Schutz des Territoriums und der Bevölkerung. Das Krisenmanagement der NATO im maritimen Raum widmet sich der Konfliktprävention, der Krisenreaktion, Embargooperationen, der Friedensdurchsetzung und der Terrorbekämpfung. Der Beitrag von Seestreitkräften dazu umfasst die Durchsetzung von Embargos durch Abfangoperationen, die Fähigkeit, Präzisionsschläge an Land und amphibische Operationen zur Anlandung von Streitkräften, Material, Logistik und Entsatz durchzuführen. Zusätzlich umfasst er die Seeaufklärung und Überwachung sowie den Aufbau von Versorgungskapazitäten und maritimen Operationsbasen. Der maritime Auftrag zum Krisenmanagement ist daher viergliedrig: Erstens militärisch, als Aufrechterhaltung moderner, flexibler und einsatzbereiter Seestreitkräfte, um die militärischen Aufgaben wie »power projection ashore«, »sea control« und »sea denial«[151] unter, über und von See her zu erfüllen; zweitens humanitär, als Fähigkeit zur Bereitstellung humanitärer Hilfe und Unterstützung im Katastrophenmanagement; drittens als Krisenreaktion, zur Durchsetzung von (UN-)Embargos, Friedensmissionen und Flugverbotszonen aber auch zur Machtdemonstration (hier im Sinne von Abschreckung); schließlich viertens logistisch, zur Unterstützung in gegnerischen bzw. nicht befreundeten Küstengebieten und beim Aufbau von Operationsbasen auf hoher See. Die Leitlinie der kooperativen Sicherheit durch Partnerschaften, Dialog und Kooperation bezieht sich auf die diplomatische Rolle, die Seestreitkräfte bei vertrauensbildenden Maßnahmen mit Partnern spielen. Dazu gehören erstens die Verbesserung des Informationsaustauschs, der Interoperabilität und Transparenz zwischen NATO und Kooperationspartnern; zweitens diplomatische Aktivitäten im Rahmen der Standing NATO Maritime Groups; drittens die Unterstützung und Verbesserung der Fähigkeiten von Partnern und Kooperation zur Steigerung der maritimen Sicherheit und viertens gemeinsame Seminare, Ausbildungs- und Übungsoperationen auf See. Der Bereich der maritimen Sicherheit widmet sich den Möglichkeiten, durch Harmonisierung bestehender nationaler Gesetze und völkerrechtlicher Grundsätze die Sicherheit im maritimen Raum zu erhöhen. Zudem wird versucht, ein gemeinsames Lagebewusstsein zu etablieren: Erstens durch die Durchführung von Aufklärungs- und Patrouillenaufgaben im Rahmen von NATO-Missionen und gegenseitigen Austausch von Informationen, wie beispielsweise durch MARSUR; zweitens durch maritime Abfangmissionen zur Strafverfolgung und Prävention von Proliferation von Massenvernichtungswaffen und drittens durch Beiträge zur Energiesicherheit und Sicherheit weltweiter Seewege etwa durch Schutz kritischer Infrastrukturen und SLOCs.[152] Die Leitlinien der maritimen Strategie und letztlich des maritimen Handelns der NATO verdeutlichen, dass es einen Konsens zwischen den Alliierten gibt, die Fähigkeiten der Seestreitkräfte der Allianz in nautischen »Out-of-area«-Einsätzen als Beitrag zu internationalen Missionen zur Verfügung zu stellen. Dieser Ansatz des Verständnisses von heutigen Seestreitkräften, abgestimmt in der maritimen Strategie der Allianz, kann als Indiz dafür angesehen werden, dass sich die NATO mit ihren Seestreitkräften als weltweit im maritimen Raum engagierter Akteur verstanden fühlt und sieht. Mit einer Reflexion von der Bündnisbetrachtung zu den originären und praktischen Anforderungen an Seestreitkräfte, bis hin zur nationalen Ebene, müssen Seestreitkräfte heute sowohl national als auch gemeinsam mit EU- und NATO-Partnern ein breites Aufgaben- und Fähigkeitsspektrum im maritimen Raum abdecken. Sie müssen in der Lage sein, einen Beitrag zur Abschreckung

151 Projektionsfähigkeit von Seestreitkräften; umfassende Kontrolle von Seeräumen; Verhinderung des Eindringens und Wirkens von gegnerischen Seestreitkräften.

152 AMS 2011, S. 7.

von konventionellen Gegnern und zur nationalen Landesverteidigung und der EU an Land, zu Wasser und in der Luft leisten zu können. Zudem müssen sie nationale und internationale Aufgaben im Rahmen von Friedenseinsätzen und humanitären Missionen zur Konfliktverhütung und Konfliktbewältigung, beim Kampf gegen Piraterie, maritimen Terrorismus, Proliferation und Cyberbedrohungen gegen maritime Ziele bewältigen können.

Um die potenziellen maritimen Bedrohungen und Risiken des 21. Jahrhundert und die an Seestreitkräfte gestellten Aufgaben bewältigen zu können, müssen diese sowohl die Rolle einer »Expeditionary Navy« als auch jene einer »Constabulary Navy« übernehmen können und folgende maritimen Fähigkeiten dafür erhalten und ausbauen:[153]

1. Abwendung von Bedrohungen und Prävention von Risiken am Ort ihrer Entstehung;
2. Abschreckung von Kontrahenten in zwischenstaatlichen Konflikten durch maritime Präsenz und die Entfaltung von Seemacht und technologischer Dominanz in Zusammenarbeit mit EU- und NATO-Partnern und als maritimer Beitrag zu einem Raketenabwehrsystem;
3. Seekontrolle zur Dominanz auf See (Sea Control) und Aussperrung gegnerischer maritimer Kräfte (Sea Denial) innerhalb der AWZ der EU;
4. Machtprojektion an Land (power projection) zur Unterstützung von Landstreitkräften im Rahmen von Kriseninterventionen oder Friedeneinsätzen;
5. Bereitstellung von Seetransportkapazitäten und die Gewährleistung der Versorgung von See her in Zusammenarbeit mit alliierten Seestreitkräften;
6. Durchsetzung der maritimen Sicherheit zur Abwendung von Piraterie, zur Bekämpfung des maritimen Terrorismus und zur Verfolgung von Proliferation und Drogenhandel;
7. Durchführung von kooperativen Einsätzen mit Marinen und Küstenwachen weltweit im Rahmen von Embargos und Friedensmissionen;
8. Durchführung von humanitären Missionen und Katastrophenreaktionsmaßnahmen im Zuge multilateraler Kooperation sowie Entsendung von Unterstützungskräften;
9. Durchführung von Evakuierungen auf und von See;
10. Beiträge zu maritimen Aufklärungs-, Überwachungs- und Frühwarnsystemen.

Mit Blick auf die Entwicklungen im Bereich der fernöstlichen Seegebiete, auf die in der Peripherie Europas, sowie die Unterstreichung der Möglichkeit von zwischenstaatlichen Konflikten, spielen der Aufbau von Fähigkeiten für einen Einsatz im hohen Intensitätsbereich, besonders hinsichtlich einer Präventions- und Abschreckungsfähigkeit, sowie die damit verbundene Eskalationsdominanz durch das Wirken von Seestreitkräften eine Rolle. Für die Fortentwicklung von bündnisgemeinsamen maritimen Fähigkeiten erwachsen aus den sicherheitspolitischen Vorgaben das Erfordernis zum Aufbau von Fähigkeiten zur Konfliktbeendigung. Die Teilhabe an Expeditionary Operations und die Teilhabe im Rahmen der ballistischen

[153] Lippke 2009, Seidler 2015 beschreiben ebenfalls die Aufgaben von heutigen Seestreitkräften. Zusätzlich fließt in die Ausführungen die berufliche Erfahrung des Autors als Marineoffizier ein.

Raketenabwehr sind ebenfalls in das Aufgabenspektrum der Seestreitkräfte einzuordnen. Darüber hinaus erscheint es als wahrscheinlich, dass die Seestreitkräfte der NATO- und der EU-Mitgliedstaaten geeignet sein müssen, so unterschiedliche Aufgaben wie einen Einsatz in der Nordpolregion, den Schutz von Handelsschiffsflotten oder die Luftverteidigung im Verbund wahrzunehmen, was wiederum ihre moderne Interoperabilität voraussetzt. Unbenommen von den dargestellten Neuausprägungen maritimer Fähigkeiten müssen, sowohl im Bündnisrahmen als auch national, die Fähigkeiten zur verbundenen dreidimensionalen Seekriegführung, dem eigentlichen Wesenszug von Seestreitkräften, und analog zur Führung des Gefechts der verbundenen Waffen für Land- und Luftstreitkräfte erhalten werden, um der Möglichkeit des Aufflammens zwischenstaatlicher Konflikte mittels der Wirkung von Seestreitkräften Rechnung tragen zu können. Um den sicherheitspolitischen Herausforderungen im maritimen Raum des 21. Jahrhunderts gerecht zu werden, müssen sich Seestreitkräfte letztlich in einem permanenten Transformationsprozess befinden. Sie leisten heute nicht nur einen militärischen Beitrag, sondern stärken im Rahmen bestehender Sicherheitsinitiativen, vertiefen existierende bilaterale, regionale und multilaterale Kooperationen und unterstützen die Initiierung von multilateralen Kooperationen zur Steigerung der maritimen Sicherheit.

3.4. Synopse des Kapitels

Die Veränderungen im maritimen Umfeld des 21. Jahrhunderts treffen im Wesentlichen natürliche bzw. klimatische und wirtschaftliche Veränderungen. Hierdurch werden Projektions- und Rüstungsbestreben von einzelnen Nationen impliziert. Diese können zu essentiellen sicherheitspolitischen Verwerfungen führen, denen die Mitgliedstaaten von NATO und EU politisch und ggf. militärisch Rechnung tragen müssen. Um den maritimen Faktoren umfassend Rechnung tragen zu können, erscheint es notwendig, ein globales maritimes, bündnisweit verfügbares Lagebild zu erstellen und zu aktualisieren, etwa in Form eines gemeinsamen europäischen maritimen Lage- und Sicherheitszentrums und mittels eines weitgefassten und engmaschigen globalen maritimen Sicherheits- und Überwachungsnetzes.[154] Mit MARSUR verfolgt die NATO und mit CISE 2020 die EU konsequent diesen Ansatz. In der Bewertung des Kapitels ist davon auszugehen, dass sich verschiedene übergeordnete Aspekte hinsichtlich der sicherheitspolitischen Handlungsfelder für den maritimen Raum ergeben werden. Dies erstreckt sich von der Krisenprävention in entlegenen, klimatisch extremen Regionen bis zur Protektion von strategischen Gütern und Interessen und der Projektion von Seestreitkräften. Besonders das nördliche Polargebiet rückt durch die zu erwartenden klimatischen Veränderungen in den Mittelpunkt der nationalen und der Bündnisinteressen. Dies zeigen unter anderem sowohl die Ausführungen des Quadrennial Defense Review Report[155] sowie die National Security Strategy des US-Verteidigungsministeriums von 2014 als

154 Kossendey 2009, S. 15.

155 Quadrennial Defense Review Report 2010, 2014.

auch die Russische Militärdoktrin von 2014, in denen die Arktis als Interessen- und Operationsgebiet benannt wird. Die Entwicklungen im maritimen Umfeld des 21. Jahrhunderts schließen auch ein, dass künftig eine stärkere Nachfrage nach innovativen, umweltfreundlichen und sicheren Technologien und damit korrespondierenden Strategien zu erwarten ist. Sowohl die EU mit ihrer EUMSS 2014 und der Arktisstrategie 2016 als auch die NATO mit der Alliance Maritime Strategy von 2011 tragen der Erwartung bereits Rechnung. Die Erschließung maritimer Ressourcen und die damit verbundenen globalen Risiken implizieren unter anderem ein höheres Bedürfnis an maritimer Sicherheit, besonders vor dem Hintergrund der zu erwartenden Unsicherheit auf den Weltmeeren einerseits und der langfristigen Sicherung von strategischen Interessen, wie die der Energiesicherheit einschließlich der dafür notwendigen sensiblen Infrastruktur, und der freien und ungestörten Seepassage andererseits.

In diesem Kontext wird es, aufgrund der Außenhandelsorientierung westlicher Nationen wie Deutschland, aber auch der des gesamten EU-Gebietes, erforderlich werden, die Sicherheit der Handelsströme im Seeverkehr mittels einer bündnisgemeinsam initiierten maritimen Sicherheitsstruktur zu gewährleisten. Im Zuge dessen wird sich das Konzept der vernetzen Sicherheit durchsetzen müssen. In der Folge ist mit einer Zunahme der Bedeutung und der öffentlichen Wahrnehmung von maritimen Akteuren, auch der von Seestreitkräften, zu rechnen, um mittels dieser sowohl in heimischen Küstengewässern als auch in weit entfernten und klimatisch extremen Gebieten präventiv wirken zu können. Heutige Seestreitkräfte sind dafür, insbesondere im multinationalen Verbund, gut aufgestellt.

In der abschließenden Gesamtbetrachtung für dieses Kapitel ist festzuhalten, dass die sicherheitspolitische Debatte um die Erfordernisse und Mittel zur Begegnung der Entwicklungen im maritimen Umfeld zunimmt. Insbesondere mit Blick auf die Ereignisse im Mittelmeerraum seit Beginn des zweiten Jahrzehnts des 21. Jahrhunderts (Migration), die Entwicklungen im asiatisch-pazifischen Raum hinsichtlich des erkennbaren regionalen Hegemoniebestreben einzelner asiatischer Staaten, die Arktisstreitigkeiten, aber auch auf die Tendenzen im Ostseeraum, wo sich die östlichen und nördlichen Anrainer zunehmend mit einer aggressiven Haltung Russlands konfrontiert sehen, werden zukünftig militärische maritime Kräfte als Seestreitkräfte, als sicherheitspolitisches Instrument sowohl zur Sicherstellung als auch zur Unterstreichung nationaler oder bündnisbezogener sicherheitspolitischer Interessen, wie derzeit mit Bezug auf die genannten Beispiele schon erkennbar, aktiviert und an Bedeutung gewinnen.

Es lässt sich festhalten, dass das maritime Umfeld aus vielfältigen Teilgebieten besteht und eine hohe Strahlkraft auch auf alle maritimen Bereiche und die Sicherheitspolitik hat. Das beinhaltet auch, dass für eine Beschreibung des Sicherheitsbegriffs im maritimen Umfeld weit mehr Faktoren und Wechselwirkungen abgebildet werden müssen, als dies häufig in dem in der breiten Öffentlichkeit existierenden Verständnis davon angenommen wird. Zu erwarten ist, dass der hier verstandene Sicherheitsbegriff in einem maritimen Umfeld rasant an Bedeutung gewinnen und absehbar einen fest verankerten nationalen und internationalen Stellenwert einnehmen wird. Die genannten Beispiele bieten hierfür nur einen ersten Anstoß zu einem breiteren, außerhalb der Fachwelt liegenden Verständniswandel.

4. Seestreitkräfte und Seemacht als Instrument der internationalen Politik

Im vorhergehenden Kapitel wurde das maritime Umfeld mit seinen verschiedenen Facetten betrachtet. Der Seeraum selbst diente und dient als Medium für die politische Willensbekundung und -durchsetzung von Staaten. Über den Seeraum sind Staaten mittels Seestreitkräften in der Lage, in der internationalen Politik zu agieren,[1] indem sie eine veränderte militärpolitische Lage hervorrufen bzw. erzeugen. Grundlegend für den Einsatz und das Wirken von Seestreitkräften sind mit Bezug zur internationalen Politik die stetigen und meistens rasch ablaufenden Veränderungen im System der internationalen Beziehungen.[2] Diese können dazu führen, dass als Mittel der internationalen Politik von Staaten, auch zur Demonstration von Seemacht,[3] Seestreitkräfte herangezogen werden und im Ergebnis durch deren Wirken anders geartete politische Konstellationen entstehen können. In diesem Zusammenhang wird in diesem Kapitel dem Aspekt des Einsatzes von Seestreitkräften zur Erlangung und Erhaltung von Seemacht und dem damit verbundenem Anspruch als Mittel der internationalen Politik nachgegangen.

4.1. Seestreitkräfte als strategisches Instrument für die Erlangung von Seemacht

Die Seeschifffahrt galt und gilt als ein Mittel der politischen Willensbildung. Seit dem Beginn der geschichtlichen Aufzeichnungen werden Seestreitkräfte[4] als Ordnungsmittel der Politik eingesetzt. Ein Blick in die Geschichte bestätigt dies. Bereits in der Seeschlacht von Salamis, 480 v. Chr., wurde geklärt, wer die Vormacht im aufstrebenden Abendland haben würde.[5] Ebenso wurde der Konflikt zwischen Rom und Karthago auf See entschieden. Rom hatte sich dazu entschlossen, den Kampf von Landstreitkräften auf Seestreitkräfte zu verlagern. Nach Duppler wurde so durch Seestreitkräfte die römisch-griechische Prägung Europas initiiert. Seestreitkräfte lieferten somit einen bis heute nachhaltigen Einfluss auf die poli-

---

1 Fromm 1983.

2 Souchon 1983, S. 12.

3 Seemacht beinhaltet auch die Kontrolle über den über Wasser befindlichen Luftraum, um das Wirken von gegnerischen Seeluftstreitkräften einzudämmen bzw. zu unterbinden.

4 Unter dem Begriff Seestreitkräfte sind hier Seeluftstreitkräfte, Marineinfanterie, seegehende Einheiten/Kriegsschiffsverbände, Spezialisierte Kräfte, Spezialkräfte, Küstenartillerie-/Raketenverbände, Kräfte zum Wirken im Informationsraum und Unterstützungskräfte zusammengefasst.

5 Duppler 1999, S. 13.

tische, kulturelle und gesellschaftliche Ausrichtung von Staaten und Regionen. Wendet man den Blick auf die Zeit der Renaissance und das ausgehende Mittelalter, so wird diese Bewertung umso deutlicher. Amerika, Indien und Asien wären ohne Seeschifffahrt und die damit verbundenen maritimen Fähigkeiten, einschließlich der handelnden Personen wie Christoph Kolumbus[6], Vasco da Gama[7] oder Ferdinand Magellan[8], von europäischen Großmächten der Zeit, wie Portugal und Spanien, weder entdeckt noch durch diese geprägt worden. In den nachfolgenden Jahrhunderten rückten Hochseeflotten, auch im Zuge der Ausweitung des weltweiten Handels von Europa nach Indien, Amerika und Asien, vorwiegend zur Sicherung der Seehandelswege in den Vordergrund. Hier trat spätestens seit dem Ende des 16. Jahrhunderts zunehmend England bzw. Großbritannien als eine Nation mit einem Anspruch als Seemacht im internationalen Gefüge auf.[9] Mahan[10] gibt als Beginn britischer Seemacht hier etwa die Vernichtung der spanischen Amada 1588 und die der holländischen Flotte im Zeitraum von 1650–1675, als sie den Kampf um das »mare liberum«[11] verloren, an. Ab dem Ende des 17. Jahrhundert stand Großbritannien in einem bis ins 19. Jahrhundert dauernden Konflikt mit Frankreich um die Vorherrschaft in den verschiedenen Erdteilen und den dazugehörigen Seegebieten.[12] Entschieden wurde die Frage nach der weltweiten Seemacht für Großbritannien mit der Schlacht um Trafalgar,[13] in deren Ergebnis Großbritannien für mehr als 100 Jahre als einzige Seemacht galt. In diesem Seemachtdenken versuchte Großbritannien bis ins 19. Jahrhundert hinein bis in den Ostseeraum vorzudringen. Die von Kirchhoff genannte »englische Expedition in den Ostseeraum«[14] wurde durch die regionalen Seemächte, die seit dem 17. Jahrhundert den Ostseeraum mit ihren Seestreitkräften beherrschten, Dänemark, Schweden, zeitweise Russland und Preußen, zügig gestoppt, sodass Großbritannien in diesem Raum keinen Einfluss erlangen konnte. Mit den beiden Weltkriegen im 20. Jahrhundert traten dann die USA als eine neue Seemacht, nicht zuletzt durch die wirtschaftliche Prosperität des Landes, auf. Mit ihren auf und von See aus stattgefundenen Operationen, wie der Schlacht um Midway 1942, der Landung auf Guadalcanal 1942 und Okinawa 1945 sowie der Landung auf Sizilien 1943 und in der Normandie 1944, wiesen die USA ihre maritimen militärischen Fähigkeiten nach und avancierten seit dem Ende des Zweiten Weltkrieges zur einzigen, bis in die heutige Zeit sichtbaren Nation mit welt-

6 Venzke 2006.
7 Giertz 2002.
8 Pigafetta 2011.
9 Duppler 1999.
10 Mahan 1890, S. 90.
11 »Mare liberium« nach Hugo Grotius, 1609 Rotterdam, wird auch häufig im Kontext des Bezugs auf das Seerecht und in der Diskussion um die Umsetzung des SRÜ/UNCLOS von 1982 herangezogen.
12 Mahan 1890, S. 2.
13 Schlacht am Kap um Trafalgar am 21.1.1805 zwischen der englischen und der verbündeten französisch-spanischen Flotte unter den Kommandos von Vizeadmiral Horatio Nelson und Vizeadmiral Pierre de Villeneuve. Der britische Sieg trug dazu bei, dass Großbritannien mehr als 100 Jahre die weltweite Seeherrschaft innehielt und als einzige Seemacht galt, gleichzeitig wirkte das Schlachtergebnis an Land, indem Napoleon und damit Frankreich an Landmacht verloren haben (Maine 1982).
14 Ebd., S. 23.

weiten Seemachtsanspruch und -potenzial. Nach Bruns[15] verfügen die USA über die qualitativ größte Seestreitkraft der Welt, die die tragende Rolle in der globalen Machtausübung der USA einnimmt. Das Scharnier zwischen sicherheitspolitischem Willen und der Ausübung von Seemacht im praktischen, sichtbaren Sinne bildeten und bilden Seestreitkräfte. Sie sind der Garant für die Umsetzung der sicherheitspolitischen Formulierung von Seemacht. Spätestens seit Mahan[16] wird analytisch belegt deutlich, dass die Erreichung und Aufrechterhaltung von Seemacht nur durch schlagkräftige Seestreitkräfte, im Sinne von hoher Anzahl an Einheiten, die ein bis ins hohe Intensitätsspektrum von Konflikten und Kriegen reichendes maritimes Fähigkeitsspektrum abdecken, möglich ist. Dies schließt ein, dass, wie am Aufstieg der USA zur Seemacht im und nach dem Zweiten Weltkrieg sichtbar ist, wirtschaftlicher und wissenschaftlich-technologischer Fortschritt bzw. Vorsprung notwendig sind, um den Anspruch an die Fähigkeiten der Seestreitkräfte umsetzen zu können. Somit ist der von Mahan genannte Zusammenhang zwischen wirtschaftlicher Prosperität und Potenzial, gepaart mit der Nutzung des wissenschaftlich-technischen Fortschritts, und der Ausstattung der Seestreitkräfte mit überlegenen maritimen Fähigkeiten seit seiner Postulierung gültig.[17]

In den USA konnte diese Entwicklung vorwiegend so erfolgreich ablaufen, weil die Gesellschaft und die Wirtschaftsentwicklung weder vom Ersten noch vom Zweiten Weltkrieg unmittelbar durch die Zerstörung der Produktionsmittel und Städte und Gemeinden betroffen war. Laut Mahan liegt der Erfolg des Aufbaus einer durchsetzungsfähigen Seestreitkraft in der maritimen Wirtschaftsentwicklung des Landes im Frieden.[18] Nur dort kann diese nach Bruns[19] in einen »maritimen Erfolgszyklus« münden, der von den wirtschaftlichen Investitionen bis hin zu Seestreitkräften, deren Projektion und der dadurch gegebenen Sicherung der freien Seewege und der Durchsetzung von Seemacht gekennzeichnet ist. Diesen Zusammenhang mahnte bereits Mahan[20] an, indem er für die damaligen schwachen US-Seestreitkräfte den Einsatz des wirtschaftlichen Potenzials des Landes forderte. Mit Blick auf strategische Aspekte sind strategische Güter wie freie Seewege und freie Wirtschaftsströme grundlegend nur durch wissenschaftlich-technische und wirtschaftliche Innovationen und Prosperität im maritimen Sektor zu gewährleisten.[21] Diese sind Voraussetzungen für den Aufbau von maritimen militärischen Fähigkeiten, die letztlich Seestreitkräfte befähigen, ein strategisches Ziel im maritimen Raum zu erreichen. Mahan[22] sprach in diesem Zusammenhang von der Erreichung eines Ziels durch eine Entscheidungsschlacht auf See, die nur durch dazu befähigte Seestreitkräfte zu entscheiden ist. In der bipolaren Weltordnung des 20. Jahrhunderts spielten Seemacht und Seestreitkräfte anfangs eine unterge-

15 Bruns 2015, S. 4.
16 Mahan 1890.
17 Ebd., S. 28–30.
18 Ebd., S. 25–27.
19 Bruns 2015.
20 Mahan 1890, S. 14.
21 Ebd., S. 28; Till 2013, S. 7.
22 Mahan 1890, S. 88.

ordnete, fast ausschließlich im Kontext der Nuklearfähigkeit stehende Rolle. Die Ausübung von Seemacht, hier vorwiegend durch die Supermächte Sowjetunion und USA, wurde an der Fähigkeit des Abschusses nuklearer Waffen von Bord und an der Nutzung nuklearer Antriebsarten für Seefahrzeuge bemessen. Die Möglichkeit der Projektion von Seestreitkräften als sicherheitspolitisches Machtinstrument der Willensdurchsetzung geriet, vorwiegend durch Annahme eines nuklearen Landkrieges, in den Hintergrund der strategischen Planungen. Die Entwicklungen im maritimen Bereich und die signifikante Aufrüstung der Sowjetunion veränderten die strategischen Planungen insbesondere der USA und der NATO dahingehend, dass nun Seestreitkräfte als ein schnell vor Ort verbringbares und eskalationsfähiges[23] Instrument angesehen und herangezogen wurden. Dies führte dazu, dass in strategischen Überlegungen Seestreitkräfte zu einem Mittel der Abschreckung avancierten, um mögliche Kriege und Krisen zu verhindern bzw. einzudämmen. Der Ansatz der maritimen Abschreckung versetzt Seestreitkräfte seitdem in die Lage, als Mittel der internationalen Politik weltweit und zügig für eine etwaige Verhinderung oder Eindämmung von Kampfhandlungen, auch an Land, zu fungieren. Diese Funktion ist seit Mahan und Kirchhoff nur eine für Seestreitkräfte. Seit dem haben sich das internationale System, die Ziele der internationalen Politik, die maritime Technologie und die maritime Strategie und Herangehensweise geändert. Hauptaufgabe von Seestreitkräften ist die Beherrschung von Seeräumen mittels militärischer Fähigkeiten. Hierfür benötigen Seestreitkräfte seegehende Einheiten, mithin die Seerüstung zur Schaffung einer Flotte.[24] Mahan[25] bezeichnet die Schaffung von Flotten als Konsequenz aus der maritimen Strategie eines Staates, die diesen in die Lage zur Durchsetzung seiner maritimen Ziele versetzt. Seeräume können entweder durch die Kontrolle von Seewegen oder durch Unterbinden der Nutzung der Seewege durch gegnerische Seestreitkräfte erfolgen.[26] Der Sicherung von Seewegen wird militärstrategisch im Falle eines Krieges oder Konfliktes eine entscheidende Rolle beigemessen.[27] In diesem Kontext ist auch die große Bedeutung von Anti Access und Anti Denial (A2/AD) sowie Deterrence der US NSS[28] und NMS[29] von 2014 zu sehen. Die praktische Umsetzung des Ansatzes und der Funktion von Seestreitkräften danach ist sowohl im Südchinesischen Meer als auch in der Ostsee seit dem zweiten Jahrzehnt des 21. Jahrhunderts zu beobachten. Eine verschärfte Form der Seeraumkontrolle ist die Seeblockade, wie sie im Ersten und Zweiten Weltkrieg durch die Royal Navy durchgeführt wurde. Die Seewegesperrung verdeutlicht die Fähigkeiten der Seestreitkräfte, über lange Zeit, also durchhaltefähig, und zügig strategische Ziele der internationalen Politik eines Staates durchzusetzen. Die

23 Mahncke, Schwarz 1974, S. 4.
24 Ebd., S. 6.
25 Mahan 1890, S. 6, 28.
26 Die Grundsätze dafür sind für die NATO etwa in der Allied Tactic Publication 1 (ATP 1) Maritime Tactical Signal and Manoevring Book festgelegt.
27 Mahncke, Schwarz 1974.
28 National Security Strategy der USA von 2014.
29 National Military Strategy der USA von 2014.

Fähigkeit erhöhte nach dem Zweiten Weltkrieg die Bedeutung der Marinen,[30] insbesondere die der Royal Navy. Im Kontext der Seewegesicherung oder -blockade rückten und rücken weiterhin Unteresseboote, heute zum Teil mit Nuklearwaffen bestückt, in den Fokus der strategischen Planungen. Vorwiegend im strategischen Kontext war die Wirkung von Seestreitkräften von See an Land zu beobachten, indem Marschflugkörper von Kreuzern der US-Marine auf Landziele verschossen wurden. Im heutigen Kontext der Landzielwirkung von See ergeben sich jedoch andere Einsatzarten für die Seestreitkräfte im Rahmen von Joint Fire Support. Hier spielt die Vernetzung von Sensoren und Effektoren mit dem Ziel der schnelleren, flexibleren, präziseren Wirkung unter einem möglichst geringen Kräfte- und Mittelansatz eine Rolle und mündet in die Umsetzung mittels vernetzter Wirkungsketten. Komplexere Waffensysteme, wie die von Seestreitkräften, zeichnen sich dadurch aus, dass für den Ansatz der vernetzten Wirkkette mehrere Sensoren und Effektoren zur Verfügung stehen. Hier werden die Informationen der vorhandenen Sensoren so verbunden, dass es zur Auswahl des bestmöglichen Wirkmittels (kinetisch/nicht kinetisch) kommt. Diese Wirkkette greift jedoch mit Bezug auf die streitkräftegemeinsame Wirkung im Sinne des Verbundes Führung-Aufklärung-Wirkung-Unterstützung zu kurz, da sie nur plattform- bzw. systemorientiert ist. In der heutigen technologischen Umsetzung der sicherheitspolitischen Vorgaben ist ein gemeinsamer, multinationaler Ansatz erforderlich. Ein Beispiel für dessen Realisierung ist etwa die Landfeuerunterstützung, als die Wirkung von See an Land durch Seestreitkräfte, die im NATO-Kontext als Joint Fire bezeichnet wird.[31] Mittels dieses Wirkverbundes soll die Wirkungsüberlegenheit gegenüber einem Gegner erzielt werden, indem notwendige Maß-nahmen zeitgerecht, im angemessenen Umfang und durch das am besten geeignete zur Verfügung stehende Mittel eingeleitet werden. Dies können Seestreitkräfte bewerkstelligen. Die Wirkungsforderungen wachsen in der Regel von der taktischen Ebene bis zur Entscheidungsebene auf. Hier ist eine Koordination der zum Wirkverbund beitragenden Aufklärungs- und Wirkmittel von

1. Artillerie/Indirektem Feuer und Infanterie (Mörser);
2. Heeresfliegern;
3. Luftstreitkräften;
4. See- und Seeluftstreitkräften sowie
5. der Heeresaufklärungstruppe und Luftverteidigungskräften der Luftwaffe

durch Koordinierungselemente und Feuerunterstützungsorganisationen auf den jeweiligen taktischen Führungsebenen notwendig. Hauptaufgabe dieser Koordinierungselemente sind Planung, Koordination und Steuerung sowie die Wahrnehmung der Beratungsfunktion. Sie sind untereinander sowie mit den jeweils relevanten Führungsebenen der Land-, Luft- und Seestreitkräfte verbunden und bilden durch die direkte Verbindung mit den vorhandenen Sensoren und Wirkmitteln das Rückgrat des Wirkverbundes Joint Fire.[32] Seestreitkräfte agieren somit bei Umsetzung der internationalen Politik nicht mehr alleine, sondern im Streitkräfteverbund. Sie

[30] Mahncke, Schwarz 1974, S. 10.
[31] EADS 2005, S. 9.
[32] Deutsches Heer 2012.

projizieren somit auch Seemacht an Land und unterstützen die Durchsetzung von Landmacht. Kirchhoff[33] verweist auf die Bedeutung der Seestreitkräfte für einen Landkrieg bzw. eine Landmacht und sieht eine wechselseitige Beziehung für den Erfolg eines Krieges bzw. für die Durchsetzung von militärpolitischen Interessen, Zitat:

> »Seekrieg und Landkrieg bedingen einander und einer ohne den anderen bleibt ohne Bedeutung«.

Eine andere, meistens in nationaler Verantwortung liegende operationelle Aufgabe von Seestreitkräften einer Nation ist die Evakuierung von eigenen Staatsbürgern. Hier können Seestreitkräfte aufgrund ihrer Mobilität und Multifunktionalität eine herausragende Funktion für politischen Entscheidungsträger und deren außenpolitisches Engagement einnehmen. Die Fähigkeit, eigene Staatsbürger aus Krisengebieten weltweit und ohne großen Zeitverzug zu evakuieren, gibt dem jeweiligen Staat im Bedarfsfall die Möglichkeit, politische und ggf. militärpolitische Handlungsoptionen in Betracht zu ziehen, ohne dabei eigene Staatsbürger zu gefährden. Ein Staat wird durch die Fähigkeit zur Evakuierung der eigenen Staatsbürger weniger erpressbar.[34] In der Bundesrepublik Deutschland ist beispielsweise die Evakuierung deutscher Staatsbürger im Rahmen der »Nationalen Krisen- und Risikovorsorge« (NatKrV), d.h. Retten und Rückführen deutscher Staatsbürger, als eine nationale Dauereinsatzaufgabe der Bundeswehr festgelegt. Diese Einsätze erfordern eine höchste Verfügungsbereitschaft der Kräfte. Diese kann unter anderem durch Seestreitkräfte bewerkstelligt werden. Blickt man beispielsweise auf das für eine militärische Evakuierungsoperation notwendige Lagebild in verschiedenen Dimensionen (als gemeinsames Lagebild bezeichnet) wie Land, inklusive dem urbanen Umfeld, Luft, See und Küste, Weltraum, Umwelt (bspw. Ozean, Atmosphäre, Gelände) und Informationsraum, so wird sichtbar, dass nur leistungsfähige technisch vernetzte Systeme ein gemeinsames Lagebild,[35] dazu noch ohne großen Zeitverlust (in Echtzeit)und ständig angepasst an die operationelle Lage zur Verfügung stellen können. Schiffe und Luftfahrzeuge, jedoch auch spezialisierte Kräfte der Marine erfüllen dieses Erfordernis. Im Rahmen einer maritimen Operation stellen die Seestreitkräfte die Lagebilddaten zur Verfügung, und nehmen selbst mittels einer Datenfusion (d.h. Datenzusammenschau und Datenabgleich) Daten für ihre Operation auf. Seestreitkräfte können somit im Küstenvorfeld und küstennahen Festland während Evakuierungsmaßnahmen durchsetzungsfähig operieren. Unterstützend ist dabei ein fusioniertes (gemeinsames) Lagebild mit Echtzeitdaten, wie Positionskoordinaten, hochdynamischen (kurzzeitigen und schnellveränderlichen) Ozean-Atmosphäre-Daten, georeferenzierten Luftbildern mit der höchstmöglichen Auflösung sowie

33 Kirchhoff 1907, S. 5–7.

34 Hofmann 1983, S. 141.

35 Bildung des Lagebildes MilEvakOp, Schwerpunkt Seeevakuierung, unter Fusion von Daten des 3D maritimen Lagebildes, d.h. Unterwasser, Überwasser und Luftlage, Echtzeitdaten (Linkdaten, höchstauflösende Bilder, hochdynamischer METOC Daten (inkl. flugmeteorologischer Daten)) und Positionsdaten.

»TrueOrthoPhotoMosaics« (TOM) und digitale Oberflächenmodelle (DOM)[36], inkl. daraus abgeleiteten 2.5D-Modelle, gefordert. Diese ständige Verfügbarkeit dieser Fähigkeiten von Seestreitkräften in einer Evakuierungsoperation erlaubt eine ständige und ggf. kurzfristige Beurteilung sowie eine Bewertung der aktuellen Lage im Einsatzgebiet, und damit ggf. den notwendigen Einsatz von Wirkmitteln.[37] Seestreitkräfte haben durch ihre operationellen Fähigkeiten die oft genutzte und auf modernen Kriegsschiffen vorgesehene Funktion der Einschiffung von Führungsstäben, sodass militärische Entscheidungsträger unmittelbar vor Ort bewerten, entscheiden und agieren können, und das meist abgesetzt von der eigentlichen Operation, etwa an Land. Die Schiffe dienen somit auch als Plattform für landgeführte Operationen. Seestreitkräfte gewährleisten somit auch in dem für die Außenpolitik und die internationalen Beziehungen wichtigen Bereich der militärischen Evakuierung die Handlungsfähigkeit von Regierungen bzw. Staaten.

Im Bereich des Seeverkehrs und des Seetransportes sind zivile und militärische Seefahrt miteinander verbunden. Beide Flotten arbeiten synergetisch zusammen, indem zum einen der Schutz der Handelsflotten in See, entlang gefährdeter Seewege, vorwiegend durch Seestreitkräfte gewährleistet wird und andererseits Handelsschiffe zur Unterstützungsleistung, insbesondere für den Transport von militärischen Gütern, herangezogen werden können, um so den Bestand an Transportschiffen der Seestreitkräfte zu erweitern. Der dadurch gewährleistete strategische Seetransport von Seestreitkräften befähigt eine Nation oder ein Bündnis, maritime Interessen in weit entfernten Gebieten durchzusetzen. Seestreitkräfte werden dadurch durchhaltefähiger für ihre eigene Operationsfähigkeit und gewährleisten zudem durch den Transport von strategischen oder militärischen Gütern die maritime und auch ggf. landseitige Projektionsfähigkeit.

Diese gemeinsame Herangehensweise ist vor dem Hintergrund des Seeverkehrs auch geboten, wie die Betrachtung der Transportzahlen aus den Jahresberichten der Deutschen Marine von 2013 und 2015 verdeutlicht. Im weltweiten Handel transportierten allein im Jahr 2012 fast 50 000 Handelsschiffe knapp zehn Milliarden Tonnen Güter über die See. Auf Deutschland als besonders import- und exportabhängige Volkswirtschaft entfallen rund 2,5 Prozent des gesamten seewärtigen Welthandels. Ein Blick in den Hamburger Hafen verdeutlicht, dass hier der Großteil der deutschen Hafenwirtschaft arbeitet. Der freie und ungehinderte Zugang zu den Weltmeeren und den Schifffahrtsrouten ist daher vitales deutsches Interesse. Mit der zunehmenden Bedeutung des Handels über die See nimmt entlang der Schifffahrtsrouten jedoch gleichzeitig deren steigende Gefährdung durch zerfallende Staatsstrukturen zu, wie zum Beispiel in Somalia, außerdem wachsen Gefahren durch Terrorismus, Piraterie und Kriminalität, denen mittels Seestreitkräften begegnet werden kann.

---

[36] TOM: Tatsächliches Orthophoto Mosaik; eine verzerrungsfreie und maßstabsgetreue digitale fotografische Abbildung eines Raumes (im Sinne von Gebiet), in der durch pixelscharf berechnete Digitale Oberflächenmodelle (DOM) alle Verzerrungen auf Grund von Höhenunterschieden eliminiert wurden.

[37] Albrecht et al. 2015, S. 13–18; Heise et al. 2016, S. 60–63.

Ein Blick auf die NATO gibt einen Eindruck der Zusammenarbeit zwischen beiden Flottenbereichen. So bietet die NATO Reedern und Kapitänen umfangreiche Zusammenarbeit und Beratung zur Verbesserung der sicheren Passage von Handelsschiffen durch gefährdete Seegebiete an. Die Grundlage der zivil-militärisch angelegten Zusammenarbeit ist das auf freiwillige Kooperation für die Handelsschifffahrt angelegte System »Naval Cooperation and Guidance for Shipping« (NCAGS), mit dem Ziel des Informationsaustausches, um so die sichere und freie Passage des Seeverkehrs als Grundlage für die wirtschaftliche Stabilität der Partner-Nationen zu unterstützen. Die Zusammenarbeit reicht dabei von Warnungen vor Minengefahren in Krisengebieten bis zur Konvoi-Operation, also der Zusammenziehung von vielen Handelsschiffen, die ein und denselben Seeweg zumindest abschnittsweise haben, bei akuten Gefährdungen. Außerdem gewährleistet die Zusammenarbeit auch die ungehinderte Bewegungsfreiheit der Seestreitkräfte in den Operationsgebieten. Die NATO hat den Bereich NCAGS im Jahr 2015 grundlegend neu aufgestellt. Die NCAGS-Organisation ist nun integraler Bestandteil von maritimen Operationen. Sie unterstützt die Bewegungsfreiheit der Seestreitkräfte und stellt dem maritimen Befehlshaber Kompetenzen aus der Handelsschifffahrt für die Operationsführung zur Verfügung (in Form von Reserveoffizieren, die aus der Handelsschifffahrt rekrutiert werden). Ziel der NCAGS-Organisation ist der freie und sichere Seeverkehr als Grundlage für die wirtschaftliche Stabilität der Nationen. Um dies umzusetzen, kann NCAGS flexibel an das jeweilige Szenario angepasst werden. NCAGS leitest somit einen Beitrag zur Durchsetzung eines strategischen Gutes der NATO-Staaten. Die dazu notwendigen Einsatzverfahren werden kontinuierlich verbessert, um die Fähigkeit der NATO-Nationen zur Zusammenarbeit auf diesem Gebiet sicherzustellen. Die jährlich stattfindende NATO-Schifffahrtskonferenz ist dafür die zentrale Instanz. Für alle die Seeschifffahrt und den Seetransport betreffenden Belange und den Schutz der Handelswege auf See hat die NATO in Northwood, nordwestlich von London, das »NATO Shipping Center« (NSC) als zentrale Ansprechstelle der NATO für die Schifffahrt eingerichtet. In enger Abstimmung und Zusammenarbeit des NSC mit den zivilen Schifffahrtsbehörden sowohl der Mitgliedsstaaten als auch der Nationen im NATO-Programm »Partnership for Peace« (PfP) sowie den Vereinten Nationen werden im NSC die Schutzmaßnahmen für die Handelsschifffahrt geplant und aufeinander abgestimmt. National verfügen die Seestreitkräfte über Stabselemente zur Koordinierung: Die Deutsche Marine hat dafür z.B. die Marineschifffahrtleitung, die die Zusammenarbeit mit der NATO, den deutschen Behörden sowie der Handelsflotte koordiniert. In ihr sind mehr als 200 Reserveoffiziere, viele mit einem nautischen Patent ausgestattet, tätig, und sorgen dabei für die reibungslose Kooperation an Land, aber auch auf See zwischen Kriegs- und Handelsschiffen. Beispielhaft führte die NATO zum Schutz des Seeverkehrs die Anti-Piraterie-Mission »Ocean Shield« im Golf von Aden und am Horn von Afrika durch. Im gleichen Seegebiet sichert auch die Europäische Union im Rahmen der Operation »Atalanta« mit Kriegsschiffen die freie Passage von Handelsschiffen auf der Europa-Asien-Route sowie vornehmlich den Schutz des Ernährungsprogramms der UN. Die Operationen wurden und werden vom

NSC Northwood aus koordiniert. Im östlichen Mittelmeer führt die NATO seit mehr als zehn Jahren die Anti-Terror-Mission »Active Endeavour« durch. Ziel dieser Operationen ist es, die Unterstützung des internationalen Terrorismus mit Personal, Waffen und Geld über See zu unterbinden. Dies sind Beispiele für die erfolgreiche Zusammenarbeit zwischen ziviler und militärischer Seefahrt. Durch die Fähigkeit einer umfassenden Zusammenarbeit zwischen ziviler und militärischer Seefahrt und der Schaffung synergetischer Effekte signalisiert ein Staat oder ein Bündnis wie die NATO maritime Kompetenz, die auch als ein Zeichen von maritimer Stärke angesehen werden kann. Durch die Koordinierung des zivilen Seeverkehrs und -transportes ergibt sich, je nach Seegebietsgröße, die Möglichkeit, große Seeräume zu kontrollieren und maritime Fähigkeiten dorthin zu projizieren. Somit kann, wenn auch meistens in begrenztem Rahmen, Seemacht über die Handelsschifffahrt ausgeübt werden. Dabei kommt dem Faktor Handelsmarine eine nicht unwesentliche Rolle für die Ausübung von Seemacht zu.[38] Diese Fähigkeit des Zusammenspiels zwischen zivilen und militärischen Marinen gilt als Faktor der Demonstration und Entfaltung von Seemacht.[39] Die Befähigung zum strategischen Seetransport und zur Unterstützung bzw. Koordinierung des Seeverkehrs erlaubt es, auch in diesem Zusammenhang Seestreitkräfte als Instrument internationaler Politik anzusehen.

Der wesentliche Vorteil des Einsatzes von Seestreitkräften im Rahmen der internationalen Politik ist die deeskalierende Rolle in der Diplomatie, treffend als Marinediplomatie bezeichnet.[40] Seestreitkräfte können aufgrund ihrer Möglichkeit, in internationalen Gewässern zu fahren, eine politisch-diplomatische Funktion einnehmen. Diese kann drei Facetten abbilden, zum einen die Demonstration von politischem Willen, zweitens die Abschreckung und drittens die Diplomatie mittels Hafenbesuchen und humanitärer und technischer Unterstützung. Seestreitkräfte sind somit ein Instrument der Vertretung und Wahrung der Interessen ihres entsendenden Staates. Schiffe können folglich auch als ein Stück mobile Souveränität eines Landes angesehen werden.[41] Diese Funktion ist sowohl für den Frieden als auch die Krise relevant. Gorshkov[42] ging unter dem Eindruck der bipolaren Konfrontation während des Kalten Krieges sogar noch weiter, in dem er festhielt, dass das diplomatische Gewicht von Streitkräften davon abhänge, wie befähigt sie seien, militärische Gewalt erfolgreich anwenden zu können. Eine weitere Form der »Marinediplomatie«[43] sind Flottenbesuche, »Flagge zeigen« und Werbung.[44] Flottenbesuche sind ein wesentliches Instrument der internationalen Beziehungen, um bi- und multilaterale Beziehungen auf verschiedenen Gebieten der Politik zu etablieren und zu pflegen. Sie sind ein wirksames Mittel zur Darstellung eines Landes im Ausland und genießen einen hohen Stellenwert im außenpolitischen Instrumentarium von Staaten. Zudem bietet sich der Nation, die den Flottenbesuch durchführt, die Chance, eigene

---

38 Mahncke, Schwarz 1974, S. 17.
39 Mahan 1890, S. 27; Till 2013, S. 7, 63, 233.
40 Souchon 1983, S. 15.
41 Mahncke, Schwarz 1974, S. 13.
42 Gorshkov 1978.
43 Souchon 1983, S. 15.
44 Hofmann 1983, S. 141–143.

wissenschaftlich-technologische und wirtschaftliche Kompetenzen und Fähigkeiten dar- bzw. auszustellen, insbesondere, wenn es sich um einen Flottenbesuch mit einem oder mehreren neu in Dienst gestellten Schiffen handelt. Die Seestreitkräfte fungieren somit nicht nur als diplomatisches, außenpolitisches Instrument, sondern gleichzeitig auch als Wirtschafts- und Technologieinstrument im Ausland, ggf. mit einer nachhaltigen Wirkung für die wirtschaftliche Entwicklung eines Staates. Die Werbung und das »Flagge zeigen« dient nach Hofmann[45] vorwiegend der Selbstdarstellung einer Marine und eines Staates im Ausland. Durch die Präsenz von Schiffen und Waffensystemen wird zum einen, analog zu den Flottenbesuchen, die wissenschaftlich-technologische und wirtschaftliche maritime Kompetenz gezeigt. Andererseits werden die maritimen Fähigkeiten der Seestreitkräfte eines Landes, auch in See (etwa bei Manövern oder Einsätzen), dargestellt. Das »Flagge zeigen« ist somit auch als eine Art Projektion von Seestreitkräften zu verstehen. Im Zusammenhang mit der diplomatischen Wirkung von Seestreitkräften ist auch die Bündnispflege zu sehen. Hierzu bieten Seestreitkräfte die Möglichkeit, als Mitspracheinstrument für die Gestaltung von sicherheitspolitischen und operationellen Themen innerhalb eines Bündnisses beizutragen und gleichzeitig sich für Aufgaben im Bündnis, durch die Präsentation der maritimen Fähigkeiten zu empfehlen. Die Teilhabe an Bündnissen hat zusätzlich auch die Symbolwirkung, zu signalisieren, dass sich ein Staat mit dem jeweiligen Bündnis und seiner Ausrichtung, auch im außenpolitischen Sinne, identifiziert bzw. dieses unterstützt. Mit Blick auf Seemacht, deren Entfaltung und die Projektion von Seestreitkräften zur Gewährleistung von Seemacht erlauben Bündnisteilhaben eine Teilhabe an Seemacht und an ihrer Entfaltung. Das nächste Teilkapitel befasst sich eigehender mit der Thematik Entfaltung von Seemacht. Bündnisaktivitäten von Seestreitkräften haben eine aktive und eine passive Wirkung und üben politisches Gewicht in der internationalen Politik aus.[46] Beispiele für maritime Bündnisaktivitäten heute sind die Ständigen Marine NATO-Verbände, Standing NATO Maritime Group 1 und 2 (SNMG 1 und 2) und die Standing NATO Mine Countermeasures Group 1 und 2 (SNMCMG 1 und 2); in Zeiten der bipolaren Weltordnung des 20. Jahrhunderts spielten hier die Standing Naval Force Atlantic (SNFL) und die Standing Naval Mediterranen (SNFM) auf Seiten der NATO und die Vereinten Ostseeflotten auf Seiten des Warschauer Pakts eine Rolle.

4.2. Die Bedingungen und Elemente von maritimer Macht und Seemacht

4.2.1. Maritime Macht

Der Begriff der maritimen Macht wird vorwiegend im Zusammenhang mit maritim exponierten Nationen und den, meistens durch diese, aufgesetzten maritimen

45 Hofmann 1983, S. 141.
46 Hofmann 1983, S. 143.

Strategien verwendet. Maritime Macht beinhaltet nicht nur die militärische maritime Komponente, sondern alle einer Nation oder einem Bündnis zur Verfügung stehenden maritimen Mittel. Das Hauptmerkmal von maritimer Macht ist, dass sie ausschließlich im Frieden oder in Nichtkriegszeiten ausgeübt wird.[47] Sie baut somit nicht ausschließlich auf die offensiven Fähigkeiten von Seestreitkräften, mit denen ggf. Seemacht und Seeherrschaft errungen werden kann. Im Gegensatz zur Seemacht ist für die Ausübung der maritimen Macht keine seestrategisch oder geopolitisch günstige oder für die vitalen Interessen eines Staates wichtige Position etwa von »choke points« an Küstenlinien, Stützpunkten oder Positionen von großen Flottenverbänden notwendig. Hier ist etwa eine geografisch-maritime, günstige Lage einer Nation und der maritimen Infrastruktur, militärisch oder zivil, und die Präsenz von maritimen Kräften, auch ohne Offensivpotenzial, ausreichend, um maritime Macht zu demonstrieren. Zur Durchsetzung von maritimer Macht sind Konstellationen des internationalen Systems sowie das Handeln der Akteure der internationalen Politik wesentlich bestimmender als bei der Durchsetzung von Seemacht. Dies liegt daran, dass für maritime Macht die Mechanismen der internationalen Beziehungen in Friedens- und Nichtkriegszeiten greifen. Darin inbegriffen sind auch andere Einsatzregularien für das militärische Wirken von Seestreitkräften. Seestreitkräfte bzw. Flotten eignen sich dazu, maritime Macht durch diplomatische Mittel zu demonstrieren.[48] Sie haben somit unter den Bedingungen der maritimen Macht einen höheren außenpolitischen und diplomatischen Stellenwert als zur Ausübung von Seemacht und Seeherrschaft. Das bedeutet jedoch nicht, dass zur Durchsetzung von maritimer Macht der Einsatz militärischer Gewalt, etwa zur Überwachung eines Seegebietes oder des Seeverkehrs, völlig ausgeschlossen ist. Es gilt jedoch hierbei eine, ggf. eher deeskalierende, militärische Wirkung nach einem strengen Maßstab der Einsatzregeln (Rules of Engagement) zu erzielen, um somit keine außenpolitische Konfrontation oder Spannungssituation herbeizuführen. Dies ist auch ein wesentlicher Unterschied zur Seemacht, in der eskalierende, offensive militärische Maßnahmen zur Durchsetzung vorgesehen sind und eingeplant werden. Die Kontrolle eines Seegebietes wird unter den Bedingungen der Seemacht häufig dadurch erreicht, dass der Aktionsradius gegnerischer Seestreitkräfte eingedämmt oder gar unterbunden wird. Im Falle von maritimer Macht ist diese Eskalationsstufe nicht vorgesehen. Mahncke und Schwarz formulieren den Unterschied so:

> »Seeherrschaft *[kann]* nur durch Ausschalten der sie tragenden Seemacht gebrochen werden.«[49]

Dies ist in den meisten Fällen nur durch den offensiven Einsatz von Seekriegsmitteln erreichbar. Maritime Macht hingegen benötigt dieses eskalierende Element nicht. In der heutigen Zeit des 21. Jahrhunderts ist diese Ansicht zu relativieren, da sie unter dem Eindruck der bipolaren Weltordnung und des Kalten Krieges entstanden war. Vielmehr zeigt sich heute an praktischen Beispielen, dass Seemacht, wie sie etwa durch die USA entfaltet wird, zwar durch die Projektion offensiver und

[47] Mahncke, Schwarz 1974, S. 19.
[48] Ebd., S. 40.
[49] Ebd., S. 42.

eskalationsfähiger Seestreitkräfte projiziert wird, dass jedoch stets das deeskalierende Element eine Rolle spielt. Die Rolle der US-Streitkräfte etwa im Südchinesischen Meer und auch in der Ostsee untermauern diesen Ansatz. Maritime Macht wird somit vorwiegend durch die Präsenz von Seestreitkräften, die nicht hochmobil und offensiv sein müssen, präsentiert und durch die für ihre Durchhaltefähigkeit notwendigen Stützpunkte oder im kleineren Maßstab Abstützpunkte unterstützt. Als Voraussetzung für maritime Macht gilt die Präsenz von maritimen Kräften und die maritime Position. Zudem wird angenommen, dass Seestreitkräfte stets eine sichere Verbindung zu ihrer technisch-logistischen Basis aufrechterhalten können, bedingt durch den Friedenszustand und die maritime Position von Liegeplätzen und Stützpunkten an der Küstenlinie.[50]

Die genannten Elemente von maritimer Macht können, da sie im Frieden aufgebaut werden und wirken können, mit längeren Vorlaufzeiten ausgeplant werden. Hierzu bedienen sich Staaten der Formulierung von maritimen Strategien oder Marinestrategien. Diese sind meistens auf lange Sicht angelegt und beinhalten die gewünschte maritime Wahrnehmung einer Nation im internationalen System, woraus sich dann maritimes Selbstverständnis und maritime Ansprüche ableiten lassen. Diese beziehen sich in der Regel auf die maritime wirtschaftliche Prosperität, die Entwicklung und den Aufbau von maritimen Fähigkeiten, u.a. die für Seestreitkräfte, das maritime Engagement und die maritime Positionierung im internationalen System sowie die möglichen Ambitionen zur maritimen Expansion und Projektion, die auch den Auf- und Ausbau von Stützpunkten, auch außerhalb der eigenen Territorialgewässer;[51] beinhalten kann. Somit sind maritime Strategien und Marinestrategien Instrumente der internationalen Politik, da sie Anhaltspunkte für die sicherheits- und außenpolitische Positionierung und Ausrichtung eines Staates offenlegen. Mahncke und Schwarz[52] nennen maritime Strategien auch diplomatisches Mittel, insbesondere für Stützpunktambitionen außerhalb der heimischen Territorialgewässer und bei Konkurrenzsituation zwischen zwei Staaten, wie sie beispielsweise seit dem zweiten Jahrzehnt des 21. Jahrhunderts im Südchinesischen Meer[53] oder im Indischen Ozean, zwischen China und den USA oder im Golf von Bengalen und dem Arabischen Meer zwischen China und Indien beobachtbar sind. Maritime Macht und Seemacht sind jedoch nicht losgelöst voneinander zu betrachten, maritime Macht kann vielmehr zur Seemacht ausgebaut werden. Hierzu müssen jedoch die für maritime Macht präsenten Seestreitkräfte zu glaubwürdigen offensiven, durchsetzungsfähigen und eskalationsdominierenden aufwachsen. Zudem müssen maritime Positionen zu seestrategisch relevanten Positionen werden, die die Möglichkeit eröffnen, auch im Kriegsfall diese Positionen zu halten, um Seeräume

---

50 Ebd., S. 43.

51 Siehe dazu: Ausbau des US-Stützpunktes auf Okinawa, Festhalten am US-Stützpunkt in Diego Garcia im Indischen Ozean, Ausbau des chinesischen Flottenstützpunktes in Pakistan: Die strategische Partnerschaft zwischen China und Pakistan wurde für die Weltgemeinschaft dahingehend untermauert, dass der westpakistanische Hafen Gwahr nahe der iranischen Grenze als Stützpunkt für chinesische Kriegsschiffe geöffnet wird (Meinhai 2011).

52 Mahncke, Schwarz 1974, S. 44.

53 Stenzel 2016.

kontrollieren und Seeherrschaft erringen zu können. Dieses Aufwuchspotenzial von maritimer Macht verdeutlicht umso stärker die sicherheits- und außenpolitische Rolle von maritimer Macht als Instrument der internationalen Politik, als sie letztlich zu außenpolitischen Konstellationen und damit verbundenen Konsequenzen führen kann, die bis in höchste Eskalationsstufen der Konfrontation im internationalen System, etwa einem Krieg, reichen können.

4.2.2. Seemacht und Seeherrschaft

Der Ausübung von Seemacht wurde schon im antiken Griechenland ein großer Stellenwert beigemessen. So beschrieb bereits Thukydides in seinem Werk zum Peloponnesischen Krieg (431–404 v. Chr.) den Zusammenhang zwischen ausgedehnten Seehandelsinteressen und daran angepassten, großen Seekriegsflotten, um Seehandel und Wohlstand durch ungestörte Seefahrt zu gewährleisten und die dazu notwendige Seemacht zu entfalten.[54] Duppler führt weiter aus, dass nach seiner Bewertung Griechenland die erste Seemacht war. In den Aufzeichnungen von Thukydides[55] wird diese Bewertung von Seemacht an der großen Anzahl an Kriegsschiffen und deren Kampfkraft festgemacht. Duppler kommt somit zum Schluss, dass Seemacht vorwiegend über die militärischen maritimen Fähigkeiten eines Staates bemessen wird. Im Kontext des Mahan'schen Ansatzes ist der militärische Anteil nur ein Baustein für Seemacht.[56] Till und Bratton[57] sehen ergänzend dazu neben den militärischen die kulturellen, wirtschaftlichen, rechtlichen, technologischen und infrastrukturellen Anteile gleichberechtigt. Sie stehen damit in Übereinstimmung mit dem Mahan'schen Verständnis von Seemacht[58] und dem von Kirchhoff[59]. Eine bedeutende Rolle für die Erlangung von Seemacht spielt die strategische Planung bzw. Vorausschau. Nach Mahan[60] ist Seemacht ohne maritime Strategie nicht erreichbar, was bedeutet, dass, wie im taktischen Bereich üblich, kurzfristige Änderungen und Anpassungen, einschließlich der möglicherweise nicht ausgereiften Überlegungen und Handlungen, für Seemacht nicht gelten bzw. nicht zum Erfolg führen. Duppler[61] zitiert dazu wiederum Thukydides, der feststellte, dass Seemacht nicht improvisierbar sei. Seemacht wird somit im Regelfall zu einem ausschließlich strategischen Gut und Interesse einer Nation bzw. eines Bündnisses. Sie muss zielführend und von langer Planung begleitet aufgebaut werden. Mit Blick auf den militärischen Anteil ist dieser Ansatz auch der einzig umsetzbare, da die Schaffung von schlagkräftigen Flottenverbänden einen langwierigen Rüstungs- und Organi-

54 Duppler 1999, S. 14.
55 Thukydides 1960.
56 Mahan 1890, S. 26, 28.
57 Till, Bratton 2012, S. 5, 7.
58 Mahan 1890, S. 25–89.
59 Kirchhoff 1907, S. 2 f.
60 Mahan 1890, S. 22, 58, 88.
61 Duppler 1999, S. 15.

sationsprozess beinhaltet. Mahan[62] und Till[63] unterteilen die Seemacht nach zwei Aspekten, in einen funktional-praktischen und einen politisch-strategisch-übergeordneten. Der erste Aspekt lässt sich an konkreten Punkten festmachen. Diese sind beispielsweise wirtschaftliche Prosperität, Anzahl der Kriegsschiffe, Flottenorganisation, Stützpunkte, geografische Lage der Stützpunkte, deren Anordnung entlang der Küstenlinien und ggf. vorgelagerten Inseln, Industrieaufkommen, Handelsflotten und maritime Wirtschaftszweige. Der andere Aspekt beinhaltet die maritime Ausrichtung einer Nation hinsichtlich ihrer Sicherheitspolitik, Wirtschaftspolitik und Außenpolitik Hierunter fallen die Benennung von maritimen strategischen Zielen und Gütern einschließlich der Formulierung einer Marinestrategie und maritimen Strategie, die Festlegung der militärpolitischen Ausrichtung, wie die Beteiligung an Einsätzen, der Ausbau der Flotte und die Festlegung der darin verorteten Waffensysteme sowie die Mitarbeit und Einflussnahme in politischen Gremien, Organisationen und Bündnissen. Duppler[64] beruft sich hier wiederum auf Thukydides, der von einer funktionalen und institutionellen Seemacht schreibt. Mahan folgt in seinen Ausführungen diesem Ansatz, der bis heute seine Gültigkeit hat. Mahncke und Schwarz[65] sehen Seemacht unterteilt in Flotten und seestrategische Positionen. Bruns[66] nennt als Faktoren die nationalen Interessen, die Geografie, exekutive und legislative Dynamik, Interessen und Konkurrenz zwischen den Teilstreitkräften und innerhalb der Marine, öffentliche Meinung, Verteidigungshaushalte, Qualität und Quantität der Einsätze und des strategischen Denkens sowie technologischen Fortschritt. Er postuliert weiterhin, im Einklang mit Nimitz und Art, dass Seemacht vorwiegend durch militärische Macht und militärisches Instrument ausgeübt wird.[67] Durch diese beiden Autoren wird jedoch vorwiegend die US-amerikanische Sichtweise von Seemacht und Seestrategie angegeben. Aus der maritimen Erfahrung der USA heraus ist diese Perzeption berechtigt, sie greift jedoch, auch mit Blick auf die diplomatische Rolle von Seestreitkräften, zu kurz. Mahncke und Schwarz[68] halten fest, dass die Erlangung und Entfaltung von Seemacht ein Instrument in der internationalen Politik ist, um glaubhaft außenpolitische Ziele durchzusetzen. Somit wird Seemacht eine außenpolitische Wirkung zugeschrieben. Seemacht ist als außenpolitisches Instrument anzusehen, während maritime Macht ein Instrument der Militärpolitik auf See darstellt. Seestreitkräfte leisten für beide Zwecke ihren Beitrag, nur mit anderen Perspektiven und Wirkungen. Der deutsche Konteradmiral a.D. Edward Wegener bezeichnete in seinem Werk aus dem Jahre 1972 die Seestreitkräfte als ein Instrument für die Weltpolitik, welche hierfür in einem politischen Einsatz auf See agieren und fungieren.[69] Seemacht ist ein Zustand im strategischen Kontext, d.h. sie ist langfristig anzulegen und nur über einen längeren

62 Mahan 1890, S. 88.
63 Till 2013, S. 63.
64 Duppler 1999.
65 Mahncke, Schwarz 1974, S. 29.
66 Bruns 2015, S. 3 f.
67 Nimitz 1982; Art 2003.
68 Mahncke, Schwarz 1974, S. 25.
69 Wegener 1972.

Zeitraum zu erreichen. Seemacht benötigt als wichtiges Element Seestreitkräfte, um die Seemacht durchzusetzen und zu erhalten. Die Seestreitkräfte setzen sich aus allen maritimen Fähigkeiten einer Armee zusammen, d.h. sie umfassen sowohl Seeluftstreitkräfte, Schiffe und Boote als auch Küstenraketen und -artillerietruppenteile sowie Infanterie- und Spezialkräfte. Nicht außer Acht zu lassen ist die Größe der Seestreitkräfte, um ggf. vorhandenen gegnerischen Seestreitkräften, die ihrerseits außen-, sicherheits-, oder militärpolitische Interessen ihres Staates schützen oder durchsetzen sollen, erfolgreich und dominierend, auch im Sinne von Eskalationsdominanz, entgegenwirken zu können. Nach Mahncke und Schwarz[70] sind für die Ausübung von Seemacht ein oder mehrere, seestrategisch und geografisch günstig gelegene Häfen/Flottenbasen erforderlich, um zügig und durchhaltefähig Seestreitkräfte einsetzen zu können. Die Häfen/Flottenbasen müssen sowohl operativ-operationell als auch technisch-logistisch an eine dafür vorgesehene Organisationsstruktur im Heimatland, wie etwa einen Flottillenstab, einen Befehlshaber einer Flotte oder ein Marinekommando bzw. ein Führungskommando für Seestreitkräfte und Einsätze angebunden sein, die entweder auf See oder, wie üblich, an Land vorhanden sind. Ohne eine funktionierende und stabile Organisationsstruktur an Land ist die Erlangung und Aufrechterhaltung von Seemacht durch Seestreitkräfte nicht möglich, da die dafür notwendige Durchhaltefähigkeit und operationelle Mobilität und Flexibilität, die Seestreitkräfte auszeichnen, nicht gegeben sind. Seemacht zeichnet sich auch dadurch aus, Seeräume, sowohl eigene territoriale als auch Räume der Interessensphäre, zu kontrollieren. Hier kommt der eingangs genannte Aspekt der Zusammensetzung von Seestreitkräften zum Tragen, da die Durchsetzung der Kontrolle von Seeräumen, insbesondere im Küstenvorfeld, ggf. aufgrund von Tiefenbeschränkungen für Kriegsschiffe, land- und luftgestützte Anteile der Seestreitkräfte erfordern kann. Seemacht wird hier somit von Land aus entfaltet, diesen Zusammenhang diskutierte schon Kirchhoff,[71] als er die Verbindung zwischen Elementen der Landmacht und des Landkrieges und der Seemacht bzw. des Seekrieges insbesondere für Gewässer wie die Ostsee festhielt. Er benennt eine »enge Abhängigkeit beider Teile der Wehrmacht der Länder« und gibt weiter an: »Auch politisch beherrscht das Meer nur der, der einen festen Halt am Lande hat, wo sich das Land mit dem Wasser verschwistert, d.h. an der Küste.« Außerdem »kann ein langgestreckter schmaler Küstenstaat, wie z.B. Chile, allein nie das Kriegstheater bilden, er muss das Meer stets hinzunehmen.« Duppler[72] verweist in diesem Kontext wieder auf Thukydides, der die Beherrschung der angrenzenden Küsten und die dortigen Häfen für Seeherrschaft als notwendig erachtet. Mahan[73] bezeichnet die Beherrschung der Küstenlinie und des Küstenvorfeldes als »Extend of Territory«, in dem eine Nation, bei Mahan die USA, Seemacht erst entwickeln muss, um darüber hinaus in weiteren Seeräumen Seemacht zu erlangen. Die Kontrolle der Seeräume versetzt einen Staat in die Lage, auch Seewege und den Seeverkehr zu kontrollieren bzw. zu kanalisieren und

---

70 Mahncke, Schwarz 1974, S. 28.
71 Kirchhoff 1907, S. 5–7.
72 Duppler 1999, S. 17.
73 Mahan 1890, S. 43.

zu selektieren. Seestreitkräfte üben in diesen Kontext Sea Control aus mit dem Ziel, die eigenen strategischen Güter, wie ungestörter und freier Seeverkehr, Eindämmung oder vollständige Wegnahme des Aktionsradius ggf. vorhandener gegnerischer Seestreitkräfte sowie ggf. die Blockade eines Seeraumes und eines Staates zu erreichen. Hierdurch wird Sea Control als Instrument von Seemacht zum Instrument der internationalen Politik und Beziehungen, Mahncke und Schwarz nennen Sea Control ein machtpolitisches Isolationsmittel vom Seeverkehr und dem Seewelthandel.[74] Somit ist Sea Control als Seeherrschaft also als der Zustand, der aus Seemacht folgt, anzusehen. Die Seeherrschaft kann auf ein bestimmtes Seegebiet beschränkt sein,[75] wodurch nicht ausgeschlossen wird, dass die in diesem Seegebiet unterlegene Nation bzw. der dortige Gegner in einem anderen Seegebiet ebenfalls Seemacht und Seeherrschaft ausübt. Auch hier liefert ein Blick zu Thukydides einen Bezug, indem er feststellte, dass Seeherrschaft auf ein bestimmtes Seegebiet begrenzt ist.[76] Nach Mahncke und Schwarz kommt ozeanischer Seeherrschaft mehr Bedeutung zu als der in Randmeeren,[77] Seeherrschaft über die Weltmeere ist beidem übergeordnet. Sie verweisen auch auf die Seeherrschaft vor der eigenen Küste, die etwaige gegnerische Landungsvorhaben dort verhindern kann. Die Diskussion um das Verständnis von Seeherrschaft lässt erkennen, dass es unterschiedliche Ausrichtungen von Seemacht und Seeherrschaft gab und gibt, die bis heute ihre Gültigkeit haben und sich in den sicherheitspolitischen und strategischen Dokumenten von Nationen widerspiegeln, die wiederum Indikator sind, ob eine Nation Ansprüche an Seemacht und Seeherrschaft erhebt und wie und mit welchen Mitteln sie bereit ist, diese zu erreichen. Duppler[78] nennt diesbezüglich zwei Ausrichtungen: die offensive und die defensive Ausrichtung. Erstere stellt die Erlangung von Seemacht und Seeherrschaft als eines der wichtigsten sicherheitspolitischen und strategischen Ziele, meistens von stark maritim abhängigen und ausgerichteten Staaten wie Japan, den USA, Großbritannien und China, dar, während Staaten, die zur zweitgenannten Kategorie gehören, wie Frankreich und Deutschland, eher kontinental ausgerichtet sind und so, schon traditionell bedingt, in ihrem Selbstverständnis als Landmacht agieren. Sie sind von maritimen Faktoren meist nur mittelbar abhängig. Hier sei die Anmerkung erlaubt, dass sich gerade diese Selbstwahrnehmung, insbesondere für Deutschland, im 21. Jahrhundert nicht zuletzt durch die Teilhabe an mehreren maritimen Operationen der EU und NATO und den stark maritim abhängigen Außenhandel gewandelt hat bzw. wandelt, mit dem Ziel einer stärkeren Betonung der maritimen Komponente Deutschlands.[79] Die offensive Ausrichtung beinhaltet eine sehr ausge-

74 Mahncke, Schwarz 1974, S. 27.

75 Ebd., S. 28.

76 Duppler 1999, S. 17.

77 Mahncke, Schwarz 1974.

78 Duppler 1999, S. 18.

79 Siehe hierzu etwa: die maritime Strategie der EU, das Eckpunktepapier zur 9. Nationalen Maritimen Konferenz des Bundesministeriums für Wirtschaft (BMWi) vom 19.10.2015 und weitere, siehe auch: 1. EUMSS vom 21.6.2014; Aktionsplan zur EUMSS vom 16.12.2014; G7 Lübeck Erklärung vom 14./15.4.2015; G7 Hiroshima Erklärung JPN Ratspräsidentschaft vom 11.4.2016; G7 Abschlusserklärung zur Deutschen Ratspräsidentschaft vom 14.12.2015; EU Arktis Strategie, 27.4.2016; Leitlinien der Arktispolitik der Bundesregierung von 2013; Nationaler Masterplan

prägte Flottenrüstung und den Anspruch auf absolute Dominanz im Seeraum. Dieser Anspruch wird auch durch Seestreitkräfte präsentiert und untermauert. Die USA als weltweit agierende Seemacht mit ihren Seestreitkräften und den diese verkörpernden verschiedenen Flotten in allen Erdteilen sind das repräsentativste Beispiel für offensive Seemacht und Seeherrschaft in der Gegenwart. Dieses Verständnis wird seit Mahan in die Praxis umgesetzt.[80] Mahan hat die bis Ende des 19. Jahrhunderts vorhandene Schwäche der US-Marine, sowohl technisch als auch operationell, bemängelt und mit seinem bis heute gültigen Ansatz eine offensive US-Marine, die weltweit strategisch agieren kann, begründet.[81] Defensiv ausgerichtete Staaten verfolgen nach Duppler[82] ausschließlich das Ziel, gegnerische Seeverbindungswege und Handelswege einzudämmen bzw. zu unterbinden. Sie legen kein Augenmerk auf die Erringung von möglichst dauerhafter regionaler oder weltweiter Seemacht und Seeherrschaft.

Aus der Geschichte, hier mit Verweis auf die beiden Weltkriege mit ihrem maritimen Hauptakteur Großbritannien, lässt sich erkennen, dass die Erreichung von Seeherrschaft insbesondere im Krisen- und Kriegsfall übergeordnetes, strategisches, und meistens sicherheitspolitisches Ziel ist, welches durch Seestreitkräfte, seit dem 20. Jahrhundert auch durch darin angesiedelte Seekriegsmittel wie Nuklearwaffenträger, nuklearangetriebene Schiffe und Boote, aktive und passive Fähigkeiten im Informationsraum sowie weltraumgestützte Anteile, errungen werden muss. Nach Duppler[83] weist auch Groos[84] und Rahn[85] darauf hin, dass diese jedoch selbst bei Seeüberlegenheit nicht für die Erringung von absoluter Seemacht und Seeherrschaft ausreichen, wenn die gegnerischen Seestreitkräfte noch über Seekriegsmittel verfügen. Eine Entscheidung zu Gunsten der absoluten Seeherrschaft ist somit nur möglich, wenn beim Gegner jegliches operatives Handeln seiner Seestreitkräfte und die Nutzung der Seewege für Handelszwecke unterbunden wird. Groos fasst Seeherrschaft so zusammen, dass er von angewandter Seemacht spricht, die räumlich und zeitlich begrenzt ist und kriegsentscheidend die Nutzung von Seeverbindungswegen und Seeräumen kontrolliert. Aus Sicht der Betrachtungen für den Kriegsfall ist diese Zusammenfassung von Seeherrschaft zutreffend, sie greift jedoch mit Blick auf Mahncke und Schwarz[86] zu kurz, die Seemacht und Seeherrschaft als etwas dauerhaftes, insbesondere im Frieden, ansehen. Mit Bezug zum 21. Jahrhundert trifft diese Betrachtung von Seemacht und Seeherrschaft die heutigen maritimen Verhältnisse und das Handeln der maritimen Akteure am besten.

Maritime Technologien des BMWi seit 2010 fortlaufend (<www.nmmt.de/>); Festlegung maritimer Schlüsseltechnologien des BMWi von 2015.

80 Mahan 1890.

81 Ebd., S. 6–8, 83–88.

82 Duppler 1999.

83 Ebd.

84 Groos 1929, 1940.

85 Rahn 2009.

86 Mahncke, Schwarz 1974.

4.3. Wirkungsmechanismen von Seemacht

Für die Durchsetzung von Seemacht bieten sich auf Grund der Einsatzflexibilität und der Mobilität Seestreitkräfte an, die in verschiedenen Rollen die Träger der Wirkung von Seemacht sind. Diese Wirkung erfordert Fähigkeiten, die sich über das gesamte mögliche heutige Einsatzspektrum von der diplomatischen Mission bis hin zur dreidimensionalen Seekriegführung hoher Intensität, also einem Krieg, erstrecken. Die Wirkungsmechanismen[87] von Seemacht stehen immer im Bezug zur See. Diese ist auch im Falle von maritimen Operationen das Aufmarschgebiet für Seestreitkräfte. In der Konsequenz bedeutet die Wirkung zur Erlangung oder zum Erhalt von Seemacht die Durchsetzung des Willens zur Erreichung sicherheits- oder außenpolitischer Ziele oder, abgestuft auf die Wirkung von Seestreitkräften, die Durchsetzung des eigenen Willens zur Erreichung von Operationszielen, die mit der Erlangung und dem Erhalt von Seemacht verbunden sind bzw. diese implizieren, auch gegen den Widerstand Dritter bzw. eines Gegners. Seestreitkräfte müssen somit Mechanismen aufstellen und nutzen, damit sie Wirkungsüberlegenheit besitzen. Diese ist jedoch Ergebnis eines kontinuierlichen Optimierungs- und Bewertungsprozesses der Wirkungsmechanismen, mit dem beabsichtigten Ziel, dass eigene Seestreitkräfte schneller und präziser Seeräume erreichen und dort agieren als gegnerische Kräfte und Akteure beziehungsweise Konfliktparteien. Die Wirkungsüberlegenheit ist ein gegebenenfalls nur temporärer Vorteil, der die Fähigkeit beinhaltet, sich in einer Operation zur rechten Zeit am rechten Ort mit angemessener Wirkung gegen gegnerische Kräfte und Akteure durchzusetzen. Im Sinne von Seemacht wäre dies jedoch nicht das gewünschte Ziel, da diese langfristig erzielt und erhalten werden soll. Sinnvoll erscheint die temporäre Wirkung im Falle von Krisen, deren Eindämmung und im Krieg, um bestimmte Kriegsziele oder Zwischenziele zu erreichen. Staaten mit Seemachtambitionen verfolgen jedoch den Ansatz der dauerhaften Wirkungsüberlegenheit ihrer Seestreitkräfte. Für die Betrachtungen der Wirkungsmechanismen von Seestreitkräften ist heute, im 21. Jahrhundert, eine ausschließliche Sicht auf maritime Wirkungsfaktoren zu kurz gegriffen. Dies gilt umso mehr bei der Einbeziehung der Einsatzrealität von Seestreitkräften in diesem Jahrhundert. Neben den wichtigen und essentiellen maritimen Fähigkeiten sind multinationale und streitkräftegemeinsame Fähigkeiten für das erfolgreiche Wirken von Seestreitkräften notwendig, um Seemacht zu erringen bzw. zu erhalten. Wichtig sind hier die Fähigkeiten im Verbund der Streitkräfte, etwa zur gemeinsamen Kommunikation, Aufklärung, Unterstützung und Wirkung sowie die Fähigkeit, im multinationalen Rahmen als Führungsnation aufzutreten.[88]

87 Die Ausführungen in diesem Kapitel, insbesondere im Abschnitt 4.3.3., ergeben sich aus einer Zusammenschau verschiedener Dokumente, deren Aussagen zum Einsatz von Seestreitkräften verallgemeinert wurden, hier sind zu nennen: Strategisches Konzept der NATO von 2011, EU Battle Group Konzept von 2004, Verteidigungspolitische Richtlinien der Bundesregierung vom 2011, Weißbuch zur Sicherheitspolitik der Bundesrepublik Deutschland der Bundesregierung von 2006 und vom Juli 2016, Russische National Military Strategy der USA von 2014 und die Russische Militärdoktrin von 2014.

88 In der NATO wird diese als Framework Nation (Rahmennation) benannt (NATO 2013).

Seestreitkräften wird jedoch nicht nur wegen ihrer eskalationsfähigen Wirkung in den verschiedenen Einsatzszenarien der Vorzug gegeben, sondern auch wegen ihres Wirkens mittels passiver Gewalt. In den nachfolgenden Ausführungen werden die verschiedenen Wirkungen durch Seestreitkräfte in verschiedenen Intensitäten und Ausrichtungen betrachtet.

4.3.1. Seestreitkräfte und Seemacht im Frieden

Im vorhergehenden Abschnitt wurde darauf eingegangen, dass in der Fachliteratur wie z.B. durch Mahncke und Schwarz[89] in Friedenszeiten vorwiegend von maritimer Macht statt von Seemacht geschrieben wird. Aus der heutigen Perspektive und der Praxis des Einsatzes von Seestreitkräften ist dies jedoch zu relativieren, sodass hier von Seemacht in Friedenszeiten ausgegangen wird. Der wichtigste Mechanismus ist hier die Präsenz von Seestreitkräften in den eigenen Territorialgewässern und in Seegebieten, in denen vitale Interessen eines Staates liegen. Zur Durchsetzung der Seemacht ist auch ein Waffengebrauch durch Seestreitkräfte nicht ausgeschlossen, woraus sich dann ggf. jedoch ungünstige Konstellationen in den internationalen Beziehungen ergeben können. Mahncke und Schwarz schreiben hier von weitreichenden Folgen, die Waffengewalt von Kriegsschiffen verursachen kann.[90] Daher ist im Frieden im Sinne der Vermeidung von Konfrontationen, die über das diplomatische Maß hinausgehen, und der Aufrechterhaltung der außenpolitischen Handlungsfähigkeit der Waffeneinsatz von Seestreitkräften zu vermeiden. Das schließt nicht aus, dass ggf. nichtletale Wirkmittel und der Schuss vor den Bug zum Einsatz kommen. Mit Blick auf die freien Seehandelswege und deren Kontrolle können auch im Frieden Kontrollen bzw. Boarding von Handelsschiffen durch Seestreitkräfte, ebenso wie das Eskortieren von Schiffen, wie etwa in der EU Operation zur Sicherung des Welternährungsprogrammes EUNAVFOR Atalanta, angebracht sein, deren Signal die Darstellung maritimer Macht oder Seemacht sein kann. Eine Funktion von Seestreitkräften im eher diplomatischen Sinne ist die der Ausbildungsunterstützung anderer Marinen im Zuge der bi- oder multilateralen Zusammenarbeit bzw. von Abkommen in diesem Kontext[91] und die humanitäre Unterstützung, etwa bei Naturkatastrophen durch Seestreitkräfte. In diesem Zusammenhang wird auf den Abschnitt zur Rolle von Seestreitkräften verwiesen, in dem die Funktionen »Flagge zeigen«, Werbung und Flottenbesuche in den Wirkungsmechanismus von Seestreitkräften im Frieden fallen. Der Einsatz von Seestreitkräften im Frieden schließt zudem auch nicht aus, dass die ausschließliche Präsenz von Kriegsschiffen, d.h. ohne die Option eines Waffeneinsatzes außer zur Selbstverteidigung, in einem

89 Mahncke, Schwarz 1974.

90 Ebd., S. 41.

91 Beispielsweise im Rahmen des Ertüchtigungsprogrammes der Bundesregierung unter Federführung des Auswärtigen Amtes oder der Militärischen Ausbildungshilfe der EU und NATO oder des Ausbildungshilfeprogramms der Bundesregierung. Maritim, mit der Deutschen Marine, ist hier zu nennen das jährlich mit westafrikanischen Marinen staatfindende Manöver »Obangame Express« oder »Good Hope«, welches mit der südafrikanischen Marine in größeren Abständen durchgeführt wird.

Seegebiet und die daraus ggf. hervorgehobene Gegenpräsenz von Kriegsschiffen einer anderen Nation mit Interessen in dem gleichen Seegebiet stattfindet. Nach Mahncke und Schwarz[92] war diese als waffenlose Gegenpräsenz stattfindende Situation insbesondere im Kalten Krieg üblich und präferiert. Festzuhalten bleibt, dass die Rolle und die Wirkungsmechanismen von Seestreitkräften im Frieden die dreidimensionale Seekriegführung, also den Waffeneinsatz gegen andere Seestreitkräfte, nicht vorsehen. Mit Blick auf die technisch-logistische Durchhaltefähigkeit ist anzumerken, dass diese im Friedensfall für Seestreitkräfte immer und durchhaltefähig, und sei es durch einen Schiffsagenten vor Ort, sichergestellt sein muss. Hinsichtlich möglicher Stützpunktwünsche im Ausland gilt, dass diese im Frieden nur durch bi-/multilaterale Übereinkunft, also nicht gegen den Willen des Gast-/Drittstaates, aufgebaut werden können. Mahncke und Schwarz[93] schreiben hierzu, dass Konkurrenzsituationen zwischen zwei oder mehreren Nationen, die Stützambitionen in einem und demselben Land haben, nicht auszuschließen sind. Sie schreiben hierzu weiter, dass es ggf. diesbezüglich zu einem diplomatischen Ringen mit außenpolitischen Mitteln, außer militärischer Gewalt, um Stützpunkte kommen kann. Diese Konstellation ist für den Kriegsfall sehr unwahrscheinlich. Resümierend haben Seestreitkräfte im Frieden eine nicht unbedeutendere Rolle als Mittel der internationalen Politik zur Durchsetzung von Seemacht eines Staates oder Bündnisses.

4.3.2. Seestreitkräfte und Seemacht in der Krise

Im Rahmen der Krisenprävention und -reaktion als Elemente des Krisenmanagements werden Seestreitkräfte national oder (heute fast ausschließlich) multinational eingesetzt. Der Einsatz bzw. die Anwesenheit von Kriegsschiffen in den Seegebieten und vor den Küsten einer Krisenregion kann bereits ausreichend sein, kriseneindämmend zu wirken. Die alleinige Demonstration von möglicher Seemacht durch die Projektion von Seestreitkräften und ihrer Fähigkeiten ist somit ein Instrument der internationalen Politik. Heute dienen Kriegsschiffe in der internationalen Politik mehr denn je als Garant dafür, dass etwa Mandate der UN oder der EU glaubhaft durchgesetzt werden. Mahan[94] und Mahncke und Schwarz[95] beziehen diese Demonstration von maritimer Stärke durch Fähigkeiten der Seestreitkräfte auf die Kolonialzeit, wo die bloße Präsenz von Kriegsschiffen in krisenbehafteten Kolonialgebieten ausreichte, um Krisen zu beenden, da die möglichen Konfliktakteure der Gegenseite kaum über eskalationsfähige Mittel gegen diese Kriegsschiffe verfügten. Seestreitkräfte verleihen somit dem entsendenden Akteur, sei er national oder multinational, einen Zuwachs an politischem Gewicht im internationalen System, Mahncke und Schwarz[96] schreiben hierzu Kriegsschiffen eine Funktion als Aufwuchsinstrument mit gesteigerten politischen Potenzial zu. In der Betrachtung der heutigen sicherheitspolitisch kom-

92 Mahncke, Schwarz 1974, S. 42.
93 Ebd., S. 44.
94 Mahan 1890, S. 28.
95 Mahncke, Schwarz 1974, S. 47.
96 Ebd., S. 46.

plexen und mit anderen Politikbereichen fest verzahnten globalen Lage ist anzumerken, dass der offensive Einsatz von Seestreitkräften in der Krise Implikationen für diese selbst, etwa in anderen Politikbereichen, hervorrufen kann. Somit können Kriegsschiffe in diesem Kontext statt eindämmend eskalierend wirken und ausweiten, unter Umständen sogar mit einer internationalen Tragweite. Mahncke und Schwarz[97] und Mahan[98] schreiben dazu dem Einsatz von Seestreitkräften in einer krisenhaften Situation eine größere politische Bedeutung zu, die über den örtlichen Anlass einer Krise hinausgeht. Dies trifft umso mehr zu, je umfangreicher die Akteure Seemacht erringen wollen oder bereits besitzen. Ist die Ambivalenz des Besitzens und des Strebens nach Seemacht zwischen den Akteuren groß, wird eine bereits als harmlos und klein erscheinende militärische Handlung des einen Akteurs eine mindestens gleichwertige des anderen Akteurs hervorrufen. In der Konsequenz kann diese Konstellation zu einer Krisenverschärfung führen. Festzuhalten ist, dass sich trotz der Krisensituation hier Seestreitkräfte als Instrument der vertrauensbildenden und diplomatischen Maßnahmen der internationalen Politik anbieten, da zwischen den Akteuren kein Kriegszustand herrscht und völkerrechtliche Vereinbarungen uneingeschränkt ihre Gültigkeit haben. In den nach Ende des Zweiten Weltkrieges bisher vorwiegend regionalen Krisen rückte die großräumige und eher globale Betrachtung der Wirkung von Marinen in den Hintergrund. Mit dem neuen Verständnis Chinas etwa, als regionale Seemacht mit globaler Wirkung[99] agieren zu wollen, und dem wieder erlangten Selbstverständnis Russlands als Gegenpol zur USA und NATO[100] erlangen die Überlegungen von Mahncke und Schwarz[101], die unter dem Eindruck der bipolaren Weltordnung und der damit verbundenen Konfrontation zwischen NATO und der Warschauer Vertragsordnung formuliert worden waren, wieder Aktualität.

Die dort[102] angegebene regionale Beschränkung auf den Einsatz von Kriegsschiffen in der Krise in oder gegen Länder der »Dritten Welt« ist zumindest für heutige Verhältnisse zu kurz gegriffen, da heutige Kriseneinsätze fast immer eine globale Komponente enthalten und überregionale Akteure in Erscheinung treten.

Beständig aus der Diskussion von Mahncke und Schwarz ist der Aspekt der Nutzung von Häfen in einem Gastland zur Abstützung der Seestreitkräfte, um die Kriseneindämmung oder -bewältigung durch sie durchhaltefähig durchführen zu können. Seestreitkräfte können, wie im Falle der Operationen EUNAVFOR Atalanta[103] oder der UNIFIL MarOps[104], auf Einladung, nach Ersuchen oder

---

97 Ebd., S. 47.

98 Mahan 1890, S. 87.

99 Siehe: Militärstrategische Relevanz von Chinas 13. Fünfjahresplan, gültig für die Jahre 2016 bis einschließlich 2020, siehe: <www.bjrundschau.com/China/201601/t20160115_800046941.html>, 15.1.2016 (letzter Zugriff 23.6.2016).

100 Siehe: Russische Kampfbereitschaft, Quelle: <www.faz.net/aktuell/politik/ausland/europa/steinmeiers-nato-kritik-russische-kampfbereitschaft-14296619.html>, 20.6.2016 (letzter Zugriff 21.6.2016).

101 Mahncke, Schwarz 1974, S. 50.

102 Ebd., S. 48.

103 Abstützung auf Djibouti in Djibouti, seit 2001.

104 Abstützung auf Limassol in Zypern, seit 2006.

mit Zustimmung der Regierung eines Drittstaates in der Krisenregion oder des Krisenstaates selbst ihre Einsätze planen und durchführen. Dies sichert sowohl die operationelle als auch technisch-logistische Einsatzbereitschaft der Seestreitkräfte ab und erlaubt den politischen Akteuren eine höhere Flexibilität, längere Mandate und Handlungsmöglichkeiten außerhalb der militärischen Optionen, für deren Glaubwürdigkeit Seestreitkräfte hilfreich sind. Zudem bietet die Anwesenheit von Seestreitkräften in einem Krisengebiet das außenpolitische Mittel, die Evakuierung von Staatsbürgern verzugslos einleiten und durchführen zu können. Da hierzu entweder ein kooperatives Umfeld, welches durch die diplomatische Rolle und ihre Wirkung durch Seestreitkräfte erreicht werden kann, oder eine militärische Kontrolle des Seegebietes, in dem Seestreitkräfte ungestört bzw. ohne gegnerische Seestreitkräfte eine Evakuierung durchführen können, notwendig ist, nehmen die dort in See stehenden Einheiten neben der außenpolitischen Rolle gleichzeitig, bedingt durch ihr vorhandenes und demonstriertes Offensivpotenzial, eine militär-strategische bzw. operative Rolle ein. Im Punkt Flexibilität und Mobilität bieten die Seestreitkräfte die Möglichkeit, im Falle einer Krisenveränderung den Schwerpunkt schnell zu verlagern. Sollte die Abstützung auf das Gastland wegfallen, bietet die organische, d.h. flotteneigene schwimmende Einsatzlogistik den Abstützpunkt. Im Vergleich dazu können Luft- und Landstreitkräfte zur Durchsetzung eines außenpolitischen Willens die beschriebenen Eigenschaften für eine Rolle in der internationalen Politik nicht in gleichem Maße zügig umsetzen. Analog zum Einsatz im Frieden sind Seestreitkräfte in der Krise ein sicherheitspolitisches Instrument für Ausbildung und humanitäre Hilfe. Bezüglich der Ausbildung besteht hier jedoch der Unterschied, dass diese für maritime Ortskräfte des Krisenstaates nicht nur in Form von Übungen und Lehrgängen angelegt ist, sondern diese Kräfte aktiv in die aktuelle Krisenbewältigung vor Ort einbindet und so Teil des Krisenbewältigungsinstrumentariums wird. Ein anderer Aspekt des Einsatzes von Seestreitkräften in der Krise ist die Möglichkeit, sowohl für politische als auch militärische Entscheidungsträger aktuelle Lagebildinformationen zu erstellen und zu bewerten, also Aufklärung zu betreiben. Diese ist in allen Phasen der Krisenprävention und -eindämmung sowie des Krisenmanagements auf allen Ebenen die notwendige Voraussetzung zur Entwicklung von Handlungsoptionen. Seestreitkräfte decken hierin alle Bedürfnisse der jeweiligen Entscheidungsebenen ab. Auf strategischer Ebene wird der Schwerpunkt der Entwicklung eines ressortübergreifenden Lagebildes bedient. Auf operativer Ebene erfolgt die Zusammenschau der Aktivitäten des Gegners. Die taktische Aufklärung unterstützt den Führer vor Ort in seiner operationell-taktischen Entscheidungsfindung.

Die auf allen Ebenen erstellten und dann zu einem Lagebild fusionierten Informationen sind Voraussetzung und Instrument für politische und militärische Planungs- und Entscheidungsprozesse. Der Aufbau der Lagebilder erfordert immer eine hohe technische Vernetzung aller verfügbaren Sensoren, Informationen und Informationssysteme sowie etablierte Informationsaustauschbeziehungen zwischen den Erstellern untereinander und den Akteuren der genannten Entscheidungsebene. Dieses Erfordernis, ebenso wie die Vereinigung von verschiedenen Führungsebenen an einem hochmobilen Ort, also einem Kriegsschiff, welches als Führungsplattform fungiert, kann nur durch Seestreitkräfte und deren Seekriegsmittel erfüllt bzw. bedient werden. Somit sind diese mit ihren externen und internen Wirkungsmechanismen für mehrere Komponenten der Sicherheits- und Außenpolitik relevant bzw. nehmen dort eine bedeutende, wenn sogar nicht entscheidende Rolle ein.

4.3.3. Seestreitkräfte und Seemacht im Krieg

Die Rolle von Seestreitkräften im Krieg ist seit jeher mit Implikationen über das gesamte maritime Umfeld und darüber hinaus, wie beispielsweise des urbanen Umfeldes, verbunden. Sie erfordert Wirkungsmechanismen durch komplexe und das gesamte Intensitätsspektrum eines Krieges abdeckende maritime Fähigkeiten. Aus sicherheits- und außenpolitischer Sicht ist das Wirken von Seestreitkräften im Krieg immer darauf ausgerichtet, Seemacht und Seeherrschaft zu erringen und zu erhalten, indem ein Kräfteungleichgewicht zu eigenen Gunsten erzielt wird. Eng mit dem militärischen Handlungsfeld auf See ist das wirtschaftliche Handeln verbunden, da durch den offensiven Einsatz von Seekriegsmitteln die Seeräume kontrolliert und gesperrt werden können. So ist es etwa möglich, durch die Kanalisierung des Seeverkehrs in andere Seegebiete oder durch die Ausübung von Sea Control den Seehandel zu unterbinden oder einzuschränken. Es ergeben sich somit außenpolitische Wirkungen, auch hinsichtlich der Außenwirtschaftsbeziehungen von Staaten. Als Beispiel ist hier der uneingeschränkte U-Bootkrieg im Ersten und Zweiten Weltkrieg zu nennen, wo die Zunahme maritimer militärischer Gewalt zum einen Großbritannien in die wirtschaftliche Enge und Abhängigkeit von den USA führte, also eine wirtschaftspolitische Implikation erzeugte, und andererseits die USA mit (neben anderen Gründen) veranlasste, in beide Weltkriege als Akteur einzutreten, und somit eine sicherheits- und außenpolitische Implikation mit weitreichenden Folgen bis zum Ende des 20. Jahrhunderts hervorrief. Mit Blick auf die heutige starke maritime Abhängigkeit der Wirtschaftszweige vieler Staaten und die Außenhandelsorientierung, wie das beispielsweise für die Bundesrepublik Deutschland gilt, wiegt dieser Aspekt der negativen wirtschaftspolitischen und außenpolitischen Auswirkungen sowie der auf die Volkswirtschaft umso schwerer. Mahan[105] sah hier einen unmittelbaren Zusammenhang zwischen dem Handeln von Seestreitkräften und dem Erhalt der wirtschaftlichen Prosperität eines Staates. Diese Sicht hat bis heute im 21. Jahrhundert ihre Gültigkeit behalten.

Das Wirken von Seestreitkräften im Krieg ist jedoch vornehmlich eine Durchsetzung des politischen Willens mit dem Mittel der »ultima ratio«. Um dem oben genannten Ungleichgewicht an maritimen Fähigkeiten entgegen zu wirken, setzt meistens schon vor Beginn eines Krieges ein gegenseitiges Wettrüsten zwischen den Staaten ein, die Ambitionen auf Seemacht und Seeherrschaft haben. Hier dient als Beispiel etwa das Flottenwettrüsten Ende des 19./Anfang des 20. Jahrhunderts zwischen Großbritannien und Deutschland, das atomare Wettrüsten auf See, hier hinsichtlich der Nuklearwaffenträger, zwischen der Sowjetunion und den USA und das maritime Aufrüsten der chinesischen Volksbefreiungsarmee seit Beginn des 21. Jahrhunderts.

105 Mahan 1890, S. 22–27.

Dies lässt den Schluss zu, dass Seemacht und Seeherrschaft als Ergebnis eines Krieges weit vor dem Krieg beeinflusst werden. Die Hinzunahme von für eine Kriegführung auf See wichtigen, militärpolitischen, bündnisseitigen, operationellen, nautischen und technisch-logistischen Fähigkeiten und Entscheidungen, die den Einsatz und das Wirken von Seestreitkräften dominieren, geben letztlich Hinweise auf den Erfolg auf dem Weg zur Erreichung von Seemacht und Seeherrschaft. Kirchhoff[106] verweist in seinem ersten Band »Seemacht in der Ostsee« ausdrücklich auf die militärpolitischen, bündnispolitischen[107], maritim-nautischen, geografischen Gegebenheiten und die militärischen Kräfte und Mittel zur Erlangung von Seemacht im Seekrieg. Zusammengefasst dienen sie letztlich als Mittel zur militärischen Machtentfaltung von Seemacht. Analog zu den anderen beiden vorgenannten Wirkungsmechanismen gelten auch im Krieg die Regeln des Einsatzrechtes und des Völkerrechts. Im Gegensatz zu diesen dürfen jedoch im Krieg Seestreitkräfte militärische Gewalt zur Durchsetzung der Sea Control entlang eines Seeweges bzw. einer Seehandelsstraße ausüben. Mahncke und Schwarz[108] schreiben dazu, dass auch Handelsschiffe von nichtkriegsführenden Nationen unter Einhaltung des Seevölkerrechtes angehalten und mittels Boarding durchsucht werden können. Sie führen weiter aus, dass die Seemacht und Seeherrschaft ausübenden Seestreitkräfte Ladung und Güter der kontrollierten Handelsschiffe ersatzlos beschlagnahmen können, wenn sie der Meinung sind, dass es sich dabei um für den Gegner kriegswichtige Güter handelt. Hier ist ein markanter Unterschied zu den Durchsuchungsmaßnahmen von Handelsschiffen in der Krise. In der Konsequenz können sich, wie weiter oben dargestellt, außenpolitische Implikationen und Abhängigkeiten ergeben, indem sich beispielsweise einer internationalen Konvoi-Organisation unter dem Schutz von Seestreitkräften angeschlossen wird, Vereinbarungen über die Geleitung durch Kriegsschiffe getroffen, diplomatische Noten übergeben oder außenwirtschaftliche Abhängigkeiten zwischen Staaten erzeugt werden.

Hinsichtlich der militärischen Entfaltung von Seemacht und Seeherrschaft im Krieg ist das Wirken von Seestreitkräften gegen Ziele über Wasser (einschließlich des Luftraums), unter Wasser, in der Luft, im Informationsraum, auf dem küstennahen Land (in einem Küstenstreifen) und ggf. im Weltraum bestimmend. Hierbei ist eine durchhaltige Wirkung unumgänglich, um Seeherrschaft langfristig oder längerfristig aufrechterhalten zu können. Diese wird durch eine Abstützung auf Häfen von Gast- oder Partner-/Bündnisnationen, die gewaltsame Erringung von Häfen und Stützpunkten an der Küstenlinie, auf Inseln oder vorteilhafterweise an seestrategisch günstigen Punkten, schwimmende Stützpunkte oder stetige Heimkehr zu einem Heimatstützpunkt gewährleistet. Neben den völkerrechtlichen Richtlinien ergibt sich für den Einsatz von Seestreitkräften im Krieg, genauso wie im Frieden und in der Krise, das Erfordernis und die Pflicht der handelnden Akteure, weitere vom Seevölkerrecht unabhängige Richtlinien, Vorgaben und Übereinkommen einzuhal-

---

106 Kirchhoff 1907, S. 7–11, 18–21.

107 Hier zwischen Dänemark und Spanien, 1639, König Christian IV. von Dänemark mit Karl I. von Spanien gegen die die verbündeten Mächte Schweden und Holland.

108 Mahncke, Schwarz 1974, S. 35.

ten. Diese gelten unabhängig von den für alle Einsatzgebiete geltenden rechtlichen internationalen und nationalen Regelungen und unabhängig von der maritimen Operationsart:

1. Seerechtsübereinkommen der Vereinten Nationen vom 10. Dezember 1982;
2. Übereinkommen vom 9. Dezember 1923 über die internationale Rechtsordnung (Regime) der Seehäfen (Meerhäfen);
3. Übereinkommen vom 9. April 1965 zur Erleichterung des internationalen Seeverkehrs;
4. Internationales Übereinkommen vom 10. April 1926 zur einheitlichen Feststellung einzelner Regeln über die Immunität der staatlichen Schiffe;
5. Übereinkommen vom 20. Oktober 1972 über die internationalen Regeln zur Verhütung von Zusammenstößen auf See (mit Seestraßenordnung);
6. Internationales Übereinkommen vom 1. November 1974 zum Schutz des menschlichen Lebens auf See;
7. Internationales Übereinkommen über Bergung vom 28. April 1989;
8. Übereinkommen vom 10. März 1988 zur Bekämpfung widerrechtlicher Handlungen gegen die Sicherheit der Seeschifffahrt.

Im Gegensatz zur Durchsetzung von Landmacht durch Landstreitkräfte sind Seestreitkräfte für die Durchsetzung von Seemacht mit anderen räumlichen Ausdehnungen auf See konfrontiert. Neben den oben angeführten erforderlichen durchhaltefähigen logistischen Kräften und Mitteln, die eine zeitlich und räumlich begrenzte Unabhängigkeit von der Folgeversorgung ermöglichen, müssen die Waffensysteme den besonderen Herausforderungen der Umwelteinflüsse (z.B. Salzwasser, Sichtverhältnisse, klimatische Bedingungen, hydroakustische und elektromagnetische Ausbreitungsbedingungen) Rechnung tragen. Wichtiges Kennzeichen für die Seekriegführung ist der maritime Wirkverbund, der auftragsbezogen und bedrohungsgerecht Fähigkeiten unter Wasser, über Wasser und aus der Luft zur Verfügung stellt. Die Befähigung zum dreidimensionalen Seekrieg bildet aufgrund der Vielfalt von Einsatzmitteln und taktischen Einsatzoptionen eine zentrale Forderung an die Erbringung des Wirkungsmechanismus gegen Ziele über und unter Wasser im Krieg. Die Wirkung gegen Ziele auf See hat grundsätzlich so zu erfolgen, dass, im Kontext der Ausführungen zu den Richtlinien:

1. Kollateralschäden vermieden bzw. minimiert werden;
2. Eskalationsdominanz ermöglicht wird;
3. eigene Verluste und Schäden minimiert werden;
4. die Behinderung des internationalen Seeverkehrs nach den Prinzipien der Verhältnismäßigkeit und militärischen Notwendigkeit erfolgt.

Die Wirkung von Seestreitkräften gegen Ziele über und unter Wasser soll eine temporäre Beeinträchtigung bis hin zur dauerhaften, irreparablen Zerstörung eines Ziels auf dem Wasser und von Unterwasserzielen durch eigene Kräfte und Mittel auch gegen Widerstand erreichen, um so letztlich Seemacht zu generieren und zu erhalten. Die Wirkung gegen Ziele über Wasser umfasst die abstandsfähige (d.h. über weite Entfernungen erfolgende) Anwendung von eigenen Wirkmitteln gegen Über- und Unterwasserziele. Das Spektrum an Über- und Unterwasserzielen umfasst dabei alle durch gegnerische und andere Akteure auf der Wasseroberfläche und unterhalb der Wasseroberfläche eingesetzten mobilen, stationären, regulären, irregulären, geschützten und ungeschützten Kräfte, Plattformen, Trägermittel, Einrichtungen, Infrastruktur und Wirkmittel. Ziel ist hier die eigene Durchsetzungsfähigkeit gegen einen potenziellen Gegner zur Sicherstellung der eigenen Operationsführung. Damit verbunden sind folgende Ziele:

1. zeitlich begrenzte Kontrolle von Bewegungen von Kräften, Mitteln und Gütern in/aus einem definierten Seeraum (Sea Sontrol);
2. Verwehren der Nutzung des Seeraumes durch gegnerische Kräfte (Sea Denial);
3. Gewährleisten der eigenen Bewegungs- und Operationsfreiheit in der Dimension See;
4. Vorbeugen oder Beenden von Kampfhandlungen;
5. Trennen von Konfliktparteien (im Rahmen der Konflikt-/Kriegseindämmung);
6. Schutz der zivilen Seefahrt;
7. Unterstützung von Operationen an Land und in der Luft;
8. Wahrung der Souveränität eines Staates, seiner Küstengewässer sowie der ausschließlichen Wirtschaftszone.

Neben den typischen Wirkungsmechanismen von Seestreitkräften im Krieg auf See sind streitkräftegemeinsame Operationen von und auf See zunehmend relevanter für die Durchsetzung eines außenpolitischen Willens durch Seestreitkräfte. Diese umfassen beispielsweise die Nutzung der See als Basis für gemeinsame Operationen, wie die Verlegung, Bereithaltung, Führung und Unterstützung eigener Kräfte, zur Unterstützung der Wirkungsmechanismen an Land oder in der Luft, zur Erringung von Landmacht und Luftmacht. Der Einsatz erfolgt zum Zweck:

1. der Unterstützung der Wirkungsmechanismen für Land- und Luftmacht;
2. der seeseitigen Absicherung von Operationen an Land und in der Luft;
3. der streitkräftegemeinsamen Wirkung auf See;
4. des abgestuften Wirkens durch Präsenz im Rahmen der Abschreckung;
5. der Sicherstellung der technisch-logistische Unabhängigkeit von einer Basis an Land;
6. der see- und luftgestützten Aufklärung für Operationen an Land;
7. des Vorhaltens von Personal und Material zum bedarfsgerechten und bedrohungsangepassten Wirken an Land;
8. der operativen Führung von See (als Forward Coordination Element [FCE], ggf. Initial Command Element [ICE], eines Joint Task Force Headquarters, also einem streitkräftegemeinsamen Hauptquartier zur Führung von Einsätzen an Land und auf See als Maritime Command);
9. der seegestützten Führung von zeitlich und räumlich begrenzten Landoperationen, einschließlich militärsicher Evakuierungsoperationen und Einsätzen von Spezialkräften.

Gemessen an dem Anspruch der Außenpolitik zeigen sich die Komplexität und Unschärfe der Wirkungsmechanismen untereinander sowie zu den Konstellationen im internationalen System. Die oben genannten Wirkungsmechanismen auf und von See tragen als Instrument der Außenpolitik dazu bei, dass Seestreitkräfte, vornehmlich im Krieg:

1. etwa in der Landes- und Bündnisverteidigung, wie etwa im Rahmen der NATO, eingebunden sind;
2. Beiträge zur internationalen Konfliktverhütung und Krisen- und Kriegsbewältigung, einschließlich des Kampfes gegen den internationalen Terrorismus und Piraterie, leisten;
3. sich an allen militärischen Aufgaben, somit auch eskalierend, im Rahmen von regionalen außen- und sicherheitspolitischen Vereinbarungen, wie etwa der Gemeinsamen Sicherheits- und Verteidigungspolitik der EU (GSVP), beteiligen;
4. die Rettung und Evakuierung sowie Geiselbefreiung von Staatsbürgern im Ausland, insbesondere aus und in einem Krisen- oder Kriegsgebiet, als Instrument der Außenpolitik durchführen;
5. die humanitäre Hilfe im Ausland, auch über die in Krise und Krieg hinausgehende etwa bei Naturkatastrophen notwendige, organisieren, durchführen und leiten sowie
6. als Instrument der vertrauensbildenden Außen- und Sicherheitspolitik die Partnerschaft und Kooperation im Rahmen der multinationalen Integration und globalen Sicherheitszusammenarbeit fördern und daran teilhaben, um Krisen und Kriegen führzeitig entgegenwirken oder diese eindämmen zu können.

4.3.4. Die Rolle von Stützpunkten für Seestreitkräfte

In den vorhergehenden Abschnitten wurde auf die Bedeutung von Stützpunkten, idealerweise an seestrategischen oder maritim günstigen Positionen wie etwa an Choke Points, zur Erreichung und Erhaltung von maritimer Macht, Seemacht und Seeherrschaft eingegangen. Stützpunkte bilden den Ausgangspunkt zur Durchführung maritimer Operationen, gewährleisten die Durchhaltefähigkeit von Seestreitkräften und letztlich somit die Entfaltung von Seemacht. An seestrategisch relevanten Positionen erfüllt ein Stützpunkt zudem die Funktion als Mittel zur Kontrolle von Seewegen, des Seeverkehrs und dessen ggf. notwendiger Kanalisierung und der Eindämmung des Aktionsradius von gegnerischen Seestreitkräften. Im Sinne der Außenpolitik stellen Stützpunkte, insbesondere außerhalb der eigenen Territorialgewässer, ein sichtbares Zeichen von sicherheits- und außenpolitischen Zielen eines Staates dar und untermauern deren Anspruch und Durchsetzungswillen. Stützpunkte sind somit ein sichtbares Zeichen der Außenpolitik eines Staates und teilweise ein Zeichen für die Land-/Seenahme im Sinne der Raumevolution von Schmitt, wenn es sich um außerheimische Stützpunkte handelt. In der funktionalen Betrachtung für Seestreitkräfte vergrößern Stützpunkte ihre Reichweite und verlängern ihre operationelle Stehzeit in einem Seegebiet. Darin eingeschlossen ist die höhere und schnellere Verfügbarkeit von Seestreitkräften in dem interessierenden Seegebiet, die der Außenpolitik schnellere Reaktionszeiten auf kurzfristige politische Entwicklungen ermöglicht. Im Sinne der humanitären Hilfeleistung bieten insbesondere ortsfeste Stützpunkte einen sicheren und leistungsfähigen Ort, um mit entsprechender logistisch-technischer und sanitätsdienstlicher, d.h. medizinischer und pharmazeutischer, Kompetenz und Fähigkeit eine größere Anzahl von verletzten Personen aufnehmen zu können und als Abstützpunkt für die Hilfskräfte zu fungieren. Analoges gilt für Nutzung als Evakuierungspunkt bei der Evakuierung von eigenen Staatsbürgern. Hier erfüllen die Stützpunkte eine außenpolitische Wirkung, die den politischen Entscheidungsträgern eine positive Darstellung der potenten Fähigkeiten zum Krisenmanagement im internationalen System erlaubt. Aus operativ-taktischer Sicht ermöglichen Stützpunkte die Vorausverlegung und -stationierung von Seestreitkräften. Sie erhöhen somit die Autarkie und Wirksamkeit derselben sowohl bei Hilfseinsätzen als auch bei militärischen Operationen. Ein leistungsfähiges Stützpunktnetz ist somit einer der Garanten für die Demonstration von Seemacht. Mit Bezug auf mögliche Konstellationen von Wirkungsmechanismen ist festzuhalten, dass die Einrichtung von Stützpunkten außerhalb der eigenen Territorialgewässer im Frieden und in der Krise immer nur mit Zustimmung des Gastlandes, mittels einer außenpolitischen Vereinbarung wie einem Memorandum of Understanding (MoU) erfolgen kann. Beispielhaft hierfür sind die US-Stützpunkte in Japan. Im Kriegsfall ist die Einrichtung ggf. auch ohne Genehmigung des Staates, in dem ein Stützpunkt eingerichtet werden soll, durchsetzbar. Um Seemacht mittels Stützpunkten demonstrieren zu können, bieten sich heute häufig hochmobile Stützpunkte auf See an. Diese erlauben eine Autarkie der Seestreitkräfte in einem Seegebiet, eine hohe Flexibilität und Durchhaltefähigkeit, ohne dabei auf ortsfeste Infrastruktur und diplomatische Abstimmungen angewiesen zu sein. Träger dieser Stützpunktform sind u.a. Flugzeugträger und Dock-Landungsschiffe. Die neueren Entwicklungskonzepte der Wehrtechnik befassen sich zudem mit dem Thema der Nutzung von großen Über- und Unterwasserfahrzeugen als Basis bzw. Trägerschiff für kleinere Seekriegsmittel aller Art, wie beispielsweise Boote, Luftkissenfahrzeuge, Unmanned Aerial Systems (UAS), großen schwimmenden Stützpunkten und unbenannten Drohnen (UAV: Unmanned Air Vehicle).[109] Eine weitere Form von Stützpunkten, die heute insbesondere im Südchinesischen Meere von China betrieben wird, ist die Aufschüttung von künstlichen Inseln als Stützpunkte für See- und Luftstreitkräfte. Diese ermöglichen die Demonstration von durchsetzungsfähigen Fähigkeiten zur Erlangung von Seemacht in einem Seegebiet und bieten die Vorteile einer ortsfesten Struktur, ohne, wie im Falle von China seit Mitte des zweiten Jahrzehnts des 21. Jahrhunderts praktiziert, eine bi- oder multilaterale Abstimmung darüber vorher einzuleiten. Die künstlichen Inseln sind mit Landebahnen versehen und sollen zu einer Mobile Offshore Base ausgebaut werden.[110] Die mit 1000 m Länge bislang größte gebaute schwimmende Landebahn war das japanische Projekt Mega-Float,[111] welches erfolgreich als Demonstrator für einen später jedoch als künstliche Insel gebauten Flughafen vor der

---

109 Polmare, Moore 2004.

110 China displays its first large floating structure, 30.07.2015, <http://en.people.cn/n/2015/0730/c90000-8928991.html> (letzter Zugriff 22.6.2016).

111 Introduction of Mega-Float. Shipbuilding Research Centre of Japan 2015, <www.srcj.or.jp/html/megafloat_en/> (letzter Zugriff 22.6.2016).

japanischen Küste diente. Zusammengefasst bleibt festzustellen, dass Stützpunkte, in welcher Variante auch immer, ein potentes Mittel der Durchsetzung von vitalen Interessen eines Staates im internationalen System sind. Sie nehmen im maritimen Umfeld des 21. Jahrhunderts die Stellung als eine der Säulen der Gewährleistung von Seemacht als Zeichen des außenpolitischen Willens ein.

4.3.5. Aufbau von Seestreitkräften

Für die effiziente Erreichung der Wirkungsmechanismen für Seemacht sind schlagkräftige Seestreitkräfte mit einem Mix an verschiedenen Seekriegsmitteln notwendig. In einem zunehmend globalisierten maritimen Umfeld, durch die Ballung der Bevölkerung in den Küstenregionen und vor dem Hintergrund der wirtschaftlichen Abhängigkeiten vieler Industrie- und Schwellennationen nimmt der Stellenwert von Seestreitkräften als entscheidendes Instrument der Sicherheits- und Außenpolitik zu. Sie stellen dieser die maritimen Fähigkeiten bereit, um sowohl konventionellen, im äußersten auch nuklearen, meistens zwischenstaatlichen, als auch asymmetrischen Bedrohungen auf und von See aus begegnen zu können, und leisten somit entscheidenden Beitrag zur militärischen Handlungsfähigkeit, zur maritimen Sicherheit der Staaten sowie zur Entfaltung von Seemacht. Seestreitkräfte haben eine besondere Verantwortung für den Schutz der Hoheitsgewässer, der maritimen Infrastruktur und der Seeverbindungslinien eines Staates. Dazu sind ihnen die operationellen Aufgaben wie Seeraumüberwachung, Abschreckung und Projektion, die Abwehr von Seeminen und Unterseebooten und der Schutz vor terroristischen Bedrohungen von See, aber auch der Such- und Rettungsdienst über See und die maritime Umweltüberwachung durch die sicherheits- und außenpolitischen Akteure übertragen worden. Diese Aufgaben können aufgrund der Komplexität des heutigen maritimen Umfeldes nicht alleine durch die Seestreitkräfte erfüllt werden, daher arbeiten sie eng mit den nationalen und multinationalen maritimen Behörden zusammen. Die Verantwortung für den Schutz der Bürgerinnen und Bürger eines Staates geht aber über die territorialen Hoheitsgewässer hinaus, daher werden diese bei unmittelbaren Gefahren im Ausland durch die Marine geschützt, gerettet und evakuiert. Das darf jedoch nicht darüber hinwegtäuschen, dass die Fähigkeit zum Kampf gegen gegnerische Streitkräfte bzw. Seestreitkräfte das Wesensmerkmal der Marine als Seestreitkraft ist. Diesem breiten Einsatzspektrum tragen Seestreitkräfte mit ihrer Organisation und den Waffensystemen Rechnung und fungieren somit als glaubwürdiges Mittel der Außen- und Sicherheitspolitik eines Staates.

4.3.5.1. Flottenorganisation

An der Spitze der Seestreitkräfte trägt die personelle und materielle sowie häufig auch die operationelle Verantwortung für die personelle und materielle Einsatzbereitschaft, die Einsatzfähigkeit und ggf. für Dauer- und Dauereinsatzaufgaben ein Oberbefehlshaber. Er ist mit allen Angehörigen der Seestreitkräfte der ausgewiesene maritime Kompetenzträger für die sicherheits- und außenpolitischen

Entscheidungsträger eines Staates oder Bündnisses. Er ist in der Regel ausschließlich den Kabinettsmitgliedern und den Abgeordneten verantwortlich und in der Regel direkt dem Verteidigungsminister unterstellt. Ihm unterstellt sind Ausbildungseinrichtungen, Kommandos, Ämter, Flotten, Flottillen, Schiffs-, Boots- und Marinefliegergeschwader, Abteilungen und einzelne Einheiten der Marine. Beispielsweise stehen in Deutschland der Inspekteur der Marine und der stellvertretende Inspekteur der Marine und Befehlshaber der Flotte und der Unterstützungskräfte an der Spitze der Marine.

Hier trägt beispielsweise der Inspekteur der Marine die Verantwortung für die Ausbildung, die materiell-technische und operationelle und personelle Einsatzbereitschaft der Marine. Er wird dabei unterstützt durch das ihm unterstellte Marinekommando als maritimer Kompetenzträger, der in alle maritimen Prozesse der

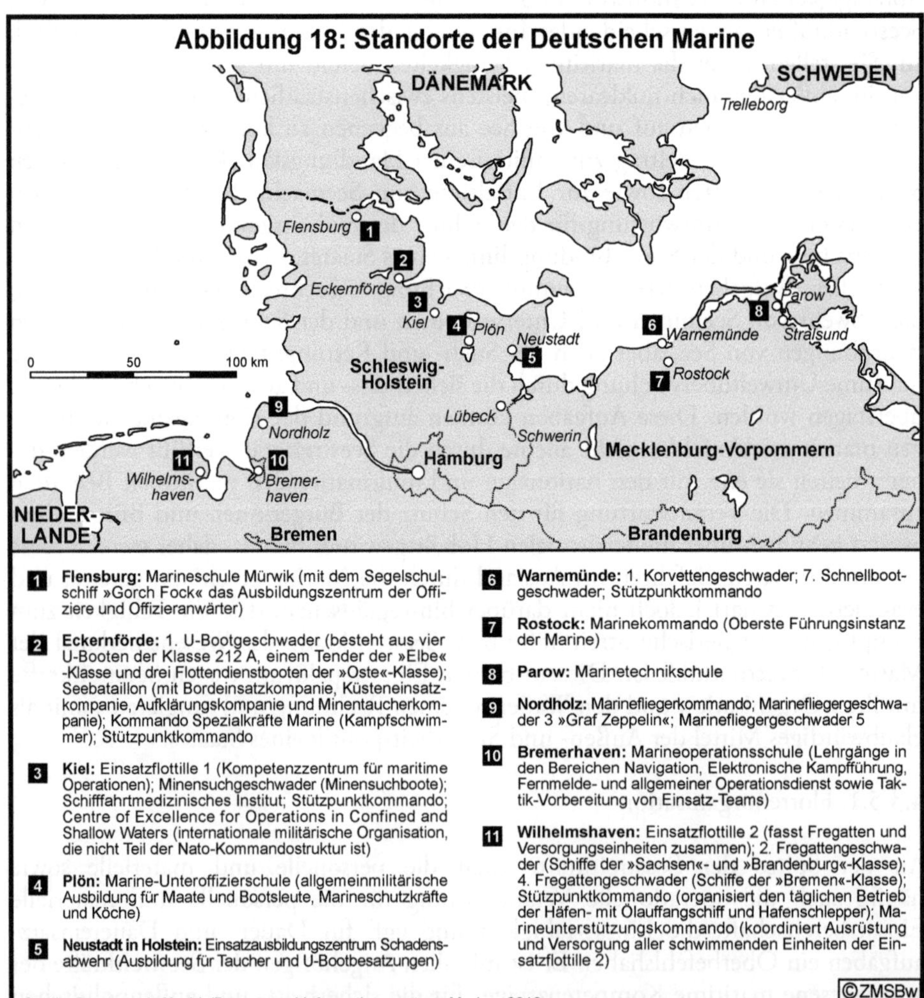

Abbildung 18: Standorte der Deutschen Marine

Quelle: Bundeswehr/Archiv/Presse- und Informationszentrum Marine, 2012.

Bundeswehr intern, ressortübergreifend oder auch im multinationalen Bereich eingebunden ist. Unterhalb des Marinekommandos sind unmittelbar die Einsatzflottillen, das Marinefliegerkommando, das Marineunterstützungskommando und die Schulen der Marine angesiedelt. Die Stationierung der Marine ist vorwiegend in Stützpunkten an der Küste, für Marinefliegerkräfte auch an Bord von großen Kriegsschiffen, wie Flugzeugträgern, Hubschrauberträgern, Docklandungsschiffen, Littorial-Combat-Schiffen (Küstenkampfschiffe) oder auch Fregatten und Zerstörern möglich bzw. vorgesehen.

4.3.5.2. Waffensysteme

Seestreitkräfte müssen, um ihr Hauptwesensmerkmal, den Kampf gegen gegnerische Seestreitkräfte und die Gewährleistung der Entfaltung von Seemacht und Seeherrschaft wirken zu lassen, in der Lage sein, auch in weit entfernten Seegebieten über lange Zeiträume Präsenz zu zeigen. Die Seekriegsmittel müssen im maritimen Wirkverbund fähig sein, die Seewege gegen gegnerische Flugzeuge, Unterseeboote und Kriegsschiffe sowie gegen Bedrohungen durch Piraterie und Terrorismus schützen zu können und gleichzeitig abschreckend und eskalationsfähig wirken. Darüber hinaus müssen die Seekriegsmittel in der Kooperation mit Heer und Luftwaffe gemeinsam agieren können, da es im Rahmen des Schutzes von Seewegen notwendig sein kann, Ziele an Land, etwa durch weitreichende Artillerie oder Spezialkräfte, zu bekämpfen. Die Seekriegsmittel erstrecken sich von Flugzeug- und Hubschrauberträgern bis hin zu Hilfsfahrzeugen. Die oft nuklearbetriebenen Flugzeugträger sowie die nuklearbetriebenen und meistens mit Nuklearwaffen bestückten Unterseeboote stellen das offensivste und deutlichste Instrument der Außenpolitik dar, um eskalationsfähige Abschreckung und die Durchsetzung von Seemacht glaubhaft zu demonstrieren. Hubschrauberträger und »Littorial Combat«-Schiffe als Mehrzweckkampfschiffe eignen sich insbesondere für küstennahe Operationen.

Kreuzer, Zerstörer und Fregatten sind die Hauptseekriegsmittel der dreidimensionalen Seekriegführung. Sie sind entweder optimiert für weit entfernte Einsätze gegen asymmetrische Bedrohungen mittels automatisierter Abwehr derselben, weitreichende taktische Feuerunterstützung von Landeinheiten, die Unterbringung und Abstützung von Spezial- und spezialisierten Kräften bei Einsatzdauer im Einsatzgebiet von mehr als einem Jahr.[112]

Sensoren und Effektoren sind auf die Hauptaufgaben dieser Schiffe, Verbandsführung und Verbandsflugabwehr, optimiert. Wie bei den Fregatten der »Bremen«- und »Brandenburg«-Klasse dient der Bordhubschrauber der weitreichenden Seezielbekämpfung und Unterseeboot-Jagd.

Fregatten und Zerstörer können jedoch auch in der Luftverteidigung ein durchsetzungsfähiges Seekriegsmittel sein. Sie werden hierzu sogar der operationellen Führung von Luftstreitkräften unterstellt. Ursprünglich war die Hauptaufgabe von Zerstörern und Fregatten die Fernhaltung und Jagd von Unterseebooten, die

[112] In der Deutschen Marine leisten 2016/17 diese Aufgaben die Fregatten der Klasse F 125 »Baden Württemberg«.

Handelsschiffs- oder Kriegsschiffsverbände bekämpfen wollten. Seestreitkräfte verfügen auch heute noch über die notwendigen Seekriegsmittel, um Unterseeboote zu jagen. Im Gegensatz zu früheren Zeiten wird hierzu heute fast ausschließlich der Bordhubschrauber, in westlichen Marinen entweder der »Sea Hawk« SK 70, der »Sea Lion« NH 90 oder »Sea Lynx« MK 88, von dem jedes Schiff zwei aufnehmen kann, eingesetzt.

Alle genannten Seekriegsmittelklassen verfügen über leistungsfähige Radaranlagen zur See- und Luftraumüberwachung, zur Navigation sowie zur Feuerleitung, außerdem über Sonargeräte, LINK 11, 16, 22-Informationsübertragung und Anlagen zur elektronischen Kampfführung sowie eine fernmeldetechnische Ausrüstung, die auch Führungsschiffaufgaben zulässt. Diese Funktionalitäten vervollständigen die Ausrüstung der Waffensysteme.

Im Hinblick auf das Aufgabenspektrum von Seestreitkräften im Küstenvorfeld haben Korvetten ihre Berechtigung. Dieser Schiffstyp ermöglicht einen weltweiten Einsatz und ergänzt die vorhandenen Fähigkeiten der Schnellboote und Fregatten. Korvetten sind für die Aufgaben in der Überwasserseekriegführung, insbesondere in Randmeeren und Küstengewässern, und im Rahmen multinationaler Krisenreaktionskräfte optimiert. Heutige Korvetten sind, wie auch Fregatten, netzwerk- und rechnergesteuerte Kriegsschiffe. Zum Beispiel werden im Bereich der schiffstechnischen Automation, der Computer- und Netzwerktechnologie oder der Software für Waffen- und Führungssysteme moderne Netzwerktechniken eingesetzt. Beispielsweise ist auf einer deutschen Korvette der Klasse K 130 »Braunschweig« das Netzwerk so konzipiert, dass bei Beschädigungen am Schiff dennoch alle Informationen ausgetauscht und verarbeitet werden können. Im Schiff sind alle Komponenten zur Aufrechterhaltung der Leistungsfähigkeit mehrfach vorhanden. Durch diese Redundanzen wird die Einsatzfähigkeit gewahrt. Im Bereich der Radar- und Infrarotsignatur weist die »Braunschweig«-Klasse Stealth-Eigenschaften (geringe Auffassungseigenschaften aufgrund der verwendeten Materialen und Schiffsformen) auf. Es ist angedacht, »Marinedrohnen« auf der Korvette zu stationieren. Das Schiff wird dann so in die Lage versetzt, Gebietsaufklärung und -überwachung über den Radarhorizont hinaus durchzuführen.

Diese Einheiten sind auf der Basis der Schnellboote der »Albatros«-Klasse, die bis Ende 2016 außer Dienst gestellt wurden, weiterentwickelt worden und verfügen, statt eines zweiten 76 mm-Geschützes, über das RAM-Flugkörpersystem. Dieses dient der verbesserten Abwehr von gegnerischen Flugkörpern. Anstelle der Torpedobewaffnung besitzen sie eine groß dimensionierte Minenlegekapazität. Die an Bord befindlichen Sensoren entsprechen weitgehend denen der »Albatros«-Klasse, sie verfügen jedoch über modernere und weitreichendere Möglichkeiten der elektronischen Kampfführung.

Zur Sicherung der eigenen Mobilität und der Küsten verfügen Seestreitkräfte über Minensuch- und Minenjagdeinheiten, die auch Minenlegefähigkeiten haben. Zum Schutz gegen Magnetminen und aufgrund besserer Splitterschutzeigenschaften bestehen die Bootskörper und alle wesentlichen Anlagen aus amagnetischen und schockabsorbierenden Werkstoffen. Die Hauptminenabwehrkomponente des Waffensystems stellen Drohnen dar. Die Drohnen operieren abgesetzt von der eigentlichen Einheit auf vorgegebenen Bahnen. Dort simulieren sie beispielsweise typische Schiffsgeräusche und Schiffsmagnetfelder. Werden Minen zur Detonation gebracht, geschieht dies ohne Risiko für die eigentliche Einheit und die Besatzung. Die Drohnen können häufig aufgrund ihrer Robustheit wiederverwendet werden. Im Gegensatz dazu haben Minenjagdeinheiten ebenfalls an Bord befindliche hochmoderne Einwegbekämpfungsdrohnen, die lokalisierte Minen durch Sprengung beseitigen. Um im Rahmen der Minenabwehr auch schwer zugängliche und enge Stellen, wie Hafeneinfahrten und Kaianlagen, absuchen zu können, gehören Minentauchereinsatzgruppen zu den Minensucheinheiten dazu. Die Minentaucher verfügen über eine spezielle Ausbildung zur Beseitigung von Kampfmitteln aller Art. Sie werden im Rahmen des Such-, Rettungs- und Bergungsdienstes, zum Beispiel auch zur Bergung von Flugschreibern abgestürzter Flugzeuge, eingesetzt. Minenjagdeinheiten können sehr gut in den Gesamtverbund der Flotte eingebunden werden.

Die eingangs des Kapitels genannten Unterseeboote bilden ein wirksames Seekriegsmittel zur Abschreckung und Eskalation, jedoch auch zur verdeckten Aufklärung. Sie zeichnen sich durch eine hohe Beweglichkeit für Operationen in flachen und engen Gewässern mit geringstmöglichen Schnorchelzeiten für Batterieladung aus. Unterseeboote sind in der Regel meistens hochtechnologisiert und technisch anderen Seefahrzeugen voraus. Die deutschen Unterseeboote der Klasse 212 A beispielsweise besitzen einen auf der Welt einmaligen Hybridantrieb. Entworfen wurde dieses System mit der Absicht, Unterseebooteinsätze über mehrere Wochen hindurch im dauergetauchten Zustand und weitgehend unabhängig von Außenluftzufuhr zu ermöglichen. Die Hybrid-Anlage setzt sich aus einem Dieselgenerator, einer Fahrbatterie, einer Brennstoffzellenanlage und dem Fahrmotor zusammen.

Neben den schwimmenden und tauchenden Seekriegsmitteln sind die fliegenden für Seestreitkräfte von Bedeutung. Hier sind Jagdbomber und Jagdflugzeuge, Turbopropellerflugzeuge und Hubschrauber, aber auch vermehrt Drohen im Einsatz. Die Seeluftstreitkräfte dienen zur Überwachung der Seeräume bzw. des Seeverkehres, daneben dem Einsatz gegen Meeresverschmutzungen und hauptsächlich der Seekriegführung aus der Luft. Für die Unterseeboot-Jagd sind beispielsweise Propellerflugzeuge, wie die P-3C »Orion«, mit einer Vielzahl an Sensoren ausgerüstet. Aufgrund ihrer langen Flugzeitdauer können Maritime Patrol Aircraft (MPA), wie die Propellerflugzeuge, im Rahmen von Einsätzen oder mit Bezug zu den oben genannten Wirkungsmechanismen von Seemacht große Seegebiete überwachen. Im Einsatz werden sie dazu eingesetzt, Ziele über großen Flächen aufzuklären und unter dem Wasser zu entdecken.

Bordhubschrauber sind einer der Hauptsensoren der Fregatten und Zerstörer. Ausrüstung und Bewaffnung des Hubschraubers sind auf Unterseeboot-Jagd ausgelegt. Zu den Nebenaufgaben zählen der Transport und der Seenotrettungsdienst (SAR) innerhalb eines Schiffverbandes.

Im Rahmen der Suche nach verunglückten Flugzeugen und der Rettung der Besatzungen können analog zu den Flugzeugen Bordhubschrauber, etwa auf Flugzeugträgern, ihren Beitrag liefern. Außerdem unterstützen sie bei der Suche nach Schiffen in Seenot, wenn die zuständigen Stellen die Unterstützung der Marine anfordern. Zusätzlich helfen die Hubschrauber bei der Evakuierung von Personen im Rahmen von Evakuierungseinsätzen oder setzen Spezialkräfte in Krisenregionen ab. Sie können auch zügig für den Einsatz in Katastrophengebieten genutzt werden. Sie stellen somit ein kleines, aber leistungsfähiges Instrument der Außenpolitik eines Staates dar.

Um die Einsatzbereitschaft von Seestreitkräften in allen Facetten, für die der Oberbefehlshaber einer Marine verantwortlich ist, aufrechtzuerhalten, sind eine Vielzahl von Hilfs- und Unterstützungseinheiten notwendig. Diese sind beispielsweise: (Segel-)Schulschiffe, Flottendienst-/Aufklärungsboote, Tender, Betriebsstofftanker, Einsatzgruppenversorger (EGV), Seeschlepper, Torpedofangboote, Ölauffangschiffe, Forschungsschiffe, Mehrzwecklandungsboote, Landungsschiffe, Bergungsschlepper, Transportschiffe und kleinere Transport- und Verbindungsflugzeuge.

4.3.5.3. Einbindung in Bündnisse

Um die geforderten Aufgaben der Außen- und Sicherheitspolitik durch Seestreitkräfte erfüllen zu können, müssen diese im multinationalen Rahmen agieren.

Heutige Seestreitkräfte verfügen meistens über ein vielfältiges, leistungsstarkes und einzigartiges Fähigkeitsspektrum. Dieses wird als Instrument der Außenpolitik zur Bewältigung von Krisen, aber auch zur Abschreckung im multinationalen Verbund genutzt. Einsätze wie EUNAVFOR Atalanta oder UNIFIL MarOps, die Teilnahme an den Ständigen Einsatzverbänden der NATO geben nur einen Eindruck von der Leistungsfähigkeit der Seestreitkräfte. Häufig ist für Seestreitkräfte die multinationale Zusammenarbeit seit Jahrzehnten eine Selbstverständlichkeit, da sie fast ausschließlich multinational eingesetzt wurden und werden. Die internationale Zusammenarbeit spielt für die Seestreitkräfte daher eine bedeutende Rolle. Die Schiffsverbände und einzelne seegehende Einheiten sind in zahlreichen Gebieten und Missionen international eingebunden. Daher ist die Kooperation mit internationalen Partnern ein wichtiger Baustein zur Fähigkeitserweiterung und maritime Normalität der Seestreitkräfte und ein weiteres sie dominierendes Wesensmerkmal.

In der Regel haben die Kooperationen zwischen den Seestreitkräften verschiedener Nationen hohen Ertrag für sie selbst, jedoch vorwiegend diplomatischen Nutzen. So unterstützt die bilaterale maritime Zusammenarbeit den Aufbau und Erhalt von internationalen Beziehungen und fördert das Vertrauen zwischen den einzelnen Nationen auf internationaler und ressort-/sektorübergreifender, d.h. ministeriell zuständiger, Ebene.

Um der sicherheitspolitischen Verantwortung Rechnung zu tragen, werden internationale Kooperationen intensiv genutzt. Die Kooperationen stärken zudem die operationelle, aber auch die außen- und sicherheitspolitische Durchhalthaltefähigkeit und erweitern aus operationeller Sicht die Fähigkeitsspektren und -fertigkeiten der

Marinen. Dazu unterstützen sich die Partnermarinen gegenseitig mit der Integration von Fähigkeiten in ihren gemeinsamen Verbänden, auf Schiffen und Booten sowie fliegenden Waffensystemen. Damit konnte über Jahrzehnte bis heute eine Stufe hoher Komplexität multinationaler Zusammenarbeit erreicht werden.

Die heutigen Seestreitkräfte der westlichen Industrienationen haben fast alle ihre Kräfte der NATO assigniert.[113] Auch künftig werden sich westliche Marinen permanent an allen vier Ständigen Marineverbänden der NATO beteiligen. Neben den Aktivitäten in der NATO werden künftig Arbeitsbeziehungen in der EU bilateral mit befreundeten Nationen ausgebaut. Nachfolgend werden kurz einige der wichtigsten derzeit (2016/2017) laufenden maritimen Operationen aufgezeigt, um einen Eindruck vom breiten multinationalen Einsatzspektrum heutiger Seestreitkräfte zu erhalten. Für Details dazu wird auf Seidler verwiesen.

1. Operation Atalanta am Horn von Afrika
   Mit dem Ziel, die Seeräuberei einzudämmen, sind Marineeinheiten seit 2008 im Einsatz der Europäischen Union am Horn von Afrika vertreten. Hauptauftrag ist der Schutz der Schiffe des Welternährungsprogramms. Darüber hinaus sollen Akte der Piraterie unterbunden, verdächtige Personen gestellt und die Seefahrt in der Region sicherer gemacht werden.
2. UNIFIL-Maritime Operation (MarOps) – vor der Küste Libanons – Multinational auf See
   Auf Grundlage der Resolution 1701 des Sicherheitsrates der Vereinten Nationen unterstützt die UNIFIL den Friedensprozess im Libanon. Neben der Überwachung des Seeverkehrs im östlichen Mittelmeer lautet der Auftrag an die beteiligten Marinen, die Ausbildung der libanesischen Seestreitkräfte durchzuführen.
3. EUNAVFOR MED Sophia – EU-Einsatz im Mittelmeer
   Seit Anfang Mai 2015 beteiligten sich Marinen zunächst an den Maßnahmen im Mittelmeer zur Rettung von Menschen in Seenot. Die Schiffe fahren seit dem 30. Juni unter der Flagge der EU-Mission EUNAVFOR MED. Ihr Hauptauftrag ist es nunmehr, den Schleusern von Migranten das Handwerk zu legen.
4. Operation Active Endeavour (OAE)
   Die Operation Active Endeavour hat seit dem 26. Oktober 2001 das Ziel, NATO-Solidarität und Entschlossenheit zu demonstrieren und zur Entdeckung und Abschreckung terroristischer Aktivitäten im Mittelmeer beizutragen. Im Wesentlichen findet dabei eine Seeraumüberwachung zur Erfassung und Dokumentation des zivilen Seeverkehrs und der daran teilnehmenden Handelsschiffe statt. Sie wird ab Herbst 2016 neu mandatiert und als NATO Operation Sea Guardian ohne Artikel-5-Mandat weitergeführt.
5. Standing NATO Maritime Groups
   Bereits im April 1957 unterstellten erstmals NATO-Marinen ausgebildete Verbände der NATO. Seitdem beteiligen sich viele NATO-Marinen ständig an

[113] Seidler 2015.

multinationalen NATO-Verbänden, konkret an den vier Verbänden SNMG 1 und 2 sowie SNMCMG 1 und 2.[114]

6. Operation Counter Deash
Vor dem Hintergrund der Anschläge 2015 in Paris hat Frankreich um weitere Unterstützung im Kampf gegen den IS in dessen Kerngebiet – Irak und Syrien – gebeten. Beispielsweise unterstützt Deutschland Frankreich bei diesem Einsatz mit einer Fregatte als Begleitschutz für den französischen Flugzeugträger »Charles de Gaulle«.

4.4. Synopse des Kapitels

Im vorliegenden Kapitel wurde das Thema Seemacht und deren Wirkungsmechanismus und Wirkungsmittel dargestellt. Hier wurde deutlich, dass Seemacht eng mit maritimer Macht und Seeherrschaft verbunden ist und auf Land- und Luftmacht wirkt. Es wurde zudem hervorgehoben, dass Seemacht eines der wichtigsten außenpolitischen Instrumente für die Durchsetzung von außen- und sicherheitspolitischen Interessen in einem Seegebiet ist.

Es zeigte sich jedoch auch, dass Seemacht als diplomatisches Mittel genutzt werden kann.

Für beide Funktionen von Seemacht werden meistens Seestreitkräfte herangezogen. Diese sind der Garant für die Seemacht und die daraus folgende Seeherrschaft, wenn sie glaubwürdige potente Fähigkeiten besitzen, wie Eskalationsdominanz, Interoperabilität, Abschreckungspotenzial und Multifunktionalität. Dabei muss berücksichtigt werden, dass Seestreitkräfte in ihrem Hauptwesenszug dazu dienen, gegnerische Seestreitkräfte zu bekämpfen, um ihnen ggf. die Entfaltung von Seemacht zu verwehren. Seestreitkräfte müssen somit befähigt sein, im maritimen Wirkverbund die dreidimensionale Seekriegführung durchführen zu können. Aufgrund der Komplexität des heutigen maritimen Umfeldes können Seestreitkräfte meistens nur noch im multinationalen Verbund operieren. Hierzu werden sie stetig in multinationale Verbände entsandt und nehmen an multinationalen Einsätzen im Rahmen von UN, NATO und EU teil. Sie avancierten somit im Laufe der Jahrzehnte zum verlässlichen Instrument der internationalen Politik.

Ebenfalls im Kontext der internationalen Politik ist die Stützpunktfrage zu sehen. Insbesondere in Friedenszeiten sind außerheimische Stützpunkte nur auf Einladung eines Drittstaates oder durch eine völkerrechtliche Vereinbarung möglich. Um dies zu umgehen, gibt es Tendenzen zu künstlichen Inseln als Stützpunkte oder zu großen mobilen schwimmenden Stützpunkten. Was allen Varianten gleich ist, ist die Demonstration der Ambitionen des Staates, der Stützpunktbestrebungen in einem Seegebiet anstrengt, auf Ausweitung des Einflusses in dem Seegebiet oder auf die dortigen Seeverbindungslinien. Um mittels Stützpunkten Seemacht und Seeherrschaft ausüben zu können, müssen diese an einer seestrategisch günstigen bzw. wichtigen

114 Standing NATO Maritime Group (SNMG); Standing NATO Mine Countermeasures Group (SNMCMG).

Position für den Staat, der Seemacht anstrebt, liegen. Daher ist nicht jeder Stützpunkt für die Entfaltung von Seemacht geeignet. Seemacht und die dafür meistens notwendigen Seestreitkräfte, einschließlich ihrer Wirkungsmechanismen, nehmen abschließend bewertet eine bedeutende Rolle in den internationalen Beziehungen, vornehmlich in denen die Außen- und Sicherheitspolitik betreffenden, ein. Beide Instrumente können als Garant der glaubwürdigen Durchsetzung eines politischen Willens angesehen werden.

5. Einflüsse des maritimen Umfeldes auf Seemacht

In den vorhergehenden Kapiteln wurden das maritime Umfeld mit seinen verschiedenen Facetten sowie Seestreitkräfte im Kontext der internationalen Beziehungen betrachtet. Die im 3. Kapitel dargestellten sicherheitspolitischen Aspekte stehen in einer engen und komplexen Wechselwirkung sowohl untereinander als auch mit dem Wirken der Instrumente von Seemacht. Im folgenden Kapitel werden mögliche Folgen auf das maritime Umfeld sowohl global als auch regional in deren Wechselbeziehung mit den Instrumenten von Seemacht betrachtet. Da sowohl die Klima-, Ingenieur-, Geistes- als auch die Wirtschaftswissenschaften mit ihren verschiedenen Disziplinen teilweise unterschiedliche Ansätze bezüglich der Entwicklung des maritimen Umfeldes diskutieren, zeigen die Aussagen zu den sicherheitspolitischen Implikationen hinsichtlich der Folgen und möglichen Mitigationen und Adaptionen auch für die Wirkungsmechanismen von Seemacht eine beträchtliche Unschärfe. So können die in diesem Kapitel getroffenen Aussagen nicht befriedigend verifiziert werden und weisen somit vorwiegend einen prognostischen Charakter auf. Dies schließt jedoch nicht aus, dass mögliche Entwicklungen der politischen Stabilität und von Instrumenten der Seemacht abgeschätzt werden könnten. Aufgrund der vielseitigen Facetten des Themas erscheint es für seine Darstellung praktikabel, ausgewählte Aspekte und, nach einer Übersicht auf einer globalen Skala, ausgewählte Regionen, in denen aktuell und absehbar zukünftig Konstellationen im maritimen Umfeld zu veränderten Konstellationen von Seemacht führen, näher zu betrachten. Die Ausführungen stehen in engem Bezug zu Mahan und Kirchhoff, die in ihren Arbeiten von einer starken Influenz von verschiedenen Faktoren auf Seemacht und Seestreitkräfte ausgehen.[1] Zudem werden sie in den Bezug der neorealistischen Schule gesetzt, da die Ausübung von Seemacht und Gegenseemacht mit verschiedenen maritimen Fähigkeiten und Instrumenten der internationalen Politik durch diese Theorie anwendbar ist. Die Maßnahmen zur Erreichung eines Gleichgewichtszustandes von Seemachtbestrebungen einzelner Staaten und der jeweiligen Gegenseemacht werden, bezogen auf die geostrategischen und wirtschaftlichen sowie die wehrtechnischen und streitkräftebezogenen Elemente, vorwiegend im Bereich des sogenannten »Hard Balancing« angesiedelt sein. Im Gegensatz dazu bieten die Elemente des See- und Humanitären Völkerrechts, maritime Regime und Sicherheit die Möglichkeit zum »Soft Balancing« oder »Bandwagoning«.

---

1 Mahan 1890, S. 29–90; Kirchhoff 1907, S. 1–19.

5.1. Geostrategie und maritime Wirtschaft

Die geostrategischen Faktoren des maritimen Umfeldes sind nicht erst in der heutigen Zeit sowohl für die sicherheitspolitische als auch maritim-strategische Ausrichtung von Staaten relevant. Mahan und Kirchhoff benennen in ihren Werken geostrategische Aspekte wie geografische Positionen, Bevölkerung, physikalische Beschaffenheit von Land- und Wasseroberflächen für den Erfolg der Erlangung von Seemacht als grundlegend. Mahan[2] beschreibt diese als signifikante Einflussgrößen für Seemacht, auch unter der Einbeziehung von landbezogenen Faktoren. Kirchhoff[3] fasst die Faktoren unter dem Begriff »Militärgeografisches« zusammen und bezieht sich hier ausschließlich auf den maritimen Raum, in dem er Seewege, Häfen, küstennahe Einwohnerzahlen und see- und küstennahe Handelswege betrachtet. Beide gehen bei Ihren Ausführungen bis weit in das 17. Jahrhundert, in die Zeit des 2. Englisch-Holländischen Krieges 1660–1667 um die europäische und koloniale Seevorherrschaft und des Dreißigjährigen Krieges zurück und zeigen die Relevanz am Beispiel Hollands und Englands[4] sowie Dänemarks und Schwedens[5] auf. Beide resümieren, dass die Konstellation von geostrategischen Faktoren initial die Erlangung von Seemacht begünstigt oder beeinträchtigt. Somit ist es für eine Abhandlung zur Seemacht im 21. Jahrhundert notwendig, auf die praktischen Elemente der Geostrategie einzugehen. Ebenfalls ist ein Bezug zur politischen Raumtheorie herzustellen, wenn Territorien und Ressourcen thematisiert werden.

5.1.1. Umwelt und Klima

Die Faktoren der Geostrategie stehen untereinander in einer engen und komplexen Wechselwirkung. In ihrer Gesamtheit verursachen sie sicherheitspolitische Implikationen und ergeben so Aktionsfelder für die Sicherheitspolitik, im Speziellen für die maritime Sicherheit und Seemacht. Die Erörterung der sicherheitspolitischen Auswirkungen allein auf das maritime Umfeld zu beschränken, wäre zu kurz gegriffen, da die maritimen Faktoren mit der globalen Entwicklung und den Mechanismen in den internationalen Beziehungen zusammenhängen. Sie haben somit neben der maritimen eine globale Dimension. Sowohl in nationalen als auch in internationalen politischen Debatten werden seit längerem mögliche klimainduzierte Implikationen für die Sicherheitspolitik unter dem Themenschwerpunkt Umwelt und Sicherheit geführt. Seitdem ist diese Debatte auf den Tagesordnungen der politischen Akteure. Ein Ergebnis der Debatte war das durch das UNEP 1988 gegründete IPCC.[6] Dessen Aufgabe besteht seitdem darin, regelmäßig den aktuellen Sachstand der Klimaentwicklung sowie die daraus abgeleiteten Bedrohungspotenziale

2 Mahan 1890, S. 29.
3 Kirchhoff 1907, S. 9.
4 Mahan 1890, S. 59–82.
5 Kirchhoff 1907, S. 19–28, 30–67.
6 United Nation Environmental Programme (UNEP); Umweltschutzprogramm der UNO; Intergovernmental Panel for Climate Change (IPCC).

zusammenzutragen und zu veröffentlichen.[7] Letztmalig erfolgte dies Ende 2013. Ausgehend von der zweiten Weltklimakonferenz in Genf Ende 1990 wurde eine Klimarahmenkonferenz initiiert. In der folgenden UN-Vollversammlung wurde eine »Internationale Verhandlungsgruppe« zur Vorbereitung einer Konvention eingesetzt.[8] Im Jahre 1992 wurde dann in Rio de Janeiro die Klimarahmenkonvention vereinbart, mit dem Ziel, die Treibhausgaskonzentrationen der Atmosphäre auf einem stabilen Niveau zu halten, um so negative Folgen für Mensch und Ökosysteme zu vermeiden.[9] Neben der Führung der Debatte auf UN-Ebene erschien eine Befassung mit dem Thema innerhalb der EU notwendig. Aufgrund einer Initiative der deutschen Bundesregierung wurde somit das Thema Klimawandel in die EU getragen und durch Verhandlungen unter dem Dach der Klimarahmenkonvention verstärkt. So setzte die EU im Jahre 1996 fest, den vorindustriellen Wert der globalen Temperatur um maximal 2°C übersteigen zu wollen,[10] ein Wert, der auch heute noch als Ziel in den Dokumenten zur Klimapolitik festgeschrieben steht. Die EU wurde seitdem zum wichtigsten Verhandlungs- und Vertragspartner in Sachen Klimarahmenkonvention. Auf der dritten Vertragsstaatenkonferenz der Klimarahmenkonvention in Kyoto von 1997 agierte die EU erneut als treibende Kraft für die Unterzeichnung des Kyoto-Protokolls, in dem sich die Industriestaaten erstmals bindend auf eine Begrenzung der Treibhausemissionen festlegten. Die EU etablierte sich somit als eine der Plattformen im Vordenken der sicherheitspolitischen Klimaauswirkungen, was sich auch während der Klimakonferenz in Paris Ende 2015 zeigte. Im Jahre 2007 etwa führte die EU eine Weiterentwicklung ihrer Klimapolitik durch, indem sie Klima-, Energie- und Sicherheitspolitik in eine enge Wechselbeziehung brachte. Zusätzlich wurde der Energiesicherheit ein hoher Stellenwert zu geordnet.[11] Ende des Jahres 2007 wurde auf der 13. Vertragskonferenz der Klimarahmenkonvention auf Bali ein neues Klimaabkommen vorgestellt, welches dann im Dezember 2009 in Kopenhagen verabschiedet und 2013 nach Auslaufen des Kyoto-Protokolls in Kraft gesetzt werden sollte.[12] Auf der Konferenz in Kopenhagen wurde jedoch kein neues Klimaabkommen vereinbart, sodass die Abschlusserklärung kaum inhaltliche Punkte zum Thema Klimaschutz enthielt. Die EU erhoffte sich, teils vergebens, substantielle Aussagen auf der Vertragsstaatenkonferenz 2011 in Südafrika. Erst im Dezember 2015 auf der Klimakonferenz in Paris konnte ein verbindlicher Klimavertrag zwischen den Nationen, allerdings mit geringeren Klimazielen als beabsichtigt, vereinbart werden. Ziel der Verhandlungen in Kopenhagen im Jahre 2009 war es, die globalen Treibhausemissionen bis 2050 bzw. 2100 gegenüber 1990 um 50 Prozent zu reduzieren, um den Anstieg der globalen Erwärmung auf 2°C gegenüber der vorindustriellen Temperatur in der Atmosphäre zu begrenzen. Im Kontext der Forderung nach Begrenzung ihrer eigenen Emissionen wurden die Industrienationen von den Schwellen- und Entwicklungsländern dazu aufgefordert,

[7] Deutscher Bundestag 1991, S. 837.
[8] Yamin, Depledge 2004, S. 23.
[9] UN 1992, S. 5.
[10] Europäischer Umweltrat 1996, S. 1.
[11] EC 2007, S. 10.
[12] UNFCCC 2007.

umweltfreundliche Technologie zu transferieren und finanzielle Unterstützung zu leisten. Die Forderungen zielten darauf ab, selbst die Fähigkeit generieren zu können, den Ausstoß von Treibhausgasen und weitere spezifische Emissionen zu reduzieren, um die Folgen des Klimawandels abzumildern. Die Industrienationen konnten diesen Appellen nur in geringem Maße nachkommen, da sie sich selbst nur auf geringe Emissionsreduzierungen und finanzielle Hilfen einigen konnten. Auch der Technologietransfer gestaltet sich aufgrund patentrechtlicher Aspekte kompliziert. Andererseits forderten die Industriestaaten nachweisbare Emissionsreduzierungen von den Entwicklungs- und Schwellenstaaten. Anfang des Jahres 2008 wurde auf der Tagung des Europäischen Rates ein Bericht der EU-Kommission und des Hohen Vertreters der Gemeinsamen Außen- und Sicherheitspolitik (GASP) zur Bedeutung der Sicherheitspolitik im Klimawandel debattiert und mögliche sicherheitspolitische Konsequenzen abgeleitet.[13] Daraufhin wurden im Dezember 2008 erste Beschlüsse des Europäischen Rates gefasst, die zum Ziel hatten, den bezüglich des Klimawandels zu führenden Dialog mit Drittländern und Organisationen zu vertiefen, die Auswirkungen des Klimawandels an Hand von Schwerpunktregionen wie der Sahelzone, des Nahen Ostens und Zentralasiens zu untersuchen und aus den Analysen zu den Auswirkungen des Klimawandels in einzelnen Regionen Frühwarnsysteme zu integrieren.[14] Ebenfalls 2008 bewertete der Europäische Rat die Hauptbedrohungen für die Europäische Sicherheitsstrategie (ESS)[15] neu. Zusätzlich zu den bisher erkannten Herausforderungen wie internationaler Terrorismus und Proliferation von Massenvernichtungswaffen wurden nun der Klimawandel und die Energiesicherheit aufgenommen.[16] Bis heute nimmt die Betrachtung dieser Bedrohungen einen hohen Stellenwert in der sicherheitspolitischen Diskussion der EU ein und wirkt bis in die deutsche Klima-, Außen- und Sicherheitspolitik hinein.

Die Ausführungen zeigen, dass die Debatte um Klima und die internationale Sicherheit bzw. Sicherheitspolitik sowohl von regionaler als auch von globaler Relevanz und Brisanz vorwiegend für den maritimen Raum ist. In die Debatte eingeschlossen ist die Frage nach möglichen Konfliktkonstellationen bzw. den möglichen Sicherheitsrisiken, die sich in verschiedenen Facetten bis auf die regionale und lokale Ebene, hier mit Bezug zu den innerafrikanischen Räumen im Schwerpunkt auf den Mittelmeerraum und die nordafrikanische Küste und Südeuropa, niederschlagen können. Insbesondere betrifft dies den regionalen Rückgang von Süßwasserressourcen, die regionale Reduzierung des Nahrungsmittelangebots, das vermehrte Auftreten von Extremwetterereignissen, die durch klimatische Veränderungen begünstigte Migration großer Menschenzahlen hauptsächlich zu den nordafrikanischen Küsten in Richtung Europa, die Konkurrenz um knappe Rohstoffe, die Nutzung der Transportwege in der Arktis und die mit territorialen Ansprüchen der

---

13 EC 2008, S. 1.

14 Ebd.

15 Die EU Global Security vom Juni 2016 löst die ESS 2003 ab, Klimaaspekte werden jedoch weiterhin betrachtet, und sind erstmals durch maritime Aspekte ergänzt worden. Die Bedeutung von Klima und maritimen Fragen wird durch die EU Arktis-Strategie vom April 2016 und die EUMSS vom Juni 2014 unterstrichen.

16 EC 2008, S. 9.

Anrainerstaaten im Widerstreit stehenden chinesischen Territorialansprüche im Südchinesischen Meer. Diese Ansprüche werden trotz des für China negativ beschiedenen Schiedsspruchs des internationalen Gerichtshofes in Den Haag von Mitte Juli 2016 weiterverfolgt.

Die Süßwasserressourcen hängen vorwiegend von den Niederschlagsmengen, den Abflussraten der Flüsse und der Verdunstung ab. Letztere wird Modellrechnungen zufolge aufgrund der steigenden Temperaturen zunehmen. Die Niederschlagsmengen werden wiederum regional variieren, so werden etwa die Niederschlagsraten in den Subtropen zurückgehen. Hingegen wird der Einfluss der Abflussmengen von Flüssen mit Ursprung in den Gletschern großer Gebirge auf die Süßwasserverfügbarkeit zunehmen, wenn nicht sogar ausschlaggebend sein. Die Gletscher speisen die Flüsse auch in den Trockenzeiten mit Schmelzwasser, sodass diese stetig Wasser führen. Das Abschmelzen der Gletscher würde eine kurzfristige Erhöhung der Abflussraten verursachen, jedoch langfristig zu geringeren führen, da die Gletscher und damit die zur Verfügung stehende Wassermenge stetig abnehmen werden.[17] Aufgrund der Tatsache, dass große Gletscher und die davon gespeisten Flüsse im Himalaja und in den Anden liegen bzw. entspringen, wäre die dortige Bevölkerung, also ca. ein Fünftel der Weltbevölkerung, von den Auswirkungen am stärksten betroffen. In Gebieten, in denen bereits heute Wasserknappheit herrscht – besonders in Teilen Afrikas –, sind kritische Entwicklungen in der Nahrungsmittelproduktion und -verfügbarkeit zu erkennen. Dort ist von einer wirtschaftlichen Wasserknappheit auszugehen,[18] da die Bevölkerung keinen oder nur eingeschränkten Zugang zu ausreichenden und sauberen Wasserressourcen hat. Erkrankungen bzw. Epidemien aufgrund fehlender Versorgung mit sauberem Trinkwasser werden eine zu beobachtende Folge sein. Durch das sich verändernde Niederschlagsmuster, besonders in den Subtropen Afrikas, treten vermehrt Dürreperioden auf, sodass bis 2020 bis zu 220 Mio. Menschen von Wassermangel betroffen sein könnten.[19] Ebenfalls betroffen sein könnten die Karibik und die pazifischen Inseln.

Nahrungsmittelproduktion und -verfügbarkeit hängen eng mit den Süßwasserressourcen zusammen. In Teilen der Erde wird sowohl die Agrar- als auch die Nahrungsmittelproduktion aufgrund der veränderten Temperatur- und Niederschlagsverteilung bis 2050 bzw. bis 2100 zunehmen.[20] Mit steigender Temperatur ist jedoch langfristig mit einer Abnahme in den Produktionsraten zu rechnen, wodurch die Nahrungsmittelverfügbarkeit und der Zugang dazu verringert werden und so Hungersnöte zunehmen könnten.

Neben der Süßwasserproblematik stellt die Zunahme der Extremwetterereignisse eine Gefahr für die Agrarproduktion dar, da aufgrund von Bodendegradation und Vernichtung von landwirtschaftlichen Nutzungsflächen nicht genügend Nahrungsmittel produziert werden könnten. In den Industriestaaten ist mit einer Zunahme der Nahrungsmittelproduktion zu rechnen, während in den

[17] Warner et al. 2009, S. 5 f.

[18] IWMI 2007, S. 10.

[19] Warner et al. 2009, S. 2; IPCC 2007c, S. 444; IPCC 2013a, S. 1074.

[20] IPCC 2007c, S. 275; IPCC 2013a, S. 88, 1074.

Entwicklungsländern, besonders in den Wüstenzonen Afrikas und Asiens, die landwirtschaftliche Produktion abnehmen wird.[21]

Die Zunahme der Extremwetterereignisse schlägt sich vorwiegend in einem verstärkten Auftreten von Sturm- und Flutkatastrophen nieder. Deren Ursache ist vornehmlich im Anstieg des Meeresspiegels und der Intensivierung von tropischen Wirbelstürmen zu suchen.[22] Bis 2100 ist davon auszugehen, dass mehrere hundert Millionen Menschen von den Überflutungen betroffen sein und so ihren Lebensraum verlieren könnten. Zusätzlich würde der Anstieg des Meeresspiegels aufgrund der zunehmenden Küstenerosion und der Vermischung von Salz- mit Süßwasser Landressourcen, wie etwa auf dem indischen Subkontinent, verringern. Landwirtschaftliche Aktivitäten wären dann in den betroffenen Küstenregionen kaum mehr möglich. Zusätzlich verstärkt wird der Effekt durch den Eingriff des Menschen in das küstennahe Ökosystem, also durch die steigende Grundwasserentnahme und die dadurch verursachte Landabsenkung. Abholzungen von großen Waldflächen an den Oberläufen der großen Flüsse verringern die Wasserspeicherfähigkeit der angesiedelten Wälder und führen so zu einer Deregulierung der Abflussraten. Dadurch können Überflutungen in den Flussdeltas begünstigt werden.[23]

Gemäß des Berichtes des WBGU von 2008 ist zu erwarten, dass die künftigen Konfliktkonstellationen des laufenden Jahrhunderts in Asien, den Randgebieten der Sahara und Südamerika durch die Degradation der Süßwasserressourcen und den Rückgang der Nahrungsmittelproduktion begünstigt werden, während sie sich in Südostasien, Südasien und in der Karibik vor dem Hintergrund der Intensivierung von Extremwetter- und Wirbelsturmereignissen entwickeln. Hinsichtlich der Auswirkungen, die sich aus dem Abschmelzen des Meereises in der Arktis ergeben, ist zu erwarten, dass sich die Lebensbedingungen der indigenen arktischen Bevölkerung verändern, da ihre Lebensgrundlagen eng mit den natürlichen Gegebenheiten verbunden sind. Die wirtschaftlichen Auswirkungen werden sich vermutlich in der Nutzung des sommerlichen, eisfreien Arktischen Ozeans als Transitroute für die Schifffahrt und als potenzielle Rohstoffquelle für geologische Bodenschätze niederschlagen. Beide indirekten Auswirkungen heben das bisher geringfügige Interesse an der Region Arktis an und führen zu staatlichen Begehrlichkeiten und Ansprüchen bezüglich einer Neuordnung und Grenzziehung im arktischen Raum. Ebenso wird durch China in Ostasien versucht, eine Neuordnung des maritimen Raumes zu erzwingen, indem der Streit um die Senkaku-Inseln und die Aufschüttung künstlicher Inseln auch gegen die internationale Gemeinschaft vorangetrieben wird und dort eigenmächtig zeitweise internationale Gewässer für den Seeverkehr, mittels Einsatzes von Seestreitkräften, gesperrt werden – als Demonstration von regionaler Seemacht bzw. Seeherrschaft.[24] Somit entstehen im nördlichen Polargebiet und in Ostasien mit hoher Wahrscheinlichkeit Konfliktkonstellationen im ma-

21 WBGU 2009a, S. 67; IPCC 2007c, S. 14.
22 WBGU 2008, S. 110.
23 WBGU 2008, S. 111.
24 Siehe dazu den Artikel: China startet neues Manöver, in: FAZ Online, <www.faz.net/aktuell/politik/ausland/asien/suedchinesisches-meer-china-startet-neue-manoever-14347195.html> (letzter Zugriff 20.8.2019).

ritimen Raum, die die Projektion von Seestreitkräften zur Demonstration von Seemacht und Seeherrschaft mit sich bringen (werden). Das Potenzial dieser Konflikte könnte mit zunehmendem Abschmelzen des Eises in der Arktis bzw. mit der weiteren Aufschüttung von Inseln und der dauerhaften Anwesenheit von chinesischen Seestreitkräften im Südchinesischen Meer intensiviert werden und zu Verschiebungen des regionalen Gleichgewichtes der maritimen Kräfte und Interessen führen. Klimaänderungen würden somit belegbar zu Veränderungen im maritimen Raum in sicherheitspolitischer Hinsicht beitragen und Einfluss auf die Entstehung und Entfaltung von Seemacht nehmen. Die Beispiele zeigen, wie eng Klima und Sicherheit, nicht nur im maritimen Raum, zusammenhängen und mit der maritimen Sicherheit und der Entstehung von Seemacht verbunden sind. Letztere wird sowohl in der nationalen als auch internationalen Wahrnehmung zunehmend durch eher nicht maritime Sicherheitsrisiken, wie innenpolitischen Instabilitäten infolge von Konflikten und Krisen, internationalem Terrorismus und Profileration von Massenvernichtungswaffen und deren Trägermitteln, beeinträchtigt. Sowohl staatliche als auch nichtstaatliche Akteure sowie gewaltsame Konfrontationen über das gesamte Intensitätsspektrum verteilt sind in den gegenwärtigen und zukünftigen Bedrohungsszenarien relevant[25] und auch für die maritime Sicherheit ausschlaggebend. Aufgrund ihrer maritimen Abhängigkeit[26] sind besonders für viele Staaten der EU die Bedrohungen auf See und die Bestrebungen nach Kontrolle von Seeräumen mit dem Ziel der Entfaltung von regionaler Seemacht von essentieller Bedeutung für ihre Volkswirtschaften und damit für die Sicherheits- und Verteidigungspolitik. Hier muss der Vorsorge gegenüber möglichen Angriffen und Anschlägen, auch bei fehlender oder nur kurzer Vorwarnzeit, die entsprechende Aufmerksamkeit zugemessen werden. Die gilt auch für den Hintergrund der hohen medialen Wirkung und des Einschüchterungspotenzials für die jeweilige Bevölkerung, besonders im Fall terroristischer Aktivitäten und einer damit verbundenen Erschütterung des staatlichen Gemeinwesens. Massenvernichtungswaffen stellen in diesem Zusammenhang ein mögliches globales Bedrohungspotenzial dar. Eine etwaige Gefährdung der maritimen Sicherheit beinhaltet ein maritimes Umfeld, das die Handlungsfähigkeit der betreffenden Nationen beeinträchtigen könnte. Dies kann zur Folge haben, dass die für Europa und Deutschland lebenswichtigen Seeverbindungslinien nicht mehr uneingeschränkt genutzt werden können und somit ein entsprechender Seehandel nicht mehr möglich ist. Des Weiteren ist nicht auszuschließen, dass ein Schutz der Bevölkerung und der lebenswichtigen Infrastruktur in der Küstenzone und auf See (z.B. Offshore-Windparks) sowie von Häfen und Handelsschiffen nicht mehr gewährleistet werden kann, mit möglichen Auswirkungen auf die Energiesicherheit und die ungehinderte Nutzung der Meeresressourcen. Vor dem Hintergrund der exemplarisch dargestellten weltweiten Risikoregionen, der verschiedenen involvierten

[25] BMVg 2004, S. 7; BMVg 2011, 2015.

[26] Vgl. Fakten und Zahlen zur maritimen Abhängigkeit der Bundesrepublik Deutschland, Jahresbericht 2010, Flottenkommando M 33, September 2010, sowie Fakten und Zahlen zur maritimen Abhängigkeit der Bundesrepublik Deutschland, Jahresbericht 2015, Marinekommando MSchffLtg, September 2015.

Bevölkerungsgruppen und Nationen sowie der davon betroffenen Staaten zeigt sich, dass die maritime Sicherheit und die Bestrebungen nach Seemacht einzelner Staaten oder das Erfordernis von Seemacht zur Eindämmung negativer Entwicklungen im maritimen Raum ein globales multinationales Anliegen über die Klimaproblematik hinaus darstellen, das somit nur multinational, vornehmlich auf staatlicher Ebene, angegangen werden kann. Dabei ist jedoch zu berücksichtigen, dass es sich, etwa im Falle der Piraterie als einer der Implikation aus den Klimaänderungen in Afrika, meistens um nichtstaatliche Akteure mit einem nicht mit demokratischen Wertenormen in Einklang zu bringendem Rechts- und Gewaltverständnis handelt. Die Spielräume für zivile und gewaltlose Durchsetzung der maritimen Sicherheit sind somit sehr eng begrenzt und lassen den Einsatz von Seestreitkräften als Mittel der Demonstration von Seemacht und Durchsetzung von maritimen Interessen als Erfordernis und oft einzige Alternative erscheinen. Damit verbunden ist die Problematik der Bekämpfung und strafrechtlichen Verfolgung von Piraterie. Aufgrund des fehlenden multinationalen einheitlichen Rechtsverständnisses und der daraus resultierenden stark unterschiedlichen Handlungsmöglichkeiten, besonders für Seestreitkräfte, fehlt derzeit beispielsweise die notwendige multinationale Durchschlagskraft in der Abwehr von Piraterie. Somit ist zu erwarten, dass diese Problematik weiterhin die nationalen Regierungen und multinationalen Gremien beschäftigen wird.

5.1.2. Ressourcen und Territorien

Die für diesen Unterabschnitt ausgewählten Aspekte stehen in unmittelbarem Zusammenhang mit den Themen Seemacht und Seeherrschaft. Sie sind, neben machtpolitischen Beweggründen, häufig Auslöser bzw. Initialzünder zur Entfaltung von Seemacht. Beispiele dafür sind sowohl die Streitigkeiten und die damit verbundene Streitkräfteprojektion in der Arktis als auch die im Südchinesischen Meer oder auch im Östlichen Mittelmeer, hier bzgl. vermuteter Erdgasfelder rund um Zypern. Gemeinsam ist allen Beispielen, dass sie durch Ressourcen- und Territorienbegehrlichkeiten intendiert sind und Streitkräfte als Mittel der Außenpolitik eingesetzt werden. Aus neorealistischer Sicht zusammengefasst nutzen also Akteure ihre »Capabilities«, um Machtgewinn zu erzielen, was wiederum andere Akteure veranlasst, dem gegenzusteuern. Im Falle von Territorien setzen Akteure hier vorwiegend auf das Hard Balancing, da Seestreitkräfte zur Anspruchsuntermauerung Dominanz und Eskalationsbereitschaft signalisieren. Der Bezug zur politischen Raumtheorie nach Schmitt ergibt, dass die aktuell und in voraussehbarer Zukunft strittigen Territorien in beide Kategorien der im Kapitel 2 genannten Räume, umkämpfter Raum als herrenloser Raum und als unregierter Raum, fallen.

5.1.2.1. Bergbau, Energie und Fischerei

Neben der weiterhin intensiv durchgeführten Förderung von Erdöl und -gas wird der Abbau der genannten Tiefseerohstoffe in den nächsten Jahren forciert werden.

Besonders der des Massivsulfids wird zeitnah realisierbar sein,[27] zum Beispiel in Papua-Neuguinea. Es ist somit davon auszugehen, dass der Abbau von Tiefseerohstoffen in den nächsten Jahren und Jahrzehnten im Vergleich zu anderen Abbauformen an Dominanz gewinnen wird[28] und sich auf die weltweiten Rohstoffmärkte auswirkt. Voraussetzung dafür sind jedoch einerseits eine erhöhte Nachfrage nach den Rohstoffen als Ersatz und Ergänzung zu den bisherigen klassischen Bodenschätzen und anderseits die Verfügbarkeit der entsprechenden Fördertechnik auf See, die bisher noch mit technologischen Schwierigkeiten behaftet ist. Dies betrifft vornehmlich den Abbau von Kobaltkrusten, sodass diesbezüglich auf einer Zeitskala von mehreren Jahren nicht mit einem Abbau zu rechnen ist.[29] Ein ähnliches Bild ergibt sich bezüglich der technologischen Umsetzung der Methanhydratförderung in industriellem Maßstab. Über den derzeitigen Labormaßstab der Methanhydratförderung kann frühestens auf einer Zeitskala von fünf Jahren hinausgegangen werden, da bisher weder alle Risiken noch die Potenziale eines Abbaus hinreichend untersucht wurden.[30] Hier werden sowohl japanische als auch US-amerikanische Forschungs- und Industrieeinrichtungen eine führende Rolle einnehmen.[31] In den Küstenregionen der Arktis lagern Methanhydrate in einigen hundert Metern unter den Permafrostablagerungen. Da sich die Vorkommen am Kontinentalschelf konzentrieren, ist ein Abbau des Methanhydrates mit moderatem technologischem Aufwand möglich,[32] sodass auf diesem Gebiet bereits Produktionstests vor Alaska angelaufen sind und nun in großflächige Offshore-Feldversuche umgesetzt werden.[33] Inwieweit diese Vorhaben bis zur industriellen Förderung vorangetrieben werden, ist fraglich, da neben der technologischen Machbarkeit auch der ökonomische und energiestrategische Nutzen der Förderung hinterfragt wird.[34] Eine mögliche Realisierung über die Feldversuche hinaus wird nach Meinung des WBGU erst im nächsten Jahrzehnt erwartet.[35] Im Gegensatz zur alternativen Energiegewinnung auf See ist die Technologie der regenerativen Energiegewinnung schon derzeit ein Erfolgsmodell mit ausbaufähigem Potenzial. Neben den bisherigen Anlagen zur Offshore-Windenergieerzeugung werden sowohl Gezeiten- als auch Wellenkraftwerke zukünftig stärker in den Fokus der Forschung und Betreibung rücken, die vielseitigen weltweiten Projekte auf dem Gebiet belegen dies.[36] Jedoch bestehen auch hier technische und wirtschaftliche Risiken, die durch die Forschung ausgeräumt werden müssen;[37] zusätzlich ist anzumerken, dass die Kraftwerksanlagen auch auf absehbare Zeit durch staatliche Mittel gefördert werden müssen, um innerhalb des nächsten Jahrzehnts zum einen rentabel und zuverlässig zur Energiegewinnung ge-

27 WOR 2010, S. 151; WOR 2014, S. 82.
28 Ebd.; WOR 2014, S. 82 f.
29 WOR 2010, S. 151.
30 WBGU 2006, S. 96; WOR 2010, S. 155; WOR 2014, S. 104.
31 WBGU 2006, S. 96.
32 Ebd., S. 97.
33 WOR 2010, S. 155.
34 WBGU 2006, S. 97.
35 Ebd.
36 IEA 2010, S. 8–13.
37 WOR 2010, S. 161.

nutzt zu werden und zum anderen als Ersatz etwa für bisherige Atomkraftwerke die Energiesicherheit gewährleisten zu können. Für die Bundesrepublik Deutschland ist dieser Aspekt eine aktuelle Fragestellung in der Energiedebatte, da gemäß des im Mai 2011 erschienenen Berichtes der Ethikkommission zur Energieversorgung der Zukunft und des darauf folgenden Beschlusses der Bundesregierung vom Mai 2011 bis zum Jahre 2022[38] die deutsche Energieversorgung ohne einheimische Atomkraftwerke sicherzustellen und regenerative Energiegewinnung als primäre Energieförderung zu forcieren ist.[39] Interessant für die Energieversorgung in der EU kann das Projekt DESERTEC im nordafrikanischen Teil der Sahara werden, wobei bis zum Jahre 2050 eine Energieversorgung mittels Solarstrom aus der Wüstenregion aufgebaut und sichergestellt werden soll.[40] Welche der regenerativen Energieformen der Zukunft sich durchsetzen werden, hängt neben dem technologischen Fortschritt sowohl von der politischen Akzeptanz, inklusive der dadurch generierten Fördermittel durch die Regierungen der Staaten, als auch von der Wirtschaftlichkeit und Nachfrage nach den jeweiligen Energieformen ab. Hinsichtlich der maritimen Energiewirtschaft wird diese weltweit von strategischem Interesse werden, was beinhaltet, dass die sensible Infrastruktur, wie Windparks, Gezeiten- und Wellenkraftwerke, vor Beschädigung oder Zerstörung zu schützen ist. Die Sicherstellung der Energieversorgung nimmt, als ein strategisches, essentielles Gut der Gesellschaft, so zukünftig einen hohen Stellenwert in der sicherheitspolitischen Betrachtung und der Außenpolitik ein. Innerhalb dieser Erwägungen ist vorstellbar, dass beispielsweise Seestreitkräfte im streitkräfte- und behördengemeinsamen Verbund, auch unter dem Schirm einer EU-Küstenwache, die seit Dezember 2015 aktiv ist, in den Schutz von regenerativen maritimen Energiequellen eingebunden werden. Seestreitkräfte können zusätzlich auch außerterritorial von Staaten projiziert werden, um neue Energieressourcen zu erschließen bzw. abzusichern. Vornehmlich wird jedoch hier initial eher auf die Ausübung von maritimer Macht als auf die von Seemacht gesetzt werden. Diese Ansicht soll jedoch nicht darüber hinwegtäuschen, dass einzelne Staaten das Instrument Ausübung von Seemacht im regionalen Maßstab nicht anwenden, um Energiestandorte auf See zu sichern, beispielhaft wird hier der fast schon dauerhafte Einsatz chinesischer Seestreitkräfte im Ostchinesischen Meer zur Sicherung der Erdgasquellen dort und der Einsatz türkischer Seestreitkräfte seit September 2011, alternierend, zur Untermauerung des türkischen Anspruch auf die Erdgasvorkommen in den Seegebieten vor Zypern benannt. Andere Seegebiete wie die Ostsee geben ebenfalls, vor dem Hintergrund der seit 2014 stark angespannten Beziehungen zwischen Russland und der EU bzw. NATO, Anlass dazu, dass etwa die Pipelines und Windparks in der südlichen und östlichen Ostsee durch kleine Kriegsschiffe absehbar geschützt werden. NATO und EU würden dann hier im

---

38 Vgl. dazu: Energiemoratorium der Bundesregierung vom März 2011 und den Bericht der Ethikkommission vom 12.5.2011 mit dem Titel Deutschlands Energiekonsens – Ein Gemeinschaftswerk Energiezukunft Deutschland, 28 Seiten, 2012, Ethikkommission der Bundesregierung.

39 Ethikkommission der Bundesregierung 2011.

40 Siehe dazu die Projektseite von DESERTEC: Projekt beendet, Link nicht mehr aktiv (letzter Zugriff 19.7.2016).

Sinne der Gegen(See)macht gegenüber russischem Anspruchsdenken und -handeln im Ostseeraum agieren.

Die Fischerei, explizit die Hochseefischerei, bildet einen weiteren wichtigen Wirtschaftszweig im maritimen Sektor. Er ist insbesondere mit Blick auf den maritimen Raum Asiens ein sicherheitspolitischer Faktor, da dort der Hochseefischfang mit dem Schutz von Territorien und der Fischfangflotten mittels bewaffneter maritimer Kräfte, wie Küstenwache oder Seestreitkräfte, verbunden ist. Nachfolgend wird der Zusammenhang daher skizziert. Eines der wichtigsten Grundlagenlebensmittel für 2,6 Mrd. Menschen sind Fisch und Fischerzeugnisse.[41] Bei zunehmender Nachfrage an Fisch liegt die Weltfischproduktion derzeit bei 130 Mio. t/Jahr. Die Summe setzt sich aus dem Hochseefischfang und der aus Aquakulturen gewonnenen Ausbeute zusammen.[42] Das Fischereiwesen ist eines der wichtigsten Standbeine der maritimen Wirtschaft, das jedoch durch Überfischung und Umweltverschmutzung gefährdet ist.[43] Bis in die 1990er-Jahre hinein war die Hochseefischerei durch eine ständige Fangsteigerung gekennzeichnet, in den 40 Jahren von 1950 bis 1990 vervierfachten sich die Fangraten von 20 Mio. auf 80 Mio. Tonnen. Seit den 1990er-Jahren ist die Gesamtmenge des Fischfangs konstant hoch geblieben.[44] Aufgrund der großen Nachfrage wird die Fischzucht stetig ausgebaut, insbesondere in asiatischen Staaten.[45] Mit einem Zuwachs von sieben Prozentpunkten pro Jahr gehört die Aquakulturaufzucht zu den am stärksten expandierenden Lebensmittelproduktionszweigen.[46] Die Intensivfischung in den Weltmeeren trägt zur Minimierung von weltweiten Fischbeständen bei, besonders bei langlebigen Arten wie Rotbarsch oder Kabeljau, da diese erst im hohen Alter Nachkommen zeugen.[47] Dies kann zum Zusammenbruch des gesamten Bestandes einer Art führen, wie dies beispielsweise für den Kabeljaubestand im Nordwestatlantik vor der Amerikanischen Küste der Fall war sowie für den Nordsee-Kabeljau erkennbar ist.[48] Die Welternährungsorganisation FAO schätzt, dass der Anteil an überfischten und zusammengebrochenen Beständen seit den 1970er-Jahren kontinuierlich zunimmt.[49] Die Entwicklung effizienterer Fangtechniken, wie der Einsatz von Sonaren

41 WBGU 2006, S. 17; WTO 2010, S. 121; WOR 2013, S. 41.

42 WBGU 2006, S. 17.

43 Persönliche Mitteilung in der Einleitung des Vortrages von Dr. G. Wegner, Institut für Seefischerei des Johann-Heinrich-von-Thünen Institut, Hamburg, auf der Regionaltagung Weser-Ems der DGSM am 14.5.2011 in Bremerhaven.

44 WOR 2010, S. 124; WOR 2013, S. 48 f.

45 WOR 2013, S. 84–100.

46 WBGU 2006, S. 17.

47 Ebd.

48 WBGU 2006, S. 17. Im Vortrag von Dr. Wegner, Institut für Seefischerei des Johann-Heinrich-von-Thünen Institut, auf der Regionaltagung Weser-Ems der DGSM am 14.5.2011 in Bremerhaven, wurde dargestellt, dass die Deutsche Hochseefischerei seit den 1970er-Jahren bis heute drastisch eingebrochen ist. Dies lag einmal am Einbruch der Bestände des Nordseeherings in den 1970er-Jahren und des Grönland-Kabeljaus ab 1988. Dies führte u.a. auch zum sogenannten Kabeljaukrieg in der nördlichen Nordsee, dessen Hauptstreitpunkt die dortigen Fischrechte waren. Die Einrichtung von Schon-/Schutzgebieten und die verbindliche Vorgabe für die Netzmaschen lassen derzeit die Bestände an Hering und Kabeljau wieder allmählich ansteigen.

49 WBGU 2006, S. 19.

und unbemannten Unterwasserfahrzeugen zur Fischschwarmortung sowie die höhere Antriebsleistung der Fangschiffe einschließlich der integrierten Verarbeitung auf großen Schiffen, bietet die Möglichkeit, große Fischmengen auf See bereits einzufrieren, trägt jedoch auch zur Bestandsverminderung bei. Zusätzlich wirkt sich aus, dass heutige Fischreedereiflotten auch fernab vom eigentlichen Verladehafen operieren, was wiederum zur Folge hat, dass in immer größeren Tiefen gefischt werden kann.[50] Die heutigen Fischbestände sind schwer abschätzbar und werden daher von mathematischen bzw. Ökosystemmodellen errechnet, indem aktuelle Fangzahlen und der Aufwand, in Form von Fangtagen und Flottengrößen, einbezogen werden.[51] Da die Datenreihen lückenhaft sind, fließen wissenschaftliche Probefänge in die Berechnungen ein.[52] Bei Betrachtung des Gesamtgewichts der gefangenen Fische nimmt China den bedeutendsten Platz in der Welt ein, gefolgt von Peru.[53] Bezogen auf Seegebiete sind der Nordwestpazifik mit 19,8 Mio. Tonnen und der Südostpazifik mit 11,8 Mio. Tonnen pro Jahr die Fischereigebiete mit den größten Fangraten.[54] Die Abbildung 19 und 20 aus den WOR 2010 und 2013 geben die wichtigen Fischereinationen der Welt nach derzeitigem Stand grafisch wieder.[55]

Mit der weltweiten Zunahme der Fischereiaktivitäten geht die Überfischung der Weltmeere einher.[56] Die Überfischung wird maßgeblich durch den Zusammenbruch einer Fischpopulation und die dadurch verminderten Fangmengen charakterisiert.[57]

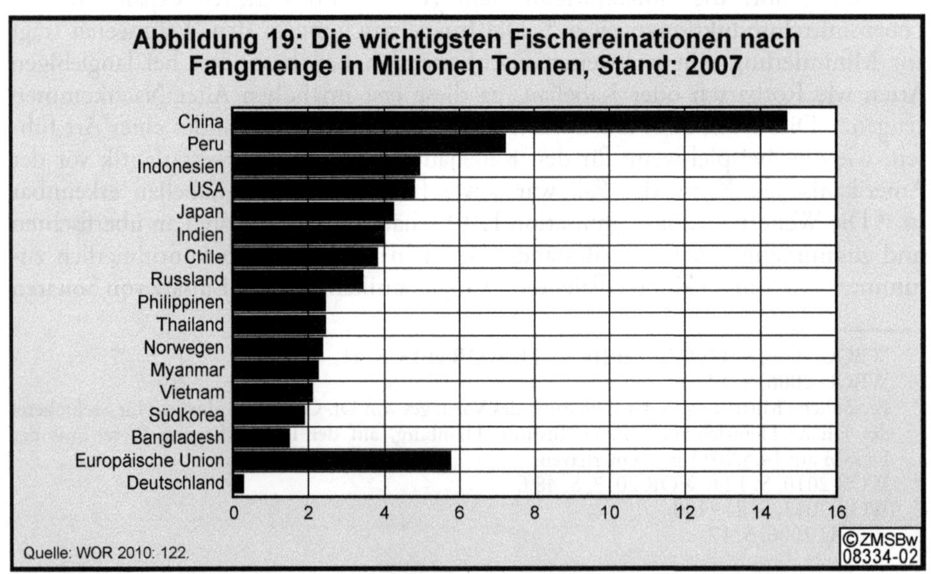

[50] WOR 2010, S. 121.
[51] WBGU 2006, S. 32.
[52] WOR 2010, S. 121.
[53] WTO 2010, S. 121.
[54] WTO 2010, S. 84; WOR 2010, S. 122 f.
[55] WOR 2010, S. 122; WOR 2013, S. 49.
[56] WOR 2013, S. 100–112.
[57] WBGU 2006, S. 17.

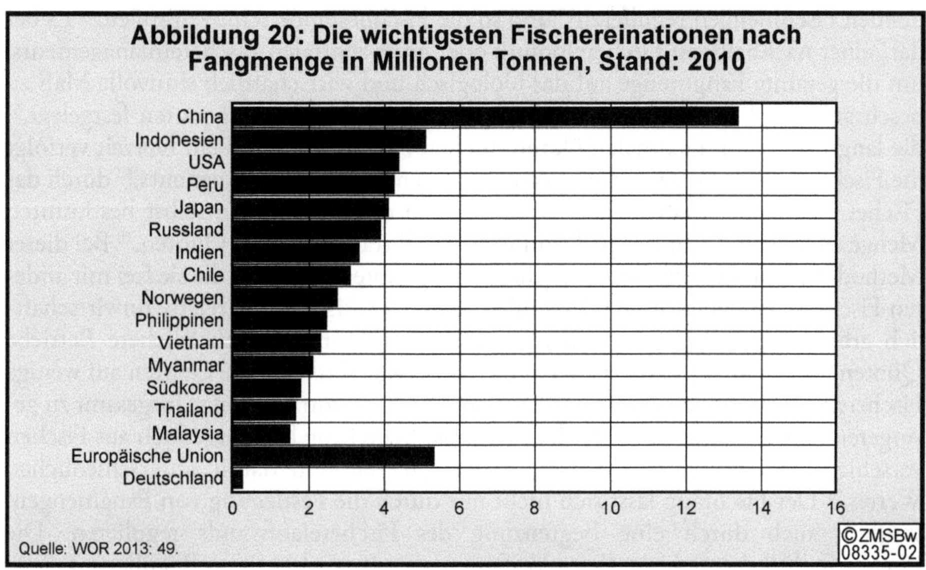

Die Überfischung inklusive signifikanter Dezimierung der Fischbestände ist einerseits eine Folge der steigenden weltweiten Nachfrage nach Fischsorten sowie andererseits der veränderten Umweltfaktoren im Ökosystem Ozean.[58] Die Wechselwirkungen zwischen den Einflussfaktoren im gesamten Ökosystem Ozean, eingeschlossen sind hier die Auswirkungen auf die Meeresflora und -fauna sowie die physikalischen und chemischen Zustandsgrößen des Meeres, sind aufgrund ihrer hohen Komplexität derzeit schwer zu bestimmen, doch scheint sicher, dass sie sich im Laufe der Zeit etwa als Folge des Klimawandels ändern können.[59] Die sich im Laufe der Zeit ändernde Nachfrage nach bestimmten Fischarten wirkt sich zusätzlich auf das Ökosystem Ozean aus. Je nach Umfang und Zusammensetzung der dann erzielten Fischerträge ändern sich Altersstruktur und Dichte der jeweiligen Fischbestände, was wiederum Folgen auf die gesamte Meeresflora und -fauna nach sich zieht.[60] Dem entgegen wirken kann nur ein nachhaltiges, international abgestimmtes Fischereimanagement, welches sich jedoch derzeit in nicht verbindlichen Richtlinien niederschlägt. Als Beispiel hierfür können die in der Literatur genannte Absichtserklärung des Weltgipfels für nachhaltige Entwicklung (WSSD) in Johannesburg 2002[61] oder die Roadmap der CFP[62] der EU Frost und Andersen[63] genannt werden, welche die jährlich maximalen anzulan-

58 Ebd., S. 23 f.
59 Ebd., S. 12.
60 WOR 2010, S. 112, 116, 126.
61 WBGU 2006, S. 26, 101, 114; WOR 2010, S. 126.
62 Common Fishery Policy of the EU (CFP).
63 Daw, Gray 2005, S. 189; Frost, Andersen 2006, S. 737.

denden Fischmengen regulieren[64] und so die Fischbestände schützen sollen.[65] Es bedarf einer nachhaltigen Fischereipolitik oder eines zentralen Fischereimanagements, um die gesamte Fangmenge auf das biologisch und wirtschaftlich sinnvolle Maß zu beschränken.[66] Dazu werden derzeit von Behörden Gesamtfangquoten festgelegt,[67] die langfristig zum maximalen ökonomischen Ertrag führen sollen. Derzeit verfolgt die Fischereipolitik Ansätze eines rechtebasierten Fischereimanagements,[68] durch das Fischer das Recht erhalten, langfristig Fisch in einer von ihnen selbst bestimmten Menge zu fangen.[69] Ein Beispiel sind individuell transferierbare Quoten.[70] Bei dieser Methode bekommen Fischer individuelle Fangquoten zugeteilt, die sie frei mit anderen Fischern handeln können. Das führt dazu, dass Fischer, die relativ unwirtschaftlich arbeiten, ihre Quoten verkaufen dürfen, während wirtschaftlichere Betriebe Quoten hinzukaufen. Langfristig hat dies zur Folge, dass sich die Quoten auf wenige Fischereibetriebe konzentrieren und die erlaubte Gesamtfangmenge insgesamt zu geringeren Kosten eingebracht wird. Der tatsächliche Fang besteht jedoch aus Fischen verschiedener Altersklassen, verschiedener Qualität und damit unterschiedlichen Wertes.[71] Der Fischfang lässt sich nicht nur durch die Festlegung von Fangmengen, sondern auch durch eine Begrenzung des Fischereiaufwands regulieren. Die Fischereipolitik bezeichnet dieses Verfahren als aufwandsbasierte Regulierung.[72] So lässt sich die Fangkapazität begrenzen, indem nur eine bestimmte Zahl an Lizenzen für Fangschiffe[73] vergeben oder indem die Motorleistung oder die Größe der einzelnen Schiffe begrenzt wird. Darüber hinaus kann die Fangdauer beschränkt werden, beispielsweise durch eine bestimmte Zahl von Fangtagen auf See.[74] Eine Alternative zu zentralen Fischereimanagement-Ansätzen sind territoriale Nutzungsrechte (territorial use rights in fisheries, TURF).[75] Bestimmten Fischereigenossenschaften wird langfristig das Recht zugestanden, ein räumlich begrenztes Meeresgebiet exklusiv zu

64 Daw, Gray 2005, S. 193.

65 Diese Fangmenge wird als maximaler nachhaltiger Ertrag (MSY, maximum sustainable yield) bezeichnet. Der MSY gibt die größtmögliche jährliche Fangmenge für einen Fischbestand an, die über einen unbefristeten Zeitraum angelandet werden kann, ohne den Bestand zu gefährden, Daw, Gray 2005, S. 189–197.

66 WBGU 2006, S. 24.

67 WTO 2010, S. 83.

68 Hauptansatzpunkt der gemeinsamen EU-Fischereipolitik seit Februar 2011 ist die gemeinsame Fischereirichtlinie, die als oberste Priorität den Bestandsschutz hat. Von Seiten der EU-Kommission wird als Ziel eine »most sustainable yield (MSY) fishery«, also eine nachhaltige und ertragreiche Fischerei verfolgt, die sich von der »maximum sustainable yield«-Fischerei abheben soll, WOR 2013, S. 124–129.

69 WOR 2010, S. 126.

70 WTO 2010, S. 83; Frost, Andersen 2006, S. 738 f.

71 WTO 2010, S. 134.

72 WOR 2010, S. 135.

73 Die deutschen Hochseefangreedereien haben zusammen mit der Bundesregierung erhebliche Anstrengungen unternommen, um zum Beispiel Fischereirechte vor Patagonien oder Westafrika zu erhalten, in deren Ergebnis, so wurde von Herrn Dr. Wegner in seinem Vortrag am 14.5.2011 festgestellt, konnten jedoch keine Zuwachsraten für die deutsche Hochseefischerei erzielt bzw. nachhaltig gesichert werden.

74 Frost, Andersen 2006, S. 741.

75 WOR 2010, S. 135; WOR 2013, S. 112.

befischen. Fangmengen und Fangaufwand werden in Eigenverantwortung festgelegt. Dadurch können staatliche Regulierungs- und Kontrollausgaben vermindert werden. Das Eigenmanagement der Genossenschaften stellt sicher, dass die Bestände nicht überfischt werden, um das zukünftige Einkommen nicht zu gefährden. Ausdehnbar ist dieses Recht auch auf andere Meeresprodukte wie Krebstiere und Muscheln. Ein Beispiel für ein erfolgreiches Management mit territorialen Nutzungsrechten ist die chilenische Küstenfischerei, die vor allem am Meeresboden lebende Arten befischt, besonders Seeigel und Austern. Dort zeigt sich, dass die Fischer im eigenen Interesse darauf achten, nachhaltig zu fischen, wenn sie die Möglichkeit haben, die Erträge einer solch nachhaltigen Fischerei langfristig zu nutzen.[76] Das Beispiel ist jedoch noch ein Einzelfall. Bislang ist die Mentalität der schonungslosen Fischerei weit verbreitet und eine nachhaltige umweltschonende Fischereipolitik selten. Wie oben angegeben, beginnt die EU derzeit über eine Neuordnung ihrer Politik nachzudenken, deren Umsetzung jedoch noch einen intensiven und umfassenden Abstimmungsbedarf innerhalb der Union erfordert.

Die Meeresfischerei birgt Potenzial für zukünftige Konflikte in den fischreichen Regionen der Weltmeere, die weltweit ausgetragen werden könnten. Die Abnahme von Fischbeständen, dadurch eingeführte Fangquoten und die restriktive Vergabe von Fischereirechten in fremden Hoheitsgewässern bzw. außerheimischen Wirtschaftszonen schaffen dieses Konfliktpotenzial, welches sich aus der Zunahme der obigen konfliktbehafteten bzw. unvereinbaren Faktoren und der daraus resultierenden Spannungserhöhung zwischen den Akteuren ergibt und damit ggf. auch die Notwendigkeit eines umfassenden Fischereischutzes für die Fangflotten. Die Konflikte ständen dann denen des »Kabeljaukrieges« im Nordatlantik während der 1960er-Jahre des 20. Jahrhunderts[77] an Intensität nicht nach. Diese Kontroversen wären dann in die Kategorie zwischenstaatlicher Konflikte einzuordnen und auch innerhalb der EU oder NATO, jedoch insbesondere in Südost- und Ostasien denkbar. Hier kann nur eine gemeinsame, durch die EU regulierte und gesteuerte Fischereipolitik als Instrument der internationalen Beziehungen präventiv wirken. Neben den offensiven Instrumenten von Seemacht bieten sich auch regulative Mittel der Seemacht an, die Staaten einsetzen, um ihre Interessen im maritimen Raum durchzusetzen. Die derzeitigen Regelungen im Fischereiwesen weisen erhebliche Schwachstellen auf, die zukünftig behoben werden müssen, um eine nachhaltige Fischereibewirtschaftung gewährleisten zu können. Neben der stärkeren Kontrolle der Fangquoten ist die Einführung von Fischschutzgebieten und Fischereizertifikaten als Instrument der Zukunft anzusehen.[78] Aus verschiedenen Studien wird ersichtlich, dass marine Schutzgebiete zur Erholung von Fischbeständen beitragen können. Nutzung und Ausbau von satellitengestützten Ortungs- und elektronischen Logbuchsystemen wie Vessel Detection Systems (VDS, Schiffsortungssysteme) und Vessel Monitoring Systems (VMS, Schiffsüberwachungssysteme) erlauben bereits heute die Verfolgung von Fangschiffen auf See und lassen so auf Fangaktivitäten

76 WOR 2010, S. 135; WOR 2013, S. 120.
77 WOR 2010, S. 124 f.
78 Ebd., S. 136.

schließen. Überfischte Meeresregionen können so identifiziert werden und durch die Einrichtung von marinen Schutzgebieten dem Fischfang zeitlich befristet entzogen werden.[79] Der Schlüssel für eine zukunftsorientierte und über mehrere Jahrzehnte erfolgreiche Fischereiwirtschaft liegt in einem abgestimmten und nachhaltigen internationalen Fischereimanagement, dass alle möglichen Wechselwirkungen zwischen ökonomischen und ökologischen Aspekten vereint. Zusätzlich stellen die genannte Zertifizierung sowie die Steuerung der Fischsortennachfrage und die Fangtechniken ein weiteres zukünftiges Handlungsfeld für die Fischereipolitik dar.[80] Initiativen wie das »Marine Stewardship Council« oder die »Friend of the Sea«-Initiative sind die in Zukunft verstärkt agierenden Akteure,[81] um ein nachhaltiges Fischereimanagement, welches sich nicht nur auf die Hochseefischerei reduziert, sondern auch die Aquakulturwirtschaft einbezieht, umzusetzen. In naher Zukunft sind hier nur kleine Fortschritte zu erwarten, da nationale wirtschaftliche Belange im Vordergrund stehen. Seemacht kann somit als Instrument der Durchsetzung von Fischereirechten im Streit um diese zwischen Nationen und zum nachhaltigem regulative Fischereimanagement eingesetzt werden.

Wie sensibel die Fischereirechte in Ostasien sind, verdeutlich ein Zwischenfall aus dem Jahre 2010 zwischen einem chinesischen Fischtrawler und zwei Patrouillenbooten der japanischen Küstenwache.[82] Dieser führte zu einer Aussetzung der damals begonnenen vertrauensbildenden Verständigung der beiden Nationen Japan und China. Im Ergebnis dieses Vorfalls, der mit einer Inhaftierung des Fischtrawlerkapitäns, dem Abbruch der Wirtschaftsverhandlungen bezüglich der Ausbeutung von Erdgas und -öl in einem benachbarten Seegebiet und letztlich zur chinesischen Verweigerung eines Treffens zwischen dem damaligen Ministerpräsidenten Chinas, Wen Jiabao, und dem damaligen japanischen Ministerpräsidenten Naoto am Rande der UNO-Vollversammlung[83] führte, zeigen sich die Sensibilität und unnachgiebige Haltung beider Nationen hinsichtlich ihrer territorialen Ansprüche, hier um Fischereirechte und die Ausbeutung der Fischbestände. Seit dem Zwischenfall patrouillieren nun chinesische und japanische Küstenwachfahrzeuge als Fischereischutz im fraglichen Seegebiet, unterstreichen so die politische Position der jeweiligen Regierungen und demonstrieren Seemacht, wenn auch in kleinem regionalen Rahmen, als Mittel der jeweiligen Außenpolitik.

5.1.2.2. Territorien

Mit Blick auf die Ausformung von Seemacht und des Geofaktors Territorium rücken drei bestimmte Regionen in den Fokus der Aufmerksamkeit: Ostasien, die koreanische Halbinsel und die Arktis. Während der Konflikt auf der koreanischen Halbinsel vorwiegend von machtpolitischen Bestrebungen geleitet ist, in denen Seemacht le-

79 Daw, Gray 2005, S. 190, 195 f.; WOR 2010, S. 139.
80 Daw, Gray 2005, S. 195; WOR 2010, S. 139.
81 WOR 2010, S. 139; WOR 2013, S. 129.
82 Knittel 2010, S. 27.
83 Ebd., S. 28.

diglich in begrenztem Maße demonstriert wird, zeigen sich bei den beiden anderen Regionen Tendenzen dahingehend, dass durch die Akteure versucht wird, eine geografisch und strategisch günstige Position für die Entfaltung von Seemacht zu erlangen. Seestrategische oder militärgeografisch günstige Positionen als Ausgangspunkt für die Entfaltung von Seemacht entsprechen dem klassischen Ansatz von Mahan und Kirchhoff. Mittels der Beherrschung der Senkaku-Inseln oder der Aufschüttung von künstlichen Inseln durch China dort ist beispielsweise die Grundlage für die Schaffung von Stützpunkten in diesem Seeraum gegeben. Hier ergeben sich, bei weiterem Fortgang der Aktivitäten, seestrategische Vorteile für Chinas Seestreitkräfte und die Durchsetzung nicht nur territorialer Ansprüche, sondern auch von Bergbau- und Fischereirechten. In Ostasien kann die Territoriennahme als die Landnahme eines herrenlosen Landes im Sinne der Schmitt'schen Raumtheorie angesehen werden, die mittels des Instrumentes Seestreitkräfte erfolgt und erfolgte und durch deren Anwesenheit die staatliche Souveränität und Jurisdiktion Chinas etabliert und gesichert wird. Analoges gilt für die Arktis, hier sind die fünf Arktisanrainer in unterschiedlichen Ausprägungen und Intensitäten die landnehmenden Akteure. Auf der koreanischen Halbinsel sind raumevolutionäre universalistische Absichten eher hintergründig. Hier sind feste Grenzen gezogen, die nicht ohne weiteres, d.h. ohne militärische Eskalation, verschiebbar sind. Erst bei Eintreten des letztgenannten Zustands wäre nach Schmitt die Konstellation eines umkämpften Raumes, in dem ein Akteur einen anderen verdrängt, gegeben.

Anhand der Beispielregionen wird die Thematik nachfolgend im Detail diskutiert.

Ostasien

Ostasien ist eine der Regionen, die derzeit im sicherheitspolitischen Fokus der Weltgemeinschaft liegt. Dies ist nicht nur der in der Region stattfindenden wirtschaftlichen Entwicklung, etwa in China oder Vietnam, geschuldet, sondern besonders den häufigen bewaffneten Zwischenfällen durch den Einsatz von Seestreitkräften in den Seegebieten rund um Japan, China und Korea, die Ausdruck der konfliktbehafteten Situation im ostasiatischen Raum sind, zuzuschreiben.[84] Neben den lokalen Akteuren treten hier die USA als Verbündete Japans und Südkoreas in Erscheinung, verbunden mit vitalen Interessen. Besonders die genannten westlichen bzw. demokratischen Staaten und China setzen sich für eine Konfliktlösung bzw. -eindämmung und somit eine stabile Region ein, jedoch sind deren Aktivitäten diesbezüglich von eher mäßigem, stark periodisch schwankendem Erfolg gekrönt. China als Nation mit regional-hegemonialem Anspruch in Ostasien, deren Einflusssphäre sich vom Indischen Ozean bis zum Pazifik erstreckt, nimmt in den internationalen Beziehungen heute eine dominierende Rolle ein und ist in zahlreiche aktuelle, auch gewaltsame Konfliktszenarien involviert. Im Fokus der chinesischen geostrategischen Interessen hinsichtlich der territorialen Integrität stehen dabei der Status Taiwans und der Senkaku/Diaoyutai-Inseln im Ostchinesischen Meer,[85] die zwar nach weit verbreite-

[84] Polymeropoulos et al. 2011, S. 1–40.
[85] Berger 2011, S. 1.

ter Ansicht zu Japan gehören, jedoch von China beansprucht werden. Mehrere Zwischenfälle in den letzten Jahren in dem Seegebiet verdeutlichen den langjährigen territorialen Streit zwischen Japan und China. Als oft genanntes Beispiel dient der oben genannte Zwischenfall zwischen einem chinesischen Fischtrawler und zwei Patrouillenbooten der japanischen Küstenwache am 7. September 2010, der zu einer Aussetzung der bis dahin beginnenden vertrauensbildenden Verstän-digung der beiden Nationen führte.[86] Knittel[87] weist daraufhin, dass die Frage nach der territorialen Zugehörigkeit der Senkaku-Inseln in den Verhandlungen über die Ausbeutung von Erdöl- und Erdgasvorkommen des Chunxiao-Gasfeldes im Ostchinesischem Meer ausgeklammert und 2004 chinesische Aktivisten nach einer symbolischen Besetzung der Inseln ohne Aufsehen nach China ausgewiesen wurden. Daraus wird ersichtlich, dass der Konflikt besonders von der japanischen Seite nicht aggressiv und eskalierend verfolgt wird. China hingegen verfiel und verfällt seit dem letzten Vorfall im September 2010 in einen medienwirksamen aggressiven Tonfall, was sich im chinesischen Verhalten niederschlägt.[88] Eine Nebenrolle nehmen in dem Konflikt die USA ein, die einerseits eine Minderung ihrer regionalen Machtstellung, in dem Fall als Verbündete Japans, befürchten und andererseits mit Sorge auf das chinesische Selbstverständnis blicken. Eine für die Politik der USA günstige Begleiterscheinung des Konflikts liegt darin, dass Existenz und Ausbau der US-Militärbasis auf Okinawa, die in Japan durchaus umstritten ist, nun positiv gesehen wird.[89] Dadurch wird die regionale Stellung der USA in Ostasien wieder gestärkt und Japan stärker an die USA gebunden, was den machtpolitischen Interessen der chinesischen Staats- und Parteiführung entgegenwirkt. Eine Lösung dieses Konfliktes ist hier nicht in Sicht. Er wird sich möglicherweise in den nächsten Jahren auf dem derzeitigen Status quo einpendeln. Der Konflikt zeigt eindrucksvoll seinen zwischenstaatlichen Charakter zwischen zwei entwickelten Nationen, dessen Gegenstand die territoriale Integrität eines grenznahen Inselgebietes ist. Des Weiteren zeigt sich, wie durch die Dominanz wirtschaftlicher Interessen in bilateralen politischen Verhandlungen machtpolitische Interessen zurückgestellt werden. Das aggressive Verhalten und Vorgehen der beiden Staaten außerhalb der politischen bzw. diplomatischen Umgebung zeigt jedoch auch die Brisanz und das nachdrückliche Interesse und Ziel der Konfliktparteien, das durch Power Projection unterstrichen wird, während gleichzeitig die jeweilige Gegenseite zur Erreichung der Balance of Power angetrieben wird. Simultan unterstreicht China somit seinen Anspruch auf die regionale Hegemonie in Asien bzw. zumindest in der Region pazifisches Asien. Vorteilhaft ist die Entwicklung für die USA als Hauptverbündetem Japans in Asien, der seine derzeitige regionale Machstellung vorerst aufrechterhalten kann und durch den Bau der Militärbasis auf Okinawa einerseits japanische Interessen unterstützen und andererseits die eigene Machtprojektion vorantreiben und unterstreichen kann. Neben der Problematik bezüglich der oben genannten Inseln befindet sich China in einem seit Langem andau-

86 Knittel 2010, S. 27.
87 Ebd., S. 28.
88 Ebd.
89 Ebd.

ernden Streit hinsichtlich der territorialen Zugehörigkeit Taiwans zu China. Im Gegensatz zu Japan treten hier die USA als aktiver Akteur in Erscheinung, da sie sich in der Rolle einer Schutzmacht für Taiwan sehen. Gleichzeitig versuchen die Vereinigten Staaten u.a. mittels der Taiwanfrage ihre militärstrategischen und geostrategischen Ziele in Ostasien zu sichern und zu erweitern. Der Konflikt wird in erster Linie auf diplomatischer Ebene ausgetragen: Beispielsweise hat US-Außenministerin Hillary Clinton auf dem Regionalforum der ASEAN im Juli 2010 in Hanoi den Konflikt scharf kritisiert und die »nationalen Kerninteressen« der USA im Südchinesischen Meer betont sowie freie Seewege gefordert.[90] Außerdem appellierte sie an die Anrainerstaaten des Seegebietes, sich ohne Ausübung von Druck bezüglich der territorialen Ansprüche multi- oder ggf. auch bilateral zu einigen.[91] Obwohl China den Forderungen Taiwans nach mehr internationalem Gestaltungsraum nicht nachkommt (wie 2008 vom damals neu gewählten taiwanesischen Präsident Ma Ying-jeou gefordert), haben sich nach Ansicht verschiedener taiwanesischer Persönlichkeiten die Beziehungen zu China verbessert und werden mit vertrauensbildenden Maßnahmen fortgesetzt.[92] Angezweifelt werden innerhalb der innenpolitischen Debatte in Taiwan jedoch die Nachhaltigkeit der Entwicklung sowie die Erfolgsaussichten der taiwanesischen Außenpolitik.[93] Zwar überwiegt eine vorsichtig optimistische Meinung, die bei weiterer chinesischer Ignoranz gegenüber taiwanesischen Forderungen nach Ansicht von Bräuner und Oertel[94] allerdings auch kurzfristig wechseln und somit zu einer erneuten Konfliktverschärfung führen kann. Derzeit ist die Taiwanfrage eher eine grundsätzlich entspannte zwischenstaatliche Konflikt-situation auf politischer Ebene zwischen China und den USA um die Sicherung der regionalen Vormacht in Ostasien, dies belegt u.a. die obige Äußerung von Hillary Clinton. Da China in der Region vitale Interessen hat,[95] sind für Chinas Politik die territorialen Ansprüche an Taiwan allerdings essentiell und undiskutabel in der politischen Debatte. Eine gewaltsame Eskalation kann derzeit ausgeschlossen werden. Nichtsdestotrotz ist vor dem Hintergrund der chinesischen Aufrüstung davon auszugehen, dass die USA ihre militärische Präsenz, als Ausdruck ihrer Unanfechtbarkeit hinsichtlich der Taiwanfrage, ausbauen werden, um im Sinne der Balance of Power das militärische und somit politische Gleichgewicht und die Augenhöhe zu wahren. Außerdem droht den USA bei einer weiteren Entspannung und Annäherung zwischen China und Taiwan ein strategischer Nachteil und ein Verlust des Status der Ordnungsmacht in Ostasien, verbunden mit der Möglichkeit des Verlustes der regionalen Hegemonie im Indischen und im asiatischen Teil des Pazifischen Ozeans.[96] Unter der Annahme etwaiger zunehmender Selbstständigkeit Taiwans ist davon auszugehend, dass die USA im Kontext des Verlustes der Ordnungsmacht auch die Schutzmachtrolle für Taiwan einbüßen. Somit kann eine

90 Ebd., S. 29.
91 Ebd.
92 Bräuner, Oertel 2009, S. 1.
93 Ebd., S. 4.
94 Ebd.
95 Berger 2011, S. 2.
96 Ebd.

Entschärfung des Konfliktes zwischen Taiwan und China zu einer Verschärfung bzw. neuen Konfliktgenerierung um die Durchsetzung der nationalen Interessen in Ostasien zwischen China und den USA führen. Während in der Frage um das Süd- und Ostchinesische Meer der Kampf um herrenlose Gebiete und die Projektion und Sicherung der chinesischen Rechtsnormen und Gerichtsbarkeit, unter dem Ansatz der Billigung durch die internationale Gemeinschaft und des Völkerrechts im Vordergrund steht, ist für Taiwan vielmehr ein schwellender Verdrängungskampf zwischen den USA und China zu identifizieren, der letztlich zum gleichen Ergebnis führen soll wie im Süd- und Ostchinesische Meer, nämlich zur Ausdehnung rotchinesischer Souveränität auf das gesamte Territorium Taiwans. Für das Süd- und Ostchinesische Meer ist weiterhin festzuhalten, dass es sich nicht um die Schmitt'schen unregierten Räume handelt, obwohl der Ressourcenabbau und die -ausbeutung in der Region bestimmend für die Landnahme sind.

Zusammenfassend kann für den östlichen Teil des chinesischen Meeres festgestellt werden, dass die USA und China die beiden dominierenden Nationen in Ostasien sind. Beide Staaten streben nach der regionalen Vormachtstellung, dabei ist zu beobachten, dass die USA erhebliche Anstrengungen unternehmen, wie an Hand der beiden Beispielregionen aufgezeigt, um ihre derzeitige Position zu sichern. Dazu bedienen sie sich u.a. der ASEAN als Vehikel amerikanischer Interessen. Außerdem versuchen sie die Anrainerstaaten Chinas, wie beispielsweise Vietnam,[97] mit Unterstützungsangeboten auf ihre Seite zu ziehen. Absehbar werden die USA allerdings ihre Vormachtstellung an China und ihren Einfluss in der Region verlieren, vorwiegend begründet in der gravierenden Haushaltsschieflage der US-Finanzen und den nicht ausbleibenden Einsparungen im Militär- und Entwicklungsetat.[98] Mit Japan werden die USA zwar weiterhin einen verlässlichen Partner haben, jedoch ist Japan derzeit durch die Fukushima-Katastrophe und das Krisenmanagement sowohl innen- als auch außenpolitisch angeschlagen, sodass regional orientierte machtpolitische Schachzüge kaum zu erwarten sind. Neben den genannten Konflikten ist eine weitere asiatische Region, die koreanische Halbinsel, im Fokus der sicherheitspolitischen Debatte der Weltgemeinschaft, in der wiederum die USA und China eine führende und aktive Rolle einnehmen.

Koreanische Halbinsel

Seit der 1948 manifestierten Teilung der Halbinsel Korea, sichtbar durch die Ausrufung der Republik Korea (Südkorea) am 10. Mai 1948 und die daraufhin erfolgte Gründung der Demokratischen Volksrepublik Korea (Nordkorea), waren sowohl die politische als auch die militärische Konfliktaustragung auf der Tagesordnung und wurden nur durch zeitweise Einhaltung von Abkommen und gegenseitigen

97 Knittel 2010, S. 29.

98 Vgl. die Artikel: Barack Obama spricht offen über eine Staatspleite. In: Welt Online, <www.welt.de/wirtschaft/article13485166/Barack-Obama-spricht-offen-ueber-eine-Staatspleite.html>, 13.7.2011 (letzter Zugriff 20.8.2019), Obama setzt im Schuldenstreit 36-Stunden-Ultimatum. In: Welt Online, <www.welt.de/politik/ausland/article13487961/Obama-setzt-im-Schuldenstreit-36-Stunden-Ultimatum.html>, 15.7.2011 (letzter Zugriff 20.8.2019).

Verpflichtungen unterbrochen. Nach dem Koreakrieg von 1950–1953 lagen die Beziehungen bis in die 1970er-Jahre des 20. Jahrhunderts auf Eis. Bis 1991 erfolgten dann nur sporadische Treffen und Verhandlungen zwischen beiden Staaten, die jedoch von verhärteten Positionen auf beiden Seiten und von Bemühungen um eine, bis heute nicht erfolgte, Unterzeichnung eines Friedensvertrages gekennzeichnet waren. Mit dem im Dezember 1991 abgeschlossenem und im Februar 1992 ratifizierten Aussöhnungs-, Nichtangriffs- und Kooperationsvertrag[99] wurde der Annäherungsprozess zwischen beiden Staaten belebt. Seitdem kennzeichnen Zwischenfälle und Provokationen die bilateralen Beziehungen. Völkerrechtlich betrachtet existieren keine Waffenstillstandsabkommen und kein Friedensvertrag zwischen beiden Staaten, sodass diese sich noch im Kriegszustand befinden.[100] Ein jüngeres, von der internationalen Gemeinschaft mit Entsetzen aufgenommenes Beispiel für die angespannte Lage in der Region war etwa die Erschießung einer südkoreanischen Touristin in der nordkoreanischen Ferien-Enklave Diamond Mountain Ressort im Jahre 2008,[101] worauf die Bestrebungen zu bilateralen Gesprächen eingestellt wurden. Die Vorfälle im Gelben Meer und Japanischen Meer sowie an der innerkoreanischen Grenze im Jahre 2010 mit Toten und Verletzten auf südkoreanischer Seite[102] zeigen als noch aktuellere Zwischenfälle die konfliktverschärfte und gewaltbereite Situation auf der koreanischen Halbinsel. Zusätzlich und mit zunehmender Sorge sowohl von China, den USA und Russland werden die Aktivitäten Nordkoreas hinsichtlich seines Atomwaffenprogramms betrachtet. Die zwischen 2003 und 2009 durchgeführten Sechs-Parteien-Gespräche[103] bezüglich des nordkoreanischen Nuklearprogramms belegen die gemeinsamen Bedenken. Die vermehrte Durchführung von Raketentests seit Frühjahr 2009, der letzte war im Frühjahr 2017, hat bereits vor den oben genannten Vorfällen des Jahres 2010 zu einer Abkühlung des Verhältnisses zwischen Nord- und Südkorea geführt.[104] Gleichzeitig wirken hier analog zu Japan

[99] Kleiner 1992, S. 1.

[100] Sicherheitspolitik aktuell 2008, S. 1.

[101] Ebd.

[102] Im März 2010 wurde die südkoreanische Korvette »Cheonan« wahrscheinlich durch ein nordkoreanisches U-Boot mit Torpedos angegriffen und versenkt. Es gab keine Überlebenden. Im Oktober 2010 wurden südkoreanische Truppen ca. 90 km nordöstlich von Seoul durch nordkoreanische Soldaten beschossen. Ein weiterer Zwischenfall wurde von der Grenze im Oktober gemeldet, in dem die südkoreanische Marine zehn Warnschüsse auf ein nordkoreanisches Fischerboot, das über die Seegrenze an der Westküste hinausgefahren war und zuvor gegebene akustische Aufforderungen über Lautsprecher ignorierte, abfeuerte (Sicherheitspolitik aktuell 2010). Übertroffen wurden die Zwischenfälle durch den Artilleriebeschuss der südkoreanischen Insel Yonpyong im Gelben Meer, nahe des Grenzgebiets zu Nordkorea, durch nordkoreanische Truppen am 23.11.2010, bei dem zwei Zivilisten und zwei südkoreanische Soldaten getötet und zwei weitere Soldaten verletzt wurden. Durch den Beschuss wurden verschiedene Gebäude auf der Insel zerstört. Südkorea erwiderte den Angriff mit dem Beschuss von nordkoreanischen Stützpunkten. Siehe dazu Polymeropoulos et al. 2011, S. 14.

[103] Polymeropoulos 2011, S. 14. Die Sechser-Gespräche finden zwischen Japan, Russland, USA, China, Nord- und Südkorea statt. Aufgrund der gewalttätigen Zwischenfälle im März und November 2010 wurden die für das selbe Jahr geplanten Gespräche vorerst ausgesetzt. Südkoreas Präsident Lee Myung Bak äußerte sich jedoch Ende 2010 zuversichtlich, im Jahre 2011 die »Sechs-Parteien-Gespräche« wieder aufnehmen zu können.

[104] Knittel 2010, S. 29.

und Taiwan die USA und China, in Teilen auch Russland im Hintergrund des Konfliktes mit und versuchen so ihre Position in der Region Ostasien zu sichern bzw. zu stärken. China als die wichtigste Einflussnation gegenüber Nordkorea übt seit mindestens 2009 sowohl wirtschaftlichen als auch politischen Druck auf Nordkorea aus, indem es Kim Jong Il in Pjöngjang einerseits zur Öffnung des Landes, besonders für den kleinen Grenzverkehr für Südkorea, andererseits auch zu wirtschaftlichen Reformen drängt.[105] Seitens Nordkoreas wurde dies nicht zuletzt durch die aus der Erdbebenkatastrophe 2010 resultierende Hungersnot erforderlich. Abgefedert wird und wurde diese durch die Lebensmittelhilfe von Südkorea, die vor 2010 letztmalig 2007 initiiert wurde.[106] Diese Tendenzen sind jedoch ausschließlich der Notsituation und der Vermeidung von daraus entstehendem Potenzial für das Aufflammen innerer Spannungen geschuldet und nicht einer Einsicht der politischen Führung Nordkoreas in die Notwendigkeit wirtschaftlicher und politischer Veränderungen. Knittel merkt an, dass sich Nordkorea dem Druck Chinas nicht länger widersetzen könne.[107] Besonders vor dem Hintergrund der jüngsten Ereignisse, einschließlich der Naturkatastrophe, und der fatalen nationalen Folgen, wie Hungersnot und weitere internationale Isolierung, sind die durch Chinas damaligen KP-Chef Hu Jintao und damaligen Minister-präsidenten Wen Jiabao angeratenen Öffnungsprozesse unerlässlich. China sieht sich nach verschiedentlich vertretener Meinung[108] mit Blick auf die »Sechs-Parteien Gespräche« in einer Vermittlerrolle einerseits zwischen den beiden koreanischen Staaten selbst und andererseits zwischen den westlich-demokratisch orientierten Nationen USA, Südkorea und Japan auf der einen und den autokratischen Staaten Russland und Nordkorea auf der anderen Seite, wobei China durchaus auch selbst einen Teil dieser Partei darstellt. Für China bietet sich so die Möglichkeit zur international anerkannten Vermittlerrolle und insbesondere in der Region Ostasien zu einer Drehscheibe der internationalen Beziehungen zu avancieren. China unterstreicht seine zukünftige Position, in dem es UN-Resolutionen gegen Nordkorea unterstützt und so Kritik an der Staatsführung Nordkoreas übt.[109] Für Südkorea werden die jüngsten Vorfälle, auch unter dem Eindruck der Raketentests im ersten Halbjahr 2017, Anlass sein, sich noch stärker als bisher an die USA als Schutzmacht und in geringerem Maß eventuell auch an Japan zu binden. Insbesondere die militärische Zusammenarbeit mit den USA wird vertieft. Dies zeigt sich beispielsweise in dem bis Ende November 2010 im Gelben Meer, vor der Küste der koreanischen Halbinsel, trotz nordkoreanischer Drohungen durchgeführten Seemanöver der US- und südkoreanischen Streitkräfte. Zusätzlich wurde zur Unterstreichung der Position das gemeinsame Großmanöver »Scharfes Schwert« Japans und der USA in japanischen und südkoreanischen Gewässern im Gelben Meer durchgeführt. Die Bedeutung der westlichen Position wird daran deutlich, dass das Manöver zu den größten jemals abgehaltenen in der Region zählt, in welchem bis zu

105 Ebd.
106 Sicherheitspolitik aktuell 2010, S. 6.
107 Knittel 2010, S. 29.
108 Polymeropoulos 2011, S. 14.
109 Ebd.

44 000 Soldaten, 50 Schiffe und 500 Flugzeuge sowie südkoreanische Beobachter involviert waren, und das als ein signifikantes Signal an Nordkorea und auch China hinsichtlich der Machtprojektion bzw. der Demonstration militärischer Stärke und Seemacht zu bewerten ist. Sowohl die USA als auch Japan sind hier bestrebt die Balance of Power aufrechtzuerhalten. Hinsichtlich des nordkoreanischen Nuklearprogramms und der daran gebundenen Positionen der zwei gegensätzlichen Staatenparteien zeigt sich ein Streben der westlichen Nationen hin zu einem Gleichgewicht bzw. zu einer vorsichtigen Kontrolle der Interessen, insbesondere derer Nordkoreas, durch die Schaffung von Allianzen und Verträgen. Nachhaltige Stabilität in der Region ist mit Blick auf die weiteren Anstrengungen Nordkoreas zum Ausbau seines Atomwaffenprogramms und der gewaltsamen Grenzzwischenfälle zwischen den beiden koreanischen Staaten nicht zu erwarten. Nordkorea wird sich jedoch aufgrund des Druckes Chinas, das sich als die dominierende Einflussnation Nordkoreas sieht, für die internationale Gemeinschaft öffnen müssen. Der 2011 erfolgte Machtwechsel von King Jong Il auf dessen Sohn Kim Jong Un änderte kaum die bis dahin gültige Staatsführungsphilosophie einer Diktatur. Für Russland, als einem der früheren offenen Unterstützer Nordkoreas, liegt der ostasiatische Raum, obwohl vor den eigenen Küsten befindlich, kaum im Fokus der Politik, dies spiegelt sich in der Militärdoktrin Russlands bis 2025[110] wider. Zwar wird in der »Strategie der nationalen Sicherheit der Russischen Föderation bis zum Jahre 2020« auf den Konflikt auf der koreanischen Halbinsel und dessen negative Auswirkungen auf die internationale Politik[111] hingewiesen, jedoch ergeben sich im Text keine Handlungsfelder für die russische Sicherheits- und Außenpolitik. In der Militärdoktrin wird jedoch auf die Verbreitung und Nutzung von Nuklearwaffen als eine der militärischen Gefahren hingewiesen,[112] sodass Russland neben dem Kernwaffenpotenzial anderer Staaten, wie u.a. Indien und Pakistan, eine Gefahr durch nordkoreanische Kernwaffen sieht bzw. dass dies aus der Formulierung interpretierbar ist. Nicht zuletzt lässt sich damit auch eine Intention Russlands für das Engagement in den Sechs-Parteien-Gesprächen ableiten. Vielmehr ist Russland in Ostasien an einer Lösung der territorialen Streitigkeiten mit Japan hinsichtlich des Verbleibs der Kurilen im russischen Territorialbestand interessiert, da sich seit der unrechtmäßigen Besetzung der Inselgruppe im Jahre 1945 durch die damalige Sowjetunion für Russland militärstrategische Vorteile, besonders gegenüber Japan und den USA, in Ostasien ergeben. Für Südkorea werden die USA im noch stärkeren Maß die Schutzmachtfunktion übernehmen, was wiederum mit Blick auf die chinesische Position und Interessen als kritisch bewertet wird. Aufgrund der Verhältnisse auf der koreanischen Halbinsel gibt es für ein vereintes Korea, welches nur unter der Prämisse der Demokratie ermöglicht werden könnte, absehbar keine Chance. Für die USA bieten sich durch die Schutzmachtrolle die Möglichkeit, ihre durch die zunehmende Stärke Chinas schwindende regionale Vormachtstellung in Ostasien zu festigen, wenn nicht sogar auszubauen. Dazu bedienen sie sich zusätzlich der Unterstützung

110 Siehe dazu DSS 2010, S. 1–23.
111 Lemcke, Preiß 2009, S. 6.
112 DSS 99 2010, S. 10.

Japans. Somit ist die gesamte Region Ostasien als eine Region einzustufen, in der Seemacht und deren Durchsetzung mittels militärischer Mittel bis hin zu maritim ausgetragenen Konflikten, deren Konfliktintensitäten sich alternierend zwischen Waffengewalt und Diplomatie einpendeln kann, eine hohe Relevanz und Bedeutung für die internationalen Beziehungen haben und haben werden. Inwieweit die koreanische Frage, besonders hinsichtlich des Nuklearpotenzials Nordkoreas, auf weite Sicht betrachtet Konfliktstoff liefert bleibt abzuwarten. Die ständig durchgeführten nordkoreanischen Raketentests, auch bei Inkaufnahme des Verstoßes gegen UN-Resolutionen, lassen vermuten, dass die Staatsführung diese Beantwortung der Frage auch mittels Nutzung von Nuklearpotenzialen zumindest von ballistischen Potenzialen beeinflussen will.[113] Zunehmend werden hier Seestreitkräfte als Träger forciert,[114] um im maritimen Raum Abschreckungspotenziale entstehen zu lassen. Land-/Seenahmen sind für die koreanische Halbinsel durch das Vorhandensein von nuklearer Rüstung auszuschließen. Diese ginge ausschließlich mit umfassenden und hoch intensiven militärischen Operationen einher und führte im Ergebnis zur, voraussichtlich vorübergehenden, Verdrängung einer der Akteure.

Arktis

Hinsichtlich der unterseeischen Landmassen der Arktis existieren zwischen den fünf Anrainerstaaten (»Arctic Five«) USA, Russische Föderation, Kanada, Norwegen und Dänemark keine unmittelbaren Grenzstreitigkeiten.[115] Demgegenüber steht jedoch ein Dissens bezüglich der Wassersäule (vom Meeresboden bis zur Meeresoberfläche) und des Unterwasserbodens. Hier rücken bisher die Streitigkeiten zwischen den USA und Kanada über die Rechtsnatur der Kanada vorgelagerten Nordwestpassage und die Zugehörigkeit eines Teils der Beaufortsee, in dem Erdöl vermutet wird, sowie die Unstimmigkeiten zwischen Norwegen und der Russischen Föderation bezüglich des gemeinsamen Grenzverlaufes in der Barentssee ins öffentliche internationale Blickfeld. Weitere offene Fragen bestehen hinsichtlich des Festlandsockels von Spitzbergen und der Gewässer um die kleinen Inseln Hans, Jan Mayen und Wrangel. Überlagert wird das aktuelle oben dargestellte Bestreben durch Aktivitäten der fünf Anrainerstaaten, die Grenzen ihres Festlandsockels über die im Seerechtsübereinkommen festgelegten 200 nautischen Meilen hinaus zu erweitern. Beispielsweise beansprucht die Russische Föderation 350 nautische Meilen als Grenze des Festlandsockels, der bislang gemäß Art. 76 des Seerechtsübereinkommens den Meeresboden und Meeresuntergrund der Unterwassergebiete jenseits des Küstenmeeres, die sich über die gesamte natürliche Verlängerung des Landgebietes bis zur äußeren Kante des Festlandrandes erstrecken, umfasst. Das Ziel der Bemühungen ist die Erlangung der Befugnis zum Abbau etwaiger Bodenschätze, die sich wahrscheinlich im äuße-

113 Vgl. dazu den Artikel: Nordkorea feuert drei ballistische Raketen ab, in: FAZ Online, <www.faz.net/aktuell/politik/ausland/asien/nordkorea-feuert-drei-ballistische-raketen-ab-14347165.html> (letzter Zugriff 20.8.2019).

114 Die Testabschüsse der SCUD-Raketen im Juli 2016 erfolgten von einem U-Boot aus.

115 Siehe allgemein dazu Albrecht 2013.

ren Festlandsockel befinden. Gemäß Schätzungen befinden sich schätzungsweise 23,9 Prozent der gesamten Weltvorräte an Öl und Gas in der Arktis.[116] Von Seiten Norwegens und der Russischen Föderation wurde letztmalig 2006 ein Vorschlag an die für das Seerechtübereinkommen zuständige Kommission zur Begrenzung des Festlandsockels[117] gerichtet mit dem Ziel, einen Festlandsockel über 200 Seemeilen hinaus auszuweiten. Bei Erfolg des Vorhabens würde die Russische Föderation 450 000 km^2 und Norwegen 96 500 km^2 des arktischen Festlandsockelgebietes hinzugewinnen. Bisher gibt es jedoch keine Empfehlung der Kommission. Die restlichen arktischen Anrainerstaaten haben rechtswahrende Erklärungen gegen den russischen Antrag abgegeben, ebenso zu ähnlichen Anträgen Kanadas und Dänemarks aus dem Jahr 2013. Die bisherigen Aktivitäten der vier Arktis-Anrainerstaaten haben in den USA dazu geführt, die Debatte über den Beitritt zum Seerechtsübereinkommen zu beleben, um so die Rechte der USA an der Nordflanke der Russischen Föderation zu wahren. Während des Kalten Krieges war die Arktis ein stabiles und sensibles Gebiet. Strategisch wichtig war und ist die Arktis sowohl für die russische Nordmeerflotte, inklusive der russischen mit Atomraketen bestückten U-Bootflottille mit ihrem Stützpunkt Murmansk, als auch für die US-amerikanische Flotte mit ihren nuklearen U-Booten. Nach Ende des Kalten Krieges gab es Anzeichen einer Entspannung mit dem Vorschlag Gorbatschows einer atomwaffenfreien Arktis. Die durch die klimatischen Veränderungen hervorgerufenen zwei Hauptentwicklungschancen – Seetransportwege und Rohstoffe – führten dazu, dass sich die arktischen Anrainerstaaten in den letzten Jahren der wirtschaftlichen, aber auch der politischen Bedeutung der Arktis bewusst wurden. Die Folge war ein vermehrtes politisches Agieren, insbesondere auf Seiten der Russischen Föderation und Kanadas. Ebenso meldete Norwegen Ansprüche auf das arktische Gebiet an und trat somit in Konkurrenz zur Russischen Föderation. Der Anlass für die plötzliche Initiative der Anrainerstaaten hinsichtlich der Anspruchsstellung war und ist die in Art. 312 des Seerechtsübereinkommens der Vereinten Nationen niedergelegte Änderungsfrist für die in der Seerechtskonvention beschlossenen Grenzen. Diese Frist beginnt mit dem in Kraft treten der Konvention in dem jeweils betroffenen Land. Das erklärt die Handlungen Russlands im Jahr 2007. Damals starteten zwei russische U-Boote zu einer Expeditionsfahrt in die Arktis und stellten, in 4000 m Tiefe, die Staatsflagge der Russischen Föderation auf. Diese Initiative fand zwar innerhalb der gängigen Frist der Seerechtskonvention statt, sie stellt jedoch keinen rechtsgültigen Beweis dar, dass der Lomonossow-Rücken der Russischen Föderation zuzusprechen sei. Dennoch verdeutlicht dies die Intensität, mit der der russische Staat bereit ist, für seine Forderungen einzustehen. Kanada reagierte hierauf mit Kritik und kündigte den Bau von mehreren in der Arktis operationsfähigen Wachbooten an. Außerdem wurde eine vorrangig aus indigenen Mitgliedern bestehende Milizgruppe damit beauftragt, das Gebiet der Arktis zu überwachen. Zusätzlich führt Kanada seit dem Jahr 2009 militärische Großmanöver im Gebiet der nördlichen Arktis durch und zeigte hiermit, wie damals Präsident Harper betonte, dass die Arktis immer schon

116 Kefferpütz 2010, S. 2, 6.

117 Art. 76, Abs. 8 SRÜ.

Teil Kanadas gewesen sei und dies auch bleiben werde. Als dritter Hauptakteur in dem Ringen um die Arktis kann Norwegen gesehen werden, das insbesondere in Konkurrenz mit Russland steht. Zwar wurde im April 2010, nach langwierigen Verhandlungen mit Russland, die Aufteilung der Barentssee geregelt, dennoch ist fraglich, ob dieser Durchbruch ein anhaltender Erfolg sein wird. Eine weitere diplomatische Annäherung zwischen beiden Staaten im September 2010 gibt allerdings weitere vorsichtige Anzeichen auf eine politische Entspannung zwischen beiden Staaten. Von besonderem Interesse ist in diesem Fall die Insel Spitzbergen, die zwar grundsätzlich unter norwegischer Verwaltung steht, aber einen großen Anteil russischer Staatsbürger besitzt. Ausgehend von Spitzbergen könnte Norwegen, gemäß den regulären Äquidistanzregeln (200 sm, Ausschließliche Wirtschaftszone), weite Teile der Arktis für sich beanspruchen. Dies würde jedoch zu Streitigkeiten mit Russland führen und gegen den Spitzbergen-Vertrag von 1920 verstoßen. Gemäß dem Abkommen von Spitzbergen besitzt die Inselgruppe Spitzbergen den völkerrechtlichen Status einer demilitarisierten Zone und wird von Norwegen und Russland nur »genutzt«, wobei hier anzumerken ist, dass Norwegen den Gouverneur auf der Inselgruppe stellt. Eine gänzliche Beanspruchung Spitzbergens durch Norwegen und die Vertreibung der durch Moskau massiv unterstützten russischen Siedler, die als Bergleute besonders auf der Insel Björnaya tätig sind,[118] würde unausweichlich eine russische Gegenantwort provozieren, wobei Norwegen zumindest bei einer militärischen Konfrontation unterlegen und somit auf die Hilfe seiner NATO-Partner angewiesen wäre. In Norwegen ist sich die politische Führung jedoch dieser Hilfe nicht sicher und vermag nicht abzuschätzen, ob sich die NATO im Falle eines Streits mit der Russischen Föderation um Hoheitsgrenzen und letztlich um arktische Ressourcen[119] robust zu seinem NATO-Partner positionieren würde.

Es muss sich daher im weiteren Verlauf zeigen, inwiefern das Streben nach Ressourcen und der Beherrschung des Seeweges in der Arktis zu neuen Konflikten in der internationalen Gemeinschaft führen werden. Fest steht, dass die beteiligten Akteure, insbesondere Russland, sich nicht grundsätzlich genötigt fühlen, die in der UN-Seerechtskonvention festgelegten Normen zu befolgen. Dies ist auch deswegen der Fall, weil der Seerechtskonvention und der in diesem Fall zuständigen Festlandsockelkommission das nötige Machtpotential zur Durchsetzung von Rechtstiteln und Entscheidungen fehlt.[120] Hinzu kommt, dass alle Beteiligten gemäß der Erklärung von Ilulissat vom 29. Mai 2008 eine Lösung außerhalb des Arktischen Rates ablehnen. Es ist daher wahrscheinlicher, dass die Streitigkeiten bilateral entschieden werden. Die beteiligten Staaten verfolgen hierbei unterschiedliche Ziele. Während ein oberflächlicher Blick nahelegt, dass Russland vorrangig versucht, durch die Schaffung von Fakten arktische Ressourcen zu sichern,[121] scheint es in Wahrheit vor allem um das Wiedererlangen und Sichern des Status Russlands als

118 Seidler 2009, S. 207 f.
119 Westphal 2009, S. 18.
120 Art. 83 UNCLOS.
121 Baev 2007, S. 6.

Weltmacht zu gehen.[122] Für Russland ist die strategische Bedeutung des arktischen Eismeeres ein treibender Faktor der russischen Arktis-Initiative. Somit ist neben den Ressourcen ein weiteres Ziel der Beanspruchung des arktischen Territoriums, fremde Mächte fern von Russlands strategischen Vitalpunkten zu halten.[123] Der Rückgang des arktischen Eises könnte, aus russischer Sicht, Staaten wie den USA oder aufstrebenden Akteuren wie China einen Angriff auf Russland etwa über die Beringstraße ermöglichen,[124] sodass Präventivmaßnahmen im Sinne der Verteidigung des russischen Territoriums und der damit verbundenen Demonstration von maritimen militärischen Fähigkeiten als Instrument der Außenpolitik und Seemacht im arktischen Raum nachvollziehbar erscheinen. Bei den Motiven Kanadas und Norwegens liegt der Fokus vor allem auf der staatlichen Integrität der beiden Staaten, wobei im Falle Norwegens hinsichtlich der Bedrohung durch das wieder erstarkende Russland der Erhalt und die Sicherheit des Staates als bedeutendste Ziele zu identifizieren sind.[125] Auf kanadischer Seite ist zusätzlich als erschwerend anzusehen, dass innenpolitische Probleme mit in den Entscheidungsprozess hineinwirken und somit die Außenpolitik beeinflussen.[126] Bei der rechtlichen Anerkennung von Gebieten in der Arktis vertritt Kanada grundsätzlich den Ansatz des Sektorenprinzips, der jedoch jeglicher völkerrechtlicher und praktischer Basis entbehrt. Dringlicher als die Frage der Anerkennung neuer Gebiete ist für Kanada grundsätzlich die Festlegung des rechtlichen Status der Nordwestpassage.[127] Unstrittig ist zwar, dass die Nordwestpassage auf kanadischem Territorium liegt, die Durchfahrtsrechte sind jedoch immer noch ungeklärt. Von Relevanz ist, dass ausgerechnet die USA eine der Konfliktparteien bei dem Streit um die Durchfahrtsrechte sind. Zwar konnten sich die USA und Kanada bis jetzt stets einigen, jedoch eher auf Basis von ad hoc Entscheidungen. Es existiert diesbezüglich keine Rechtssicherheit, weder für die USA noch für Kanada.[128]

Der Einfluss innenpolitischer Faktoren, der hauptsächlich von den indigenen Völkern des hohen Nordens ausgeht, ist jedoch bislang zu vernachlässigen, sodass sich politische Handlungen Kanadas der jüngeren Vergangenheit und des Heute vor allem durch die strukturellen Gegebenheiten des internationalen Systems ergaben und ergeben. Zukünftig ist allerdings davon auszugehen, dass die Auswirkungen auf die traditionelle Lebensweise der indigenen Bevölkerung durch die klimatischen Veränderungen innenpolitische Folgen in den Staaten haben werden.[129] Es ist zu vermuten, dass die möglichen Erträge aus der Ressourcennutzung der einheimischen Bevölkerung nicht zugänglich und diese ggf. mit Gesundheitsschädigungen belastet sein wird. Die Bewahrung der Lebensgrundlage der einheimischen Bevölkerungsgruppen sowie deren rechtliche Stellung kann zwar im Arktischen Rat the-

[122] Seidler 2009, S. 213.
[123] Howard 2010, S. 142.
[124] Ebd., S. 145.
[125] Seidler 2009, S. 199 f.
[126] Dolata-Kreutzkamp 2009, S. 2.
[127] Kaim 2008, S. 2.
[128] Mommsen 2010, S. 35.
[129] Arctic Circle 2015.

matisiert werden, eine Lösung der Problematik ist jedoch in diesem Gremium kaum zu erwarten.

Die Debatte um die Arktis ist vorwiegend durch machtpolitisch motivierte Territorialansprüche und wirtschaftliche Interessen gekennzeichnet. Beides sind ausschlaggebende Momente, um Seemachtbestrebungen zu initiieren. Die einzelnen Nationen versuchen, sich über Seemacht Vorteile gegenüber den anderen zu verschaffen. Die dabei angewandten Taktiken unterscheiden sich jedoch in Abhängigkeit von den den Akteuren zur Verfügung stehenden Fähigkeiten und den sich hieraus ergebenden Einflussmöglichkeiten. Während Kanada und Russland auf die klassische Machtbildung durch militärischen Einfluss und diplomatischen Druck setzen, zeigt sich Norwegen verhandlungsbereit. Auffallend ist jedoch, dass alle Seiten betonen, sich bei der Lösung der Streitigkeiten vor allem auf eine diplomatische Lösung beziehungsweise auf eine verbindliche Rechtsordnung in der Arktis, also theoretisch betrachtet auf eine Neuordnung bzw. Erweiterung des internationalen Systems in der Arktis, somit also auf die Regulierung der Streitigkeiten durch Verhandlungen beschränken zu wollen. Nach Schmitts Raumevolution sind die Arctic Five somit bestrebt, eine neue staatlich orientierte Ordnung und Struktur, verbunden mit gültigen Rechtsnormen, für den nach ihrem Verständnis herrenlosen Raum Arktis zu finden. Dabei sind, ebenfalls im Schmitt'schen Verständnis, die Staaten bereit, Raum-Konkurrenz und -verdrängungen zu akzeptieren bzw. aktiv durchzuführen. Eine militärische Eskalation der Auseinandersetzungen scheint derzeit allerdings unwahrscheinlich, auch wenn sowohl Kanada als auch Russland Streitkräfte als Instrument der Außenpolitik in die Arktis projizieren. Hierbei ist jedoch fraglich, inwiefern dies in Zukunft so bleiben wird, da der niedrige Level of Ambition der Akteure auch dem Umstand zugeschrieben werden kann, dass es sich bei den Verhandlungen und den Ansprüchen um eine Vorbereitung auf einen (möglichen) Zustand handelt, der erst in der Zukunft eintreten wird. Es ist daher schwer abzuschätzen, wie die Akteure reagieren werden, wenn die Möglichkeit zur Ölförderung in der Arktis tatsächlich gegeben ist und in diesem Bereich große Ölvorkommen gefunden werden sollten. Ähnlich verhält es sich mit der Situation in der Nordwest- beziehungsweise der Nordostpassage. Zum gegenwärtigen Zeitpunkt beruhen die Aussagen über eine wirkliche finanzielle Ersparnis durch die Nutzung der beiden Nordmeer-Routen nur auf Schätzungen und Vermutungen. Erst wenn die tatsächliche ganzjährige Nutzung der Routen möglich ist, wird sich zeigen, ob die Vorteile der Passagen eine Auseinandersetzung für die beteiligten Staaten lohnend machen können. Die Beantwortung der Frage, inwiefern die Streitigkeiten in der Arktis tatsächlich klimainduziert sind, ist unscharf, weil sich die Ansprüche der Akteure zum gegenwärtigen Zeitpunkt auf die Annahme eines zukünftig zutagetretenden Zustandes beziehen. Es lässt sich zudem argumentieren, dass eine Nutzbarkeit der Nordwest- und Nordostpassage auch durch den intensivierten Einsatz von Eisbrechern hätte erreicht werden können. Die Förderung von Öl, die in signifikantem Ausmaß vor allem in der Barentssee möglich zu sein scheint, kann unabhängig von der Abnahme der Eisbedeckung in der Arktis als Folge der Abnahme der Ölressourcen in den übrigen, in anderen Weltgegenden ausgebeuteten

Ölfeldern gesehen werden. Der Einfluss des Klimas würde daher als Motiv hinter die Ressourcenabnutzung einzelner Staaten zurücktreten.[130] Auf der anderen Seite lässt sich anführen, dass sich durch die klimatischen Veränderungen eine Instabilität im internationalen System ergeben kann. Die Umverteilung von Ressourcen, die letztendlich zur Umverteilung von Fähigkeiten, Ressourcen und Macht führt, stellt die Sicherheit der Akteure in Frage. Die Möglichkeit, dass das Klima Einfluss auf die Struktur des internationalen Systems entwickelt, ist somit nicht ausgeschlossen, sondern im Gegenteil zukünftig wahrscheinlich. Die Frage, ob Klimaveränderungen zu strukturellen Unsicherheiten und somit zu Konflikten und im maritimen Raum zu Projektionsstreben und Seemachts- bzw. Seeherrschaftsabsichten von einzelnen Akteuren führen können, ist daher zu bejahen. Im Falle der Arktis ist es jedoch so, dass die Handlungen der Staaten sich nach den klassischen Mechanismen des Neorealismus bzw. des internationalen Systems richten.

Der Disput in der Arktis basiert grundsätzlich auf den klassischen Motiven der Machtmaximierung – untermauert durch die Raum-Konkurrenz der Staaten untereinander – und ist somit letztendlich dem Prinzip des Self-Help-Systems folgend, worin auch das Ziel des Erreichens von Seemacht liegt. Russland erkannte in der Arktis als erster Staat die Chancen, die sich durch die klimatischen Veränderungen ergeben können. Russland ist und war die erste Nation, die schnell, auch aufgrund des russischen Nordmeerstützpunktes in Murmansk, Seestreitkräfte in die Arktis zur Demonstration von Seemacht und der damit verbundenen Sicherung der seestrategischen Position verlegte. Auf die russischen Ansprüche reagierten die anderen Anrainerstaaten mit Handlungsweisen analog denen der Akteure im anarchischen System der internationalen Beziehungen im Sinne der neorealistischen Denkschule. Sie projizierten und projizieren, wie Kanada, ebenfalls Seestreitkräfte in den arktischen Raum, folgend dem Konzept von Gegen(see)macht. Kanada setzte und setzt somit auf die Gegenmachtbildung im klassischen Sinn. Norwegen verfolgte und verfolgt das Soft Balancing mit Maßnahmen eines eher Eskalation und Konflikt vermeidenden Ansatzes, die nicht gegen die vermeintliche Bedrohung gerichtet sind. Allen ist gemeinsam, dass sie in verschiedenen Ausprägungen eine Land-/Seenahme vollzogen haben bzw. vollziehen werden.

Die Erklärung hierzu findet sich in der unterschiedlichen Position beider Staaten im internationalen System und führt zu entsprechend anders ausgerichteten Reaktionen, die jedoch in beiden Fällen die hohe Bedeutung der Sicherheit als Antriebsmodell staatlichen Handels veranschaulichen. Kanada sieht sich in diesem Fall in der Position, seine Sicherheitsansprüche durch eine offensive Machtdemonstration durchsetzen zu können, während es sich aus der Perspektive Norwegens sicherer und zudem wirtschaftlich vorteilhafter darstellt, defensiv und kooperativ auf die russischen Ambitionen auf Seemacht und letztlich regionale Hegemonie einzugehen.

Die Lösung der Streitigkeiten anhand völkerrechtlicher Normen scheint, trotz der anfangs angeführten Bedenken, möglich. Zumindest zeigen die Akteure derzeit kein Verhalten, welches darauf schließen lässt, grundsätzlich von den Regeln der

---

[130] Albrecht 2013.

Seerechtskonvention abweichen zu wollen. Das mag allerdings auch an dem faktischen Charakter des Völkerrechts liegen, der den Staaten weitreichende Einflussmöglichkeiten aufgrund ihrer Machtressourcen bietet.[131] Die Grenzstreitigkeiten, die sich durch das Abschmelzen des arktischen Meereises ergeben, beschränken sich zum gegenwärtigen Zeitpunkt auf einen Rechtsstreit umgeben von machtpolitischen Demonstrationen einzelner Staaten im Sinne von Seemachtstreben. Dies wiederum ist das Ergebnis der angeführten Abhängigkeit des Völkerrechts von der faktischen Macht des Rechtssubjektes. Ungleich der festgeschriebenen Form des innerstaatlichen Rechts ist das Völkerrecht in vielen Fällen durch die einzelnen Handelnden beeinflussbar und somit auch durch politischen Druck bestimmt. Diese Merkmale unterstützen die Ansicht, dass es sich bei der Land-/Seenahme der Arktis um deren Einnahme bzw. um Bestrebungen dazu handelt, die in die Schmitt'sche Kategorie der umkämpften herrenlosen Räume fallen, für die Ordnung und Strukturen eines Rechtssystems gelten sollen. Der Raum Arktis ist hierbei das Rechtssubjekt. Die Form, in der der Arktisdisput in den internationalen Beziehungen ausgetragen wird, ist jedoch durch die jeweilige, durch den Antagonisten hervorgerufene Bedrohung und das Missverhältnis der unvereinbaren, konfliktbehafteten Faktoren bzw. Interessen sowie das daraus resultierende hohe Niveau des kritischen Spannungspotenzials bestimmt. Als überaus gefährlich wahrgenommene, gegnerische und mit den jeweils eigenen Interessen unvereinbar scheinende Aktionen politischer Kontrahenten lassen nur das Hard Balancing, also den Einsatz von Seestreitkräften als Instrument der Außenpolitik, als zweckmäßig anmuten, während als weniger bedrohlich erkannte Aktionen ein Soft Balancing, also diplomatische Mittel der Außenpolitik, ausreichend erscheinen lassen oder sogar zum Bandwagoning führen. Entscheidend ist in jedem Fall, welche Handlungsoption dem eigenen Sicherheitsanspruch genügt. Eine friedliche Lösung des Arktisdisputes würde erreicht werden, wenn in einem Zustand der erfüllten Sicherheitsbedürfnisse aller Beteiligten der Verzicht auf die eigennützige Ausbeutung der vorhandenen Rohstoffe und auch auf den Anspruch auf Raum- und Gesetzhoheit sowie damit auf Seemacht und Seeherrschaft möglich und eine internationale Kontrollinstanz mit der Verwaltung der Ressourcen betraut wäre. Eine solche Möglichkeit wäre mit der Verwaltung der natürlichen Ressourcen der Arktis durch die Internationale Meeresbodenbehörde gegeben. Hier wäre im Sinne der Konfliktvermeidung einer der wichtigsten unvereinbaren Faktoren für einen Anstieg der Spannung in den internationalen Beziehungen zwischen den Arctic Five ausgeschlossen bzw. beseitigt. Zudem würde durch eine internationale Behörde maritime Macht, die weitaus kooperativere und diplomatischere Form zur Durchsetzung von maritimen Interessen unter Beachtung des internationalen Völkerrechts, an die Stelle der von einzelnen Staaten eingesetzten Seemacht treten. Seestreitkräfte können allerdings auch hier als Instrument der Außenpolitik, als diplomatisches Instrument für Flottenbesuche und Manöverteilnahmen eingesetzt werden. Das Erreichen eines solchen Zustandes ist jedoch als grundsätzlich unwahrscheinlich anzusehen. Die Schaffung zwischenstaatlicher Regelungen unter Kompensation der jeweiligen zu betrachtenden Vor- und Nachteile hinsichtlich des Sicherheitsbestrebens der

131 Marx 2009, S. 107.

Beteiligten ist hier sicher die realistischere. Der moderne Konflikt in der Arktis, in Teilen basierend auf gegenwärtigen Effekten klimatischer Veränderungen, ist in seinem Fortgang von klassischen Mechanismen, wie im Neorealismus und in der politischen Raumtheorie beschrieben, geprägt. Geofaktoren und Raumbegehrlichkeiten bzw. Raumkonkurrenz beeinflussen zwar das Seemachtstreben, treten jedoch in den Hintergrund. Es handelt sich daher, von den Charakteristika her betrachtet, um eine klassische zwischenstaatliche Kontroverse, bei der Seemachtoptionen bzw. -elemente zur Lösung eingesetzt werden. Die Vermutung liegt nahe, dass dieser Disput parallel zu historischen Vorgängen entschieden werden wird.

5.1.3. Seeverkehr

Für die Seeverkehrswirtschaft kann die Möglichkeit der Nutzung arktischer Seewege bedeuten, dass entlang der nördlichen Seerouten (Nordost-/Nordwestpassage) Restriktionen, zum Beispiel durch veränderte Grenzziehungen, auferlegt werden könnten und gegebenenfalls die freie Passage beeinträchtigt werden kann. Das bedeutet, dass staatliche Akteure, vornehmlich die aus den Arctic Five, unter Nutzung ihrer vorhandenen seestrategischen Position und der günstigen Lage von Stützpunkten, Seeräume kontrollieren, sperren und regulieren, folglich also Seemacht ausüben können. Die Sicherstellung der freien Handelsströme und Wirtschaftsmärkte über See sowie die Sicherung der territorialen Souveränität rückt somit verstärkt in den Fokus der sicherheitspolitischen und geostrategischen Planungsprozesse von Staaten, um auf der einen Seite die Möglichkeit zur Beherrschung von Seeräumen zu erlangen und andererseits einen Gegenpol dazu zu etablieren, wie beispielsweise von NATO und EU angedacht und konzipiert. Staaten werden somit Capabilities des Hard Balancing aufbauen, um einen Machtzuwachs in den für sie interessanten Seeräumen zu erlangen oder um dem Machtzuwachs anderer Staaten entgegenwirken zu können. Beide Akteurs-Seiten bedienen sich dabei auch der Allianzbildung, insbesondere mit Blick auf die NATO und EU sind diese bereits etabliert.

Mit der Zunahme der Piraterie in den letzten beiden Jahrzehnten, vornehmlich entlang der Haupthandelsrouten, ergeben sich weitere Bedrohungen und Möglichkeiten für Auseinandersetzungen sowohl zwischen verschiedenen Staaten als auch innerstaatlich, hier zwischen der Seeverkehrswirtschaft und der Politik. Besonders entlang der südlichen Seewege, durch den Indischen Ozean (ausgenommen das Horn von Afrika, wo durch die Anwesenheit von Seestreitkräften die Piraterie stark eingedämmt wurde), die Straße von Malakka und entlang der Küste Westafrikas ist mit einer Ausweitung der Piraterie zu rechnen. Aufgrund des möglichen Wegfalls des Fischfangs als Lebenserwerb durch die drastische Reduzierung der Meeresfischbestände könnten die Bewohner von Küstenländern gezwungen sein, sich neue Erwerbsquellen zu erschließen, die auch im Überfall auf zivile Schiffe gesucht werden. Für die Reedereien nehmen das Risiko des Ladungs- und Schiffsverlustes sowie die Gefahr für Leib und Leben der Schiffsbesatzungen zu. Steigende Kosten für den Weltseeverkehr durch hohe Versicherungsprämien und verlängerte Transportwege auf Alternativstrecken sind hier eine direkte Konsequenz.

Die in den Gebieten operierenden Reedereien wirken hinsichtlich des Schutzes ihrer Flotten verstärkt auf die politischen Entscheidungsträger ein. Gleichzeitig ist davon auszugehen, dass der internationale Druck durch Industrie- und Schwellennationen auf die Anrainernationen zur Eindämmung der Piraterie wachsen wird. Die Identifizierung der Bedrohung durch potenzielle Anschläge von See, durch die Verbringung von Sprengmitteln von See an Land oder durch die Nutzung eines Schiffes als fahrender Sprengkörper stellt die Küstenschutzorganisationen der potenziell bedrohten Nationen zukünftig vor eine schwer lösbare Aufgabe, die sowohl national als auch multinational zu Spannungen bezüglich der Zuständigkeit und der Wahrung der Interessen führen kann. Ziel muss es sein, durch Maßnahmen und Instrumente im Kampf gegen die Piraterie einerseits eine Erhöhung des Organisationsgrades etwa der Reedereien und staatlichen Organisationen im Sinne von Integration und Machtgewinn, hier letztlich maritime Macht oder Seemacht, zu erreichen und andererseits die Verminderung des Organisationsgrades der Piraten bzw. der fragilen staatlichen Strukturen mit dem Ziel der Verhinderung der weiteren Ausbreitung und Festsetzung dieser Strukturen im Sinne von Gegenmacht. Aus Sicht der Raumevolution von Schmitt kann hier von einer Landnahme eines unregierten Raumes ausgegangen werden.

Beispielregionen:

Horn von Afrika

Das Horn von Afrika wurde seit dem 19. Jahrhundert unter den damaligen Kolonialmächten aufgeteilt. Am Ausgang des Roten Meeres besetzte Frankreich 1888 Djibouti und bildete daraus 1896 Französisch-Somaliland. Die westliche und zentrale Nordküste wurde 1884/1885 von Großbritannien als Gegenküste zum Flottenstützpunkt Aden annektiert und 1887 zum Protektorat Britisch-Somaliland erklärt. Mehrere Verträge mit Sultanen erlaubten es Italien, 1889 an der Küste des Indischen Ozeans das Protektorat Italienisch-Somaliland auszurufen, welches 1892 um Mogadischu erweitert wurde.[132] Bis zur Unabhängigkeit im Jahre 1960 war die Region Schauplatz mehrerer kriegerischen Auseinandersetzungen zwischen den Kolonialmächten. Mit der Ausrufung der Unabhängigkeit am 1. Juli 1960 wurden Italienisch- und Britisch-Somaliland zur Republik Somalia und 1977 Französisch-Somaliland zu Djibouti. Ab Oktober 1969 regierte in Somalia bis 1991 Siad Barre als Staatspräsident. Bedingt durch wachsende Wirtschaftsprobleme, Flüchtlingsströme, mehrere Dürrekatastrophen und Grenzkonflikte, besonders zu Äthiopien, brachen 1991 gewaltsame Aufstände aus, die zur Ablösung und Flucht des Staatspräsidenten führten. Seitdem kämpfen die beiden Clanführer Ali Mohammed und General M.F.H. Aidid um die Vormacht in Somalia mit gravierenden Folgen sowohl für die Region als auch die internationale Gemeinschaft.[133] Signifikant und von der Weltöffentlichkeit zum Teil breit beachtet sind die seit 20 Jahren andauernden Gewaltausbrüche mit

132 Touval 1963/1999, S. 1–232; Compagnon 1992, S. 8–13.
133 Compagnon 1992, S. 8–13.

massiven Menschenrechtsverletzungen und die Entstaatlichung, gepaart mit einer »fortschreitenden Fragmentierung vor allem entlang verschiedener Clanlinien, die die Gesellschaft und die Gewaltakteure gleichermaßen betrifft«.[134] Der ehemalige Staat Somalia ist in drei Regionen aufgespaltet: in Puntland, Somaliland und Süd-Somalia. Dabei gilt Somaliland, nordwestlich im ehemaligen britischen Protektorat gelegen und nicht international als unabhängiger Staat anerkannt, als vergleichsweise stabil mit Ansätzen staatlicher Strukturen und einem sich möglicherweise entwickelnden demokratischen Verständnis, dessen Bewohner den Clans Isaaqs, Dir und Darood/ Harti angehören.[135] Im nordöstlichen Puntland dominieren ebenfalls diese Clans und davon abstammende. Der oben genannte ehemalige Präsident Barre stammt aus Puntland, woraus sich die starke Vertretung Puntlands in Regierungsbehörden erklären lässt.[136] Ab 1998 sollte in der Verfassung festgelegt werden, dass Puntland Teil Somalias bleiben soll, dies ist heute noch Gegenstand des gewaltsamen Konfliktes zwischen den einzelnen Clans, wodurch die Hauptaufgaben, Eindämmung der Gewalt, Stabilisierung der Region und Aufbau eines rechtstaatlichen Systems, blockiert werden. In den ersten beiden Jahrzehnten des 21. Jahrhunderts ist das Horn von Afrika durch mehrere nebeneinander existierende Systeme und Ordnungen, ohne Macht der Zentralregierung, gekennzeichnet. Dabei nimmt Süd-Somalia eine signifikante Stellung hinsichtlich einer entstaatlichten Gesellschaft ein. Alle originären Aufgaben eines funktionierenden Staatssystems, wie Justiz, Gesundheitswesen, Militär und Bildung, werden durch private Akteure, in der Funktion als politische Entscheidungsträger, wahrgenommen. Dadurch wird sowohl der Korruption als auch der organisierten Kriminalität Vorschub geleistet. Ähnliche Strukturen existieren in Puntland, jedoch in einer abgeschwächten Form, mit einer Dominanz von Polizei, Geheimdienst und Militär unter der Führung von General Abdulahl Yussuf.[137] Die staatliche Vernachlässigung der Bevölkerung, der Verlust an Legitimität des Staates und die hohen Arbeitslosenzahlen, besonders in den Küstenregionen, führten zur Entwicklung einer gewalttätigen Piraterie als Wirtschaftszweig, insbesondere ab 2008. Darin involviert sind sowohl private als auch ehemals staatliche Vertreter, um so Einnahmequellen, anstelle legaler Steuern, zu haben.[138] Zusätzlich ist das Horn von Afrika, wie eingangs genannt, seit Jahrzehnten von gewaltsamen machtpolitischen und Ressourcenkonflikten gekennzeichnet, in denen regionale Warlords, etwa die der Al-Shabab, als dominierende Akteure in fast allen Feldern des Alltags und der Politik hervortreten.[139] Mit den Al-Shabab-Milizen wurde erstmal politisch motivierte, terroristisch ausgerichtete Piraterie manifestiert, die jedoch im Hinblick auf Aktionen und Effizienz hinter der rein wirtschaftlich orientierten weit zurücksteht. In den eingangs genannten Folgen für die internationale Gemeinschaft sind die die maritimen Unsicherheit betreffenden, bedingt durch die Piraterie in den Seegebieten am Horn von Afrika, am signifikantesten. Die Zahl der Seeüberfälle hat seit dem

134 Rudloff, Weber 2010, S. 36.
135 Rudloff, Weber 2010, S. 37.
136 Ebd., S. 37.
137 Ebd., S. 38.
138 Ebd.
139 Ebd.

Jahre 2009 gegenüber 2008 gering abgenommen.[140] Durch die Präsenz der internationalen Seestreitkräfte im Rahmen der Operation Atalanta ist eine sich positiv entwickelnde Tendenz erkenn- bzw. absehbar, sodass 2017 bisher kein Überfall auf den Seeverkehr zu verzeichnen ist. Wie die Ereignisse in den letzten Jahren zeigten, ist das Seegebiet bis weit in den Indischen Ozean hinein als eine Bedrohungsregion für den Seeverkehr anzusehen. Ursächlich dafür sind die oben beschriebenen Auflösungsprozesse des Staates, in denen die Al-Shabab-Milizien, die Union der Islamischen Gerichte (UIG) und Clanmilizen die dominierenden Kräfte sind. In den Konflikt eingebettet sind die »kriegsähnlichen bewaffneten Auseinandersetzungen«[141] in der Grenzregion von Puntland und Somaliland. Das BKA gibt in seinem Bericht weiter an, dass die zunehmenden Auseinandersetzungen zwischen Kräften der somalischen Übergangsregierung und den sie unterstützenden Truppen der »AMISON«[142] einerseits und den islamistischen Oppositionskräften andererseits die kritische Lage verschärfen. Um der zunehmenden Piraterie und dem damit verbundenen Konflikt zu begegnen bzw. beides zu bewältigen, wurde von 2002 bis 2010 durch die internationale Staatengemeinschaft die Operation Enduring Freedom (OEF) unter der Führung der US-Marine initiiert und aktiviert. Durch den multinationalen Marineverband »Task Force 151« (TF 151) wurde im genannten Seegebiet für die Sicherheit der durchquerenden Handelsschiffe eine »Maritime Security Patrol Area« (MSPA) eingerichtet. Hier wurde somit im Golf von Aden Seemacht zur Sicherung von vitalen Interessen eines Staatenverbundes bzw. einer Allianz außerhalb von heimatnahen Gewässern ausgeübt. Aufgrund des zunehmenden Anstiegs von Überfällen und Entführungen, wie die der »Hansa Stavanger« 2010, durch somalische Piraten führt die Europäische Union seit 2008 die Militäroperation EUNAVFOR Atalanta zur Unterstützung von insgesamt vier Resolutionen des Sicherheitsrates der Vereinten Nationen im Seegebiet um das Horn von Afrika durch. An beiden Operationen war bzw. ist die Bundesrepublik Deutschland mit Einheiten der Deutschen Marine beteiligt. Atalanta leistet im Rahmen des Welternährungsprogramms (WFP) einen Beitrag zum Schutz der Handelsschiffe, die die Lebensmittelhilfe der UNO für die somalische Bevölkerung sicherstellen. Hierzu ist die Resolution 1814 aus dem Jahre 2008 vorgesehen. Der Einsatz der Kriegsschiffe mittels eines robusten UN-Mandates zur Abschreckung der Piraten, als Instrument der internationalen Außenpolitik,

140 Bundeskriminalamt (BKA) 2010, S. 21. Demgemäß ist die absolute Anzahl an Piratenüberfällen im Jahr 2009 zwar leicht rückläufig gegenüber dem Vorjahr gewesen, jedoch weiter auf hohem Niveau. Weiter wird ausgeführt: »Weltweit kam es insgesamt zu 67 Entführungen von Schiffen, vier mehr als im Jahr zuvor. Mit 231 registrierten Fällen ereigneten sich mehr als die Hälfte der Vorfälle im Seegebiet am Horn von Afrika/Golf von Aden. 53 Schiffe wurden in dieser Region im vergangenen Jahr entführt. Demgegenüber stehen 259 Überfälle/Versuche und 47 Schiffsentführungen im Jahre 2008. Zum Jahreswechsel 2009/2010 befanden sich zwölf Schiffe, darunter zehn Handelsschiffe und zwei Dhows, sowie eine Bootsbesatzung in der Gewalt von somalischen Piraten. Insgesamt haben diese im vergangenen Jahr knapp 77 Mio. US-Dollar an Lösegeld erpresst. Im Vergleich zum Vorjahr (ca. 27 Mio. US-Dollar) stellt dies fast eine Verdreifachung dar. 2007 belief sich die Summe der erzielten Lösegelder in der Region noch auf ca. drei Mio. US-Dollar. Zu beachten ist, dass die aktuelle Summe für das Jahr 2009 sich z.T. auch aus Lösegeldzahlungen zusammensetzt, die für Schiffe erpresst wurden, welche bereits 2008 entführt worden waren.«

141 BKA 2010, S. 22.

142 African Union Mission in Somalia.

steht wiederum in Einklang mit der Resolution 1816 von 2008. Trotz der militärischen Operation sind die Piraten, meist von Mutterschiffen aus, im Seegebiet im Golf von Aden und weit vor der Küste im Somali Bassin, im Indischen Ozean und im Roten Meer aktiv.[143]

Daher gilt für alle Handelsschiffe, trotz der stark eingedämmten Überfälle, eine erhöhte Bedrohungsstufe, die sich bis an die Küsten Tansanias und die Straße von Madagaskar ausweitet. Somit gilt indirekt der Suezkanal als bedroht, da er zusammen mit dem Roten Meer und dem Golf von Aden die Hauptverbindungsroute zwischen Mittelmeer und Indischem Ozean und Ost-Pazifik darstellt. Mit dem Einsatz von Seestreitkräften am Horn von Afrika zeigt sich eindrucksvoll die Wirkung von Seemacht in einem größeren Seegebiet, insbesondere in den Facetten Eindämmung und Abschreckung. Gleichzeitig spiegelt die militärische Operation das Verständnis und die Handhabung von Seemacht aus US-amerikanischer Sicht wider. Zwar wird die Piraterie in der allgemeinen Debatte nicht zwingend als außen- und sicherheitspolitisches Risiko wahrgenommen, jedoch ist festzuhalten, dass die Piraterie als eine Austragung des Konfliktes mit anderen Mitteln anzusehen ist, der durch die Bedrohung der internationalen Seehandelswege und der damit verbundenen Einschränkung des freien Außenhandels internationalisiert wurde und eine außen- und sicherheitspolitische Dimension erlangt. Des Weiteren erfolgte eine Verlagerung von einem Bürgerkrieg zu einem teilweise zwischenstaatlichen Konflikt,[144] aufgrund der militärischen Intervention im Rahmen der Operationen AMISOM[145] und Atalanta. Zudem zeigt sich, dass die Ausübung von Seemacht auf die Verhältnisse und Entwicklungen von Streitigkeiten und Konflikten an Land einwirken kann. Mittels Seemacht kann somit die Erringung von Landmacht, hier die der durch die internationale Gemeinschaft bevorzugten Clans, unterstützt werden. Es lässt sich folglich der bereits in der Literatur[146] festgestellte Zusammenhang zwischen Land- und Seemacht belegen. Die durch UNO und EU vorgesehene Führungsrolle der Clans aus Puntland und Somaliland, letzteres hat Ansätze demokratischer Grundstrukturen, konnte bisher freilich nicht durchgesetzt werden, da die Clans ihren eigenen vorwiegend wirtschaftlichen Zielen nachgehen und nur teilweise an einer Komplettlösung des Somaliakonfliktes interessiert sind. Dem gegenüber stehen jedoch lokale Befriedungsprozesse in den einzelnen Clanregionen. Auf einer absehbaren Zeitskala ist eine Konfliktbewältigung kaum erreichbar. Die Schaffung und Etablierung neuer und der Wiederaufbau zerstörter Wirtschaftszweige, wie der Fischerei, inklusive der Gewährleistung von Fischereirechten, sind ebenfalls kaum umsetzbar, sodass der Piraterie als Einnahmequelle der Bevölkerung die Grundlage nicht entzogen werden kann, bestenfalls kann sie kurzfristig eingedämmt werden. Die internationale militärische Präsenz wird daher weiterhin notwendig sein, um ei-

143 BKA 2010, S. 23.

144 Aufgrund der fehlenden staatlichen Strukturen sind vorwiegend als nicht staatlich zu bezeichnende somalische Konfliktparteien involviert; unbeantwortet ist die Frage nach den politisch motivierten Zielen der Piraten und deren Status. Durch die intervenierten Staaten ist die teilweise Zwischenstaatlichkeit gegeben.

145 AMISOM: African Union Mission in Somalia.

146 Kirchhoff 1907.

nerseits die Konflikteindämmung in der Region und anderseits die Freiheit der internationalen Seewege sicherzustellen. Im Kontext der maritimen Sicherheit wird der Konflikt weiterhin im Fokus der internationalen Gemeinschaft stehen. Die ständig wiederkehrenden Hungersnöte, von denen bis zu 14 Millionen Menschen am Horn von Afrika betroffen sind, und die Tatsache, dass internationale Hilfslieferungen durch die Al-Shabab-Milizen unterbunden werden, zeigen ebenfalls, wie konfliktbehaftet die Region ist und perspektivisch bleibt. Gleichzeitig spiegeln die häufigen Dürre und deren Folgen an einem aktuellen Beispiel den engen Zusammenhang zwischen Geofaktoren, Wirtschaft, Sicherheit und Außenpolitik bzw. Seemacht wider und stellen ein Beispiel dar für einen lang andauernden, teils geo-, teils machtpolitisch bedingten Konflikt, der nur durch die langandauernde Ausübung von Seemacht begrenzt werden kann. Zudem zeigt sich, dass sowohl im neorealistischen Sinne die Anwendung von Hard und Soft Balancing zur Etablierung von Gegenmacht und letztlich zum Machtzuwachs geeignet und anwendbar ist. Die durch die Seemacht ermöglichte Raumnahme am Horn von Afrika erfolgt unter der Maßgabe, einen unregierten Raum wieder regierbar werden zu lassen. Dazu werden unter der Absicherung von Seestreitkräften Rechtsnormen und staatliche Strukturen wiederhergestellt. Der unregierte Raum ist zudem daran erkennbar, dass der Kampf um den Raum mit teilweise unverhältnismäßigen Mitteln, ohne die Einhaltung von Völkerrecht, geführt wurde und wird.

Golf von Guinea

Seit je her gehört Afrika mit seinen Bodenschätzen zu einem Hauptinteressengebiet der Industriestaaten der Welt. Gerade die Region Golf von Guinea ist schon immer bekannt für ihren Reichtum an natürlichen Rohstoffvorkommen von Mineralien und Holz.[147] Allerdings ist die Bedeutung mit Beginn des Zeitalters der Halbleitertechnik und der zu deren Produktion notwendigen Ausbeutung seltener Erze sowie der Entdeckung von großen Öl- und Erdgasvorkommen im letzten Jahrzehnt immer weitergewachsen. Zusammengenommen fördern die Länder des Golfs von Guinea mittlerweile mehr als 5,4 Millionen Barrel Öl pro Tag. Nigeria als achtgrößter Exporteur der Welt liegt dabei mit 2,5 Millionen Barrel Öl pro Tag an der Spitze (zum Vergleich: Saudi-Arabien pro Tag 9,5 Millionen). Zusammengenommen befinden sich in der Golf-von-Guinea-Region etwa 10 Prozent der weltweiten Rohölreserven, die bereits jetzt etwa 13 Prozent der europäischen Öl- und 6 Prozent der Gasimporte ausmachen.[148] Aufgrund zahlreicher noch unerschlossener Rohöl- und Gasvorkommen wird ein Anstieg der Rohstoffexporte aus der Region in die EU bis 2030 auf etwa 25 Prozent erwartet. Damit ist die Golf-von-Guinea-Region (kurz: GoG-Region) ein kritischer Energiekorridor, in dem neben fossilen Brennstoffen, wie Rohöl und Erdgas, auch Gold, Diamanten, Coltan und andere seltene Rohstoffe in der Region gefördert und verschifft werden. Der Kernraum des Golfes von Guinea erstreckt sich auf einer Linie von Cape Palmas in Liberia bis Cape Lopez in Gabun.

[147] Tsetsos et al. 2014.
[148] EC 2014.

Die Golfregion ist jedoch nicht genau kartografisch definiert. Die ökonomische Interdependenz anliegender Binnenstaaten, die nicht direkt am Golf von Guinea liegen, aber maßgeblich zum ökonomischen Aufstieg beitragen, verdeutlicht wiederum, dass die GoG-Region sich nicht geografisch bestimmen lässt. Die Binnenstaaten (bspw. Tschad, Mali, Niger) nutzen den Kernraum als Transitregion für den Absatz von Rohstoffen und als Zugang zum Weltmarkt. Der Kernraum hingegen profitiert von der Aufwertung seiner Umschlaghäfen, Umsatzsteigerungen und ausländischen Investitionen. Die ökonomische Verflechtung führt zudem zu einer Vertiefung der politischen Kooperation der GoG-Staaten in regionalen Organisationen wie etwa der Westafrikanischen Wirtschaftsgemeinschaft (ECOWAS). Aus ökonomischer Perspektive gilt es, zur Aufrechterhaltung der wirtschaftlichen Prosperität in der GoG-Region die Sicherung der See- und Handelswege, des Rohstoffexports, der Rohstofffördergebiete sowie lokaler Absatz- und Umschlagmärkte zu nennen. Des Weiteren begünstigt eine voranschreitende Integration der GoG-Staaten in Kooperationen mit internationalen Organisationen und Regimen (etwa ECOWAS, AKP und WTO)[149] die wirtschaftliche und sicherheitspolitische Stabilisierung in der Region. Dies ist insofern aus rein sicherheitspolitischer Perspektive für die EU und die westlichen Nationen, wie Deutschland, relevant, da sich aufgrund der staatlichen Fragilität in der Region mit der bereits in Erscheinung tretenden Piraterie, dem transnationalen Terrorismus, ethnischen Konflikten, des Drogen- und Waffenhandels sowie anhaltender Migration in Richtung EU eine Verschlechterung der sicherheitspolitischen und wirtschaftlichen Gesamtlage in der Region erkennen lässt. Aufgrund der derzeitigen ökonomischen und energiepolitischen Bedeutung, der zukünftig zu erwartenden Abhängigkeit der EU von Rohstoffen aus der Region und der hinsichtlich der Mali-Krise (und ähnlicher Krisen in Nigeria, Guinea-Bissau und der Zentralafrikanischen Republik) allgegenwärtigen Anzeichen staatlicher Fragilität in der Region rückt die GoG-Region daher in den Fokus sicherheitspolitischer und strategischer sowie maritimer Debatten. Die Region um den Golf von Guinea wird seit etwa dem Jahre 2008 durch eine erhebliche Zunahme krimineller Aktivitäten vor allem auf See in ihrer wirtschaftlichen Entwicklung und Stabilität nachhaltig beeinträchtigt. Dieser Spannungsbogen von krisenhaften Entwicklungen in der regionalen Sicherheit, welche insgesamt durch verschiedene Phänomene gekennzeichnet sind und am ehesten durch den englischen Begriff »Maritime Crime« erfasst werden können, gibt den Staaten der Region ebenso wie anderen global vernetzten und tätigen Wirtschaftsnationen (wie auch Deutschland, das als außenhandelsorientiertes Land von sicheren Seefahrtsrouten und dem freien Zugang zur See abhängig ist) Anlass zur Sorge. Neben der Piraterie sind es der Drogen- und Menschenschmuggel, massive Umweltverschmutzung und illegale Fischerei, die sich in zunehmendem Maße negativ auf die Wirtschaft der Anrainerstaaten des Golfs auswirken. Die Übergriffe auf See konzentrieren sich zurzeit noch vorrangig auf die Territorialgewässer, d.h. die sog. 12-Seemeilen-Zone vor der Küste. Die Art der Übergriffe unterscheidet

[149] AKP-Staaten: Afrika-Karibik-Pazifik-Staaten (afrikanische, karibische und pazifische Staatengruppe); WTO: World Trade Organisation (Welthandelsorganisation), ECOWAS: Economic Community of West African States (Westafrikanische Wirtschaftsgemeinschaft).

sich deutlich von der Piraterie am Horn von Afrika, wo vorrangig die Schifffahrt, d.h. der Transport von Gütern entlang den Küsten Ostafrikas betroffen sind. Im GoG werden durch die Angriffe auf Handelsschiffe und insbesondere Öltanker die Handelsströme der Anrainerstaaten direkt betroffen. Dies wirkt sich unmittelbar auf die wirtschaftliche Lage hier in der Region aus. Neben den gegenüber dem Horn von Afrika vergleichsweise viel gewalttätigeren Angriffen im Golf von Guinea kommt eine weitere Besonderheit in dieser Region hinzu. Während Geiselnahmen und Schiffsentführungen in Somalia im Durchschnitt etwa sechs Monate andauern, liegt der Durchschnitt im Golf von Guinea bei nur sechs Tagen.[150] Anders als in Somalia konzentrieren sich die Piraten in der Region zunächst noch auf die Plünderung der Schiffsgüter und deren Veräußerung an Land, was eine Erklärung für die kurze Dauer der Geiselnahmen bietet. Dennoch kann nicht ausgeschlossen werden, dass nicht auch hier eine Schattenwirtschaft wie in Somalia entsteht, die durch Erpressung von Geldsummen die Reedereien zum Freikaufen ihrer Schiffe und Besatzungen zwingt. Eine Erklärung für das Erstarken der Piraterie im Golf von Guinea sind die mangelnden maritimen Fähigkeiten der staatlichen Marinen in der Region. Zwar verfügt etwa Nigeria über zwei Fregatten und zahlreiche Korvetten und Patrouillenboote, der Großteil der anderen Staaten besitzt aber eine nahezu vernachlässigbare Zahl von maritimen Einheiten und Küstenwachkompetenzen. Piraten nutzen daher das maritime Machtvakuum und das damit verbundene Fehlen von maritimer Macht für ihre Operationen gegen die lokale und internationale Handelsschifffahrt. Zudem wird der Piraterie zunehmend eine politische Motivation zugeschrieben, da beispielsweise das Movement for the Emancipation of the Nigerdelta (MEND) einerseits die Übergriffe gegen die Schifffahrt als direkten Angriff auf die Zentralregierung Nigerias in Abuja versteht und sich andererseits durch die Erlöse und Lösegelder teilweise finanziert.[151]

Hinzu kommen ethnische Auseinandersetzungen. Alle GoG-Staaten und Binnennachbarn sind ethnisch fragmentiert und mit einem starken Süd-Nord-Entwicklungsgefälle versehen.[152] Es besteht ein stark asymmetrisches Abhängigkeitsverhältnis zwischen dem Sahel und den Küstenregionen.[153] Durch die Grenzziehungen der Kolonialzeit siedeln zudem vielerorts Ethnien grenzüberschreitend, was zwischenstaatliche Konflikte schürt, da sie die territoriale Staatlichkeit unterminieren können.[154] Ethnische Konflikte existieren aber auch innerhalb der Staaten, vor allem dort, wo Landnutzung, Klientelismus oder eine Ausbeutung der Ressourcen ohne Einbezug der lokalen Bevölkerung stattfinden.[155] Nigeria ist dabei der Staat, welcher am stärksten von solchen Auseinandersetzungen betroffen ist, u.a. in Form von gewaltsamen Konflikten im Nigerdelta und in den nördlichen Bundesstaaten.[156] Marginalisierung, Machtkonzentration und Elitenherrschaft ohne

150 IMB 2011, S. 24.
151 Petretto 2011; Tull 2011.
152 Schicho 2011, S. 145.
153 Krüger 2007, S. 70.
154 Manusama 2006, S. 152.
155 Körner 1996, S. 100.
156 Bryden, N'Diaye, Olonisakin 2008, S. 329.

Kontrollmechanismen fügen diesen Konflikten eine systemische Komponente bei, was z.B. in Mali 2012 (Tuareg-Aufstand), Côte d'Ivoire 1999 (Bürgerkrieg) und eben Nigeria deutlich wurde.[157] Als langfristig stabiler – trotz ethnischer Fragmentierung – erweisen sich hingegen die eher demokratisch organisierten Staaten Ghana und Benin (Umverteilung, Pluralismus) sowie die durch massive externe Hilfe befriedeten ehemaligen Bürgerkriegsstaaten Liberia und Sierra Leone.[158] Die Marginalisierung von Ethnien gegenüber politisch und wirtschaftlich im Zentrum stehenden Gruppen bekommt durch die Zweiteilung der GoG-Region in eine islamische Sahel- und eine christlich geprägte Küstenzone auch eine religiöse Komponente.[159] Sie zeigt sich nicht nur in Mali in Form von islamistischen Tendenzen und Terrorismus, sondern auch in Nigeria, Kamerun, Côte d'Ivoire und den anderen Sahelstaaten.[160] Die Ursachen von Islamismus und Terrorismus sind in der GoG-Region vor allem sozialer und politischer Natur, beeinflussen aber die Sicherheitslage in beträchtlichem Maße.[161] So destabilisieren transnationale fundamentalistische Gruppen wie Ansar-Dine, AQIM (Organisation Al-Qaida des Islamischen Maghreb) und Boko Haram oder die oft für die Piraterie im Nigerdelta verantwortlich gemachte MEND die GoG-Region nachhaltig.[162] Wenngleich MEND primär soziale Ziele zu haben scheint, ist ihr Bedrohungspotenzial im Fahrwasser des transnationalen Terrorismus nicht zu unterschätzen.[163]

Gleichzeitig ist die mangelhafte Sicherheitslage am GoG dafür verantwortlich, dass Westafrika der Hauptumschlagplatz für den Drogenexport nach Europa geworden ist. In einem einzigen Jahr wurden durch staatliche Institutionen hier in der Region allein 1500 Tonnen Kokain auf dem Weg nach Europa abgefangen. Alle GoG-Anrainer sehen sich mit Problemen fragiler Staatlichkeit konfrontiert.[164] Die Staaten sind innenpolitisch meist stark heterogen, haben ungünstige geografische Ausdehnungen, sind unterentwickelt, verschuldet und verfügen kaum über die nötigen Ressourcen, um funktionierende staatliche Strukturen aufzubauen.[165] Hinzu kommt, dass sie aufgrund eigener Schwächen und der Fragilität ihrer Nachbarstaaten häufig äußeren und inneren Bedrohungen ausgesetzt sind.[166] Putschversuche[167] und innerstaatliche Konflikte fanden und finden häufig statt und begünstigen Kriminalität, Korruption und Schattenwirtschaft.[168] Der damit bereits begrenzte Handlungsspielraum wird durch ökonomische und politische Abhängigkeiten von außen, Neopatrimonialismus und Klientelismus oft zusätz-

157 Pierrot 2006, S. 258; Zartman 2007.
158 Sawyer 2004, S. 112.
159 Pellens 2008, S. 63.
160 Edi 2007, S. 97.
161 Callaway, Creevey 1994, S. 8.
162 Magassa 2006, S. 123.
163 Bröning 2006, S. 10.
164 Cernicky 2008, S. 106.
165 Lambach 2008, S. 200.
166 Economic Commission for Africa (ECA) 2006, S. 14.
167 Insgesamt gab es in der GoG-Region von 1957 bis 2012 ca. 7 Putschversuche. Siehe Francis 2001.
168 Adebajo 2002, S. 48.

lich eingeschränkt.[169] Selbst vergleichsweise konsolidierte Staaten wie Ghana oder Kamerun haben Probleme, ihr Gewaltmonopol durchzusetzen.[170] Interne Konflikte oder externe Bedrohungen können sich daher schnell zu Dominoeffekten entwickeln, die in Kriegsökonomien und wechselseitige Konfliktansteckung münden.[171] Auch wenn sich daraus ein aus der Not heraus entstandener Wille zur Zusammenarbeit ableiten lässt, bleibt es in den meisten GoG-Staaten fraglich, inwieweit politische Entscheidungen auch implementiert werden (können).[172] Lediglich bei den so genannten »Großen Vier« (Nigeria, Ghana, Côte d'Ivoire, Kamerun)[173] bestehen gewisse staatliche Handlungsspielräume.[174] Gerade Nigeria versucht daher, bilateral z.B. mit Ghana und regional in der ECOWAS unter widrigen Bedingungen Akzente u.a. zur Verbesserung der maritimen Sicherheit zu setzen.[175] Mit der Krise in Mali wurden zunehmend staatliche Kräfte der Anrainerstaaten gebunden, die nun nicht mehr für eine Überwachung der Seewege zur Verfügung stehen. Die Ausübung maritimer Macht oder sogar Seemacht von Staaten der Region ist bis heute, 2017, unwahrscheinlich. Dies hat die maritime Sicherheitslage nachteilig beeinflusst. Daraus entwickelten sich Überlegungen für ein internationales Engagement am Golf, die bis heute weiterverfolgt werden.

In der Folge hat sich der UN-Sicherheitsrat mit der dortigen Situation befasst und mit zwei Resolutionen (2018 aus dem Jahr 2011 und 2039 aus 2012) den Forderungen nach Maßnahmen gegen die ansteigende Piraterie im Golf von Guinea Ausdruck verliehen. Die Afrikanische Union (AU) hatte in Anlehnung an ältere UN-Sicherheitsrats-Resolutionen 2009 begonnen, eine »2050 Africa's Maritime Strategy« (AIM 2050) zu erarbeiten, die 2015 publiziert wurde und als Richtlinie der AU zum Thema maritime Sicherheit in Afrika anzusehen ist. Subregionalorganisationen wie ECOWAS und ECCAS[176] haben für West- bzw. Zentralafrika mit eigenen Strategiepapieren reagiert. Während ECCAS bereits 2008 eine Strategie zur Erhöhung der maritimen Sicherheit verabschiedet hat, wurde die ECOWAS »Integrated Maritime Strategy« im Jahr 2015 publiziert. Zudem haben beide Organisationen ein Memorandum of Understanding (MoU) zur Kooperation im Bereich maritimer Sicherheit auf Ebene der Staats- und Regierungschefs abgeschlossen. Hier zeigt sich der ausgeprägte Wille, selbst in der Region vor den eigenen Küsten aktiv zu werden und sich zu engagieren.

Ein analoger Aspekt hin zur eigenen Verantwortung ist die gemeinsame Vereinbarung zwischen der International Maritime Organisation (IMO) als Unterorganisation der UN mit MOWCA[177] von Dakar im Juli 2008, in der ein Memorandum of Understanding für die Einrichtung eines subregionalen integrier-

169 Igue 2011, S. 43.
170 Kabia 2009, S. 33.
171 Olonisakin 2008, S. 349.
172 van den Boom 2005, S. 100.
173 Inegbedion 1994, S. 237.
174 Schultheis 2010, S. 241.
175 Ayissi 2001, S. 5; Tavares 2009, S. 45.
176 Economic Community of Central African States (ECCAS).
177 Maritime Organization for West and Central Africa (MOWCA).

ten Netzwerkes von Küstenwachen für West- und Zentralafrika gezeichnet wurde. Seit dem laufen entsprechende Maßnahmen, auch mit Unterstützung aus der EU und einzelner westlicher Staaten wie den USA, Großbritannien, Deutschland und Frankreich, zum Beispiel im Jaunde-Prozess zur maritimen Sicherheit am Golf von Guinea, in dem entlang der Küste Westafrikas mehrere Regionalzentren, beispielsweise in Kamerun, Nigeria und Benin, zur Stärkung der eigenen Fähigkeiten vor Ort etabliert werden. Hier werden bis 2017 die ersten Zentren operationell in die Gewährleistung der maritimen Sicherheit vor den Küsten Westafrikas eingebunden sein. Dies ist auch ein Erfolg internationalen Engagements in der Region.

Diesem internationalen sicherheitspolitischen Engagement kommt ohnehin eine große, wohl auch tragende Rolle zu bei der Bewältigung maritimer Probleme im Golf von Guinea. Es zeigt sich ein beeindruckendes Bild der politischen Maßnahmen. Die EU hat sich des Problemfeldes der Kriminalität am Golf von Guinea mit dem »Regional Strategy Paper and Regional Indicative Programme 2008–2013« seit 2008 angenommen. Für den Bereich der maritimen Sicherheit hat die EU 2010 das »Joint Paper – Security and Development in the Gulf of Guinea Area« vorgestellt. Im Januar 2013 wurde zur Umsetzung der Strategiepapiere das »Criticial Maritime Routes in the Gulf of Guinea« angekündigt und mit Haushaltsmitteln von zunächst 4,5 Mio. Euro unterlegt. Daran anschließend hat sie ihre Maßnahmen erweitert, indem sie 2014 eine gemeinsam abgestimmte EUMSS und einen dazu korrespondieren Aktionsplan mit 150 Umsetzungspunkten erlassen hat. In dem Aktionsplan sind beispielsweise Positionen eingebracht, die besagen, dass: (1) die Rolle der Gemeinsamen Sicherheits- und Verteidigungspolitik im Rahmen der EUMSS verdeutlicht wird, (2) der für den internationalen und nationalen Handlungsrahmen essentielle vernetzte Ansatz, verbunden mit einem umfassenden geografischen Ansatz, hier auch für die Region Golf von Guinea, berücksichtigt wird, (3) die Komplementarität zur bestehenden Maritimen Sicherheitsstrategie der NATO hergestellt ist und (4) ein gemeinsamer maritimer Informationsraum zur Schaffung einer aufgabenübergreifenden Vernetzung der maritimen Sicherheitslagen im Rahmen des Maritime CISE (Common Information Sharing Environment) als Bestandteil des korrespondieren Aktionsplanes berücksichtigt wird. Die EU ist diesem Anspruch sowohl in der Strategie als auch im Aktionsplan nachgekommen. Die durch die EU mit EUMSS angestrengten Maßnahmen sind zusätzlich zur GSVP[178] angesetzt und sollen deren Rolle nicht abwerten. Vielmehr sind die EU-Aktivitäten als Ergänzung und Umsetzung der GSVP zu verstehen. Im Rahmen der dortigen Möglichkeiten können beispielsweise EU-Partnernationen wie Nigeria, Kamerun und Benin mit maritimen Fähigkeiten ausgestattet werden, um eigenständig maritime Aufgaben wie Sea Control in ihren Gewässern durchzuführen. Mit dem Jaunde-Prozess wurde hier ein nutzbares Instrument zur Gewährleistung der Maritimen Sicherheit und der Etablierung von maritimer Macht der Küstenstaaten in freilich begrenztem Umfang am Golf von Guinea geschaffen. Werden das internationale System und die internationale Gemeinschaft betrachtet, lässt sich festhalten, dass sich diese und auch einige Einzelstaaten bereits in unterschiedlichen Projekten mit der regionalen/mari-

[178] GSVP: Gemeinsame Sicherheits- und Verteidigungspolitik der EU.

timen Sicherheit am Golf von Guinea über das Engagement von EU und AU hinaus befassen. Die führenden Nationen haben am 30. April 2013 im Format »G8++«, (seit 2014: G7++ GoG) eine weitere Initiative gestartet, die jeweiligen Aktivitäten zu bündeln und Synergien zu erzielen. Unter französischer Federführung wurde dazu beispielsweise ein webbasiertes Tool entwickelt, das in Form einer Matrix die bereits laufenden Vorhaben erfasst. Dieses und weitere Beispiele sind charakteristisch für die rasch voranschreitende Entwicklung eines koordinierten regionalen Stabilitätsaufbaus. Im Rahmen des G7-Außenministerprozesses wurde unter der deutschen Ratspräsidentschaft im Jahr 2015[179] dem Thema Maritime Sicherheit am Golf von Guinea ein erhöhter Stellenwert eingeräumt. Im Kommuniqué des G7-Außenministertreffens in Lübeck vom April 2015 und in der Abschlusserklärung der DEU G7-Ratspräsidentschaft vom Dezember 2015 nimmt die maritime Sicherheit mit den Aspekten zur Stärkung einer regelbasierten Nutzung der Meere (hier der Stärkung von UNCLOS, MARPOL, IMO, ISPS und SOLAS), zu den regionalen Perspektiven im Golf von Guinea (neben anderen Regionen) und zu den Risiken, die aus den Folgen regionaler Konflikte wie am Golf von Guinea, internationalem Terrorismus, Piraterie und Umweltverschmutzung entstehen, eine hervorgehobene Stellung ein. Zudem wurde betont, dass diese Themen nur im Einklang mit den verschiedenen regionalen und bündnisgemeinsamen maritimen Strategien und Aktivitäten/Operationen angegangen werden können. Japan als G7-Ratspräsident für 2016[180] nimmt sich des Themas ebenfalls aktiv an.

Die maritime Sicherheit und damit die Gewährleistung freier Seewege gilt als oberstes strategisches Gut in der Region. Die Befähigung der Küstenstaaten zur Ausübung von Sea Control und ggf. Sea Denial, als Maßnahmen von begrenzter maritimer Macht und gleichzeitiger Wirkung an Land insbesondere in Nigeria, steht in der Agenda der internationalen und regionalen Politik weit oben. Erkennbar wird hier auch die Tragweite der strategischen Dimension der regionalen maritimen Sicherheit und der regionalen maritimen Macht für die internationale Außen- und Sicherheitspolitik. Das lässt den Golf von Guinea zu einem zentralen Thema der internationalen, europäischen und deutschen Außen- und Sicherheitspolitik werden. Die zur Umsetzung und Ausgestaltung notwendigen maritimen Fähigkeiten für die Gewährleistung der maritimen Sicherheit und der Ausübung von regionaler maritimer Macht an den Küsten Westafrikas müssen, wie der Jaunde-Prozess es zeigt, entwickelt oder weiterentwickelt werden. Die Europäische Maritime Sicherheitsstrategie, die Europäische Maritime Strategie für den Golf von Guinea, die AIM 2050 und die dazu nachgeordneten Dokumente bieten hierfür den nötigen Rahmen. Fest steht: Die Strategie der EU und der G7 in der Region Golf von Guinea ist auch Strategie von NATO, UN und anderen am Golf von Guinea involvierten Staaten. Ob und mit welchen Fähigkeiten und ggf. Einschränkungen diese umgesetzt werden, bleibt nicht nur abzuwarten. Vielmehr muss die internationale Gemeinschaft aktiv in der

---

179 Siehe die Lübeck-Erklärung zum G7-Außenministertreffen vom 14./15.4.2015 und die Abschlusserklärung der deutschen G7-Ratspräsidentschaft vom 14.12.2015.

180 Vgl. Hiroshima-Erklärung zum G7-Außenministertreffen vom 11.4.2016.

Region Golf von Guinea, wie bereits im Rahmen der Umsetzung der EUMSS erfolgt, handeln und mitgestalten.

Die gegenwärtige Gesamtlage am Golf von Guinea und die zunehmende Fokussierung der internationalen Gemeinschaft auf diese Region bietet die einmalige Chance, in einem gemeinsamen und gezielten Ansatz signifikante Erfolge erzielen zu können bzw. diese fortzusetzen. Der in dem Zusammenhang oft zitierte »comprehensive approach« und die »vernetzte Sicherheit« bieten die Möglichkeit, bei weiterer aktiver und gestaltender Fortführung einen Modellcharakter für andere Regionen zu erhalten. In einem ersten Ansatz sind daher impulsgebende Kurzfristmaßnahmen sowie das Bündeln von ressortspezifischen Aktivitäten geeignet, um etwa einer deutschen Initiative[181] im Kontext der Bemühungen der Europäischen Union und ausgewählter Partnernationen Gestalt zu geben. Mit Blick auf maritime Macht und Seemacht wird hier durch eine Staatengemeinschaft oder durch Partnerschaft gemeinsam vorwiegend maritime Macht ausgeübt bzw. Fähigkeiten für deren Ausübung aufgebaut. Es erfolgt somit die Etablierung von Gegenmacht in einem Seegebiet gegenüber der vorherrschenden Macht (durch die Piraterie). Im neorealistischen Sinne schließen sich einzelne Akteure (Staaten) am Golf von Guinea zu einer Allianz zusammen, die dann Capabilities (hier maritime Fähigkeiten zum Küstenschutz und zur Küstenüberwachung) aufbaut, um im ersten Schritt ein maritimes Gleichgewicht herzustellen und nachfolgend durch Fähigkeitsaufbau einen Machtgewinn in der Region Golf von Guinea zu erzielen und diesen zu erhalten. Aus raumtheoretischer Sicht zählt die Region teilweise zu den unregierten und teilweise zu den umkämpften Räumen mit Verdrängungseffekten zwischen den Akteuren im maritimen Raum. Im Gegensatz zum Horn von Afrika ist die Bewertung als unregierter Raum erheblich weniger zielführend, da staatliche regionale Strukturen und Ordnungen weitestgehend existieren und durchgesetzt werden, auch wenn dazu internationale Unterstützung notwendig ist.

5.1.4. Migration und Lebensraum

5.1.4.1. Spannungsfeld und Seemacht

Maritime Faktoren beeinflussen die politischen, ökonomischen, sozialen und ethnischen Umgebungen, welche als negative Einflussgrößen verschiedene maritime Spannungsfelder enthalten können und somit die Voraussetzungen für Seemacht berühren und verändern. Wassermangel, Wüstenbildung, aber auch Hochwasser, wie etwa Ende Juli 2010 in Pakistan mit noch heute sichtbaren Verwüstungen im Südteil des Landes[182], und bewaffnete Konflikte bedingen eine Zunahme der weltweiten Migration, wie am Beispiel Syriens sichtbar. Deutlich wird diese Tatsache zudem durch die Fluchtbewegungen von Afrika in Richtung Europa, über das Mittelmeer hinweg. Die gegenwärtigen, nicht abreißenden Menschenströme in Richtung Südeuropa erhöhen den Druck auf die europäischen Außengrenzen.

181 Beispielsweise die Ertüchtigungsinitiative der Bundesregierung seit 2014.
182 WBGU 2007, S. 1.

Ähnliche regionale Migrationsströme mit den daraus resultierenden Auswirkungen ergeben sich voraussichtlich auch auf dem indischen Subkontinent, sodass dort das Spannungsfeld Lebensraum aufgrund der regionalen Bedeutung des Themas Meeresspiegelanstieg besondere Brisanz birgt. Für eine Nation wie Indien, die beabsichtigt, Seemachtbestrebungen im Indischen Ozean durchzusetzen, ist die Frage nach innersubkontinentaler Stabilität von hervorgehobener Relevanz, da dadurch zum einen der geostrategische Faktor der strategischen Positionen an den veränderten Küsten als auch die Lage und Situation entlang der Küsten und Handelswege, im Verbund mit den aufzuwendenden finanziellen Ressourcen etwa für die Ausrichtung von Seestreitkräften mit dem Ziel der Seemacht, zum Tragen kommen kann. Ein Großteil der Migranten, schätzungsweise 25 Millionen pro Jahr, kann aufgrund der Negativentwicklung eines oder mehrerer Faktoren in der bisherigen Umgebung dauerhaft oder zeitweise kein menschenwürdiges Leben führen. Sie müssen neue Lebensräume, entweder in den Großstädten oder im noch fruchtbaren ländlichen Raum des eigenen Staatsgebietes, suchen, in der Folge aber auch in Nachbarstaaten und Industrienationen.[183] Zahlreiche Beispiele zeigen bereits heute, dass diese Suche in einigen Erdteilen, besonders in der Dritten Welt, zukünftig vermehrt von Spannungen und Streitigkeiten begleitet sein wird. Natürliche Ressourcen und hier besonders Trinkwasser und Landflächen stellen in diesem Zusammenhang das Kernpotenzial dar. Die Verschärfung des Druckes auf die einzelnen Stressfaktoren oder die Überlappung von mehreren führt zu spontanen, meistens sozialen Spannungen, die sich an der häufig extrem veränderten Situation in den betroffenen Regionen entzünden. Besonders vernichtende Druckfaktoren (»push factors«) wie Dürren, Wassermangel, Flutkatastrophen, Hitzewellen und Stürme und auch Gesundheitsprobleme üben einen massiven Migrationsdruck auf die jeweiligen Regionen aus. Im Zusammenspiel mit den Zugfaktoren (»pull factors«), wie Gesundheitsvorsorge, Ausbildung, Einkommen und Bevölkerungsstruktur, entstehen Spannungskräfte, die auf das Umfeld wirken[184] und mit traditionellen Streitigkeiten kumulieren können.[185] Hinsichtlich der regionalen Migration ergibt sich in Bangladesch infolge der zu erwartenden vermehrten Überflutungen im Gangesdelta ein Spannungsfeld, welches überregional wirken kann. Bangladesch liegt auf bzw. teilweise unter Meeresspiegelniveau. Bei einem Anstieg des Meeresspiegels um 45 cm würden ca. 5,5 Millionen Menschen aus dem Gangesdelta vertrieben und müssten einen neuen Lebensraum suchen.[186] In der gesamten Region des indischen Subkontinents wären ca. 200 Millionen Menschen gezwungen, von den Küsten infolge häufiger Flutkatastrophen zu fliehen.[187] Ähnlich verhält sich die Situation im zentralafrikanischen Nigerdelta. Auch dort hätte ein Meeresspiegelanstieg in den flutgefährdeten Gebieten unabweisliche Folgen für 200 Millionen Menschen. In allen genannten Fällen würden starke Migrationsströme ausgelöst, besonders auf

183 BUNR 2002, S. 2.
184 Homer-Dixon 1991, S. 76–116.
185 Bächler 1998.
186 Barnett 2001, S. 4.
187 Stern 2006, S. 1.

die Megastädte oder andere ländliche Regionen gerichtet. Hier bieten speziell die daraus resultierende dramatische Verschlechterung des Gesundheitszustandes der Bevölkerung,[188] ethnische Konkurrenzen und der Kampf um Ressourcen wie Land und Wasser ein Spannungsfeld, dass sich letztlich innerstaatlich, von nichtstaatlichen Akteuren gelenkt, entladen kann. Durch überregionale Wanderungsbewegungen, etwa in die Maghreb-Staaten als Transitregion nach Europa sowie als derzeitige Bürgerkriegsregion im Vorhof Europas, wird das Spannungsfeld Migration auf diese und in letzter Konsequenz auf die europäischen Einreiseländer projiziert.

Die Betrachtung der Auswirkungen des CO_2-Ausstoß und der daraus folgenden Erderwärmung zeigt, dass bereits heute 1,4 Milliarden Menschen von Dürreperioden betroffen sind und einschneidend unter Wasserknappheit, Getreideschwund und Unterernährung leiden. Bis zum Jahr 2035 könnte diese Zahl allein im südlich der Sahara gelegenen Teil Afrikas mit 1,3 Milliarden nahezu erreicht werden. Hier ergeben sich durch die wenigen Ressourcen und die dadurch erfolgende selektive Verteilung zwangsläufig Spannungsfelder hinsichtlich der Lebensraumbeanspruchung. Einen Präzedenzfall, wenn auch ohne maritime Ausprägung, stellt die Region Darfur dar, in deren Norden seit 2003 langanhaltende Dürreperioden und der daraus resultierende Wassermangel zu einem Verlust an Ackerland führten. Die dieses Land ursprünglich bewirtschaftenden Nomaden zogen auf der Suche nach Wasser und Weideflächen gen Süden. Dies löste wiederum, bedingt durch ethnische und religiöse Unterschiede, Streitigkeiten mit den dort ansässigen Bauern aus, die in Massenvertreibungen und Massakern gipfelten und bis heute eskalieren.[189] Kurzfristig ist die Region im südlichen Afrika nicht zu denen zu zählen, die das maritime Umfeld und somit die Seemacht von Staaten direkt beeinflussen. Auf der mittelfristigen Zeitachse wird jedoch auch dieser Bereich zu berücksichtigen sein, da Migrationen zum Mittelmeer zu erwarten sind mit dem Ziel, die europäischen Außengrenzen zu erreichen. Der Grund dafür findet sich also in den nach Norden gerichteten Strömen der kontinentalen Migrationsbewegungen. Europa und die europäischen Industrienationen werden dabei für einen Großteil der Menschen das erstrebenswerte Ziel bilden, wie die Flüchtlingskrise ab spätestens Mitte 2015 zeigte. Das Mittelmeer, das aufgrund seiner geografischen Lage dann verstärkt als Aktionsterrain für illegale Migration nach Südeuropa genutzt werden wird, stellt dann die bisher fehlende Komponente im Sinne der maritimen Dimension dar. Verstärkend für die Prozesse wirken sich zusätzlich die Unruhen und Aktivitäten des IS in den nordafrikanischen Mittelmeerstaaten aus. Seemacht kann hier auch als Mittel der Gegenmacht zum Migrationsdruck, im Sinne von Regulierung, durch die EU und NATO angesehen werden. Beispielhaft ist in diesem Zusammenhang die Operation EUNAVFOR MED Sophia: Hier wirkt der geostrategische Faktor für die Seemachtbestrebungen eher produktiv, im Sinne von förderlich, da beispielsweise Seestreitkräfte und maritime Fähigkeiten als Instrument der Außenpolitik an Relevanz gewinnen.

---

188 WHO 2007.

189 Münkler 2007, S. 9.

Aus der Vielzahl der weltweit infrage kommenden Gebiete, in denen Migration zum sicherheitspolitischen Risiko wird, wurden der Mittelmeerraum und der indische Subkontinent ausgewählt. Beide Regionen sind sowohl für Europa, die NATO als auch für Deutschland in sicherheitspolitischer Hinsicht von Bedeutung, da die dortigen regionalen Entwicklungen auf europäische und nationale maritime Interessen reflektieren.

Die Konfliktherde in der Mittelmeerregion reichen von Nordafrika über Zypern bis nach Israel, den Libanon und Syrien im Nahen Osten, meistens mit einer maritimen Dimension. Ausschlaggebend sind hier verschiedene Ursachen, die sich von machtpolitischen Kämpfen und Unruhen bis hin zu umweltbedingten und wirtschaftlichen Stressfaktoren erstrecken.[190] Allen gemein ist jedoch, dass durch sie Migrationsströme ausgelöst werden bzw. ausgelöst werden können, als aktuelles Beispiel seien hier die derzeitigen beispiellosen Flüchtlingsbewegungen von Nordafrika nach Südeuropa und aus Syrien und dem Irak nach Mitteleuropa genannt, die besonders die italienischen Behörden vor eine allein kaum zu bewältigende Aufgabe stellen. Der Druck auf Europa existiert jedoch seit längerer Zeit in der Form, dass, trotz umfangreicher Grenzsicherungsmaßnahmen, die in Marokko befindlichen spanischen Enklaven Ceuta und Melilla durch afrikanische Flüchtlinge aufgesucht werden,[191] um, meist illegal, auf europäisches Gebiet einreisen zu können. Betrachtet man Nordafrika als Transitregion für Bewegungen aus Zentralafrika in Richtung Mittelmeer, so stehen hier die Ursachen mit Schnittmengen aus Umweltveränderungen, ethnischen und wirtschaftlichen Problemen sowie Bürgerkriegszuständen im Mittelpunkt.[192] Die nordafrikanischen Staaten sind eine der instabilen Regionen der Erde. Besonders in Staaten südlich des Maghrebs wirken Umweltveränderungen in Verbindung mit ethnischen und politischen Spannungen auf die Bevölkerungen und sind so vornehmlicher Auslöser für Flüchtlingsbewegungen sowohl innerhalb des Nahbereichs als auch weit in Richtung Norden. Dabei bilden die Suche nach landwirtschaftlichen Nutzflächen und die Verfügbarkeit von Wasser, sowohl Brauchwasser für den Ackerbau als auch sauberem Trinkwasser, den Schwerpunkt der Ursachen. Bei überregionaler Migration in aufnehmende entfernte Drittländer (z.B. EU-Mitgliedsstaaten) können neben den Spannungen im Ursprungsland und denen in ggf. benachbarten Aufnahmestaaten weitere entstehen. Die Konsequenzen sind vielfältig und umfassen u.a. die Konkurrenz um Ressourcen, unkontrollierbare Flüchtlingsströme in Auffanglager, in das Drittland projizierte ethnische Unruhen und enden bei innen- und außenpolitischen Instabilitäten. Bezüglich Nordafrikas wird häufig die Nilregion zwischen Ägypten, Sudan und Äthiopien als mögliche künftige Krisenregion benannt.[193] Hier wirken der Streit um das bereits mehrfach genannte Trinkwasser und die daraus folgende Verknappung von lebenswertem Lebensraum als Schlüsselfaktoren für die Auslösung von Migrationsströmen. Die Verfügbarkeit von Lebensraum für die Bevölkerung kann daher auch zum Sicherheitsrisiko für das

190 Albrecht 2013.
191 Ebd.
192 Ebd.
193 Stöckmann 2001, S. 40.

nördliche Afrika werden. Dies weil sowohl drängende als auch bedrängte Staaten ihre sicherheitspolitischen Interessen mit militärischen Mitteln als ultima ratio durchsetzen könnten, was im Ergebnis sehr wahrscheinlich zu weiteren noch umfangreicheren Flüchtlingsströmen führen wird. Für Ägyptens Küste am Nildelta ist zusätzlich der mögliche Anstieg des Meeresspiegels als Grund für Migration in Richtung Europa anzuführen. Nicht nur die Verminderung von Landressourcen, sondern auch die Verunreinigung von Grundwasser mit Salzwasser und Schwebstoffen sowie die Anfälligkeit der urbanen Küstenregion für Küstenlinienveränderungen begünstigen die Auslösung von Fluchtbewegungen der ansässigen Bevölkerung. Die derzeitige krisen- und kriegsbehaftete Situation in Nordafrika stellt eine wichtige Grundvoraussetzung für die seit Frühjahr 2011 anhaltenden Flüchtlingsströme dar. Dabei sind nicht nur überregionale Bewegungen, aus den Maghreb-Staaten nach Europa, sondern auch regionale, etwa innerhalb Nordafrikas bzw. des Maghrebs, zu beobachten. Als Sicherheits- und Stabilitätsrisiko rückt hier vordergründig die Konkurrenz um Ressourcen einschließlich des Lebensraums in den Fokus, ethnische Spannungen spielen aufgrund der weitestgehend gleichen Religion eine untergeordnete Rolle. Sie können jedoch in den einzelnen Ländern, wie im Fall der koptischen Christen in Ägypten im Jahre 2011, das letzte Teil in einem Puzzle der fragilen Staatlichkeit darstellen und somit politische Instabilitäten fördern oder auslösen. Neben der wohl langfristig fortbestehenden Problematik der Lage in Israel und Palästina im Nahen Osten, deren geografische Grenze nach Afrika und Europa das Mittelmeer ist, treten seit dem Frühjahr 2011 in eben diesem Bereich des Mittelmeeres Flüchtlingsbewegungen auf, die aus den innersyrischen Krieg herrühren, von der politischen Weltöffentlichkeit aber erst seit der europäischen Flüchtlingskrise ab 2015 diskutiert werden. Hauptzufluchtsländer sind die Türkei und Jordanien. Für die Türkei stellen die Flüchtlinge ein weiteres Risiko hinsichtlich der innerstaatlichen Stabilität dar. Daneben wirken weiter die Kurdenproblematik, die seit langem andauernden Wasserstreitigkeiten mit Syrien und Iran, besonders bezüglich der Wasserentnahme aus dem Euphrat[194], und die Zypernfrage. Durch die Zugehörigkeit der Türkei zur NATO wird das Thema Flüchtlinge ebenso wie die anderen genannten Spannungsfelder mit ihrem Risiko zu innenpolitischen Instabilitäten in den Bereich des nordatlantischen Bündnisses projiziert und muss dort in seinen Entwicklungen von der Allianz beobachtet und diskutiert werden. Aus Sicht der NATO kann sich die Türkei unter Umständen aus einem verlässlichen und stabilen Bündnispartner an einer geostrategisch wichtigen Schnittstelle, und auch aus Sicht der Seemacht und -herrschaft der NATO im Mittelmeer hinsichtlich der strategischen Positionierung und Abstützung von Seestreitkräften, zu einem fragilen Mitglied entwickeln, das in letzter Konsequenz den militärischen Beistand der Allianz benötigt oder aber aus innenpolitischen Gründen zum problematischen Partner wird. Aufgrund der geografischen Nähe der Türkei zur EU erwächst, das ist derzeit sichtbar, bedingt durch Migration ein Sicherheitsrisiko für die Europäische Union bzw. für Europa, dessen Beherrschung die Aktivierung der Instrumente der GSVP nötig werden lassen kann und die Türkei zum strategischen Partner der

[194] Barandat 1995, S. 1.

EU in der Syrien- und Flüchtlingsfrage seit Frühjahr 2016 avancieren ließ. Der Mittelmeerraum stellt, vor allem im Hinblick auf migrationsbedingte Spannungen, folglich auch in Zukunft eine Schlüsselregion dar. Einfluss auf die politischen Aktivitäten der EU ist besonders hinsichtlich der Grenzsicherung Mittelmeer zu erwarten, um der zunehmenden illegalen Migration zu begegnen. Hier sind jedoch umfangreiche nachhaltige Maßnahmenkataloge notwendig, die mit der Schaffung einer EU-Küstenwache, der Erstellung und Umsetzung der EUMSS und der Operation EUNAVFOR MED Sophia, die über Frontex hinausgehen, angegangen werden.[195] Vor dem Hintergrund der EU-Krise, die besonders in den Mittelmeerstaaten am schwerwiegendsten auftritt und wirkt, sind umfangreiche finanzielle Aufwendungen für Eindämmung der Migration in den EU-Raum kaum möglich. Zwar leisten die Küstenwachen der Staaten bereits aufwendige Patrouillenarbeit, die jedoch mit Blick auf den massiven Zustrom unzureichend ist. Somit bleibt dieses Spannungsfeld eines der Sicherheitsrisiken für die EU bzw. für Europa mit einer maritimen Dimension, die maritime Instrumente der Außenpolitik fordert. Im raumevolutionären Sinne ist das Mittelmeer ein Territorium mit einer rechtsverbindlichen Ordnung und Struktur, in dem vorwiegend die EU engagiert ist, um diese aufrechtzuerhalten. Sie führt, theoretisch betrachtet, somit einen Konkurrenzkampf um EU-Territorien und -Rechtsnormen gegen äußere Land-/Seenahmeversuche im Raum Mittelmeer.

Die Triebfedern für die Flüchtlingsbewegungen auf dem indischen Subkontinent sind ähnlich denen des Mittelmeerraumes. Als Hauptursachen können derzeit die Flutkatastrophe in Pakistan im Juli 2010 und der Afghanistankrieg benannt werden. Mit Blick auf die nächsten zwei Jahrzehnte rücken der vorhergesagte Meeresspiegelanstieg und der daraus folgende Verlust an Ressourcen, auch hier Trinkwasser und Lebensraum, in den Fokus der Betrachtungen. Im Gegensatz zur Mittelmeerregion ist hier jedoch zu erwarten, dass sich die Migrationsströme, so wie derzeit zu beobachten, regional begrenzt bewegen werden.[196] Vornehmlich betroffen ist die Region des Gangesdeltas, in der mehrere hundert Millionen, dann mittellose und verarmte, Menschen leben. Ihre Unterbringung allein auf dem indischen Subkontinent stellt die dortigen Regionen vor Probleme. Dass diese Staaten, mit Ausnahme Indiens, als politisch instabil einzustufen und von häufigen politisch motivierten Gewalttaten gekennzeichnet sind, kommt erschwerend hinzu. Pakistan, mit Meldungen über Attentate und Bombenanschläge, kann als Beispiel zur Untermauerung der Aussage herangezogen werden. Die Hauptlast der Aufnahme läge, schon bedingt durch die räumliche Nähe, somit bei Indien.[197] Die für diese Hauptlast eingesetzten Mittel kann Indien dann nicht in seine anderen strategischen Vorhaben, wie die Seeherrschaft im Indischen Ozean, investieren. Die maritim-strategische Komponente der indischen Außenpolitik wird somit nachhaltig geschwächt werden, obwohl günstige geostrategische Voraussetzungen für Seemacht und -herrschaft, wie strategische Positionierung, Abstützpunkte an der Küste und glaubwürdiger Durchsetzungswille der Seemacht, etwa durch die Nuklearwaffen und Unterseeboote,

[195] Riedel 2011, S. 5–7.
[196] Albrecht 2013.
[197] Ebd.

vorhanden sind. Pakistan befindet sich besonders bezüglich der Kaschmirregion im Dauerstreit mit Indien, aus dem bereits mehrfach militärische Konfrontationen und daraus folgend Flüchtlingsströme aus der Grenzregion erwachsen sind. Durch die Zuwanderung aus dem Krisengebiet in benachbarte Regionen des eigenen Landes erhöht sich der Lebensraumdruck und führt, auf einer längeren Zeitachse betrachtet, zu Spannungen zwischen den Bevölkerungsgruppen. Auch hier wirken eventuelle ethnische Unterschiede nur spannungsfördernd. Anders verhält es sich bei der möglichen grenzüberschreitenden Migration zwischen Indien und Pakistan, dort sind aufgrund der unterschiedlichen religiösen Ausrichtung der Bevölkerungen Vorbehalte zu erwarten, die denen der Ressourcenwegnahme nicht nachstehen. Das Spannungsfeld Indien-Pakistan, in dem Migration nur einen Aspekt darstellt, ist besonders vor dem Hintergrund der beidseitigen Verfügbarkeit von Atomwaffen zu sehen. Besonders in der Kaschmirfrage stellt dieses Potenzial ein für beide Seiten wichtiges Mittel bei der Schaffung und Aufrechterhaltung einer Bedrohungskulisse dar.[198] Für Pakistan ergibt sich seit dem Sturz des Talibanregimes in Kabul ein Problem der illegalen Migration in anderer Form. Nach Etablierung von Stützpunkten der Taliban in den pakistanischen Grenzprovinzen bewegen sich von dort aus uneingeschränkt und mit hoher Frequenz Menschenströme über die Grenzen zu Afghanistan. In der Hauptsache handelt es sich dabei um Talibankämpfer, deren Ziel der Kampf gegen ISAF-Kräfte und/oder die Durchführung von Anschlägen auf pakistanische und afghanische Behörden ist. Da von pakistanischer Seite eine Kontrolle und Eindämmung dieser Bewegungen kaum realisierbar ist, wirken sie destabilisierend auf den Staat Pakistan und somit den indischen Subkontinent. Augenscheinlich fehlt dem letzten Aspekt die maritime Dimension. Beachtet man jedoch den Verlauf der Anschläge vom November 2008 und Juli 2011 in Mumbai, die beide aus Pakistan und Afghanistan heraus geplant und durchgeführt[199] worden sind, zeigt sich hier doch die entsprechende Komponente des Teilspannungsfeldes.[200] Für den indischen Subkontinent ist das Spannungsfeld Migration nur eines von vielen. Die Einnahme von Räumen, innersubkontinental durch Verdrängung und Raumkonkurrenz zum einen zwischen den Flüchtlingen und andererseits zwischen Pakistan und Indien in der Region Kaschmir, verstärken das Spannungsfeld. Voraussichtlich wird es ein regionales Feld bleiben, dass jedoch die internationale Gemeinschaft in ihren Debatten und Interessenbekundungen nicht aus dem Blickwinkel verlieren darf. Dies gilt besonders vor dem Hintergrund des Kaschmirstreits, den in letzter Zeit häufiger auftretenden Umweltkatastrophen, des ISAF-Folgeeinsatzes »Resolute Support« und des vorhandenen nuklearen Waffenarsenals in der Region. Im Zuge des möglichen Lebensraumverlustes im Gangesdelta und verheerender Flutkatastrophen, wie 2010, ist im ungünstigsten Fall zu erwarten, dass kurzfristig überregionale Lösungen für die betroffenen Menschen herbeigeführt werden müssen.[201] Unter Berücksichtigung der instabilen politischen Situation, wie etwa in Pakistan, kann davon ausgegan-

198 Ebd.
199 Beide Anschläge wurden mittels Bootverbringung an Land durchgeführt.
200 Albrecht 2013.
201 Ebd.

gen werden, dass hier neben der UNO auch die EU eine tragende Rolle einnimmt. Somit wird analog zum Mittelmeerraum das Spannungsfeld internationalisiert und mit Blick auf Europa europäisiert, was zur Folge hat, dass die eingangs genannte regionale Dimension, sich zu einem europäischen Sicherheitsrisiko ausweiten kann.

Es gilt für die Migration, dass diese nicht eigenständig und allein, herausgelöst aus dem Gesamtkontext der das sicherheitspolitische Umfeld bestimmenden Faktoren und Felder, zu betrachten ist, sondern nur als ein Teilaspekt der Geostrategie. Die Verzahnung der Themen Ressourcenschutz, Rüstungsbestrebungen und Projektion als auch die Ausstrahlung auf Seemachtbestrebungen sind unmittelbar ersichtlich. Eng mit den beiden vorhergehenden Abschnitten ist das internationale Seerecht verbunden, da Implikationen mit Blick auf den Seeverkehr und die Förderung von Rohstoffen aus dem Meer existieren, die eine sicherheitspolitische Dimension aufweisen und für das eingangs genannte Streben nach Seemacht verantwortlich sein können.

5.2. Maritime Sicherheit

Die maritime Sicherheit ist durch verschiedene Säulen und Facetten und den damit verbundenen Wirkungen und Wechselwirkungen im maritimen Umfeld gekennzeichnet. Dazu gehören sowohl die Freiheit der Schifffahrt und die Sicherheit der Schifffahrtswege sowie der Häfen, der maritime Umweltschutz, die maritime Beobachtung, Seerecht, die Bekämpfung von Piraterie und maritimem Terrorismus. Ebenso fallen unter den Begriff der maritimen Sicherheit die Regelung der Ressourcen- und Gebietsansprüche im Seeraum, die maritime Rüstung und Wehrtechnik und der Einsatz von Seestreitkräften. Die einzelnen Bereiche stellen einzelne Säulen dar. Diese sind jedoch untereinander verzahnt und bedingen sich zum Teil gegenseitig. Sie sind zudem einerseits eher den zivilen Aspekten und andererseits den militärischen zuzuordnen. Im deutschen Sprachgebrauch ist es schwierig, zwischen Sicherheit im Sinne von persönlicher und materieller Sicherheit (»maritime safety«) und Sicherheit im Sinne von politischer, strategischer Sicherheit (»maritime security«) zu unterscheiden. Beide Bereiche werden mit maritimer Sicherheit beschrieben. Die Bereiche der maritimen Sicherheit gleichen in Anteilen den Elementen von Seemacht. Dies ist dem geschuldet, dass sich beide Begriffe und Themenfelder auf dasselbe maritime Umfeld beziehen und untereinander in Beziehung stehen. Die Gewährung von maritimer Sicherheit mit ihren Facetten kann ein Teil der Entfaltung von maritimer Macht und Seemacht sein. Einzelne Säulen der maritimen Sicherheit, wie beispielsweise die maritime Beobachtung, Wehrtechnik, Seerecht und der Einsatz von Seestreitkräften, sind Elemente der Entfaltung und Ausübung von Seemacht und wirken dort etwa im Feld der Sea Control und des Sea Denial/Anti Access. Nachfolgend wird auf die Begrifflichkeiten und die Felder der maritimen Sicherheit im Kontext der Politik und Strategie eingegangen.

5.2.1. Maritime Sicherheit und Politik

Die maritime Sicherheit wird neben den oben genannten Facetten durch eine Vielzahl von Bedrohungen und Risiken mitbestimmt. Diese erstrecken sich von regionalen Krisen und Konflikten über Ressourcenstreitigkeiten, Migration, militärischen Projektionsbestrebungen einzelner Staaten bis hin zu Piraterie und zum Erstarken nichtstaatlicher Akteure. Die Bedeutung der Sicherheit des maritimen Raums hat im Zuge der Globalisierung zugenommen. Kennzeichen der Globalisierung sind die zunehmende Vernetzung von Volkswirtschaften im Sinne der Informationsgesellschaft, der Finanzbeziehungen sowie der zunehmende Verkehr von Menschen und Waren auf See.[202] Mit der Globalisierung geht die aufsteigende Entwicklung in Asien und Südamerika, die dynamische Entwicklung der maritimen Wirtschaft und des Seeverkehrs, die Ausprägung küstennaher Ballungszentren und die Einführung von Regelungsregimen auf See durch einzelne Staaten oder Staatengemeinschaften einher. Damit verbunden sind maritime Risiken, denen industriell hochentwickelte Staaten gemeinsam begegnen sollten. Kleinste Störungen maritimer Logistikketten haben zeitnah negative Folgen für die Produktivität, Versorgung und Leistungsfähigkeit moderner Volkswirtschaften. Ereignisse wie beispielsweise die vorübergehende Blockade des Suezkanals oder ein terroristischer Angriff auf einen Großhafen bergen unkalkulierbare gesellschaftliche, wirtschaftliche und politische Risiken. Zudem können krisenhafte Entwicklungen und Konflikte von der Peripherie ins Zentrum Europas oder auf einzelne westliche Staaten wirken und damit unmittelbare Relevanz für die eigenstaatliche Stabilität erlangen. Herausforderungen wie Territorialkonflikte – im hiesigen Kontext die im Seeraum – Extremismus, zerfallende Staaten, Rivalitäten beim Zugang zu Rohstoffen sowie Menschen-, Drogen- und Waffenhandel dürfen bei Fragen der maritimen Sicherheit ebenso wenig unbeachtet bleiben wie die demografische Entwicklung, die Verschmutzung der Meere, die Änderungen in den Klimaparametern oder die maritime Cyberkriminalität bzw. -sicherheit. Die Beherrschung dieser Risiken erfordert, dass sie frühzeitig erkannt und geeignete Lösungsstrategien entwickelt werden, um so zu verhindern, dass die Risiken zu konkreten Bedrohungen werden. Diesem Erfordernis kann nur durch die Gewährleistung einer umfassenden und vernetzten maritimen Sicherheitspolitik entsprochen werden. Somit ist die maritime Sicherheit hier in Form von Maritime Security, nicht Maritime Safety zu verstehen und damit ein Instrument der maritimen Sicherheitspolitik und im erweiterten Sinne eines der Außenpolitik. Der Anspruch an die Sicherheitspolitik ist, die Freiheit der Meere mit geeigneten Instrumenten zu gewährleisten, um somit weltweit nicht nur eine notwendige Voraussetzung für Wohlstand und wirtschaftliche Entwicklung zu schaffen, sondern auch für staatliche und politische Stabilität zu sorgen. In der eingangs genannten Globalisierung ist dieser Anspruch an die Politik nur als eine gemeinschaftliche Aufgabe aller Staaten mit Zugang zur Hohen See und im erheblichen Maß durch kollektive Sicherheitsmaßnahmen staatlicher Akteure zu gewährleisten. Hierzu gehört auch die Ausübung von maritimer Macht und Seemacht. Hierfür sind

[202] Marine DACH 2016.

die klassischen militärischen Fähigkeiten zur Abwehr militärischer Bedrohungen ebenso relevant wie die Fähigkeiten zur Abwehr asymmetrischer und hybrider Bedrohungen. Seestreitkräfte nehmen in der Abwehr dieser Bedrohungen im maritimen Umfeld eine hervorgehobene Stellung ein. Diesen Bedrohungen zu begegnen schließt auch ein, Maßnahmen gegen die Ausübung von maritimer Macht und Seemacht, hier etwa gegen Sea Control und Sea Denial, erfolgreich durchzuführen. Diese Facette der Sicherheitspolitik wird für westliche Staaten, die stark maritim abhängig sind, relevant. Aufgrund der dann vorhandenen Verwundbarkeit müssen diese Staaten die dazu notwendigen besonderen Aufgaben durch sicherheitspolitische Dokumente und daraus abgeleitete angepasste maritime Fähigkeiten abbilden. Aus der Abhängigkeit der Wirtschaft dieser Staaten vom ungehinderten Seehandel in Verbindung mit der besonderen Wirtschaftskraft westlicher und fernöstlicher Industrienationen resultiert eine sicherheits- und außenpolitische Verantwortung für hoheitsfreie Räume und Güter, die keinem Anspruch eines einzelnen Staats unterliegen. Dazu gehören Seewege und Seeverbindungslinien, Choke Points, maritime Räume, Ballungszentren und kritische Infrastruktur. Deren störungsfreie Nutzung und Schutz ist im Interesse der maritimen Sicherheitspolitik der Nationen und Staatenbündnisse. Im ganzheitlichen Verständnis von Sicherheit und potenziellen Risiken im maritimen Raum ist es notwendig, parallel laufende Anstrengungen von Ministerien, Staaten, internationalen und regionalen Organisationen sowie nichtstaatlichen Akteuren im Sinne eines vernetzten Ansatzes zu bündeln, zu konsolidieren und zu koordinieren mit dem Ziel, die gleichen Prinzipien und Rechtsnormen verpflichtend anzuwenden und durchzusetzen. Als Instrument der Sicherheits- und Außenpolitik bieten sich neben der Landes- und Bündnisverteidigung durch Seestreitkräfte auch die Einführung neuer Regelungsregime auf See, die Ausweitung internationaler maritimer Kooperationen, die Ertüchtigung von Drittstaaten oder regionalen Organisationen im Rahmen der Hilfe zur Selbsthilfe, die Vertiefung der sicherheitspolitischen Integration im Rahmen der EU sowie die Stärkung des europäischen Pfeilers innerhalb der NATO an. Sie dienen der Umsetzung der Ziele der (nicht nur maritim geprägten) Sicherheits- und Außenpolitik einer Nation oder eines Staatenbündnisses, wie der Wahrung der territorialen Integrität und partnerschaftlichen Solidarität, der Etablierung tragfähiger Ordnungsstrukturen und konsentierter Rechtsregime. Im Zuge dessen entwickelten sich Seestreitkräfte in Anbetracht des stetigen Globalisierungsprozesses strategisch weiter zu einem kompetenten Instrument der Politik, welches mit maritimen Fähigkeiten Verantwortung übernehmen kann. Staaten und Staatenbündnisse werden somit befähigt, einen Beitrag zur vertieften maritimen und sicherheitspolitischen Zusammenarbeit mit internationalen Partnern zu leisten und erodierende politische Ordnungsstrukturen, inner- und zwischenstaatliche Konflikte, organisierte Kriminalität, Piraterie und terroristischen Extremismus weltweit einzudämmen bzw. diesen Risiken zu begegnen. Dies wird häufig nur möglich durch die Anwesenheit von Seestreitkräften, der damit verbundenen Abschreckung und dem letztlich dadurch vorhandenen Wirken von Seemacht. Die Abdeckung der maritimen Interessen und das Handeln der Seestreitkräfte sowie das damit verbundene Erfordernis, Trends und Tendenzen achtsam zu verfolgen, um

Risikopotenziale zu erkennen und ihnen mit geeigneten Instrumenten, auch anderen als Seestreitkräften, zu begegnen, verlangt von der Sicherheits- und Außenpolitik nach einer maritimen (sicherheitspolitischen) Strategie, die alle Facetten von (maritimer) Sicherheit in ganzheitlichem Sinne integriert. Die oben genannten Instrumente der Politik stellen ein sichtbares politisches Zeichen eines wirkungsvollen maritimen Handelns zur Bewältigung der maritimen Herausforderungen des 21. Jahrhunderts dar. Zusätzlich zeigen sie die bestehende Verbindung zwischen maritimer Sicherheit und maritimer Macht bzw. Seemacht und erlauben die Ausübung auf verschiedenen Eskalations- und Intensitätsskalen.

5.2.2. Maritime Regime

Im vorhergehenden Abschnitt wurde als ein Instrument der Außenpolitik die Notwendigkeit der Schaffung und Anwendung von Rechtsregimen aufgeführt, da somit rechtskonforme und international abgestimmte Regeln für die Nutzung von Seeräumen vorliegen würden. Zudem wäre dadurch zu erwarten, dass trotz der vielschichtigen und einander bedingenden Facetten der Gewährleistung der maritimen Sicherheit Rechtssicherheit für die handelnden Akteure vorhanden ist. Die oben genannte weltweite gegenseitige Abhängigkeit führt zu Unsicherheiten, welche die maritimen Akteure veranlassen können, maritime Kooperation einzugehen und bestimmte Regeln und Normen abzustimmen, denen sich die vereinbarenden Akteure unterwerfen, um auf diese Weise ihrem Streben nach Machtmaximierung (im Sinne von Macht und Seemacht) zu entsprechen. Diese Abstimmung und Kooperation wird als Regime bezeichnet.[203] Es ist geleitet von Effektivität und Dauerhaftigkeit unter dem Verständnis von gemeinsamen Prinzipien, Normen und Regeln, welche das Verhalten und die Entscheidungen der beteiligten Akteure determinieren.[204] Regime entsprechen somit dem Schmitt'schen Verständnis von Raumordnung und Struktur und der Durchsetzung von Souveränität. Der Raum, in dem das Regime gültig sein soll, unterliegt einer vereinbarten Jurisdiktion. Dadurch, dass die Elemente der Landnahme nach Schmitt erfüllt sind, kann aus raumevolutionärer Sicht bei einem Regime von einer Landnahme ausgegangen werden, in der Regel von der eines herrenlosen Landes bzw. im speziellen Fall eines Seegebietes. Der Kampf der beteiligten Akteure um das Seegebiet beschränkt sich darauf, möglichst viele der eigenen rechtlichen Normen bzw. Vorstellungen in die gemeinsame Regelung einzubringen und durchzusetzen. Die Regime konzentrieren sich dabei auf einen bestimmten Gegenstand eines Konfliktes oder einer Streitigkeit in einem bestimmten Politikfeld wie der maritimen Sicherheitspolitik. Teile der Forschung[205] bezeichnen das als sogenannte »issue areas«. Aufgrund der oben beispielhaft dargestellten Abhängigkeit unterschiedlicher Politikfelder ist eine ausschließliche Betrachtung eines Regimes für ein Politikfeld unangebracht und praktisch nicht handhabbar. Eine

[203] Müller 2012, S. 31.
[204] Efinger et al. 1990, S. 264; Müller 2012, S. 39.
[205] Kreile 1989, S. 94; Müller 2012.

Vermengung zweier oder mehrerer Regime ist übliche Praxis.[206] Dies bedeutet, dass der Konflikt- oder Streitgegenstand sich in Bezug auf das betreffende Problemfeld und die beteiligten Akteure zuordnen lassen muss.

Im Falle einer einzelnen maritimen Bedrohung oder eines Risikos lassen sich möglicherweise entgegengesetzte Interessenlagen äußerst schwer aufzeigen. Vielmehr kann es vorkommen, dass die Zielvorstellung, beispielsweise die Eindämmung der Piraterie oder die der Anwesenheit von gegnerischen Seestreitkräften und der daraus folgenden Gefährdung des Seehandels oder der freien Nutzung der Seewege in einer Region, unter den handelnden Akteuren allgemein anerkannt ist, jedoch trotzdem kein gemeinsames maritimes Regime errichtet werden kann.

Wird ein maritimes Regime vereinbart, erfolgt ein auf einen längeren Zeitraum ausgelegter Zusammenschluss von Staaten oder Staatenbündnissen, der sich durch gemeinsame Prinzipien, Normen, Regeln sowie Verhaltens- und Entscheidungsmuster[207] bezüglich eines oder mehrerer Konflikt- und Streitgegenstände in einem bestimmten Politikfeld, hier in der maritimen Sicherheitspolitik, auszeichnet. Ziel der beteiligten Akteure ist es, selbst bei unterschiedlichen Grundinteressen, mit Hilfe kooperativen Verhaltens Konflikte und Streitigkeiten zu vermeiden und die dafür notwendigen Kosten zu reduzieren.[208] Mit Hilfe eines Bündnisvertrages, welchen die Mitgliedsstaaten unterzeichnen, werden feste Normen und Regeln für ein Themenfeld zur Gewährleistung der maritimen Sicherheit, wie der Abschreckung durch Seestreitkräfte, der Verringerung der illegalen Fischerei oder des Drogentransports auf See, festgelegt. Damit steht der Regimecharakter in erforderlichem Maße völkerrechtlich fest. Dieser Charakter lässt sich auch in Abgrenzung zum Aufbau von Organisationen aufzeigen.[209] Organisationen sind zunächst dem Gebilde eines Regimes ähnlich und bauen ebenfalls auf gemeinsamen Normen und Regeln auf. Analog zum Regime wird ein regelkonformes Verhalten und eine gewisse Handlungssicherheit aller involvierten Akteure von den Organisationen erwartet.[210] Sie stellen somit einen eigenen, korporativen Akteur dar.[211] Ein Regime hingegen verfügt nach einschlägiger Meinung[212] nicht über einen derartigen Status, sondern ist vielmehr eine diplomatische Plattform mit dem Ziel, gemeinsame Kooperation zu koordinieren. Ein Regime ist somit ein Instrument der Außenpolitik, welches im maritimen Kontext auch die gemeinsame Kooperation zur Etablierung von maritimer Macht oder Seemacht und die dazu ausgleichende Gegenmacht nutzen kann. Ein maritimes Regime setzt somit gemeinsame Normen, Regeln und Standards, um allgemeine Unsicherheit im maritimen Umfeld und die dazu notwendigen Kosten zu reduzieren und so effizient politischer Instabilität mit all ihren möglichen Folgen, wie Menschenhandel, Proliferation, Schmuggel, Raub und der Projektion von Seekriegsmitteln, zu begegnen, indem diese eingedämmt und unterbunden werden.

206 Kreile 1989, S. 95.
207 Müller 2012, S. 39.
208 Kohler-Koch 1989, S. 18; Müller 2012, S. 61.
209 Müller 2012.
210 Ebd., S. 61.
211 Siedschlag et al. 2007, S. 91.
212 Müller 2012, S. 63.

Die Erwartungshaltung der betroffenen Akteure, von den einzelnen Staaten über den maritimen Wirtschaftssektor bis hin zu den Schiffsbesatzungen, welche etwa ein Interesse an einer sicheren und freien Durchfahrt durch die Gefahrenzone haben, an ein maritimes Regime ist, dass sich dieses als effektives Instrument der maritimen Sicherheitspolitik und im erweiterten Sinne der Außenpolitik erweist.

Den neorealistischen Ansatz heranziehend, ist festzuhalten, dass Regime in diese Denkschule eingeordnet werden können. Es sind die Elemente Balance of Power bzw. Macht und Gegenmacht, Allianzbildung sowie Capability Building zu erkennen. Allianzbildung und dadurch erfolgter Fähigkeitsgewinn mit verbundenem Machtzuwachs sind wesentliche Motive, Regime zu vereinbaren. Der für neorealistische Ausrichtungen notwendige Aspekt der Machtmaximierung wird somit durch Regime erfüllt. Ebenso können die durch Regime erzielten Effekte dem Hard oder Soft Balancing zugeordnet werden. Regime sind somit ein praktisches Beispiel für die Anwendung eines neorealistischen Politikverständnisses in einem Politikfeld der internationalen Beziehungen, hier der maritimen Sicherheitspolitik. Gleiches gilt für den Bezug zur Raumtheorie. Regime sind nicht nur durch die Anwendung von Rechtsnormen gekennzeichnet, sondern lassen sich auch als praktische Raumevolution im Schmitt'schen Verständnis ansehen.

5.2.3. Maritime Beobachtung

Maritime Beobachtung und Kenntnis über das maritime Lagebild im Seeraum sind eine der Voraussetzungen zur Ausübung von maritimer Macht und Seemacht. Ohne Lagekenntnis können beispielsweise Seestreitkräfte, die ebenso einen Anteil an der maritimen Beobachtung haben, nur wage eingesetzt werden, wodurch ihre Entfaltungsmöglichkeiten eingeschränkt sein werden. Zudem ist die Kenntnis der Lage und des Seeverkehrs im Seeraum notwendig, um etwa Maßnahmen von Seemacht durchzusetzen. Für die Eindämmung gegnerischer Seestreitkräfte etwa durch Abschreckung ist deren Lage und Position essentiell. Maritime Beobachtung wird somit zum Element von Seemacht. Maritime Beobachtung und Lagebilder werden im ständig zunehmenden Seeverkehr auch aus Sicht der nautischen Sicherheit und Gefahren- und Katastrophenabwehr auf See notwendig. Sie dienen des Weiteren der Kontrolle der Einhaltung internationaler Abkommen und Regeln im Seeraum. Die Beobachtung und Bewertung dieser im maritimen Umfeld unterstützt gleichzeitig den sicheren Seeverkehr und unterstützt die nationale und internationale Sicherheitsvorsorge und den Schutz strategischer Güter wie der Energieinfrastruktur und der freien Seewege. Um dem Bedarf nach maritimer Beobachtung nachzukommen, ist eine technische Infrastruktur notwendig. Beispielsweise wird über die EU-Kommission das Maritime Common Information Sharing Environment (CISE) als Vernetzungsplattform für maritime Lageinformationen der maritimen Behörden im europäischen Raum auch gemäß dem Ansatz der Europäischen Maritimen Sicherheitsstrategie sektorübergreifend, d.h. über die eigene fachliche Zuständigkeit und Kompetenz hinaus, bis 2020 geschaffen und etabliert werden. Auch die Bundesrepublik Deutschland unterhält entsprechende Instrumente, dort sind das

Maritime Sicherheitszentrum (MSZ) in Cuxhaven, welches im Juni 2016 in Dienst gestellt wurde, und das Weltraumlagezentrum, eine Gemeinschaftsinstitution von Bundeswehr, Bundesministerium für Wirtschaft und dem Deutschen Zentrum für Luft- und Raumfahrt e.V. (hier vornehmlich die Forschungsstelle Maritime Sicherheit in Bremen), für die maritime Beobachtung der deutschen Küstengewässer und die Darstellung von maritimer Infrastruktur und von Schiffsbewegungen, die Übermittlung und Bewertung der Lagebilder an der Meeresoberfläche an die nationalen maritimen Behörden, an die europäischen Partner und darüber hinaus zuständig. Mit Blick auf die Entfaltung von maritimer Macht und Seemacht sind die genannten Institutionen auch als Instrumente für maritime Macht und Seemacht anzusehen und bilden im neorealistischen Sinne eine der Capabilities für die Balance of Power oder den Machtzuwachs. Mit Bezug auf die internationalen Beziehungen stellen die maritime Beobachtung und der internationale Austausch der maritimen Daten ein Instrument der Sicherheits- und Außenpolitik dar, das auch in andere Politikbereiche wirkt. Sie bilden nicht nur Anknüpfpunkte zur EU, sondern auch zur NATO und anderen Organisationen der maritimen Sicherheit, wie etwa ReCAAP im asiatisch-pazifischen Raum oder SUCBAS im Ostseeraum. Aus außen- und sicherheitspolitsicher Sicht wird das Thema maritime Beobachtung und Lagebilder (im engl. bekannt als »Maritime Situational Awareness«) etwa durch den ständig laufenden G7-Außenministerprozess[213] und die dort verfassten Erklärungen verfolgt. Im Vordergrund der Erklärungen und des maritimen Handelns, hier in der maritimen Beobachtung, steht das staatliche und multilaterale Handeln, um gemeinsame Fähigkeiten aufbauen und nutzen zu können. Insbesondere ist die maritime Beobachtung von Relevanz für die Kenntnis von Aktivitäten außerhalb der Territorialgewässer, Ausschließlichen Wirtschaftszonen oder Gewässer, die einer besonderen Beobachtung (etwa durch die Anwesenheit von Seestreitkräften) unterliegen. Dort bleiben Aktivitäten und Entwicklungen im Seeraum meistens unerkannt und unentdeckt. Eine Überwachung und somit Kenntnis von Vorgängen dort ist etwa für die Früherkennung von maritimen Bedrohungen erforderlich. Dies gilt umso mehr mit dem Anspruch auf maritime Macht und Seemacht auch in weit entfernten Seegebieten. Die hier vorhandene Diskontinuität der maritimen Beobachtung und des Lagebildaustausches sowie der Bewertung dieser leistet etwaigen langfristig geplanten, unerkannten und unbeobachteten Aktivitäten im Seeraum Vorschub, welche für Nationen mit dem Anspruch auf Seemacht nicht hinnehmbar sind.

Das Erfordernis von maritimer Beobachtung ergibt sich zudem auch aus den Aspekten der humanitären, rechtlichen und wirtschaftlichen Verpflichtungen von Nationen im internationalen System. Beispielsweise müssen Nationen bei humanitären Notlagen Hilfe leisten und leisten können. Treten diese in Seegebieten oder an Küsten auf, so wird eine fokussierte Beobachtung der betroffenen Küsten und der See notwendig. Um Vorsorge zu treffen, können mittels maritimer Beobachtung potenzielle Gebiete bereits im Vorfeld beobachtet und beispielsweise geografische und hyd-

[213] Unter der deutschen Präsidentschaft des G7-Außenministerprozesses 2015 und der von Japan im Jahre 2016 wurde das Thema maritime Sicherheit und Beobachtung als Top-Thema behandelt.

rografische Daten ermittelt werden. Die Migration über See, nicht nur im Mittelmeer, hat sich spätestens seit 2014 als Fakt bestätigt. Deren Beobachtung und die erkannte Notwendigkeit von Hilfeleistungen in Notfällen wird gerade die europäischen und nach ihren materiellen, organisatorischen und personellen Befähigungen auch die nordafrikanischen Staaten dauerhaft begleiten. Genauso wichtig erscheint es, aus den beobachteten Daten Rückschlüsse auf die mit der Migration verbundenen illegalen Aktivitäten von Schleusergruppen zu ziehen. Im Kontext der Rechtsverbindlichkeit auf See ist es notwendig, eine Teilhabe und Mitverantwortung der Staaten im internationalen System an der regelbasierten und friedlichen Nutzung der See durch die Beobachtung von Aktivitäten auf See anzustreben und zu tragen. Erst das Wissen um die Aktivitäten auf See ermöglicht das Abwägen von Maßnahmen und eine politische Dialogfähigkeit gegenüber Bündnispartnern und Institutionen. Aus wirtschaftlicher Sicht ist der Seeraum, besonders für die westlichen Nationen, von hohem Stellenwert. Hier trägt die maritime Beobachtung zur Sicherheitsvorsorge, zum Schutz maritimer Infrastruktur und des freien Seeverkehrs und zur Verhinderung von wirtschaftlichen Schäden (auch durch die Einhaltung von Meeresumweltstandards) bei. Aus technologischer Sicht hat die maritime Beobachtung in den letzten Jahrzehnten an Bedeutung gewonnen und kontinuierlich zugenommen. Zahlreiche, vorwiegend multinationale Satellitenmissionen wurden durchgeführt und mit einem Zeitversatz um maritime Beobachtungsmethoden ergänzt. Diese dienen meistens der gezielten Beobachtung bestimmter Seegebiete wie den Ausschließlichen Wirtschaftszonen. Eine weiträumige Beobachtung der Seegebiete erfolgt jedoch derzeit, 2016, nicht so gründlich und dauerhaft, wie es für die Beobachtung der Landmassen erfolgt. Eine großflächige, durchgängige Beobachtung der Seegebiete ist zudem ausschließlich aus der Luft oder raumgestützt, d.h. durch Satelliten, möglich. Dem Aspekt wird Rechnung getragen, indem raumgestützte Systeme (wie TerraSAR X[214]) vermehrt für die Beobachtung des Seeraumes eingesetzt werden. Dabei handelt es sich sowohl um Satelliten, die die Daten der Automatic Identification Systems (AIS) aufnehmen, als auch um unterschiedliche Arten von Radarsatelliten und optisch beobachtende Satelliten.[215] Die Kombination von in der Fläche beobachtenden und gleichzeitig fokussierbaren Satelliten erlaubt sowohl die Beobachtung von Seegebieten als auch die Beobachtung und Erkennung einzelner Schiffe oder Objekte. Der internationale Informationsaustausch in MARSUR, CISE und SUCBAS ermöglicht den Zugriff auf maritime Daten und Informationen anderer Nationen oder Institutionen und so den Abruf und die Visualisierung von Lagebildern. Es zeigt sich, dass die Fähigkeit zur maritimen Beobachtung eine Schlüsselfähigkeit im Sinne der Entfaltung von Seemacht, hier besonders für die Kenntnis und Kontrolle der interessierenden und beanspruchten Seeräume sowie der Position von eigenen und gegnerischen Seestreitkräften und deren Aktivitäten, ist. Im neorealistischen Sinne hat maritime

214 Globales 3D-Höhenmodell der TanDEM-X-Mission frei verfügbar: <www.dlr.de/eo/desktopdefault.aspx/tabid-5725/9296_read-15979/>, Optical and Radar Data The Most Extensive and Accurate Imagery Solutions with a Unique Constellation: <www.intelligence-airbusds.com/terrasar-x/>, 8.10.2018 (letzter Zugriff 27.7.2016).

215 Echtzeitkarte Marine Traffic <www.marinetraffic.com/de/ais/home/centerx:44/centery:36/zoom:4> (letzter Zugriff 27.7.2016).

Beobachtung Bedeutung zum einen für die Allianzbildung und zum anderen für den Aufbau von Fähigkeiten, beides notwendig für den angestrebten Machtausgleich oder den Machtzuwachs. Zudem zeigt sich darin die strategische Dimension der maritimen Beobachtung und deren Wirksamkeit als Instrument für die Sicherheits- und Außenpolitik und reflektiert durch die fokussierte Beobachtung die strategischen maritimen Interessen von Staaten.

5.3. Strategische Interessen

Schon die sicherheitspolitische Betrachtung und strategische Relevanz des maritimen Umfeldes zeigen Anhaltspunkte für die Einflussnahme auf die Seemacht und ihre Instrumente. Das sicherheitspolitische Umfeld ist gekennzeichnet durch den Wandel zu einer multipolaren Welt. In den Mittelpunkt rücken sowohl zwischenstaatliche als auch nichtstaatliche Konflikte und Kriege, in der sicherheitspolitischen Literatur werden diese oft als neue Kriege bezeichnet.[216] Damit einhergehend sind Konfliktlinien, bei denen vorwiegend machtpolitische, religiöse, ethnische und ökonomische Ansprüche und Dissense im Vordergrund stehen.[217] Des Weiteren erfolgt in diesem Zusammenhang die Zunahme von innerstaatlichem Konfliktpotenzial, wie am Beispiel Syrien und Ukraine deutlich erkennbar wird. Durch die Akteure werden paramilitärische Organisationen geschaffen, die mit Guerillataktiken den Konflikt austragen,[218] Beispiele dafür sind der Libyenkonflikt seit Frühjahr/Sommer 2011 sowie der Konflikt in Nigeria mit der Terrormiliz Boko Haram. Aufgrund der vorwiegenden nicht zwischenstaatlichen Konflikte können sowohl die Vereinten Nationen als auch NATO und EU schwer und meist nicht unmittelbar zur Konfliktbeilegung eingreifen bzw. deeskalierend wirken. Bezeichnendes Beispiel hierfür ist die langwierige Abstimmung bezüglich des Einsatzes der NATO in Libyen und der dem vorausgehende Abstimmungsprozess bezüglich einer UN-Resolution, außerdem die Debatte um die Ausweitung der Operation EUNAVFOR MED Sophia um die Phase 2, die Aktionen an der Küste Libyens gegen Schleuser erlaubt. Besonders schwierig gestaltet sich das Eingreifen bei zerfallenden Staaten, wie in Somalia oder im Jemen, wo Präsident Saleh Anfang Juni 2011 nach dem Beschuss des Präsidentenpalastes durch Oppositionelle schwer verletzt außer Landes gebracht wurde, nachdem er den Rückhalt in der Regierung, bei den Stammesführern und in der Bevölkerung verloren hat.[219] Hier droht nicht nur die radikale Islamisierung eines Staates, wie seit 2013 durch den »Islamischen Staat« (IS) im Nahen Osten angestrebt, sondern auch der Zerfall in einzelne Stammesregionen. Ein Übergreifen der gewaltsamen Entwicklungen auf Nachbarregionen ist nicht auszuschließen. Es droht eine Ausweitung des Einzugsbereiches der Terrormiliz »Islamischer Staat«. Das zunehmende Streben einzelner Staaten nach dem Besitz von Massenvernichtungswaffen

216 Pradetto, Baier 2004, S. 192; Münkler 2006, S. 11; Münkler 2007, S. 3–5.
217 Lippke 2009, S. 65.
218 Ebd.
219 Albrecht 2013.

ist ein weiteres signifikantes Merkmal des sicherheitspolitischen Umfeldes. Zwar unterhalten auch die etablierten Nuklearmächte (USA, Russland, Frankreich, Großbritannien und China) umfangreiche Nuklearwaffenarsenale, ein besonderes Risiko geht allerdings von Staaten aus, die außerhalb des Nichtverbreitungsregimes stehen und bereits Atomwaffen angeschafft haben wie Indien, Pakistan, Nordkorea, Israel.[220] Die in der Nuklearrüstung enthaltene maritime nukleare Projektion und Abschreckung wird durch die Staaten als Mittel der Durchsetzung maritimer Interessen bewertet, um so Seemacht glaubwürdig darstellen zu können. Der Zerfall von Staaten, derzeit sichtbar in der arabischen Welt, ergibt Bedrohungspotential etwa für die europäischen Mittelmeerstaaten wie beispielsweise für Italien. Starke Flüchtlingsbewegungen aus den Maghreb-Staaten drücken seit Frühjahr 2011 an die Grenzen zu Europa,[221] wodurch die Stabilität der europäischen Staaten bedroht werden kann.[222] Mit der Migration werden ethnische Probleme, Kriminalität, Rivalitäten im Drogen- und Waffenhandel in die aufnehmenden Staaten transferiert sowie der Aufbau von Basisstandorten bzw. Schläferzellen für den internationalen Terrorismus, wie bei den Fällen des 11. Septembers 2001, der Anschläge von London im Jahre 2005, oder der von Paris am 13. November 2015, von Brüssel am 22. März 2016 und von Nizza am 14. Juli 2016, ermöglicht. Die Außen- und Sicherheitspolitik der EU- und NATO-Staaten ist von Rechtsstaatlichkeit und Kontinuität in der Werteorientierung sowie dem Dialog mit Russland, trotz Sanktionen der EU wegen des Ukrainekonfliktes, und auch mit China gekennzeichnet. Darin eingeschlossen ist die ständige Verbesserung der Bündnispolitik sowohl auf der EU- als auch der NATO-Ebene. Beispiele dafür sind das im November 2010 verabschiedete neue strategische Konzept der NATO in Lissabon, die »Alliance Maritime Strategy« vom 18. März 2011, die »Alliance Maritime Governance« vom Juli 2016 und der EU-Vertrag von Lissabon vom 1. Dezember 2009, in dem die ESVP in eine GSVP[223] umgewandelt wurde mit dem Ziel, die EU als internationalen Akteur auf dem Gebiet der Sicherheitspolitik zu stärken, sowie die neue »EU Global Strategy« und die Arktis Strategie der EU vom 26. April 2016. Innerhalb der EU gibt es jedoch noch viele Spannungsfelder, die sich vom Verständnis der Positionierung der EU gegenüber NATO, USA, China und Russland bis hin zu der Wahrung nationaler Interessen erstrecken, Beispiel hierfür sind die bilateralen Aktivitäten zwischen Frankreich und Großbritannien,[224] die sich bis hin zu maritimen Rüstungsvorhaben erstrecken oder der durch ein Referendum am 23. Juni 2016 in Großbritannien beschlossene Austritt aus der EU, der folglich auch den Austritt aus der GSVP impliziert. Für die EU stehen neben dem europäischen Gedanken die transatlantischen Beziehungen, insbesondere zur USA. Diese sind von Bemühungen um wirtschaftliche und politische Zusammenarbeit gekennzeichnet, wie zum Beispiel Verhandlungen zum TTIP-Abkommen mit den USA und das CETA–Abkommen mit Kanada bzgl. einer trans-

220 Polymeropoulos et al. 2011, S. 6; Ivashentsov 2010, S. 131; Godwin 2010, S. 264; Knittel 2010, S. 27; Wagner 2011, S. 2.
221 Mit dem bisherigen Höhepunkt im Herbst 2015.
222 Riedel 2011, S. 5.
223 Algieri, Feichtinger 2010, S. 135.
224 Kempin 2011, S. 1–4.

atlantisch-europäischen Freihandelszone belegen. Die USA selbst sind neben bilateralen Beziehungen zu einzelnen EU-Staaten, wie Großbritannien, an einer gesamteuropäischen Partnerschaft interessiert, da Europa für die Vereinigten Staaten von Amerika als »strategisch wichtige Region« angesehen wird, auch mit Blick auf Russland, die Ukraine-Krise, die Ostsee und die Flüchtlingskrise inklusive der Mittelmeerregion. Für die Sicherheitspolitik der USA ist das signifikante Kennzeichen die eher offensive Ausrichtung, auch in Bezug auf Europa und Russland, wo sie im Einklang mit der NATO auf Abschreckung setzen. Die Truppenstationierungen in Osteuropa belegen diese Haltung. Dies zeigt sich auch in der Debatte um die maritime Ausrichtung, deren Fokus auf dem »Access to the global Commons« liegt.[225] Im Fokus der US-Sicherheitspolitik liegt der asiatisch-pazifische Raum, insbesondere die strategische Ausrichtung Chinas, die derzeit durch Machtprojektionsstreben und den Ausbau maritimer offensiver Militärpotenziale gekennzeichnet ist,[226] um letztlich regionale Seemacht und Seeherrschaft im asiatischen Raum zu erlangen. Der Streit um die Senkaku-Inseln im Ostchinesischen Meer und die Aufschüttung von künstlichen Inseln im Südchinesischen Meer für die Nutzung als Militärbasis sind Indikatoren für das Streben nach regionaler Seemacht. China bedient sich unter anderem des Elements der Stützpunkte und baut diese an strategisch wichtigen Positionen aus. Um dem Kapitel 3 zu folgen, strebt China hier die Erlangung von Seemacht mit dem Ziel der Seeherrschaft an, dies trotz des Schiedsgerichtsentscheides in Den Haag am 12. Juli 2016 gegen die Ansprüche Chinas. In diesem Zusammenhang rückt die Taiwanfrage, zwar nachgeordnet, ins Blickfeld der internationalen Politik, allerdings bislang vorwiegend in das der US-Außen- und Sicherheitspolitik.[227] Neben der Rolle Chinas sind sowohl für die USA als auch für die EU die politischen Entwicklungen in Indien und Japan von Interesse, in deren Vordergrund die wirtschafts- und sicherheitspolitischen Vorstellungen der Staaten stehen.[228] Indien hegt ebenfalls Ambitionen auf eine Seemachtstellung im asiatischen Raum, jedoch einstweilen begrenzt auf Südasien und den Indischen Ozean. So strebt Indien seit einiger Zeit den Status einer Großmacht an, deren Durchsetzungspotenzial aber aufgrund der fehlenden Ressourcen und Machtinstrumente begrenzt ist.[229] Nichtsdestotrotz sieht sich Indien als Regionalmacht bzw. als Hegemon in Südasien[230] bzw. im Indischen Ozean und ist bereit, maritime militärische Fähigkeiten dafür zu projizieren. Für Russland stehen die wirtschaftlichen Beziehungen zur EU im Vordergrund. Beidseitig bestehen Abhängigkeiten, indem durch Russland wichtige Rohstoffe für die EU-Staaten angeboten werden und die EU ein wichtiger Exporteur von Handelsgütern nach Russland ist. Darüber können auch die derzeitigen Sanktionen der EU nicht hinwegtäuschen. Von besonderer Natur sind die Beziehungen zu Deutschland, dies spiegelt sich auch in dem gemeinsamen Projekt

225 Department of Defense 2010, S. 8, 13, 63, 103.
226 Mearsheimer 2010, S. 89–90; Department of Defense 2014.
227 Bräuner, Oertel 2009, S. 1; Knittel 2010, S. 29.
228 Polymeropoulos et al. 2011, S. 7.
229 Ebd., S. 5.
230 Ebd., S. 21 f.

des Baus der Ostseepipeline wider.[231] Im Kontext der Sicherheitspolitik wird im Rahmen des NATO-Russlandrates versucht, Russland für die Pläne eines weit reichenden Raketenabwehrschirmes zu gewinnen, um so der im strategischen Konzept der NATO festgelegten Fähigkeit zur Raketenabwehr umfassend und flächendeckend genügen zu können.[232] Für die maritimen Strategien aller genannten Staaten ist erkennbar, dass der Ozean und die Küstengebiete Schlüsselelemente darstellen, um Seemacht und Seeherrschaft zu erlangen oder zu erhalten. Die Seemachtelemente, (u.a. Sicherung der Transportwege über See, Nutzung als Ressourcenquelle, Umgang mit natürlichen Veränderungen und Ausweitung des Hoheitsgebietes) bestimmen derzeit die politische Debatte und die militärstrategische Ausrichtung von Seestreitkräften. Beispiel hierfür ist etwa der Streit der fünf Arktis-Anrainerstaaten um den arktischen Festlandsockel, um Ansprüche hinsichtlich eines möglichen Rohstoffabbaus und der Gewährung von Seewegerechten durch die Nordost- und -westpassage geltend machen zu können.[233] Bezüglich der freien Seewege stehen Seegebiete wie die Straßen von Hormuz und Malakka sowie das Horn von Afrika im maritimen sicherheitspolitischen Fokus und sind Ausgangspunkte für die laufende Debatte über die maritime Sicherheit.[234] Zusätzlich zu den oben genannten Sicherheitsinteressen, die alle auch für die Bundesrepublik Deutschland von Relevanz sind, wird die deutsche Sicherheitspolitik von der Export- und Rohstoffabhängigkeit, der sicheren Energieversorgung und der Bewältigung des starken Flüchtlingsstromes über das Mittelmeer sowie stetig durch die geschichtliche Reflexion bestimmt. Neben der Krisen- und Konfliktbewältigung nennen die VPR vom 18.5.2011 die Vertretung einer nachhaltigen außen- und sicherheitspolitischen Position, die Stärkung der transatlantischen und europäischen Sicherheit und Partnerschaft und den freie Zugang zur hohen See und zum ungehinderten Welthandel.[235] Neben den bilateralen Beziehungen, besonders zu Frankreich,[236] sind die maritime Sicherheit und ein weit reichender Konsens zum Raketenabwehrschirm die Hauptinteressen deutscher Sicherheitspolitik auf dem maritimen Sektor.

5.4. Konzeption von Seestreitkräften

Die Konzeption und der Einsatz von Seestreitkräften sind durch politische und strategische Vorgaben begründet. Dies beinhaltet auch die Entfaltung von Seemacht. Seestreitkräfte müssen dem Grad der Durchsetzung von Seemacht entsprechen, um als glaubwürdiges Instrument der Politik zu wirken. Das Handlungs- und Leistungsvermögen von Seestreitkräften ist somit darauf ausgerichtet, Wirkung zu erzielen. In diesem Sinne dient die Wirkung dem politischen Ziel und dem für Seestreitkräfte abgeleiteten Auftrag: Wirkung zur Durchsetzung des politischen

[231] Westphal 2009, S. 5.
[232] Lang 2009, S. 1–4.
[233] Haftendorn 2009, S. 2, 5.
[234] Möller 2006, S. 5 f.; Mair et al. 2010, S. 5; WISE PEN Team 2010, S. 6.
[235] BMVg 2011, S. 5; Albrecht 2013.
[236] BMVg 2011, S. 9.

Zieles Entfaltung von Seemacht. Daraus leitet sich die zentrale Frage nach der Konzeption von Seestreitkräften bzw. ihrer Fähigkeiten ab. Grundlegendes Moment für die Konzeption ist das militärische Handeln von Seestreitkräften. Hierbei reicht das Spektrum von der aktiven Abwehr von Bedrohungen sowie Bedrohungs- und Risikopotentialen über die Beeinflussung von Objekten im Sinne der eigenen Operationsführung bis hin zu aktiven und passiven Schutzmaßnahmen vor dem Wirken gegnerischer Seestreitkräfte. Hierin eingeschlossen sind offensive, präventive und defensive Maßnahmen sowie Unterbinden und Unterlassen. Das militärische Handeln von Seestreitkräften kann zudem direkt oder indirekt, einmalig, wiederholend oder andauernd, aktiv oder passiv erfolgen. Es wird spezifiziert durch Operationspläne, die die Art und Weise des Einsatzes von Seestreitkräften sowie den zeitlichen Ablauf des Einsatzes bestimmen. Grundsätze des militärischen Handelns sind national in Weißbüchern, Marinestrategien, Einsatzrichtlinien und Doktrinen sowie in operativen Verfahrensvorschriften von NATO, EU und UN beschrieben. In allen Facetten des militärischen Handelns kann Seemacht demonstriert werden. Dabei ist festzuhalten, dass das heutige militärische Handeln im Kontext von Seemacht nicht ausschließlich durch Seestreitkräfte erfolgt. Vielmehr wird die Wirkung zur Durchsetzung von Seemacht mittels einer Kombination von See-, Land- und Luftstreitkräften sowie Mitteln zur Wirkung im Informations- und Weltraum erzielt. Diese Mittel wirken meistens gleichzeitig und müssen im Sinne des heutigen operativen Anspruches zudem miteinander vernetzt sein. Für die Konzeption von Seestreitkräften ist dieser Aspekt unerlässlich, um letztlich gesamtheitliche Wirkungsüberlegenheit für das politische Ziel Seemacht zu erreichen. Daraus ist zu schließen, dass eine alleinige Konzeption von Fähigkeiten für Seestreitkräfte für die Erlangung von Seemacht nicht ausreicht. Dieser Ansatz ist konform mit der bereits von einschlägigen Theoretikern[237] entwickelten Erkenntnis eines gemeinsamen Wirkens von Streitkräften und deren Wechselwirkungen zur Durchsetzung von Seemacht. Sie wurde nur um die im 21. Jahrhundert notwendigen Fähigkeiten, wie die im Informations- und Weltraum, erweitert. Seemacht kann letztlich nur durchgesetzt werden, wenn die Fähigkeiten von Seestreitkräften mit denen anderer Streitkräfteanteile konform sind und ein gemeinsames Verständnis des Wirkens zur Durchsetzung eines operativen und strategischen Ziels existiert. Dabei ist es erforderlich, dass die Fähigkeiten von Seestreitkräften konzeptionell so hinterlegt sind, dass die gewünschte Wirkungsüberlegenheit, die zur Durchsetzung von Seemacht führen soll, auch gegen gegnerischen Widerstand erzielt und aufrechterhalten wird. Für die Konzeption von Seestreitkräften ist die Einsicht notwendig, dass die See als Operations-, Aufmarsch- und Transportweg für Seestreitkräfte den Bereich der Hohen See, die Küstengewässer, Flussmündungen und Flüsse, bis hin zu für Seeschiffe befahrbaren Häfen und Reeden, die umliegende Hafeninfrastruktur (Hafenbecken, Liegeplatz, Kaianlagen, Schleusen, Pierbebauung) sowie den Übergang von See nach Land, den Flachwasser- und Strandbereich umfasst. Darin eingebettet und bei der Konzeption zu berücksichtigen sind die in diesem Gebiet befindlichen Streitkräfte sowie entsprechende Infrastrukturen, inkl. Offshore-Installationen, die ggf. auch

237 Mahan 1890; Kirchhoff 1907.

Wirkungsziele für die Entfaltung von Seemacht darstellen können. Für die konzeptionelle Umsetzung der politischen Vorgaben für den Einsatz und das Wirken von Seestreitkräften, die den see- und völkerrechtlichen Richtlinien entsprechen müssen, ist das gesamte für Seemachtentfaltung erforderliche Einsatz- und Wirkungsspektrum der Seestreitkräfte zu betrachten. Es muss letztlich in konzeptionellen Fähigkeiten beschrieben werden. Diese Fähigkeiten müssen einheitlich aus den aus konzeptioneller Sicht erforderlich gehaltenen Parametern zur Erreichung von Seemacht abgeleitet werden. Das beinhaltet, dass die konzeptionelle Ausrichtung von Seestreitkräften mit der der anderen Streitkräfteanteile harmonisiert werden muss. Im Verständnis des oben angeführten Anspruches und Erfordernisses eines gemeinsamen Wirkens für die Erlangung von Seemacht müssen in der Konzeption von Seestreitkräften sowohl systematisch als auch inhaltlich Anknüpfpunkte zu den Fähigkeiten der anderen Streitkräfteanteile vorliegen.

Erforderliche konzeptionelle Fähigkeiten von Seestreitkräften mit Anknüpfpunkten sind: Die Wirkung gegen Überwasserstreitkräfte, gegen Unterwasserstreitkräfte, die streitkräftegemeinsame Koordination von Wirkung einschließlich der Durchführung von gemeinsamen Operationen auf und von See, die Kontrolle, Verwehrung und Sicherstellung von Schiffsbewegungen, die Verlegung von Kräften und Mitteln zur Unterstützung von Operationen einschließlich der Unterstützung von Hilfseinsätzen, der Schutz eigener und verbündeter Streitkräfte, Mittel und Einrichtungen und die Unterstützung fremder Streitkräfte bei deren Wirkungen. Die Konzeption von Seestreitkräften muss neben dem nationalen auch – und vorwiegend – den multinationalen Rahmen berücksichtigen. Die feste Integration der Seestreitkräfte in Bündnisse ist eines ihrer kennzeichnenden und sie auszeichnenden Merkmale. Daher muss die Konzeption der nationalen Fähigkeitsprofile strukturell und inhaltlich an Bündnisse angelehnt sein und zudem an den entsprechenden Bündniszielen, wie etwa den NATO- und EU-Verteidigungsplanungszielen bzw. -Fähigkeitsforderungen, orientiert sein, um verzugslos in Bündnisaufgaben eingebunden werden zu können. Nationale Fähigkeitskonzeptionen müssen dabei so strukturiert und aufgebaut sein, dass Lücken bei den Fähigkeiten einer Nation nicht zu einer Fähigkeitslücke im Bündnis führen. Das heißt, Konzeptionen für die Fähigkeiten von Seestreitkräften der anderen Bündnispartner oder des gesamten Bündnisses müssen berücksichtigt werden und einfließen. Insofern sind die in einem Bündnis, wie der NATO oder EU, vereinbarten und national ratifizierten Führungs- und Verfahrensvorschriften sowie Ausrüstungs- und Interoperabilitätsstandards für Konzeption, wehrtechnische Umsetzung, Beschaffung und Nutzung sowie für Ausbildung und Übung eine verbindliche Grundlage. Darüber sind bilaterale oder multilaterale Kooperationsvereinbarungen, wie etwa zwischen Frankreich und Großbritannien im Jahre 2011 und Deutschland und den Niederlanden im Jahre 2016, in der Konzeption von Seestreitkräften zu berücksichtigen. Dem im 21. Jahrhundert verstärkt zunehmenden Erfordernis zur effektiveren militärischen Handlungsfähigkeit, nicht nur von Seestreitkräften, bei gleichzeitig effizienterem Einsatz der Seekriegsmittel kann, insbesondere in den westlichen Staaten, fast ausschließlich nur gemeinsam im Rahmen verstärkter bi- und multilateraler Kooperation nachgekommen werden. Beispielsweise trifft dies vollends auf die Mitgliedsstaaten der NATO und EU zu. Grundlage der verstärkten Zusammenarbeit und der vertieften bilateralen Partnerschaften sind die in den Gremien der Außen- und Sicherheitspolitik sowie Rüstungspolitik abgestimmten Vereinbarungen. Mit Blick auf die Operationalisierung der Konzeption von Seestreitkräften ist es erforderlich, die durch die Außen- und Sicherheitspolitik festgelegten Aufgaben von Seestreitkräften einzubeziehen. Durch die in der Konzeption festgelegten, konzeptionell ausgerichteten geforderten Fähigkeiten von Seestreitkräften werden die festgelegten Aufgaben operationalisiert. Für die Entfaltung von Seemacht und das Wirken von Seestreitkräften, verbunden mit einer dazu notwendigen Wirkungsüberlegenheit, leitet sich hier das Verständnis ab, gegenüber einem Gegner Fähigkeiten zu besitzen, die es den Seestreitkräften erlauben, Wirkungsüberlegenheit im Seeraum zu besitzen, zu entfalten und zu behaupten. Hier hinein fließen sowohl sicherheitspolitische Zielvorgaben als auch technische Möglichkeiten und Ausrüstung, operative Erfahrung und der Ausbildungsstand gegnerischer Seestreitkräfte. Für die Konzeption von Seestreitkräften ist, im Gegensatz etwa zu der von Landstreitkräften, zu berücksichtigen, dass der Seeraum durch eine weite räumliche Ausdehnung gekennzeichnet ist und somit Seestreitkräfte andere, weitaus durchhaltefähigere Kräfte und Mittel benötigen, die einen Einsatz in zeitlich und räumlich begrenzter Unabhängigkeit von einer Folgeversorgung oder einem Entsatz ermöglichen. Zudem muss die Konzeption den besonderen Herausforderungen der Umwelteinflüsse auf See (z.B. Salzwasser, Sichtverhältnisse, klimatische Bedingungen, hydroakustische und elektromagnetische Ausbreitungsbedingungen) Rechnung tragen. Die Komplexität des Einsatzes von Seestreitkräften, z.B. in Bezug auf Geografie (Küstengewässer, Hoheitsgebiete, stark befahrene Seewege), Vielseitigkeit der maritimen Akteure bzw. Gegner, begründet als Voraussetzung einer effizienten Wirkungserbringung, um Wirkungsüberlegenheit und Seemacht zu entfalten, ein herausgehobenes Informationserfordernis, einschließlich eines umfassenden Informationsmanagements im Sinne einer Maritime Situational Awareness (MSA) und die Befähigung zur Vernetzung der Seekriegsmittel in der Operationsführung. Die hierfür zu erbringende Informationsversorgung erfordert bei weltweitem Einsatz der Einheiten eine weitreichende, flexible, nahezu witterungsunabhängige und leistungsfähige Kommunikationsfähigkeit, u.a. Satellitenkommunikation (SATCOM) und Funk. In der Konzeption muss schließlich berücksichtig werden, dass, gegenüber den anderen Streitkräfteanteilen, der maritime Wirkverbund das Kennzeichen der dreidimensionalen Seekriegführung ist, der auftragsbezogen und bedrohungsgerecht Fähigkeiten unter Wasser, über Wasser und in der Luft zur Verfügung stellt. Diese Befähigung zum dreidimensionalen Seekrieg bildet aufgrund der Vielfalt von Einsatzmitteln und taktischen Einsatzoptionen eine zentrale Forderung an die Wirkungserbringung gegen Ziele über und unter Wasser, unter der Maßgabe, dass Kollateralschäden vermieden bzw. minimiert werden, Eskalationsdominanz[238] ermöglicht wird, eigene Verluste und Schäden minimiert werden sowie die Behinderung des internationalen Seeverkehrs nach den

[238] Die Fähigkeit, Intensität (Androhung von Wirkung bis hin zur dauerhaften Zerstörung bzw. letalen Wirkung), Reichweite, Kadenz, Präzision etc. militärischen Handelns auftrags- und bedrohungs-

Prinzipien der Verhältnismäßigkeit und militärischen Notwendigkeit erfolgt, und der daraus folgenden Wirkungsüberlegenheit mit dem Ziel der Seemachtentfaltung. Es ist zusammenfassend festzuhalte, dass Konzeptionen von Seestreitkräften immer auf den Einsatz mit höchster Intensität, also Kampf und Krieg, ausgerichtet sind. Somit nimmt die Wirkung der Seestreitkräfte dort eine dominierende Rolle ein. Um Seemacht erfolgreich durchsetzen und behaupten zu können, ist es notwendig, den Aspekt Wirkung von Seestreitkräften in den Konzeptionen besonders herauszustellen. Es gilt somit, dass die Konzeption von Seestreitkräften und deren Fähigkeiten einen grundlegenden Baustein für den Erfolg der Erreichung und Entfaltung von Seemacht darstellt. Sie bildet das Grundgerüst für das außenpolitische Instrument Seestreitkräfte und legt gleichzeitig den sich dafür ergebenden außen- und sicherheitspolitischen Handlungsrahmen fest. Mit Blick auf den Neorealismus lässt sich festhalten, dass im besonderen Maße die Konzeption von multilateralen Fähigkeiten im Bündnis dem Ansatz der Allianzbildung, der Capability-Entwicklung und Bündelung von Akteuren bzw. Staaten entspricht. Des Weiteren ist anzumerken, dass die Capabilities für die Erreichung eines Machtausgleiches oder -zuwachses aufgrund des Schwerpunktes auf der Wirkung von Seestreitkräften in die Kategorie Hard-Balancing-Maßnahmen einzuordnen sind. Somit sind Konzeptionen von Seestreitkräften, mit dem Anspruch eines effizienten Wirkens dieser im Seeraum, um Seemacht zu entfalten, ein Mittel des Hard Balancing von Staaten oder Allianzen.

5.5. Wehrtechnik

Die Wehrtechnik ist eng mit der Konzeption von Seestreitkräften verbunden, sie folgt letztlich aus ihr. Maßstab für die wehrtechnische Ausrichtung und somit für die maritimen Fähigkeiten ist der politische Anspruch und die daraus abgeleitete politische Vorgabe für die Erreichung von außen- und sicherheitspolitischen Zielen, die auch durch die Wirkung von Seestreitkräften erzielt werden können. Mit dem Blick auf die Seemacht bedeutet das, dass Wehrtechnik daran ausgerichtet sein muss, Wirkungsüberlegenheit der eigenen Seestreitkräfte zu ermöglichen, auch über längere Dauer und in verschiedenen Intensitäten. Im Bewusstsein, dass die hiesigen Ausführungen nur einen begrenzten Ausschnitt des vorstell- und realisierbaren wehrtechnischen Spektrums wiedergeben, beschränkt sich dieser Abschnitt vorwiegend auf waffentechnische Aspekte im Überwasserwaffenbereich. Wo nötig erfolgt eine Verbindung zur Unterwasserwaffentechnik, Sensorik und zu plattformbaulichen Anforderungen, die jedoch nicht vertieft wird.

5.5.1. Konzeptionelle Ableitung von Fähigkeiten für Seestreitkräfte

In vorhergehenden Abschnitten sind staatliche strategische Interessen wie ungestörte Warenströme, Schutz der Bevölkerung und strategischer Infrastruktur sowie eine

abhängig so zu steigern, dass die Durchsetzung der eigenen Operationsziele gegen den Widerstand des Gegners erreicht wird.

gesicherte Energie- und Rohstoffversorgung für Staaten und Staatenbündnisse wie Deutschland, Europa und NATO in Zusammenhang mit dem Anspruch auf das Wirken von Seestreitkräften und deren Konzeption gebracht worden. Es wurde festgehalten, dass etwaige Störungen im maritimen Umfeld, etwa durch Piraterie oder Machtprojektion einzelner Staaten auf See, also durch die Ausübung von Seemacht, strategische Güter von Staaten unterbinden oder beeinflussen können. Daraus folgen oft Beeinträchtigungen des ungehinderten Welthandels sowie Zugangsbeschränkungen zur Hohen See und zu natürlichen Ressourcen. Sie können, um dem entgegenzuwirken, den Einsatz von Seestreitkräften erfordern. Somit ergeben sich insbesondere für das maritime Umfeld Anforderungen an die Fähigkeiten von Seestreitkräften, mit denen auch in klimatisch extremen Regionen wie der Arktis oder den Tropen außen- und sicherheitspolitischen Zielsetzungen entsprochen werden kann. Die Anteile eines geforderten breiten Fähigkeitsprofils der Seestreitkräfte werden hauptsächlich durch deren Waffensystemplattformen generiert und bereitgestellt. Diese sind für ein umfassendes Fähigkeitsprofil von Seestreitkräften strukturbestimmend. Die für das Aufgabenspektrum erforderlichen Fähigkeiten müssen zudem auch die Anforderungen an die Landes- und Bündnisverteidigung erfüllen können. Der Auftrag und die Aufgaben von Seestreitkräften müssen die Unterschiedlichkeit und teilweise auch Unvorhersehbarkeit heutiger und zukünftiger Einsatzszenarien berücksichtigen. Somit ist es notwendig, ein breites und flexibles militärisches Fähigkeitsspektrum zu fordern, um die erforderlichen Kräfte und Mittel für jeden denkbaren Einsatz spezifisch, reaktionsschnell, flexibel, robust, modular sowie eskalations- und durchsetzungsfähig zusammenstellen zu können. Im Fokus dieses Abschnittes liegen Seestreitkräfte und ihre Fähigkeiten. Somit ist festzuhalten, dass die vornehmliche Ausrichtung der Träger der maritimen Fähigkeiten auf wahrscheinliche Aufgaben der Konfliktverhütung und Krisenbewältigung, verbunden mit der Projektion von Seestreitkräften, danach verlangt, militärische Fähigkeiten für zeitlich begrenzte und möglicherweise hochintensive Anfangsoperationen, etwa von der Basis See, und langandauernde Folgeoperationen vorzuhalten. Die maritimen Fähigkeiten müssen folgende Anforderungen erfüllen:

1. Ausgewählte, durchhaltefähige Fähigkeiten in einem maritimen vernetzten Wirkverbund für langandauernde Einsätze zur Krisen- und Konfliktbewältigung im gesamten Eskalationsspektrum, ausgerichtet auf den Kampf und den Widerstand gegnerischer Seestreitkräfte, sowie
2. die gleichzeitige Fähigkeit zur Übernahme der Führung von maritimen Einsätzen.

Aus der hierfür vorgeschalteten politischen Planungsvorgabe für Seestreitkräfte ist somit die Bereitstellung von Seestreitkräften mit der Fähigkeit zur operativen bzw. strategischen Verlegung, zum Schutz des Aufmarschs eigener Kräfte während einer Operation sowie zum Wirken und Führen von See, einschließlich der Wirkung an Land und in der Luft, im Informationsraum und Weltraum impliziert.

Das hierzu abzudeckende Aufgabenspektrum reicht von Präsenz von Seestreitkräften (z.B. zur Abschreckung und Nachrichtengewinnung) über Aufklärung, humanitäre Hilfeleistung, Sicherstellung der Freiheit der Meere (Schutz vor illegalen Ein- und Angriffen), Evakuierungsoperationen, Embargooperationen, Sichern von Seeverbindungswegen, Seekriegführung, Wirken von See an Land, Unterstützung von streitkräftegemeinsamen multinationalen Operationen bis zur Führung maritimer und begrenzter streitkräftegemeinsamer Operationen. Aufgrund der Schwerpunktverlagerung von maritimen Operationen auf der hohen See in Richtung der Randmeere und Küstengebiete sind die dafür zu befähigenden maritimen Fähigkeitsträger konsequent auf streitkräftegemeinsame Operationen, wie beispielsweise auf Anfangsoperationen, auszurichten. Aus diesen politisch formulierten Vorgaben leiten sich dann etwa die Waffensysteme eines gemischten maritimen Einsatzverbands ab, für Deutschland exemplarisch bestehend aus:

1. Überwasserwaffensystemen, wie:
   - Fregatten mit Bordhubschraubern,
   - Korvetten mit Drohnen (Unmanned Aerial Systems),
   - Mehrzweckkampfschiff 180;
2. Minenabwehrkräften;
3. U-Booten;
4. Unterstützungsschiffen (Joint Support Ship) mit Bordhubschraubern;
5. Spezialkräften der Marine;
6. Seefernaufklärern;
7. Unterstützungseinheiten;
8. Flottendienstbooten;
9. Marineinfanterie-, Küstenverteidigungs- und Küstenraketenkräften.

Beispielsweise werden gemäß der Planungsvorgabe des gemischten Einsatzverbands für Anfangsoperationen, ähnlich des Artikels 5 des NATO-Vertrags, insgesamt mindestens 16 Systemträger für den Überwassereinsatz benötigt. Für die Ableitung der Fähigkeitsforderung kann generell festgehalten werden, dass der bereitzustellende gemischte maritime Einsatzverband gemäß den konzeptionellen Vorgaben dazu befähigt sein muss, ein sich veränderndes breites Fähigkeitsspektrum abdecken zu können. Um das oben festgestellte Aufgabenspektrum, wie durch die politischen Vorgaben festsetzt, erfüllen zu können, sind neben den auch weiterhin notwendigen, entweder hoch spezialisierten oder besonders kampfkräftigen Waffensystemen von Seestreitkräften, im heutigen maritimen Umfeld solche vorzuhalten, deren Fähigkeitsprofil mit dem Verlauf von Operationen variiert werden kann und einen Einsatz in extremen Klimaregionen, wie der Arktis, erlaubt.

Im Besonderen erscheint es daher erforderlich, folgende Fähigkeiten auszubauen:

1. Eskalationsdominanz und Präventionsfähigkeit im gesamten dreidimensionalen Einsatzspektrum;
2. Teilhabe an multinationalen und streitkräftegemeinsamen Operationen, auch Teilhabe an multinationalen Einsätzen;
3. Befähigung zur vernetzten Operationsführung;
4. Unterstützung von Spezial- und spezialisierten Kräften;
5. langandauernde operative Verfügbarkeit und Intensivnutzung des Waffensystems, auch unter extremen Klimabedingungen, bei gesicherter Nachversorgung und Instandhaltung des Waffensystems.

Aus den obigen Ausführungen ergeben sich weitere detaillierte maritime Fähigkeitsanforderungen, die sich in Aussagen bis hin zu waffensystem- und technikspezifischen Forderungen niederschlagen.[239] Aufgrund der oben angedeuteten Eckpunkte, nämlich dass Einsätze der Seestreitkräfte stark variieren und weltweit erfolgen können, jedoch nur begrenzte Haushaltsmittel zur Verfügung stehen, ist es nicht möglich, alle Forderungen nach einzelnen speziellen Waffensystemträgern abzubilden. Beispielsweise ist es für viele westliche und insbesondere mitteleuropäische Marinen undenkbar, eine Plattform ausschließlich für den Arktiseinsatz zu konzipieren und vorzuhalten. Hier ist als zukunftsfähige Lösung die System- und Missionsmodularität zielführend. Hierzu müssen wehrtechnische Untersuchungen durchgeführt werden, deren Ergebnisse dann Anhaltspunkte darüber ergeben, dass sich einzelne Waffensysteme für verschiedene Einsatzszenarien und -regionen eignen und somit priorisiert zum Einsatz vorzusehen sind. Mittels der Modularität von Waffensystemen bzw. Wehrtechnik kann auf dieses Erfordernis ohne bauliche und plattformstrukturbeeinflussende, werftseitige sowie kostenintensive Maßnahmen, ggf. auch im Einsatzgebiet, reagiert werden.[240] Beispielhaft sei hier die sich auf Rohrwaffensysteme beschränkte Systemkomponente genannt, die jedoch als exemplarisch für andere angesehen werden kann. Hier bietet die Modularität weitestgehend eine Autarkie für die Einrüstung und Einschiffung von verschiedenen missionsbezogenen Rohrwaffenmodulen auf Kriegsschiffen. In Abhängigkeit vom jeweiligen Einsatz erlaubt diese Modularität den Austausch und die Inbetriebnahme von Waffensystemen nach standardisierten Vorgaben für die Aufnahme und den Einbau der Module.[241] Dies impliziert die Möglichkeit, dass zukünftige erforderliche Fähigkeiten in Form von Komponenten zu einem späteren Zeitpunkt, bei veränderten politischen Vorgaben, Anforderungen und Einsatzspektren von Seestreitkräften, integrierbar sind. Dies hat den Vorteil, dass die Durchsetzungsfähigkeit eines maritimen Einsatzverbandes in Konflikten höherer Intensität oder zur langandauernden Durchsetzung von Seemacht geschaffen und verbessert wird, auch wenn diese Fähigkeit in früheren Zeiten nicht für zwingend erforderlich gehalten wurde. Damit kann das Potenzial der Fähigkeiten von Seestreitkräften in Abhängigkeit von zum jetzigen Zeitpunkt noch nicht absehbaren Entwicklungen zukünftig erhöht werden. Für ein Arktisszenario beispielsweise und die Vorhaltung etwaiger maritimer Fähigkeiten dafür trifft dieser Sachverhalt besonders zu, da sich derzeit zwar keine militärischen bzw. kampfintensiven konfliktverschärfenden Dynamiken erkennen lassen, diese auf einer längeren Zeitachse betrachtet jedoch nicht ausgeschlossen werden können und dann kurzfristig die Projektion von Seestreitkräften erfordern können. Für die hier fokussierten Rohrwaffensysteme ergeben sich, hier wiederum exemplarisch im Sinne des Abschnittes, die folgenden Sachverhalte hinsichtlich der Modularität, hier bezogen vor allem auf die Deutsche Marine:[242]

239 Albrecht 2014.
240 Ebd.
241 Ebd.
242 Ebd.

1. Der Erweiterung des maritimen Anforderungsspektrums ist mit einer höheren Anzahl an Plattformen zu begegnen.
2. Erhöhung der Flexibilität in der Zusammenstellung von Fähigkeiten für die wahrscheinlicheren Aufgaben der Bundeswehr, wie die im Rahmen von Anfangs- und Folgeoperationen.
3. Erweiterung des Wirkbereiches der Rohrwaffen bzw. des Rohrwaffenträgers gegen See- und Landziele durch Bereitstellung eines geeigneten, missionsbezogenen Rohrwaffensystems und dessen Munition (z.B. großkalibrige reichweitengesteigerte Munition).
4. Bedrohungsabhängige abstandsfähige Verstärkung des aktiven Eigen- und ggf. Verbandsschutzes gegen anfliegende Luftziele (Drohnen, Lenkflugkörper und Luftfahrzeuge), teilweise sehr kleine, schnelle Überwasserplattformen (Boote) und Landstellungen.
5. Nutzung eines möglichen Zeitvorsprungs durch die Abstandfähigkeit des Rohrwaffensystems.
6. Plattformunabhängige und flexible Lagerung und Instandsetzung von nicht im Einsatz benötigten Rohrwaffenmodulen.
7. Zeitlich unabhängige Beschaffung einer Plattform und der dazugehörigen Module. Dies gilt auch für teure Subsysteme.
8. Im Falle von zukünftig zu erwartenden veränderten Aufgaben und Einsatzbedingungen sowie technologischen Weiterentwicklungen ist eine ausschließliche Modernisierung des Moduls vorzusehen.
9. Kompatibilität zwischen und somit Nutzung der Module von verschiedenen Plattformklassen, sowohl national als auch multinational (z.B. im Sinne von EU Pooling und Sharing).
10. Erfordernis von plattformbaulichen Veränderungen und Vergrößerungen aufgrund des Zusatzgewichtes bei der Aufnahme eines Moduls.
11. Erfordernis der logistisch intensiveren und zeitaufwendigeren Pflege und Instandhaltung des Moduls, insbesondere dann, wenn es nicht eingesetzt ist.
12. Mögliche Vernachlässigung oder Einschränkung anderer maritimer Fähigkeiten, bedingt durch die mittels des Moduls temporär bereitgestellter spezieller Fähigkeit auf den Plattformen.

In der Zusammenfassung der hier aufgeführten konzeptionellen wehrtechnischen Anforderungen, die nur einen Bruchteil des Gesamtumfangs von Fähigkeiten von Seestreitkräften aufzeigen können, ist die Facettenvielfalt der Erfordernisse und der diese begründenden Vorgaben und Entwicklungen erkennbar. Mit Blick auf zukünftige, meist noch nicht vollends absehbare Faktoren und Indikatoren des maritimen Umfeldes im 21. Jahrhundert ist vor dem Hintergrund der beschränkten rüstungspolitischen Haushaltsmittel die Missionsmodularität eine Möglichkeit, variabel auf heutige und künftige Erfordernisse von Seestreitkräften zu reagieren. Dies gilt insbesondere für Lenk- und Rohrwaffensysteme zur Erreichung der Wirkungsüberlegenheit im Zusammenhang mit der Entfaltung von Seemacht.

Da die Ausführungen hier auf Rohrwaffensysteme und damit auf nur einen Beitrag zur Wirkung der Fähigkeiten von Seestreitkräften abzielen, wird nachfolgend zusammenfassend für die Wirkung im Seeraum festgehalten:

1. In Abhängigkeit des zugeordneten Aufgabenspektrums müssen Fähigkeiten aufgebaut werden, um gegen asymmetrisch operierende Kräfte, beispielsweise kleine schnelle Überwasserfahrzeuge, wirken zu können. Hier bietet die Modularität den Einsatz verschiedener Kaliber, je nach Klimaregion, Aufgabe und Plattform an.
2. Diese Fähigkeit ist auf die Wirkung der Rohrwaffen gegen Luftziele zu erweitern bzw. anzupassen. Wobei anzumerken ist, dass Rohrwaffen gegen Luftziele nur eine begrenzte effektive Wirkung erzielen können.
3. Sowohl gegen Überwasser- als auch Luftbedrohungen muss der Wirkung der Rohrwaffen von Kriegsschiffen als Eigen- und ggf. Verbandsschutz (im maritimen Wirkverbund bzw. Einsatzverband, sowie auch gegen Land im Rahmen des Joint Fires) eine bedeutende Rolle eingeräumt werden.
4. Die vorhergehende Aussage schließt auch die Interaktion mit der Handelsschifffahrt ein. Das heißt, es müssen die Fähigkeiten und Möglichkeiten dieser berücksichtigt und wahrgenommen werden können. Dies gilt umso mehr mit Blick auf Schutzaufgaben sowie die Fähigkeit zum Boarding.
5. Die genannten Anforderungen sind für die Unterstützung von Spezialkräften und Spezialisierten Kräften relevant und beeinflussen deren Operationen. Somit nimmt die Rohrwaffenmodularität eine besondere Rolle in der Wirkungsunterstützung der genannten Kräfte ein.

Nicht betrachtet sind die Minen- und Kampfmittelabwehrfähigkeit, die Unterwasserabwehr und die fliegenden Komponenten, da diese Abhandlung nur exemplarisch auf wehrtechnische Aspekte abzielt und eine ausführliche Betrachtung den vorgesehenen Rahmen, einen wehrtechnischen Abriss im sicherheitspolitischen Kontext zu geben, sprengen würde.

5.5.2. Technologische Ableitungen von Fähigkeiten für Seestreitkräfte

Mit Bezug auf die vorhergehenden Ausführungen ergeben sich technische Forderungen an die Wehrtechnik, hier exemplarisch an Rohrwaffensysteme.[243] Für die zukünftigen Rohrwaffen auf Kriegsschiffen sind neben der Reichweitensteigerung eine maximalen Abstandsfähigkeit, Präzision, maximale Feuerkraft und -wirkung, Rückgriffmöglichkeit auf ein eingeführtes Kaliber, Modularität, Härtung gegenüber Gegenmaßnahmen und ein weitreichendes Einsatzspektrum für die Wirkungsüberlegenheit von Seestreitkräften entscheidend. Mit der Initiative MONARC[244] wurde bereits Anfang des 21. Jahrhunderts ein Vorstoß zur maritimen Nutzung der PzH 2000 unternommen. Die Untersuchungen zur Wirksamkeit der PzH 2000 in einer maritimen Umgebung wurden deshalb angestellt, weil es sich um ein bereits

243 Siehe dazu ausführlich auch mathematisch-technologische Ergebnisse bei Albrecht 2014.
244 Modular Naval Artillery Concept (MONARC).

eingeführtes und im Einsatz bewährtes Waffensystem der Artillerietruppe handelt, für das verschiedene Munitionsarten (bspw. L15A1/A2 DM 72 HE[245] – Explosivgeschoß mit Abstands-/Aufschlagszünder; DM 642/DM 652 – Cargo Geschoß mit Bomblets; DM 702 – Cargo Geschoss mit zwei Submunitionen SMArt[246]) eingeführt und im Einsatz sind. Mit der Munition lassen sich Punkt- und Flächenziele bekämpfen. Für Einsätze in maritimer Umgebung, auch unter Extremklima, ist die Anwendung der SMArt-Munition mit ihrem Suchzünder im IR- und Mikrowellenbereich grundlegend interessant. Einschränkungen gelten für den arktischen Raum, weil dort IR- und Mikrowellendetektion unzureichend sind und hier erst die Einbeziehung des UV-Bereiches die gewünschte Wirkung bringen kann, um getarnte stationäre und bewegliche Ziele bis hin zur Größe eines Panzers zu bekämpfen.[247] Die Firmen Rheinmetall und Diehl haben in einer Studie zu endphasengesteuerter Präzisionsmunition[248] die Möglichkeiten der Präzisions- und Reichweitensteigerung von Artilleriesystemen, auch unter Einbindung von Navigationssystemen in die Munition, untersucht. Die Ergebnisse ergaben Möglichkeiten für Reichweiten von 80 und mehr Kilometern unter Nutzung eines Raketenboosters in der ballistischen Phase, der Anbringung von Stabilisierungsflügeln an der 155 mm-Munition und der Verlängerung des Geschosses. Die Anwendung für maritime Zwecke wurde ebenfalls empfohlen, sodass hiermit eine Empfehlung für eine Befassung mit dem Thema Navalisierung der PzH 2000 auf den Fregatten F 125+ und dem MKS 180, ggf. auch dem Joint Support Ship untermauert wurde und auch heute noch wird. Diese Aussage behält weiterhin Gültigkeit, obwohl sich die Marine im Hinblick auf die Waffeneinrüstung der Fregatte 125 bereits für die OTO Melara 127 mm mit Vulcano-Munition entschieden hat. Hinsichtlich der Reichweitensteigerung sind durch waffenbauliche Maßnahmen keine Verbesserungen erzielbar. Allerdings existieren Möglichkeiten hinsichtlich Verbesserung der Munition über die in der Studie von RWM und Diehl von 2012 genannten hinaus.[249] Die Ergebnisse beruhen auf durchgeführten ballistischen Rechnungen und zeigen eine Abhängigkeit der Flugbahn von atmosphärischen Parametern, etwa die vom höhenabhängigen Wind. Hier sind Möglichkeiten in der Verringerung bzw. in der Kompensation des Geschosswiderstandes vorstellbar. Neben der höheren Elevation, die das Geschoss, wie die Rechnungen ergaben, in eine größere Höhe trägt, können auftriebssteigernde Munitionsteile wie ein Booster zur Bahnstabilisierung und Reichweitensteigerung beitragen. Nachteilig wirkt sich diese Variante, im Falle der Beibehaltung der Größe des Geschosses, jedoch auf die Wirkung am Ziel aus, da aufgrund der Gewichtsbegrenzung kleinere Gefechtsköpfe verwendet werden müssen.[250] Mit Blick auf die Verwendung von Schusstafeln auf Kriegsschiffen ergibt sich ein Anpas-

245 High Explosive (HE).

246 SMArt-Submunitionen (Suchzünder-Munition Artillerie), Submunitionstyp, der heute von der Artillerie, derzeit allerdings nur in Geschossen 155 mm eingesetzt wird. Geplant ist auch der Einsatz in GMLRS (Guided Multiple Launch Rocket System).

247 Albrecht 2014.

248 RWM 2012, persönliche Mitteilung.

249 Albrecht 2014; Albrecht et al. 2016.

250 Ebd.

sungspotenzial. Insbesondere die generelle Berücksichtigung der Standardatmosphäre muss für Anwendungen in Extremklimaregionen überdacht werden.[251] Neben den atmosphärischen Daten ist die in den Grundtafeln berücksichtigte Corioliskraft als Parameter für den Einfluss der Erdrotation[252] relevant, da für die hohen Breiten große Beiträge zu erwarten sind. In den üblichen Schusstafeln sind kaum Werte für einen Anwendungsfall in den Polar- und Tropengebieten vorhanden. In den Flugbahnparametern sind die Gipfelhöhe, die Elevation und Flugzeit für die Wirkung einer großkalibrigen Rohrwaffe ausschlaggebend. Auch hier ist eine Berücksichtigung der Werte für die einzelnen Klimaregionen notwendig, sowohl mathematisch als auch experimentell ermittelt. Breitengradabhängige atmosphärische Parameter sind einer der dominierenden Faktoren für die Waffenwirkung. Dies bedeutet, dass in der Operationsplanung und im Einsatz von Waffensystemen die Störungs- und Verbesserungskoeffizienten in den Schusstafeln über die Lufttemperatur, den Luftdruck sowie den Längs- und Seitenwind einzubeziehen sind. Die meistens vorliegenden Standardwerte der atmosphärischen Größen sind hier ungenügend. Analoge Aussagen gelten für die Bestimmung der Treffwahrscheinlichkeit. Da es sich beispielsweise etwa bei der PzH 2000 um ein eingeführtes Waffensystem handelt, liegen ausreichend Erfahrungs- und Messwerte, und somit Schusstafeln, vor. Diese sind jedoch für den speziellen Anwendungsfall der Nutzung auf Kriegsschiffen und unter extremen klimatischen Bedingungen neu zu erstellen bzw. anzupassen. Mit der reichweitengesteigerten Munition der PzH 2000 ist eine Maximalschussweitenerhöhung erzielbar. Dabei zeigen sich jedoch auch hier Abhängigkeiten von der Elevation und dem Wetter, der Witterung und dem Klima, sodass diese Elemente maßgeblich in der technologischen Konzeption für reichweitengesteigerte Munition zu berücksichtigen sind.[253] Zusätzlich muss der Frage nachgegangen werden, ob die Reichweitensteigerung, zur Erhöhung der Wirkungsüberlegenheit, durch Drallstabilisierung, Pfeilstabilisierung oder Nachbeschleunigung erreicht werden soll. Die Beantwortung der Frage nach dem Munitionskonzept hat unmittelbare Auswirkungen auf das Konzept des Waffensystems, einschließlich der potenziellen Einsatzart und des Einsatzortes. Für einen Einsatz der Munition etwa im Polargebiet, mit häufiger auftretenden höheren Windgeschwindigkeiten im Vergleich zu den anderen betrachteten Klimaregionen, erscheint es sinnvoll, die Pfeilstabilisierung zu nutzen.[254] Die spitzen langgezogenen Geschosse ermöglichen eine Flugbahn mit weniger aerodynamischen Störungen, da der Sogwiderstand am Geschoss verringert werden kann. Kleinere Tragflächen wirken ebenso positiv auf die Stabilisierung der Geschosse. Deren Abstand muss so gewählt werden, dass die Beiträge des Längs- und Querwindes minimalen Einfluss auf die Geschossflugbahn haben und somit eine erhöhte Treffgenauigkeit gewährleisten. Je nach Länge des Geschosses ist die Frage zu beantworten, ob zwei oder vier Flügel/Tragflächen notwendig sind. Für die polaren Einsätze existieren hierzu kaum Erfahrungen, sodass Konzepte im Windkanal getes-

251 Albrecht et al. 2016.
252 Hauck 1990.
253 Albrecht et al. 2016.
254 Albrecht 2014.

tet werden sollten. Für die Drallstabilisierung ist von Bedeutung, dass aufgrund der hohen Anfangsgeschwindigkeiten des Geschosses, um die notwendige Rotationsbewegung für die Geschossstabilisierung zu erreichen, und aufgrund der angreifenden Rotations- und Translationskräfte während des Fluges des Geschosses, hohe Belastungen und Beanspruchungen des Geschosswerkstoffes/-materials zu erwarten sind. Verstärkt wird dieser Effekt noch durch die im Laufe des Fluges durch die verschiedenen Atmosphärenschichten verursachten ständigen Temperatur- und Feuchtewechsel. Diese sind bei der Konzeption der Munition zu berücksichtigen. Dabei bietet sich die Drallstabilisierung bei KE[255]-Munition an, wodurch, bedingt durch den Wegfall der Längenbeschränkung, eine höhere Durchschlagkraft erzielt werden kann.[256] Für die PzH 2000 beispielsweise ist diese Option der Flugbahnstabilisierung für die polare und tropische Nutzung somit eine lohnenswert zu untersuchende und ggf. zu verfolgende im Prozess der technologischen Konzeption für die Nutzung von Rohrwaffensystemen in einer Extremklima-Einsatzumgebung. Nicht vertieft eingegangen, jedoch benannt, sind hier die Auswirkungen auf die Innenballistik eines Geschosses. Die stark temperaturabhängige Treibladung ist entsprechend der extremen Klimabedingungen anzupassen bzw. zu behandeln, um etwaige Fehlfunktionen der Munition oder des Waffensystems auszuschließen. Nach Hauck[257] bestehen die Treibladungen für Rohrwaffen aus Pulverkörpern, die dem Einsatzzweck entsprechend eine angepasste geometrische Größe besitzen. Deren Wirkung ist über die Abbrand-Temperatur der Treibladungskörper und der Ladungstemperatur für die Mündungsgeschwindigkeit und letztlich für Schussgenauigkeit des Geschosses mitbestimmend. Nach Hauck[258] bewirken fallende Ladungstemperaturen Streuungszunahmen der Mündungsgeschwindigkeit. Dieser Aspekt ist für den Einsatz bzw. die effektive Feuerwirkung in den Extremklimaten von hoher Relevanz.

5.5.3. Technologie und Einsatzverfahren

In der Betrachtung der derzeitigen Möglichkeiten von Seestreitkräften, die Wirkungsüberlegenheit als ein wichtiges Element zur Entfaltung von Seemacht zu erreichen, ist festzuhalten, dass derzeit Kriegsschiffe kaum eine gebündelte Waffenwirkung mit Rohrwaffen auf weite Entfernungen unter extremklimatischen Bedingungen realisieren können.[259] Neben der Stabilisierung der Flugbahn ergeben sich zudem logistische und waffentechnische Fragestellungen, wie die der Zielgenauigkeit und Durchschlagskraft am Ziel, etwa bei harten und gepanzerten Zielen. Das sind jedoch weitere wichtige Bausteine, um Wirkungsüberlegenheit und Seemacht durchzusetzen. Sie limitieren damit die Fähigkeit zur Durchsetzung von Seemacht. Obwohl sich viele Marinen, insbesondere die der NATO, für ein Geschütz

255 Kinetische Energie-Munition (KE).
256 Hauck 1990.
257 Ebd.
258 Ebd.
259 Albrecht et al. 2016.

127 mm für den Einsatz auf zukünftigen Fregatten entschieden haben, sollte die Idee der Navalisierung der PzH 2000 oder eines analogen Kalibers von 155 mm und die Nutzung der reichweitengesteigerten Munition wieder aufgegriffen werden, da es sich um ein in Streitkräften eingeführtes und erprobtes Waffensystem handelt, welches zudem eine Vielzahl von Munitionsarten verschießen kann. Insbesondere für etwaige arktische und tropische Einsatzoptionen von Rohrwaffen bieten die PzH 2000 oder vergleichbare Rohrwaffensysteme große effektive Reichweiten in den verschiedenen Winkelgruppen, d.h. Kalibererhöhungen, mit meistens geringen Werten in den Längs- und Querablagen, was die Treffgenauigkeit und -wirksamkeit verbessert. Die PzH 2000 beispielsweise bietet zudem den Vorteil, gegen Infrastruktur einsetzbar zu sein. Das bedeutet, die bereits mehrfach von Mahan und Kirchhoff angebrachte Verbindung zwischen Seemacht und Landmacht bzw. das Wirken von Seemacht an Land realisieren zu können. Einschränkend wird festgehalten, dass es jedoch keine Erfahrungswerte in einer polaren und tropischen und dazu maritimen Umgebung gibt. Großkalibrige Rohrwaffensysteme können somit auch für die Wirkungsüberlegenheit an Land herangezogen werden. Für eine Navalisierung etwa der PzH 2000 spricht weiterhin, dass mit dieser Rohrwaffe ein weites Zielspektrum abgedeckt werden kann und entsprechende Lagereinrichtungen an Bord vieler Kriegsschiffe bereits existieren. Im Punkt Counterfire und Effektivität am Ziel ist festzustellen, dass es gegen Geschosse der PzH 2000 oder anderer großer Kaliber kaum Gegenmaßnahmen gibt. Im Vergleich dazu können Flugkörper etwa durch ASMD-Maßnahmen[260] abgewehrt werden. Das bedeutet, dass der entfalteten Wirkungsüberlegenheit durch gegnerische Seestreitkräfte nur erschwert entgegengewirkt werden kann. Das gilt ebenfalls für die ggf. bereits entfaltete Seemacht. Die politische Entscheidung, sich auf großkalibrige Rohrwaffensysteme für Kriegsschiffe u.a. abzustützen, ist somit, insbesondere mit dem Blick auf die durch Mahan und Kirchhoff aufgezeigte Synergie zwischen See- und Landmacht, mit ausschlaggebend dafür, dass Seestreitkräfte ihre Wirkung entfalten und Seemacht durchsetzen können bzw. längerfristig halten und Landstreitkräfte bei der Entfaltung ihrer Wirkung und ggf. der von Landmacht unterstützen können. Wie bereits 2005/2006 am Beispiel der deutschen Fregattenklasse 124 ermittelt, wären schiffbauliche Änderungen notwendig. Diese wären mit führungsmittel- und waffentechnischen Integrationsmaßnahmen verbunden. Diesen Aufwand könnte jedoch die oben genannte Missionsmodularität verringern. Aus der Kenntnis des Rohrwaffensystems heraus wäre ein Modul PzH 2000 zwar für bewegliche Ziele nutzbar, hätte jedoch seine vornehmliche Anwendung im Bereich des Joint Fires, in Ergänzung oder alternativ zu Lenkflugkörpern. In Bezug auf den vornehmlichen Anwendungsfall sollte die wehrtechnische und sicherheitspolitische Diskussion von 2005/2006 wiederbelebt werden, um somit etwa die Diskussion um die Thematik Streitkräftegemeinsame Taktische Feuerunterstützung und Wirkungsüberlegenheit zu fördern. Hier bieten sich auch Datafarming-Experimente[261] an, um einen Erfolg ohne umfangreichen Ressourceneinsatz abschätzen zu können. Die zukünftigen

[260] Anti Ship Missile Defence (ASMD).

[261] Numerische Simulationsexperimente mit großen Datensätzen.

maritimen Einsatzszenarien und Aufgaben, auch mit Blick auf die für Seemacht, lassen eine ausschließliche Verwendung eines Waffensystems obsolet erscheinen. Im Sinne der Missionsmodule ist ein Waffensystemmix unumgänglich, um ein breites und weitreichendes Spektrum der Waffenwirkungen abdecken zu können. Eine Kopplung der Rohrwaffen mit Sensorik, etwa für den UV-Bereich, und die Anwendung der Diskriminanzanalyse[262] zur Detektion möglicher Ziele vor einem kalten Hintergrund erscheint zielführend.[263] Die jetzigen Einsatzverfahren und Schiessverfahren sind ausschließlich für den Einsatz in mittleren bis subtropischen Bereichen ausgelegt, was noch den Einsatzgrundsätzen aus den 1990er-Jahren des 20. Jahrhunderts entspricht. Beispielsweise befasst sich einzig die ATP[264] 17 Arctic Operations mit Operationen in der Arktis. Die Vorschrift ist jedoch fast durchgehend für U-Bootoperationen und dort für die Vorbereitungen zum Tauchgang im arktischen Packeis, gemäß der Doktrin des Kalten Krieges, ausgelegt. Somit wäre hier eine Novellierung zwingend erforderlich. Nationale Schießvorschriften oder multinationale Vorschriften, wie die ATP 4, Naval Gun Fires, existieren, werden jedoch schrittweise durch die AJP-Reihe[265] angepasst bzw. ausgetauscht. Diese Vorschriften beinhalten jedoch alle keine spezifischen Anteile für Schiessverfahren in den maritimen Extremklimagebieten, einschließlich des Fehlens geeigneter Schusstafeln.[266]

Ebenso ergeben sich im Rahmen der Instandsetzung und Materialerhaltung analoge Handlungsfelder, um ständig einsatzfähige Waffensysteme für den Einsatz in polaren und tropischen Klimagebieten sicherzustellen. Die Betonung der genannten Aspekte ist aus der Bewertung heraus getroffen, dass besonders in den Seegebieten dieser Klimaregionen mit dem Wirken von Seestreitkräften und der Auseinandersetzung um Seemacht zu rechnen ist.

Mit Blick auf die Fähigkeitsentwicklung für die maritime Wehrtechnik ist eine ausschließlich technologisch geprägte Sicht nicht ausreichend. Vielmehr ist ein gesamtheitlicher Ansatz angebracht, um von Faktoren und Indikatoren über strategische Handlungsoptionen bis hin zur Formulierung und Ausgestaltung von maritimen Fähigkeiten, im Kontext des hier abzuhandelnden Themas, zur Erzielung von Wirkungsüberlegenheit zu gelangen.

Dieser Ansatz schließt die Identifizierung von Bedrohungsszenarien im maritimen Umfeld ein, um auf veränderte Fähigkeitsanforderungen der Seestreitkräfte, wie im 21. Jahrhundert erkennbar, reagieren zu können. Dies zielt darauf ab, dass vor 1990 noch von vergleichsweise einfach fassbaren Bedrohungsszenarien ausgegangen werden konnte, die jedoch heute aufgrund des veränderten internationalen Umfelds sowie der veränderten Sicherheitsakteure und politischen Entscheider völlig verändert sind. Somit treten neue – und teilweise bislang unbekannte – Probleme und Anforderungen auf, die sich über das maritime Umfeld hinaus erstrecken. Durch die Phänomene des internationalen Terrorismus, der Piraterie, des Klimawandels,

262 Erkennung von verdeckten Hintergründen und gedeckten Stellungen.
263 Albrecht 2014.
264 Allied Tactical Publication (ATP).
265 Allied Joint Publication (AJP).
266 Albrecht 2014.

der maritimen Sicherheitslage oder der neuen ökonomischen maritimen und nichtmaritimen Sachzwänge sind Staaten gezwungen, schnell und effektiv auf komplexe Bedrohungssituationen mit zivilen und militärischen Fähigkeiten zu reagieren. Dies trifft umso mehr zu, wenn Nationen den Anspruch auf Erreichung und Erhalt von Seemacht erheben. Die sich daraus ergebenden Aufgaben, Herausforderungen und Erfordernisse für das Zusammenwirken von Streitkräften müssen zukünftig verstärkt den Kern der anzustellenden konzeptionellen und technologischen Überlegungen bilden. Der darin nicht zu vernachlässigende multinationale Charakter erfordert eine sorgfältige Betrachtung der NATO-Grundlagen, der EU-Grundlagen sowie weiterer Überlegungen aktueller und möglicher alliierten Partner über den maritimen Anteil hinaus. Diesem Anspruch folgend ist ein breites Fähigkeitsprofil von Seestreitkräften notwendig. Nach einer in den vergangenen Jahren aufgrund der Einsatzrealität auf Stabilisierungsoperationen fokussierten Prägung der Seestreitkräfte vieler Nationen gilt es nun, den politischen Fokus darauf auszurichten, in welcher Güte die Seestreitkräfte zur Beteiligung etwa an einer multinationalen und streitkräftegemeinsamen Operation auch mit hoher Intensität befähigt sind und sein sollten. Nur durch umfassende Fähigkeiten der Seestreitkräfte und das Verständnis für die Operationen der anderen Teilstreitkräfte kann Seemacht langfristig errungen und entfaltet werden. Somit muss hier der umfassende konzeptionelle und technologische Ansatz gewählt werden, da eine Beschränkung auf maritime Fähigkeiten nur Bruchteile des Gesamtspektrums abdecken und somit dem Ansatz der Gesamtheitlichkeit widersprechen würde.

Unbestritten gilt im Zuge der Fähigkeitsentwicklung für Seestreitkräfte, dass sich, aufgrund der Schnelllebigkeit des sicherheitspolitischen und somit auch des maritimen Umfelds, keine langfristigen Planungen auf der Zeitachse von zwanzig Jahren und mehr zum Vorhalten von Fähigkeiten anbieten.[267] Vielmehr ist hier ein kontinuierlicher Prozess der Analyse zu Risiken und Bedrohungen angebracht, um zukünftige Regionen auf einer Zeitspanne von fünf bis fünfzehn Jahren im Hinblick auf Risiken, Krisen und Konflikte und der Frage nach ihrer Natur zu betrachten und abwägen zu können, welche Dimension diese für Staaten, besonders für die, die Seemacht erreichen wollen, haben. Hier können als Ergebnis Aussagen über die Eintrittswahrscheinlichkeit formuliert und aus diesen Erkenntnissen die sicherheitspolitischen und militärischen Handlungsoptionen abgeleitet werden. Diese müssen dann formuliert und gegeneinander abgewogen sowie, mit Verweis auf das Fähigkeitsspektrum der Seestreitkräfte, unter Einbeziehung der politischen und strategischen Vorgaben, wie der Vorgabe des Einsatzes von Seestreitkräften für die Erreichung von Seemacht, gesetzt, harmonisiert und priorisiert werden. Die Aussagen in diesem Abschnitt beziehen sich zwar hier auf das maritime Umfeld und auf Seemacht, es ist jedoch einsichtig, dass die maritimen Fähigkeiten und Anforderungen auf andere Umfelder ausstrahlen und daher verschiedene Umgebungen (natürliche ebenso wie auch soziale) sowie ihre potenziellen Entwicklungen und Dynamiken sowie das Realisierbarkeitspotenzial der dort benötigten Fähigkeiten einzubeziehen sind.

[267] Albrecht 2014.

5.6. Synopse des Kapitels

In den Abschnitten dieses Kapitels wurden die in den vorhergehenden Abschnitten dargestellten Aspekte zum maritimen Umfeld, zum Wirken von Seestreitkräften und die neorealistischen Ansätze aufgegriffen und in Zusammenhang gebracht. Es kann festgehalten werden, dass das maritime Umfeld und der Anspruch an das Wirken von Seestreitkräften ausschlaggebend für die Konzeption und die Fähigkeiten derselben sind. Sie bestimmen letztlich über die Fähigkeit, Seemacht zu entfalten und zu behaupten. Wesentliches Fähigkeitselement hierfür ist die Wirkungsüberlegenheit. Neben den Folgen aus natürlichen und wirtschaftlichen Veränderungen im maritimen Umfeld des 21. Jahrhunderts gewinnen Projektions- und Rüstungsbestrebungen von Staaten an Bedeutung und können zu essentiellen sicherheitspolitischen Spannungen führen. Insbesondere mit Blick auf Ostasien müssen Staaten oder Staatenbündnisse den Entwicklungen von Seemachtentfaltung einzelner Staaten für große Seegebiet sicherheits- und außenpolitisch und ggf. militärisch, zumindest jedoch rüstungstechnologisch, Rechnung tragen, um wachsenden Bedrohungen, resultierend aus der ständigen Zunahme der Unausgewogenheit von interessen- und ggf. konfliktbehafteten Faktoren der genannten Nationen, entgegentreten zu können. Staaten und Staatenbündnisse müssen also in der Lage sein, einen Machtzuwachs zur Erreichung eines außenpolitischen und militärischen Gleichgewichtszustandes im Sinne der Balance of Power erzielen zu können.

Zu definieren und auszuplanen sind hier neben den Rüstungserfordernissen für die Seestreitkräfte auch solche zur Kompensation möglicher Bedrohungen durch ballistische Raketen. Mit maritimem Blick bedeutet das, dass durch den Aufbau maritimer Abwehrfähigkeiten dem Wirken von ballistischen Raketenstreitkräften, ob zu Lande oder auf See, durch eigene Seestreitkräfte entgegengewirkt werden kann. Es kann somit davon ausgegangen werden, dass diese dann Wirkungsüberlegenheit erzielen können und somit das Wirken der Raketenstreitkräfte eindämmen. Sie wirken also als Seemacht gegenüber einer Landmacht und dämmen diese ein. Somit wirken Seemacht und die Seestreitkräfte nicht nur als Instrument der maritimen Außenpolitik, sondern auch für die globale und strategische sowie landseitig orientierte. Die Installierung eines gemeinsamen Abwehrsystems über den Ozeanen stellt trotz aller Pläne und Absichten und Studien eine besondere Herausforderung für Politik, Wissenschaft und Technik, aber eben auch für vorhandene nationale und bündnisweite maritime Sicherheitssysteme dar. Um dem Anspruch auf wirksame Eindämmung Rechnung tragen zu können, erscheint es notwendig, eine gemeinsame, von mehreren Bündnispartner getragene Strategie, wie etwa die vorhandene europäische bzw. NATO-maritime Sicherheitsstrategie, zu ratifizieren und ein weit gefasstes und engmaschiges globales maritimes Sicherheits- und Überwachungsnetz von der Arktis über die Ost-/Nordsee, das Mittelmeer, den Nordatlantik und asiatisch-pazifischen Raum bis nach Japan, Taiwan und Hawaii, zu etablieren. So würde, zum außenpolitischen Signal des Durchsetzungswillens einer Eindämmung von ballistischen Bedrohungen, gleichzeitig ein weiteres außenpolitisches Signal zum

Anspruch und Durchsetzungswillen von globaler Seemacht eines Staatenbündnisses bzw. der internationalen Gemeinschaft gesetzt werden können.

Die Aufrüstung Chinas und die daraus erwachsende Wahrnehmung einer Bedrohungszunahme und des erkenntlichen Willens zur regionalen Seemacht und Hegemonie zwingt sowohl andere aufstrebende asiatische Staaten wie Indien, aber auch Pakistan, als auch Nationen wie Australien zur Auflegung von Rüstungsprogrammen für Seestreitkräfte mit dem Ziel der Verfügbarkeit von modernen Seestreitkräften mit hochtechnologisierten Fähigkeiten. Die Möglichkeit der Austragung zwischenstaatlicher Konflikte mit militärischen Mitteln in Ostasien bzw. im Pazifik um die regionale Seemacht bzw. Seeherrschaft wird somit als realistisch in Erwägung zu ziehen sein, da hier in Anwendung des neorealistischen Ansatzes, vornehmlich bedingt durch die staatlichen Interessen der großen Pazifiknationen, Ungleichgewichte und einseitiges Machtstreben auftreten und absehbar kaum ausgeglichen werden können. Somit ist nicht auszuschließen, dass mittelfristig hier Konfrontationen zwischen Seestreitkräften um die regionale Seemacht in verschiedenen Konstellationen denkbar sind. Hier ist der Anspruch auf regionale Hegemonie, zwischen verschiedenen Nationen, oder eine Auseinandersetzung zwischen einem oder mehreren dieser Staaten und einem westlichen/westlich orientierten Industrieland wie Japan, Südkorea, und Taiwan zu nennen. Dies beinhaltet auch die Möglichkeit einer Einbeziehung der USA als wichtigstem Verbündeten der letztgenannten Nationen und gegenwärtigem Hegemonieträger für die Region Ostasien. Anzumerken ist dazu, dass letztere Rolle auch als Seemacht, mittelfristig gesehen, gefährdet sein kann, da andere, aufstrebende Staaten ihre Seestreitkräfte modernisieren und projizieren. Eine weitere mögliche Variante des Ungleichgewichtes an Macht und dessen möglicher Ausgleichsversuch zur Balance of Power besteht in der militärischen Begegnung eines Bündnisses von Industriestaaten mit gleichen oder ähnlichen sicherheitspolitischen Interessen des Westpazifiks, wie Australien, Neuseeland, Indonesien und den Philippinen, mit den Interessen entgegengesetzt ausgerichteter Nationen mit regionalen Machtansprüchen wie China. Derzeit wird jedoch mittels des Ausgleiches zwischen den möglichen staatlichen Akteuren versucht, eine Balance herzustellen bzw. zu halten, also eine Beseitigung bzw. Minimierung des Missverhältnisses der Interessen der Staaten oder Staatengemeinschaften zu erreichen, und neue Bündnispartner, wie etwa Indonesien, zu gewinnen bzw. bestehende Beziehungen zu erneuern. Sollte dies nicht gelingen, so besteht die Gefahr, dass, insbesondere durch Chinas regionale Hegemonieambitionen einschließlich der Seemachtansprüche, aus einem bipolaren System ein unipolares entstehen kann und so die Suche nach Etablierung von neuen Allianzen im asiatischen Raum, auch zur Verhinderung von Seemacht und Seeherrschaft einzelner Staaten, zukünftig denkbar wird.[268] Eine weitere Konstellation zur Seemachtentfaltung kann sich ergeben, wenn es einzelnen Staaten mit Seemachtanspruch, wie etwa China, nicht gelingt, ihre Ansprüche in der asiatischen Region durchzusetzen, während andere Staaten ihre aktuelle Seemacht und regionale Hegemonie, wie sie beispielsweise die USA derzeit inne halten, und gleichzeitig ihre Stellung als derzeitiger regionaler Vormacht- und

---

268 Waltz 1979, S. 161; Schöring 2006, S. 76.

Seemachtinhaber verlieren. In diesem Fall können sich andere asiatische Nationen, wie Indien und Pakistan, verstärkt in der Position sehen, ihre Ansprüche nunmehr mit Nachdruck, und hier mittels der Projektion von Seestreitkräften und dem Wirken dieser in den asiatischen Seegebieten, durchsetzen zu können.

Das vielschichtige globale Potenzial für ein Machtungleichgewicht und das Streben nach Ausgleich und Machtzuwachs im maritimen Raum, entstehend aus den komplexen Veränderungen des maritimen Umfeldes im 21. Jahrhundert, kann letztlich jedoch nur durch multilaterale Strategien, inklusive der Formulierung von zukunftsfähigen außenpolitischen und (maritim-)ökonomischen Zielen, entschärft werden. Die Potenziale haben jedoch erfahrungsgemäß regionalen Ursprung, also theoretisch betrachtet im regionalen Machtungleichgewicht und den dazu vorhandenen regionalen Capabilities. Daher sollten hier regional taugliche Mittel für die Herstellung eines Gegengewichtes bzw. einer Gegenmacht eingesetzt werden. In Bezug auf Seemacht heißt das, dass regionalen Seemachtambitionen eines Staates mit regionalen Mitteln, also regionalen Seestreitkräften, entgegentreten werden muss, um ein Machtgleichgewicht im internationalen System in einer Region herzustellen.

Trotz der Unstimmigkeiten innerhalb der Arctic Five bezüglich der Zugehörigkeit der nördlichen Seewege und des Kontinentalschelfs, besonders zwischen den Anrainerstaaten und der EU, sind in den nächsten Jahren keine Konflikte diesbezüglich zu erwarten. Die freie Passage des Schiffsverkehrs wird unbeeinträchtigt, jedoch unter der Kontrolle besonders von Kanada und der Russischen Föderation, bleiben, nicht auszuschließen sind jedoch ggf. im Spannungs- oder Krisenfall mit diesen Ländern Beeinträchtigungen im Seeverkehr. Kanada und Russland werden somit zum Akteur der regionalen Seemacht in der Arktis avancieren, begründet aus der vorteilhaften seestrategischen[269] oder militärgeografischen[270] Position ihrer Lage und der Wirkungsmöglichkeit von dortigen Stützpunkten heraus. Aus dem Ansatz, umfassende und wirkungsvolle Seestreitkräfte gegen eine dreidimensionale Bedrohung aufrechterhalten und ausbauen zu können, erwächst der Vorhalt von grundsätzlichen maritimen Fähigkeiten. Es ist davon auszugehen, dass vermutlich die Fähigkeiten von Seestreitkräften einzelner Staaten verstärkt spezialisiert im Bündnisrahmen abgefragt werden und dass Kräfte zum Schutz ziviler Reedereiflotten entlang verschiedener Seefahrtswege (wie etwa die Nordostpassage, Seewege im Indischen Ozean oder im Südchinesischen Meer) und dem Schutz von sensibler Infrastruktur benötigt werden. Ein engerer Dialog zwischen den politischen und militärischen Entscheidungsträgern erscheint daher erforderlich. Ebenso ergibt sich daraus folgend Bedarf zur Abstimmung und Priorisierung im strategischen und operativen Gestaltungsrahmen in Bündnissen, darunter zwischen NATO, EU, UN und einzelnen nationalen Seestreitkräften. Vor dem Hintergrund der Einsatzrealität der Seestreitkräfte und dem dafür zunehmend in das nationale und internationale politische und öffentliche Blickfeld rückenden Interesse erwächst zunehmend die Frage nach einer nachhaltigen Legitimität von Einsätzen in einer zunehmend kritischeren Öffentlichkeit, auch vor dem Hintergrund der möglichen kritischen Meinung

[269] Mahan 1890.
[270] Kirchhoff 1907.

gegenüber der Ausübung von Seemacht und -herrschaft. Dies führt dazu, dass die politischen Entscheidungsträger, insbesondere in den westlichen Nationen, verstärkt abwägen und dies auch müssen, ob maritime Macht bzw. Seemacht und -herrschaft tatsächlich erlangt werden soll und ob diese mit dem Instrument von Seestreitkräften zwingend durchzusetzen ist. Die klimabedingten Umweltveränderungen schaffen in Verbindung mit sozialen, wirtschaftlichen und gesellschaftlichen Spannungen, ethnischen Auseinandersetzungen, organisierter Kriminalität und Staatenverfall ein erhöhtes Risiko für bewaffnete Konflikte. Besondere anfällig sind dafür afrikanische und asiatische, einschließlich der arabischen, Staaten. Es ist zu erwarten, dass in den nächsten Jahrzehnten eine Zunahme solcher Konflikte zu verzeichnen ist. Dies gilt umso mehr für den Fall, dass sich die prognostizierten Auswirkungen auf die Umwelt verstärken. In der derzeitigen Klimadiskussion zeichnet sich ab, dass die westlichen Industriestaaten bisher von für die Gesellschaft bedrohlichen, klimainduzierten Folgen, wie ein um 50 cm höherer Meeresspiegel oder vermehrte und stärkere Sturmfluten in Europa, weitgehend verschont geblieben sind. Daraus lässt sich jedoch nicht ableiten, dass für diese Staaten kein zukünftiges Sicherheitsrisiko besteht. Vielmehr dürften die Auswirkungen eher mittelbar sein, etwa in Gestalt von durch Umwelteinflüsse begünstigter Massenmigration. Solchen Herausforderungen ist mit politischen, zivilen und, wie sich zeigt, militärischen Mitteln, hier dem Einsatz von Seestreitkräften, zu begegnen, auch präventiv. Mit Blick auf die Arktis und die dortigen natürlichen Ressourcen rücken neben dem fokussierenden Thema der Sicherung des privilegierten Rohstoffabbaus mögliche Grenzverwerfungen und Gebietsansprüche, etwa auf Inseln, zwischen den Anrainerstaaten in den Fokus der außenpolitischen Debatte. Für die Seeverkehrswirtschaft bedeutet die Möglichkeit der Nutzung arktischer Seewege, dass entlang der Route neue Restriktionen durch regionale Seemächte, etwa durch veränderte Grenzziehungen, auferlegt werden können und ggf. die derzeit noch freie Passage beeinträchtigt werden kann. Die Sicherstellung der freien Handelsströme und Wirtschaftsmärkte über See sowie die Sicherung der territorialen Souveränität gewinnt somit auf verschiedenen Ebenen der sicherheitspolitischen und geostrategischen Planungsprozesse an Bedeutung. Darin eingebunden sind die Überlegungen, ob Seemacht notwendig ist, um dieses essentielle strategische Gut der außenwirtschaftlich abhängigen Staaten zu erhalten bzw. durchzusetzen. Entlang der südlichen Seewege, etwa entlang der Küsten des Indischen Ozeans oder Westafrikas, ist davon auszugehen, dass sich die Piraterie ausweitet, da nicht erkennbar ist, dass sich die Lebenssituation der ansässigen Bevölkerung grundlegend positiv ändern wird. Am Golf von Guinea tragen regionale Akteure wie Boko Haram zur Verschärfung der Lage bei und eröffnen zusätzlich zu der Bekämpfung der Überfälle auf die zivile Schifffahrt Handlungsfelder.

Bewertend ist davon auszugehen, dass sich verschiedene übergeordnete Aspekte hinsichtlich der sicherheitspolitischen Handlungsfelder ergeben werden, die Seemacht oder zumindest maritime Macht erfordern werden. Dies erstreckt sich von der Kriseneindämmung in entlegenen, klimatisch extremen Regionen bis zur Protektion von strategischen Gütern und Interessen. Des Weiteren ist davon auszugehen, dass Klima/Umwelt und Sicherheit mehr als bisher an Stellenwert gewinnen werden. Besonders das nördliche Polargebiet wird durch die zu erwartenden klimatischen Veränderungen in den Mittelpunkt der nationalen und Bündnisinteressen rücken. Dies zeigt sich auch in nationalen maritimen Strategien, in denen die Arktis als Interessen- und Operationsgebiet benannt wird. Im Kontext der maritimen Wirtschaft und des Seeverkehrs wird es erforderlich werden, die wirtschaftliche Prosperität und staatliche Sicherheit mittels einer bündnisgemeinsam initiierten Sicherheitsstruktur, zu der auch Seemacht gehören kann, zu gewährleisten. Im Zuge dessen wird sich das Konzept der vernetzen Sicherheit im Seeraum durchsetzen müssen.

Bezüglich der Arktis werden einzelne Staaten, die weder wirtschaftliche noch seestrategische, mit Seemacht verbundene Interessen verfolgen, in den Blick des internationalen Systems rücken wie beispielsweise Deutschland. Die Bundesrepublik Deutschland kann sich als ausgleichende und machtbalancierende Stimme für die Unterstützung europäischer Interessen und Bestrebungen einsetzen. Wegen des Abkommens von Ilulissat steht sowohl Deutschland als auch der EU jedoch zukünftig nur eine nachgeordnete Rolle zu. Die bisher praktizierte Zusammenarbeit zwischen den fünf Arktis-Anrainern wird weiterhin exklusiv und intensiv bleiben. Dänemark als einziges EU-Mitglied der Arktis-Anrainerstaaten lässt derzeit keine Anzeichen für eine gewünschte stärkere Rolle der EU und Deutschlands in der laufenden Debatte erkennen und verfolgt nationale Interessen, unter anderem den Bau eines Stützpunktes in der Arktis, hier in Nordgrönland. Es nutzt also seine seestrategische Position, um Flottenstützpunkte im Interessengebiet zu bauen. Beides sind eindeutige Kennzeichen für das Streben nach Seemacht bzw. nach anteiliger Seemacht an der Arktis. Es ist jedoch davon auszugehen, dass das bisherige kooperative und konstruktive Verhältnis der Arktis-Anrainerstaaten zur EU und zu Deutschland bestehen bleibt. Die besonderen Außenbeziehungen Deutschlands zu den USA und zur Russischen Föderation (trotz Krim/Ukraine-Krise), zwei der fünf Vetomächte im Sicherheitsrat der Vereinten Nationen, und zu China geben Deutschland weiterhin Einfluss- und Gestaltungsmöglichkeiten hinsichtlich der Umsetzung einer vorwiegend zivil und im Einklang mit dem vernetzten Ansatz ausgerichteten Kriseneindämmung und friedlichen Koexistenz und der Nutzung von vertrauensbildenden Maßnahmen. Auch hier kann Deutschland beispielsweise als Gestalter der Balance of Power wirken. Bezüglich der Klimapolitik der EU und der Bundesrepublik Deutschland wird Norwegen, als bisher wichtiger Kooperationspartner, seine Rolle behalten. Über die Klimapolitik mit einzelnen Arktis-Anrainerstaaten können so Kooperationen zu allen Anrainerstaaten entstehen, die letztlich in gemeinsame politische Erklärungen und Handlungen münden könnten. Die Klimapolitik, einschließlich des Elements der polaren Klimasystemforschung, kann so zu einem Bindeglied zwischen den Interessensphären der Akteure avancieren. Letztere sind als eine der Capabilities für die Schaffung von Allianzen im neorealistischen Sinne geeignet. Neben der Aufwertung des politischen Dialogs zwischen den arktischen Anrainerstaaten und der EU, dessen wiederkehrendes Ereignis der EU-Kanada-Gipfel ist, hinsichtlich des Territoriums und der wirtschaftlichen Nutzung der Arktis ist es erforderlich, die Debatte auf die zu erwartende Situation der indigenen Bevölkerung zu lenken.

Auf dem im Oktober 2016 stattgefundenen Arctic Circle in Reykjavik wurde dieser Aspekt verdeutlicht und als eines der Handlungsfelder aufgenommen. Es wurde und wird festgehalten, dass grundsätzlich davon auszugehen ist, dass die bisherige positive und offene Haltung der indigen Bevölkerungsgruppe gegenüber der EU und Deutschland sowie gegenüber dem durch beide Akteure verfolgten Ansatz einer mehr multilateralen arktischen Politik beibehalten wird und so ggf. Multiplikatoren für europäische politische Haltungen in den jeweiligen Staaten existieren.

6. Die Rolle und das Wirken von Seestreitkräften bis zum Ende des 20. Jahrhunderts

In diesem Kapitel werden die Seestreitkräfte der Warschauer Vertragsorganisation und der NATO bis zum Ende des 20. Jahrhunderts dargestellt. Das Wirken der Seestreitkräfte war jahrzehntelang durch die politischen Konstellationen im Kalten Krieg gekennzeichnet. Seestreitkräfte rückten hier zunehmend als (zum Teil nuklear angetriebene) Träger von Nuklearwaffen in den Fokus der Politik. Seestreitkräfte wurden somit als ein Mittel der nuklearen Abschreckung in der Außen- und Sicherheitspolitik genutzt. Nach einer Periode der Vernachlässigung von Seestreitkräften in den fünfziger Jahren, in denen der Schwerpunkt auf der Nuklearrüstung lag, rückten sie ab den sechziger Jahren wieder in das Blickfeld der politischen Entscheidungsträger beider Machtblöcke, um die nukleare Abschreckungsstrategie zu untermauern.[1] Das Wirken von Seestreitkräften war meistens regional beschränkt. Die strategisch-operativen Planungen sahen vorwiegend ihren Einsatz in der Ostsee, der Nordsee und dem Atlantik vor. So hatten etwa NATO-Seestreitkräfte die Nordflanke der NATO im Atlantik zu sichern, die Vereinten Ostseeflotten des Warschauer Pakts dagegen die Ostseezugänge und die Küsten der Ostseeanrainer der Warschauer Vertragsorganisation abzusichern und zu kontrollieren. Ebenfalls, jedoch aus heutiger Sicht eher nachgeordnet, waren das Mittelmeer und auch die Arktis Gegenstand der Überlegungen der Einsätze von Seestreitkräften.

6.1. Die Bedeutung von Seestreitkräften aus militärpolitischer Sicht vor 1990

Die in den Jahrzehnten bis Ende des 20. Jahrhunderts dominierende Bedeutung von Seestreitkräften lag in deren Wirken in den beiden Blockbündnissen NATO und Warschauer Vertragsorganisation. Regional erfolgte der Einsatz primär in der Ostsee, Nordsee und dem Nordatlantik, hier wirkte beispielsweise die 2. US-Flotte. Sowjetische und US-amerikanische Seestreitkräfte agierten jedoch auch in der Arktis, wobei die Bedeutung des Einsatzes nicht den Stellenwert einnahm, der für die Anwesenheit von Kriegsschiffen heute in der Arktis gilt. Das Mittelmeer lag vorwiegend im Blick der NATO, wo die US-Navy, mit der 6. US-Flotte, mit den Mittelmeeranrainern im NATO-Bündnis zusammenwirkte. Im Zuge des Golfkrieges zwischen Iran und Irak in den achtziger Jahren waren US-Kriegsschiffe permanent in der Golfregion, im Rahmen der 5. US-Flotte, präsent. Diese Präsenz

[1] Mahncke, Schwarz 1974, S. 4.

hält bis heute an. Ebenso die seit den vierziger Jahren ständige Anwesenheit der 7. US-Flotte im Indischen Ozean und im Westpazifik. Seestreitkräfte unterstützten in den sechziger Jahren signifikant den außenpolitischen Willen von Staaten. So unterstützten Sowjetische Seestreitkräfte materiell und personell die Marinen von kommunistischen Satellitenstaaten weltweit, da es gemäß des Abkommens von Teheran, Jalta und Potsdam festgelegte abgegrenzte Machtbereiche sowohl für die USA als auch die Sowjetunion gab. Darüber hinaus waren keine expansiven Maßnahmen der Außenpolitik möglich. Mit Unterstützung der jeweiligen Marinen konnte jedoch u.a. der jeweilige Machtbereich durch die USA oder die Sowjetunion ausgeweitet werden,[2] ohne gegen die Abkommen der Siegermächte zu verstoßen und militärisch eskalierend, und somit außenpolitisch brisant, zu wirken. Aus Sicht der NATO bestand mindestens seit den sechziger Jahren eine starke Abhängigkeit des Bündnisses von transatlantischen Zufuhren. Insbesondere die Erkenntnisse aus dem uneingeschränkten U-Bootkrieg des Ersten und Zweiten Weltkrieges verdeutlichten die Bedrohung der Zufuhren für die westlichen Nationen.[3] Die Modernisierung der NATO-Seestreitkräfte war somit eine dringliche Angelegenheit für das Bündnis, um einer etwaigen Bedrohung durch Seestreitkräfte der Warschauer Vertragsorganisation entgegenzuwirken. In den 1950er- und 1960er-Jahren wurden diese durch die NATO als außerordentlich überlegen gegenüber der NATO bewertet, dies gilt besonders für die konventionellen sowjetischen Seestreitkräfte.[4] Somit sah die NATO Handlungsbedarf, um den atlantischen Seeverkehr und den damit verbundenen Nachschub aus den USA zu sichern. Seestreitkräfte erfuhren somit in beiden Bündnissen eine Aufwertung und damit Modernisierung ihrer Seekriegsmittel. Wobei die Lage der NATO auch dadurch gekennzeichnet ist, dass zu ihren Mitgliedern nicht nur – wie die Sowjetunion im Fall des Warschauer Paktes – eine maritime Großmacht zählt(e), sondern neben den USA auch noch mindestens Frankreich und Großbritannien.[5] Beide traten maritim aktiv auf, vorwiegend bedingt durch ihre koloniale Vergangenheit in Indochina und Algerien bzw. in den Staaten des Commonwealth. Britische und französische Seestreitkräfte wirkten somit als außenpolitisches Mittel im Sinne von »Flagge zeigen«, Machtprojektion und diplomatischer Unterstützung, wie z.B. Ausbildungsunterstützungen von befreundeten Marinen. Zentrales Element der militärpolitischen Überlegungen in beiden Bündnissen war die Erringung von zumindest regionaler Seemacht aus Sicht der offensiven Betrachtung und die Abwehr bzw. Infragestellung dieses Anspruches auf Seemacht aus defensiver Sicht. Um diesen Ansatz umsetzen zu können, mussten Seestreitkräfte also befähigt sein, sich im gesamten Einsatz- und Intensitätsspektrum verzugslos und durchschlagend entfalten zu können. Seemacht bedeutete zudem nur die Erreichung eines Teilzustandes von militärischer Macht, da die Entfaltung von Land- und Luftstreitkräften mindestens den gleichen, meistens sogar einen höheren Stellenwert einnahm. Das Wirken von Seestreitkräften wurde also nur im Verbund

2 Ebd., S. 198.
3 Ebd., S. 202.
4 Ebd.
5 Ebd., S. 205.

mit den anderen Teilstreitkräften als sinnvoll und erfolgversprechend angesehen. Seestreitkräfte und Seemacht stellten in der militärpolitischen Wahrnehmung der Zeit günstige Voraussetzungen für die gesamte Operationsführung,[6] die hauptsächlich durch Land- und Luftstreitkräfte getragen wurde, her.

Anzumerken ist, dass in den Planungen und Konzeptionen der Bündnisse der Einsatz von Seestreitkräften, ausgenommen der von strategischen U-Booten, in weit entfernten Seegebieten von den Flottenstützpunkten nicht vorgesehen war. Vielmehr ging es um die Sicherung des jeweiligen eigenen Seetransportes, die Störung des gegnerischen Seetransportes,[7] die Unterstützung von Land- und Luftstreitkräften in Küstengewässern und die Entfaltung der Seekriegsmittel in küstennahen Seegebieten sowie die damit verbundene Entfaltung von regionaler Seemacht unter gleichzeitiger Schaffung eines eigenen vorteilhaften maritimen Kräfteverhältnisses. Seestreitkräfte nahmen also nach dem Zweiten Weltkrieg im 20. Jahrhundert zunehmend an Bedeutung zu, um über militärpolitische und strategische Teilziele außenpolitische Gesamtziele zu erreichen. Ihre Wertigkeit für die Entfaltung von Seemacht als eines der Mittel der Durchsetzung von militärpolitischen und strategischen Zielen, wie etwa der Verlauf von Kampfhandlungen auch an Land, nahm erheblich zu, was sich auch in den jeweiligen Marine-Rüstungsprogrammen niederschlug.

6.2. Das Verständnis des Wirkens sowjetischer Seestreitkräfte

Das Thema Seemacht und die Rolle der Seestreitkräfte nahmen in den russischen und sowjetischen militärpolitischen und strategischen Überlegungen einen hohen Stellenwert ein. Gemäß der Militär-Doktrinen und des Verständnisses von Streitkräften lag der Schwerpunkt in den offensiven Ausplanungen. Dies galt auch für die Seestreitkräfte. Das militärpolitische Verständnis war von dem Hauptgedanken geleitet, dass Seestreitkräfte bei ihren offensiven Handlungen danach streben müssten, die vollständige Seemacht in einem Seegebiet zu erringen.[8] Dies schloss ein, dass die gegnerischen Seestreitkräfte in ihrer Operationsfreiheit eingedämmt, blockiert oder ggf. vernichtet werden müssen. Im Falle von defensiven Maßnahmen war sicherzustellen, dass die Seestreitkräfte ihre Fähigkeit zum Kampf und die Möglichkeit zum Auslaufen bewahrten.[9] Mit Blick auf die Entfaltung von Seemacht ist festzustellen, dass für offensive Operationen die Erringung von Seemacht durch eigene Seestreitkräfte und bei defensiven Operationen die Verhinderung bzw. Eindämmung von Seemacht der gegnerischen Seestreitkräfte das jeweilige Hauptziel des Wirkens der sowjetischen Seestreitkräfte war. Um diese Ziele zu erreichen, bedurfte es einer schlagkräftigen Hochseeflotte. Deren Fähigkeiten mussten darauf ausgerichtet sein, mit größeren Überwasserschiffen, unterstützt von U-Booten, Marinefliegerkräften und Schnellbooten, Seemacht zu entfalten und zu behaupten. Die sowjetische

6 Pöschel 1981, S. 31.
7 Ebd., S. 29.
8 Ebd.
9 Ebd., S. 29.

Hochseeflotte hatte mit ihren Operationen die Bedingungen von Seemacht auf dem gesamten Seeschauplatz herzustellen und zu verteidigen. Im allgemeinen Verständnis der Operationsführung wurde davon ausgegangen, dass so Einfluss auf den Erfolg von Operationen an Land bzw. in einem Küstenstreifen genommen werden konnte.[10] Unter dem Eindruck der Nuklearwaffen- und Raketenrüstung rückte die Frage nach der Erringung der Seemacht in den Hintergrund. Durch die sowjetische Admiralität wurde diese Ansicht jedoch als falsch angesehen. Vor allem Flottenadmiral Gorschkow vertrat die Meinung, dass Seestreitkräfte als selbstständige, strategisch handelnde Teilstreitkraft alle Voraussetzungen für eine günstige Operationsführung aller Kräfte im Sinne der Gesamtoperation schaffen müssten.[11] Dies bedeutet, dass Seemacht oder sogar Seeherrschaft durch die Flotte errungen und behauptet werden müssen und im militärpolitischen Verständnis an Wertigkeit auf den verschiedenen Ebenen zugenommen haben. Hier zeigt sich, dass im sowjetischen Verständnis den Seestreitkräften immer eine streitkräftegemeinsame und übergeordnete Rolle zugewiesen wurde und Nuklearplanungen für die Erreichung von Seemacht nicht im Vordergrund standen. Die Erfahrungen aus dem Zweiten Weltkrieg, insbesondere in den Sommermonaten des Jahres 1941, sind maßgeblich dafür verantwortlich, dass der Offensivgedanke im militärpolitischen und strategischen Denken im Vordergrund stand. Im sowjetischen Verständnis wurden Seestreitkräfte auch als Mittel der Expansionspolitik der sowjetischen Führung angesehen. In der Literatur wird dabei auf die expansive Politik der Sowjetunion ab 1945 verwiesen, die bis in achtziger Jahre anhielt.[12] Seestreitkräfte wurden hier, im Mahan'schen Sinne, mehr als diplomatisches Mittel genutzt, um das sowjetische Staatsmodell und seine Militärdoktrin in kommunistische Satellitenstaaten zu verbreiten. Der Einsatz von Seestreitkräften im Sinne von Machtprojektion und Eskalationsdominanz wurde weitestgehend vermieden, da diese Maßnahmen gegen die Vereinbarungen der Siegermächte nach dem Zweiten Weltkrieg verstoßen hätten.[13] Nicht davon betroffen waren materielle und personelle Maßnahmen zur Ausbildungsunterstützung und Modernisierung der jeweiligen Marinen. Eingeschränkt wurde augenscheinlich die Expansionspolitik in der Kuba-Krise vom 14.–28. Oktober 1962. Hier konnte die Sowjetunion die Ausübung von Seemacht durch die eigenen Seestreitkräfte in den Gewässern des Karibischen Meeres nicht durchsetzen. Selbst wenn die Krise letztlich durch diplomatische Prozesse entschärft wurde, zeigte sich hier eindrucksvoll die Fähigkeit der US-Navy, regionale Seemacht zu erringen und zu behaupten.

Eher als maritim-militärpolitischer Nebenschauplatz wurde die Arktis angesehen. Sie wurde als Projektionsraum für Nuklear-U-Boote und strategische Bomberflüge genutzt, um ein Gleichgewicht gegenüber den dort anwesenden US-See- und Luftstreitkräften aufzubauen. Erst in den letzten Jahren der sowjetischen Herrschaft spielte die Arktis eine besondere Rolle im Rahmen der sowjetischen Militärprojektion und der nuklearen Abschreckung gegenüber den USA. Mit dem Zusammenbruch

10 Ebd., S. 31.
11 Ebd., S. 32.
12 Mahncke, Schwarz 1974, S. 198.
13 Ebd.

der Sowjetunion änderte sich auch der Stellenwert der Arktis in der russischen Politik. Während die UdSSR darauf bedacht war, die Siedlungen auf Spitzbergen zu betreiben und zu fördern oder die strategischen Seewege wie die Nordostpassage schiffbar zu halten und dies durch Seestreitkräfte abzusichern, rückten diese Bestrebungen mit dem Zusammenbruch der Sowjetunion in den Hintergrund.[14] Die Kohlesiedlungen waren ohne die finanzielle Unterstützung durch den Kreml nicht weiter überlebensfähig; einzig in der Siedlung Barentsburg sind noch russische Staatsbürger zu finden. Die Erträge der hier vorhandenen Kohlemine sind jedoch so gering, dass der Wert der Siedlung allenfalls auf einen symbolischen reduziert werden kann.[15] Auch die Transportmöglichkeiten über die Nordostpassage brachen ohne den Einsatz von sowjetischen beziehungsweise nunmehr russischen Atomeisbrechern, die fast ausschließlich aus dem Nordmeer-Hafen der sowjetischen Nordmeerflotte Murmansk ausliefen, zusammen. Dies führte dazu, dass die Nordostpassage höchstens im Sommer befahren werden konnte bzw. bis heute befahren werden kann. Die in der Sowjetunion verfolgte strategische Projektion im hohen Norden mittels See- und Luftstreitkräften lag nicht mehr im russischen Interesse.

Da hauptsächlich von einer Ost-West-Konfrontation auf dem Kriegsschauplatz Mitteleuropa ausgegangen wurde, war die Rolle von sowjetischen und verbündeten Seestreitkräften auf einen geschlossenen Seekriegsschauplatz fokussiert. Hieran richteten sich sowohl die militärpolitischen als auch die materiellen Planungen aus. Es stand also die Erringung und Behauptung von regionaler Seemacht und ggf. Seeherrschaft in der Ostsee und ggf. Nordsee sowie die Unterbrechung der Verbindungen zwischen den USA und Europa im Fokus. Da die geschlossenen Seeschauplätze vorwiegend in Binnenmeeren wie der Ostsee angesiedelt waren, waren die Rolle und das Wirken von Seestreitkräften eng an das der Land- und Luftstreitkräfte gebunden, die Land- bzw. Luftmacht erringen und behaupten sollten. Seemacht und die damit verbundene operative Führung von Seestreitkräften war also von Land- und Luftmacht und den dafür zuständigen Streitkräften untrennbar, schon bedingt durch die geographischen Bedingungen eines geschlossenen Seeschauplatzes. An diesem Beispiel lässt sich die Kirchhoff'sche Bedingung von Seemacht in der Ostsee gut erkennen, dass nämlich Meer- und Landgegebenheiten und operative Erfolge an Land und auf See voneinander abhängigen bzw. sich bedingen. Der sowjetische Ansatz des geschlossenen Seeschauplatzes entspricht diesem bereits 1906 aufgestellten Grundsatz von Vizeadmiral Kirchhoff. Pöschel[16] schreibt dazu, dass sich Seemacht bzw. -herrschaft, Lage an der Landfront und Luftmacht bzw. -herrschaft untereinander bedingen und auf die Aufgabenerfüllung von Seestreitkräften auf dem geschlossenen Seeschauplatz auswirken. Er führt weiter aus, dass Seestreitkräfte aktiv, d.h. auch mittels Eskalationsdominanz, die Erringung von Seemacht vorantreiben müssen und dass der operative Erfolg nur durch das Zusammenwirken aller Teilstreitkräfte möglich ist. Er definiert diesen Aspekt als zwingendes Erfordernis für das Wirken von Seestreitkräften auf geschlossenen Seeschauplätzen. Aufgrund der engen Küstenlinien

---

14 Seidler 2009.
15 Seidler 2009.
16 Pöschel 1981, S. 49.

sei für die Entfaltung von Seemacht die Erringung und Behauptung von Luftmacht durch eigene Seeluftstreitkräfte oder Luftstreitkräfte, die das gegnerische Wirken von Flieger- und Raketenkräften auf die eigenen Seestreitkräfte unterbinden, unerlässliche Bedingung für die Erringung und Behauptung von Seemacht auf dem geschlossenen Seeschauplatz.[17] Mit Blick auf die Ostsee war es im sowjetischen Verständnis möglich, auf dem geschlossenen Seeschauplatz mehrere regionale und kleine Seeschauplätze zu haben, für die dann Seemacht errungen und behauptet werden musste. Dies galt insbesondere für den Beginn von Kriegshandlungen.[18] Pöschel führt hierfür als Beispiel weiter aus, dass für die Ostsee drei Zonen der Seemacht bzw. -herrschaft angenommen wurden. Diese waren der Raum östlich Bornholms (1. Zone), das Arkona-Becken (2. Zone) und die Kieler Bucht mit Sunden und Belten (3. Zone). Mit Blick auf die geographischen Gegebenheiten in der Ostsee waren der Zugang eigener Seestreitkräfte und die Blockade gegnerischer Seestreitkräfte mit dem Ziel der Vertreibung und Vernichtung des Gegners wichtige Bedingungen für die Entfaltung von Seemacht in der Ostsee. Die Vernichtung von gegnerischen Kräften sollte mittels mehrerer Schläge in einer oder mehreren Operationen, idealerweise zu Kriegsbeginn, durch Schiffsschlaggruppen (SSG)[19] erfolgen.[20] Diese Schläge sollten so ausgeführt werden, dass nach umfassender und ständiger Aufklärung maximale Kräfte in sehr kurzer Zeit die gegnerischen Hauptkräfte der Seestreitkräfte vernichteten. Ebenso war die Vernichtung der gegnerischen Kräfte bereits in ihren Basierungspunkten vorgesehen. Für die Ostsee wurde für die dort stationierten Seestreitkräfte geplant, eine Vielzahl von Schlägen und Gefechten in einem sehr begrenzten Seegebiet durchzuführen.[21]

Im sowjetischen Verständnis der Rolle von Seestreitkräften war die Erringung und Behauptung von Seemacht auf geschlossenen Seeschauplätzen eines der grundlegenden Prinzipen der militärpolitischen und strategischen Ausrichtung und ein ausschlaggebendes Element für den Verlauf der gesamten Kampfhandlungen[22] und Operationsführung, insbesondere mit Blick auf den möglichen Kriegsschauplatz Mitteleuropa. Seemacht diente nicht nur der Aufgabenerfüllung der Seestreitkräfte, sondern auch der der Land- und Luftstreitkräfte.[23] Das Zusammenwirken aller Teilstreitkräfte zur Erringung von Seemacht bzw. -herrschaft wurde im sowjetischen Verständnis als zwingendes Erfordernis für den Erfolg angesehen. Dies schließt jedoch nicht aus, dass fast ausnahmslos die Seestreitkräfte der Hauptträger der Seemacht bzw. -herrschaft waren.[24] Die sowjetische Fokussierung auf den geschlossenen Seeschauplatz war folgerichtig, da davon ausgegangen wurde, dass die Ostsee der Hauptseeschauplatz eines Krieges werden würde. Die im folgenden Abschnitt

---

17 Ebd., S. 52.
18 Ebd., S. 54.
19 Schiffsschlaggruppen setzten sich aus den Stoßkräften der Seestreitkräfte zusammen. Die Stoßkräfte bestanden aus Torpedo- und Raketenschnellbooten, kleinen und mittleren Raketenschiffen.
20 Pöschel 1981, S. 56.
21 Ebd., S. 57.
22 Ebd., S. 62.
23 Ebd., S. 63.
24 Ebd.

dargestellte Einbindung der Ostseeanrainer der Warschauer Vertragsorganisation in die Seekriegskonzeptionen und -planungen, im Rahmen der Verbündeten/Vereinten Ostseeflotten, ist ebenfalls dieser Annahme geschuldet.

6.3. Das Verständnis von Seestreitkräften in der Warschauer Vertragsorganisation

Am 14. Mai 1955 wurde der »Vertrag über Freundschaft, Zusammenarbeit und gegenseitigen Beistand zwischen der Volksrepublik Albanien, Volksrepublik Bulgarien, der Ungarischen Volksrepublik, der Deutschen Demokratischen Republik, der Volksrepublik Polen, der Rumänischen Volksrepublik, der Union der Sozialistischen Sowjetrepubliken und der Tschechoslowakischen Republik« ratifiziert. Der Warschauer Vertrag wurde unter dem Generalsekretär der Kommunistischen Partei der Sowjetunion (KPdSU) Nikita Sergejewitsch Chruschtschow als Bündnis der sowjetischen Einflusszone gegenüber der NATO gegründet. Mit der Zweiten Berlin-Krise 1958/1961 entwickelte sich die Warschauer Vertragsorganisation zu einem fast ausschließlichen Militärbündnis, obwohl darin auch eine gemeinsame politische Säule verankert war.[25] Die militärstrategische Richtung des Bündnisses bestimmte die sowjetische Führung.[26] Daher ist es, auch im Kontext der anderen Teilabschnitte, von Bedeutung, die sowjetische Militärdoktrin und deren Grundprämissen kurz darzustellen. Die Militärdoktrin der UdSSR bestand aus Elementen der marxistisch-leninistischen Theorie, der Annahme der Aggressivität des Imperialismus sowie der Furcht vor und den Erfahrungen aus Invasionen und Zerstörung, zuletzt der des Zweiten Weltkrieges.[27] Daraus leiteten sich die Grundprämissen der Militärdoktrin ab. Diese legten fest, dass bereits in Friedenszeiten der Krieg vorbereitet werden und die Sowjetunion dem Gegner von Beginn an überlegen sein müsse, damit bereits in der Anfangsphase eines Krieges die eigenen Streitkräfte in die Offensive übergehen könnten. Anschließend sollte der Kriegsschauplatz umgehend auf das Territorium des Gegners verlegt werden, um so die eigene Wirtschaft und Bevölkerung zu schützen. Die Militärdoktrin beinhaltete somit bis Mai 1987 einzig den Angriff als dominierendes und leitendes Element der militärischen Handlungen.[28] Das Offensivprinzip stellte an die Teilnehmerstaaten drei Voraussetzungen: Umfassende Gegneraufklärung, ständig hohe Einsatzbereitschaft und Vorbereitung der gesamten Gesellschaft und des Territoriums auf einen möglichen Krieg.[29] Der Artikel 4 des Vertrages definierte die sicherheitspolitische Dimension. Demnach hatten sich die Teilnehmerstaaten im Falle eines bewaffneten Konfliktes in Europa gegenseitig Beistand zu leisten. Die erforderlichen Mittel, gegebenenfalls auch militärische Gewalt, bestimmten die Staaten in eigenem Ermessen. Eine Verpflichtung zum ge-

25 Giese 2010, S. 53; Nünlist 2009, S. 9, 23.
26 Jablonsky 1996, S. 49.
27 Diedrich 2009, S. 59–61; Lautsch 2013, S. 7.
28 Diedrich 2009, S. 61; Jablonsky 1996, S. 65.
29 Diedrich 2009, S. 29.

genseitigen Beistand mit militärischer Gewalt wurde in bilateralen Verträgen festgelegt. Im Fall der DDR beispielsweise geschah dies mit der Sowjetunion am 7. Oktober 1975.[30] Ein gemeinsames Oberkommando (später das Vereinte Kommando/VSK) regelte die Truppenstellung und gewährleistete eine zentrale Führung durch den Generalstab der UdSSR.[31]

Die DDR gehörte zu den Gründungsmitgliedern, obwohl sie weder volle Souveränität besaß noch über offizielle und einsatzfähige Streitkräfte verfügte. Sie folgte in allen Belangen dem Offensivprinzip der sowjetischen Militärdoktrin. Die bisherigen Weisungen der Besatzungsmacht UdSSR wurden nun durch Empfehlungen der Vereinten Streitkräfte ersetzt und durch die SED-Führung umgesetzt.[32] Das sowjetische Interesse an einer fortwährenden Einflussnahme und damit Aufnahme in den Warschauer Vertrag trotz fehlender Verteidigungsfähigkeit entstand auf Grund dreier strategischer Elemente: Zunächst war es Ziel der Sowjetunion, sich die Uranvorkommen im Erzgebirge zu sichern, da sich 97 Prozent der Weltproduktion in Händen der Westmächte befand.[33] Weiterhin galt das Staatsgebiet der DDR als Vorposten des sowjetischen Machtbereichs an der Grenze zur NATO und gleichzeitig als Ausgangsbasis für etwaige Operationen im Falle eines Krieges. Zuletzt trugen das Gebiet der DDR und auch deren Streitkräfte zum Sicherheitssystem der UdSSR als Vorfeld- und Pufferfunktion[34] bei. Mit der Aufstellung der Streitkräfte der DDR wurden diese im Januar 1956 durch den Politischen Beratenden Ausschusses auch in die Vereinten Streitkräfte einbezogen.[35] Im Juni und August 1957 folgten zwei Übungen der Land- und Seestreitkräfte, um Leistungsfähigkeit und Einsatzbereitschaft aufzuzeigen. Dabei überzeugten die eingesetzten Verbände, so dass der Beschluss über die »Einbeziehung der Nationalen Volksarmee« von Januar 1956 im Mai 1958 bestätigte wurde. Demnach war die DDR ab 1958 Vollmitglied und gemäß Artikel 5 des Warschauer Vertrages unterstanden fast alle Truppenteile den Vereinten Streitkräften. Die Seestreitkräfte wurden Teil der Verbündeten (im Frieden) bzw. Vereinten (im Kriegsfall) Ostseeflotten (VOF).[36] Ab diesem Zeitpunkt war die Volksmarine eine Koalitionsflotte im Verbund mit der Polnischen Seekriegsflotte (PSKF) und der Baltischen Rotbannerflotte (BRF) der UdSSR. Entsprechend ihrer Fähigkeiten konnte sie jedoch nicht selbstständig operieren. Sie wurde in gemeinsamen Operationen der VOF eingesetzt. Erst in den achtziger Jahren war sie befähigt, selbständige »Operationen der Volksmarine« durchzuführen und operativ zu führen, bei denen ihr auch sowjetische Seestreitkräfte der BRF unterstellt worden wären.[37] Durch die Einbindung der Volksmarine in die VOF stieg diese zur vordersten und dem Gegner nahsten Angriffsformation der Warschauer Vertragsorganisation auf See in Mitteleuropa auf. Die Verbündeten Ostseeflotten

30 Seifert 2016.
31 Giese 2010, S. 53 f.; Jablonsky 1996, S. 31 f, 37.
32 Wenzke 2014, S. 423; Jablonsly 1996, S. 149 f, 168.
33 Seifert 2016.
34 Bakerra 1992, S. 170; Geise 2010, S. 185.
35 Seifert 2016.
36 Diedrich 2009, S. 27 f.
37 Jablonsky 1996, S. 30–33; Lautsch 2013, S. 20.

wären schon ab der Gefechtsbereitschaftsstufe »Kriegsgefahr« zu den Vereinten Ostseeflotten umgewandelt und aus den nationalen Unterstellungsverhältnissen herausgelöst worden. Befehlsbefugnis hätte der Chef der Baltischen Rotbannerflotte für alle drei Marinen innegehabt. Die VOF hätten zur 2. Front (Küstenfront) und zur 1. Strategischen Staffel gehört.[38] Es steht fest, dass Seemacht und nach sowjetischem Verständnis Seeherrschaft durch die Entfaltung der VOF in der Ostsee nur zum Zweck des Durchbruches in die Nordsee und zur Sicherstellung des Nachschubs für küstennahe Landoperationen angestrebt wurden. Damit kamen für die Volksmarine Anforderungen für das Zusammenwirken mit in Küstengebieten operierenden Landstreitkräften, die mit dem Ziel der Erringung und Entfaltung von Landmacht zumindest im küstennahen Bereich operierten, hinzu. Die Manöver »FLUT« 1963, »NORD« 1968 und »Waffenbrüderschaft« 1970 enthielten alle für die VOF vorgesehenen Aufgaben. Nach Abschluss des Manövers »Waffenbrüderschaft« wurde die Volksmarine auf Grund ihrer Leistungen zur 3. Flotte der VOF erhoben.[39] Die VOF stellten also im Verständnis des Warschauer Vertrages und letztlich der Sowjetunion im Falle eines Krieges auf dem Seeschauplatz Ostsee die regionale Seemacht sicher. Sie sollten somit die operierenden Landstreitkräfte und deren Landmachtbestrebungen sowie über die Ostsee hinaus vorstoßende Seestreitkräfte unterstützten. Da von einem Kriegsschauplatz in Mittel- bzw. Westeuropa ausgegangen wurde, hatten im Verständnis und somit in den Planungen der Warschauer Vertragsorganisation die Seestreitkräfte der drei Ostseeanrainer die Hauptlast zur Erringung und Entfaltung von Seemacht zu tragen. Mit Blick auf Mahan und Kirchhoff zeigt sich hier, dass die Führung des VSK deren Verständnis von Seemacht folgte; dies wird beispielsweise in dem Aspekt der Verbindung der Erringung von Seemacht und Landmacht und deren Abhängigkeit voneinander sichtbar. Der Kampf um Seemacht und Seeherrschaft im Ostseeraum war für die drei Flotten der VOF die zentrale Aufgabe. Aus Sicht der Warschauer Vertragsorganisation bildeten sie die Kräfte für Operationen auf dem westlichen Seeschauplatz (Ostsee und Nordsee).[40] Hauptträger sollten hier vorwiegend die Kräfte der Volksmarine sein. Nach Pöschel[41] war das Verständnis des VSK, das dieser Seeschauplatz und die als strategisch wichtig angesehenen Ostseeausgänge die Haupthandlungsgebiete der drei Ostseeflotten bildeten. Es wurde weiterhin angenommen, dass in diesen Seegebieten durch die VOF die erste und für folgende Kampfhandlungen auch entscheidende Operation[42] durchgeführt werden würde. Ziel dieser ersten Operation sollte die zügige Erringung von Seemacht und – wo notwendig – von Seeherrschaft durch die VOF sein. Außenpolitisch wurde dieses Ziel durch den damaligen Generalsekretär der KPdSU Leonid Breshnew auf dem XXVI. Parteitag der KPdSU wie folgt kommuniziert:

[38] Diedrich 2009, S. 68; Wenzke 2014, S. 449.
[39] Diedrich 2009, S. 17, 68.
[40] Pöschel 1981, S. 64.
[41] Ebd.
[42] Ebd.

»Wir strebten und streben keine militärische Überlegenheit über die andere Seite an. Das ist nicht unsere Politik. Wir werden aber auch nicht gestatten, dass die andere Seite Überlegenheit über uns erreicht.«[43]

Mit Bezug zur Seemacht und zum Ziel der ersten Operation der VOF war klar, dass die Verhinderung des Erringens von Seemacht in der Ostsee durch NATO-Seestreitkräfte, und das galt auch für andere Seegebiete, in denen Seestreitkräfte der Warschauer Vertragsorganisation operierten, höchste Priorität besaß.

Aus Sicht des Neorealismus sind durch die Warschauer Vertragsorganisation als Unit alle verfügbaren Capabilities vorgehalten worden, um einen Machtgewinn und Stabilitätsgewinn zu erzielen. Allein durch die Warschauer Vertragsorganisation selbst ist das Element der Allianzbildung zur Stärkung der Capabilities und der Gewährleistung der Balance of Power sichtbar.

6.4. Das Verständnis des Wirkens US-amerikanischer Seestreitkräfte

Die Sicherheits- und Verteidigungspolitik der USA unmittelbar nach dem Zweiten Weltkrieg war von Abrüstung und Entspannungsgedanken geleitet. Es wurde nicht davon ausgegangen, dass Streitkräfte in kurzer Zeit wieder zum Einsatz kommen würden. Zudem wurde davon ausgegangen, dass aufgrund der geographischen Lage und des Besitzes der Atombombe auf amerikanischem Boden kein Krieg zu erwarten sei.[44] Diese Konstellationen veranlassten die US-Administration, alle Teilstreitkräfte massiv abzubauen. Für die Marine bedeutete dies, dass alle Vorkriegseinheiten und viele im Krieg gebaute Einheiten außer Dienst gestellt wurden. Es erfolgte so eine Marginalisierung der Marine. Mit dem Beginn des Kalten Krieges und der Entwicklung neuer sowjetischer Kriegsschiffe, insbesondere der modernen U-Boote der Whiskey-Klasse, wurde den eigenen maritimen Fähigkeiten wieder mehr bzw. sogar erhöhte Aufmerksamkeit zuteil. Aus Sicht der USA und der NATO war besonders das Auftreten der neuen sowjetischen U-Boote beunruhigend, da die Mitgliedsstaaten der NATO in Europa im Kriegsfall von den atlantischen Seetransporten aus den USA abhingen und die negativen und verlustreichen Erfahrungen des uneingeschränkten U-Bootkrieges aus zwei Weltkriegen noch präsent waren.[45] Die NATO und die USA kamen in ihrer Bedrohungsanalyse zu dem Ergebnis, dass für die westlichen Staaten eine maritime Bedrohung durch sowjetische Seestreitkräfte, insbesondere durch U-Boote bestand. Dies veranlasste die NATO, vorwiegend die USA, dazu, maritime Fähigkeiten für die U-Bootjagd und den Geleitschutz sowohl materiell, in Form von Zerstörern und Fregatten, als auch einsatzverfahrensseitig zügig aufzubauen. Entgegen der Annahme der NATO verfolgte die Sowjetunion keine primäre Bedrohung für den Seetransport durch eigene U-Boote. Stattdessen wurde der Schwerpunkt des U-Boot-Einsatzes in das Nordmeer bzw. in die Norwegensee und

43 Ebd., S. 97.
44 Mahncke, Schwarz 1974, S. 194.
45 Ebd., S. 202.

das Europäische Nordmeer verlegt.[46] Da die Sicherung des atlantischen Seeverkehrs die Hauptaufgabe der NATO war, ergab sich hier die Aufgabe für die Seestreitkräfte, die Seewege auch von Minen frei zu halten.

Trotz des materiellen Fähigkeitsausbaus der sowjetischen Flotte lag der Fokus der USA und der westlichen Nationen in der atomaren Abschreckung nach der Doktrin der massiven Vergeltung. Hierzu wurden Trägersysteme eingeführt, die denen der Sowjetunion mindestens ebenbürtig und oft sogar überlegen waren. Für die Rolle der US-Navy ergab sich so die Möglichkeit, von der Notwendigkeit der Einführung von Trägersystemen zu profitieren.[47] Die Fähigkeitseinbringung sollte nicht der Luftwaffe mit ihren strategischen Bombern überlassen werden. Die US-Navy konnte so den Um- und Neubau von Flugzeugträgern als nuklearstrategischem Waffensystem vorantreiben und bis in die sechziger Jahre in großem Umfang realisieren. Dies führte zu dem Nebeneffekt, dass Überwassereinheiten, die im Rahmen einer Trägerkampfgruppe zur Flugabwehr und U-Bootabwehr benötigt wurden, für die Aufstellung der Trägerkampfgruppen im erheblichen Umfang gebaut wurden. Das Konzept des Schutzes der Träger ist bis heute aktuell. Die US-Navy wurde somit ab den sechziger Jahren in die Lage versetzt, atomare Abschreckung mittels Flugzeugträgern weltweit zu projizieren. Zudem konnten diese als Offensivmittel weltweit eingesetzt werden, wodurch die Erringung und Behauptung von Seemacht begünstigt wurde.

Die US-Navy wurde zudem recht bald vor die Aufgabe gestellt, sich an der Entwicklung von Interkontinentalraketen zu beteiligen. Mit Blick auf die sowjetischen Rüstungsprogramme sahen sich die USA zunehmend einer Raketenbedrohung gegenüber, der sie entgegenwirken mussten.[48] Für die USA rückte hier vorwiegend die Konzeption des Einsatzes von Raketen von U-Booten aus in den Fokus. Da dieselelektrische U-Boote nicht unbemerkt an der gegnerischen Küste mit Raketen, die auch über Wasser verschossen werden mussten, operieren konnten, konzentrierten sich die Anstrengungen der US-Navy auf die Entwicklung des atomgetriebenen U-Bootes und des Abschusses von Raketen unter Wasser.[49] Die erfolgreiche Umsetzung sicherte der US-Navy einen sowohl operativen als auch einen außenpolitischen bzw. sicherheitspolitischen Vorteil, da nun US-Seestreitkräfte in sowjetischen Interessengebieten operieren und somit auf das Wirken von sowjetischen Seestreitkräften Einfluss nehmen konnten – bis hin zur Eindämmung und zur Unterbindung von Operationen oder der direkten Bedrohung mit seegestützten Raketen. Die US-Navy sicherte sich somit einen Vorteil in der möglichen Erringung von Seemacht in ihren Interessengebieten auf See. Sie weitete diese Projektion auch auf das Nordpolarmeer aus, wodurch sich für die Sowjetunion eine veränderte Konstellation hinsichtlich des bisher alleinigen Zugangs zum Nordpolarmeer ergab, die zu einer Änderung der Operationsplanung der sowjetischen Nordmeerflotte in Murmansk führte, indem für die Nordmeerflotte ebenfalls mit Interkontinental-

[46] Ebd., S. 204.
[47] Ebd., S. 207.
[48] Ebd., S. 223.
[49] Ebd., S. 225.

Raketen bestückte U-Boote vorgesehen wurden. Von dieser Zeit an herrschte bis zum Ende des Kalten Krieges eine ständige Präsenz von Raketen-U-Booten beider Seiten im Nordpolarmeer. Ziel war es hier ein Gleichgewicht der Kräfte zu halten und gleichzeitig und gegenseitig ein Abschreckungspotenzial aufzubauen. Dies entspricht eindeutig dem neorealistischen Verständnis der Balance of Power. Bis Ende der sechziger Jahre konnte die US-Navy zusammen mit den anderen Teilstreitkräften aufgrund ihres materiellen Vorteils eine strategische Überlegenheit gegenüber der Sowjetunion erzielen, die sich auch im außenpolitischen Agieren der USA niederschlagen konnte. Dies wurde insbesondere in der Kuba-Krise deutlich. Bis Mitte der siebziger Jahre minderte die Sowjetunion diesen Vorteil jedoch durch eigene Vorhaben und stellte weitestgehend ein strategisches Gleichwicht hinsichtlich der Interkontinental-Raketen und der Träger her. Aufgrund der eingangs genannten starken Abhängigkeit der USA und der NATO von Seeverbindungswegen blieb der Fokus der USA bis 1990 auf den transatlantischen Seewegen und den damit verbundenen Konzeptionen der Erringung und der Behauptung von Seemacht in den dazugehörigen Gewässern, einschließlich der Rand- und Binnenmeere wie Ostsee und Nordsee. Aus den obigen Ausführungen wird deutlich, dass die bestimmenden Momente für die materielle und operative Ausrichtung der US-Navy die Trägerfähigkeit von Interkontinental-Raketen, die unbemerkte, d.h. atomgetriebene Annährung an gegnerische Küsten für den Abschuss von Raketen und die Projektionsfähigkeit von Seeluftstreitkräften in entfernte Seegebiete mittels Flugzeugträgern waren. Diese sollten der US-Navy die Seemacht in den die USA interessierenden Seegebieten sichern, was bis Ende der sechziger Jahre auch gelang. Anschließend sah sie sich einer operationell und materiell ebenbürtigen Sowjetflotte gegenüber, die die operative Freiheit der US-Navy einschränkte bzw. auch reaktiv bestimmte. Mit Blick auf die Rand- und Binnenmeere operierte die US-Navy gemeinsam mit den europäischen NATO-Marinen, die konzeptionell und operativ in die Einsatz- und Führungsstruktur der US-Navy eingebunden waren. Da auch in den USA und der NATO von einer Konfrontation in Mitteleuropa ausgegangen wurde, nahmen die Ost- und Nordsee einen dominierenden Stellenwert als Seeschauplatz eines Krieges ein, woraus sich auch die strategischen und operativen Ansätze für den Einsatz der westlichen Seestreitkräfte ableiteten.

6.5. Das Verständnis von Seestreitkräften in der NATO

Ost- und Nordsee nahmen in den militärpolitischen Überlegungen und strategischen Planungen der NATO eine herausragende Stellung ein. Beide Meere zählten zur Nordflanke[50] der NATO, die bis weit in den sowjetischen Seeraum reichte.[51] Dort anwesende NATO-Seestreitkräfte sollten die Operationsfreiheit der sowjetischen Nordmeerflotte einengen. Obwohl die Nordflanke der NATO eher regional aufgestellt war, hatte sie in der NATO eine bedeutende Stellung. Da Landesteile der Bundesrepublik Deutschland zum Territorium der Nordflanke gehörten, stellte die damalige Bundesmarine einen Anteil an den Seestreitkräften der Nordflanke. Sie leistete insbesondere mit ihren offensiven Fähigkeiten einen Beitrag zur Gewährleistung der Handlungsfähigkeit der NATO in der Ost- und Nordsee. Im Verständnis der NATO bedeutete dies, dass sie im Falle von Kriegshandlungen ein wesentlicher Träger der Erringung und Behauptung von Seemacht bzw. Seeherrschaft sein würde. See- und Luftstreitkräfte der NATO hatten den Auftrag, Seemacht auch in polaren und subpolaren Gebieten wie dem Europäischen Nordmeer und der Barentssee zu entfalten. Dieser Auftrag beinhaltete, die sowjetische Nordmeerflotte im europäischen Nordmeer einzudämmen und ihren Durchbruch in den Nordatlantik zu verhindern.[52] Ausgehend von einer Verteidigung Norwegens durch starke Flottenverbände waren die strategischen Planungen so angelegt, dass durch diese Flottenverbände frühzeitig Seemacht errungen und behauptet werden könnte. Aufgrund des Seekriegspotenzials der sowjetischen Nordmeerflotte wurde jedoch die Erringung der Seemacht durch NATO-Seestreitkräfte als kaum erreichbares Ziel bewertet.[53] Allein mit den Kräften der NATO-Staaten der Nordflanke wurde die Erreichung der Seemacht als unmöglich erachtet. So hielt der damalige Stabsabteilungsleiter im Führungsstab der Marine, Flottillenadmiral Hannsherrmann Vohrs, die Erringung von Seemacht nur unter frühzeitigem Einsatz von Luftstreitkräften und von US-Angriffs-U-Booten und einer Flottenpositionierung östlich von Island für möglich.[54] Andererseits wurde angenommen, dass im Kriegsfall die Seemacht durch sowjetische Flottenverbände errungen und gehalten werden würde. Eine Verteidigung der Nordgebiete der Nordflanke wurde als dann fast unmöglich bewertet.

Auch im Nordatlantik[55] und in der Nordsee operierten die Seestreitkräfte der NATO mit dem Ziel, die Entfaltung von Seemacht durch sowjetische U-Boote einzudämmen.[56] Voraussetzung für eine erfolgreiche NATO-Operation war jedoch die Entfaltung von Luftmacht in den Seegebieten. Die Aufgabe der Eindämmung der Operationsfreiheit von sowjetischen Unterseebooten genoss sehr hohe Priorität, da davon ausgegangen wurde, dass die für die NATO essentiellen Seetransportwege über den Atlantik gestört werden könnten.

---

50 Die NATO-Nordflanke umfasste die Territorien Norwegens, Dänemarks und Schleswig-Holstein bis zur Elbe bei Lauenburg. Es umschloss die vorgelagerten Küstengewässer. Das Gesamtgebiet hatte eine Ausdehnung von 2800 km. Die operative Führung war in drei Bereiche aufgeteilt: Nordnorwegen, Südnorwegen und Ostseeausgänge. Pöschel 1981, S. 65.

51 Ebd.

52 Ebd., S. 67.

53 Ebd., S. 98.

54 Pöschel 1981, S. 68.

55 Im Verständnis der NATO stand der Nordatlantik unter Seemacht/-herrschaft der NATO: »Der Nordatlantik gehört der NATO«. Siehe Mahncke, Schwarz 1974, S. 315.

56 Pöschel 1981, S. 69.

In den NATO-Planungen war ebenfalls vorgesehen, mittels strategischer Raketen-U-Boote und Luftstreitkräften bis zur Halbinsel Kola und weiter nach Murmansk vorzudringen, um landseitige sowjetische Infrastruktur zu zerstören. Aus Sicht der NATO war es für die Erreichung der Ziele notwendig, die NATO-Seestreitkräfte für die Nordflanke zu verstärken, um frühzeitig und mit wenig Zeitversatz für etwaige Operationen gegen einen immer stärker werdenden Gegner zur Verfügung zu stehen. Dabei ergaben sich für die NATO-Seestreitkräfte folgende Aufgaben zum Schutz der Nordflanke:[57]

1. Stationierung der STANAVFORLANT[58] im Europäischen Nordmeer;
2. Verlegung der Atlantikflotte in die Einsatzräume;
3. Herstellung der Gefechtsbereitschaft der Flotten der NATO-Staaten im Bereich Nordsee und Nordmeer;
4. Verlegung von starken Marineinfanteriekräften nach Norwegen (Tromsö);
5. Aktivierung kanadischer Verstärkungskräfte;
6. Auslösung der erhöhten Alarmbereitschaft für die NATO-Luftstreitkräfte im nordatlantischen Raum;
7. Verlegung von US-Streitkräften nach Europa.

Die strategische und operative Bedeutung der Behauptung der Nordflanke lag auch darin, dass in der NATO davon ausgegangen wurde, dass mit dem Erringen der Luft- und Seemacht durch die Sowjetunion Norwegen besetzt worden wäre. Somit wurde postuliert, dass dann die sowjetischen Seestreitkräfte eine strategisch günstige Position erreicht hätten, um erfolgreich im Nordatlantik wirken und dort Seemacht entfalten zu können. Mit Blick auf die Nordsee wurde angenommen, dass sich bei einer erfolgreichen Operation Nordmeer- und Rotbannerflotte vereinigen könnten. Dadurch wurden auch Auswirkungen auf die Ostseeausgänge erwartet. Die Behauptung der Ostseeausgänge war für die NATO somit von strategischer Bedeutung für Operationen bzw. mögliche Kampfhandlungen in Mitteleuropa.

Nord- und Ostsee nahmen auch daher eine wichtige Rolle in der NATO hinsichtlich militärischer rund wirtschaftlicher Bedeutung ein, da hier die Seeverbindungswege vom Atlantik weiterführten und die Versorgung mit zivilen und militärischen Gütern sichergestellt wurde. Für die Nordsee galt zudem, dass hier Erdöl- und -gasvorkommen die Versorgung mit Treib- und Brennstoffen und Halbprodukten sicherstellen konnten.[59] NATO-Seestreitkräfte hatten die Aufgabe, Seemacht und -herrschaft in der Nordsee zu sichern. Die NATO nutzte hierzu auch ihre ständigen Flottenverbände im Atlantik und im Ärmelkanal STANAVFORLANT und STANAVFORCHAN.[60] Diese Aufgabe wurde von der NATO als gut erfüllbar bewertet, da davon ausgegangen wurde, dass Seestreitkräfte der Warschauer Vertragsorganisation sich aufgrund des fehlenden Stützpunktsystems in der Nordsee nicht entfalten könnten.[61] Mit Bezug auf die obigen Ausführungen zur Entfaltung von Seemacht im Nordatlantik

[57] Ebd., S. 71.
[58] Standing Naval Force Atlantic (STANAVFORLANT).
[59] Pöschel 1981, S. 74.
[60] Standing Naval Force Channel (STANAVFORCHAN).
[61] Pöschel 1981, S. 75.

und dem Nordmeer durch die Nordmeerflotte ist diese NATO-Bewertung allerdings zu relativieren. Hätte die Nordmeerflotte die Seemacht errungen und entfaltet, wäre deren Wirken in der Nordsee uneingeschränkt möglich gewesen. Mit Bezug auf das Kapitel VOF ist immerhin fraglich, ob die VOF hätten in der Ostsee eingedämmt werden können, um deren Ausdehnung auf die Nordsee zu verhindern. Unter Berücksichtigung dieser Gegebenheiten wäre ein Kampf um die Seemacht in der Nordsee zu erwarten gewesen, dessen Ausgang nicht zwangsläufig zu Gunsten der NATO verlaufen wäre. Es ist jedoch anzunehmen, dass nach der Zuführung von starken US-See- und Luftstreitkräften ein operativer Vorteil der NATO eingetreten wäre. In der operativen Planung der NATO nahm die Bedrohung durch U-Boote entlang der Seeverbindungswege, insbesondere eine Vorentfaltung der U-Boote der VOF,[62] eine herausragende Stellung ein. Daher wurde die U-Boot-Abwehrfähigkeit der NATO insbesondere materiell bis in die neunziger Jahre vorangetrieben. Um die mit Seemacht verbundene Luftmacht, ggf. Luftherrschaft, für die NATO zu sichern und so Flottenverbände der VOF einzudämmen, sahen Planungen vor, US-Flugzeugträger sowohl im Nordmeer als auch in der nördlichen und mittleren Nordsee zu stationieren, um so den Aktionsradius der Luftstreitkräfte zu erweitern. Um ein frühzeitiges Einwirken auf die Kräfte der VOF zu gewährleisten, d.h. die Flottenverbände nahe ihrer Stützpunkte angreifen zu können, rückten U-Boote und Marinejagdbomber im Zusammenwirken mit leichten Überwassereinheiten in den Betrachtungsmittelpunkt. Ziel des Wirkens der NATO-Seestreitkräfte war optimalerweise die Erringung von Seemacht und -herrschaft und mindestens die Herstellung eines Kräftegleichgewichtes zu den VOF. Das letztgenannte Ziel erwuchs daraus, dass der NATO bewusst war, dass die Seestreitkräfte der VOF über gleichwertige Fähigkeiten verfügten. Durch die Hinzuführung von starken US-Seestreitkräften wäre hier ein Kräftegleichgewicht zugunsten der NATO zu erwarten gewesen. Im Sinne der Machtprojektion und Demonstration und »Flagge zeigen« operierten US-Seestreitkräfte dauerhaft in der Ostsee, beispielsweise planten und führten diese jedes Jahr das NATO-Manöver US BALTOPS (US Baltic Operations) durch, um mit den NATO-Partnern in der Ostsee die Operationsfähigkeiten in engen Seegebieten zu trainieren und die US-Interessenlage in und an der Ostsee zu verdeutlichen. Dieses Manöver wird bis heute noch im Juni jeden Jahres durchgeführt. Dies diente auch dem Ziel zur gegenseitigen Abstimmung und Harmonisierung, da in den NATO-Planungen für die Ostsee vorgesehen war, die Bundesmarine durch eine »3. Große NATO-Macht« in der Ostsee, also durch die US-Navy oder Royal Navy, zu verstärken.[63] Mit dem Aufkommen des Krieges in Jugoslawien und der Notwendigkeit der Seeraumüberwachung im Mittelmeer ab Anfang der neunziger Jahre orientierte die NATO ihr Wirken auf das Mittelmeer. Hierfür wurde der ständige Flottenverband STANAVFORMED[64] aufgestellt, der von der Straße von Gibraltar bis zum Suezkanal zur Seekontrolle und Demonstration eingesetzt wurde. Die Rolle der Seestreitkräfte der NATO an ihren möglichen Hauptseeschauplätzen eines Krieges lag abschließend

62 Ebd., S. 78.
63 Ebd., S. 83.
64 Standing Naval Force Mediterranean (STANAVFORMED).

gesehen darin, die Seemacht und damit die Kontrolle der für die NATO lebenswichtigen Seeverbindungswege über den Atlantik in die Nordsee zu sichern und in der Ostsee, insbesondere der westlichen und südlichen Ostsee, Seemacht zu erringen und zu behaupten mit dem Ziel, die Operationsfreiheit der VOF zu unterbinden. Es wurde erwartet, dass so die zentralen Kampfhandlungen an Land zu den eigenen Gunsten beeinflusst werden. Analog zum Verständnis des Wirkens der Seestreitkräfte in der Warschauer Vertragsorganisation nahmen Operationen in der Nord- und Ostsee auf dem mögliche Hauptkriegsschauplatz einer West-Ostkonfrontation eine der Schlüsselrollen für einen erfolgreichen Kriegsverlauf auf beiden Seiten ein.

6.6. Synopse des Kapitels

Kennzeichnend für die Jahrzehnte nach dem Zweiten Weltkrieg waren die bipolare Weltordnung und die mit ihr verbundene nukleare Abschreckung sowie der Kalte Krieg. Das Wirken der Seestreitkräfte auf beiden Seiten war ausgerichtet an den Anforderungen und Erfordernissen der beiden Großmächte USA und Sowjetunion. An denen waren auch die beiden Bündnisse NATO und Warschauer Vertragsorganisation orientiert. Das Wirken von Seestreitkräften beider Seiten war geprägt von der Annahme, dass bei einer kriegerischen Konfrontation zwischen den Großmächten Mitteleuropa der Hauptkriegsschauplatz sein würde. Dies bedeutete, dass nach herrschender Meinung der Hauptseeschauplatz für den Einsatz und die Handlungen von Seestreitkräften in Ost- und Nordsee liegen würde. Danach richteten sich dann die Fähigkeiten der Seestreitkräfte, die sich auf Randmeereinsätze fokussierten. Während für die NATO die Sicherung und Freihaltung der für ihre Bündnisstaaten wichtigen atlantischen Seeverbindungen nach Mitteleuropa Kernziel der maritimen Operationen war, konzentrierten sich die Staaten der Warschauer Vertragsorganisation auf die Eroberung der Ostseeausgänge und die Unterstützung von Landstreitkräften bei ihren Handlungen in Mitteleuropa. Kernstück der Seestreitkräfte bildeten für die Warschauer Vertragsstaaten die Verbündeten bzw. Vereinigten Ostseeflotten, bestehend aus Baltischer Rotbannerflotte, Polnischer Seekriegsflotte und Volksmarine der DDR. Auf Seiten der NATO wirkten die Bundesmarine, die dänische Flotte und die norwegischen Seestreitkräfte zusammen. Im Falle eines Krieges wären zudem Kräfte der US-Navy und der Royal Navy herangezogen wurden. Eine ihrer Aufgaben wäre gewesen, die sowjetische Nordmeerflotte an ihrem Vormarsch im Nordatlantik und ihre Vereinigung mit der Baltischen Rotbannerflotte zu hindern. Auch ohne kriegerische Handlungen erfolgte insbesondere in der Ostsee eine ständige Begegnung der Seestreitkräfte beider Seiten, die von Misstrauen und gegenseitigen Provokationen gekennzeichnet war. Für das Wirken der Seestreitkräfte beider Seiten ist herauszustellen, dass ihnen vornehmlich zwei Hauptaufgaben zukamen, einerseits die Teilhabe an der nuklearen Abschreckung, hier mittels strategischer U-Boote, Flugzeugträger und großer Überwasser-Raketenträger, und andererseits die Führung des dreidimensionalen verbundenen Seekrieges mittels konventioneller Seekriegsmittel. Darauf ausgerichtet waren die Fähigkeiten der jeweiligen Marinen. Ziel der Ausrichtung war es letztlich, aus einer Entscheidungsschlacht als Sieger hervorzugehen. Mit Blick auf die außenpolitische Rolle der Seestreitkräfte wird deutlich, wie diese zu einem der wichtigsten Instrumente der bipolaren Weltordnung avancierten, um Seemacht in den maritimen Hauptinteressengebieten zu demonstrieren bzw. zu entfalten. Mit Blick auf die Elemente von Seemacht von Mahan und Kirchhoff wird deutlich, dass sich beide Seiten der gesamten Bandbreite von Seemacht bedienten, die sich von Machtprojektion, etwa in der Nordpolarmeerregion, im Nordatlantik oder der Ostsee, über maritime Diplomatie und Flagge zeigen bis hin zu Ausbildungsmaßnahmen befreundeter Marinen, hier auch mit dem Ziel der versteckten Machtprojektion, ersteckte. Ebenfalls im Mahan'schen Sinne ist der Ansatz, die Durchsetzung der Seemacht mittels einer Entscheidungsschlacht zu erringen bzw. zu behaupten. Des Weiteren wird ersichtlich, dass, insbesondere für den Seeschauplatz Ostsee, mögliche Operationen im Kriegsfalle gemäß des Kirchhoff'schen Postulats (Seemacht ist verbunden mit Landmacht) geplant und angelegt worden waren. Im Zuge der modernen Kriegführung kam die Erringung und Behauptung von Luftmacht hinzu: Ohne das erfolgreiche Wirken von Luft- und Seeluftstreitkräften konnte die Seemacht oder Seeherrschaft über einen längeren Zeitraum nicht behauptet werden. Es ist festzuhalten, dass die bereits Ende des 19. Jahrhunderts und zu Beginn des 20. Jahrhunderts durch Mahan und Kirchhoff aufgestellten Voraussetzungen für Seemacht auch 100 Jahre danach noch ihre Gültigkeit und Berechtigung in der Seekriegführung hatten. Aus Sicht des Neorealismus ist festzustellen, dass die bipolare Weltordnung und die darin eingebetteten Streitkräfte, hier Seestreitkräfte, die traditionelle Sicht dieser Theorieschule wiedergeben. Die Rolle von Seestreitkräften bis zu Beginn der neunziger Jahre und dem Beginn der postsowjetischen Phase spiegelt markant die Elemente des Neorealismus wieder. Das Wirken von Seestreitkräften auf beiden Seiten, im neorealistischen Sinne der Units, war gekennzeichnet von Machtstreben mittels überlegener Fähigkeiten, d.h. Capabilities, und dem Entgegenhalten mit gleichwertigen Fähigkeiten. Beide Seiten waren, insbesondere durch ihre Nuklearstreitkräfte und deren Einsatz etwa im Nordpolarmeer, bestrebt, einen wenn auch nur geringen Vorteil an Fähigkeiten zu erzielen, um so einen politischen Machtgewinn oder -vorsprung zu erhalten. Seestreitkräfte wurden somit eines der dominierenden Instrumente der Außen- und Sicherheitspolitik der Großmächte und ihrer Verbündeten. Der Zwang zum Ausgleich der Fähigkeiten und des weltweiten Machteinflusses geht im Sinne des Neorealismus mit der »Balance of Power«-Theorie einher. Ein Fähigkeits- und Machtgewinn einer Seite wurde zügig durch Fähigkeiten und somit Machtzugewinn der anderen, mit dem Ziel des Machtausgleiches, beantwortet. Wo dies nicht möglich war, wurde das Element der Allianzbildung herangezogen. Auch dieses Merkmal des Neorealismus ist markant in der bipolaren Weltordnung in Form der NATO und der Warschauer Vertragsorganisation erkennbar. Ohne diese Bündnisse hätten Seestreitkräfte und Streitkräfte gemein gehabt, die außenpolitischen Ziele nicht realisieren zu können. Mit dem Ende der Ost-West-Konfrontation und der damit verbundenen Entspannungspolitik veränderte sich auch die Rolle von Seestreitkräften. Fähigkeiten für einen Einsatz in Randmeeren und für die dreidimensionale Seekriegführung rückten vorerst in den Hintergrund. Nicht verändert haben sich sowohl die Elemente für die Entfaltung von Seemacht und die Merkmale für die Bildung von Macht und Gegenmacht im Sinne des Neorealismus. Hier änderten sich die möglichen Seeschauplätze und verlagerten sich ins Mittelmeer, in die Golfregion und in den Pazifik. Die Machtprojektion mittels Seestreitkräften als außenpolitisches Instrument behielt jedoch weiterhin ihre Bedeutung.

7. Die Rolle und das Wirken von Seestreitkräften im 21. Jahrhundert

Während nach dem Zweiten Weltkrieg das Wirken von Seestreitkräften von der Ost-West-Konfrontation geprägt war, nehmen sie im 21. Jahrhundert zunehmend eine Rolle als Stabilisierungs- und Projektionsinstrument für die Außenpolitik ein. Unmittelbare kriegerische Handlungen und die damit verbundene dreidimensionale Seekriegführung rückten in den Hintergrund. Die Marinen sahen sich vorwiegend mit Operationen im niedrigen bzw. geringen Intensitätsspektrum hinsichtlich der Bedrohungen und der Gegner gegenüber. Hinzu kam jedoch eine neue Form der Bedrohung und der Kriegführung, nämlich die asymmetrische Kriegführung mittels Kleinkampfmitteln und marktüblicher Technik wie kleinen Schnellbooten, Jetskis und kleinen Propellerflugzeugen. Seestreitkräfte waren, bedingt durch ihr Verständnis von zwischenstaatlichen Konflikten, mit Fähigkeiten zur dreidimensionalen, klassischen Seekriegführung anfangs auf derartige Bedrohungen nicht eingestellt. Es mussten also erst Fähigkeiten und Einsatzvorschriften für die neue Rolle von Seestreitkräften entstehen, die sowohl nationale als auch multinationale Anstrengungen erforderten. Nach Auflösung der Warschauer Vertragsorganisation Anfang der neunziger Jahre des 20. Jahrhunderts war die NATO das einzige verbliebene Militärbündnis, das sich bis zum ersten Jahrzehnt des 21. Jahrhunderts erweiterte. Nach Jahren der »Vergessenheit« besannen sich sowohl die westlichen Nationalstaaten als auch NATO und EU wieder auf die Landes- bzw. Bündnisverteidigung. Das bedeutete, dass bedingt durch die Veränderungen im sicherheitspolitischen Umfeld die NATO zur Bündnisverteidigung zurückkehrte. Diese bildet gemeinsam mit den beiden anderen Säulen des strategischen Konzeptes der NATO,[1] Konfliktverhütung und Krisenbewältigung sowie Partnerschaft und Kooperation, unverändert die Kernaufgabe der Allianz, für die Fähigkeiten entwickelt und bereitgestellt werden müssen. Zum Erfüllen der Aufgaben Rückversicherung, Abschreckung und Verteidigung wird das Verteidigungsdispositiv der NATO kontinuierlich und systematisch überprüft und angepasst. Dies gilt insbesondere für die Dispositive derjenigen Mitgliedsstaaten, die sich bislang vorrangig auf Crisis Management und Cooperative Security konzentriert haben.[2] Die NATO hat ihre Forderungen an die gemeinsame Verteidigungsplanung derzeit beispielsweise in den »Minimum Capability Requirements« (MCR) von 2016 entsprechend forciert. Für die NATO spielt Mitteleuropa wieder eine besondere Rolle in der Verteidigungsplanung des Bündnisses. Mitteleuropa, und dort besonders Deutschland, ist wegen seiner geo-

1 Vgl. Strategisches Konzept der NATO vom 19.11.2010.
2 BMVg 2016, persönliche Mitteilung.

grafischen Lage, im maritimen Sinne durch seine Küsten zu Nord- und Ostsee, eine strategische Drehscheibe in Europa. Beispielsweise werden die Länder Mitteleuropas wegen ihrer Potenziale als wesentliche europäische Elemente kollektiver Verteidigung in Europa betrachtet. Deutschland ist hierbei von besonderer Bedeutung für die Handlungsfähigkeit der NATO – als Truppensteller, Rahmennation, Bereitsteller von hochwertigen Fähigkeiten, als »Host Nation« und Transitland für die Verlegung von Kräften an die Grenzen des Bündnisgebietes. Für die mitteleuropäischen Staaten nahm und nimmt somit die Rolle im Rahmen von NATO und EU zu. Sowohl die NATO als auch die EU definieren in ihren Dokumenten eine Beistandspflicht im Falle eines bewaffneten Angriffs auf das Hoheitsgebiet eines Mitgliedstaates (Bündnisfall.)[3] Die Verpflichtungen und die Zusammenarbeit in der EU stehen dabei im Einklang mit Artikel 51 der Charta der Vereinten Nationen, mit den im Rahmen der NATO eingegangenen Verpflichtungen sowie dem besonderen Charakter der jeweils nationalen Sicherheits- und Verteidigungspolitiken. Für die Erfüllung dieser umfangreichen Vorgaben rückte auch das Wirken von Seestreitkräften und deren Fähigkeit zur dreidimensionalen Seekriegführung wieder in den Fokus der Außen- und Sicherheitspolitik. Bereits verlorengegangene maritime Fähigkeiten mussten somit mühsam wieder aufgebaut werden. Zudem wurden durch die Vorgaben der NATO wieder Fähigkeiten für den Einsatz von Seestreitkräften in Rand- und Binnenmeeren wichtig, um etwa in der Ostsee operieren zu können. Geprägt waren und sind Seestreitkräfte heute jedoch auch von der Durchführung von weltweiten, langanhaltenden, meist von geringer Intensität gekennzeichneten Operationen zur Stabilisierung einer Region und von humanitären Hilfsleistungen in See.

7.1. Das veränderte Verständnis von Seestreitkräften in der NATO

Nach dem Ende des Zweiten Weltkrieges verstand sich die NATO als transatlantisches, von den USA geprägtes Bündnis und Gegengewicht zum militärischen Übergewicht der Sowjetunion und der Warschauer Vertragsorganisation sowie als Gegenpol der nuklearen Aufrüstung bzw. Abschreckung. Maritime Fähigkeiten waren in diesen Kontext eingebettet. Heute, im 21. Jahrhundert, stehen maritime Fähigkeiten im Kontext der Stabilisierung von Regionen und zunehmend der kollektiven Verteidigung, insbesondere in Seegebieten wie der Ostsee, dem Mittelmeer und Schwarzen Meer. Zusätzlich zu den eher klassischen Themen der Außen- und Sicherheitspolitik hat die NATO in ihrem strategischen Konzept aus dem November 2010[4] die Energiesicherheit als eine der Kernfunktionen der Allianz aufgeführt. Somit stellen die Energieversorgung und deren Schutz eines der signifikantesten strategischen Güter der Zukunft dar und besitzen eine sicherheitspolitische Dimension, die aufgrund der künftig stärker maritim geprägten Energiequellen eine zunehmend maritime Komponente und eine Unschärfe in der Abgrenzung zu anderen, eher

3 Siehe Art. 5 des Nordatlantikvertrags und Art. 42 Abs. 7 des EU-Vertrags von Lissabon.

4 NATO 2010, S. 1.

nicht klassisch sicherheitspolitischen Feldern wie der Zusammenarbeit mit anderen Ressorts und Organisationen aufweist. Für die NATO rückt somit hier ebenfalls die kollektive Abwehr von Bedrohungen gegenüber der Energieversorgung ins Blickfeld. In den NATO-Staaten setzt sich zunehmend die wiedergewonnene Einsicht in die maritime Abhängigkeit des Bündnisses und die Wichtigkeit der damit verbundenen Freiheit der transatlantischen und aller weiteren im globalen Handel wichtigen Seewege, wie der Straße von Malakka, dem Horn von Afrika und des Suezkanals, durch. Aufgrund ihrer maritimen Abhängigkeit waren und sind besonders für viele Staaten der NATO Bedrohungen auf See, wie Piraterie und Terroranschläge, von essentieller Bedeutung für ihre Volkswirtschaft und damit für die Sicherheits- und Verteidigungspolitik. Um diesen möglichen maritimen Bedrohungen auf See und im Küstengebiet möglichst präventiv begegnen zu können, erachtete und erachtet es die NATO in Zusammenarbeit mit der EU als notwendig, in den von der Bedrohung betroffenen Regionen und Staaten, hier vorwiegend in West- und Ostafrika, Südost- und Ostasien und im Mittelmeerraum, jedoch auch wieder verstärkt im Ostseeraum, ein angemessenes maritimes Situations- und Bedrohungsbewusstsein zu entwickeln und in Form eines umfassenden maritimen Lagebildes auf, über und unter Wasser vorliegen zu haben. Ein Schwerpunkt in der Zusammenarbeit zwischen den Nationen beruht daher auf der gemeinsamen Erstellung eines globalen maritimen Lagebildes unter der Ausnutzung der Vernetzung der Lagebilder zwischen den Staaten und internationalen Organisationen. Beispielhaft dafür sind folgende Projekte:

1. Virtual regional Maritime Traffic Centre (V-RMTC);
2. Maritime Safety and Security Information System (MSSIS);
3. Sea Surveillance Cooperation Baltic Sea (SUCBAS);
4. Trans-Regional Maritime Network (T-RMN);
5. European Maritime Surveillance (MarSur) (NATO-Projekt);
6. Common Information Sharing Environment (CISE) (EU-Projekt).

Die NATO erkannte, dass die Voraussetzung zur umfassenden Teilhabe an der multinationalen Infrastruktur die Interoperabilität zwischen den Verfahren und Informationsräumen der beteiligten Nationen auf den genannten Ebenen ist. Aufgrund der Datendichte und des Datenumfangs aus dem maritimen Umfeld wird somit heute der Aufbau eines aktuellen maritimen Gesamtlagebilds ermöglicht, welches befähigt, den Erfassungshorizont der beteiligten Staaten sowohl räumlich als auch zeitlich zu erweitern und so ergänzende Lagebilddaten zu erhalten. Im ungünstigsten Fall können so etwa Abweichungen bzw. Auffälligkeiten im Lagebild frühzeitig erkannt und mögliche Akteure mit Bedrohungspotenzial weiträumig identifiziert und neutralisiert werden.[5] Ein umfassendes Lagebild des maritimen Umfeldes ist im Kampf gegen Piraterie und Terrorismus auf See im 21. Jahrhundert zu einem essentiellen Instrument der Sicherheitspolitik eines Staates und des Bündnisses geworden. War bis zu Beginn des 21. Jahrhunderts die Arktis eher eine Projektionsbühne für die strategischen U-Boote der beiden Großmächte, avancierte sie ab den 2000er-Jahren zu einem strategischen Interessengebiet insbesondere für die arktischen Anrainerstaaten. Für die NATO ist hierbei sensibel, dass vier der fünf Arctic Five

[5] Marinekommando 2015.

einerseits NATO-Mitglieder sind und andererseits auch gegeneinander gerichtete nationale Interessen in der Arktis verfolgen. Die NATO stand und steht hier vor der Herausforderung, eine konsensfähige Lösung innerhalb der NATO und eine gemeinsame glaubwürdige außenpolitische Position gegenüber Russland, dem fünften Arctic-Five-Staat, zu finden. Dies schließt auch die Konzeption und Umsetzung von Fähigkeiten ihrer Seestreitkräfte ein, sodass über arktisfähige Seekriegsmittel nachgedacht wird. Die Vielzahl neuer Aufgaben für die NATO erforderte, im Gegensatz zur bipolaren Weltordnung, ein umfassendes maritimes Rahmendokument der NATO, in dem grundlegend das maritime Verständnis der NATO und der Einsatz ihrer Seestreitkräfte geregelt ist. Mit der Alliance Maritime Strategy (AMS) von 16. März 2011 fand die NATO eine passende Antwort auf die maritimen sicherheitspolitischen Fragen des 21. Jahrhunderts. Die NATO wurde sich ihrer maritim-sicherheitspolitischen Lage bewusst und bewertete diese als für sie ungünstig. Insbesondere das Kräfteverhältnis an Seestreitkräften zeigte eine Schieflage gegenüber anderen Staaten wie Russland. Letzteres stellte und stellt auch weiterhin für die NATO eine Bedrohung für die kollektive Sicherheit dar.[6] Gemäß des strategischen Konzepts sind in der AMS die Bereiche Bündnisverteidigung, Konfliktverhütung und Krisenbewältigung sowie Partnerschaft und Kooperation von zentraler Bedeutung für die Ausrichtung der maritimen militärischen Fähigkeiten. Allerdings sieht sich die NATO nicht mehr, wie im 20. Jahrhundert, als alleinigen Sicherheitsgaranten. Vielmehr versteht sie sich als einer von mehreren Beitragenden zu Sicherheit.[7] Essentiell bleibt im NATO-Verständnis die nukleare Abschreckung, hier im Kontext maritimer Trägersysteme wie U-Boote und große Überwasserschiffe. Beim Thema Raketen und Bedrohungen sieht sich die NATO einer Bedrohung durch den Iran und Nordkorea gegenüber. Im neuen Verständnis des Wirkens von Seestreitkräften sieht die NATO auch hier ein Aktionsfeld im maritimen sicherheitspolitischen Umfeld, in dem sie die seegestützte Abwehr ballistischer Raketen mittels größerer Überwasserschiffe vorantreibt. Auch wenn in der AMS keine regionalen Schwerpunkte gesetzt sind, wird ersichtlich, dass das Mittelmeer, das Horn von Afrika, der Golf von Guinea und die Ostsee geopolitisch und -strategisch interessierende Seegebiete sind. Unvermindert bleibt das Kernseegebiet der Allianz, der Nordatlantik, Interessengebiet für die NATO-Staaten, insbesondere aus zwei Gründen: Zum einen sind weiterhin die transatlantischen Seeverbindungswege essentiell und zum anderen grenzt der Nordatlantik an das Nordpolarmeer, welches auch weiterhin Projektionsgebiet und Aufmarschgebiet für russische Seestreitkräfte darstellt und gleichzeitig, bzgl. der Arktisfrage, Spannungsregion innerhalb der NATO ist bzw. sein kann. Für die Seestreitkräfte der NATO ergeben sich, bedingt aus den drei Kernaufgaben der AMS und des strategischen Konzepts, Aufgaben zur Unterstützung und Gewährleistung von Katastrophenhilfe, Krisen- und Konfliktprävention, Evakuierungsoperationen,[8]

6 Seidler 2015, S. 164.
7 Ebd.
8 Ebd., S. 165.

Maritime Interdiction Operations (MIO)[9] und Stabilisierungsoperationen, also Operationen im unteren Intensitätsspektrum. Zunehmend rücken seit einiger Zeit wieder maritime Fähigkeiten zur dreidimensionalen Seekriegführung in den Blick des Bündnisses, um auch Operationen höchster Intensität durchführen zu können. Insbesondere mit der veränderten Rolle Russlands gegenüber dem Bündnis sieht die NATO sich einer veränderten Bedrohungs-, zumindest aber Misstrauenslage gegenüber. Auf dem Gipfel von Warschau im Sommer 2016 bekräftige daher Generalsekretär Stoltenberg die Stärkung der Ost- und Südflanke der NATO, ohne jedoch einen neuen Kalten Krieg eröffnen zu wollen. In diesen Ansatz ist auch der Ostsee- und Schwarzmeerdialog der NATO einzuordnen. Die Sicherheit in der Ostseeregion wurde durch den Gesandtenausschuss am 15. Januar 2015 in der NATO, hier im North Atlantic Council (NAC), unter der Beteiligung Finnlands und Schwedens erörtert mit dem Ergebnis der Erstellung eines Berichtes der regionalen Militärbehörden zur Sicherheitslage im Ostseeraum. Die wurde dann am 22. April 2015 im NAC erörtert. Insbesondere durch die baltischen und nordischen Anrainerstaaten wurde eine veränderte Sicherheitslage konstatiert und Handlungsbedarf gesehen. Auf Betreiben von Rumänien, der Türkei und Bulgarien erörtert der NAC, dem Ostseemodell folgend, die Sicherheit in der Schwarzmeerregion. Im Ergebnis der Untersuchung zur Sicherheitslage fanden sich analog zur Ostsee Handlungsfelder für die Allianz, zu deren Umsetzung ein ständiger Schwarzmeerdialog begonnen wurde. Die NATO reagierte in beiden Regionen mit zügigen Maßnahmen, um Handlungsfähigkeit zu demonstrieren. Der Aufbau von NATO Force Integration Units (NFIU)[10] mit maritimen Zellen in den baltischen Staaten, Bulgarien und Rumänen seit Herbst 2015 ist als eines der ersten Ergebnisse aus den Gesprächen des Ostsee- und Schwarzmeerdialogs zu sehen. Ein weiteres Merkmal des veränderten Verständnisses von Seestreitkräften in der NATO ist die ständige Operationalisierung der AMS und Anpassung an die maritimen Gegebenheiten. Hierzu wurde im Frühjahr 2016 die Alliance Maritime Governance (AMG) als ein Konzept zur Optimierung bereits bestehender Mechanismen zur Koordinierung maritimer NATO-Kräfte und zur Verbesserung der Maritime Situational Awareness (MSA) vorgelegt. Die AMG soll den konzeptionellen Rahmen für eine erfolgreiche Implementierung der AMS und des »Readiness Action Plans« (RAP) setzen. Das Dokument unterstützt das »Conceptual Framework of Alliance Operations« (CFAO) (Marinekommando 2016: persönliche Mitteilung). In der AMG werden Schlüsselthemen der Maritime Governance, die aus den Veränderungen der sicherheitspolitischen Lage abgeleiteten maritimen Herausforderungen für das Bündnis und Handlungserfordernisse dargestellt. Im Kern geht es der NATO um die Erhöhung der Verfügbarkeit von Kräften für das Bündnis und um die Optimierung der Nutzung der maritimen Fähigkeiten durch bessere Abstimmung und Zusammenarbeit. Beispielsweise sollen

9 Operationen, bei denen ein umfassendes maritimes Lagebild erstellt wird. Meistens erfolgen diese im Zuge der Piratenbekämpfung zur Gewährleistung des freien und ungehinderten Seeverkehrs, etwa am Horn von Afrika. Siehe BMVg 2016.

10 Siehe die Mitteilung: Greater solidarity, strength and readiness': NATO Secretary General marks opening of six new headquarters in Eastern Allies, <www.nato.int/cps/en/natohq/news_122324.htm?selectedLocale=en>, 3.9.2015 (letzter Zugriff 20.8.2019).

durch die Kombination des bestehenden Kerns der der NATO unterstellten maritimen Kräfte das Erreichen der Minimum Military Requirements (MMR) und die schnelle Verstärkung bei krisenhaften Entwicklungen sichergestellt werden. Das Ziel der NATO ist hier eine schnelle Streitkräfteverfügbarkeit von SNF-Kräften als maritimer glaubwürdiger und schlagkräftiger Beitrag zu einer Very High Readiness Joint Task Force (VJTF) für weltweite Einsätze jeder Intensität.

Innerhalb der NATO ist der Prozess eines abgestimmten Verständnisses für das Wirken von Seestreitkräften noch nicht abgeschlossen, vielmehr handelt es sich um einen kontinuierlichen Prozess der Anpassung an aktuelle maritime außen- und sicherheitspolitische Veränderungen. Aus theoretischer Sicht zeigt sich, dass die Allianzbildung und Fähigkeitsbündelung sowie der Erhalt der Balance of Power auch trotz der nicht mehr existierenden bipolaren Weltordnung für die NATO von Relevanz sind und ihr Handeln bestimmen. Bedingt durch die Häufigkeit und hohe Sequenz von Einsätzen können heute Staaten, also Units, nicht mehr alleine Capabilities aufbauen und vorhalten, um etwa Abschreckung und damit verbundene Machtgleichheit herzustellen und zu gewährleisten. Units sind hier also zu einer Allianzbildung gezwungen. Dies gilt umso mehr, wenn der Anspruch auf die Entfaltung von Seemacht, also die Schaffung eines Machtübergewichtes im Seeraum, glaubwürdig durchgesetzt werden soll. Die Vermittlung des nach außen demonstrierten und projizierten Seekriegspotenzials als Instrument der Außen- und Sicherheitspolitik kann heute, bis auf wenige Ausnahmen, nur über die Allianzbildung erfolgen. Daher haben die Ausführungen von Waltz heute, hier einschränkend auf das maritime Umfeld, nicht an Aktualität verloren. Maritimes NATO-Verständnis und die damit verbundenen Planungen richten sich auch weiterhin nach dem Grundsatz der Balance of Power, darauf sind u.a. auch die ständigen NATO-Verbände ausgerichtet. Eines der wirksamsten Instrumente der NATO für die Projektion von Seestreitkräften und die Durchsetzung von Interessen des Bündnisses sowie auch die Entfaltung von Seemacht sind die ständigen maritimen Einsatzverbände (SNF, siehe unten).

7.1.1. NATO Response Forces (NRF), Very High Readiness Joint Task Forces (VJTF) und Framework Nation Concept (FNC)

Eines der neuen und zukunftsweisenden Dokumente für das Verständnis der NATO zum Einsatz von Streitkräften, somit auch von Seestreitkräften, seit dem NRF-Konzept von 2003, ist das Framework Nations Concept, welches eng an den Readiness Action Plan angelegt wurde. Mit der Zeichnung des Joint Letter[11] durch

[11] NATO 2014 und BMVg 2014. Das FNC wurde am 21.5.2014 im NAC verabschiedet. Die Verteidigungsminister (VM) haben diesem Konzept Anfang Juni (3.5.2014) zugestimmt. Die Staats- und Regierungschefs haben das Konzept auf dem NATO-Gipfel am 4./5.9.2014 in Wales abschließend gebilligt. Auf dem Gipfel wurde mit neun anderen Nationen ein Joint Letter an den NATO-Generalsekretär unterzeichnet. Der Joint Letter war die gemeinsame politische Willenserklärung im Rahmen des NATO-Gipfels, um andere Alliierte und die Öffentlichkeit über erfolgte bilaterale Implementierungsanstrengungen im Bereich gemeinsamer Fähigkeitsentwicklung zu informieren und gleichzeitig eine gemeinsame politische Verpflichtungserklärung zur mit-

zehn Nationen während des NATO Gipfels am 4. und 5. September 2014 in Wales[12] durch die NATO-Verteidigungsminister wurde die Umsetzung des durch Deutschland 2013 in die NATO eingebrachten Framework Nations Concepts (FNC) formalisiert. Während des informellen Treffens der FNC-Nationen am Rande des NATO-Verteidigungsminister-Treffens am 24. Juni 2015 in Brüssel wurden weitere sechs Nationen als Teilnehmer in die Gruppe des FNC aufgenommen und somit der Kreis auf 16 Nationen erweitert (Belgien, Bulgarien, Tschechien, Deutschland, Dänemark, Estland, Kroatien, Ungarn, Litauen, Luxemburg, Lettland, Niederlande, Norwegen, Polen, Rumänien und Slowakei). Die Unterzeichnerstaaten beschlossen, der bisherigen Implementierung des FNC durch die Beauftragung einer neu eingerichteten FNC High Level Group (HLG) mit der Entwicklung konkreter Ziele für jedes Cluster einschließlich Roadmaps und dezidierter Milestones politischen Nachdruck zu verleihen. Darüber hinaus haben sie vereinbart, die weitere FNC-Implementierung am Readiness Action Plan (RAP) auszurichten. Der RAP in Verbindung mit der Political Guidance 2015 zielt auf ein Verteidigungsdispositiv, also auf Fähigkeiten von Streitkräften mit höherem Bereitschaftsgrad und schnellerer Antwortfähigkeit ab, wobei der Fokus auf Artikel-5-Operationen liegt. Damit existiert eine grundsätzliche Kopplung an das FNC, welches sich in seiner konzeptionellen Anlage bereits an den NATO Planungszielen orientiert. Das zentrale Gipfeldokument von Wales ist der Readiness Action Plan (RAP), dessen Implementierung in nationaler Verantwortung erfolgt. Das Einbringen der nationalen Position erfolgt über das Military Committee (MC, Militärausschuss)[13] und das Defence Policy and Planning Committee (DPPC, Ausschuss für Verteidigungspolitik und -planung).[14] Kernelemente des RAP sind u.a. die Anpassung des NATO-Response-Force-(NRF)-Konzeptes in Verbindung mit der Aufstellung der Very High Readines Joint Task Force (VJTF) inklusive deren Führungsstruktur als Teil der NRF, die Ausplanung permanenter vorausstationierter Führungsstrukturen mit Enablern im östlichen Bündnisgebiet und die Überprüfung/Anpassung der Eventualfallplanungen der NATO. Im Rahmen der

tel- bis langfristigen Entwicklung eines kohärenten europäischen Fähigkeitsprofils in der NATO abzugeben. Die Erklärung und erfolgte erste Implementierungsschritte werden in der NATO als Startpunkt einer langfristig angelegten Initiative gesehen. Konkrete Auswirkungen und Effekte im Sinne der Zielsetzung des FNCs werden aufgrund der Zeitlinien im Bereich Fähigkeitsentwicklung erst mittel- bis langfristig erwartet.

12 NATO 2014. Siehe: <www.nato.diplo.de/Vertretung/nato/de/06/Gipfelerklaerungen/wales-gipfel-2014.html> (letzter Zugriff 13.9.2016).

13 Der Militärausschuss ist das oberste militärische Gremium der NATO. Er untersteht dem Nordatlantikrat und berät in Fragen der Militärpolitik und -strategie. Außerdem ist er für die Gesamtleitung der militärischen Aufgaben des Bündnisses verantwortlich. Er trifft sich einmal pro Woche auf Ebene der Nationalen Militärischen Vertreter sowie dreimal jährlich auf Ebene der Generalstabschefs.

14 In diesem Gremium werden die militärischen Ratschläge vom NATO-Militärausschuss sowie den beiden Strategischen Oberbefehlshabern (Supreme Allied Commander Europe, SACEUR, und Supreme Allied Commander Transformation, SACT) aus politisch-militärischer Sicht für den Nordatlantikrat bewertet. Derzeit stehen die vollständige Umsetzung des während des letzten Gipfels in Wales verabschiedeten Aktionsplans zur Reaktionsfähigkeit (Readiness Action Plan), beschleunigte Entscheidungsprozesse zur Steigerung der Reaktionsfähigkeit des Bündnisses und die Entwicklung einer Strategie mit Blick auf hybride Kriegführung im Vordergrund.

Führungsstruktur der VJTF sowie der Anpassung der NATO-Streitkräfte-Struktur nimmt die Rolle und Bedeutung des Multinationalen Korps (MNC)[15] in Stettin zu. Dies äußert sich darin, dass der regionalen Fokussierung und Fähigkeitserweiterung des Korps, in Verbindung mit zukünftig intensivierter multinationaler Kooperation in der Region Baltikum und Polen, besondere Bedeutung zukommt. Dies ist auch im Einklang mit dem Verständnis der Ostflanke der NATO und dem Ostseedialog. Inhaltich sieht das FNC für alle Operationen, also auch für maritime Operationen vor, dass die Nationen, die über ein vergleichsweise breit angelegtes Fähigkeitsprofil verfügen (Frankreich, Italien, Spanien, Großbritannien und Deutschland) einen organisatorischen und inhaltlichen Rahmen der Kooperation mit anderen Nationen bereitstellen. Diese wiederum können sich entsprechend ihren Vorstellungen und Wünschen mit ihren Fähigkeiten, in die sie investiert bzw. in denen sie eine besondere Qualifikation erworben haben (»areas of excellence«), um die Rahmennation gruppieren, sich an die Rahmennation anlehnen bzw. ihre Fähigkeiten ggf. sogar vollständig in die Rahmennation integrieren. Die Rahmennation ermöglicht damit im Ergebnis interessierten Nationen den Weg in eine flexible Anpassung ihres jeweiligen Fähigkeitsprofils.[16]

Im Kern geht es beim FNC um die gemeinschaftliche Entwicklung und strukturelle Bereitstellung von Fähigkeitsclustern, bereitgestellt von mehreren Nationen, die enger und intensiver als bisher zusammenarbeiten wollen und können. Das FNC orientiert sich an den im Bündnis gemeinsam beschlossenen NATO-Planungszielen und findet sich in einigen Elementen konzeptionell bereits in multinationalen Kooperationsprojekten und Initiativen wie »Smart Defence«[17] und »Pooling and Sharing«[18] wieder. Ausmaß, Intensität und Reichweite der Vorschläge gehen jedoch darüber hinaus. Sie zielen auf die gemeinsame, transparente, koordinierte und konsultierte Entwicklung von Fähigkeiten der an einem Fähigkeitscluster beteiligten Nationen im Sinne des NATO Level of Ambition, koordiniert durch eine Rahmennation, ab. Damit wird auch das bisherige Verständnis der Rolle einer Rahmennation für Einsätze oder einer Lead Nation für Smart-Defence-Projekte deutlich erweitert. Das Ziel ist die freiwillige Formierung von Gruppen von »like-minded nations«, basierend auf der gemeinsamen sicherheitspolitischen Orientierung, die im Strategischen Konzept der NATO verankert ist, aber auch

15 Truppensteller sind hier: Deutschland, Polen und Dänemark.

16 NATO 2014, BMVg 2014.

17 BMVg 2013, NATO 2012. Eines der Leitthemen des NATO-Gipfels am 20. und 21.5.2012 war »Smart Defence – intelligente Verteidigung«. NATO-Generalsekretär Anders Fogh Rasmussen hatte diesen Begriff anlässlich der Münchner Sicherheitskonferenz im Jahr 2011 geprägt und ihn im September auf die Agenda des Gipfels für 2012 gesetzt. Smart Defence fordert von den Mitgliedsstaaten, stärker bei der Entwicklung von Fähigkeiten zusammenzuarbeiten, Doppelungen zu vermeiden und Kosten-Effizienz zu maximieren. Unter dem Begriff Smart Defence werden diese Bemühungen in der NATO zusammengefasst.

18 Vgl. NATO 2012, BMVg 2014, BMVg 2015. Hier sind eine Bündelung von Fähigkeiten in der NATO und der EU sowie eine Exzellenzbildung der einzelnen Streitkräfte gemeint. Nicht alle Mitgliedsstaaten müssen/sollen alle Fähigkeiten abbilden, sondern wenige, für ihr Land notwendige und auf sie zugeschnittene Streitkräfte vorhalten und in einen Fähigkeitsverbund der NATO bzw. EU im Falle einer Operation einbringen.

anderen Faktoren, wie beispielsweise der geografischen Lage, historischen und/oder kulturellen Gemeinsamkeiten sowie kompatiblen Fähigkeitsprofilen. Der von Deutschland eingebrachte Grundgedanke bietet eine ausreichende Grundlage für eine zielorientierte Folgediskussion und die Erarbeitung eines Konzepts durch die NATO, welches jedoch durch das Gedankenpapier entscheidend vorgeprägt wurde. Neben den Kernelementen des Konzepts wurden in vorsichtiger Weise die besonderen Herausforderungen, die mit der Übernahme der Rolle »Rahmennation« verbunden sind, dargestellt. Dies wird in der NATO als eine Gestaltungsaufgabe angesehen, die nicht an den Grenzen der nationalen Fähigkeitsentwicklung stehen bleibt, sondern die Interessen der Allianz aktiv und mit anderen Rahmennationen aufgreift, ohne dabei beteiligte »kleinere« Nationen zu benachteiligen.

In diesem Verständnis sieht die NATO die Gestaltungsaufgabe auch als einen besonderen Beitrag zur Lastenteilung im Bündnis. Die Rahmennation übernimmt in Zeiten knapper finanzieller Ressourcen die Verantwortung für das Zusammenführen von NATO-Mitgliedsstaaten und zeigt dadurch ein herausgehobenes Engagement für eine gemeinsam beschlossene Zielsetzung.

Der NATO-Gipfel in Wales hat eine Reihe wichtiger Eckpunkte gesetzt mit dem Ziel einer Anpassung der Verteidigungskapazitäten: Durch Readiness Action Plan (RAP), Defence Planning Package (DPP) und Defence Investment Pledge wurden Schritte eingeleitet, die NATO-Streitkräfte hinsichtlich Bereitschaftsgrad, Reaktionsvermögen, stärkerer Befähigung zu Operationen im Kontext der Landes- und Bündnisverteidigung und damit auch hinsichtlich der Ausprägung des Fähigkeitsprofils nachhaltig zu verändern.

Die Übernahme der Rolle als Rahmennation in der Kräftegenerierung im Zuge der Umsetzung des RAP und in der Fähigkeitsentwicklung im Zusammenhang mit dem Framework Nations Concept erfordert, neben der Einbringung von einzelnen Fähigkeiten in eine NATO-Operation im Sinne von Smart Defence und Pooling and Sharing, ein national breit aufgestelltes, kohärentes Fähigkeitsprofil. Die Umsetzung der Gipfelbeschlüsse in den NATO-Bündnisgremien erforderte weitreichende Entscheidungen, die beispielsweise Deutschland aktiv mitgestalten muss und in nationale Grundsatzdokumente, wie das Weißbuch 2016 und die neue Konzeption der Bundeswehr 2017, einarbeiten musste bzw. muss. Die Umsetzung der Funktion VJTF-Rahmennation im Rahmen des FNC erweitert komplementär den derzeitigen rein fähigkeitsbasierten Ansatz um einen zusätzlich strukturellen und operativen Ansatz, der alle Operationsformen abdeckt. Damit wird sichtbar, dass die NATO im 21. Jahrhundert ihr Verständnis des Einsatzes von Streitkräften verändert und erweitert hat. Die Überstellung der SNMGs in die VJTF ist ein sichtbarer Ausfluss aus den Arbeiten zum FNC und des neuen Verständnisses des Einsatzes von Seestreitkräften.

7.1.2. Die Ständigen Einsatzverbände der NATO

Der Hauptträger der Projektion maritimer Interessen der NATO sind die ständigen maritimen Einsatzverbände. Ursprünglich waren sie als schnelle Eingreifkräfte für die NATO vorgesehen. Insbesondere die STANAVFORLANT war bis zum Ende des

Kalten Krieges im Nordatlantik als Streitkraft gegen die sowjetische Nordmeerflotte vorgesehen. Sie war der Garant der Sicherung und Entfaltung von Seemacht und Seeherrschaft der NATO im Nordatlantik und der Aufrechterhaltung der Balance of Power im Nordpolarmeer sowie in der Nord- und Ostsee. Mit den Veränderungen des maritimen Umfeldes im 21. Jahrhundert und der damit verbundenen Neuausrichtung der NATO, die sich im strategischen Konzept und der AMS niederschlug, war auch ein Umdenken und ein damit verbundenes neues Aufgaben- und Anforderungsprofil für die ständigen maritimen Einsatzverbände notwendig geworden. Hier rückten mit Blick auf die vielfältigen Krisen und Kriege Stabilisierungs- und humanitäre Aufgaben in den Vordergrund. Die ständigen Einsatzverbände konnten und können hierzu zügig und kurzfristig herangezogen werden, da die Verbände dauerhaft, jedoch jährlich in einer anderen Zusammensetzung an Nationen und Fähigkeiten für den Einsatz im NATO-Beitrittsgebiet oder dort, wo vitale NATO-Interessen betroffen waren bzw. sind, herangezogen werden. Dies ermöglichte und ermöglicht eine schnelle Projektion von Seestreitkräften und somit eine glaubwürdige und schlagkräftige Untermauerung außenpolitischer Vorgaben und Ziele. Die ständigen maritimen Einsatzverbände sind somit ein festes und glaubwürdiges Instrument des Bündnisses, auch wenn einige NATO-Staaten das dauerhafte Vorhalten der Einsatzverbände in Fragen stellen. Das im Zuge der Entspannungspolitik der späten neunziger und frühen 2000er-Jahre vernachlässigte Profil zur dreidimensionalen Seekriegführung, einschließlich der Eskalationsdominanz, und der damit ebenfalls verbundene Verlust einer nachhaltigen Fähigkeit zur Abschreckung wurde, vorwiegend durch das veränderte Verhältnis zu Russland, wieder in das NATO-Verständnis aufgenommen. Die Abschreckung durch Seestreitkräfte wird wieder als wichtiges und ausschlaggebendes Instrument zur Durchsetzung maritimer und außenpolitischer Interessen der NATO und zur Wahrung des militärischen Gleichgewichtes angesehen. Die vier ständigen maritimen Einsatzverbände tragen hierfür die Hauptlast. Nachfolgend wird kurz auf die vier Verbände eingegangen. Alle vier nachfolgend behandelten NATO-Verbände stellen maritime Kräfte für die NRF oder VJTF. Für die vier ständigen maritimen Einsatzverbände ergeben sich jedoch in der Beschickung in die beiden Kräftedispositive keine Unterschiede, da häufig dieselben Einheiten für beides vorgesehen werden. Bereits seit der Aufstellung der Ständigen Maritimen NATO-Verbände stehen die assignierten Schiffe und Boote in spätestens fünf Tagen der NATO für die NRF und VJTF einsatzbereit zur Verfügung. Zu ausführlichen Darstellungen zu den maritimen Herausforderungen der NATO und deren Einsätzen seit den neunziger Jahren des 20. Jahrhunderts sei auf weiterführende Literatur[19] verwiesen.

7.1.2.1. SNMG 1

Der Verband der »Standing NATO Maritime Group 1« (SNMG 1) besteht aus sechs bis zehn Zerstörern und Fregatten der Marinen nahezu aller NATO-Mitgliedsstaaten. Häufig werden auch U-Boote und Tender oder Einsatzgruppenversorger in die

[19] Seidler 2015, S. 176–210.

SNMG 1 entsandt. Ein Vorläufer des Verbandes wurde bereits 1967 unter dem Namen »Standing Naval Force Atlantic« (STANAVFORLANT) gegründet, seit Januar 2005 trägt er die jetzige Bezeichnung.

Die Aufgaben des Verbands sind vor allem die Kontrolle und der Schutz strategisch wichtiger Seewege. Dazu operiert die SNMG 1 normalerweise im Nordatlantik und in der Nordsee. Sie kann bei Bedarf aber sofort in andere Krisengebiete verlegt und dort eingesetzt werden. Beispiele dafür sind der Einsatz als erstes Kontingent Operation Enduring Freedom (OEF), damals noch als STANAVFORLANT, und der Einsatz in der NATO-Operation Active Endeavour (OAE), die ab Herbst 2016 in die Maritime Security Operation Sea Guardian[20] umgewandelt wurde. Um maritime NATO-Präsenz in der Ostsee zu zeigen, ist die SNMG 1 häufig Teilnehmer an den NATO-Manövern Joint Warrior, Northern Coast und US BALTOPS. Der Einsatzverband wird in der Regel für zwölf Monate zusammengestellt, wobei viele Nationen nach 6 bis 7 Monaten ihre Einheiten austauschen, die Stabselemente verbleiben jedoch häufig, auch traditionsmäßig, für zwölf Monate in der SNMG 1. Neben einem ständigen Übungsbetrieb zur Zusammenarbeit in multinationalen Operationen und zur Vervollkommnung der Fähigkeiten zur dreidimensionalen Seekriegführung steht die SNMG 1 als schnell verfügbares, weltweit einsetzbares Kräftedispositiv der NATO bereit.

7.1.2.2. SNMG 2

Die heutige Standing NATO Maritime Group 2/SNMG 2 wurde 1992 unter dem Namen Standing Naval Force Mediterranean (STANAVFORMED) aufgestellt. Hauptoperationsgebiet des Verbandes ist das Mittelmeer. Er kann bei Bedarf aber sofort in andere Krisengebiete verlegt und dort eingesetzt werden. Seine Aufgabe ist es, die Seewege im Mittelmeer zu überwachen und zu sichern.

Für die NATO sind im Mittelmeer insbesondere die Meerengen und Mittelmeerausgänge für die Gewährleistung des ungehinderten Seeverkehrs von Interesse. Da das Mittelmeer Asien, Europa und Afrika, also drei politisch, wirtschaftlich, ethnisch und kulturell unterschiedliche Kontinente miteinander verbindet, und das Mittelmeer einen Projektions- und Spannungsraum darstellt, verfolgt die

[20] Die Operation Active Endeavour hat seit dem 26.10.2001 das Ziel, NATO-Solidarität und Entschlossenheit zu demonstrieren und zur Entdeckung und Abschreckung terroristischer Aktivitäten im Mittelmeer beizutragen. Im Wesentlichen findet dabei eine Seeraumüberwachung zur Erfassung und Dokumentation des zivilen Seeverkehrs und der daran teilnehmenden Handelsschiffe statt. Die erfassten Daten sind Grundlage für präventive Maßnahmen gegen terroristische Aktivitäten und werden auch für andere Marineeinsätze im Mittelmeerraum – wie zum Beispiel den UNIFIL-Einsatz der Deutschen Marine vor dem Libanon – genutzt. Für die Dauer eines Mittelmeertransits beteiligen sich immer wieder Schiffe und Boote der Deutschen Marine an der Operation Active Endeavour. Der Deutsche Bundestag hat einer weiteren Beteiligung an der OAE (Mandatsobergrenze 500 Soldaten) bis zum 23.9.2016 zugestimmt. Seit Frühsommer diskutiert die NATO, ob die Operation, die die einzige Artikel 5 Operation auf See ist, in eine Maritime Security Operation, also ohne Artikel 5 Mandatierung, umgewandelt wird, hierfür sind vor allem die USA und Frankreich Fürsprecher. Diesem wird zum Herbst 2016 entsprochen, die neue Operation der NATO heißt »Sea Guardian«, Deutschland beteiligt sich mit bis zu 655 Soldaten der Marine an dem Einsatz.

NATO dort außenpolitische Interessen. Vor allem nehmen seine Ausgänge, die Meerenge von Gibraltar auf der westlichen sowie der Suezkanal auf der östlichen Seite, eine Schlüsselrolle im weltweiten Seeverkehr ein. Sie bedürfen einer erhöhten Aufmerksamkeit der NATO, sodass hierfür die SNMG 2 als ständiger Verband Präsenz zeigen soll und muss. Der Verband gewährleistet durch seine Präsenz und verschiedene Kontrollmaßnahmen die Sicherheit in den Küstengewässern vor den Krisengebieten Nordafrikas und des Nahen Ostens. Analog zur SNMG 1 besteht er vorwiegend aus sechs bis zehn größeren Überwasserschiffen, wobei auch hier U-Boote häufiger zum Kontingent gehören. Die SNMG 2 ist somit auch als Instrument zur Entfaltung von regionaler Seemacht anzusehen. Seit Februar 2016 trägt die NATO mit der SNMG 2 zur Erstellung eines Lagebilds für die griechische und türkische Küstenwache sowie die europäische Grenzschutzagentur Frontex in der Ägäis bei. Ziel ist es, den Informationsaustausch zu verbessern, damit die Behörden der Anrainerstaaten gegen Schleppernetzwerke vorgehen können. Zudem war und ist sie, analog zur SNMG 1, an der Operation OAE und an verschiedenen Manövern beteiligt.

7.1.2.3. SNMCMG 1

Die Standing NATO Mine Countermeasures Group 1 (SNMCMG 1) ist einer von zwei ständigen Minenabwehrverbänden der NATO. Der Verband besteht aus Minenjagdbooten, Hohlstablenkbooten (HL-Booten), Minentaucherbooten und Tendern. Der Verband hat eine lange Geschichte, Tradition und Entwicklung aufzuweisen: Aus dem im Mai 1973 aufgestellten ständigen Flottenverband Ärmelkanal wurde der Verband Mine Countermeasures Force Northern Europe (MCMFORNORTH) aufgestellt. Dieser Verband verfolgte und verfolgt seitdem als Hauptziel die internationale Minenräumung von Seegebieten. Seit Anfang 2005 trägt der Verband den Namen SNMCMG 1, mit gleich gebliebenem Aufgabenspektrum. Neben der Wahrnehmung von Einsatzaufgaben erfolgt regelmäßig eine Teilnahme an den NATO-Manövern Northern Coasts und US BALTOPS.

7.1.2.4. SNMCMG 2

Die Standing NATO Mine Countermeasures Group 2/SNMCMG 2 ist der zweite ständige Minenabwehrverband der NATO. Der Verband besteht ebenfalls aus Minenjagdbooten, Hohlstablenkbooten (HL-Booten), Minentaucherbooten und Tendern. Die SNMCMG 2 operiert ganzjährig überwiegend im Mittelmeer und angrenzenden Seegebieten. Der Verband hat die Aufgabe, sich im Mittelmeer in ständiger Einsatzbereitschaft zu halten und dabei alle Aspekte der Minenkampfführung zu üben. Dazu nimmt der Verband an verschiedenen Manövern der NATO-Staaten wie Olives Noires vor der französischen Mittelmeerküste, Emerald Move vor der Küste Sardiniens, jedoch auch an Northern Coast und US BALTOPS teil und ist so in der Lage, jederzeit in Konfliktsituationen eingesetzt zu werden. Der Verband war und ist mit Einheiten im Einsatz UNIFIL vertreten. Zudem war der Verband in die EU-Operation EUNAVFOR MED Sophia eingebunden.

7.2. Die veränderten Einsatzformen von Seestreitkräften

Mit dem veränderten Verständnis für den Einsatz von Seestreitkräften in der NATO änderten sich nicht nur die Aufgaben der ständigen maritimen Einsatzverbände, sondern auch die Einsätze bzw. Operationen der NATO-Seestreitkräfte. Da die Seestreitkräfte der NATO bzw. NATO-Staaten häufig auch für die Gestellung der maritimen Einsätze der EU und der UN herangezogen werden, indem z.B. die SNMG 1 oder 2 temporär, meistens als das erste Kontingent für die EU und UN eingesetzt werden,[21] erfolgt für die seegehenden Einheiten oft eine doppelte Mandatierung und Aufgabenwahrnehmung, auch in der Kommandostruktur. Die Gestellung von Fähigkeiten und die Einsatzdurchführung für die Seestreitkräfte bleiben meistens davon unberührt. Nachfolgend wird kurz auf die verschiedenen Einsätze exemplarisch eingegangen. Für ausführliche Darstellungen der NATO-Einsätze wird auch hier auf die weiterführende Literatur[22] verwiesen. Erkennbar ist, dass die heutigen Einsätze von niedriger Intensität hinsichtlich der Seekriegführung geprägt sind. Operationen zur Krisen- und Konfliktbewältigung und -eindämmung in Form von Stabilisierungsoperationen, gepaart mit dem Anspruch auf Abschreckung und Seeraumkontrolle, prägen die Einsatzrealität der heutigen Seestreitkräfte. Die im Kalten Krieg dominierenden Fähigkeiten zur Führung eines dreidimensionalen Seekrieges mit höchster Intensität und der damit verbundenen Abschreckung, auch durch Nuklearwaffen, sind in heutigen Einsätzen nicht mehr in dem damaligen Umfang erforderlich. Seemacht durch Seestreitkräfte diente damals ausschließlich dem strategischen und operationellen Vorteil gegenüber dem anderen Militärbündnis. Heute wird Seemacht in den Krisenregionen entfaltet, um etwa Piraten abzuschrecken und einzudämmen oder politische Programme, wie das »World Food«-Programm der UN (WFP), zu sichern und so den außenpolitischen Willen etwa der UN, EU oder NATO zu demonstrieren bzw. zu projizieren. Mit Bezug auf diese Aufgaben und die vorhandenen Fähigkeiten der Seestreitkräfte, hier immer noch die zur dreidimensionalen Seekriegführung mit Eskalationsdominanz, ist zu konstatieren, dass die eingesetzten Einheiten mit diesem Fähigkeitsprofil im Vergleich zu ihren Aufgaben eher überproportioniert sind. Mit Blick auf das maritime Weltgeschehen kann jedoch festgehalten werden, dass anzunehmen ist, dass diese noch vorhandenen originären Fähigkeiten von Seestreitkräften wieder in den Fokus ihrer Einsätze rücken werden.

---

21 Dies ist übliche Praxis und folgt dem Verständnis der SNMGs, als einsatzfähige und schnell verfügbare Kräfte für die Dauer ihres Detachements, die für kurzfristige Aufgaben und Einsätze zusammengestellt sind und unverzüglich beauftragt und eingesetzt werden können.

22 Seidler 2015, S. 182.

7.2.1. Operationen der NATO

Die NATO beteiligt sich gemäß ihrem Verständnis als transatlantisches und somit maritim geprägtes Bündnis dauerhaft an der Bewältigung von Krisen und der Eindämmung von Konflikten mittels ihrer Seestreitkräfte.

Die Operation Enduring Freedom (OEF) wurde nach Auslösung des Bündnisfalls durch die USA in Folge der Angriffe vom 11. September 2001 aufgelegt. Im Rahmen der Operation teilte sie sich in einen Landeinsatz, der sich vorwiegend auf Afghanistan konzentrierte, und einen maritimen Einsatz im Seegebiet am Horn von Afrika. Bereits am 12. September 2001, nur einen Tag nach den Anschlägen in New York und Washington, verabschiedete der Sicherheitsrat der Vereinten Nationen die Resolution 1368 (2001), die die Anschläge als bewaffneten Angriff auf die Vereinigten Staaten sowie als Bedrohung für den internationalen Frieden und die internationale Sicherheit wertete. Die Resolution bestätigte das Erfordernis von Schritten gegen zukünftige Bedrohungen und unterstrich das Recht der USA zur individuellen und kollektiven Selbstverteidigung nach Art. 51 der UN-Charta.[23] Der NATO-Rat beschloss daraufhin, dass die Terrorangriffe als Angriffe auf alle Bündnispartner im Sinne der Beistandsverpflichtung des Art. 5 des Nordatlantikvertrages zu werten sind. Dem folgend löste die NATO am 2. Oktober 2001 erstmals den Bündnisfall aus. Zeitnah bekräftigten die Parlamente der Bundesstaaten ihre Verpflichtungen aus Art. 5 des Nordatlantikvertrages, indem national festgelegt wurde, dass bewaffnete Streitkräfte bei der Unterstützung der gemeinsamen Reaktion auf terroristische Angriffe gegen die USA eingesetzt werden. Auf dieser Grundlage beteiligten sich die Streitkräfte, meistens Seestreitkräfte, mehrere Jahre aktiv an der Operation Enduring Freedom und beteiligen sich fortgesetzt an der Operation Active Endeavour (OAE). Das Ziel der langfristig angelegten Operation Enduring Freedom war es, Führungs- und Ausbildungseinrichtungen von Terroristen auszuschalten, Terroristen zu bekämpfen, gefangenzunehmen und vor Gericht zu stellen sowie Dritte dauerhaft von der Unterstützung terroristischer Aktivitäten abzuhalten. In diesem Zuge wurde ab Anfang Februar 2002 die Operation durch Seestreitkräfte am Horn von Afrika mit Einsatzkontingenten der NATO-Partner, bestehend aus Schiffen und Flugzeugen der Koalitionspartner in einem multinationalen Einsatzverband, erweitert. Dieser operierte in den Seegebieten Rotes Meer, Golf von Oman, Golf von Aden, Küste Somalias und Arabisches Meer zum Schutz der internationalen Seeschifffahrt vor terroristischen Angriffen und im Rahmen maritimer Überwachungseinsätze, um die Versorgung terroristischer Gruppierungen oder deren Bewegung über See zu unterbinden. Die maritimen Verbände am Horn von Afrika operierten vom ostafrikanischen Hafen Dschibuti aus. Die Führung erfolgte aus dem US-Kommando in Manama/Bahrain. Zur logistischen Unterstützung wurde dort eine Verbindungs- und Unterstützungsbasis eingerichtet und damit die Voraussetzung für eine umfangreiche und lang anhaltende maritime Operation geschaffen. Der Umfang des Einsatzkontingents wurde im Verlauf der Operation angepasst und umfasste wäh-

[23] Siehe: Operation Enduring Freedom.

rend der letzten Jahre vorwiegend Fregatten mit Bordhubschrauberkomponente und Seefernaufklärern.

Der Einsatz wurde 2010 beendet. Die Präsenz von Seestreitkräften erfolgte seitdem durch den mandatierten Einsatz unter EU-Führung EUNAVFOR Somalia Atalanta.

Die Operation Active Endeavour (OAE) ist fast analog zur Operation OEF durch die NATO als Artikel-5-Operation initiiert worden. Sie ist eine noch aktive Operation, die jedoch im Herbst 2016 neu mandatiert wurde und ohne Artikel-5-Bezug als Maritime Security Operation Sea Guardian weiterläuft. Die Operation Active Endeavour hatte vom 26. Oktober 2001 bis 2016 das Ziel, NATO-Solidarität und Entschlossenheit zu demonstrieren und zur Entdeckung und Abschreckung terroristischer Aktivitäten im Mittelmeer beizutragen. Im Wesentlichen fand und findet eine Seeraumüberwachung zur Erfassung und Dokumentation des zivilen Seeverkehrs und der daran teilnehmenden Handelsschiffe statt. Die erfassten Daten sind Grundlage für präventive Maßnahmen gegen terroristische Aktivitäten und werden auch für andere Marineeinsätze im Mittelmeerraum – wie zum Beispiel den UNIFIL-Einsatz vor dem Libanon – genutzt.

An der Operation beteiligten und beteiligen sich vorwiegend die SNMG 1 und 2 sowie die SNMCMG 2.

Seit Februar 2016 führt die NATO mit der SNMG 2 eine Operation in der Ägäis zur Erstellung eines Lagebilds für die griechische und türkische Küstenwache sowie die europäische Grenzschutzagentur Frontex durch. Ziel ist es, den Informationsaustausch zu verbessern, damit die Behörden der Anrainerstaaten gegen Schleppernetzwerke vorgehen können. Die Operation wird seit Beginn von Deutschland geführt. Sie ist gekoppelt mit der EU Operation Sophia. Der Einsatz steht vor dem Hintergrund des hohen Flüchtlingsaufkommens seit Herbst 2015. Im Jahr 2015 haben rund 853 000 Menschen die Ägäis überquert und im Jahr 2016 ca. 150 000. Ohne nautische Kenntnisse und seetüchtige Ausrüstung, jedoch für hohe Geldsummen, werden Menschen, die aus Krisengebieten flüchten, auf See in Richtung Südeuropa geschickt, mit dem Ergebnis, dass viele dieser in Seenot geraten. Die NATO unterstützt im Seegebiet der Ägäis die örtlichen Behörden und die EU, ohne jedoch hoheitliche Befugnisse auszuüben. Das heißt, es werden weder Fahrzeuge angehalten noch wird gegen Schleuser vorgegangen, nicht in fremden Hoheitsgewässern und auch nicht auf Hoher See. Die entsprechenden Befugnisse liegen bei den nationalen Küstenwachen und weiteren zuständigen Behörden. Ziel des NATO-Einsatzes ist ein verbesserter Informationsaustausch zwischen diesen Behörden und der Grenzschutzagentur. Die NATO dient in dieser Hinsicht auch als Kooperationsplattform der Anrainerstaaten. Verbindungselemente von griechischen und türkischen Behörden befinden sich bereits an Bord des Flaggschiffs, damit sie direkte Verbindung mit ihren nationalen Hauptquartieren aufnehmen können. Die Seenotrettung ist nicht Teil eines militärischen Auftrages, sondern mit den Regelungen aus dem Seerechtsübereinkommen, dem Übereinkommen zum Schutz menschlichen Lebens auf See und dem Übereinkommen über den Such-

und Rettungsdienst universelle Pflicht eines jeden am Seeverkehr teilnehmenden Schiffes. Schiffbrüchige werden ohne Ansehen der Person aus Seenot gerettet.[24]

Unbeschadet dieser universellen Verpflichtung sind die Behörden eines Landes in den eigenen Hoheitsgewässern und gegebenenfalls darüber hinaus für den Such- und Rettungsdienst und die Koordinierung von Seenotrettungsmaßnahmen »Search and Rescue« zuständig. Im Seegebiet der Ägäis sollen im Regelfall Fahrzeuge der griechischen oder türkischen Küstenwache Menschen übernehmen, die aus Seenot gerettet wurden. Die Türkei hat sich im NATO-Rat am 10. und 25. Februar bereit erklärt, Menschen aufzunehmen, die aus Seenot gerettet wurden und aus der Türkei kamen.[25] Die NATO-Verteidigungsminister haben auf Initiative Griechenlands, der Türkei und Deutschlands am 10. Februar 2016 beschlossen, in der Ägäis zusätzlich einen Beitrag zu den europäischen Maßnahmen gegen die Schleuserkriminalität zu leisten. Der NATO-Oberbefehlshaber Europa (SACEUR) hat am 11. Februar die Entsendung der SNMG 2 in die Ägäis angeordnet. Der NATO-Rat hat die Unterstützungsmission am 25. Februar formal beschlossen.[26] Der NATO-Verband operiert sowohl auf der hohen See als auch seit dem 7. März 2016 in den Hoheitsgewässern beider Staaten. Er besteht derzeit aus vier Schiffen. Verbandskommandeur war zu Beginn ein deutscher Flottillenadmiral, der mit seinem Stab auf einer Fregatte der SNMG 2 als Flaggschiff[27] eingeschifft war.

7.2.2. Operationen der EU

7.2.2.1. EUNAVFOR Operation Atalanta

Die Operation Atalanta schützt die Transporte des Welternährungsprogramms, Seeleute und Handelsschiffe am Horn von Afrika und verhindert Piraterie vor der Küste Somalias. Neben Überwasserschiffen werden auch Seefernaufklärungsflugzeuge vom Typ P3C »Orion« eingesetzt, Abstützpunkt für die Einheiten ist Djibouti. Durch den Golf von Aden verläuft die Haupthandelsroute zwischen Europa, der Arabischen Halbinsel und Asien – gleichzeitig gehört sie zu den weltweit am stärksten durch Piraterie gefährdeten Seewegen. Mehr als 20 000 Schiffe passieren das Gebiet pro Jahr, sie befördern etwa 95 Prozent des Handelsvolumens zwischen Afrika, Asien und Europa. Seit drei Jahren ist die Piraterie am Horn von Afrika stark rückläufig, was unter anderem auf die Präsenz der europäischen Kriegsschiffe zurückzuführen ist. In 2015 gab es keinen Piraterie-Angriff im Einsatzgebiet; im

---

24 Ebd.

25 Siehe: Beschluss der NATO-Verteidigungsminister vom 10. Februar 2016, <www.nato.int/cps/en/natohq/news_127981.htm> (letzter Zugriff 14.9.2016). Siehe: Beschluss des NATO-Rates vom 25. Februar 2016, <www.nato.int/cps/on/natohq/opinions_128372.htm> (letzter Zugriff 14.9.2016).

26 NATO 2016; Bundeswehr 2016.

27 2016 war dies die niederländische Fregatte de Ruyter (Seven Provincien Class, Luftverteidigungsfregatte, analog zur deutschen Klasse 124), die deutsche Führung lag von Februar bis Juli bei Flottillenadmiral Jörg Klein, seit Juli ist Flottillenadmiral Kay-Uwe Schönbach für sechs Monate der Kontingentführer (Bundeswehr 2016).

Jahr zuvor waren es zwei Angriffe, wobei kein Schiff von Piraten entführt werden konnte. Der letzte versuchte Angriff im Operationsgebiet datiert auf Februar 2014. Die Anzahl der Angriffe ist seit dem Höchststand in 2011 stetig gesunken. Die Seewege am Horn von Afrika werden daher als mittlerweile sicherer eingestuft. Im Februar 2008 rief die somalische Übergangsregierung den UN-Sicherheitsrat an und bat um Unterstützung bei der Bekämpfung der Piraterie. Der Sicherheitsrat beschloss am 2. Juni 2008 in der Resolution 1816, auch fremde Staaten zum Vorgehen gegen die Piraterie in den somalischen Hoheitsgewässern zu ermächtigen. Der Rat der Europäischen Union richtete auf Basis dieser Resolution und des Seerechtsübereinkommens am 10. November 2008 die Operation Atalanta ein, deren Mandat seitdem stets erneuert wurde.[28] Zuletzt wurde das EU-Mandat bis zum Dezember 2016 verlängert und inhaltlich angepasst. Die Unterstützung der Ausbildungsmission EUTM Somalia (European Union Training Mission Somalia) sowie der Ausbildungs- und Beratungsmission EUCAP Nestor (European Union Mission on Regional Maritime Capacity Building in the Horn of Africa) wurden als sekundäre Aufgabe des Verbands aufgenommen und damit die Integration der Operation in den Strategischen Rahmen der EU am Horn von Afrika unterstrichen. Außerdem kann Atalanta Informationen über Piraterieverdächtige an EUROPOL weiterleiten, um die Zusammenarbeit mit Strafverfolgungsbehörden auszubauen. Der Deutsche Bundestag etwa hat am 12. Mai 2016 die Fortsetzung der deutschen Beteiligung an Atalanta bis zum 31. Mai 2017 bei einer Mandatsobergrenze von 600 Soldaten beschlossen, seit 2008 ist die Deutsche Marine beteiligt.[29]

---

[28] Siehe:

1. Resolution 2246 (2015) des UN-Sicherheitsrates vom 10.11.2015.
2. Resolution 2184 (2014) des UN-Sicherheitsrates vom 12.11.2014.
3. Resolution 2125 (2013) des UN-Sicherheitsrates vom 18.11.2013.
4. Resolution 2077 (2012) des UN-Sicherheitsrates vom 21.11.2012.
5. Resolution 2020 (2011) des UN-Sicherheitsrates vom 22.11.2011.
6. Resolution 1897 (2009) des UN-Sicherheitsrates vom 30.11.2009.
7. Resolution 1850 (2009) des UN-Sicherheitsrates vom 23.11.2010.
8. Resolution 1851 (2008) des UN-Sicherheitsrates vom 16.12.2008.
9. Resolution 1846 (2008) des UN-Sicherheitsrates vom 2.12.2008.
10. Resolution 1838 (2008) des UN-Sicherheitsrates vom 7.10.2008.
11. Resolution 1816 (2008) des UN-Sicherheitsrates vom 2.6.2008.
12. Resolution 1814 (2008) des UN-Sicherheitsrates vom 15.5.2008.

[29] Deutscher Bundestag 2008, 2009, 2010, 2011, 2012, 2013, 2014, 2015, 2016 Siehe:

1. Antrag der Bundesregierung über die Fortsetzung der deutschen Beteiligung an der EU-geführten Operation EUNAVFOR Atalanta vom 13.4.2016.
2. Antrag der Bundesregierung an den Deutschen Bundestag über die Fortsetzung der deutschen Beteiligung an der EU-geführten Operation Atalanta vom 29.4.2015.
3. Antrag der Bundesregierung an den Deutschen Bundestag über die Fortsetzung der deutschen Beteiligung an der EU-geführten Operation Atalanta vom 30.4.2014.
4. Antrag der Bundesregierung an den Deutschen Bundestag über die Fortsetzung der deutschen Beteiligung an der EU-geführten Operation Atalanta vom 17.4.2013.
5. Antrag der Bundesregierung an den Deutschen Bundestag über die Fortsetzung der deutschen Beteiligung an der EU-geführten Operation Atalanta vom 18.4.2012.
6. Antrag der Bundesregierung an den Deutschen Bundestag über die Fortsetzung der deutschen Beteiligung an der EU-geführten Operation Atalanta vom 16.11.2011.

Die europäischen Schiffe und Flugzeuge schützen seitdem die Transporte des Welternährungsprogramms nach Somalia und die für die Mission der Afrikanischen Union in Somalia (AMISOM) bestimmten Transporte.

Der Verband operiert in einem Gebiet, das die somalischen Hoheitsgewässer, das südliche Rote Meer, den Golf von Aden und einen großen Teil des Indischen Ozeans umfasst. Es ist rund 3,7 Millionen Quadratkilometer groß. Im Mai 2011 beschloss die EU robustere Einsatzregeln, womit Übergriffe von Piraten auf Handelsschiffe bereits im Vorfeld unterbunden werden können. Seit 2012 dürfen die Kräfte aus der Luft gegen identifizierte Piratenstützpunkte an Land bis zu einer Entfernung von 2 km von der Niedrigwasserlinie vorgehen. Damit wurde der Aktionsradius von Piraten stark eingeschränkt, bevor ihre Handlungen zur Geltung kommen konnten, da ihre Bewegungsfreiheit eingedämmt wurde, etwa in der Form, dass die Ausrüstung auf dem Strand verstaut und in Sicherheit gebracht werden konnte.[30] Diese robuste Präsenz des Verbands führte zu einem kontinuierlichen Rückgang der Piraterie. Seit 2013 ist es Piraten nicht mehr gelungen, ein Schiff in ihre Gewalt zu bringen. Der Verband hat rund 500 Transporte für das WFP und rund 400 für AMISOM sicher eskortiert und damit unter anderem die Lieferung von über einer Million Tonnen Hilfsgüter für Somalia ermöglicht. Es befindet sich derzeit kein Schiff in der Hand von Piraten, wohl aber seit Jahren mehrere Seeleute, die als Geiseln genommen wurden und deren Schicksal unklar ist.

Neben dem Schutz durch Kriegsschiffe und der weiträumigen Überwachung des Einsatzgebiets durch Seefernaufklärungsflugzeuge haben auch der Einsatz staatlich zertifizierter Sicherheitsteams sowie Schutzmaßnahmen an Bord von Handelsschiffen dafür gesorgt, dass die Piraterie eingedämmt werden konnte. Die Handlungsempfehlungen an die Schifffahrt in den »Best Management Practices for Protection against Somalia based Piracy« wurden unter anderem von Reederverbänden, Seefahrts- und Handelsorganisationen erarbeitet und unter Beteiligung der Operation Atalanta für die maritime Wirtschaft veröffentlicht. Die Einrichtung des »Maritime Security Centre Horn of Africa« (MSCHOA) beim Atalanta-Hauptquartier in Northwood (Großbritannien) leitet die Handelsschiffsrouten insbesondere dahingehend, dass sich Handelsschiffe im Seegebiet Horn von Afrika vor ihrer Passage anmelden können. Neben den Staaten der Europäischen Union haben seit 2008 auch Kolumbien, Montenegro, Neuseeland, Serbien und die Ukraine zu der Operation beigetragen. Die Zusammensetzung des Verbands ändert sich beständig. Der Verband besteht meistens aus vier bis sieben Überwasserschiffen mit mehreren Bordhubschraubern und zwei bis vier Seefernaufklärungsflugzeugen – insgesamt etwa 1000 Soldaten. Flankiert wird die Operation durch weitere EU-Operationen an Land und auf See. Die EU engagiert sich deshalb mit der militä-

7. Antrag der Bundesregierung an den Deutschen Bundestag über die Fortsetzung der deutschen Beteiligung an der EU-geführten Operation Atalanta vom 10.11.2010.
8. Antrag der Bundesregierung an den Deutschen Bundestag über die Fortsetzung der deutschen Beteiligung an der EU-geführten Operation Atalanta vom 9.12.2009.
9. Antrag der Bundesregierung an den Deutschen Bundestag über die Beteiligung deutscher Streitkräfte an der EU-geführten Operation Atalanta vom 10.12.2008.

30 Bundeswehr 2016.

rischen Ausbildungsmission EUTM Somalia.[31] Sie bildet Soldaten der somalischen Streitkräfte aus und berät das somalische Verteidigungsministerium beim Aufbau von Sicherheitsstrukturen. EUCAP Nestor[32] ist eine zivil geführte Ausbildungs- und Beratungsmission, die 2015 aus Dschibuti nach Mogadischu verlegt wurde. Dort soll sie den Weg für einen selbständigen Küstenschutz bereiten, damit Somalia seine Gewässer selbst kontrollieren und staatlichen Ordnungsanspruch durchsetzen kann.

7.2.2.2. EUNAVFOR MED Operation Sophia

Am 28. September vereinbarten die Botschafter im Politischen und Sicherheitspolitischen Komitee der Europäischen Union, dass die Operation den Namen Sophia tragen soll. Es ist der Name eines somalischen Mädchens, das am 24. August 2015 an Bord der Fregatte »Schleswig-Holstein« zur Welt kam – das erste Kind, das an Bord eines Schiffes der Bundeswehr geboren wurde. Daher wurde der Einsatz zu Ehren dieses Kindes benannt.[33] Als die EU-Staats- und Regierungschefs im April 2015 beschlossen, gegen Schleuser vorzugehen, die das Leben von Menschen mutwillig aufs Spiel setzen und mit dem Risiko dieser Menschen ein Geschäft machen, beauftragten sie die Hohe Vertreterin der EU für Außen- und Sicherheitspolitik, eine europäische Operation vorzubereiten. Einigkeit bestand darin, dass man den Ursachen der Migration nur mit einem umfassenden Ansatz würde begegnen können. Die EU-Außen und Verteidigungsminister richteten dann auf dem Treffen am 18. Mai 2015 die EUNAVFOR MED ein – die European Union Naval Force Mediterranean. Der Operationsplan ist in drei Phasen angelegt und wurde am 22. Juni 2015 vom Rat der EU für Auswärtige Angelegenheiten gebilligt. Der Auftrag für die Phase 1 war, mit Aufklärung und Informationsgewinnung zu einem Lagebild über die Netzwerke von Schleusern beizutragen. Sämtliche Informationen, die der Verband gewinnt, werden auf Ebene des Hauptquartiers zusammengetragen und den Strafverfolgungsbehörden der Mitgliedsstaaten zur Verfügung gestellt. Dieser Auftrag bleibt weiterhin Bestandteil der Operation. Die ersten deutschen Schiffe wurden dem Verband am 30. Juni 2015 unterstellt.

Der UN-Sicherheitsrat mandatierte den Einsatz am 9. Oktober 2015 mit der Resolution 2240. Am 14. Juni 2016 rief er in der Resolution 2292 die Mitgliedsstaaten dazu auf, den Waffenschmuggel nach Libyen zu unterbinden.[34] Der Rat der Europäischen Union beschloss am 20. Juni 2016, das Mandat der Operation bis zum 27. Juli 2017 zu verlängern. Der Deutsche Bundestag etwa beschloss beispielsweise zuletzt am 7. Juli 2016, dass sich die Bundeswehr weiterhin an der EUNAVFOR MED Sophia beteiligt. Das Mandat gilt bis zum 30. Juni 2017.[35]

---

[31] EUTM Somalia: EU Training Mission Somalia, militärische Ausbildungsmission.

[32] EUCAP Nestor: EU Capability Building, zivil geführte EU Mission am Horn von Afrika.

[33] Bundeswehr 2016.

[34] UN 2015, 2016.

[35] Siehe:

1. Antrag der Bundesregierung an den Deutschen Bundestag zur Fortsetzung und Erweiterung über die deutsche Beteiligung an der EU-Operation EUNAVFOR MED vom 22.6.2016.

Nach einer strategischen Überprüfung hat der Rat der Europäischen Union im Juni 2016[36] beschlossen, der Operation neben ihrem Kernauftrag zwei Unterstützungsaufgaben zu geben. Zum einen soll Sophia zum Kapazitätsaufbau der libyschen Küstenwache und Marine beitragen. Ziel ist es hier, deren Kapazitäten darin zu verbessern, dass Menschenschmuggel auf der Zentralen Mittelmeerroute unterbunden wird, die Sicherheit in libyschen Gewässern zu verbessern und Such- und Rettungsaktivitäten durchzuführen. Das Politische und Sicherheitspolitische Komitee der EU (PSK) hat am 30. August 2016 zudem beschlossen, dass alle Voraussetzungen für den Beginn der Ausbildung vorliegen. Die Ausbildung wird zunächst auf Hoher See stattfinden. Eine Ausbildung innerhalb libyscher Hoheitsgewässer, in Libyen oder einem Drittstaat kann nur auf Einladung des jeweiligen Landes erfolgen, außerdem müssen das PSK und der Rat der EU für Auswärtige Angelegenheiten in diesem Fall erneut zustimmen. Auf Ebene des EU-OHQ wurde am 23. August 2016 eine Vereinbarung mit der Libyan Coast Guard and Navy geschlossen, in der die grundsätzliche Absicht der Ausbildung zum Ausdruck gebracht wird.[37]

Kernauftrag dieser Operation ist die Bekämpfung krimineller Schleusernetzwerke vor der libyschen Küste. Dazu werden die Schiffe, Flugzeuge und Hubschrauber der Operation Sophia auf hoher See und im internationalen Luftraum zwischen der italienischen und libyschen Küste eingesetzt. Sie überwachen das Seegebiet und tragen durch Aufklärungsergebnisse dazu bei, dass ein umfassendes Bild über die Aktivitäten von Schleusern entsteht, die das Leben von Menschen riskieren, um daraus Profit zu schlagen. Die Schiffe der EU-Operation sind ermächtigt, in internationalen Gewässern Schiffe und Boote anzuhalten und zu durchsuchen, bei denen der Verdacht besteht, dass sie von Schleusern genutzt werden. Sie können beschlagnahmt und umgeleitet, Schleusereiverdächtige an Bord eines Kriegsschiffs genommen und an einen EU-Mitgliedsstaat übergeben werden. Die Strafverfolgung selbst ist in Sophia nicht mandatiert. Sophia nimmt jedoch den Schleppern die Bewegungsfreiheit, sich auf die hohe See zu begeben, und verhindert damit solche Boote wieder an Land zu bringen, von denen Flüchtlinge aus Seenot gerettet wurden, um mithilfe dieser verlassenen Boote erneut agieren zu können. Die Schiffe dürfen im Rahmen des Völkerrechts, der Mandate und der »Rules of Engagement« militärische Gewalt zur Durchsetzung ihres Auftrags einsetzen. Die Operation trägt weiterhin dazu bei, den illegalen Waffenhandel im Einsatzgebiet nach Maßgabe der Resolution 1970 (2011) des UN-Sicherheitsrats und der späteren Resolutionen über das Waffenembargo gegen Libyen zu verhindern. Dazu sind eine umfassende

2. Antrag der Bundesregierung an den Deutschen Bundestag über die deutsche Beteiligung an der EU-Operation EUNAVFOR MED vom 16.9.2015.

36 Siehe:
1. Beschluss des Rates der Europäischen Union vom 20.6.2016.
2. Beschluss des Rates der Europäischen Union vom 23.5.2016.
3. Beschluss des Politischen und Sicherheitspolitischen Komitees vom 20.1.2016 zur Umsetzung der Resolution 2240 des UN-Sicherheitsrats.
4. Beschluss des Rates der Europäischen Union vom 22.6.2015.
5. Beschluss des Rates der Europäischen Union vom 18.5.2015.

37 Bundeswehr 2016.

maritime Lageerfassung und ein Lagebildaustausch notwendig. Im Jahr 2016/2017 sammeln die Schiffe und Flugzeuge des Verbandes Informationen über mögliche Schmuggelaktivitäten und geben Erkenntnisse an das Operation Head Quarter. In der Sitzung am 30. August 2016 beschloss das PSK ebenfalls, den Beginn dieser Unterstützungsaufgabe zu autorisieren. Für die Unterstützungsaufgabe verfügbare Einheiten können zukünftig im Einsatzgebiet solche Fahrzeuge überprüfen, die Libyen anlaufen oder verlassen und bei denen der Verdacht besteht, dass sie gegen das über Libyen verhängte Waffenembargo verstoßen. Seit Beginn der Operation Sophia erfolgten direkte Festnahmen von 87 Schleusereiverdächtigen durch italienische Behörden. Die Aufklärungsergebnisse des Verbands, die bis zu den Netzwerken im nordafrikanischen Raum und einzelnen Akteuren reichen, werden über das Operationshauptquartier (OHQ) den Strafverfolgungsbehörden der EU-Mitgliedsstaaten zur Verfügung gestellt. Einheiten des Verbandes haben seit Beginn der Operation 255 von Schleusern genutzte Fahrzeuge zerstört. Seit Beginn der Phase 2 am 7. Oktober 2015 können die Schiffe auf Hoher See außerdem Boote anhalten, durchsuchen, beschlagnahmen und umleiten, wenn der Verdacht besteht, dass sie für Menschenhandel oder Menschenschmuggel benutzt werden. Der Operationsplan sieht vor, in Phase 2 in fremden Gewässern und in Phase 3 auf fremdem Territorium gegen von Schleppern genutzte Boote und zugehörige Gegenstände vorzugehen, bei denen der Verdacht besteht, dass sie für Menschenschmuggel benutzt werden. Völkerrechtlich ist hierfür eine Resolution des UN-Sicherheitsrats oder die Zustimmung des betreffenden Staates notwendig. Die Voraussetzungen hierfür liegen derzeit nicht vor. Ein Übergang in weitere Phasen bedarf einer erneuten Entscheidung des Rates der EU für Auswärtige Angelegenheiten. Die Verpflichtung zur Seenotrettung ergibt sich, analog zu den anderen maritimen Operationen, unter anderem aus dem Seerechtsübereinkommen der Vereinten Nationen und dem Übereinkommen zum Schutze menschlichen Lebens auf See. Die Seenotleitstelle (Maritime Rescue Coordination Centre, MRCC) in Rom koordiniert diese Rettungseinsätze. Das MRCC führt Informationen über die Position von Schiffen, deren Kapazitäten und Seeausdauer zusammen, um Seenotrettungen effektiv koordinieren zu können. Sie informiert Schiffe über Seenotfälle in dem Einsatzgebiet von 1000 km Länge und 700 km Breite. An der Operation Sophia beteiligen sich 24 europäische Nationen mit rund 1100 Soldaten und Zivilpersonal. Das OHQ und der Marineverband werden von italienischen Admiralen geführt. Neben Schiffen werden auch Flugzeuge und Helikopter eingesetzt. Im Seegebiet befinden sich weitere Schiffe und Boote mit unterschiedlichem Auftrag. Es handelt sich dabei sowohl um Schiffe oder Verbände, die rein national geführt werden, als auch um Schiffe und Boote in der Frontex-Operation TRITON sowie um solche von privaten Initiativen und Nichtregierungsorganisationen.

7.2.2.3. Operation Counter Daesh

Im Jahr 2015 wurde deutlich, dass die Terrororganisation IS weit über die damals von ihr kontrollierten Gebiete in Syrien und im Irak hinaus eine globale

Bedrohung für Frieden, Stabilität und Sicherheit war. Mit den Anschlägen in Paris am 13. November 2016 wurden Frankreich und die freiheitliche Werteordnung Europas direkt angegriffen. Vor dem Hintergrund der Anschläge hat Frankreich bei der EU um weitere Unterstützung im Kampf gegen den IS in dessen Kerngebiet im Irak und in Syrien gebeten. Staatspräsident François Hollande warb unter explizitem Verweis auf Artikel 42 Absatz 7 des Lissabon-Vertrages der EU um diese Unterstützung, wobei hier ein Novum dahingehend vollzogen wurde, dass militärischer Unterstützung eines EU-Staates unter Bezugnahme auf diesen Vertrag erfolgt; der NATO-Bündnisfall wurde dagegen nicht genutzt. Seither unterstützten verbündete NATO-Staaten bei diesem Einsatz mit Überwasserschiffen Frankreich, etwa in der Form von Verbandsschutz für den französischen Flugzeugträger »Charles de Gaulle«. Dem voraus gingen nationale Mandate der Parlamente für den Einsatz bewaffneter Streitkräfte zur Verhütung und Unterbindung terroristischer Handlungen durch die Terrororganisation IS. Die Mandate gelten vorerst bis 31. Dezember 2016, wobei eine Verlängerung zu erwarten ist.

7.2.3. Operationen der UN

7.2.3.1. Operation United Nation Interim Forces in Lebanon Maritime Operation

Die UNIFIL MAROPS ist der einzige maritime Einsatz der UN, er ist an das UNIFIL-Mandat der Landoperation gekoppelt. Seit 1978 läuft die UNIFIL-Operation für Frieden zwischen Libanon und Israel auf der Basis der UN-Resolutionen 425 und 426. Anfangs zählten die Überwachung eines angestrebten Waffenstillstands und die Bestätigung des Abzugs israelischer Streitkräfte aus dem Libanon zu ihren Aufgaben. Heute sind die UNIFIL-Blauhelme rund 10 500 Mann stark und kommen aus 39 Nationen.[38] Nach dem Zweiten Libanonkrieg im Jahr 2006 wurde das Mandat ergänzt. Seitdem unterstützt UNIFIL die libanesische Regierung[39] dabei, die Seegrenzen zu sichern und Waffenschmuggel von See zu verhindern. Der Maritime Einsatzverband UNIFIL ist der erste Flottenverband unter Führung der Vereinten Nationen, unter Heranziehung der UN-Resolutionen 1701 und 1773.[40] Die Einheiten unterbinden Waffenschmuggel auf dem Seeweg in den Libanon und tragen

---

38 Bundeswehr 2016.

39 Letter of Intent des damaligen Ministerpräsidenten Fouad Siniora im Sommer 2006 an den Generalsekretär der UN.

40 Siehe:
1. Resolution 2172 (2014) des UN-Sicherheitsrates vom 26.8.2014.
2. Resolution 2115 (2013) des UN-Sicherheitsrates vom 29.8.2013.
3. Resolution 2064 (2012) des UN-Sicherheitsrates vom 30.8.2012.
4. Resolution 2004 (2011) des UN-Sicherheitsrates vom 30.8.2011.
5. Resolution 1937 (2010) des UN-Sicherheitsrates vom 30.8.2010.
6. Resolution 1884 (2009) des UN-Sicherheitsrates vom 27.8.2009.
7. Resolution 1832 (2008) des UN-Sicherheitsrates vom 27.8.2008.
8. Resolution 1773 (2007) des UN-Sicherheitsrates vom 24.8.2007.
9. Resolution 1701 (2006) des UN-Sicherheitsrates vom 11.8.2006.

so zu Stabilität und Sicherheit in der Region bei. Die libanesische Marine hat wertvolle Ausrüstung von den den Verband stellenden Staaten, insbesondere Deutschland, erhalten, darunter Wachboote und Küstenradarstationen. Meist deutsche Marinesoldaten sind seit mehreren Jahren in die Ausbildung der libanesischen Marine involviert. Darin liegt derzeit, 2016, der Schwerpunkt des deutschen Engagements.[41] Zu Beginn der Operation stand die Seeraumüberwachung im Vordergrund. Schwerpunkt des Engagements ist heute, die Libanesische Marine dabei zu unterstützen, dass sie die Seegrenzen des Landes selbst sichern kann. Ihre Fähigkeiten in der Seeraumüberwachung und in der taktischen Führung und Zusammenarbeit von Seestreitkräften konnten deutlich gesteigert werden. Die Ausbildung ist nicht nur der Schwerpunkt, sondern auch der nachhaltigste Beitrag der Deutschen Marine im Libanon. Der Generalsekretär der Vereinten Nationen würdigt in seinem letzten Fortschrittsbericht vom Juni 2015 (Resolution 475/2015)[42] ausdrücklich die internationale Ausbildungsunterstützung.[43] Das »Ausbildungskommando Libanon« hat zusammen mit libanesischen Offizieren Module – etwa in Navigation, Seemannschaft und Taktik – entwickelt, die hauptsächlich an der Marineschule in Jounieh, nördlich Beiruts, unterrichtet werden. Dadurch ist die libanesische Marine für Planung und Weiterentwicklung der Ausbildung selbstständig verantwortlich. Die Wachboote der Libanesischen Marine nehmen mittlerweile an Übungen des UN-Marineverbands teil und werden in die Operation eingebunden. In der Seeraumüberwachung sor-

---

41 Siehe:

1. Antrag der Bundesregierung an den Deutschen Bundestag über die Fortsetzung der deutschen Beteiligung an der »United Nations Interim Force in Lebanon« (UNIFIL) vom 1.6.2016.
2. Antrag der Bundesregierung an den Deutschen Bundestag über die Fortsetzung der deutschen Beteiligung an der »United Nations Interim Force in Lebanon« (UNIFIL) vom 3.6.2015.
3. Antrag der Bundesregierung an den Deutschen Bundestag über die Fortsetzung der deutschen Beteiligung an der »United Nations Interim Force in Lebanon« (UNIFIL) vom 14.5.2014.
4. Antrag der Bundesregierung an den Deutschen Bundestag über die Fortsetzung der deutschen Beteiligung an der »United Nations Interim Force in Lebanon« (UNIFIL) vom 5.6.2013.
5. Antrag der Bundesregierung an den Deutschen Bundestag über die Fortsetzung der deutschen Beteiligung an der »United Nations Interim Force in Lebanon« (UNIFIL) vom 6.6.2012.
6. Antrag der Bundesregierung an den Deutschen Bundestag über die Fortsetzung der deutschen Beteiligung an der »United Nations Interim Force in Lebanon« (UNIFIL) vom 18.5.2011.
7. Antrag der Bundesregierung an den Deutschen Bundestag über die Fortsetzung der deutschen Beteiligung an der »United Nations Interim Force in Lebanon« (UNIFIL) vom 2.6.2010.
8. Antrag der Bundesregierung an den Deutschen Bundestag über die Fortsetzung der deutschen Beteiligung an der »United Nations Interim Force in Lebanon« (UNIFIL) vom 18.11.2009.
9. Antrag der Bundesregierung an den Deutschen Bundestag über die Fortsetzung der deutschen Beteiligung an der »United Nations Interim Force in Lebanon« (UNIFIL) vom 9.9.2008.
10. Antrag der Bundesregierung an den Deutschen Bundestag über die Fortsetzung der deutschen Beteiligung an der »United Nations Interim Force in Lebanon« (UNIFIL) vom 28.8.2007.
11. Antrag der Bundesregierung an den Deutschen Bundestag über die deutsche Beteiligung an der »United Nations Interim Force in Lebanon« (UNIFIL) vom 13.9.2006.

42 UN 2015; 2016. Siehe:

1. Resolution 2305 (2016) des Sicherheitsrates der Vereinten Nationen vom 30.8.2016.
2. Resolution 2236 (2015) des Sicherheitsrates der Vereinten Nationen vom 21.8.2015.

43 Siehe: <www.bundeswehr.de/portal/a/bwde/!ut/p/c4/04_SB8K8xLLM9MSSzPy8xBz9CP3I5EyrpHK9pPKUVL3UzLzixNSSqlS93MySktSc3NTUIr3SvMy0zBz9gmxHRQBS3c75/> (letzter Zugriff 15.9.2016).

gen die UN-Schiffe und die Küstenradarstationen der libanesischen Marine für lückenlose Überwachung der die libanesischen Gewässer ansteuernden Fahrzeuge. Der Schiffsverkehr wird in Korridoren vor den Haupthäfen kanalisiert und überwacht. Seit Beginn der Operation wurden mehr als 70 000 Schiffe überprüft und rund 7000 Fahrzeuge zur Inspektion in die Häfen Beirut, Sidon und Tripoli geleitet. Die Vielzahl und die Vielfältigkeit der maritimen Einsätze zeigen das veränderte Bild des Einsatzes von Seestreitkräften im 21. Jahrhundert. Es unterstreicht deren Schwerpunktverlagerung von der Kriegführung höchster Intensität auf See hin zu Stabilisierungen von Regionen im niedrigen und mittleren Intensitätsniveau. Ersichtlich ist auch, dass die Einsätze ausschließlich multinational, auch über die NATO und EU hinaus, durchgeführt werden. Im Gegensatz dazu erfolgte früher ein Einsatz entweder national oder im Bündnisrahmen der NATO oder VOF, meistens in den durch die Bündnisse zugewiesenen Rollen und Fähigkeitsspektren.

Die Einsätze lassen erkennen, dass Seestreitkräfte heute fast ausschließlich multinationale außenpolitische Instrumente sind. Sie zeigen, dass früher hoch priorisierte Fähigkeiten, wie die nukleare Abschreckung, weit in den Hintergrund gerückt sind. Heute sind Interoperabilität auf multinationaler und streitkräftegemeinsamer Ebene, Modularität von Waffensystemen, lang andauernde Durchhaltefähigkeit (zwei Jahre plus) und Präventionsfähigkeit und Eskalationsdominanz für das Wirken von Seestreitkräften entscheidend. In den Einsätzen zeigt sich auch, dass die Mahan'schen und Kirchhoff'schen Definitionen von Seemacht heute mindestens genauso aktuell sind wie vor mehr als 100 Jahren. Die durch sie benannten Elemente, wie Sea Control, Blockade, Ausdauer/Durchhaltefähigkeit über lange Zeiträume, Abschreckung, schnelle Projektion von Seestreitkräften und der Zusammenhang von Land- und Seemacht für eine erfolgreiche Gesamtoperation, spiegeln sich in den obigen Einsätzen wider. Maritime Operationen und die darin enthaltene Rolle von Seestreitkräften folgen somit auch heute noch dem Grundsatz, Seemacht zu erringen und zu behaupten. Nachfolgend wird auf das national veränderte Verständnis des Wirkens der russischen Flotte mit ihren fünf Flottenteilen Nordmeerflotte, Baltische Flotte, Schwarzmeerflotte, Kaspische Flotte und Pazifikflotte und auf die US-Navy eingegangen.

7.3. Das Wirken von russischen Seestreitkräften

Mit dem Ende der Ost-West-Konfrontation und der Abrüstungsbestrebungen rückten die offensiven Fähigkeiten der sowjetischen Marine, einschließlich des nuklearen Abschreckungspotenzials, in den Hintergrund. Die Russische Föderation vernachlässigte weitestgehend ihre maritimen Fähigkeiten, mit dem Ergebnis, dass viele Schiffe und U-Boote in den Stützpunkten lagen, ohne Aussicht, zur See zu fahren. Damit verbunden war schlechter materieller Zustand der Flotten, wodurch die russische Flotte jahrelang deutlich von ihrer Einsatzfähigkeit zur Zeit des Kalten Krieges entfernt war. Erst Mitte des ersten Jahrzehnts des 21. Jahrhunderts erfolgte eine Rückbesinnung auf die maritime Stärke der Flotten. Dazu trug auch der Streit der Arctic Five um das Territorium der Arktis sowie die umfassende Ausweitung des NATO-Bündnisgebietes in Osteuropa bei. Beides veranlasste Russland, als Gegenmaßnahme die Seestreitkräfte zu modernisieren mit dem Anspruch, weltweit agieren zu können. Heutige russische Seestreitkräfte operieren gemäß den Vorgaben der Marinedoktrin 2020.[44] Wesentlich im russischen Verständnis von Seemacht und Engagement auf See ist dabei die Notwendigkeit, für die Durchsetzung der maritimen Interessen über maritime Potenziale, also Seekriegspotenziale, Grenzbehörden und eine zivile, weltweit agierende Flotte zu verfügen. Kernelement des Verständnisses ist die Bewahrung der Souveränität über die inneren Gewässer, Territorialgewässer und den Luftraum über der See.

Russische Seestreitkräfte haben weltweite Aktionsfelder, wobei zwei eine herausragende Stellung einnehmen: die Arktis und der Pazifik. In der Arktis soll die Nordmeerflotte die Ansprüche auf die vorhandenen Ressourcen und die Kontrolle des arktischen Seeverkehrs garantieren, für den Pazifik sind der Seeverkehr nach Asien, der Ausbau der Pazifikflotte – vornehmlich auf Sachalin und den Kurilen – sowie die Begrenzung von konkurrierenden maritimen Potenzialen und militärischen Aktivitäten maßgebend. Mit Blick auf die USA ist festzuhalten, dass Russland sowohl im pazifischen Raum als auch in der Arktis auf eine Kooperation auch von Seestreitkräften hinarbeiten muss, um seine Interessen wahrnehmen zu können. In der Frage Sachalins und der Kurilen könnten die USA zukünftig eine Vermittlerrolle im Dialog mit Japan einnehmen. In Anbetracht der Ambitionen Chinas wirkt sich eine stärkere Position und Präsenz der US-Navy in Ostasien indirekt auch auf Russlands Stellung in der Region aus. Beispielsweise wäre eine etwaige chinesische Kontrolle des Zugangs zur Beringstraße, und damit des Zugangs zu arktischen Ressourcen und Seewegen, für Russland unakzeptabel und könnte Konfliktpotenzial generieren. Hier setzt Russland bereits Seestreitkräfte ein, um dem entgegenzuwirken.

Diese Ausführungen verdeutlichen bzw. unterstreichen die strategischen Interessen Russlands im maritimen Umfeld und die Absicht, diese mittels ökonomischer, wissenschaftlich-technischer und personeller Sicherstellung in ihren Flotten durchzusetzen und diese als Instrument für die Außenpolitik umfänglich einzusetzen. Die Marinedoktrin 2020 postuliert die Stellung einer Seeführungsmacht bzw. regionalen Seemacht, durchzusetzen mit den einzelnen regionalen Flottenverbänden. Auf der vorgesehenen Zeitachse bis 2020 ist dieser Anspruch jedoch nicht erreichbar. Vor dem Hintergrund der derzeitigen russischen Seekriegspotenziale und des absehbar geringen Zulaufs an Seekriegsmitteln, die einen Anspruch auf die angestrebte Rolle unterstreichen würden, erscheint dieses Postulat der Russischen Föderation vielmehr auf einer Zeitachse bis 2050 als realistisch. Ebenso scheint es realistisch, dass die Seestreitkräfte erst dann umfassend modernisiert sein werden, da ein erheblicher Nachholbedarf besteht. Nichtsdestotrotz lässt Russland nichts unversucht, seine Ansprüche in verschiedenen Seegebieten zu demonstrieren. Die Darstellung von Seemacht durch den Einsatz von Seestreitkräften ist, auch schon in Zeiten der Sowjetunion, ein wichtiges und beeindruckendes Element der Außenpolitik der Russischen Föderation.

---

44 DSS 2002, S. 1–48.

Die Durchführung von Großmanövern und Alarmübungen wie im Jahre 2015[45] im Sektor Nord, also der Nordmeerflotte, demonstriert das Verständnis, den Anspruch und den Willen von Seemacht in den russischen Interessensphären. Nach Ohlendorf[46] liegt der Fokus auf der Erneuerung von Nuklear-U-Booten und der Aktivierung von ehemaligen sowjetischen Stützpunkten, hier sollen beispielsweise 50 Stützpunkte in der Arktis reaktiviert und die Halbinsel Kola ausgebaut werden. Seemacht wird somit durch das Element Stützpunkte in den Interessensphären Russlands ausgeübt bzw. deren Ausübung und Entfaltung vorbereitet. Sie stärken auch die russische außen- und innenpolitische Position der Staatsführung. Außenpolitisch wird, trotz des umfangreichen Modernisierungsbedarfs der Flotten und der damit verbundenen verringerten Einsatzfähigkeit, signalisiert, dass Russland, insbesondere in der Arktis und im Pazifik, in der Lage ist, Seemacht mittels militärischer Instrumente ausüben zu können. Es agiert zudem im Verständnis des Kalten Krieges von Macht und Gegenmacht im Sinne der Balance of Power.

7.4. Das Wirken von US-amerikanischen Seestreitkräften

Die US-Navy musste sich, analog zur Sowjetflotte, nach dem Ende des Kalten Krieges umstellen, verkleinern und neu ausrichten. Im Gegensatz zu Russland erfolgte hier eine kontinuierliche Modernisierung der Flotte an der Ost- und Westküste. Insbesondere die Pazifikflotte wurde verstärkt, da die USA hier ihren Schwerpunkt sahen und sehen, die atlantische Flotte mit ihrer starken Einbindung in die NATO rückte in den Hintergrund. Für die USA gilt, wie auch in den Zeiten des Kalten Krieges, das Verständnis, eine global agierende und US-Interessen durchsetzende Seemacht zu sein und dazu die entsprechenden Instrumente, d.h. Fähigkeiten, der US-Navy zur Verfügung zu stellen. Die US-Navy umfasste im Kalten Krieg nahezu 600 Schiffe, doch der Bestand sank in den 1990er-Jahren auf 350 und bis 2014 weiter auf 286 Schiffe. Bis 2018 soll die Marine über 306 Schiffe verfügen. Schon die bis 2028 geplante Anschaffung von elf Flugzeugträgern, 48 Angriffsunterseebooten, zwölf strategischen Unterseebooten mit ballistischen Atomraketen und weiteren kleineren Fregatten und Küstenkampfschiffen sowie größeren Kreuzern und Zerstörern erfordert von 2014 bis 2028 erhebliche finanzielle Anstrengungen.[47] Das für die Schwerpunktverlagerung geografisch zuständige Pazifikkommando (USPACOM) hat als größtes der weltweit aufgestellten Kommandos fast die halbe Erdoberfläche als Einsatzgebiet: Von der Westküste der USA bis zur Westgrenze Indiens und von der Antarktis bis zum Nordpol.[48] Als wichtigste Streitkräftekomponenten verfügt das Pazifikkommando über die Pazifikflotte (PACFLT), Luftwaffe (PACAF), Heer (USARPAC) und Marineinfanterie (USMC). Das Hauptquartier befindet sich auf

[45] Gem. Angaben von Ohlendorf 2016, S. 10 f. nahmen 45 000 Soldaten, viele Kriegsschiffe, Flugzeuge, konventionelle und strategisch-nukleare U-Boote am bislang größten Manöver der russischen Nordmeerstreitkräfte im März 2015 teil.

[46] Ohlendorf 2016, S. 11.

[47] Paul 2015, S. 18.

[48] Ebd.

Hawaii, weitere Stützpunkte liegen in Alaska, Japan und Südkorea. Die Pazifikflotte besteht aus etwa 180 Schiffen, darunter fünf Flugzeugträger, fast 2000 Flugzeugen und 125 000 Marineangehörigen sowie Zivilpersonal. Zwei Drittel der Marineinfanterie unterstehen dem Pazifikkommando, außerdem die Küstenwache (USCG) mit ungefähr 13 000 Angehörigen. Dieser maritime Ansatz der USA ist dem Anspruch auf den freien Zugang zu den weltweiten Seewegen gemäß dem »Joint Concept for Access and Maneuver in the Global Commons«[49] geschuldet.

Seit den Terroranschlägen am 11. September 2001, der daraufhin erfolgten Neubewertung der Bedrohungslage, dem Anspruch auf geeignete und schnelle Gegenmaßnahmen und den darauffolgenden Afghanistan- und Irak-Einsätzen der US-Streitkräfte sind militärische Präsenz und Eskalationsdominanz der US-Streitkräfte gegenwärtig und verkörpern das außenpolitische Verständnis der USA. Verstärkt wird dieses durch das Aufstreben von Schwellennationen wie Iran, China, Indien und Brasilien. Nach Bruns[50] kommen noch die internationale Finanzkrise und die Überdehnung des US-Militärhaushaltes als Elemente hinzu. Die neue Rolle der Seestreitkräfte wurde und wird, besonders vor dem Hintergrund der Ambitionen der aufstrebenden Mächte in Asien, zum Instrument der Kontrolle der Seewege und der Untermauerung der bisherigen regionalen Hegemonie in Asien. Hierfür üben Seestreitkräfte zum einen Sea Control und Area Denial sowie Abschreckung, alles drei sind Elemente des Mahan'schen Seemachtverständnisses, aus. Nach Bruns[51] ist die von Admiral Turner 2007 verfasste »Kooperative Strategie für Seemacht im 21. Jahrhundert«, die sowohl maritime Sicherheit, humanitäre Hilfe und die vier Elemente von Operationen der US-Navy[52] beinhaltet, das zentrale bis heute gültige Dokument für den Einsatz von Seestreitkräften. Die heutigen US-Seestreitkräfte sind vorwiegend, bedingt durch das Streben Chinas nach regionaler Hegemonie und dem damit verbundenen Seemachtstreben, davon geleitet, Gegenmaßnahmen bzw. ein Gegengewicht im Pazifik dazu zu entfalten. Hierzu bestimmen Anti Access/ Area Denial (A2/AD) maßgeblich das Handeln der US-Navy. Insbesondere durch die Projektion von Flugzeugträgern und die verstärkte Zusammenarbeit zwischen Luftwaffe und Marine nehmen Luft-See-Operationen bzw. die Seekriegführung aus der Luft einen weiteren zentralen Aspekt im Verständnis des Wirkens der US-Navy ein. Das durch die US-Streitkräfte propagierte Air-Sea-Battle-Konzept von 2013[53] wurde 2015 in das an anderer Stelle bereits genannte JAMGC umbenannt, um neben den vorwiegend maritimen militärischen Fähigkeiten der US-Navy auch zivile mit einzubinden bzw. zu ermöglichen.[54] Für das Zusammenwirken mit Landstreitkräften

---

49 Siehe: Securing Operational Access: Evolving the Air-Sea Battle Concept, <http://nationalinterest.org/feature/securing-operational-access-evolving-the-air-sea-battle-12219> (letzter Zugriff 20.9.2016).

50 Bruns 2015, S. 18.

51 Ebd., S. 19.

52 Kontrolle der Seewege, Machtprojektion gen Land, maritime Präsenz und strategische Abschreckung.

53 Siehe: Air-Sea Battle Concept vom 12.05.2013, <http://archive.defense.gov/pubs/ASB-ConceptImplementation-Summary-May-2013.pdf> (letzter Zugriff 20.9.2016).

54 The National Interest 2015; Air-Sea Battle's Next Step: JAM-GC on Deck, <http://nationalinterest.org/feature/air-sea-battles-next-step-jam-gc-deck-14440>, 25.5.2015 (letzter Zugriff 20.9.2016).

und Marines ist, auch nach den Erfahrungen mit Landeinsätzen im Irak, für die US-Navy die Fähigkeit zur Anlandung entscheidend, daher ist sie mittels der Docklandungsschiffe und Küstenkampfschiffe beispielsweise der Littorial Combat Ships (LCS) der Freedom Class, in die Lage versetzt, amphibische Operationen durchführen und mittels Feuerwirkung von See unterstützen zu können. Aufgrund des gestiegenen Verständnisses von Seemacht werden insbesondere Flugzeugträger weltweit eingesetzt, um Seemacht zu projizieren. Dadurch entstand und entsteht ein weiterer Bedarf an Carrier Strike Groups, weshalb neue Flugzeugträger beschafft werden müssen. Hierin liegt, vornehmlich für die Pazifikflotte, einer der derzeitigen Schwerpunkte. Für die US-Navy gilt weiterhin, auch hier hat sich letztlich im Verständnis gegenüber dem Kalten Krieg nichts verändert, dass sie stetig im Einsatz ist und die Seemachtinteressen der USA weltweit durchzusetzen hat. Mit der Krimannexion und dem Ukrainekrieg sowie dem aggressiveren Verhalten Russlands in der östlichen Ostsee rücken wieder Überlegungen zur Schärfung von Fähigkeiten in Rand- und Binnenmeeren sowie Flachwasserseegebieten, littorial waters, in den Fokus der Operationsplanungen der US-Navy, obwohl hier vorwiegend ein Engagement der Ostseeanrainer in der NATO als notwendig angesehen wird.

7.5. Synopse des Kapitels

Mit dem Ende des Kalten Krieges und der damit verbundenen bipolaren Weltordnung unterlagen Streitkräfte auf beiden Seiten der Blockbündnisse einer Zäsur. Davon betroffen waren auch Seestreitkräfte. Bisherige Fähigkeiten wie nukleare Abschreckung, schnelle Verfügbarkeit von vielen Schiffsschlaggruppen, bestehend aus Schnellbooten und Zerstörern, sowie die dreidimensionale Seekriegführung rückten in den Hintergrund. In der Phase der Entspannungspolitik wurden Seestreitkräfte weltweit massiv abgerüstet. Mit den neu aufkommenden Krisen, Konflikten und Kriegen avancierten Streitkräfte und auch Seestreitkräfte wieder zum Instrument der Außenpolitik, jedoch weniger in der offensiven Rolle als vielmehr in der stabilisierenden und unterstützenden Rolle. Obwohl die Marinen seit jeher multinational ausgerichtet waren bzw. sind und Operationen in diesem Verständnis durchgeführt wurden und werden, rückten multinationale Verbände stärker in den Fokus der politischen Entscheidungsträger und somit in die Einsatzrealität der Marinen. Damit verbunden ergaben sich neue Fähigkeitsanforderungen wie Interoperabilität, Durchhaltfähigkeit und Streitkräftegemeinsamkeit. Letztgenannte zeigte und zeigt ein ebenfalls neues Wesen von Seestreitkräften im 21. Jahrhundert. Heutige Seestreitkräfte agieren im Verbund mit Land- und Luftstreitkräften. Eine Operation kann nur durch die Einbindung von Fähigkeiten verschiedener Teilstreitkräfte erfolgreich geführt werden. Dies bedeutet mit Blick auf die Seemacht, dass diese nur entfaltet, insbesondere langandauernd entfaltet werden kann, wenn an Land und in der Luft Bedingungen von Land- bzw. Luftmacht existieren. Dies gilt umso mehr für Küstenvorfeldoperationen. Es wird somit deutlich, dass auch heute noch die Mahan'schen und Kirchhoff'schen Grundsätze für Seemacht ihre Gültigkeit haben.

Ebenso haben in der Einsatzrealität des 21. Jahrhunderts die Seemachtelemente Seeraumkontrolle, Blockade, seestrategische Positionen bzw. Stützpunkte für eigene Seestreitkräfte nicht an Bedeutung verloren. Mit Blick auf heutige seestrategische Güter und Interessen von Staaten spielen sie vielmehr eine Schlüsselrolle für die Durchsetzung von außenpolitischen Zielen mittels der Marine. Werden im 21. Jahrhundert vergangene und heutige maritime Einsätze betrachtet, kann festgehalten werden, dass das Wirken der Seestreitkräfte in den meisten Fällen ein multinationales Wirken ist bzw. Seestreitkräfte für ein multinationales außenpolitische Ziel eingesetzt werden. Die meisten Seestreitkräfte sind somit Koalitions- und Bündnisstreitkräfte. Das Wirken für alleinige nationale Interessen ist, bis auf die Landesverteidigung, fast ausgeschlossen. Ausgenommen davon sind Staaten mit leistungs- und projektionsfähigen Seestreitkräften wie die USA. Sie können den ausschließlichen nationalen Interessen folgend selbstständig eingesetzt werden.

Mit Blick auf Militärbündnisse ist festzustellen, dass nach Auflösung der Warschauer Vertragsorganisation nur noch die NATO existiert. Diese musste und muss sich jedoch von einem ausschließlich nordatlantischen Bündnis hin zu einem weltweit agierenden Militärbündnis entwickeln. Die Vielzahl und Vielfalt der maritimen NATO-Einsätze zeigen, dass sie diese Veränderung durchlaufen hat und sich stetig an die Umgebung des maritimen Umfeldes anpasst. Beispiel hierfür ist etwa die Neuordnung der Ständigen Einsatzverbände und die Umwidmung des OAE-Einsatzes von einer Artikel-5-Operation zu einer mandatierten Maritime Security Operation Sea Guardian.

Erkennbar ist, dass Seegebiete, die im Kalten Krieg Operationsgebiet für Seestreitkräfte waren wie die Ost- und Nordsee und das Schwarze Meer, wieder an Aktualität gewinnen und als Projektionsraum für die Demonstration von seestrategischen Interessen genutzt werden.

Somit rückt hierfür die Anfang des 21. Jahrhunderts verworfene Fähigkeit zur dreidimensionalen Seekriegführung wieder in die Planungs- und Wirkungsketten von Seestreitkräften. Dadurch wird auch das zu Beginn des 21. Jahrhunderts vernachlässigte Mahan'sche Merkmal der Entscheidungsschlacht auf See wieder relevant. Im Gegensatz zum 20. Jahrhundert hat es jedoch nicht mehr den höchsten Stellenwert, da in der Außenpolitik weitestgehend von unumkehrbaren Entscheidungen, wie sie Entscheidungsschlachten darstellen, Abstand genommen wurde. Dies liegt vordergründig darin begründet, dass die bipolare Konfrontation und die damit verbundene Blockbildung heute nicht mehr gegeben ist, da die multipolare Weltordnung und Interessenlage die Entscheidungsfindung und die Handlungsoptionen vielfältiger als im Kalten Krieg und bei Mahan im 19. Jahrhundert gestalten lässt. Aus neorealistischer Sicht wird festgestellt, dass auch hier, trotz der veränderten sicherheitspolitischen Lage, die Balance of Power durch Allianzbildungen, hier vorwiegend durch die NATO-Staaten, ihre Berechtigung hat. Das Element von Macht und Gegenmacht hat für das Wirken von Seestreitkräften auch heute nicht an Bedeutung verloren. Verändert hat sich jedoch der Machtgegenstand: Galt es in Zeiten des Kalten Krieges, Gegenmacht zur jeweils anderen Großmacht mittels Abschreckungspotenzial, hier auch nuklear, zu erzeugen, werden heute

Seestreitkräfte neben dem Gegenmachtstreben gegenüber aufstrebenden staatlichen Mächten auch zur Gegenmachtbildung gegenüber nichtstaatlichen Akteuren, wie Piraten und Terrornetzwerken, als Mittel konventioneller Abschreckung eingesetzt. Bei Betrachtung der strategischen und konzeptionellen Dokumente wird sichtbar, dass für Seestreitkräfte die im postbipolaren Verständnis vernachlässigte Landes- und Bündnisverteidigung und die kollektive Abschreckung eine Wirkungsoption ist. Die NATO baut daher diese zu Beginn der 2000er-Jahre als nicht mehr zeitgemäß empfundenen Fähigkeiten wieder auf. Neorealistische Betrachtungen eigenen sich, mit Ausnahme einer kurzen Phase Anfang des 21. Jahrhunderts, weiterhin als politikwissenschaftliche Denkschule für die Beschreibung des Verständnisses und des Wirkens von Seestreitkräften.

8. Regionale maritime Interessen und das regionale Streben nach Seemacht

Das Wirken von Seestreitkräften ist in den meisten Fällen regional ausgerichtet und folgt im Regelfall regionalen außen- und sicherheitspolitischen Interessen und Strategien von Staaten. Ausnahmen hiervon sind die USA und die Russische Föderation mit ihrem Anspruch auf weltweite Seemacht. Andere Nationen, die sich als Seemächte verstehen, wie Indien und China, beschränken sich auf die Ausübung von regionaler Seemacht in ihrem geografischen und geopolitischen Raum. Dies wird in strategischen Dokumenten und in China durch die Beschlüsse der KPCh, wie etwa den Fünfjahrplänen, ersichtlich. Beispielsweise wurde im 13. Fünfjahrplan für 2016–2020 festgelegt, dass China zu einer regionalen Seemacht aufwachsen solle. Aus dem Verständnis für die nationale Ausrichtung der Außen- und Sicherheitspolitik und dem für das Wirken der eigenen Seestreitkräfte ergeben sich sicherheitspolitische Konsequenzen und voraussichtliche Handlungsfelder für das Engagement in den Seeräumen der Interessensphären. Daraus ergeben sich dann die Projektionsverhältnisse für bzw. die Anwesenheit von Seestreitkräften, einschließlich der Einrichtung von eigenen Stützpunkten in einem bestimmten Seegebiet, um Seemacht entfalten zu können. In die Bewertung der regionalen Interessen wurden die sowohl maritim als auch die allgemein sicherheitspolitisch ausgerichteten Strategiedokumente der zu betrachtenden Staaten einbezogen. Ziel dieses Kapitels ist es, anhand dieser Publikationen vorwiegend nationale Aspekte der Sicherheitspolitik und das Verständnis von Seemacht, aber auch die Perspektiven der internationalen Beziehungen der untersuchten Staaten herauszustellen. Neben denen für die EU und NATO als Bündnisorganisationen werden einzelne Staaten und nachfolgend ausgewählte Seegebiete dargestellt. Dieser Auswahl liegt die Einschätzung zu Grunde, dass die obigen Nationen und Organisationen sowie Seegebiete im maritimen Umfeld des 21. Jahrhunderts eine dominierende Rolle einnehmen bzw. einnehmen werden und dass die politische Ausrichtung und Handlungen der Akteure und die Entwicklungen in den Seegebieten ein sicherheitspolitisch bestimmendes Moment auf globaler Skala hervorbringen werden. Des Weiteren erfolgt eine gesamtsicherheitspolitische Diskussion, da die das maritime Umfeld betreffenden Aspekte nur eine Dimension der Sicherheitspolitik darstellen. Eine allein auf die maritime Sicherheitspolitik beschränkte Bewertung wäre zu kurz gegriffen und ließe somit nur eine Teilbetrachtung zu.

8.1. Maritime Interessen und Strategien regionaler Mächte und ausgewählter Staaten

Maritime Interessen und Strategien bestimmen das sicherheitspolitische Handeln von Staaten und Bündnissen. Sie geben zudem die Ausrichtung der Rolle von Seestreitkräften und deren Wirken in den Seegebieten, die sich aus den maritimen, meistens gesamtstrategischen Interessen ergeben, vor. Nachfolgend werden die Strategien der derzeitigen und voraussichtlichen zukünftigen Hauptakteure, von denen ein Großteil den Anspruch und das Seekriegspotenzial zur regionalen Seemacht besitzt, diskutiert und bewertet.

8.1.1. NATO und EU

8.1.1.1. NATO

Mit ihrem im Dezember 2010 auf dem NATO-Gipfel in Lissabon verabschiedeten Strategischen Konzept findet die NATO Antworten auf das veränderte sicherheitspolitische Umfeld. In den Eckpunkten des Konzeptes: kollektive Verteidigung nach Artikel 5 – mit den Feldern Cyber-Defence, Klimawandel, Proliferation, Energiesicherheit, Internationaler Terrorismus, Krisenmanagement und Verbreitung von internationaler Stabilität – sind maritime Aspekte verankert, die in der Alliance Maritime Strategy (AMS) vertieft werden. Dabei wird der kollektiven Verteidigung in allen Dimensionen eine herausragende Stellung beigemessen.[1]

Mit Blick auf die transatlantischen Beziehungen ist und wird die NATO in absehbarer Zukunft das wichtigste konsultative Gremium auf internationaler sicherheitspolitischer Ebene, insbesondere zwischen den westlichen Industrienationen, bleiben. Die NATO bietet sich an, im Rahmen multilateraler Abstimmung als Forum für Fähigkeitsentwicklung, wie etwa zur bündnisweiten maritimen Raketenabwehr und die Bündnisfähigkeit im Ostseeraum, und zur Entwicklung bzw. Anpassung eines strategischen Levels of Ambition im Sinne der vernetzten Sicherheit zu fungieren. Auch wenn im Strategischen Konzept keine prominente Benennung der Beziehungen zu Russland, mit Blick auf den NATO-Russland-Rat, erfolgt, ist für die NATO eine enge Kooperation mit der EU und Russland notwendig. Die im Juli 2016 durchgeführten Gespräche zwischen der NATO und Russland im Rahmen des Gremiums, es waren die ersten seit der Krim-Annexion 2014, unterstreichen die Wichtigkeit des Rates für die NATO und die damit verbundene Offenhaltung eines Gesprächskanals. Dies trifft umso mehr auf die Entwicklungen im Ostseeraum und in der Arktis zu. Des Weiteren verfolgt die NATO zwar einen umfassenden Ansatz, der sich jedoch mangels vorhandener ziviler Fähigkeiten vorwiegend auf die militärischen und politischen Fähigkeiten des Bündnisses stützt. Hier ist die NATO bestrebt, Synergieeffekte mit der EU und ihren zivilen Krisenmanagementfähigkeiten zu suchen und zu nutzen. Hinsichtlich der NATO-internen Streitigkeiten, etwa bezüglich der Arktis – hier erheben vier NATO-Staaten als Anrainer territoriale Ansprüche – oder bezüglich der

1 Albrecht 2013, S. 235.

Zypern- und Ägäisfrage zwischen Griechenland und der Türkei ist es für ein starkes Bündnis zukünftig von Bedeutung, zur Überwindung dieser Streitigkeiten und zur Stärkung des Bündnisses das Prinzip der »Interlocking Institutions« tragfähig umzusetzen. In diesem Zusammenhang bleibt auf Regelungs- und Anpassungsbedarf im Völkerrecht und in nationalen Rechtsordnungen hinzuweisen, wie etwa im Fall Deutschlands. Mit Blick auf maritime Themen wird beispielsweise ein Pirat nach deutschem Gesetz als Wirtschaftskrimineller angesehen. Die Ahndung der durch ihn begangenen Straftaten erfolgt gemäß dem Bundespolizeigesetz (BPolG) durch die Bundespolizei. Diese verfügt jedoch nicht über die Fähigkeiten zur Durchsetzung und ist auf Amtshilfe durch die Bundeswehr angewiesen, was wiederum nur auf der Grundlage eines Bundestagsmandats und basierend auf dem Artikel 24 Grundgesetz möglich ist.[2] Ein bewaffneter Einsatz von deutschen Streitkräften auf der Grundlage eines Systems der kollektiven Sicherheit ist, nach dem Verständnis der NATO, nach Erteilung des Mandats möglich. Besonders hinsichtlich des maritimen Einsatzes von Streitkräften, wie im Fall der bereits beendeten Operation Enduring Freedom (OEF) mit deutscher Beteiligung oder der ebenfalls beendeten Operation Ocean Shield ohne deutsche Beteiligung, gibt es unterschiedliche Rechtsauffassungen in der NATO. Ebenso wird von einigen NATO-Staaten das Vorhalten der ständigen maritimen Einsatzverbände in Frage gestellt, indem vorgeschlagen wird, die Schiffe nur noch im Einsatzfall zusammenzuziehen. Dadurch ist nicht auszuschließen, dass verschiedene Bündnisse, wie etwa EU und NATO, bei gleichem strategischem Ziel konkurrierende Operationen durchführen. Die verschiedenen maritimen Operationen am Horn von Afrika können dazu als ein Beleg dienen. Zukünftig gilt es, auch vor dem Hintergrund knapper nationaler Ressourcen, diese Entwicklungen zu unterbinden und zu vermeiden. Bezüglich der Zukunftsfähigkeit hat die NATO mit ihrer im Allied Command for Transformation (ACT) zwischen 2008 bis 2010 eingerichteten Arbeitsgruppe »Multiple Future Project« eine Vorausschau hinsichtlich des zukünftigen sicherheitspolitischen Umfelds gewagt, in dem mögliche Bedrohungsszenarien, deren Auswirkungen und die daraus abzuleitende Entwicklung möglicher Strategien formuliert und in das »Strategische Konzept« aufgenommen wurden. Dem folgend wurde durch die NATO 2015 das Framework Nation Concept (FNC) erlassen und das System der VJTF als schlagkräftiges und schnell verfügbares Kräftedispositiv etabliert. Hier sind auch, analog zur NRF, maritime Kräfte eingebunden. Vornehmlich werden hier, ebenso wie bei der NRF, die SNMGs vorgesehen. Hinsichtlich der maritimen Ausrichtung der NATO wurde unterhalb des Strategischen Konzeptes die Alliance Maritime Strategy (AMS) als durch von den NATO-Staaten gebilligter konzeptioneller Überbau und somit als international belastbare Grundlage für laufende und künftige maritime Operationen im NATO-Rahmen angesiedelt.

Inhaltlich skizziert die AMS die sicherheitspolitischen Rahmenbedingungen und weist auf Risiken und mögliche Bedrohungen hin. Die NATO sieht ihre zukünftige Hauptaufgabe somit in:

1. Deterrence and Collective Defence,
2. Crisis Response and Conflict Prevention,

[2] Albrecht 2013, S. 236.

3. Outreach through Partnership, Dialogue and Cooperation
   sowie
4. Maritime Security.

Dass der maritimen Dimension in der Allianz ein hoher Stellenwert beigemessen wird, wurde daran deutlich, dass sich der NATO-Rat bereits in der Entstehungsphase des Dokumentes mit Fragen hinsichtlich der strategischen Ausrichtung und der Möglichkeiten sowie Grenzen des Einsatzes von Seestreitkräften im Rahmen der maritimen Sicherheit befasste. Die beinhaltet auch, dass NATO-Seestreitkräfte dauerhaft an multinationalen und ressortübergreifenden Informationsnetzwerken beteiligt werden müssen.[3] Die AMS wurde mit fast 12-monatiger Verspätung am 21. Dezember 2010 durch das MC und am 5. Januar 2011 durch den NATO-Rat gebilligt. Ursprünglich sollte die AMS vor dem Strategischen Konzept verabschiedet werden, um so die maritime Dimension in die Erarbeitung des Konzeptes einfließen zu lassen. Dies ließ sich aufgrund des Widerstands einiger Nationen jedoch nicht realisieren. Dessen ungeachtet stellt die AMS das erste hochrangige Folgedokument nach den Beschlüssen von Lissabon dar.[4] Insbesondere ist darunter zu verstehen, dass NATO-Seestreitkräfte über die Seeraumüberwachung hinaus im Rahmen der jeweiligen verfassungsmäßigen Vorgaben sowie unter entsprechender Mandatierung durch die NATO zur Unterstützung anderer Vollzugsbehörden tätig werden können. Im Gegensatz zum oben angeführten Aspekt der verschiedenen Rechtsauffassungen zwischen den NATO-Staaten bezüglich des Strategischen Konzepts kann hier von einer einvernehmlichen tragfähigen Lösung für maritime Operationen ausgegangen werden. Die in 2016 begonnenen NATO-Operationen Counter Daesh, in der Ägäis und die Neumandatierung der Artikel-5-Operation Active Endeavour zur Maritime Security Operation Sea Guardian belegen die maritime Handlungsfähigkeit der NATO im Rahmen der AMS.

Mit der AMS hat die NATO ein für das maritime Umfeld im 21. Jahrhundert tragfähiges und inhaltlich schlüssiges Dokument erstellt, das die wesentlichen Handlungsfelder formuliert und in das Strategische Konzept einfügt. Hinsichtlich der maritimen Dimension der Sicherheitspolitik der NATO kann die AMS als ein konzeptioneller Überbau und als international abgestimmte und belastbare Grundlage für die derzeitige und zukünftige maritime Ausrichtung der NATO, besonders auf dem Handlungsfeld der maritimen Sicherheit und der Projektionsfähigkeit von Seestreitkräften zur Unterstreichung maritimer Interessen der NATO, die letztlich auch das regionale Seemachtverständnis der NATO mit dem Ziel der Kriseneindämmung und Unterstützung verdeutlicht, bezeichnet werden. Im Dokument selbst wird bezüglich des letztgenannten Punktes die bündnisgemeinsame Nutzung von – und Beteiligung an – internationalen und nationalen Informationsnetzwerken im Rahmen nationaler Vorgaben hervorgehoben und konzeptionell unterstützt. Aus der AMS lassen sich weitere, für die NATO zukünftig als wichtig zu erachtende Konzeptionen und Vorgaben für die Entwicklung von maritimen Fähigkeiten der Zukunft ableiten und umsetzen, wie z.B. die Alliance Maritime

3 WISE PEN Team 2010, S. 1–53.
4 Blasche 2011; Peters 2012.

Governance (AMG). Mit der bündnisweiten Billigung der AMS wurde zudem die Grundlage für den Austausch von Lagebildern mit Vollzugsbehörden im Rahmen der NATO-Aufgaben geschaffen. Herausgestellt wurde jedoch, dass auch zukünftig die Einbringung von maritimen Fähigkeiten, etwa innerhalb der maritimen Sicherheit, der politischen Kontrolle im Rahmen des Mandatierungsprozesses unterliegt und einzeln durch die politische Ebene geprüft und entschieden werden wird. Die umfassenden Ausführungen zur militärstrategischen Ausrichtung der NATO sowie zum Umgang mit Bedrohungen im maritimen Umfeld und darüber hinaus können jedoch nicht darüber hinwegtäuschen, dass das Aufzeigen von Lösungswegen zum Aufbau ziviler Fähigkeiten der NATO, gemäß des Comprehensive Approach, noch ungenügend ist. Dies wird eine der zukünftigen konzeptionellen Hauptaufgaben im Bündnis sein, die beispielsweise in die EU-NATO-Gespräche eingebracht werden kann. Ein Ansatz hier wäre, sowohl die EU Global Strategy mit dem Strategischen Konzept und nachgeordnet die EU Maritime Security Strategy (EUMSS) mit der AMS um die zivilen Fähigkeiten der EU, im Sinne der vernetzten Sicherheit, als eine wichtige Prämisse in der Krisenbewältigung zu harmonisieren bzw. abzustimmen.

8.1.1.2. EU

Die Erweiterungsrunden der EU erweckten den Eindruck, der geografische Schwerpunkt habe sich weiter in Richtung Kontinentaleuropa verlagert. Allerdings bleibt der geopolitische Schwerpunkt weiterhin dem maritimen Raum zugewandt.[5] Tatsächlich hat die EU-Erweiterung nicht zu einer Abkehr vom maritimen Raum, sondern nur zu einer Refokussierung vom Atlantik hin zum Mittelmeer, der Ostsee, dem Schwarzen und dem Kaspischen Meer geführt.[6] Die im Juli 2014 verabschiedete EUMSS bekräftigt dies und artikuliert, ebenso wie die EU-Globalstrategie für die Außen- und Sicherheitspolitik und das Dokument zur EU-Arktispolitik, erstmals die maritimen Sicherheitsinteressen der EU, auch im Kontext der Gemeinsamen Sicherheits- und Verteidigungspolitik (GSVP) der EU, in der die maritimen Operationen und somit das Wirken der Seestreitkräfte verortet sind.

8.1.1.3. Kerngedanken der Maritimen Sicherheitsstrategie der EU

Der Europäische Rat erteilte den Auftrag zur Erstellung und Abstimmung einer Maritimen Sicherheitsstrategie durch die Mitgliedstaaten, welche am 26./27. Juni 2014 angenommen wurde.[7] Dem vorausgegangen war die Annahme des Dokuments im Rat für Allgemeine Angelegenheiten der EU (RfAA) am 24. Juni 2014. Diese Strategie legt die maritime Sicherheitspolitik der EU fest. Sie entwickelt keine legislative Wirkung, sondern dient vielmehr als strategisches Rahmendokument, das gemeinsam mit dem korrespondierenden Aktionsplan ein wichtiges Instrument der Gemeinsamen Sicherheits- und Verteidigungspolitik der EU (GSVP) darstellt. In

---

5 Germond 2011, S. 564.
6 Suarez de Vivero, Rodrıguez Mateos 2006.
7 Siehe zum Folgenden Albrecht 2016.

der Strategie werden die vielseitigen Bedrohungen der maritimen Sicherheit angesprochen, die Risiken für EU-Bürger darstellen und die die strategischen Interessen der Mitgliedsstaaten prägen. Zwischenstaatliche Konflikte um Hoheitsrechte auf See, Piraterie, maritimer Terrorismus, organisierte Kriminalität und der Schutz kritischer Infrastrukturen werden ebenso berücksichtigt wie diffusere und neuartige Risiken. Daher ist die EUMSS ausdrücklich global und sektorenübergreifend orientiert und schließt Naturkatastrophen, Umweltverschmutzung, Cyberangriffe, illegalen Fischfang und den Klimawandel in die Bedrohungsdefinition ein. Ziel des Dokuments ist es, eine Grundlage dafür zu schaffen, wie die EU-Staaten umfassend auf Bedrohungen und Risiken reagieren sollen. Neben den maritimen Elementen der GSVP werden zudem auch die Entwicklungen an Land im Sinne von sozioökonomischen Faktoren berücksichtigt. Bestehende Strukturen und Fähigkeiten der EU und ihrer Mitgliedsstaaten werden genutzt sowie deren kooperativer Charakter effizienter nach dem Prinzip der »funktionalen Integrität« gestaltet. Ein positives Beispiel dafür ist die Bekämpfung der Piraterie am Horn von Afrika. Ausdrücklich betont die Strategie die multilaterale Zusammenarbeit mit relevanten internationalen Partnern und Organisationen als entscheidenden Bestandteil der Strategie.

8.1.1.4. Implementierungsansätze

Zur Umsetzung der EUMSS nahm der RfAA am 16. Dezember 2014 einen umfangreichen Aktionsplan an, der fortlaufend weiterentwickelt wird und über 120 konkrete Handlungsempfehlungen enthält. Der 28-seitige Aktionsplan gliedert sich wie die EUMSS selbst in fünf Abschnitte:

1. Auswärtiges Handeln, wodurch eine bessere Koordinierung in Fragen maritimer Sicherheit und Anwendung von Seerecht erreicht werden soll.
2. Sektorenübergreifende Verbesserung des Informationsaustausches im Bereich der maritimen Überwachung, um die Überwachung der maritimen EU-Grenzen zu optimieren.
3. Kapazitätsaufbau verbunden mit der Identifizierung und Entwicklung von Technologien und technischer Harmonisierung, um bessere Interoperabilität zu gewährleisten.
4. Risikomanagement, das zu grenzüberschreitender Krisenplanung und -reaktionsfähigkeit führen soll.
5. Schließlich Forschung und Ausbildung im Bereich der maritimen Sicherheit.

Die Umsetzung des Aktionsplans wird durch eine Freundesgruppe der Präsidentschaft (FoP) koordiniert. Ein erster Fortschrittsbericht soll der EU-Kommission 2016 vorgelegt werden. Die technischen Aspekte der Umsetzung sollen im Rahmen der FoP in der Gruppe Integrierte Meerespolitik (IMP) sowie in der Untergruppe Maritime Surveillance (MarSur) – Common Information Sharing Environment (CISE) bearbeitet werden. Um die Ergebnisse transparent zu präsentieren, wurde eine Kommunikationsstrategie zur EUMSS abgestimmt. Sie dient dazu, die Sichtbarkeit des EU-Handelns im Bereich maritimer Sicherheit zu erhöhen, indem sie die breite Öffentlichkeit genauso wie die betroffenen Anwender in Ministerien auf dem Laufenden hält. Aus Sicht der Bundeswehr sind wesentliche Aspekte aus dem Aktionsplan von Relevanz: Ausbildung und Übung und Fähigkeitsentwicklung. Diese werden seit dem Jahr 2016 mit Nachdruck angegangen. Einige Handlungsfelder werden jedoch bereits seit längerem mit existierenden Aktivitäten unterlegt. Hier sind als praktische Beispiele für die Umsetzung des EUMSS-Aktionsplans die Beteiligung des Einsatzausbildungsverbandes der Marine (EAV) an Ausbildungsmaßnahmen vor den Küsten Afrikas (z.B. Obangame Express 2015), die Beteiligung und Ausgestaltung an MarSur und EU CISE 2020 sowie technische Maßnahmen zur Verbesserung des maritimen Lagebildes zu nennen.

Insbesondere die Küstenstaaten der EU gestalten unter weiterer Begleitung auf der politischen und strategischen Ebene die Umsetzung der Schwerpunkte zur Operationalisierung der Strategie umfassend mit. Die Priorisierung von nationalen Interessen und das Ableiten von konzeptionellen Fragestellungen und Aktivitäten als Instrument der politischen Vorgaben wird so zu einem probaten Mittel zur Ausgestaltung der EUMSS und bietet den Nationalstaaten hier die Möglichkeit, im Sinne des vernetzten Ansatzes ressortgemeinsam zu agieren. Der Aktionsplan zur EUMSS bewirkt neben einer Operationalisierung der EU-Ziele auch eine solche für die der NATO, da viele EU-Staaten auch NATO-Mitglieder sind. Damit verbunden sind Fähigkeitsgewinne für die Seestreitkräfte in beiden Bündnissen. Die Umsetzung der EUMSS in Abstimmung mit der NATO stärkt zudem gleichzeitig die europäische Säule der NATO und die EU-NATO-Kooperation.

8.1.1.5. Politisches Dokument zur Arktispolitik der EU

Ein weiteres maritim-sicherheitspolitisches Handlungsfeld ergibt sich aus Sicht der EU aus ihrer Rolle in der Arktis. Dazu hat sie am 27. April 2016 die »Integrierte EU Politik in der Arktis«[8] als Dokument herausgegeben. In Bezug auf die Arktis als periphere Region der EU wird festgestellt, dass derzeit der für dieses Gebiet kennzeichnende und sicherheitspolitisch relevante Aspekt die Verminderung der Meereisbedeckung im arktischen Sommer ist, woraus sich Fragestellungen für die internationale und nationale EU-Politik, einschließlich der nationalen und Bündnisinteressen, ergeben. Als zentrale Elemente für die sicherheitspolitische Debatte um die Arktis innerhalb der EU erscheinen auch hier, analog zum Ostseeraum, die Energieressourcenfrage, die Polarforschung und die politische Wahrnehmung der Russischen Föderation als wichtige Eckpfeiler. Zusätzlich zu den Ansprüchen der Anrainerstaaten wird aus der EU heraus erwartet, dass weitere aufstrebende Staaten wie China, Indien und Brasilien an den arktischen Rohstoffvorkommen interessiert sein werden und daher ihre Aktivitäten verstärken, um sich langfristige Nutzungsrechte, analog zu den bereits in Afrika existierenden, zu sichern. Hinsichtlich der Nutzung der arktischen Gebiete durch die Anrainerstaaten, zu denen das EU-Mitglied Dänemark zählt, ist bisher keine belastbare Rechtsvorschrift multilateral abgestimmt und erlassen worden, jedoch existieren national erlassene Vorschriften und Regelwerke, etwa von Kanada und der Russischen Föderation bezüglich des

8 EC 2016.

Umweltschutzes in arktischen Gewässern.[9] Die Annahme, dass die EU im Rahmen der beiden Themen Energie und Russland eine dominierende Rolle spielen könnte, ist als unwahrscheinlich anzusehen, anderes verhält es sich bei der Polarforschung, wo Deutschland eine der weltweit führenden EU-Nationen ist. Daher hat sie Ihren Fokus in dem Dokument eindeutig auf die Aspekte Klimawandelmonitoring, Unterstützung in der Arktis-Region und internationale Kooperation gelegt.[10] Der 1996 gegründete Arktische Rat als politisches Gremium, zu dem neben den acht Mitgliedern zehn Beobachter gehören, befasst sich mit allen die Arktis betreffenden Sachverhalten, ohne jedoch rechtsverbindliche Beschlüsse zu fassen, sodass etwa Umweltrisiken schwer kalkulierbar werden könnten. Zur Untermauerung eigener Ansprüche ist von einer stärkeren Präsenz der involvierten Staaten in der Region auszugehen. Die Projektion von Seestreitkräften, auch die der genannten aufstrebenden Staaten, wird vermutlich zur Absicherung der Gebiete für den Ressourcenabbau zunehmen. Sie wird somit durch Projektion und Entfaltung von regionaler Seemacht abgesichert. Durch die Strategiedokumente der EU sind jedoch gegensteuernde bzw. begegnende Signale aus der EU-Sicherheitspolitik gesetzt worden, auch wenn deren Wirkung nur begrenzt sein wird, da die EU weiterhin keinen Beobachterstatus im Arktischen Rat hat. Trotz der unterschiedlichen Auffassungen bezüglich der nationalen Zugehörigkeit der nördlichen Seewege, besonders zwischen den Anrainerstaaten und der EU, sind diesbezüglich zumindest in den nächsten Jahren keine militärischen Konflikte zu erwarten. Es ist davon auszugehen, dass, besonders für die europäischen Nationen, die freie Passage des Schiffsverkehrs unbeeinträchtigt bleibt, jedoch unter der Kontrolle, und damit regionaler Seemacht, insbesondere Kanadas und der Russischen Föderation. Es zeichnet sich ab, dass die EU vermutlich weiterhin hinsichtlich ihrer arktischen Interessen eine untergeordnete Rolle einnehmen und, bedingt durch das fehlende Gewicht im Arktischen Rat, beibehalten wird. In Fragen der Nutzung der Arktis wird sie auch weiterhin keine entscheidende und gewichtige Rolle spielen, vor allem wegen der geografischen Ferne der meisten EU-Staaten. In die internationale Klimadiskussion um die Arktis kann sie sich jedoch durch die umfassenden Expertisen auf dem Gebiet der Polarforschung einbringen, wie gemäß dem Dokument auch vorgesehen. Deutschland kann als eines der führenden EU-Mitglieder und als Vertragsstaat des 1920 vereinbarten Spitzbergen-Vertrags und durch den Beobachterstatus im Arktischen Rat indirekt in die Gesamtdiskussion über die Arktis involviert sein. Die dazu identifizierten politischen Handlungs- und Interessenfelder sind in diesem Falle in den Kontext der Gemeinsamen Sicherheits- und Verteidigungspolitik einzubinden.

9 Wolfrum 1975, S. 143; Brubaker 2007, S. 1–221.

10 EC 2016, S. 17. Im Text werden dazu genannt:
»1. climate change and safeguarding the Arctic environment; 2. promoting sustainable development in the region; 3. supporting international cooperation on Arctic issues.«

8.1.1.6. Globale Strategie der EU für die Außen- und Sicherheitspolitik

Bei den vorgestellten Dokumenten handelt es sich um politische Dokumente zum maritimen Umfeld bzw. der Arktis. Um den sich in den folgenden Jahren ändernden sicherheitspolitischen Bedingungen gerecht zu werden, war jedoch eine komplette Neuausrichtung der EU gegenüber der Europäischen Sicherheitsstrategie (ESS) 2003 notwendig. Daher hat die EU im Juni 2016 eine Global Strategy für die EU-Außen- und Sicherheitspolitik erlassen.[11] Darin enthalten sind die Themen:

1. Russland–EU,
2. europäische Nachbarschaftspolitik,
3. erweiterter Sicherheitsbegriff samt der Themen Sicherheit/Entwicklung, GSVP, Krisenprävention, -früherkennung und -management, Stabilisierung,
4. Global Governance mit Blick auf regelbasierte Weltordnung,
5. Zusammenarbeit EAD/Mitgliedstaaten (complementarity),
6. Asien, insbesondere Sicherheitsarchitektur,
7. Aspekte maritimer Sicherheit,
8. Energie- und Klimaaußenpolitik,
9. Hybride Bedrohungen/EU–NATO, Weltraum sowie Abrüstung/Nichtverbreitung,
10. Cyber-Security und
11. Migration.

Da im Kontext des Themas nur maritime Aspekte relevant sind, wird nachfolgend auch nur auf diese eingegangen. Die anderen obigen Themen haben zwar ggf. Implikationen zum maritimen Umfeld, stehen jedoch nicht im Fokus. Für eine Betrachtung dieser Themen wird auf das oben genannte Strategiedokument verwiesen.

Im maritimen Zusammenhang ergeben sich folgende Aspekte aus der Global Strategy:

Die Strategie hebt eingangs hervor, dass heute globale und regionale Machtverschiebungen existieren bzw. ablaufen, durch die internationale Organisationen und Bündnisse wie die EU und deren Wirksamkeit unter Druck stehen. Für die EU ist, und das gilt nicht nur für den maritimen Raum, ein friedliches Zusammenleben und -wirken ohne ein auf Regeln basierendes System nicht möglich. Eine Weltordnung auf der Basis reiner Machtpolitik, wie von einigen Staaten außerhalb der EU praktiziert, ist nicht im Interesse der EU-Staaten und der EU. Die EU und ihre Mitgliedsstaaten werden daher zu einer Weltordnung beitragen, in der die Werte der EU verankert und in praktische Politik umgesetzt sind bzw. werden. Der Multilateralismus ist ein wesentlicher Leitgedanke für die EU und ihre Mitgliedsstaaten, um so zu Frieden und Stabilität beizutragen – weltweit und zugleich mit einem besonderen Fokus auf die unmittelbare europäische Nachbarschaft. Der maritime Raum hat für die EU mehr und mehr an Bedeutung gewonnen, mit der EUMSS ist die EU dem gerecht geworden. Um den Frieden zu erhalten, die menschliche Entwicklung zu fördern, das Wirtschaftswachstum zu generieren, Seelinien der Kommunikation (SLOCs)

---

[11] EC 2016.

und Energieversorgung zu wahren und für den Erhalt der biologischen Vielfalt einzutreten, sieht sich die EU dem Erfordernis gegenüber, Bedrohungen und Risiken im maritimen Raum zu verhindern bzw. einzudämmen.

Der Europäische Rat betonte bereits im Dezember 2013 die Notwendigkeit, die maritime Sicherheit als eine Dimension in die Politikbereiche der EU aufzunehmen. Dies ist 2014 und 2016 geschehen. Das Dokument weist daher auch darauf hin, dass im Juni 2014 die Europäische Union Schritte in Richtung einer integrierten Reaktion auf die maritimen Herausforderungen mittels der EU-Maritimen Sicherheitsstrategie (EUMSS) unternommen hat. Der EU wurde somit ein einzigartiges und umfassendes Set von Instrumenten an die Hand gegeben, mit der sie die globale Strategie für die Außen- und Sicherheitspolitik im maritimen Raum operationalisieren kann.

Sowohl für die EUMSS und ihren Aktionsplan als auch für die Global Strategy gilt als übergeordnetes Prinzip der maritime Multilateralismus. Dieser beinhaltet die Verstärkung der Zusammenarbeit zwischen der EU mit allen relevanten internationalen Partnern und Organisationen in maritimen Themen. Der wirksame Multilateralismus soll insbesondere in den Vereinten Nationen und der NATO sowie in der Koordination mit den bestehenden internationalen und regionalen Gremien im maritimen Raum gefördert werden. Um dieses Ziel zu erreichen, sind drei verschiedene Ebenen der Zusammenarbeit zu erkennen:

1. Das seerechtliche Verständnis
   Weltweit muss die EU ihre Anstrengungen verstärken, eine regelbasierte maritime Ordnung auch in Streitschlichtung zu verfolgen und zu verteidigen. Insbesondere zielt die EU darauf ab, das Seerechtsübereinkommen (UNCLOS) im vollen Umfang als einschlägiges internationales maritimes Recht anzuwenden. Hier wird von der EU zur Stärkung des maritimen Bewusstseins ein maritimes Trainingsprogramm für die politischen Entscheidungsträger in der EU, ihre Mitgliedstaaten, regionale Organisationen und auch Drittländer als Instrument angeboten, um die verschiedenen Interpretationen von UNCLOS zu überwinden.
2. Die transatlantische Zusammenarbeit
   Die verstärkte Koordinierung und Zusammenarbeit zwischen der EU und der NATO ist für die EU zunehmend notwendig. Um den vielschichtigen Herausforderungen im Mittelmeer, Schwarzen Meer, der Ostsee, dem Atlantik und der arktischen Region zu begegnen und um ein umfassende maritimes Situationsbewusstsein, welches grundlegend für Koordinierung und Zusammenarbeit im maritimen Raum ist, zu fördern, hebt die globale Strategie für Außen- und Sicherheitspolitik auf diese Ebene ab. Hier sieht die EU insbesondere Bedarf an Informationsaustausch und Konsultation zwischen NATO und EU sowohl auf strategischer als auch auf operativer Ebene. Dies wird auch in Reflektion der Kooperationsbeziehungen zwischen der EUNAVFOR Atalanta und der NATO-Operation Ocean Shield, letztere endete bereits, gesehen. Es wird davon ausgegangen, dass die verbesserte Zusammenarbeit zwischen der EU und der NATO die Planungs- und Entscheidungsprozesse beider

Bündnisse verbessert und die Wirksamkeit der Instrumente, also vorwiegend der Seestreitkräfte, und der eingesetzten Fähigkeiten stärkt.

3. Die europäische Nachbarschaft
Innerhalb der europäischen Nachbarschaft wird es als wichtig erachtet, den Blick auch auf andere konvergierende Politikbereiche zu lenken. Insbesondere wird hier auf die aktuelle, d.h. 2016 vorhandene Migrations- und Flüchtlingssituation und die Überprüfung der Europäischen Nachbarschaftspolitik (ENP) gezielt. Es wird festgehalten, dass unter anderem die EU-Agenda für Migration als Ziele die Förderung sicherer Grenzen und die Fähigkeit zur Migrationsbewältigung und Grenzsicherung der Länder in Nordafrika befördern solle. Darüber hinaus betonte der Europäische Rat vom 23. April 2015 den Bedarf, mit regionalen Partnern die maritime Grenzverwaltung zu stärken und den Aufbau von Kapazitäten für maritime Such- und Rettungsmaßnahmen anzugehen bzw. zu erweitern. Die globale Strategie für Außen- und Sicherheitspolitik der EU verdeutlicht diese Absichten und Ausrichtungen für die Agenda für Migration, die ENP, die EUMSS und ihren Aktionsplan.

Obwohl die Global Strategy nach der EUMSS und dem Arctic-Policy-Dokument herausgegeben wurde, hat die EU mit ihr ein richtungsweisendes und an das maritime Umfeld des 21. Jahrhunderts angepasstes Strategiedokument geschaffen, das Optionen für das maritime Handeln und die Wahl der Instrumente dafür vorgibt. Dies berücksichtigt sowohl die GSVP als auch die europäische Säule der NATO. Sie ermöglicht eine Fähigkeitsentwicklung von Seestreitkräften, um maritime Interessen der EU schnell und glaubwürdig zu transportieren und zu demonstrieren, sowie, wo nötig, regionale Seemacht im Kontext der Kriseneindämmung und -prävention auszuüben. Dadurch ist es der EU möglich, entlang der Ziele der Global Strategy als eine »glaubwürdige«, »reaktionsfähige« und »vernetzte« Union[12] außen- und sicherheitspolitisch aufzutreten und zu agieren.

8.1.2. USA

Die grundlegenden aktuellen Dokumente für eine sicherheitspolitische Bewertung sind die im Jahre 2014 erschienenen Publikationen Quadrennial Defense Review 2014[13], National Security Strategy 2018[14], Nuclear Posture Review 2018[15] und National Military Strategy 2015[16]. Mit diesen publizieren die USA ihre Vorstellungen einer nationalen Sicherheitsstrategie und des Einsatzes ihrer Streitkräfte, abgestimmt auf das sicherheitspolitische Umfeld im 21. Jahrhundert.

12 EC 2016, S. 26.
13 US Department of Defense 2014.
14 White House 2018.
15 US Department of Defense 2018.
16 Joint Chiefs of Staff 2016.

8.1.2.1. QDR 2014

Mit dem QDR betrachten die Vereinigten Staaten die Streitkräfte und deren wahrscheinlichste Einsatzgebiete sowie die sich hieraus ergebenden Reformerfordernisse über einen Zeitraum von fünf bis zwanzig Jahren. Aus Sicht der USA werden in der Zukunft zunehmend nichtstaatliche Akteure, die Profileration von Massenvernichtungswaffen, die Verschiebung der Machtverhältnisse im ostasiatischen Raum inklusive der Aufrüstung Chinas und Indiens sowie die globalen Auswirkungen regionaler Konflikte, bedingt durch die internationale Vernetzung und Cyber-Kriegführung, die Sicherheit beeinflussen. Die Betonung der Kombination von zivilen und militärischen Fähigkeiten, die Sicherung der Global Commons und die Sicherheitsunterstützung für »failing states« stehen im Vordergrund der sicherheitspolitischen Ausrichtung. Die darin beinhaltete Neuausrichtung der Streitkräfte, die als »Rebalancing the Force« bezeichnet wird, zeigt konkreten Veränderungsbedarf für die Streitkräfte auf. Aus maritimer Sicht wird die Notwendigkeit der Entwicklung eines streitkräftegemeinsamen See-/Luftstreitkräftekonzeptes betont sowie dem verstärkten Einsatz von unbemannten Unterwasserfahrzeugen und der Abwehr von Cyber-Angriffen die oberste Priorität eingeräumt. In der weiteren Darstellung wird die internationale Zusammenarbeit als essentiell für den Erfolg der amerikanischen Sicherheitsstrategie angeführt. Dabei werden Unterscheidungen in der Zusammenarbeit zwischen Staaten und Organisationen dargelegt, die den Fokus der US-Sicherheitsinteressen erkennen lassen. Neben Großbritannien sind Kanada, Australien und Japan weiterhin die wichtigsten Verbündeten, wobei die transatlantischen Beziehungen zu Europa und zur NATO, insbesondere zu den osteuropäischen NATO-Staaten, wieder an Bedeutung gewinnen. Ergänzend dazu sind Vorstellungen formuliert, innerhalb welcher Themenbereiche die Kooperation gesucht wird. Dies erstreckt sich von der Bekämpfung der organisierten Kriminalität bis hin zur Sicherung der internationalen Seewege. Keine Erwähnung findet jedoch die Form der Ausgestaltung der Kooperationen. Die Zusammenarbeit beinhaltet aus Sicht der USA auch die Stationierung der Streitkräfte im Ausland, die sich in den kommenden fünf Jahren zumindest an den nachstehend beschriebenen Richtwerten orientiert und den Fokus der sicherheitspolitischen Interessen der USA widerspiegelt. Im Gegensatz zu früheren Truppenzusammenstellungen sind für Europa, insbesondere Osteuropa mittlere flexible Kräfte vorgesehen, während für den pazifischen Raum weiterhin schlagkräftige Verbände zur erweiterten Verteidigung Japans und Südkoreas aufwachsen. Zusätzlich sollen im Pazifik Stützpunkte ausgebaut werden. Für die Region des Mittleren Ostens stehen ein verantwortungsvoller Truppenabzug aus dem Irak und die Beibehaltung der Zugangsmöglichkeiten nach und in Afghanistan im Vordergrund. Eine auf ein Minimum beschränkte ständige Präsenz von US-Truppen ist für Afrika vorgesehen. Die wiederholte Betonung des pazifischen Raumes steht im Kontext der maritimen Ausrichtung der US-amerikanischen Sicherheitspolitik insbesondere auf Ostasien und spiegelt den Stellenwert der maritimen Dimension für die Politik dieser Region wider. Der Ausbau von Fähigkeiten zur erweiterten Verteidigung Japans und Südkoreas verdeutlicht die Sorge der USA, dass im asiatisch-pazifischen Raum, aufgrund der weiterhin sichtbaren politischen und militärischen Ambitionen Chinas und der damit verbundenen weiteren Stützung des Regimes in Nordkorea, eine Verschiebung des Machtgefüges weg von den westlich orientieren Staaten unter der Führung der USA in Richtung China auf einer mittelfristigen Zeitachse zu erwarten ist. Damit verbunden ist, dass sich die Verschiebung über Ostasien hinaus erstrecken kann. Aus Sicht der USA werden sich im Schwerpunkt der möglichen Konflikte Zentren herauskristallisieren, die sich aus den Aspekten der maritimen Sicherheit ergeben, sodass der Ausbau von maritimen Basen und die genannte Formulierung eines gemeinsamen See-/Luftstreitkräftekonzeptes den sicherheitspolitischen Annahmen der Zukunft Rechnung tragen. Die Aktivitäten im pazifischen Raum unter Vernachlässigung von Interessen und Verminderung von Fähigkeiten in anderen Erdteilen deuten auch darauhin, dass etwa für Europa und Afrika wenige übergreifende und die US-Interessen nachhaltig betreffenden Konflikte erwartet werden, auch wenn man die Ambitionen Russlands in Europa, hier im Ostseeraum und der Schwarzmeerregion, genau verfolgt. Dies impliziert, dass die US-Administration unter Präsident Obama zwar im Gegensatz zu der unter Präsident G. W. Bush den transatlantischen Beziehungen, vornehmlich im Rahmen der NATO, wieder einen Stellenwert einräumte, jedoch das Bündnis nicht als vorrangigen Partner für die Unterstreichung und Durchsetzung von nationalen Interessen ansieht. Die US-Administration ab Januar 2017 steht der NATO eher verhalten gegenüber. Dies zeigt weiterhin, dass der NATO und vor allem der EU aus Sicht der USA kaum eine verlässliche welt- und friedensordnende Stellung eingeräumt wird, wohl aber einzelne Staaten als strategische Partner angesehen werden. Offen bleibt in der US-Sicherheitsstrategie die Frage nach der konkreten Betrachtung von Rüstungspotenzialen, insbesondere im asiatischen Raum, wie auch die Frage nach möglichen Zukunftsszenarien sowie den daraus abzuleitenden gezielten Fähigkeiten der Streitkräfte und der in die Sicherheitsarchitektur der USA eingebundenen zivilen Institutionen. Damit verbunden ist das Fehlen eines zeitlich verfolgbaren und verifizierbaren Weges für die Neuorientierung und -ausrichtung der US- Sicherheitsstrukturen. Dies ist den im Dokument dargelegten Budgetbegrenzungen für die Militärausgaben, die sich nach General Dempsey bis ins Jahr 2025 fortpflanzen werden,[17] geschuldet.

8.1.2.2. NSS 2018

Neben der QDR 2014 befasst sich die NSS 2018 mit der nationalen Sicherheitsstrategie und der sicherheitspolitischen Ausrichtung der USA. Die im Dezember 2017 veröffentlichte NSS war die erste sicherheitspolitische Strategie unter der Regierung von Präsident Trump. Sie stellt das Leitliniendokument zu allen mit Sicherheits- und Verteidigungspolitik befassten Dokumenten der Administration dar und wird unmittelbar im Stab des Sicherheitsberaters des Präsidenten entworfen. Gemäß

[17] US Department of Defense 2014, S. 88.

dem »Goldwater Nichols Act«[18] von 1986 muss eine Administration den Kongress jährlich über die Grundsätze ihrer Sicherheitspolitik unterrichten.[19] Das zentrale Element der NSS 2018 und somit der US-Sicherheitspolitik ist die eigene Reflektion der Lage der USA in einer globalisierten Welt.

Dabei werden vier Prioritäten künftiger US-Außen- und Sicherheitspolitik hervorgehoben:

1. Protect the Homeland: Schwerpunkt auf Grenz- und Einwanderungskontrolle; Bekämpfung transnationaler Kriminalität und Terror; vorsorgende Gefahrenabwehr.
2. Promote American Prosperity: Wiederherstellung der US-Ökonomie als Grundlage nationaler Stärke; Forderung gegenüber Partnern und internationalen Organisationen nach fairem und reziprokem Handel.
3. Preserve Peace through Strength: Rückkehr zu konkurrenzloser militärischer Dominanz, inkl. Cyber- und Weltraum; Interessenwahrnehmung in einem Um-feld strategischen Wettbewerbs.
4. Advance American Influence: Weltweiter Einfluss zum Schutz eigener Interessen; Partnerschaften mit Gleichgesinnten für freie Marktwirtschaft, Frieden und Stabilität.

Die NSS vom Präsidenten ist somit keine völlige Neuausrichtung der US-Außen- und Sicherheitspolitik. Heimatschutz, wirtschaftliche Prosperität, US-Führungsrolle sowie die Betonung amerikanischer Prinzipien und Werte greifen NSS 2015 der Obama-Administration auf. Die NSS beschreibt Macht als entscheidendes politisches Instrument, ausgeübt durch souveräne Staaten für eine friedliche Welt und im Einklang mit US-Interessen. Die Rolle der europäischen Partner wird im Zusammenhang mit der Erhöhung der strategischen Reichweite der USA durch Nutzung vorstationierter Militärbasen und von Überflugrechten gesehen. Zudem sollen die Europäer militärisch in AFG, IRQ, AFR, im Kampf gegen Terror unterstützen. Die NATO soll durch bessere Lastenteilung gestärkt werden.[20]

Als allgemeine Richtschnur der US-Administration trägt NSS deutschen und bündnispolitischen Interessen Rechnung. Für Partner der USA sind aber nicht die Botschaften der NSS problematisch, sondern eher die Frage wie verlässlich sie durch einen Präsidenten mit einem Glaubwürdigkeitsproblems vertreten werden können. Ein prosperierendes und starkes Europa ist im US-Sicherheitsinteresse, insbesondere gegenüber RUS, PRK, IRN, jedoch offenbart die NSS 2018 auch unterschiedliche Auffassungen zwischen Europa und den Vereinigten Staaten, wie eine stabile Sicherheitsarchitektur aufrechterhalten werden kann und welche Aufgaben den jeweiligen Partnern zufallen.

---

[18] Der »Goldwater-Nichols Department of Defense Reorganization Act of 1986« war ein Reformgesetz, das die militärische Befehls- und Kommandostruktur der US-Streitkräfte neu regelte.

[19] Albrecht 2013, S. 246.

[20] NSS 2018, S. 48.

8.1.2.3. NPR 2018

Im Februar 2018 veröffentlichte die Trump-Regierung den »Nuclear Posture Review« (NPR), der sicherstellen soll, dass die Vereinigten Staaten weiterhin eine sichere und wirksame Abschreckung aufrechterhalten können. Primäres Ziel ist der Schutz des US-Territoriums, die Sicherung der Verbündeten und vor allem die Abschreckung potenzieller Gegner. Die Überprüfung sieht diese Ziele weitgehend erreicht. Es ist jedoch ungewiss, ob die Regierung das Dokument nutzen kann, um einen nachhaltigen parteiübergreifenden Konsens über die Nuklearpolitik zu erzielen. Die umstrittenen öffentlichen Äußerungen des Präsidenten und das hohe Preisniveau des strategischen Nuklearmodernisierungsprogramms stellen zentrale Herausforderungen dar, um diesen Konsens zu fördern und aufrechtzuerhalten.

Die Chancen der Trump-Regierung, einen Konsens zu erzielen, könnten verbessert werden, wenn sie in der Lage ist:

1. ihre öffentlichen Aussagen und Botschaften zu Atomwaffen zu kalibrieren;
2. den Kongress, die US-Öffentlichkeit und Verbündete wirksam hinsichtlich Bedeutung der nuklearen Abschreckung zu überzeugen;
3. fortschrittliche pragmatische Rüstungskontroll- und Nichtverbreitungsinitiativen zu fördern;
4. eine Verbesserung der strategischen Stabilität durch potenzielle Gegner wie Russland und China zu erreichen;
5. wirksame Überwachungsmechanismen zu etablieren, um die mit dem strategischen Nuklearmodernisierungsprogramm verbundenen Kostenprobleme anzugehen.

8.1.2.4. NMS 2015

Am 1. Juli 2015 veröffentlichte der Generalstabschef der US-Streitkräfte, General Dempsey, die National Military Strategy of the United States of America (NMS). Die NMS leitet sich aus der im Februar 2015 veröffentlichten Nationalen Sicherheitsstrategie 2015 sowie der im März 2014 publizierten Quadrennial Defense Review 2014 ab. Die NMS 2015 löst die bisher gültige NMS 2011 ab. Die NMS beschreibt den Einsatz von US-Streitkräften zum Schutz und zur Durchsetzung der nationalen Interessen der USA. Aufgrund des veränderten sicherheitspolitischen Umfeldes seien noch flexiblere und schneller weltweit einsatzbereite Streitkräfte erforderlich. Ein militärischer zwischenstaatlicher Konflikt (namentlich mit Russland, Iran, Nordkorea und China), in dem direkt die USA oder einer ihrer Verbündeten betroffen sein könnten, sei gegenwärtig eher unwahrscheinlich. Gleichwohl geben gerade diese Akteure ernsthaften Anlass zu Sorgen, und das Risiko eines solchen Konfliktes wachse.

Aus den in der Nationalen Sicherheitsstrategie 2015 formulierten nationalen Interessen der USA sowie einer Analyse des aktuellen strategischen sowie militärischen Umfeldes leitet die NMS 2015 drei militärische Ziele ab:

1. Abschreckung, Verwehrung und Bekämpfung von staatlichen Gegnern.

2. Störung, Schwächung und Bekämpfung von »Violent Extremist Organizations«.
3. Stärkung des weltweiten Netzwerkes von Verbündeten und Partnern.

Das strategische Umfeld wird als besonders durch schnelllebige Veränderungen bestimmt beschrieben. Es wird festgehalten, dass sowohl staatliche als auch nichtstaatliche Akteure agieren, von denen Bedrohungen ausgehen. Grundsätzlich seien international staatliche Akteure auf Sicherheit und Stabilität ausgerichtet. Von einigen Staaten gingen aber Bestrebungen aus, die internationale Ordnung zu verändern, womit sie auch die nationale Sicherheit der USA bedrohten. Namentlich werden genannt Russland, Iran, Pakistan, China. Von keinem dieser Staaten werde in unmittelbarer Zukunft eine direkte militärische Konfrontation mit den USA oder einer ihrer Verbündeten erwartet, das Risiko hierfür steige jedoch. Neben den aktuellen staatlichen Herausforderungen stellen insbesondere nichtstaatliche Violent Extremist Organizations (VEO), hier im Besonderen Al Quaida und ISIL, die Hauptbedrohung dar. War im militärischen Umfeld der letzten Dekade der Kampf gegen nicht-staatliche Akteure im Vordergrund, so sind mittlerweile wieder Herausforderungen durch staatliche Akteure zu verzeichnen. Hier werden u.a. Proliferation, Cyber-Fähigkeiten, Verfügbarkeit von Massenvernichtungswaffen und auch die Fähigkeiten von Drohnen als Handlungsfelder betrachtet. Mit Blick auf den Ukraine-Konflikt und das Vorgehen ISILs in Irak und Syrien wird für zukünftige Konflikte vermehrt das Muster von »hybriden Konflikten« angenommen. Als Antwort auf die identifizierten Herausforderungen und strategischen militärischen Ziele setzt die NMS auf einen Ansatz, der die US-Streitkräfte befähigt, die gesamte Breite an möglichen Einsatzszenarien erfüllen zu können. Mit Blick auf eine mögliche Aggression eines staatlichen Akteurs wird auf die weltweite Stationierung von US-Truppen sowie auf die Nuklearfähigkeiten der USA verwiesen. Absicht ist es, militärisches Vorgehen nach Möglichkeit gemeinsam mit Verbündeten und Partnern durchzuführen, das Recht auf ein alleiniges Agieren bleibt davon unbenommen. Es wird jedoch auch klar, dass VEOs nicht allein mit militärischen Mitteln bekämpft werden können. Dies gelinge nur gemeinsam mit weiteren staatlichen Institutionen und internationalen Partnern. Regional wird weiterhin der Fokus auf Asien gerichtet. Die Verlegung weiterer Truppen soll erfolgen. Zugleich sollen die Beziehungen zu den asiatisch-pazifischen Verbündeten gestärkt und die Partnerschaften ausgebaut werden. Für Europa wird ein klares Bekenntnis zu den NATO-Verbündeten gegeben. Die weitere US-Unterstützung zum Ausbau der Interoperabilität zwischen den europäischen NATO-Staaten und den USA wird betont. Für den Bereich Nah-Mittel-Ost erfolgt das eindeutige Bekenntnis zur Sicherheit Israels. Die regionalen Partner Jordanien, Saudi-Arabien, Kuweit, Katar, Bahrain, VAE, Ägypten und Pakistan sollen weiterhin beim Aufbau ihrer Verteidigungsfähigkeit unterstützt werden.

Zur Erfüllung der militärischen Ziele sollen die US-Streitkräfte in der Lage sein, weltweit die gestellten Aufgaben zu erfüllen. Die im Quadrennial Defense Review 2014 dargestellte zukünftige Zusammensetzung der US-Kräfte ermögliche dies. Als erforderlich wird erachtet, die schon in der NMS 2011 angekündigten »Joint Forces 2020« umzusetzen. Dabei sei von besonderer Bedeutung, kreatives und anpassungsfähiges militärisches Führungspersonal zu gewinnen und auszubilden, einen effizienten und dynamischen Führungsprozess einzuführen und technologisch flexible und interoperable Fähigkeiten zu entwickeln.

Bis zum Ausbruch der Ukraine-Krise wurde die Bedrohung der USA oder ihrer Verbündeten durch einen möglichen staatlichen Akteur weitaus abstrakter betrachtet als danach. Auch die durch Russland angewandte Form der »hybriden Kriegführung« war zum Zeitpunkt der Veröffentlichung der NMS 2011 noch unbekannt. Das Aufkommen ISILs und dessen teils klassisch militärisches sowie teils asymmetrisches Vorgehen als nicht-staatlicher Akteur ist ein neues Phänomen. Mit der NMS 2015 wird jedoch der Versuch unternommen, auf dieses breite Konfliktfeld zu reagieren. Die NMS 2015 ist somit kein Bruch zur NMS 2011, sondern eine Anpassung an die aktuellen Ereignisse und mögliche zukünftige Herausforderungen. Dies zeigt sich insbesondere darin, dass das Konzept der »Joint Forces 2020« schon im Jahr 2011 aufgeführt wird. Anzumerken ist, dass in der NMS 2015 erstmals wieder Staaten namentlich als sicherheitspolitische Herausforderung genannt werden. Die NMS 2011 machte dazu keine Aussagen. Auch der Hinweis, dass gegenwärtig zwar keine akute Gefahr eines Konfliktes anstehe, diese jedoch steige, kann zu kontroversen Debatten führen. Trotz aller sicherheitspolitischen Realitäten muss konstatiert werden, dass auch das Department of Defense (DoD) Budgetbeschränkungen unterliegt. Die im Quadrennial Defense Review 2014 angelegte Strukturausrichtung sowie schon eingeleitete materiellen Beschaffungsvorhaben könnten sogar gefährdet sein.

Die in den Dokumenten dargestellte Schwerpunktverlagerung der USA nach Asien, die US-Präsident Barack Obama mit seiner Rede in Canberra im November 2011 bekanntgab, ist eine grundlegende Richtungsentscheidung für die Außenpolitik der USA.[21] Insbesondere wollen die USA ihren Verbündeten in Asien signalisieren, dass die Vereinigten Staaten bereit sind, auch unter neuen, erschwerten Bedingungen als ausgleichende Macht im Pazifik zu fungieren. Dieser Anspruch beinhaltet jedoch große Unsicherheiten, dies wird u.a. deutlich an der wechselnden Wortwahl (»Pivot«, »Rebalance«, »Pacific Dream«) in der Darlegung amerikanischer Asienpolitik. Erschwerend ist die Unklarheit auch in der zweigleisigen Chinapolitik der USA, die einerseits auf politische Einbindung und andererseits auf Eingrenzung militärischer Fähigkeiten setzt. China als aufstrebende Großmacht kann die Fähigkeit der USA zur Machtprojektion speziell im Westpazifik wirkungsvoll beschneiden. Mittels seiner Fähigkeiten kann es bereits jetzt den Zugang zu wichtigen Gebieten oder Seewegen in der asiatisch-pazifischen Region verwehren (Anti Access, A2) oder die Operationsfreiheit US-amerikanischer Seestreitkräfte darin kurzzeitig einschränken (Area Denial, AD)[22], obwohl die überlegenen militärischen Fähigkeiten der US-Streitkräfte wirken und so die USA ihre regionale Seemachtstellung demonstrieren und entfalten können.

Um weiterhin glaubwürdig amerikanische Verbündete schützen und den aktuellen Status erhalten zu können, ist eine massive US-militärische Präsenz nötig, die eine Kombination verschiedener Streitkräfteanteile vorsieht. Diese sind[23]:

---

21 Paul 2015, S. 6.
22 Ebd., S. 7.
23 Ebd.

1. Der uneingeschränkte Zugang der US-Streitkräfte zu Häfen und Luftwaffenbasen in Australien und die Verstärkung der US-Marines im australischen Darwin ab 2016 auf 2500;
2. die Stationierung von 50 000 Soldaten in Japan und 28 500 in Südkorea;
3. Erhöhung der Präsenz von US-Streitkräften auf den Philippinen;
4. Stationierung von vier bis sechs Küstenkampfschiffen (Littorial Combat Ship, LCS, Freedom Class)) in Singapur;
5. Stationierung von 60 Prozent der US-Flotte im Pazifik bis 2020; d.h. eine Verlagerung von 20 Schiffen bis 2020.

Nach Paul[24] sank in den 1990er-Jahren die Zahl der Schiffe auf 350 und bis 2014 weiter auf 286 Schiffe. Bis 2018 soll die Marine jedoch über 306 Schiffe verfügen und bis 2028 über 11 Flugzeugträger, 48 Angriffsunterseeboote, 12 strategische Unterseeboote mit ballistischen Atomraketen und weitere kleinere Fregatten und Küstenkampfschiffe sowie größere Kreuzern und Zerstörer. Mit der Schwerpunktverlagerung verbunden ist, dass das geografisch zuständige Pazifikkommando (USPACOM) alle Einheiten der USA in Seegebieten auf fast der halben Erdoberfläche zu führen hat, von der Westküste der USA bis zur Westgrenze Indiens und von der Antarktis bis zum Nordpol.[25] Die Pazifikflotte, die Luftwaffe, das Heer und U.S. Marine Corps sind in Standorten auf Hawaii, in Alaska, Japan und Südkorea disloziert. Die Pazifikflotte besteht aus etwa 180 Schiffen und 2000 Flugzeugen mit 125 000 Angehörigen, sowie 13 000 Angehörigen des Marinecorps und der Küstenwache.[26] Die Ausrichtung der maritimen US-Sicherheitspolitik bleibt somit zu verhindern, dass eine einzelne Nation oder eine Koalition von Staaten die Ressourcen und Staaten auf der atlantischen oder pazifischen Gegenküste kontrolliert und sich damit in die Lage versetzen könnte, die USA zu bedrohen. Deshalb soll eine den amerikanischen Interessen förderliche Balance mit den größeren staatlichen Akteuren in der jeweiligen Region aufrechterhalten und dazu militärische Überlegenheit gewährleistet bleiben. Statt einen Angriff fremder Mächte abzuwarten, sollen die Streitkräfte imstande sein, militärische Macht über weite Entfernungen hinweg zu projizieren und auszuüben.[27] Der hier sichtbare maritime Ansatz im Pazifik ist dem Anspruch auf den freien Zugang zu den weltweiten Seewegen gemäß des Konzeptes »Joint Concept for Access and Maneuver in the Global Commons« geschuldet. Es zeigt sich weiterhin das grundlegende neorealistische Verständnis der US-Sicherheitspolitik von Capability Building einer Unit zur Erreichung eines Machtgleichwichts bzw. -überschusses. Gleichzeitig wird der Mahan'sche Ansatz von Seemacht sichtbar. In der US-Politik nimmt die maritime Komponente seit jeher eine präsente Rolle ein, dies gilt umso mehr im pazifischen Raum, wo die USA Machtverlust befürchten müssen. Um dem entgegenzuwirken und die regionale Hegemonie und Seemachtstellung zu behaupten, ist es in den asiatisch-pazifischen Interessensphären der USA notwendig, starke militärische Projektion im maritimen Raum aufzuzeigen. Als dafür geeignete Instrumente der

[24] Ebd., S. 18.
[25] Ebd., S. 19.
[26] Ebd., S. 20.
[27] Ebd., S. 7.

US-Außen- und Sicherheitspolitik und der damit verbundenen globalen maritimen Machtprojektion in den ostasiatischen Seegebieten dienen hier vorwiegend See- und Luftstreitkräfte. Die USA folgen hiermit Mahan in dem Sinne, dass sie die Elemente der Seeraumkontrolle mittels starker Seestreitkräfte, die Stützpunktbildung und -nutzung sowie den Verbund verschiedener Machtprojektionsebenen (Seemacht, Landmacht und Luftmacht) für die Instrumentalisierung und Ausgestaltung ihrer pazifischen Schwerpunktverlagerung sowie die Behauptung der regionalen, maritim geprägten Hegemonie und Seemacht anwenden.

8.1.3. Russische Föderation

Für die zukünftige Ausrichtung russischer Sicherheitspolitik hat die Russische Föderation mit Bezug zum Thema Seemacht drei Schriften – die Strategie der nationalen Sicherheit bis 2020, die Militärdoktrin der Russischen Föderation 2014 und die Marinedoktrin der Russischen Föderation bis 2020 – publiziert. Aus diesen sind die sowohl grundlegenden und übergeordneten sicherheitspolitischen als auch maritime Interessen erkennbar.

8.1.3.1. Strategie der nationalen Sicherheit bis 2020

Die Strategie der nationalen Sicherheit der Russischen Föderation[28] geht davon aus, dass Russland die Systemkrise nach dem Zusammenbruch der Sowjetunion, verbunden mit den sozialen und wirtschaftlichen Folgen, überwunden hat und nun zu neuer Stärke aufsteigt. Insbesondere in der Außen-, Wirtschafts-, Innen- und Sicherheitspolitik, einschließlich der Verteidigungspolitik, sollen sichtbare Akzente gesetzt werden. Im Mittelpunkt stehen dabei die Unabhängigkeit Russlands und die Sicherung der friedlichen Kooperation innerhalb der internationalen Gemeinschaft und der russischen Völkergemeinschaft bzw. der Gemeinschaft unabhängiger Staaten (GUS). Aufgrund seiner wirtschaftlichen Entwicklung, den Entwicklungen in der Wissenschaft, dem Staatsapparat und den Verteidigungsmöglichkeiten gegen jegliche Bedrohungen sieht sich Russland als eine der in naher Zukunft global führenden Nationen. Im Vordergrund stehen territoriale Integrität und Souveränität sowie die stabile Entwicklung des Landes. Die Operationalisierung der nationalen Sicherheit wird den verschiedenen Organen des Staates und der Gesellschaft übertragen, die in einem kollektiven Verbund, im Dokument als »System zur Gewährleistung der nationalen Sicherheit« bezeichnet, zusammenwirken. Für die Russische Föderation steht außer Frage, dass sie innerhalb der multipolaren Weltordnung, aufgrund des vorhandenen und zu entwickelnden Potenzials, mittelfristig zu einer führenden Nation in Weltwirtschaft und Außenpolitik aufsteigen wird und die Aufmerksamkeit der internationalen Politik langfristig auf Russland gerichtet sein wird. Dies gilt vorwiegend für das Potenzial der Energieressourcen, die etwa im Arktischen Ozean vermutet werden, das Stationierungsvorhaben des Raketenabwehrschirmes der NATO an der russischen Westgrenze sowie die Beziehungen Russlands in der Gruppe der

[28] DSS 2009, S. 6; Albrecht 2013, S. 248.

Acht (G8)[29], der Gruppe der Zwanzig (G20), der RIC (Russland, Indien, China) oder BRIC-Gruppe (Brasilien, Russland, Indien, China). Gleichwohl ist Russland daran gelegen, seine Beziehungen zu NATO und EU[30] zu stärken; außerdem wird eine strategische Partnerschaft zu den USA angestrebt. Diese Sachverhalte bringen zum Ausdruck, dass Russland, auf der Basis von vertragsrechtlichen Werken, an der Bildung eines offenen Systems der kollektiven Sicherheit im euro-atlantischen Raum interessiert ist.

8.1.3.2. Militärdoktrin 2014

Die neue Militärdoktrin Russlands ersetzt die Version vom 6. Februar 2010.[31] Die neue Version bezieht sich auf die Veränderungen im Charakter der militärischen Gefahren und militärischen Bedrohungen sowie der Entwicklungsbedingungen der Russischen Föderation.[32] Dabei berücksichtigt sie die Auswirkungen der Lage in der Ukraine, in Nordafrika, Syrien, im Irak sowie in Afghanistan und berücksichtigt dabei die Durchsetzungsmittel der führenden Staaten. Russland konstatiert hier veränderte Formen der Interessendurchsetzung, vor allem durch die unterstellte Nutzung indirekter Maßnahmen und indirekten Engagements: Zu solchen zählt Russland die Nutzung von Protesten der Bevölkerung und von Organisationen (aus Sicht Russlands wird hier von Extremisten und Radikalen geschrieben) sowie die Einbindung von privaten Sicherheits- und Militärunternehmen. Aus Sicht Russlands baut sich unmittelbar an den russischen Grenzen ein bedrohliches und sich verstärkendes Angriffspotenzial der NATO auf, welches sich auch in den Bestrebungen für eine Entfaltung der globalen Raketenabwehr widerspiegelt. Als Reaktion darauf sieht sich Russland veranlasst, Veränderungen in rechtlichen Grundlagen und der Organisationsstruktur der Streitkräfte der Russischen Föderation vorzunehmen. Dabei wird jedoch der unveränderte Verteidigungscharakter der Militärdoktrin betont, wonach militärische Maßnahmen nur nach Ausschöpfung aller Maßnahmen mit gewaltlosem Charakters anzuwenden sind. Unverändert bleiben die Einsatzprinzipien für die konventionellen Streitkräfte und die Kernwaffenstreitkräfte. In der Doktrin wird unter Einführung neuer Begriffsbestimmungen, wie zum Beispiel »die nichtnukleare Zügelung durch die Kräfte allgemeiner Bestimmung« (dies meint die konventionellen Streitkräfte) oder »das Wesen und die Aufgaben der Mobilmachungsbereitschaft«, auf den veränderten Charakter der Doktrin hingewiesen und zudem mit Blick auf den ersten Aspekt hervorgehoben, dass nichtnukleare Abschreckung im Fokus der Doktrin steht. Des Weiteren werden im Dokument Aufgaben zur militärpatriotischen Erziehung der Bürger; zur Luft-Weltraum-Verteidigung, die Sicherstellung der nationalen Interessen in der Arktis, die Sicherstellung der militärischen Infrastruktur;

---

29 Seit Beginn der Ukraine-Krise 2014 wurde Russland von den G8 ausgeschlossen, sodass derzeit nur ein G7-Gremium existiert. Es wird jedoch weiterhin ein G8-Gremium vorgehalten, um den Gesprächskanal mit Russland offen zu halten.

30 Belege dafür sind die NATO-Russland-Gespräche am 13.7.2016 im Rahmen des NATO-Russland-Rates.

31 DSS 2010, S. 1–44.

32 DSS 2015.

veränderte Aufgaben zur militärökonomischen Sicherstellung, die Entwicklung des Verteidigungsindustrie-Komplexes und der Produktion militärischer Güter, das Zusammenwirken mit den BRICS-Staaten (Föderative Republik Brasilien, Russische Föderation, Republik Indien, Volksrepublik China und Südafrikanische Republik), mit der Republik Abchasien und der Republik Südossetien, die Notwendigkeit des gleichberechtigten Dialoges mit EU und NATO sowie die Mitwirkung am Aufbau eines neuen Modells der Sicherheit in der asiatisch-pazifischen Region erwähnt.[33] Der Aspekt des gleichberechtigten Dialoges wurde mit den im Juli 2016 erstmals seit 2014 wieder offiziell durchgeführten Gesprächen im NATO-Russland-Rat umgesetzt bzw. operationalisiert. Die russische Militärdoktrin zeigt eine enge Verknüpfung von außen- und innenpolitischer Bedrohungswahrnehmung.[34] Diese bezieht sich außenpolitisch auf die NATO und die USA und innenpolitisch auf die Opposition, die einen »russischen ›Maidan‹«[35] organisieren könnte. Um so formulierte Bedrohungen zu mindern oder auszuschalten, sieht sich Russland bisher noch nicht befähigt. Die dem Westen zugeschriebene »nicht-lineare«, also hybride Kriegführung sieht Russland als Risiko, dem es bislang noch nicht in geeigneter Form begegnen konnte. Russland wird auf diesem Gebiet aktiver werden, Beispiel hierfür ist etwa der verdeckte Einsatz von russischen Streitkräften an der Seite der pro-russischen Separatisten in der Ostukraine. Die stärker konfrontative Ausrichtung der russischen Außenpolitik kann dazu führen, dass sich das Verhältnis, anders als im offiziellen Tenor der Militärdoktrin vorgesehen, verschlechtert und Konflikte eskalieren können. In diesem Fall wäre auch mit einem härteren Vorgehen gegen Kritiker im Inneren Russlands zu rechnen.[36] Hier könnte dann der Kampf gegen die hybride Kriegführung des Westens als Grund aufgeführt werden.

Die Militärdoktrin von 2014 favorisiert einen gleichberechtigten Dialog mit der NATO und den USA. Es ist jedoch zu erwarten, dass dieser Dialog schleppend verläuft, Beispiele hierfür sind die zähen Verhandlungen im UN-Sicherheitsrat zur Syrienfrage. Im Gegensatz dazu soll die Zusammenarbeit mit Weißrussland, mit der »Organisation des Vertrags über kollektive Sicherheit« und der »Schanghaier Organisation für Zusammenarbeit« intensiviert werden. In der Doktrin wird jedoch auch das Interesse bekundet, mit den westlichen Nationen am gemeinsamen Kampf gegen Islamismus und Terrorismus teilzunehmen, die Revitalisierung der Rüstungskontrolle wieder aufzunehmen und bei der strategischen Raketenabwehr zusammenzuarbeiten.[37]

8.1.3.3. Marinedoktrin 2020

Die Marinedoktrin[38] ist, obwohl sie bereits deutlich früher erlassen und folglich schon länger gültig ist, ein der Militärdoktrin konzeptionell gleichrangiges Dokument,

---

[33] Ebd.
[34] Klein 2015, S. 4.
[35] Ebd.
[36] Ebd.
[37] Ebd.
[38] DSS 2002, S. 1–48; Albrecht 2013, S. 250.

in dem russische maritime Interessen hinsichtlich der Erforschung, Erschließung und Nutzung der Ozeane unter Einbeziehung der wirtschaftlichen und sozialen Entwicklung sowie der Sicherheit des Staates formuliert werden. Wesentlich im russischen Verständnis ist dabei die Notwendigkeit, zur Durchsetzung der maritimen Interessen über maritime Potenziale, also Seekriegspotenziale, Grenzbehörden und eine zivile, weltweit agierende Flotte zu verfügen. Im Kern findet sich die Bewahrung der Souveränität über die inneren Gewässer, Territorialgewässer und den Luftraum über der See. Des Weiteren sind die Umsetzung der Seerechtsprechung und der Schutz der souveränen Rechte in der Ausschließlichen Wirtschaftszone (AWZ), hier bezüglich der Verwaltung und Nutzung der Naturressourcen, der wissenschaftlichen Meeresforschung und des Meeresumweltschutzes von nationaler Bedeutung. Die ausdrückliche Betonung dieser Aspekte zielt auf die Streitigkeiten zur Erschließung und Nutzung der arktischen Ressourcen ab. Verdeutlicht wird dies dadurch, dass die Ausbeutung der Ressourcen auf dem Kontinentalschelf im Arktischen Ozean explizit benannt wird und auch die Militärdoktrin die Arktis hervorhebt. Zur Durchsetzung der maritimen Ziele, und damit der regionalen Seemacht, stehen vernetzte Überwachungsorganisationen sowie Seestreitkräfte zur Verfügung. Oberstes Prinzip bei der Durchsetzung bleibt jedoch die Einhaltung des Völkerrechts und der bestehenden internationalen Verträge. Eine ständige Anpassung der maritimen Politik und Infrastruktur an die maritime geopolitische Lage ist dabei unausweichlich. Als operationell ausgerichtete Schwerpunkte in der Doktrin sind funktionale und regionale Felder erkennbar.

Diese beinhalten neben der Seefahrt die Hochseefischerei, die Erschließung von mineralischen und energetischen Ressourcen in den Küsten- und Territorialgewässern Russlands, letztere sind nicht nur auf die Arktis beschränkt, und die militärischen Operationen auf See und im Luftraum über der See. Diese gewährleisten die Einhaltung der maritimen Regime an der Staatsgrenze Russlands, kontrollieren die internationale Schifffahrt, verhindern Schmuggel und illegale Migration und schützen die nationalen Gewässer und den Kontinentalschelf einschließlich der dortigen Ressourcen. Sie bilden so den Garanten für die Entfaltung von regionaler Seemacht. Die allgemeine Formulierung lässt jedoch annehmen, auch mit Blick auf die Militärdoktrin, dass der Fokus auf den arktischen Ansprüche Russlands liegt. Dies spiegelt sich auch in der regionalen Ausrichtung der Doktrin wider. Es werden alle an Russland grenzenden Meere benannt, jedoch nehmen der Arktische Ozean und der Pazifik eine herausragende Stellung in diesem Regionalteil des Dokuments ein. Dies steht auch in Übereinstimmung mit der Militärdoktrin, in der der asiatisch-pazifische Raum neben der Arktis hervorgehoben wird. Im Fall der Arktis geht es dabei um die Ressourcen und den Seeverkehr, für den Pazifik sind der Seeverkehr nach Asien, der Ausbaus der Pazifikflotte – vornehmlich auf Sachalin und den Kurilen – sowie die Begrenzung von maritimen Potenzialen[39] und militärischen Aktivitäten maßgebend.

[39] Dieser Aspekt deckt sich ebenfalls mit der Militärdoktrin 2014, in der von einer Zügelung von militärischem Potenzial mittels nichtnuklearer Abschreckung geschrieben wird.

8.1.4. Volksrepublik China

Einschlägige Dokumente für die maritime Einordnung der Volksrepublik China sind die am 26. Mai 2015 veröffentlichte Militärstrategie und die Marinestrategie Chinas aus dem Jahre 2015. Diese Dokumente sind einem Weißbuch, welches letztmalig im April 2013 herausgegeben wurde, gleichzusetzen. China reagiert damit auf die Publikation der russischen Militärdoktrin von 2014 und der NSS von 2015, welche 2017, 2018, 2019 und 2020 jeweils aktualisiert wurde. Als wichtigstes Merkmal ist erkennbar, dass maritime Aspekte einer herausragenden Betonung unterliegen. China wird in der eigenen Wahrnehmung zur regionalen Seemacht der Zukunft aufwachsen. Dies wird auch in den Ausführungen im 13. Fünfjahrplan zur militärstrategischen Relevanz vom Frühjahr 2016 deutlich. Es besitzt zwar Kernwaffen, wird jedoch keinen Erstschlag führen wollen. Vielmehr ist es an einer Kooperation mit Russland, der EU und den USA, teilweise auch mit Indien, interessiert. Nachfolgend wird auf diese beiden, aus maritimer Sicht wichtigsten Dokumente eingegangen.

8.1.4.1. Militärstrategie 2020+

Mit der Militärreform 2015 hat Staatspräsident Xi Jinping neue militärstrategische Leitlinien für eine konzeptionelle Neuausrichtung der Streitkräfte nach 2020 erarbeiten lassen.

Grundsätzlich geht China davon aus, vor dem Hintergrund der wirtschaftlichen Entwicklung in den nächsten Jahren, sein Militär zu verkleinern bei gleichzeitiger Verringerung des technologischen Defizits gegenüber dem Westen – ohne allerdings diesen Rückstand komplett aufholen zu können. Zudem wird angenommen, und dies im Unterschied zum Weißbuch 2011, dass die geostrategische Dominanz der USA auf absehbare Zeit nicht abnehmen wird und damit eine globale machtpolitische Konfrontation mit den USA für China nicht zu gewinnen wäre. Insofern ist es das Ziel, dass sich China in der Militärstrategie vom bisherigen Charakter einer Kriegführungs- und Einschüchterungsstrategie löst und diese zu einem zukunftsfähigen, interessengeleiteten militärstrategischen Zielsystem im Gesamtspektrum staatlicher Handlungsmöglichkeiten beiträgt. Hierbei behalten Landesverteidigung und nukleare Abschreckung höchste Priorität. In der Taiwan-Frage wird primär auf militärische Unterstützung politischer Optionen, statt auf riskante Invasionsszenarien gesetzt. Regional liegt der Schwerpunkt auf dem Kontinent, der Sicherheit und Stabilität der Grenzregionen und Wirtschaftskorridore und im maritimen Raum auf der substantiellen Beschneidung amerikanischer Interventionsfähigkeiten. Im globalen Rahmen werden chinesische Interessen analog zu denen der westlichen Mächte verfolgt, jedoch nicht in unergiebiger und kostspieliger Rivalität zu ihnen. Im Weltraum strebt China beispielsweise kein Wettrüsten an. Es möchte vielmehr die national unterschiedlichen Abhängigkeiten von raumgestützten Systemen ausnutzen. Dem Informationsraum wird eine entscheidende strategische Dimension zugemessen, in dem Chinas Position im Bereich der militärischen Cyberfähigkeiten nachhaltig ausgebaut werden muss. Die subsidiären Aufgaben wie Natur- und

Katastrophenschutz, Aufbau von Verkehrs- und Versorgungsinfrastruktur, medizinische Versorgung und Lebensmittelverteilung in unterentwickelten Regionen werden als entscheidende Faktoren der Verankerung der Streitkräfte in der Bevölkerung sowie der »moralischen Festigung der Truppe« auch in einer modernen Militärstrategie nicht vernachlässigt.

Die Ausrichtung spiegelt sich zudem im 13. Fünfjahresplan, 2016–2020, wider. In den militärstrategisch relevanten Elementen werden die Prioritäten deutlich. Diese sind:

1. Sicherstellung und Stärkung der unangefochtenen Führerschaft der Partei als »Garant für das chinesische Gesellschaftssystem«;
2. Modernisierung des »militärischen Systems chinesischer Prägung«, d.h. umfassende Landesverteidigung und nukleare Abschreckung auf niedrigem Niveau;
3. Lösung der Taiwan-Frage »durch friedliche Entwicklung der Beziehungen« und Bekämpfung von Unabhängigkeitsbestrebungen Taiwans;
4. im regionalen Rahmen: Schaffung sicherer und stabiler Grenzregionen und Wirtschaftskorridore als »weit geöffnete Landschaft strategischer Möglichkeiten«; Aufwuchs zu einer regionalen Seemacht in den chinesischen Randmeeren, um »maritime Rechte und Interessen zu wahren«, d.h. territoriale und maritime Ansprüche durchzusetzen;
5. im globalen Rahmen: Schaffung von Kooperationsmechanismen zur Durchsetzung von chinesischen Interessen;
6. Entwicklung von Kerntechnologien im Weltraum, um eine »führende Rolle in der Raumfahrt« einnehmen zu können;
7. Aufwuchs zu einer »Cybermacht«, um Kampf um die Informatisierung zu gewinnen;
8. eigenständige Entwicklung und Produktion leistungsfähiger Antriebsaggregate für Kampfflugzeuge, Kriegsschiffe und U-Boote;
9. Entwicklung und Integration von raum-, luft- und seegestützten Informations-, Kommunikations-, Navigations- und Ortungssystemen in operativen Netzstrukturen;
10. Beschaffung und Entwicklung unbemannter Plattformen, von Robot- und Intelligenz-Systemen mit flexiblen Anwendungsspektren und hinreichendem Wachstumspotential;
11. Aufbau eines modernen, intelligenten und innovativen Personalkörpers, der eine kontinuierliche intellektuelle Regeneration der Führungskader sicherstellen kann.

Mit diesem Strategieansatz wird kein Kurswechsel zu einer weniger ambitionierten Machtpolitik Chinas eingeläutet. Vielmehr sollen die Militärstrategie und ihre Ressourcen auf diejenigen Segmente der strategischen Kerninteressen Chinas fokussiert werden, in denen mit militärischen Mitteln substantielle und nachhaltige Wirkung erzeugt und damit die strategischen Optionen differenzierter und effizienter ausgestaltet werden können. Die Militärstrategie ist im Wesentlichen weiterhin eine Kriegführungs- und Einschüchterungsstrategie, die sprachlich verändert wurde, jedoch ihre Grundzüge beibehält. Das strategische Ziel ist die militärische Dominanz, das strategische Mittel letztlich die Überwältigung bzw. deren Androhung. Die militärische Kooperation soll lediglich Defizite ausgleichen bzw. beheben. Das neue Konzept verwirft das bisherige Rational einer pauschalen militärischen Dominanz als eindimensionalen und kostenintensiven Endpunkt strategischer Optionen und setzt an seine Stelle einen differenzierten Strategiemix von Dominanz, Rivalität, Koexistenz und Kooperation, primär ausgerichtet an Interessen und Zielen Chinas und der Effizienz seines Rüstungspotenzials.

8.1.4.2. Maritime Strategie 2015

Seit 1949 hat China mehrere Marinestrategien entwickelt, die im Wesentlichen immer Abschreckungs- und Kriegführungsstrategien waren. Seit den 1990er-Jahren wurden strategische Konzepte gefordert, die darüber hinaus auch die Rolle der zivilen maritimen Rechtschutzbehörden sowie der Seewirtschaft bei der Nutzung der See und der Durchsetzung der maritimen Interessen Chinas beschreiben. Aber weder der 12. Fünfjahresplan (2011–2015) in seinen Ausführungen zur maritimen Entwicklung noch das Weißbuch vom April 2013 zeigten Ansätze zu einer umfassenden und integrierten strategischen Betrachtung des maritimen Raums.[40] Erst Mitte 2013 forderte Staatspräsident Xi Jinping eine intensivere Betrachtung maritimer Angelegenheiten mit dem Ziel, China zu einer regionalen Seemacht zu entwickeln. Dass damit nicht nur eine Seekriegsmacht gemeint war, zeigen die politischen Grundelemente der maritimen Strategie, wie Durchsetzung der maritimen Rechte und Kerninteressen Chinas, Stärkung der chinesischen Seewirtschaft, Verbesserung der Suche, Ausbeutung und Nutzung der maritimen Ressourcen und Schutz der Meere.[41] Die Strategie beschreibt, wie die verfügbaren politischen, wirtschaftlichen, technologischen und militärischen Instrumente in einem umfassenden und integrierten Ansatz genutzt werden können und sollen, um die nationalen Kerninteressen (Landesverteidigung, Wirtschaftsentwicklung, Souveränitätsansprüche, Einflusssphären) auf und über See effizient durchsetzen zu können.

Es wird festgehalten, dass die staatlichen Fischerei-, Forschungs-, Explorations- und Handelsflotten Träger der maritimen Wirtschaftskraft des Landes sind und als machtpolitisches Instrument eingesetzt werden, um zur lokalen, regionalen und globalen politischen und wirtschaftlichen Einflussprojektion auf den untersten unbewaffneten Eskalationsebenen genutzt zu werden. Sowohl im Rahmen ihrer wirtschaftlichen Tätigkeit als auch im Einsatz als politisches Instrument bedürfen diese Mittel des bewaffneten Schutzes auf unterschiedlichen Intensitätsebenen, der abgestuft von der Küstenwache und den Seestreitkräften bereitgestellt wird. Die Staatliche Meeresbehörde und die Küstenwache sind die Repräsentanten staatlicher Souveränität und setzen die politischen und gesetzlichen Vorgaben der Regierungs- und Verwaltungsbehörden in den der chinesischen Souveränität und Rechtsprechung unterliegenden Seegebieten durch. Darüber hinaus können sie eingesetzt werden, um innerstaatliche Administrationsaufgaben an der maritimen Peripherie des chi-

40 Sharman 2015, S. 4.
41 Zum Inhalt der Strategie McDevitt 2016.

nesischen Staatsgebietes zu demonstrieren und ggf. durchzusetzen sowie den Schutz der Quellen, Mittel und Tätigkeiten des maritimen Wirtschaftspotentials in diesen Seegebieten zu gewährleisten. Die Durchführung ihrer Aufgaben, insbesondere bei Zwangsmaßnahmen der Küstenwache mit der Drohung oder Anwendung von Waffengewalt mit hohem Eskalationsrisiko, sichern die regulären Streitkräfte im gesamten militärischen Spektrum ab, notfalls auch mit Seekriegsoperationen.

Die Streitkräfte, insbesondere die Seestreitkräfte und die Luftstreitkräfte, sollen mit regionalen Area/Sea Denial Fähigkeiten in den westpazifischen Randmeeren die militärischen Potenziale anderer Staaten, vor allem die der USA, von Chinas lebensnotwendigen Seegebieten abdrängen bzw. fernhalten, um die politischen und ökonomischen Optionen und Interessen Chinas in den chinesischen Randmeeren zu unterfüttern und militärisch abzusichern. Darüber hinaus sollen militärische Fähigkeiten für begrenzte Operationen zur Unterstützung politischer, militärischer, ökonomischer und humanitärer Interessen, einschließlich solcher im Rahmen der Coercive Diplomacy, in außerheimischen Gewässern verfügbar sein, nicht aber für ausgreifende, durchsetzungsfähige Machtprojektionen, um mit den USA und ihren Verbündeten um globale maritime Dominanz zu konkurrieren. Die Landesverteidigung, einschließlich der wichtigen Fähigkeit, see- und luftgestützte Elemente der amerikanischen Raketenabwehr auf Distanz zu halten und die eigenen seegestützten strategischen Potentiale abzuschirmen, ist als klassische militärstrategische Zielsetzung unverändert erhalten.

Die Seegebiete innerhalb der »Nine-Dash-Line« sowie in den Ausschließlichen Wirtschaftszonen und über dem Festlandsockel sind nach Auffassung Chinas Territorien, die fremden Seestreitkräften nur zur friedlichen Nutzung offen stehen, d.h. dass U-Boote aufgetaucht fahren müssen, Flugzeuge und Hubschrauber an Deck stehen müssen, keine Sensoren zu Aufklärungszwecken eingesetzt werden und keine taktischen Übungen und Manöver durchgeführt werden. Mit der Durchsetzung dieser Seerechtsinterpretation soll, im Sinne einer langfristigen Anti-Access-Strategy, fremden Seestreitkräften im Ost- und Südchinesischen Meer die operative und strategische Handlungsfreiheit genommen bzw. erheblich eingeschränkt werden, analog zu den Beschränkungen, die das Seerecht im ökonomischen Bereich bereits unstrittig vorgibt. Die militärstrategisch-relevanten Komponenten deuten darauf hin, dass die neue chinesische maritime Strategie keine Marinestrategie mit globalen Seemachtvisionen darstellt, sondern primär auf regionale Dominanz ausgerichtet ist, die mit einem breiten Spektrum von militärischen und zivilen Instrumenten zunächst darauf abzielt, in Ost- und Südostasien eine »asiatische« maritime Regionalhegemonie und Seemacht aufzubauen.

Die Strategie untermauert das sichtbare chinesische machtpolitische Handeln auf See, insbesondere im Ost- und Südchinesischen Meer, und verdeutlicht den strategischen Ansatz des Landes bzw. der Partei- und Staatsführung. Beispiele dafür sind die militärischen Operationen der chinesischen Marine zur »Unterstützung administrativer Souveränitätsausübung und maritimer Wirtschaftstätigkeit« (gemäß der Formulierung der Strategie) im Südchinesischen Meer. Für die Marine sind hier Informationsaustausch, Führungsunterstützung und Einsatzkoordination mit den

Luftstreitkräften, der Küstenwache und den Seewirtschaftsbehörden auf operationeller Ebene bereits erlangte Fähigkeiten.

Die Partei- und Staatsführung verfolgt mit den Strategiedokumenten u.a. die Realisierung der regionalen Seemacht Chinas in einem integrierten, ressortgemeinsamen politischen Prozess und bindet somit zivile und militärische Machtstrukturen ein. Der strategische Ansatz stellt die ökonomische Prosperität und politische Handlungsfähigkeit in den Mittelpunkt und gibt der militärischen Komponente die Rolle eines Sicherheitsgaranten und -instruments für die Landesverteidigung, die Abschirmung, d.h. den Schutz von Handel und Ressourcen, und die Durchsetzung, d.h. Machtprojektion im asiatisch-pazifischen Raum. Das Engagement Chinas im komplexen strategischen maritimen Umfeld des Ost- und Südchinesischen Meeres zeigt, dass die strategischen Dokumente operationalisiert sind bzw. werden und die maritimen Ziele konsequent, auch gegen den internationalen Druck und die internationale Rechtsprechung,[42] vorwiegend mit Seestreitkräften verfolgt werden.

8.1.5. Indien

Die sicherheitspolitische Bewertung der Republik Indien[43] wird durch die Staatsführung mindestens alle 15 Jahre durchgeführt. Die erste Version einer maritimen Strategie wurde im Mai 2007 publiziert in Form der »Indias Maritime Military Strategy – Freedom to use the Seas«,[44] die auf einer Zeitachse von 15 Jahren vorausschaut. Ende 2015 wurde eine neue maritime Strategie unter dem Titel »Ensuring Secure Seas« erlassen.[45] In der indischen Wahrnehmung erstreckt sich das nationale strategische Interesse vom Persischen Golf bis zur Straße von Malakka. In diesem Raum ist es aus indischer Sicht notwendig, maritime Projektion anzustreben, die jedoch nicht ausschließlich aus militärischen Komponenten bestehen muss. Als nationale Bedrohung für Indien werden äußere Faktoren angesehen, die letztlich die wirtschaftliche Prosperität und soziale Weiterentwicklung des Landes beeinträchtigen können. Im Dokument wird betont, dass Indien keine außerterritorialen Interessen bzw. Begehrlichkeiten habe, jedoch der Schutz der vitalen Interessen die Hauptaufgabe der Verteidigungspolitik ist. In der maritimen Verteidigungspolitik stehen der wirtschaftliche Aufschwung in einem gesicherten maritimen Umfeld und die damit verbundene Freiheit zur Nutzung der See im Mittelpunkt. Dazu bedient sich die indische Regierung ihrer maritimen Fähigkeiten, mit denen die Durchsetzung indischer Interessen auch robust gesichert werden kann. Mittels starker, das gesamte Spektrum abdeckender militärischer Fähigkeiten soll Krisen und Konflikten präventiv begegnet werden. Das Instrument der offensiven militärischen und kriegsbereiten konventionellen und nuklearen Abschreckung[46] wird in diesem Zusammenhang von der indischen Regierung bevorzugt. Hierfür müssen

42 Siehe: Haager UNCLOS-Schiedsspruch zum Südchinesischen Meer vom 12.7.2016 des Internationalen Gerichtshofes in Den Haag.

43 Dazu allgemein Albrecht 2013.

44 Ministry of Defense (MoD) Indien 2007, S. 1–85.

45 MoD Indien 2015.

46 Ebd., S. 5, 10, 46.

jedoch noch die technischen und organisatorischen Voraussetzungen geschaffen werden. Dazu gehören Interoperabilität zwischen den verschiedenen militärischen Kräften, der Küstenwache und den regionalen und überregionalen Verbündeten, die Schaffung von Fähigkeiten zur Abwehr von Piraterie und Terrorismus,[47] die verbesserte Koordination im Such- und Rettungsdienst sowie der Ausbau der Fähigkeiten zur humanitären Hilfeleistung und operationellen Logistik.[48] Für die zukünftige maritime Ausrichtung der Fähigkeiten steht die Anzahl der verfügbaren Seekriegsmittel nicht so sehr im Mittelpunkt der strategischen Weiterentwicklung. Vielmehr geht es der indischen Regierung darum, hochtechnologische maritime Fähigkeiten hin zu einem Fähigkeitsspektrum, welches die gesamte Bandbreite an möglichen Operationsarten, einschließlich der dreidimensionalen Seekriegführung, enthält, aufzubauen. Ziel ist es, das geostrategische Umfeld[49] über die Bedrohungswahrnehmung und die Fähigkeiten der eigenen Streitkräfte einzubinden und zu berücksichtigen, um so den Durchsetzungswillen des indischen Staates zur regionalen Seemacht international glaubwürdig zu demonstrieren.

Aus dem Dokument wird das indische Verständnis von regionaler Seemacht im indisch-pazifischen Raum deutlich. Neben der wirtschaftlichen und technologischen Stärke baut die Nation auf ihre militärischen Fähigkeiten. Hier sind jedoch Diskrepanzen zwischen dem derzeitigen Zustand und der gewünschten zukünftigen Position des Landes zu erkennen. Darüber können auch das umfassende Rüstungsprogramm und das Atomwaffenarsenal nicht hinwegtäuschen. Hinsichtlich der Bewertung von politischen Handlungsfeldern und den daraus resultierenden Aktivitäten ist Indien eine aufstrebende maritime Nation mit einem regionalen Seemachtanspruch, der ggf. auch mit militärischen Mitteln durchgesetzt werden soll. Regional steht Indien in Konkurrenz mit dem Erzrivalen Pakistan und mit China. Hier liegen die Interessen im südostasiatischen Raum, besonders die Straße von Malakka, im Fokus der Bestrebungen. Mit Blick auf die maritime Strategie Chinas, in der ebenfalls auf diesen Raum, neben Ostasien, abgehoben wird, ist dieser Anspruch für China nicht akzeptabel. Zusätzlich sind die diplomatischen Verhältnisse der drei genannten Staaten aufgrund langwieriger Grenzkonflikte, die teilweise sogar in militärische Auseinandersetzungen mündeten, seit geraumer Zeit gestört. Indien ist jedoch seit Ende 2015 an einer veränderten maritimen Diplomatie interessiert und bewertet die maritime Außenpolitik mit der höchsten politischen Priorität. Anzeichen für die Veränderung der maritimen Politik ist u.a., dass Premierminister Modi der erste indische Premier seit 34 Jahren ist, der im März 2015 die Seychellen, Mauritius und Sri Lanka für Gespräche zur maritimen Wirtschaft und zur Küstenwache besuchte.[50] Dies folgt dem in der Strategie angegebenen Aspekt der maritimen Kooperation im regionalen Raum.[51] Diese Anstrengungen, vorwiegend zur Verbesserung der wirtschaftlichen Entwicklung, spiegeln sich auch darin wie-

47 Ebd., S. 46.
48 Ebd., S. 10.
49 Ebd., S. 16.
50 Auswärtiges Amt 2015, persönliche Mitteilung.
51 MoD Indien 2015, S. 4.

der, dass Indien zu den Staaten gehört, die zu den G7-Gipfeln regelmäßig eingeladen werden und seit 2008 regelmäßig an den Beratungen der G20 teilnehmen.[52] Ein weiteres Werkzeug zur Stärkung der wirtschaftlichen Entfaltung Indiens ist die Kooperation im Rahmen der BRIC-Staaten (Brasilien, Russland, Indien, China). Die offen publizierte maritime Strategie des Landes, die territoriale Integrität des Landes ohne Abstriche zu verteidigen, will jedoch keine extraterritorialen Ansprüche erheben und keine entsprechenden Bündnisse unterstützen. Ebenso wird Indien keine offenen Streitigkeiten mit China austragen, da erkennbare Gemeinsamkeiten hinsichtlich der wirtschaftlichen Nutzung der Ozeane nicht gefährdet werden sollen und das Süd- und Ostchinesische Meer für Indien ein sekundäres Interessengebiet ist.[53] Bedingt durch die Modernisierungsaktivitäten der Nachbarstaaten Pakistan und China ist auch Indien gezwungen, ein Modernisierungsprogramm aufzulegen, das allerdings im Schwerpunkt auf Hochtechnologie fokussiert sein wird, also die qualitative der quantitativen Ausrichtung vorzieht.[54] Hinsichtlich der internationalen Beziehungen ist Indien auf die Foren G20 und BRIC konzentriert, sucht jedoch auch maritime Beziehungen zu anderen großen maritimen Akteuren, wie die Nähe zu den USA oder zur UN.[55] Gefestigte Kooperationen, wie das Abkommen über die zivile nukleare Zusammenarbeit von 2008, bestehen bereits.[56] Vor dem Hintergrund der Gegenmachtbildung gegenüber China im Indischen Ozean sehen die USA Indien als Partner an. Die Rivalitäten zwischen Indien und dem US-Verbündeten Pakistan werden in diesem Zusammenhang an Bedeutung verlieren.[57] Ersichtlich wird auch, dass Indien primär an bilateralen Beziehungen auf speziellen Gebieten interessiert ist und eine eher zurückhaltende Politik betreibt. Ungeachtet dessen verfolgt Indien maritime Interessen verbunden mit dem Anspruch auf regionale Seemacht und ist bereit, diese auch mit Seestreitkräften durchsetzen.

Neben der maritimen Diplomatie ist die militärische Abschreckung das ausschlaggebende Instrument, besonderes in der Konfrontation mit dem Nachbarstaat Pakistan und in der Balancehaltung der Kräfte zu China. Eine Kooperation mit der EU kann sich auf wirtschaftlichem Gebiet, vor dem Hintergrund des indischen Treibhausgasausstoßes[58] besonders im Zusammenhang mit ökologischen Technologien, entwickeln. Auf einer mittelfristigen Zeitachse ist davon auszugehen, dass Indien seinen Anspruch auf eine regionale Führungsrolle und regionale Seemacht nachdrücklich vertreten und durchsetzen wird.

52 Polymeropoulos et al. 2011, S. 26.
53 Ebd., S. 32.
54 Ebd., S. 5, 140.
55 Ebd., S. 5, 15, 164.
56 Polymeropoulos et al. 2011, S. 25.
57 Albrecht 2013, S. 261.
58 Neben den USA und China ist Indien der drittgrößte Treibhausgasemittent, auf dem Weltklimagipfel im Dezember 2010 hat Indien angekündigt, die Klimaziele der Konferenz ggf. verbindlich mit zu tragen.

8.1.6. Australien

In einem im März 2016 erschienenen Weißbuch[59] hat die australische Regierung ihre Sicht auf die Entwicklungen im asiatisch-pazifischen Raum und auf die maritime Fähigkeitsentwicklung dargestellt. Insbesondere zum Aspekt der Beziehungen im pazifischen Raum verfolgt Australien eine zweigeteilte Politik. Zum einen ist China der wichtigste Handelspartner Australiens und zum anderen sind die USA Australiens wichtigster Verbündeter und das unersetzliche Gegengewicht gegen die wachsende militärische und maritime Macht Chinas. Zudem beruht die wirtschaftliche Prosperität Australiens zu einem großen Teil auf Rohstoffexporten, deren Verschiffung, nicht nur nach China, sondern großenteils über Seehandelsrouten durch das Südchinesische Meer verläuft. 60 Prozent der Exporte des Landes durchqueren dieses Seegebiet. Daher befasst sich die australische Sicherheitspolitik eindringlich mit den Entwicklungen in diesem Seegebiet. Australien befürwortet daher und auch aus dem Aspekt der Bündnistreue die US-Interpretation der UN Convention on the Law oft the Sea (UNCLOS) und die von Präsident Obama öffentlich bekräftigte Linie: »The United States of America will sail, fly, and operate anywhere that international law permits«. Gleichzeitig wird seitens der australischen Regierung jedoch befürchtet, dass diese Bündnistreue dazu führt, unter politischen Druck durch die USA zu kommen, indem sich Australien an den US-amerikanischen »Freedom of Navigation«-Maßnahmen beteiligen müsse. Dies würde die bisherige Politik gefährden, sich nicht zwischen seinem wichtigsten Verbündeten und seinem größten Handelspartner entscheiden zu müssen. Die im Weißbuch formulierte sicherheitspolitische Linie wird auch durch andere Maßnahmen unterstützt. Beispielsweise enthält die gemeinsame Erklärung anlässlich der Australia-United States Ministerial Consultations (AUSMIN) vom 13. Oktober 2015 in Boston zum Thema »Chinesische Gebietsansprüche im Südchinesischem Meer« keine Aussagen zu gemeinsamen »Freedom of Navigation«-Operationen. Beide Seiten drückten in der Erklärung ihre Beunruhigung über die chinesischen Gebietsansprüche und die damit verbundene Bautätigkeit auf den von China reklamierten Inseln zwar aus, der Appell, Gebietsansprüche, Bautätigkeit und Militarisierung in dem Seegebiet zu stoppen, richtete sich aber nicht an China allein, sondern an alle Länder, die Ansprüche geltend machen könnten. Diese werden aufgefordert, Zurückhaltung zu üben, Spannungen abzubauen und von provokativen Maßnahmen Abstand zu nehmen. Damit verbunden sind die üblichen Aufforderungen wie die praktische Umsetzung der Declaration on Conduct of the Parties in the South China Sea, eine Vereinbarung eines Code of Conduct in the South China Sea.

Andererseits stellt das AUSMIN-Kommuniqué eine konstruktive Beziehung mit China durch Dialog, Zusammenarbeit und wirtschaftliches Engagement, analog zum Weißbuch, in den Vordergrund. Vorsichtige Formulierungen sind ein Ausdruck des Bestrebens Australiens, nicht automatisch in einen Konflikt seines

59 Siehe: Department of Defence, Australien, Defence White Paper 2016, <www.defence.gov.au/whitepaper/Docs/2016-Defence-White-Paper.pdf>, 191 Seiten, März 2016 (letzter Zugriff 13.10.2016).

stärksten Verbündeten mit seinem wichtigsten Handelspartner hineingezogen zu werden. Hier wird vielmehr die unabhängigere australische Außenpolitik vor allem in der pazifischen Region betont. Mit Blick auf die Fähigkeitsentwicklung stellt das Weißbuch ein Integrated Investment Program (IIP) vor, welches den ehemaligen Defence Capability Plan abgelöst hat. Es beschreibt eine Vielzahl unterschiedlicher Rüstungsprojekte mit einem Gesamtwert von 333,9 Mrd. australischen Dollar (ca. 215,6 Mrd EUR) über einen Zeitraum von ca. 30 Jahren.[60] Neben der Entscheidung zur U-Boot-Beschaffung hat die australische Regierung weitere Festlegungen zu einigen Kernprojekten des IIP getroffen. Hierzu zählt etwa das Fregattenprogramm SEA 5000. Mit dem Bau der nunmehr neun Fregatten soll im Jahre 2020 in Adelaide begonnen werden, zudem erfolgt eine Modernisierung der ANZAC-Fregatten bis 2018. Ebenso wird das Offshore Patrol Vessel (OPV) Programme SEA, der Bau von zwei Versorgungsschiffen und der von 24 Patrouillenbooten für befreundete Staaten als Maßnahme zur Stärkung der maritimen Komponente vorangetrieben.

Nach aktuellem Stand soll der letzte der drei Luftverteidigungszerstörer im Jahre 2018 fertiggestellt sein und bis 2028 sollen alle drei Schiffe die volle Einsatzfähigkeit erreicht haben. Der Bau der OPVs soll im Jahre 2018 in Adelaide beginnen, ab 2020 nach Westaustralien verlagert und bis 2033 abgeschlossen sein. Ab 2020 soll mit dem Bau der ersten Fregatte aus dem SEA 5000-Projekt begonnen werden und im Jahre 2044 beendet sein. Ab 2022/2023 ist der Bau des ersten U-Bootes geplant, volle Einsatzreife des ersten Bootes soll in den frühen 2030er-Jahren erreicht werden. Das Programmende ist für das Jahr 2057 vorgesehen. Weniger entwickelt werden die anderen beiden Teilstreitkräfte. Für die Landstreitkräfte liegt der Schwerpunkt beim Projekt gepanzerte Transport- und Gefechtsfahrzeuge mit einem Gesamtwert von 20,5 Mrd australischen Dollar (ca. 13,3 Mrd EUR). Die Luftstreitkräfte werden dominiert durch das US-amerikanische Joint Strike Fighter Projekt mit einem Wert von ca. 15 Mrd. australischen Dollar (10,8 Mrd. EUR).

Zusammenfassend wird festgestellt, dass die australische Regierung mit dem im März 2016 erschienenen Weißbuch für die nächsten Jahrzehnte einen umfassenden Fähigkeitsaufwuchs, gestützt auf eine Vielzahl umfangreicher Rüstungsprojekte, besonders im maritimen Bereich, vorgezeichnet hat. Damit steigt Australien in ein umfangreiches Rüstungs- und Schiffbauprogramm seiner Geschichte ein und hat sich einem dafür zwingend notwendigen Aufwuchs an Fähigkeiten, Technologie, Infrastruktur und ausgebildeten Fachkräften verschrieben. Der größere Anteil der Projekte liegt bei dem kontinuierlichen Schiffbauprogramm, das in Australien ab dem Jahre 2018 anlaufen wird. Das Weißbuch und das daran angehängte Rüstungsprogramm sind als ein sichtbares Anzeichen für die australische Wahrnehmung einer spannungsgenerierten Entwicklung im Ost- und Südchinesischem Meer zu bewerten. Die dort zu bemerkenden Intentionen Chinas werden durch Australien mit Interesse verfolgt und bewertet. Das Weißbuch lässt, wie auch schon das von 2009, die Sorge Australiens erkennen, dass die militärpolitische Entwicklung und die damit verbundene zunehmende Stärke Chinas in der pazifischen Region das Kriegspotenzial erhöht, sodass auf einer Zeitachse von 20

60 Auswärtiges Amt 2016, persönliche Mitteilung.

Jahren kriegerische Handlungen zwischen China und Australien nicht gänzlich auszuschließen sind. Die Modernisierung der australischen Streitkräfte, vornehmlich der See- und Luftstreitkräfte, lässt erkennen, dass die chinesischen Bestrebungen nicht tatenlos akzeptiert werden. Für Australien kann es somit erforderlich werden, neben den USA und Südkorea weitere Verbündete im pazifischen Raum zu haben, um im Sinne der neorealistischen Theorie die Balance of Power zu erhalten bzw. wiederherzustellen. Dass beide Staaten nicht tatenlos bleiben, zeigt sich auch in der gegenwärtigen und der geplanten Verfügbarkeit an Seekriegsmitteln. Es ist ersichtlich, dass Australien den zukünftigen Fokus auf die Fähigkeiten zur Durchführung von verdeckten Operationen mittels U-Booten, zu amphibischen Landungen mittels einer ausgebauten amphibischen Komponente und zur Durchsetzung der freien Nutzbarkeit der See- und Handelswege mittels Fregatten und Korvetten legt. Es wird erkennbar und ist auch australische politische Praxis, dass Australien, bei allen Vorbehalten gegenüber China und der Bündnistreue zur USA, eine unabhängige und ausgewogene Außenpolitik verfolgt und mit dem Rüstungsprogramm gewillt ist, seine vorwiegend maritim gelagerten Interessen glaubwürdig durchzusetzen. Australien wird somit dem Anspruch nach einer etwaigen regionalen Hegemonie und Seemacht Chinas mit maritimen Fähigkeiten entgegentreten können und gleichzeitig die Bemühungen der USA nach Erhalt des regionalen Führungsanspruches an Land und auf See unterstützen bzw. stützen.

8.1.7. Japan

Das 42. Weißbuch Japans[61] beschreibt die sicherheitspolitischen Veränderungen im asiatisch-pazifischen Raum und der Welt. Es ist wie das Weißbuch 2015 eine Fortschreibung der nach 2014 eingeleiteten veränderten Sicherheits- wie auch Verteidigungspolitik und stellt die ergänzenden Maßnahmen der japanischen Regierung in ihrer Umsetzung dar. Die Gliederung des Weißbuches 2016 ist analog dem vorhergehenden Weißbuch aufgebaut, jedoch wurden inhaltliche Veränderungen vorgenommen und anders gewichtet. So stellt das Weißbuch deutlich heraus, dass das Japan umgebende Umfeld schwieriger geworden ist. Zum einen durch die weiter zunehmende Bedrohung durch Nordkorea, zum anderen durch die chinesischen Versuche, den Status Quo im asiatisch-pazifischen Raum zu verändern. Die Veränderungen werden im Dokument in drei Abschnitten dargestellt:

I. Die Bewertung des Sicherheitsumfeldes.
II. Die Grundlagen der japanischen Sicherheitspolitik. und
III. Die Veränderung der Verteidigungsstrategie sowie die hiervon abgeleiteten Abschreckungs- und Reaktionsmöglichkeiten.

Der Abschnitt I beschreibt ausführlich das Japan umgebende Sicherheitsumfeld im asiatisch-pazifischen Raum und der Welt. Dies dient, wie auch schon zuvor, der Begründung der Veränderungen in der japanischen Sicherheitspolitik wie auch den politischen und militärischen Anpassungen und Umstrukturierungen der Japanischen Selbstverteidigungsstreitkräfte (JSDF) seit 2014. Die japanische Sicherheitspolitik

[61] MoD Japan 2016.

steht vor unterschiedlichen Herausforderungen, die in ihrer Wahrnehmung, Ausrichtung und Bewertung deutlicher als bisher gegenüber den vorhergehenden Weißbüchern (Japan verfasst jährlich ein Weißbuch) hervorgehoben werden. Die nordkoreanische Bedrohung durch die Entwicklung von Massenvernichtungswaffen und ballistischen Raketen und erfolgte Raketenabschüsse stellen für Japan unverändert die Hauptbedrohung dar, die es auch als Risiko für die gesamte Region und die internationale Gemeinschaft deutet. Die Sicherheitsbedenken gegenüber Chinas Aktivitäten werden zunehmend deutlicher herausgestellt. Die nicht transparente und doch offensichtliche Verstärkung der chinesischen Streitkräfte, Ausbau und Erweiterung der militärischen Infrastruktur auf den Inseln im südchinesischem Meer sowie die intensive Zunahme von militärischen wie auch hybriden Maßnahmen im Luft- und Seeraum im Südchinesischem Meer und Ostchinesischem Meer führt seitens Japan zu der Bewertung, dass China langfristig versucht, den Status Quo in beiden Regionen zu verändern. In Reaktion hierauf hat China dargelegt, dass dieses Weißbuch unverantwortliche Bemerkungen zur Chinas Verteidigungspolitik und zu Chinas normalen und legalen maritimen Aktivitäten im Südchinesischem Meer und Ostchinesischem Meer enthält. Japan versuche, so seine eigene Militarisierung zu rechtfertigen. Obwohl nur allgemein die russischen Aktivitäten in Syrien und der Ukraine erwähnt werden, wird aus japansicher Sicht die veränderte Rolle der russischen Sicherheitspolitik nach der neuen russischen Nationalen Sicherheitsstrategie dahingehend bewertet, dass Russland eine andere Rolle in einer multipolaren Welt einnehmen will. Japan unterstellt Russland, dass es die Stationierung russischer Streitkräfte in den nördlichen Territorien fortsetzt und damit eine Okkupation anstrebt und verfestigt. Darüber hinaus werden im Weißbuch 2016 Bedrohungen durch den internationalen Terrorismus, der Cyberraum und die Herausforderungen, welche mit der militärischen Nutzung des Weltraums sowie mit der Forschung und Entwicklung militärischer Technologien verbunden sind, genannt. Japan leitet aus der Gesamtheit aller Herausforderungen für seine Sicherheit Sicherheitsbedenken, zum Teil auch Bedrohungen, für das eigene Land, die Region sowie für die internationale Gemeinschaft ab, denen es alleine nicht begegnen kann. Der Abschnitt II des Weißbuches 2016 erläutert im ersten Teil zusammenfassend die Grundzüge der japanischen Sicherheitspolitik. Dargelegt werden, wie schon zuvor, die Bedeutung der nationalen Sicherheitsstrategie (NSS), der nationalen Verteidigungsrichtlinien (National Defense Program Guidelines) und es beinhaltet eine kurze Übersicht über die eingeleiteten Strukturmaßnahmen für die JSDF, geplante Rüstungsvorhaben und die Rüstungsausgaben (Medium Term Defense Program). Besonders wird in diesem Jahr die Notwendigkeit der Unterstützung durch die Gesellschaft des Landes, um der Problematik Demografie, Personalgewinnung und Anerkennung der JSDF in der Gesellschaft zu begegnen, hervorgehoben. Zur Implementierung der japanischen Sicherheitsgesetzgebung im März 2016 ist ein erläuternder Abschnitt beigefügt. Das Weißbuch hebt auch die Bedeutung des japanisch-amerikanischen Militärbündnisses hervor. Der zweite Teil dieses Abschnittes stellt die militärischen Beziehungen zwischen Japan und den USA, wie schon zuvor, als Hauptpfeiler der japanischen Sicherheit dar. Die Stärkung dieser Allianz zwischen beiden Ländern wird durch besondere

Maßnahmen wie Erhöhung der Präsenz im West-Pazifik, gemeinsame Ausbildungs- und Übungsvorhaben, gemeinsame Nutzung von Ausbildungseinrichtungen, verstärkte Kooperation im Bereich Nachrichtenwesen, Überwachung und Aufklärung dokumentiert. Diese Verstärkung der Zusammenarbeit wird auch durch den im November 2015 etablierten Alliance Coordination Mechanism (ACM) zum schnellen Austausch bilateraler Informationen und den Bilateral Planning Mechanism (BPM) zur Entwicklung gemeinsamer Planungen untermauert. Der Stationierung von US-Truppen auf Okinawa ist erneut ein Abschnitt gewidmet, nicht mehr in der Ausführlichkeit wie zuvor, jedoch mit derselben Absicht, die Notwendigkeit der US-Präsenz im Süden Japans als Garant seiner Sicherheit zu begründen. Im Hinblick auf die geplante Verlegung des US-Stützpunktes Futenma auf Okinawa heißt es, dass ein Standortwechsel innerhalb der Präfektur nach Henoko trotz des starken Wunsches der Bevölkerung nach einem Abzug des Stützpunkts von der Insel die einzige Lösung sei. Der Abschnitt III ist neu gestaltet worden und beinhaltet einen Maßnahmenkatalog zur Erhöhung der Sicherheit des Landes und seiner Menschen. Als erste Maßnahme werden die in 2015 eingeleitete Reorganisation, Umstrukturierung und Anpassung des japanischen Verteidigungsministeriums (JMOD), der Streitkräfte und der Rüstungsabteilung (ATLA) für die Bedeutung der Erhöhung der Verteidigungskapazitäten genannt. Im zweiten Teil werden unter der Überschrift Abschreckung und Reaktion exemplarisch Maßnahmen aufgezeigt, um heutigen und zukünftigen Bedrohungen im japanischen See- und Luftraum, der abgelegenen Inseln, ballistischen Raketenangriffe, Terroranschlägen, Cyberangriffen, Bedrohungen aus dem Weltraum und großen Umweltkatastrophen zu begegnen. Der dritte Teil befasst sich deutlicher als zuvor mit Maßnahmen zur aktiven Sicherheitskooperation. Dabei werden nicht nur die bilateralen Maßnahmen im asiatisch-pazifischen Raum genannt, sondern auch die Verstärkung der Kooperation mit der internationalen Gemeinschaft. Beispielhaft werden Maßnahmen zur Erhöhung der maritimen Sicherheit, Teilnahme an gemeinsamen militärischen Übungen, friedenserhaltende Operationen und Abrüstungsinitiativen genannt. Japan verfolgt hiermit das Ziel, über eine internationale strategische Verteidigungskooperation Stabilität in der Region zusammen mit den ASEAN-Staaten und der internationalen Gemeinschaft zu erreichen. Das Weißbuch schließt mit einer Darstellung über die zukünftige Ausrüstung und Technologie.

Das Weißbuch trägt der aktuellen Sicherheitslage im asiatisch-pazifischen Raum Rechnung und akzentuiert die veränderten Schwerpunkte der japanischen Sicherheitspolitik. Es bestätigt den neuen Kurs der japanischen Regierung, wie u.a. die Umstrukturierung und Ausrichtung der Japanischen Selbstverteidigungsstreitkräfte (JSDF), die internationale Sicherheitskooperation sowie die Anpassung der wehrtechnischen Industrie an und ihre zukünftige Ausrichtung auf eine internationale wehrtechnische Kooperation. Das Dokument hat einen starken maritimen Fokus und lässt die Bewertung zu, dass Japan beabsichtigt, stärker als bisher die maritime Säule, und die damit verbundene US-Kooperation hervorzuheben und zu stärken.

8.1.8. Deutschland

Für Deutschland als historisch geprägte Landmacht spielten lange Zeit maritime sicherheitspolitische Interessen eine eher untergeordnete Rolle. Im Zuge der zugenommenen und zunehmenden maritimen, vorwiegend wirtschaftlichen, Abhängigkeit rücken diese jedoch stärker in die sicherheitspolitischen Überlegungen. Eine maritime Strategie hat Deutschland nicht. Trotzdem sind maritime Aspekte in den strategischen Dokumenten, insbesondere im Weißbuch 2016 verankert (BMVg 2016). Im Vordergrund stehen Themen wie sicherheitspolitischer Dialog, Strategiefähigkeit, Weiterentwicklung des vernetzten Ansatzes, Sicherheitsvorsorge und Resilienz, Stabilisierung und Sicherheit des internationalen Umfelds, Krisenfrüherkennung, UN, NATO, EU, bi- und multilaterale Partnerschaften, Rüstungskontrolle und OSZE, Rechtsgrundlagen von Auslandseinsätzen der Bundeswehr, Verankerung der Bundeswehr in der Gesellschaft, Innere Führung und Tradition. Diese Themen haben jeweils unmittelbare oder mittelbare Bezüge zum maritimen sicherheitspolitischen Verständnis Deutschlands. Die strategische Bedeutung der maritimen Sicherheit für Deutschland und Europa ist in den vergangenen Jahren deutlich gestiegen. Beispiele hierfür sind die Initiativen am Golf von Guinea, die durch Deutschland und die EU dort zur Gewährleistung des dortigen freien Seeverkehrs unterstützt werden, die Einbringung und Förderung deutscher Positionen in den Ostsee- und Schwarzes-Meer-Dialog sowie die Förderung und Umsetzung der Europäischen Maritimen Sicherheitsstrategie. Trotz politischer Konsolidierung und Koordinierung von Maßnahmen zur Verbesserung der maritimen Sicherheit u.a. zwischen EU, NATO, UN, G7 und einzelnen Nationen bestehen vielfältige humanitäre und sicherheitspolitische Herausforderungen[62] fort oder haben sich neu ausgeprägt. Als Teil der Weltgemeinschaft ist sich Deutschland bewusst, diesen Herausforderungen mit der Übernahme von internationaler Verantwortung zu begegnen und seinen Beitrag zur Herstellung und Erhaltung von Frieden und Sicherheit auch im maritimen Raum zu leisten. Aus dem Selbstverständnis als globaler maritimer Akteur, aufgrund maritimer Gefährdungen, wegen der humanitären maritimen Katastrophen und als Ausdruck einer wertegeleiteten Außen- und Sicherheitspolitik ist Deutschland gewillt, Staaten und Regionalorganisationen auf dem Weg zu Stabilität und Prosperität, bei der Überwindung humanitärer Notlagen und der Gewährleistung eines sicheren maritimen Umfeldes nachdrücklich zu unterstützen. Ergänzend zum Weißbuch werden in den gültigen Verteidigungspolitischen Richtlinien (VPR) aus dem Jahre 2011 einige maritime Interessen herausgestellt. Das Weißbuch von 2016 verwendet den Begriff der maritimen Sicherheit nicht, sondern spricht vielmehr von seewärtigen Herausforderungen, denen es zu begegnen gilt. Die im multinationalen Rahmen operierenden Streitkräfte sollen Krisen und Konflikte bereits am Ort ihres Entstehens bewältigen. Dazu gehören die Fähigkeit zu bewaffneten Einsätzen auf See, die Unterstützung von Landstreitkräften, die seeseitige Durchsetzung

62 Zum Beispiel: Seenotrettung, derzeit im Rahmen der EUNAVFOR MED Sophia, Migrationsbewegungen nach Europa, beide verlangen von den europäischen Staaten, insbesondere von Deutschland, umfassende Lösungsansätze.

von Embargos und Sanktionen, die Durchführung humanitärer Hilfseinsätze sowie Evakuierungsoperationen. Neben der Krisenintervention kommen der Marine angesichts der maritimen Abhängigkeit der deutschen Wirtschaft mit dem Schutz der Küstengewässer und der internationalen Seewege weitere besondere Aufgaben hinzu: Die Fähigkeit zur Seeraumüberwachung, zur Abwehr von Seeminen, von Unterseebooten und maritimen terroristischen Bedrohungen, einschließlich der Unterstützung der Polizei von Bund und Ländern in Form der Amtshilfe.

Die Sicherheitsinteressen Deutschlands im maritimen Raum konzentrieren sich laut den Verteidigungspolitischen Richtlinien von 2011 darauf, »einen freien und ungehinderten Welthandel sowie den freien Zugang zur hohen See und zu natürlichen Ressourcen zu ermöglichen«.[63] Ein zentrales maritimes sicherheitspolitisches Interesse Deutschlands ist damit unter Einhaltung des Völkerrechts und nationalen Rechts die Förderung und Gewährleistung der Freiheit der Seewege sowie der Stabilität im maritimen Raum. Darunter fallen folgende Aufgaben:

1. der Landesverteidigung als Bündnisverteidigung im Rahmen der NATO;
2. der internationalen Konfliktverhütung und Krisenbewältigung, einschließlich des Kampfes gegen den internationalen Terrorismus;
3. der Beteiligung an militärischen Aufgaben im Rahmen der Gemeinsamen Sicherheits- und Verteidigungspolitik der EU;
4. im Rahmen von Beiträgen zum Heimatschutz (d.h. Verteidigungsaufgaben auf deutschem Hoheitsgebiet sowie Amtshilfe in Fällen von Naturkatastrophen und schweren Unglücksfällen, zum Schutz kritischer Infrastruktur und bei innerem Notstand);
5. der Rettung und Evakuierung sowie Geiselbefreiung im Ausland;
6. der Partnerschaft und Kooperation als Teil einer multinationalen Integration und globalen Sicherheitszusammenarbeit im Verständnis moderner Verteidigungsdiplomatie und
7. der humanitären Hilfe im Ausland.

Die maritime Dimension dieser Aufgaben wird nicht weiter erörtert, auch wenn die Mehrzahl des Aufgabenspektrums auf die Notwendigkeit einer starken maritimen Komponente hindeutet. Ein zentrales maritimes sicherheitspolitisches Interesse Deutschlands ist damit unter Einhaltung des Völkerrechts und nationalen Rechts die Förderung und Gewährleistung der Freiheit der Seewege sowie der Stabilität im maritimen Raum. Ferner gehört hierzu der Schutz von Bürgern, Infrastruktur, Verkehr, Umwelt und Meeresressourcen. Deutschland leistet damit einen Beitrag zur weltweiten und eigenen maritimen Sicherheit. Darüber hinaus kann der maritime Raum für Logistik und als Transportweg bei militärischen Operationen dienen. Dem soll das maritime sicherheitspolitische Interesse Deutschlands Rechnung tragen. Wie in den VPR dargelegt, sind die Abwicklungsraten des Außenhandels Deutschlands auf dem Seeweg, die Energieversorgungssicherheit mit einer zunehmenden Abhängigkeit vom Seeverkehr, von der Seeverkehrsinfrastruktur und geeigneten Hafenanlagen ein wesentlicher Beitrag zur Versorgungssicherheit der deutschen Volkswirtschaft. Die Bundesrepublik Deutschland hat daher im europäischen und globalen mari-

63 VPR 2011, S. 5.

timen Raum ein strategisches Interesse daran, Sicherheitsherausforderungen zu ermitteln, diese anzunehmen und zu lösen. Dazu sind wirksame und kosteneffiziente Lösungen zu dessen Schutz – einschließlich der Grenzen, Häfen und Offshore-Anlagen – notwendig, sodass der Seehandel gesichert, potenzielle maritime Risiken und Bedrohungen angegangen und gleichzeitig die Meeresumwelt nachhaltig erhalten bleiben bzw. wiederhergestellt werden kann.

Der maritime Raum ist für Deutschland und Europa aufgrund seines ökonomischen Potenzials unmittelbar von Bedeutung. Dynamische Entwicklungen und Ressourcenreichtum lassen sowohl Afrika als auch Asien als Absatzmarkt und Rohstofflieferanten attraktiv erscheinen. Hinzu kommen das steigende maritime Wirtschaftspotenzial der nordischen Staaten sowie die strategische und ökonomische Bedeutung der Arktis. Für die begonnene positive maritime Entwicklung in Afrika und Asien bleibt die Stabilität im maritimen Raum eine zentrale Voraussetzung. Für die maritime Entwicklung in Nordeuropa und in dessen Peripherie gilt dies ebenso. Staatliche und regionale Stabilität wird in Teilen Afrikas und Asiens durch gesellschaftliche Umbrüche, demografische Entwicklungen und daraus erwachsende Spannungen, Migrationsbewegungen, Menschenrechtsverletzungen, Korruption, Auswirkungen des Klimawandels, Anstieg der maritimen Rüstungspotenziale und bewaffnete Konflikte gefährdet. Hinzu kommen Spannungen im maritimen Raum in der Peripherie zu Deutschland, der EU und des NATO-Bündnisgebietes, wie beispielweise im MENA-Raum[64] und der Arktis. Aus deutscher Sicht sind zudem der Ostseeraum und die Entwicklungen seiner Anrainerstaaten und deren besonderes Verhältnis untereinander sowie zu Russland von sicherheitspolitischem Interesse. Im politischen und strategischen Interesse Deutschlands ist es daher, diesen die maritime Sicherheit gefährdenden Stabilitätsrisiken frühzeitig und umfassend zu begegnen und auf diese Weise zur positiven Entwicklung des maritimen Raumes beizutragen. Zusammenfassend sind im Zuge der Umsetzung der Vorgaben aus den VPR, der EU MSS und der AMS folgende sicherheitspolitische Interessen im maritimen Raum von besonderer Bedeutung für Deutschland:

1. Nutzung des maritimen Raumes, um eigene Kräfte im Rahmen streitkräftegemeinsamer Operationen über und von See rechtzeitig, flexibel und weitgehend unabhängig verlegen, bereithalten, führen, schützen und unterstützen zu können;
2. freier und ungehinderter Seeverkehr und Zugang zur hohen See sowie zu natürlichen Ressourcen;
3. Verhinderung, Prävention und Bewältigung von Krisen und Konflikten im maritimen Raum und im angrenzenden Küstenstaat;
4. internationale Geltung der Menschenrechte und Demokratieförderung;
5. Sicherheit deutscher Staatsbürger vor unmittelbaren Gefahren im Ausland, einschließlich derer in Küstengewässern und auf der hohen See;
6. Schutz der Umwelt in allen Klimaregionen einschließlich der Minimierung von Auswirkungen des Klimawandels, hier vornehmlich für Deutschland durch

[64] Middle East North Africa.

seine führende Stellung als maritim forschende und technologienentwickelnde Nation;

7. Förderung von maritimen Technologien und des maritimen Wirtschaftszweiges.

Um die durch die deutschen maritimen Sicherheitsinteressen abzuleitenden Ziele zu erreichen, wird ein ressortübergreifender bzw. -gemeinsamer Ansatz verfolgt und umgesetzt. Dazu gehört die Stärkung der Zusammenarbeit zwischen den zuständigen zivilen und militärischen Behörden, der Schifffahrt, der Wirtschaft, der Forschung und Technologie und der damit befassten EU, NATO sowie weiteren internationalen Stellen. Deutschland handelt im maritimen Raum bei der Ausübung von Hoheitsrechten und -befugnissen nach dem Völkerrecht einschließlich der vollständigen Einhaltung des Seerechtsübereinkommens (SRÜ) und bilateraler Verträge und unter Nutzung sowie Ausbau der vorhandenen maritimen Fähigkeiten und Instrumente der Bundesrepublik Deutschland. Die deutsche Position ist die Nutzung und Harmonisierung dieser Fähigkeiten und Instrumente auf EU- und NATO-Ebene sowie die Abstimmung mit bestehenden internationalen und regionalen Foren. Dies schlägt sich in einer uneingeschränkten Unterstützung und Förderung der dazu initiierten Prozesse durch Deutschland nieder. Damit verbunden unterstützt Deutschland die Beilegung von Konflikten, die sich bei der Auslegung und Anwendung des SRÜ ergeben. Die dafür zuständigen internationalen Gerichtshöfe, wie der Internationale Seegerichtshof in Hamburg, sowie internationale, meist regionale Gremien werden unterstützt.

Effektiven Sicherheitskräften mit maritimen Fähigkeiten und Regionalorganisationen kommt aus deutscher Sicht vor allem bei der Gewährleistung sicherer Seehandelswege, dem Schutz maritimer Infrastruktur, der Bekämpfung des Terrorismus, der Schleuserkriminalität und der Piraterie große Bedeutung zu. Darüber hinaus sind militärpolitische Interessen, die sich aus laufenden Einsätzen und Verpflichtungen, die ähnlich den Einsätzen gestellt sind oder sich aus Kooperationsnotwendigkeiten der militärischen Organisationsbereiche ergeben, von hoher Relevanz. Insgesamt verfolgt Deutschland das Ziel, zur Weiterentwicklung der maritimen Fähigkeiten von Streitkräften und Behörden, besonders von Partner- und Bündnisstaaten wie afrikanischen, asiatischen Staaten und Staaten des MENA-Raumes sowie von Regionalorganisationen, beizutragen. Es wird davon ausgegangen, dass sich diese langfristig zu einem stabilisierenden Faktor erfolgreicher Konfliktprävention und, sofern erforderlich, effektiven Krisenmanagements auch über den maritimen Raum hinaus entwickeln können.

Nach deutschem Verständnis sollten die deutschen Streitkräfte vorzugsweise im multinationalen Rahmen auf und von See aus strategische Aufgaben wahrnehmen und im globalen Maßstab Reichweite, Flexibilität und Zugangsmöglichkeiten bieten. Damit soll eine verantwortungsvolle Staatsführung unterstützt werden. Die anhaltende Präsenz von Seestreitkräften soll die Freiheit der Schifffahrt unterstützen und gewährleisten. Ein Hauptfaktor in dieser Hinsicht ist die Unterstützung bei der Beachtung des Völkerrechts, insbesondere des Grundsatzes der ausschließlichen Hoheitsbefugnisse des Flaggenstaats über seine Schiffe auf hoher See sowie der funktionsbezogenen Immunität des Personals in Amtsausübung auf See. Deutschland engagiert sich bereits im Rahmen der NATO, der Europäischen Union, der Vereinten Nationen, der G7 und in Regionalorganisationen und -initiativen, um seinen Beitrag zur Umsetzung zu leisten. Das maritime Engagement Deutschlands berücksichtigt dabei stets die Vorgaben der EUMSS und der AMS.

Die deutsche maritime Politik ist, zusammenschauend gesehen, ein Ausdruck eines alle Ressorts einbeziehenden umfassenden und vernetzten Ansatzes, der in den EU- und NATO-Rahmen eingebettet ist und die Kohärenz mit dem Handeln der Vereinten Nationen wahrt. Dies beinhaltet auch die Entwicklung von EU-Regionalstrategien und die Umsetzung des Aktionsplans zur Maritimen Sicherheitsstrategie der Europäischen Union. Im maritimen Raum ist neben den staatlichen Akteuren und Regionalorganisationen eine Vielzahl weiterer Akteure aktiv. In diesem Zusammenhang sind internationale Organisationen, Nichtregierungsorganisationen, transnationale Konzerne und weitere nicht- bzw. parastaatliche Akteure zu nennen. Diese vielschichtige Akteurskonstellation erfordert eine fortlaufende Informationsgewinnung und Lageauswertung. Ein vertiefter Austausch und eine enge Abstimmung mit anderen Ressorts, Partnern und anderen Akteuren ist daher unerlässlich. Die komplexen sicherheitspolitischen Herausforderungen im 21. Jahrhundert können im deutschen Verständnis nicht durch einen einzelnen Staat bewältigt werden, sondern bedürfen zwingend internationaler Zusammenarbeit. Deutschland trägt diesem Umstand durch die grundsätzlich multilaterale Ausrichtung seiner Außen- und Sicherheitspolitik Rechnung. Dabei ersetzt die Bedeutung, die Deutschland den Interessen seiner Partner und Verbündeten einräumt, nicht die Definition eigener nationaler maritimer Interessen. Vielmehr ist deren Bestimmung eine Voraussetzung für die internationale Abstimmung im Rahmen von Bündnissen und internationalen Organisationen sowie für die Identifikation gemeinsam verfolgter Interessen unter Einbeziehung der Risiko- und Bedrohungswahrnehmung. Erst auf der Grundlage klar formulierter nationaler Interessen ist die Bestimmung verflochtener maritimer Interessen auf internationaler Ebene möglich. Diese sind ihrerseits eine Voraussetzung für den effizienten und effektiven Einsatz begrenzter Ressourcen im Rahmen des maritimen Engagements für eine stabile maritime Sicherheit Deutschlands und seiner Verbündeten und Partner.

Das Weißbuch von 2016 legt, wie im Titel erkennbar, den Schwerpunkt auf die militärischen Aspekte der Sicherheitspolitik. Es handelt sich beim Weißbuch deshalb nicht um eine strategische Doktrin Deutschlands im Sinne einer nationalen Sicherheitsstrategie, sondern um ein strategisches Konzept für die Bundeswehr. Das Weißbuch kann daher als wichtiger erster Schritt in Richtung einer gesamtstaatlichen, ressortübergreifenden Sicherheitsstrategie verstanden werden, die noch weiter ausgebaut und thematisch vertieft werden muss. Auch die nur peripher behandelten sicherheitsrelevanten maritimen Themen werden der wirtschaftlichen und sicherheitspolitischen Bedeutung des maritimen Raums für Deutschland nicht vollends gerecht. Darüber hinaus konzentrieren sich die verteidigungspolitischen Richtlinien primär auf die Aufgaben der Bundeswehr im maritimen Raum und bieten nur bedingt einen Einblick in die strategische Gesamtausrichtung deutscher maritimer Sicherheitspolitik. Die genannten Strategiedokumente der EU und NATO bilden in diesem Kontext eine übergeordnete Kategorie, die Interessen, Aufgaben und mögliche Fähigkeiten Deutschlands implizieren, sich aber in nationalen Dokumenten nicht eindeutig wiederfinden. In Anbetracht der wirtschaftlichen Bedeutung der Handelsflotte für Deutschland als viertgrößter Schifffahrtnation weltweit und der Abhängigkeit für den Wohlstand der Bevölkerung erscheint für Deutschland eine Formulierung einer maritimen Sicherheitsstrategie auf Grundlage eines holistischen Ansatzes unter besonderer Berücksichtigung von Bedrohungen, Risiken und Verwundbarkeiten, notwendig.

Festzuhalten und erkennbar ist jedoch aus den vorhandenen Dokumenten, dass das deutsche Engagement für eine stabile maritime Sicherheit Ausdruck eines alle Ressorts einbeziehenden umfassenden und vernetzten Ansatzes ist. Dieser Ansatz ist stets in den EU- und NATO-Rahmen eingebettet und wahrt die Kohärenz mit dem Handeln der Vereinten Nationen und den G7-Staaten. Der Schwerpunkt deutscher maritimer Interessen liegt hier auf der Entwicklung und Fortführung von Regionalstrategien, der Umsetzung des Aktionsplanes zur Europäischen Maritimen Sicherheitsstrategie (EUMSS) und der Weiterentwicklung und Operationalisierung der Alliance Maritime Strategy (AMS) der NATO.

8.2. Der seestrategische Charakter verschiedener Seegebiete für Seemacht

In diesem Kapitel werden die seestrategisch relevanten Seegebiete betrachtet. Die im vorhergehenden Kapitel aufgeführten Staaten werden aufgrund ihrer geografischen Lage thematisiert und in Beziehung zum Seegebiet gesetzt. Auf die einzelnen Seegebiete wird jedoch nur knapp eingegangen, da ausführliche Diskussionen an anderer Stelle zu finden sind.[65] Zudem wird ein Bezug zur im Kapitel 2 ausgeführten Raumtheorie nach Schmitt hergestellt.

8.2.1. Arktischer Ozean und Europäisches Nordmeer

Das zunehmende Interesse an der Arktis und die möglichen Auswirkungen auf die Sicherheitspolitik lassen sich auf die Änderungen der atmosphärischen und ozeanografischen Parameter und deren Implikation auf das arktische Klima zurückführen.[66] Aus dem Abschmelzen des Meereises ergibt sich ein bisher wenig einschätzbares Sicherheitsrisiko an der Peripherie der EU. Zwar existieren hinsichtlich der Landmassen der Arktis, die den kleineren Teil des Gebiets umfassen, zwischen den fünf Anrainerstaaten keine Grenzstreitigkeiten, allerdings bestehen Dissense über die Wassersäule und den Unterwasserboden. Hier sind die Streitigkeiten zwischen den USA und Kanada über die Rechtsnatur der Kanada vorgelagerten Nordwestpassage und die Zugehörigkeit eines Teils der Beaufortsee, in dem Erdöl vermutet wird, sowie die Unstimmigkeiten zwischen Norwegen und der Russischen Föderation bezüglich

---

65 Masala et al. 2015.

66 Allgemein zum Thema siehe Albrecht et al. 2014.

der Nutzungsrechte in der Barentssee zu nennen. Weitere offene Fragen bestehen auch hinsichtlich des Festlandsockels von Spitzbergen und der Gewässer um die kleinen Inseln Hans, Jan Mayen und Wrangel.[67] Die fünf Anrainerstaaten versuchen, die Grenzen ihres jeweiligen Festlandssockels über die im Seerechtsübereinkommen festgelegten 200 nautischen Meilen hinaus zu erweitern; beispielsweise beansprucht die Russische Föderation 350 nautische Meilen (nm). Das Ziel dieser Bemühungen ist die Erlangung der Befugnis zum Abbau etwaiger Bodenschätze, die sich wahrscheinlich im äußeren Festlandsockel befinden. Einschlägigen Quellen zufolge befinden sich schätzungsweise 23 Prozent der gesamten Weltvorräte an Öl und Gas in der Arktis.[68] Norwegen und die Russische Föderation richteten 2006 bzw. 2001 Positionspapiere an die für das Seerechtsübereinkommen zuständige Kommission zur Begrenzung des Festlandsockels[69] mit dem Ziel, einen Festlandssockel über 200 nm hinaus nachzuweisen. Bei Erfolg des Vorhabens würde die Russische Föderation 450 000 km^2 und Norwegen 96 500 km^2 des arktischen Festlandsockelgebiets hinzugewinnen. Bisher gibt es jedoch keine Empfehlung der Kommission. Die restlichen arktischen Anrainerstaaten haben rechtswahrende Erklärungen gegen den russischen Antrag abgegeben.[70] Zukünftig wird mit Anträgen von Kanada und Dänemark bezüglich der Festlandsockelerweiterung gerechnet. Die bisherigen Aktivitäten der vier Arktisanrainerstaaten haben in den USA dazu geführt, dass die Debatte über den Beitritt zum Seerechtsübereinkommen belebt wurde, um so insbesondere die Rechte der USA an der Nordflanke der Russischen Föderation zu wahren.[71] Derzeit haben alle Anrainerstaaten Expeditionen zur Untersuchung des Festlandsockels gestartet, um die unterseeischen Gebiete hinsichtlich der möglichen Festlandsockelverlängerung zu untersuchen und vor der internationalen Öffentlichkeit die territorialen Ansprüche belegen zu können.[72] Häufig wird in den Medien dabei auch von einem Wettlauf um die Arktis gesprochen, der mit Sicherheitsrisiken verbunden ist.[73]

Im World Ocean Review 2010[74] wird ausgeführt, dass sich aufgrund einer Ausnahmeregelung, formuliert im SRÜ, zusätzliche Streitpunkte ergeben. Im SRÜ wird zwischen den »ozeanischen Bergrücken«, die nicht unmittelbar mit dem Festlandrand verbunden sind, den »unterseeischen Bergrücken« und den »unterseeischen Erhebungen« unterschieden. Dies ergibt Festlegungen hinsichtlich der Grenzen der möglichen ausschließlichen Wirtschaftszonen. Die 350 nm Linie trifft u.a. zu, wenn der Festlandsockel über Teile eines unterseeischen Bergrückens verläuft. Im Gegensatz dazu gilt diese Festlegung für unterseeische Erhebungen nicht, da diese im Gegensatz zu unterseeischen Bergrücken aus vulkanischem Gestein, also

67 Stevenson 2007, S. 263.

68 Alexander, Bryan, Cherry Alexander, Drawing lines in melting ice. In: The Economist, 16.08.2007, https://www.economist.com/international/2007/08/16/drawing-lines-in-melting-ice (letzter Zugriff 12.10.2020).

69 Art. 76, Abs. 8 SRÜ.

70 Macnab 2007, S. 9.

71 Mattler 2005, S. 33.

72 WOR 2010, S. 1 f.

73 Fritz-Vannahme 2008, S. 1 f.

74 WOR 2010.

aus einem anderen Material als der Festlandsockel, bestehen. Dass beide Bodenteile miteinander verbunden sind, bleibt hier unberücksichtigt, da sie einen unterschiedlichen geologischen Ursprung haben. Unterseeische Bergrücken sind in ihrer Zusammensetzung der des Festlandrands ähnlich und somit geologisch identisch. Bezüglich der Arktis muss diese Untersuchung und Feststellung noch geleistet werden. Durch die Vielzahl der Expeditionen in der Region erhoffen sich die Anrainer diesbezüglich entsprechende Antworten. Die geologische Beschaffenheit regelt letztlich die weiteren Abkommen im Rahmen des SRÜ. Zur rechtlichen Stellung des Lomonossow-Rückens ist Russland der Ansicht, dass es sich um eine »unterseeische Erhebung« gemäß dem SRÜ handelt, was zur Folge hat, dass aus Sicht Russlands die oben genannte 2500-Meter-Linie als Begrenzung anzuwenden ist. Untersuchungen weisen jedoch darauf hin, dass die Bodenzusammensetzung nicht der des russischen Festlandsockels entspricht. Die Nachweispflicht liegt hier bei dem den Anspruch erhebenden Staat. Neben Russland waren somit auch Kanada und Dänemark in der Pflicht, ihre Ansprüche bis spätestens 2014/2015 nachzuweisen, da die Unterlagen gemäß SRÜ maximal zehn Jahre nach dem Beitritt zum SRÜ vorliegen müssen. Bisher, 2017, erfolgte dies immer noch nicht, sodass der Zustand hier schwebend ist. Eine Verlängerung der Nachweispflicht ist daher wahrscheinlich. Aufgrund der vermuteten Rohstoffvorkommen und zukünftigen Möglichkeiten der Nutzung der Nordwest- und Nordostpassage für den Seeverkehr ist davon auszugehen, dass die Fristen über den 10-Jahres-Zeitraum hinaus verlängert werden und man sich vorerst auf ein Abgrenzungsübereinkommen verständigen wird. Eine kurzfristige militärische Auseinandersetzung im arktischen Seeraum ist derzeit nicht absehbar. Diese Bewertung ergibt sich besonders vor dem Hintergrund der Festlegung des Willens zur friedlichen Einigung im Rahmen des internationalen Seevölkerrechts gemäß der Vereinbarung von Ilulissat[75] aus dem Jahre 2008. Inwieweit Nichtanrainerstaaten in die Frage der Arktis eingreifen werden, um beispielsweise an der Ressourcenausbeutung beteiligt zu sein, bleibt gegenwärtig offen. Erkennbare Tendenzen, sich in der arktischen Debatte zu engagieren, zeichnen sich jedoch ab. China entwickelt hier beispielsweise ähnliche Aktivitäten wie bereits in Afrika.[76]

Wird die Entwicklung in den letzten Jahren betrachtet, so ist erkennbar, dass die Anzahl der Streitpunkte zwischen den Anrainerstaaten zugenommen hat und der Wille besteht, die politische Konstellation in der Arktis zu jeweils eigenen Gunsten zu verändern. Dies wird einerseits in der klaren und bewussten Abgrenzung der Anrainerstaaten gegenüber anderen, im Arktischen Rat vertretenen Staaten

75 Die Ilulissat-Konferenz wurde im Jahr 2007 in der grönländischen Stadt Ilulissat von Dänemark ausgerichtet. Teilnehmer waren die fünf Arktisanrainer. Zweck der Konferenz war eine Absprache über die Zukunft der Arktis. Als Mangel der Konferenz kann gesehen werden, dass weder andere staatliche Akteure noch die indigene Bevölkerung der Arktisregion beteiligt wurden. Vgl. Winkelmann 2008, S. 1). Auf dem Arctic Cycle 2015 wurde dies nochmals bestätigt, Kanada und Dänemark bekräftigten daher auf der Tagung diesbezüglich aktiv zu werden.

76 Auf dem Arctic Circle 2015, 16.–19.10.2015 in Reykjavik hat China als eine von drei Nationen eine Länderpräsentation zu den chinesischen Aktivitäten in der Arktis im Plenumsrahmen vorgestellt. Schwerpunkte waren in der Darstellung Explorations- und Eisdickenuntersuchungen an Land und auf See. Es wurde herausgehoben, dass das Polarforschungsschiff »Polar Dragon« bereits sechs Mal Expeditionen in der Arktis durchgeführt hat.

ersichtlich, andererseits aber auch in der Auseinandersetzung um die arktische Vormachtstellung zwischen den Anrainerstaaten.

Die Motive der Staaten scheinen sich auf den ersten Blick zu unterscheiden. Während Norwegen in erster Linie durch Vorbehalte gegenüber Russland getrieben zu sein scheint, agiert Russland aufgrund eines machtpolitischen Kalküls und demonstriert in der Arktis politische sowie militärische Stärke, um seine Ansprüche auf regionale Seemacht zu untermauern. Die Handlungen Kanadas lassen sich ebenso als sicherheitspolitisch motiviert einordnen; sie schwanken in ihrer Ausprägung jedoch zwischen der Verteidigungs- und der Wirtschaftspolitik. Für das Seegebiet stellt sich insbesondere die Frage, ob der Konflikt in der Arktis überhaupt durch die klimatischen Veränderungen und das Streben nach Rohstoffen bedingt ist. Vielmehr erscheint er als machtpolitisch, u.a. mit dem Ziel der regionalen Seemacht, insbesondere durch Russland, motiviert und durch teilweise unvereinbare Territorialansprüche und wirtschaftliche Interessen gekennzeichnet. Das Ziel der Machtmaximierung und der Erlangung günstiger Ausgangspositionen bei etwaigen Verhandlungen prägt das Verhalten der Akteure. Die dabei angewandten Taktiken unterscheiden sich jedoch in Abhängigkeit der den Akteuren zur Verfügung stehenden Fähigkeiten und den sich hieraus ergebenden Einflussmöglichkeiten. Während Kanada und Russland auf die klassische Machtbildung durch eine »Show of Military Force«, zur Demonstration von militärischer Stärke mittels des Instrumentes Streitkräfte, sowie, im Falle Kanadas, der Einflussnahme in der NATO und diplomatischen Druck setzen, zeigt sich Norwegen verhandlungsbereiter. Auffallend ist jedoch, dass alle Seiten den Konflikt auf diplomatischem Wege bzw. durch eine verbindliche Rechtsordnung lösen wollen. Eine militärische Eskalation der Auseinandersetzungen scheint derzeit weit entfernt und unwahrscheinlich. Es ist jedoch fraglich, ob dies in Zukunft so bleiben wird, da der niedrige Level of Ambition der Akteure auch dem Umstand zugeschrieben werden kann, dass die Klimaerwärmung so weit gehen muss, dass eine wirtschaftliche Nutzung der Arktis lohnend wird. Es ist daher schwer abzuschätzen, wie die Akteure reagieren werden, wenn die Möglichkeit zur Ölförderung in der Arktis tatsächlich gegeben ist und in diesem Bereich große Ölvorkommen gefunden werden sollten. Ähnlich verhält es sich mit der Situation der Nordwestpassage beziehungsweise der Nordostpassage vor Sibirien. Zum gegenwärtigen Zeitpunkt beruhen die Aussagen über eine wirkliche finanzielle Ersparnis durch die Nutzung der beiden Nordmeer-Routen nur auf Schätzungen und Vermutungen. Erst wenn die tatsächliche ganzjährige Nutzung der Routen möglich ist, wird sich zeigen, ob die Vorteile der Passagen zu Auseinandersetzungen führen.

Die Beantwortung der häufig diskutierten Frage, inwiefern der Konflikt in der Arktis tatsächlich klimabedingt ist, ist unscharf bzw. Gegenstand des transdisziplinären wissenschaftlichen Diskurses, da sich die Ansprüche der Akteure zum gegenwärtigen Zeitpunkt auf die Annahme eines zukünftig zutage tretenden Zustands beziehen. Dieser Zustand ist zwar durch das Klima bedingt, dennoch ist fraglich, ob er deshalb als Umweltkonflikt oder gar -krieg zu bewerten ist. Schließlich lässt sich argumentieren, dass eine Nutzbarkeit der Nordwest- und Nordostpassage auch durch den intensivierten Einsatz von Eisbrechern hätte erreicht werden können. Die

Ölförderung, die in signifikantem Ausmaß vor allem in der Barentssee möglich zu sein scheint, lohnt sich ggf. auch ohne Rückgang der Eisbedeckung, wenn andere Ölressourcen erschöpft sind. Der Einfluss des Klimas würde daher als Motiv vor dem Hintergrund der Ressourcenabnutzung einzelner Staaten zurücktreten. Auf der anderen Seite lässt sich anführen, dass sich durch die klimatischen Veränderungen eine Instabilität im internationalen System ergibt. Die Umverteilung von Ressourcen und Macht stellt die Sicherheit der Akteure in Frage. Die Möglichkeit, dass das Klima Einfluss auf die Struktur des internationalen Systems entwickelt, ist somit nicht ausgeschlossen, sondern im Gegenteil zukünftig wahrscheinlich. Die Frage, ob Klimaveränderungen zu strukturellen Unsicherheiten und somit zu Konflikten führen können, ist daher zu bejahen. Der Disput in der Arktis basiert grundsätzlich auf den klassischen Motiven der Machtmaximierung und somit letztendlich auf dem in den internationalen Beziehungen als Selbsthilfe bezeichneten Prinzip. Russland erkannte in der Arktis als erster Staat die wirtschaftlichen und politischen Chancen, die sich durch die klimatischen Veränderungen ergeben können. Auf die russischen Ansprüche reagierten die anderen Anrainerstaaten mit Handlungsweisen analog denen der Akteure im anarchischen System der internationalen Beziehungen im Sinne der neorealistischen Denkschule. Während Kanada hier auf die Gegenmachtbildung im klassischen Sinn setzt, unternimmt Norwegen Maßnahmen eines eher konfliktvermeidenden Ansatzes, die nicht gegen die vermeintliche Bedrohung gerichtet sind. Die Erklärung hierzu findet sich in der unterschiedlichen Position beider Staaten im internationalen System und führt zu entsprechend anders ausgerichteten Reaktionen, die jedoch in beiden Fällen die hohe Bedeutung der Sicherheit als Antriebsmodell staatlichen Handels veranschaulichen. Kanada sieht sich in diesem Fall in der Position, seine Sicherheitsansprüche durch eine offensive Machtdemonstration durchsetzen zu können, während es sich aus der Perspektive Norwegens sicherer und zudem wirtschaftlich vorteilhafter darstellt, defensiv und kooperativ auf die russischen Ambitionen einzugehen.

Die Lösung des Konflikts anhand völkerrechtlicher Normen scheint, trotz der anfangs angeführten Bedenken, möglich. Zumindest scheinen die Akteure derzeit nicht grundsätzlich von den Regeln des SRÜ abweichen zu wollen. Das mag allerdings auch an dem faktischen Charakter des Völkerrechts liegen, der Staaten weitreichende Einflussmöglichkeiten aufgrund ihrer Machtressourcen bietet.[77] Die Grenzkonflikte, die sich durch das Abschmelzen des arktischen Meereises ergeben, beschränken sich zum gegenwärtigen Zeitpunkt auf einen Rechtsstreit, umgeben von machtpolitischen Demonstrationen einzelner Staaten. Dies wiederum ist das Ergebnis der angeführten Abhängigkeit des Völkerrechts von der faktischen Macht des Rechtssubjekts. Ungleich der festgeschriebenen Form des innerstaatlichen Rechts ist das Völkerrecht in vielen Fällen von den einzelnen Handelnden beeinflussbar und somit auch durch politischen Druck bestimmt. Die Form, in der dieser Konflikt ausgetragen wird, ist jedoch durch die jeweilige vom Antagonisten hervorgerufene Bedrohung und das Missverhältnis der unvereinbaren, konfliktbehafteten Faktoren bzw. Interessen sowie dem daraus resultierenden hohem Niveau des kritischen

[77] Marx 2009.

Spannungspotenzials bestimmt. Auf unvereinbaren Interessen beruhende und als gefährlich wahrgenommene gegnerische Aktionen ziehen einen Konfrontationskurs nach sich, während weniger bedrohliche Räume für integrative und kooperative Reaktionen lassen. Entscheidend ist in jedem Fall, welche Handlungsoption dem jeweils eigenen Sicherheitsanspruch genügt.

Aus Sicht der politischen Raumtheorie erfüllen der Disput um die Arktis und die durch die Akteure anberaumten Maßnahmen die Land-/Seenahme eines herrenlosen Landes, die auch als Landnahme im Bereich von »frontiers«, analog zur Landnahme Amerikas, bezeichnet wird.[78] Die Anrainer-Staaten betreiben die Land-/Seenahme unter dem Ansatz einer völkerrechtlichen Debatte zu etwaigen Ansprüchen unter Nutzung von Instrumenten, die eine physische Landnahme unterstützen. Ziel der Akteure ist die Festlegung und Projektion der eigenen und der völkerrechtlichen Ordnung und Struktur, letztgenanntes mehr aus der Intention heraus, eine Legitimation im internationalen System zu erreichen. Gemäß dem Schmitt'schen Raumverständnis sind hier die im Kapitel 2 genannten Merkmale für die Landnahme sichtbar. Die Arctic Five und ggf. vorhandene Drittstaaten haben nicht die Absicht, staatliche Präsenz vor Ort zu etablieren, außer ggf. Exekutivorgane zur Sicherung und Aufrechterhaltung von rechtlichen Ordnungen und Strukturen. Die Staaten projizieren lediglich ihre Jurisdiktion in die Arktis. Das weitere Merkmal, die Absicht der Ressourcennutzung, trifft ebenso zu, die Begehrlichkeiten an der Arktis sind vom Motiv der möglichen Ressourcenausbeutung geleitet, völkerrechtliche, humanitäre oder konfliktverhindernde Motive stehen im Hintergrund und sind ausschließlich, wenn überhaupt nur im Zusammenhang mit der wirtschaftlichen Nutzung von Relevanz. Hier findet sich auch ein weiteres Merkmal, nämlich die Missachtung der Rechte und Ansprüche der indigenen Bevölkerung. Die Einbeziehung der Inuit in die Debatte um die Ressourcennutzung und die Gewinnausschüttung ist kaum erkennbar. Erkennbar ist zudem, dass die staatlichen Akteure mit ihren staatlichen und staatsrechtlichen Interessen und dem damit verbundenen staatlich geprägten System zunehmend in den Hintergrund treten, um so den wirtschaftlichen, privatrechtlichen Interessen und Akteuren ein, weitestgehend staatlich legitimiertes, Betätigungsfeld zu überlassen. Es kann somit von einer Entstaatlichung und Verwirtschaftlichung der Land-/Seenahme, die ursprünglich als staatlich souveräner Akt angelegt war, ausgegangen werden. Das im Verständnis von Schmitt festgehaltene Merkmal für eine Landnahme, die Vollziehung und Vollendung eines staatlichen souveränen Aktes, rückt durch die genannten sichtbaren Merkmale, die vielmehr wirtschaftlich und somit zivil- bzw. privatrechtlich anzusehen sind, in den Hintergrund. Die für Schmitt wichtige völkerrechtliche Legitimation des staatlichen Akts der Territoriennahme erscheint somit verwischt oder letztlich obsolet vor dem Hintergrund der Dominanz der wirtschaftlichen Ziele. Obwohl die obigen Merkmale die These der »frontiers«-Landnahme stützen, ist nicht auszuschließen, dass perspektivisch die Land(weg)nahme bzw. die Raumkonkurrenz relevant werden. Die staatlichen Akteure könnten nach Abwägung aller Möglichkeiten dazu verleitet sein, einer der Arctic Five ein Territorium streitig zu machen, entweder über völkerrechtliche oder, was wahr-

78 Korf, Schetter 2012, S. 157–161.

scheinlicher erscheint, über militärische Instrumente und die damit verbundene Entfaltung von Macht, hier vorwiegend von Seemacht. Der Vollständigkeit halber wird für die Arktis ausgeschlossen, dass es sich um eine Landnahme eines unregierten Raumes im Schmitt'schen Sinne handelt, da deren Merkmale, wie im Kapitel 2 ausgeführt, nicht zutreffen. Eine friedliche Lösung des Arktiskonflikts wäre denkbar, wenn den Sicherheitsbedürfnissen aller Beteiligten Rechnung getragen wird. Wenn beispielsweise die Arctic Five die vorhandenen Rohstoffe nicht eigennützig ausbeuten, sondern eine internationale Kontrollinstanz mit der Verwaltung der Ressourcen betrauten, ließe sich das Konfliktpotenzial reduzieren. Eine solche Möglichkeit wäre mit der Verwaltung der natürlichen Ressourcen der Arktis durch die internationale Meeresbodenbehörde gegeben. Hier wäre im Sinne der Konfliktvermeidung einer der wichtigsten unvereinbaren Faktoren bzw. Interessen für einen Anstieg der kritischen Spannung in den internationalen Beziehungen zwischen den Arctic Five ausgeschlossen bzw. beseitigt. Das Erreichen eines solchen Zustandes ist jedoch als grundsätzlich unwahrscheinlich anzusehen. Es ist realistischer, dass die Beteiligten zwischenstaatliche Regelungen aushandeln, die ihren Sicherheitsbedürfnissen entsprechen. Der moderne Konflikt in der Arktis, in Teilen basierend auf gegenwärtigen Effekten klimatischer Veränderungen, ist in seinem Fortgang von klassischen Konfliktmechanismen geprägt. Es handelt sich daher, von den Charakteristika her betrachtet, um eine klassische zwischenstaatliche Kontroverse. Dass die politischen Unstimmigkeiten bisher nicht zu einem Konflikt mit militärischen Mitteln eskaliert sind, ist unter anderem der Tatsache geschuldet, dass der Großteil der in dem Konflikt involvierten Staaten über die Mitgliedschaft in der Europäischen Union oder in der NATO miteinander verbunden sind, was den Konflikt zumindest militärisch entschärft. Russland, welches kein Mitglied der EU und NATO ist, hat hier eine Sonderrolle. Es agiert als souveräner Staat, der gewillt ist, regionale Seemacht mit militärischen Mitteln, vorwiegend der Nordmeerflotte, durchzusetzen. Derzeit ist nicht absehbar, welche Rolle die beiden internationalen Organisationen bei der Entscheidung über die künftige Vormacht in der Arktis haben werden.

Der Ansatz, diesen auf Umweltveränderungen zurückzuführenden Konflikt grundsätzlich und generell als neu und anders im Sinne der neuen Kriege zu betrachten, kann für die Arktis infrage gestellt werden. Vielmehr handelt es sich um einen klassischen zwischenstaatlichen Konflikt, für dessen Analyse die neorealistische Theorie als geeigneter erscheint, um etwa die Auswirkungen klimatischer Veränderungen auf die Interessen und Handlungsweisen staatlicher Akteure bewerten zu können sowie das Potenzial für Seemachtsbestrebungen der Arctic-Five-Staaten abzuschätzen. Das arktische Seegebiet bleibt somit auch zukünftig ein Handlungsraum für die Sicherheitspolitik und die rüstungspolitische, fähigkeitsorientierte Konzeption von Seestreitkräften.

8.2.2. Nordatlantik

Der Nordatlantik ist das Kerngebiet der NATO und das Haupttransitgebiet für den westlichen Seeverkehr sowohl transatlantisch als auch weltweit. Er wäre in den

Zeiten des Kalten Krieges neben der Ostsee der zweite wichtige Hauptseeschauplatz in einem eskalierenden Krieg gewesen. Der Nordatlantik war und ist aufgrund der geografischen und politischen Gegebenheiten ein Interessengebiet von NATO und EU. Zudem ist das Seegebiet, wie auch im Kalten Krieg, unter der sicherheits- und militärpolitischen und strategischen Kontrolle der NATO und EU. Dies bedeutet, dass auch die regionale Seemacht durch die Staaten der NATO und EU ausgeübt wird. Dies liegt auch daran, dass fast alle Anrainerstaaten Mitglied mindestens eines der beiden Bündnisse sind. Aus wirtschaftspolitischer Sicht ist der Nordatlantik mindestens seit Ende des Zweiten Weltkrieges das Hauptseegebiet für die transatlantischen Wirtschaftsbeziehungen und die damit verbundene wirtschaftliche Prosperität sowohl Nordamerikas als auch Europas. Zugleich zählten und zählen die transatlantischen Seewege über den Nordatlantik auch als Hauptversorgungswege für die NATO bzw. EU im Falle eines Krieges oder einer Krise. Sichtbares Zeichen dafür ist das Freihandelsabkommen zwischen der EU und Kanada, CETA[79], welches bereits abgeschlossen ist, und das zwischen der EU und den USA, TTIP[80], welches noch schwebend bzw. in Verhandlung ist. Die maritime Sicherheitspolitik und die damit verbundene Entwicklung von maritimen Fähigkeiten richteten sich auf den Einsatz in dem Seegebiet Nordatlantik aus. Seestreitkräfte sollten einen Durchbruch der sowjetischen Nordmeerflotte in die Nord- und Ostsee und eine damit verbundene Vereinigung der Nordmeerflotte mit der Vereinten Ostseeflotte verhindern.

Im 21. Jahrhundert rückte die Betrachtung des Nordatlantiks, analog zum Ostseeraum, als seestrategischer Raum insbesondere für die NATO in den Hintergrund. Daher wurden die Fähigkeiten zur Führung des dreidimensionalen Seekrieges und die Fähigkeiten zur eskalationsdominierenden Durchsetzung von regionaler Seemacht vernachlässigt. Erst mit dem veränderten Machtverständnis Russlands und den sicherheits- und wirtschaftspolitischen Streitigkeiten in der Arktis sowie dem Aufwuchs russischer Seestreitkräfte wurde der Nordatlantik als wichtiger seestrategischer Raum und als Hauptseegebiet der transatlantischen Beziehungen wiederentdeckt. Ebenso sind in den strategischen Betrachtungen, besonders mit Blick auf die Ostsee und die Arktis, die bereits als irrelevant angesehenen Szenarien einer Seekriegführung und Konfrontation auf See aktueller denn je. Darin eingeschlossen sind auch Überlegungen zu einem Transit der russischen Nordmeerflotte von der Arktis durch den Nordatlantik in die Nordsee. Aufgrund des großen NATO-Gebietes im Nordatlantik von Kanada und Grönland über Norwegen bis zu den Kanarischen Inseln dürfte es einem Nordmeerflottenverband jedoch aufgrund der günstigen seestrategischen Positionierung von NATO-Seestreitkräften nur unter massiven Kräftedispositiven und voraussichtlich auch starken Verlusten möglich sein, im Nordatlantik südwärts vorzustoßen. Insbesondere die NATO kann also ihre günstige seestrategische Position nutzen, um im Frieden maritime Macht und

79 Comprehensive Economic and Trade Agreement, Wirtschafts- und Handelsabkommen zwischen der Europäischen Union und Kanada, welches bis Ende 2016 ratifiziert werden soll.

80 Transatlantic Trade and Investment Partnership, Transatlantisches Freihandelsabkommen, offiziell Transatlantische Handels- und Investitionspartnerschaft, zwischen der EU und den USA, welches ursprünglich bis Ende 2016 ratifiziert werden sollte. Widerstände von EU-Staaten verzögern das Abkommen.

regionale Seemacht und im Kriegsfall Seeherrschaft zu demonstrieren bzw. durchzusetzen und zu erhalten. Als Instrumente dienten und dienen dafür vorwiegend die Ständigen Maritimen Einsatzverbände der NATO (s.o.). Russische Aktivitäten sind im Nordatlantik fast überhaupt nicht bemerkbar bzw. finden nicht statt. Aufgrund der transatlantischen Verbindungen und Konstellationen ergibt sich für Russland kein Ansatzpunkt zu einem Engagement im Nordatlantik. Diese strategische Situation hatte schon den Kalten Krieg geprägt.[81] Russland, aber auch andere aufstrebende maritime Akteure konnten und können keine seestrategisch günstige Position für die Dislozierung ihrer Seestreitkräfte entlang der nordatlantischen Küsten erlangen. Daran wird sich zukünftig, zumindest in Friedenszeiten, durch die Bündniszugehörigkeit der Anrainerstaaten auch nichts ändern. Die Ständigen Maritimen Einsatzverbände gewährleisten zudem, dass die NATO ein kurzfristig einsetzbares und durchsetzungsfähiges Instrument ihrer Außen- und Sicherheitspolitik zur Verfügung hat. Der Nordatlantik ist somit ein Seegebiet, welches als maritimer, wirtschaftlicher und seestrategischer Stabilitätsanker angesehen werden kann. Aus Sicht der Raumtheorie trifft für den Nordatlantik mit heutigem Blick keines der Merkmale zu. Lediglich aus historischer Betrachtung heraus kann von einer Land-/Seenahme ausgegangen werden. Die Akteure, USA und Westalliierte im Zweiten Weltkrieg, NATO im Kalten Krieg, haben den Nordatlantik umfassend eingenommen und ihn unter ihre Strukturmerkmale gestellt, ohne jedoch dabei die völkerrechtlichen Normen zu missachten. Im Zweiten Weltkrieg und Kalten Krieg kam es zu einer Raumkonkurrenz bzw. zum Kampf um Räume. Schmitts Terminus »umkämpfte Räume« war zutreffend. Daher fallen die Land-/Seenahme aus historischem Blick, zumindest für den Zweiten Weltkrieg, unter die Raumevolution der Land- bzw. Territorienwegnahme. Analog sind die möglichen Szenarien des Kampfes um die Seeschauplätze im Kalten Krieg einzuordnen.

8.2.3. Ostsee und Nordsee

Unter dem Eindruck der Entspannungspolitik wurden seit den 1990er-Jahren die Entwicklungen an und auf den Randmeeren, wie Ost- und Nordsee, in der Sicherheitspolitik vernachlässigt. Seestreitkräfte wurden auch in diesem Zuge befähigt, in erster Linie der internationalen Konfliktverhütung und Krisenbewältigung zu dienen und zu diesem Zweck für weltweite Einsätze optimiert. Für die in Randmeeren üblichen spezialisierten Einsätze in begrenzten, küstennahen und dadurch komplexen Operationsgebieten standen sie nur noch in sehr begrenztem Umfang zu Verfügung. In der Betrachtung der sicherheitspolitischen Entwicklungen im maritimen Raum des 21. Jahrhunderts steht besonders wieder die Ostseeregion im Mittelpunkt, besonders als Teil des NATO-Bündnisgebietes mit Rückbezügen auf die Nordsee und andere Randmeere wie z.B. das Schwarze Meer. Die Rückbesinnung der Allianz auf die Bündnisverteidigung hat über die Political Guidance 2015 Eingang in die Verteidigungsplanung der NATO gefunden. Die Ostsee zählt zur Nordost-Flanke der NATO. Für diese spielen zwei Bedrohungsszenarien eine beson-

81 Mahncke, Schwarz 1974, S. 318.

dere Rolle: Die Unterbrechung der seeseitigen Versorgungswege zwischen dem nordamerikanischen Kontinent und Europa vorwiegend durch Kräfte der Russischen Nordmeerflotte sowie die Nachversorgung über die Ostsee im Zuge einer möglichen, von außen betriebenen Destabilisierung im Ostseeraum durch Maßnahmen, welche sich gegen die baltischen Staaten Litauen, Lettland und Estland oder gegen die Nicht-NATO-Staaten Schweden und Finnland richten. Der erstgenannte Aspekt ist in den NATO-Überlegungen bereits im Kalten Krieg verankert worden und heute, vor dem Hintergrund der angespannten Beziehungen zu Russland, weiterhin aktuell. Gleiches gilt für die Nordflanke der NATO, zu der die Nordsee zählt. Wobei festzuhalten ist, dass die Nordsee aufgrund der sie umgebenden NATO-Staaten fest unter der Kontrolle der NATO steht. Dies hat sich seit dem Kalten Krieg nicht verändert.[82] Die Ostsee rückt gerade im Zusammenhang mit den Verteidigungsplänen der baltischen Staaten wieder in den Fokus. Sie ist damit von bündnisgemeinsamer Bedeutung und hat Relevanz. Um der sicherheits- und verteidigungspolitischen Verantwortung im Ostseeraum gerecht zu werden, verfolgt die NATO neben der speziellen, auf das Seegebiet zugeschnittenen Fähigkeitsentwicklung[83] eine Vertiefung der Kooperation mit den Ostsee-Anrainerstaaten und Norwegen, wie etwa im Ostseedialog der NATO verankert, sowie eine Annäherung zwischen Russland und der NATO im Rahmen der NATO-Russland-Grundakte. Mit Blick auf die maritime Sicherheit im Ostseeraum ist festzustellen, dass die militärstrategische Situation im Ostseeraum durch zwei Protagonisten geprägt wird: Die Gemeinschaft der NATO- und EU-Partner auf der einen sowie Russland auf der anderen Seite. Russland hat in zwei Abschnitten (dem Oblast Kaliningrad, der Region Sankt Petersburg) Küsten im Ostseeraum. Kaliningrad ist Sitz der Baltischen Flotte. Darüber hinaus verfügt die Enklave über Luft- und Landstreitkräfte in erheblichem Umfang. Ein Wirken gegen in der Ostsee operierende NATO-/EU-Einheiten sowie gegen den zivilen See- und Luftverkehr durch russische Streitkräfte ist dadurch fast uneingeschränkt möglich. Die russischen Streitkräfte, einschließlich der Baltischen Flotte, haben seit Ende der 1990er-Jahre signifikante Modernisierungen in allen Bereichen der Militärtechnik erfahren. Gleichzeitig wurde die Organisation der russischen Streitkräfte einem umfangreichen Umstrukturierungsprozess unterzogen, der, einhergehend mit der Einführung entsprechend moderner Führungssysteme, die Führungsfähigkeit sowie die rasche Aktions- und Reaktionsfähigkeit auf allen Ebenen sicherstellt. Die russischen Streitkräfte insgesamt, und damit auch die Kräfte im Ostseeraum, wurden in den letzten Jahren umfänglich trainiert und in der Einsatzfähigkeit nachhaltig gesteigert. Sie werden auf einem hohen Bereitschaftsstand gehalten, welcher regelmäßigen Überprüfungen unterliegt und sie befähigt, auch kurzfristig in militärische Operationen einzutreten. Insgesamt ist festzustellen, dass die russischen

---

82 Ebd., S. 315.

83 Die Anrainer-Streitkräfte müssen in diesem Zusammenhang in der Lage sein, Alliierte am Rande des Bündnisgebiets auch über die Very High Readiness Joint Task Force (VJTF) hinaus sehr rasch (in weniger als 180 Tagen) mit Land-, See- und Luftstreitkräften entscheidend zu verstärken, »klassische« multinationale Operationen hoher Intensität im Systemverbund führen können und ebenso zur Teilnahme an einem multinationalen Einsatz zur militärischen Krisenbewältigung außerhalb Europas mit angemessenen Kontingenten befähigt bleiben.

Streitkräfte über hochentwickelte integrierte Fähigkeiten für durchsetzungsfähige Anti-Access bzw. Area-Denial-Operationen verfügen (u.a. moderne Luftstreitkräfte, weitreichende und technisch moderne Seezielflugkörper, Marschflugkörper zur Landzielbekämpfung von See und aus der Luft, mobile Küsten FK-Batterien, Layered Air Defence (gestaffelte Luftverteidigung), Mittel des elektronischen Kampfes).

Die drei Baltischen Staaten Estland, Lettland und Litauen verfügen landseitig über einen Grenzverlauf mit Weißrussland und Russland. Die Versorgung dieser Gebiete auf dem Landweg könnte daher im Falle einer bewaffneten Auseinandersetzung, unabhängig ob konventioneller oder hybrider Art, durch russische Streitkräfte unterbunden werden. In den Baltischen Staaten leben erhebliche russische und weißrussische Minderheiten, die zum Teil ausschließlich die russische Staatsangehörigkeit besitzen. Um einer Destabilisierung der Region durch ein hybrides Eingreifen russischer Kräfte analog zu den Ereignissen auf der Krim und in der Ukraine im Jahr 2014 vorzubeugen, führt die NATO seit Mai 2014 militärische Maßnahmen durch und treibt – als Teil des Readiness Action Plans – die Aufstellung einer VJTF mit maritimem Anteil voran. Insbesondere Deutschland nutzt zahlreiche zivile und militärische Kommunikationsforen und übt bilaterale Kooperationen mit allen Anrainern der Ostsee aus.[84] Es bestehen belastbare Kooperationsmodelle zur gegenseitigen Nutzung von Ressourcen, die auch aufgrund des Haushaltsdrucks der vergangenen Jahre entstanden sind. Mit diesen Kooperationsformen konnte dauerhaft die Basis für eine intensive und vertrauensvolle Zusammenarbeit geschaffen werden. Wesentliches Element für die baltischen Kooperationspartner ist dabei, an den vielfältigen Erfahrungen etwa von Deutschland u.a. im Bereich der Landesverteidigung und der küstennahen Operationen zu partizipieren. Mit bilateralen Projekten gelingt im Ostseeraum auch der besonders wichtige Austausch von Kompetenzen mit Ländern, die nicht der NATO angehören. Gerade diese Kooperation ist von besonderer Bedeutung, weil dadurch eine lückenlose Sicherheitsarchitektur aufgebaut bzw. gefestigt werden kann. Das hervorzuhebende deutsche Engagement zeigt sich auch darin, dass Deutschland bei künftigen Kooperationsprojekten initiativ ist und neben bestehenden NATO-/EU- und bilateralen Foren auch militärpolitische Gremien, so die Baltic Commanders Conference (BCC) zum Dialog mit den Ostseeanrainern auf Befehlshaberebene, voranbringt. Neben dem politischen Dialog werden dadurch auch die praktische Zusammenarbeit und damit die Interoperabilität mit allen Anrainerstaaten gefördert. Perspektivisch soll die BCC nach dem Willen der Anrainer die Grundlage für die Verwirklichung eines Baltic Maritime Coordination Center (BMCC) schaffen, mit der die Zusammenarbeit im Ostseeraum weiter intensiviert und pragmatisch verbessert werden soll. Auch in Bezug auf eine mittel- bis langfristige Annäherung zwischen der NATO und Russland kann die BCC eine Vorreiterrolle spielen. Gegenseitige Hafenbesuche und gemeinsame Manöver in der Ostsee könnten sichtbare Zeichen einer solchen Entwicklung sein. Es lässt sich zusammenfassend festhalten, dass die NATO an ihrer Nordflanke vor allem im Bereich der baltischen Staaten verletzlich ist. Ein unmittelbarer konventionel-

[84] Die bilaterale deutsch-russische Kooperation im Rahmen des Abkommens zur Vermeidung von Zwischenfällen auf See ist derzeit, 2016, ausgesetzt.

ler militärischer Angriff durch russische Streitkräfte im Ostseeraum kann angesichts der geostrategischen Situation als sehr unwahrscheinlich angesehen werden. Wahrscheinlicher ist ein hybrides russisches Vorgehen entsprechend der Annexion der Krim. Dies könnte durch Gegenmaßnahmen der NATO zu einer konventionellen Auseinandersetzung führen. Neben dem dann erfolgenden Aufmarsch und der Nachversorgung der NATO wäre auch der Aufbau einer glaubhaften Abschreckung – dies auch vorher – auf und über See im gesamten Ostseeraum notwendig. Ein Beherrschen des Seeraumes in Krise und Krieg durch eigene Kräfte stellte sich im Jahr 2016 vor dem Hintergrund der über die Jahre reduzierten NATO- und EU-Seestreitkräfte sowie den modernen und hochentwickelten Fähigkeiten russischen Streitkräfte für Anti Access- bzw. Area Denial-Operationen derzeit für die NATO und Nicht-NATO-Staaten im Ostseeraum als nahezu unmöglich dar, insbesondere die Gewährleistung freier Zugänge über See zu den baltischen Staaten. Hinreichende militärisch aktive und sichtbare Präsenz gepaart mit glaubhafter Kampffähigkeit im Ostseeraum sowie allen NATO-Randmeerbereichen müssen auch zukünftig für Abschreckung auf der einen und gegenseitige Rückversicherung auf der anderen Seite sorgen können. Hierzu bedarf es weiterer Anstrengungen, um eine glaubwürdige Balance gegenüber den russischen Streitkräften herzustellen. Deutschland mit der Deutschen Marine als größter Marine von NATO und EU im Ostseeraum wird seiner regionalen Verantwortung durch eine sich weiter vertiefende Kooperation mit den Ostsee-Anrainerstaaten im Sinne einer Rahmennation mittel- bis langfristig gerecht werden müssen. Andere Marinen sehen die Deutsche Marine als Parent Navy, die beim eigenen Fähigkeitsaufbau richtungsweisende Impulse geben könnte und soll. Die Nutzung gemeinsamer Ressourcen führt bei allen Beteiligten zu einem Synergieeffekt, der defizitäre Strukturen und fehlende Fähigkeiten kompensiert und somit insgesamt zu einer Erhöhung der Sicherheit der Kooperationspartner in diesem empfindlichen geografischen Bereich beiträgt.

Auch eine perspektivische Annäherung an Russland durch dialogische Maßnahmen aus einer Position der Stärke heraus erhöht die Sicherheit von Mitgliedsstaaten von NATO und EU im Ostseeraum. Die Ostsee hat für die NATO und EU zudem eine Referenzrolle. Die dortigen Erfahrungen und Entwicklungen können auf andere Randmeere, in denen teilweise ebenfalls russische Interessen tangiert werden, ausstrahlen und wirken. Die Ostsee ist und bleibt eines der Seegebiete im NATO- und EU-Territorium mit unmittelbarem Bedrohungspotenzial. Eine konfrontative Entwicklung in dem Seegebiet könnte zu einer Eskalation mit Russland im Bündnisgebiet führen. Somit müssen im Ostseeraum alle Mittel zur Stabilitätswahrung genutzt werden. Eine Reflektion des Engagements auf andere Randmeere ist dabei ein positiver Effekt der präventiven maritimen Außenpolitik. Für die Nordsee selbst besteht mit Blick auf die sicherheitspolitische Lage kaum Handlungsbedarf in Richtung Entspannungspolitik. Vielmehr kommen hier die maritime Wirtschaftspolitik, der Meeresschutz, Fragen zum Schutz maritimer kritischer Infrastruktur, zum maritimen Lagebild und zur militärischen und zivilen maritimen Fähigkeits- und Kompetenzbündelung zum Tragen. Aus Sicht der Raumevolution gelten für die Ostsee und Nordsee die gleichen Anmerkungen wie für den Nordatlantik. Für die Ostsee ist ergänzend festzustellen, dass das für diesen Seeraum als historisch bewertete Merkmal der Land-/Seewegnahme mit Blick auf die russischen Aktivitäten in der Ostsee wieder an Bedeutung gewinnen kann. Russland versucht vereinzelt russische Rechtsnormen hybrid im Ostseeraum durchzusetzen. Es ist zu befürchten, dass in den baltischen Staaten, begründet durch ein etwaiges Schutzbedürfnis der dortigen russisch-stämmigen Bevölkerung, russische Strukturen und Ordnungen untergründig und verdeckt etabliert werden sollen, um so eine Annexion, also eine Landnahme, analog zur Krim durchzusetzen.

8.2.4. Golf von Guinea

In der Region Golf von Guinea befinden sich etwa 10 Prozent der weltweiten Rohölreserven, die bereits jetzt etwa 13 Prozent der europäischen Öl- und 6 Prozent der Gasimporte ausmachen.[85] Aufgrund zahlreicher noch unerschlossener Rohöl- und Gasvorkommen wird ein Anstieg der Rohstoffexporte aus der Region in die EU bis 2025 auf etwa 25 Prozent erwartet. Damit ist die Region ein kritischer Energiekorridor, in dem neben fossilen Brennstoffen wie Rohöl und Erdgas auch Gold, Diamanten, Coltan und andere seltenen Rohstoffe gefördert und verschifft werden. Der Kernraum des Golfes von Guinea erstreckt sich auf einer Linie von Cape Palmas in Liberia bis Cape Lopez in Gabun.[86] Die Golfregion ist jedoch nicht genau kartografisch definiert. Die ökonomische Interdependenz anliegender Binnenstaaten, die nicht direkt am Golf von Guinea liegen, aber maßgeblich zum ökonomischen Aufstieg beitragen, verdeutlicht wiederum, dass die Region sich nicht geografisch bestimmen lässt. Die Binnenstaaten (z.B. Tschad, Mali, Niger) nutzen den Kernraum als Transitregion für den Absatz von Rohstoffen und als Zugang zum Weltmarkt. Der Kernraum hingegen profitiert von der Aufwertung seiner Umschlaghäfen, Umsatzsteigerungen und ausländischen Investitionen. Die ökonomische Verflechtung führt zudem zu einer Vertiefung der politischen Kooperation der dortigen Staaten in regionalen Organisationen wie etwa der Westafrikanischen Wirtschaftsgemeinschaft ECOWAS.[87] Aus ökonomischer Perspektive gilt es zur Aufrechterhaltung der wirtschaftlichen Prosperität am Golf die Sicherung der See- und Handelswege, des Rohstoffexports, der Rohstofffördergebiete sowie lokaler Absatz- und Umschlagmärkte zu nennen. Des Weiteren begünstigt eine voranschreitende Integration der Golf-Staaten die Kooperation mit internationalen Organisationen und Regimen (etwa ECOWAS, AKP[88], ECCAS[89] und WTO) und damit die wirtschaftliche und sicherheitspolitische Stabilisierung in der Region. Seit etwa dem Jahre 2008 wird die Region um den Golf von Guinea, gleichzeitig zur wirtschaftlichen Entwicklung, durch eine erhebliche Zunahme krimineller Aktivitäten vor allem auf See in ihrer wirtschaftlichen Entwicklung und Stabilität nachhaltig be-

85 Europäische Kommission 2013.
86 Masala et al. 2014, S. 4.
87 Ebd., S. 6.
88 Afrikanische, karibische und pazifische Staatengruppe (AKP).
89 Economic Community of Central African States (ECCAS).

einträchtigt. Neben der Piraterie sind es Drogen- und Menschenschmuggel, massive Umweltverschmutzung und illegale Fischerei, die sich in zunehmendem Maße negativ auf die Wirtschaft der Anrainerstaaten des Golfs auswirken. Die Übergriffe auf See konzentrieren sich zurzeit noch vorrangig auf die Territorialgewässer, d.h. die 12-Meilen-Zone vor der Küste. Die Übergriffe unterscheiden sich deutlich von der Piraterie am Horn von Afrika, wo vorrangig die Schifffahrt, d.h. der Transport von Gütern entlang den Küsten Ostafrikas, betroffen ist. Im Golf von Guinea werden durch die Angriffe auf Handelsschiffe, insbesondere auf Öltanker, die Handelsströme der Anrainerstaaten direkt betroffen. Dies wirkt sich unmittelbar auf die wirtschaftliche Lage in der Region aus. Angesichts der wirtschaftlichen Bedeutung der Region nicht zuletzt für die Staaten der EU liegt ein stabiles und sicheres Umfeld sowohl wegen der Transportwege als auch aufgrund der Warenströme aus der Region im Interesse der internationalen Gemeinschaft. Gleichzeitig ist die mangelhafte Sicherheitslage am Golf dafür verantwortlich, dass Westafrika der Hauptumschlagplatz für den Drogenexport nach Europa geworden ist. In einem einzigen Jahr wurden durch staatliche Institutionen dort in der Region allein 1500 t Kokain auf dem Weg nach Europa abgefangen. Mit der Krise in Mali wurden zunehmend staatliche Kräfte der Anrainerstaaten gebunden, die nun nicht mehr für eine Überwachung der Seewege zur Verfügung stehen. Dies hat die maritime Sicherheitslage zusätzlich nachteilig beeinflusst. Daraus entwickelten sich Überlegungen für ein internationales Engagement am Golf, das bis heute anhält. Hervorzuheben ist hier der UN-Sicherheitsrat, der mit zwei Resolutionen (2018 [2011] und 2039 [2012]) den Forderungen nach Maßnahmen gegen die ansteigende Piraterie im Golf von Guinea Ausdruck verlieh. Die Afrikanische Union (AU) hat in Anlehnung an die Resolutionen 2009 begonnen, die »2050 Africa's Integrated Maritime Strategy« (AIM 2050) zu erarbeiten, die 2015 publiziert wurde und als Richtlinie der AU zum Thema Maritime Sicherheit in Afrika anzusehen ist. Subregionalorganisationen wie ECOWAS und ECCAS haben für West- bzw. Zentralafrika mit eigenen Strategiepapieren reagiert. Während ECCAS bereits 2008 eine Strategie zur Erhöhung der maritimen Sicherheit verabschiedet hat, wurde die ECOWAS Integrated Maritime Strategy im Jahr 2015 publiziert. Zudem haben beide Organisationen ein Memorandum of Understanding zur Kooperation im Bereich Maritimer Sicherheit auf Ebene der Staats- und Regierungschefs abgeschlossen. Hier zeigt sich der ausgeprägte Wille, selbst in der Region vor den eigenen Küsten aktiv zu werden und sich zu engagieren. Ein analoger Aspekt hin zur eigenen Verantwortung ist die gemeinsame Vereinbarung zwischen der International Maritime Organisation (IMO) als Unterorganisation der UN mit MOWCA[90] von Dakar im Juli 2008, in der ein Memorandum of Understanding für die Einrichtung eines subregionalen integrierten Netzwerkes einer Küstenwache für West- und Zentralafrika gezeichnet wurde. Seitdem laufen die Maßnahmen etwa im Jaunde-Prozess zur Maritimen Sicherheit am Golf von Guinea, in dem entlang der Küste Westafrikas mehrere Regionalzentren, beispielsweise in Kamerun, Nigeria und Benin, zur Stärkung der eigenen Fähigkeiten vor Ort etabliert werden, Hier wer-

[90] Maritime Organization of West and Central Africa (MOWCA).

den bis 2017 die ersten Zentren operationell in die Gewährleistung der Maritimen Sicherheit vor den Küsten Westafrikas eingebunden sein.

Darüber hinaus besteht die Möglichkeit, auch die Ausbildung und die Fähigkeit zur Kooperation der verschiedenen maritimen Institutionen der EU-Mitgliedsstaaten (Marinen, Küstenwachen, Zoll, Polizei, Grenzschutz, Fischereischutz, Umweltpolizei) durch im Aktionsplan erwähnte zivil-militärische Übungen mit dem Schwerpunkt auf der maritimen Sicherheit zu stärken. Das regelmäßig stattfindende Manöver Obangame Express vor der Küste Westafrikas, letztmalig 2015 mit dem Einsatzausbildungsverband der Deutschen Marine, ist auch hier als gelungenes Beispiel für die Gewährleistung der Maritimen Sicherheit anzusehen. Die internationale Gemeinschaft befasst sich auch über das Engagement von EU und AU hinaus in unterschiedlichen Projekten mit der regionalen maritimen Sicherheit in der Region. Die führenden Nationen haben beispielsweise am 30. April 2013 im Format G8++, (nun G7++ GoG) eine Initiative gestartet, die jeweiligen Aktivitäten zu bündeln und Synergien zu erzielen. Unter französischer Federführung wurde dazu beispielsweise ein webbasiertes Instrument entwickelt, das in Form einer Matrix die bereits laufenden maritimen Vorhaben im Bereich Küstenwache und Seestreitkräfte erfasst. Die Maritime Sicherheit am Golf von Guinea ist und bleibt eines der zentralen Themen insbesondere der europäischen Außen- und Sicherheitspolitik. Die zur Umsetzung und Ausgestaltung notwendigen maritimen Fähigkeiten für die Gewährleistung der maritimen Sicherheit an den Küsten Westafrikas werden entwickelt oder weiterentwickelt. Sie werden auch in Zukunft ihre Berechtigung und Bedeutung haben. Die Europäische Maritime Sicherheitsstrategie, die Europäische Maritime Strategie für den Golf von Guinea, die AIM 2050 und die dazu nachgeordneten Dokumente bieten hierfür den nötigen Rahmen. Die gegenwärtige Gesamtlage am Golf von Guinea und die zunehmende Fokussierung der internationalen Gemeinschaft auf diese Region bietet die Chance, in einem gemeinsamen und gezielten Ansatz[91] zu agieren. Mit dem gemeinsamen Engagement von Staaten, Wirtschaftsvereinigungen und Staatenbündnissen zur maritimen Sicherheit wird aus raumtheoretischer Sicht versucht, zum einen gemäß Schmitt unregierten Raum regierbar werden zu lassen, indem Ordnung und Struktur, hier für den See- und Küstenraum, hergestellt wird und rechtliche Normen durchgesetzt werden. Die Staatengemeinschaft und die Nationalstaaten am Golf sind gewillt, ihre staatliche Souveränität gegenüber den Akteuren der Piraterie und des Terrors durchzusetzen. Der Golf von Guinea ist somit ein umkämpfter Raum. Dieses gilt zusätzlich dahingehend, dass eine Land-/Seenahme aus einer Raumkonkurrenzsituation vorliegt. Staatliche Akteure und Akteure der Piraterie konkurrieren um den See- und Küstenraum als Einfluss- und Projektionsterritorium ihrer Gesetzbarkeit, Normen und Ordnungen. Der Einsatz von verschiedenen, aus Sicht der Akteure probaten Instrumente dafür illustriert das Bild einer weitestgehend gewaltsamen konkurrenzbedingten Land-/Seenahme. Der

---

91 Der von der EU und NATO favorisierte Ansatz ist der vernetzte Ansatz, der möglichst viele Dimensionen der Sicherheitspolitik und Praxis einbezieht und sowohl militärische als auch zivile Fähigkeiten von Staaten berücksichtigt.

Golf von Guinea erfüllt somit in zweifacher Hinsicht die Sicht der Raumevolution nach Schmitt von unregierbaren und umkämpften Räumen.

8.2.5. Mittelmeer

Der Mittelmeerraum stellt eine Region sowohl des politischen und wirtschaftlichen als auch des religiösen Gegensatzes dar. Er gehört zu den wichtigsten interkontinentalen Transportkorridoren weltweit und ist für den Handel von geostrategisch vitaler Bedeutung. Angesichts der weltweiten Verflechtung der internationalen Wirtschaft und ihrer starken Abhängigkeit von sicheren Seewegen liegt die sichere Nutzung des Mittelmeers und somit die Vorbeugung von Störungen des Seeverkehrs im Sicherheitsinteresse der Industrie- und Schwellenländer. Es hat sich über die letzten Jahrzehnte gezeigt, dass diese Region gegenüber Folgen aus politischen, wirtschaftlichen und ökologischen Veränderungen sensibel reagiert und diese bis nach Europa ausstrahlen und in der sicherheitspolitischen Debatte ein permanentes Thema sind. Dies wird seit März 2011 eindrucksvoll am Beispiel der bewaffneten Aufstände in Libyen, den Umwälzungen in Ägypten, Tunesien und der Verfassungsänderung in Marokko, den dadurch intensivierten Flüchtlingsstrom über das Mittelmeer nach Süd- und Mitteleuropa und den syrischen Bürgerkrieg verdeutlicht. Neben der Problematik der Migration zeigen sich für die Region zusätzlich historisch begründete politische Konflikte innerhalb der EU bzw. innerhalb der NATO, deren Lösung nicht in Sicht ist, sowie religiös-fundamentalistisch motivierte Konfliktherde an der Grenze zur EU. Als Beispiele hierfür sind neben Nordafrika, als die Grenz- und Transitregion nach Europa, auch Zypern, als das innenpolitische Konfliktbeispiel der EU, und der Libanon, als das Tor zum Nahen Osten und Konfliktpartei zu Israel, als spannungs- und krisenbehaftete Regionen mit maritimer Prägung zu nennen. Deren bereits schon länger anhaltende Entwicklungen liegen in der Aufmerksamkeit von EU, NATO und UN. Für die NATO etwa sind das südliche Mittelmeer und der Nahe Osten strategisch bedeutende Regionen. Daher hat sie den Mittelmeerdialog als Instrument für Sicherheit und Stabilität in der Region durch politischen Dialog und praktische Kooperation aufgesetzt. Der Mittelmeerdialog wurde 1994 durch den Nordatlantikrat (North Atlantic Council, NAC) ins Leben gerufen. Ziel war und ist der Aufbau von guten internationalen Beziehungen, die Verbesserung des gegenseitigen Verständnisses mit den Ländern im Mittelmeerraum sowie die Förderung von Sicherheit und Stabilität in der Region. Gegenwärtig gibt es sieben Teilnehmer: Algerien, Ägypten, Israel, Jordanien, Mauretanien, Marokko und Tunesien. Die Grundlage der Zusammenarbeit ist das Mediterranean Dialogue Work Programme (MDWP) als Angebot der NATO an die Mittelmeerdialog-Partner. Derzeit, 2017, finden allerdings keine Beratungen auf dieser Plattform statt, obwohl diese noch aktiv ist. In der Gesamtbetrachtung des Mittelmeerraumes kann festgestellt werden, dass das Seegebiet hinsichtlich des existierenden Spannungsfeldes Migration eine Schlüsselregion darstellt, von der zu erwarten ist, dass sie zukünftig noch dominierender in Erscheinung treten wird. Eine Induktion auf die politischen Aktivitäten der EU ist besonders hinsichtlich der Grenzsicherung im südeuropäischen Teil des

Mittelmeeres zu erwarten, um der zunehmenden illegalen Migration zu begegnen. Hier sind neben den umfangreichen Maßnahmenkatalogen der EU-Operation Sophia und von Frontex weitere Aktivitäten erforderlich. Vor dem Hintergrund der EU-Krise, die besonders in den Mittelmeerstaaten am schwerwiegendsten wirkt, sind umfangreichere finanzielle Aufwendungen für die Eindämmung der Migration in den EU-Raum als bisher kaum noch möglich. Zwar leisten die Küstenwachen und Marinen der Staaten bereits aufwendige Patrouillen- und Rettungsarbeit, die jedoch mit Blick auf den massiven Zustrom unzureichend ist. In Bezug auf die Türkei ist festzustellen, dass durch die Zugehörigkeit der Türkei zur NATO das Thema Flüchtlinge, ebenso wie die Themen Naher Osten/Kurden und Zypernfrage, mit ihrem Risiko zu innenpolitischen Instabilitäten, in den Bereich des nordatlantischen Bündnisses projiziert werden: Dies erfordert, dass die Entwicklungen in der Türkei von der Allianz beobachtet und diskutiert werden müssen. Aus Sicht der NATO kann sich die Türkei unter Umständen von einem verlässlichen und stabilen Bündnispartner an einer geostrategisch wichtigen Schnittstelle zu einem fragilen Mitglied entwickeln, das in letzter Konsequenz den militärischen Beistand der Allianz benötigt. Aufgrund der geografischen Nähe der Türkei zur EU kann somit, bedingt durch Migration, innerpolitischen Spannungen, Verwicklungen in den syrischen Bürgerkrieg und der Verschärfung der Zypern- und Ägäis-Frage, ein Sicherheitsrisiko auch für die Europäische Union bzw. für Europa erwachsen, dessen Beherrschung die Aktivierung der Instrumente der GSVP nötig werden lassen kann. Für die EU bzw. für Europa bleibt jedoch vorwiegend die Migration eines der Sicherheitsrisiken mit einer maritimen Dimension.

Raumtheoretisch gelten vordergründig die Ausführungen zum Nordatlantik. Das Mittelmeer war ebenso ein umkämpfter Raum im Zweiten Weltkrieg und im Kalten Krieg. Mit Blick auf die Aktivitäten von ISIL in den nordafrikanischen Mittelmeerstaaten und die Rolle Russlands in Syrien, u.a. mit der Verlegung von Seestreitkräften ins östliche Mittelmeer, gewinnt der Aspekt der umkämpften Räume und der Raumkonkurrenz, verbunden mit dem staatlichen Akt der Land-/Seenahme, wieder an Bedeutung und lässt, jedenfalls für Russlands Engagement, Entwicklungen analog zu denen im Kalten Krieg erkennen.

8.2.6. Indisch-asiatischer und asiatisch-pazifischer Raum

Der indisch-asiatische und asiatisch-pazifische Raum ist im 21. Jahrhundert der maritime Raum, dem aufgrund der Entwicklung der sich darin befindenden Staaten die größte Aufmerksamkeit der internationalen Gemeinschaft zukommt. Viele Staaten der Region gehen davon aus, dass der Indische Ozean in den nächsten Jahrzehnten an strategischer Bedeutung gewinnen wird. Der Blick auf den indisch-asiatischen und asiatisch-pazifischen Raum ergibt, dass die derzeit als Schwellenländer eingestuften Staaten im asiatischen Raum von der Verlegung industrieller Produktionsstätten aus westlichen Staaten in diese Region im maritimen Sektor profitieren konnten und können. Dies trifft besonders hinsichtlich des Transfers von Hochtechnologien zu. Daher findet heute nicht nur ein Großteil der vormals westlichen Produktion in den asiatischen Staaten statt, sondern ermöglicht auch die Entwicklung und Durchsetzung eigener Technologievorhaben. Für die Sicherung der Transportkapazitäten und -wege sowie die der Ressourcenbeschaffung für diese Technologievorhaben stehen daher, neben den machtpolitischen Bestrebungen, Neuentwicklungen von maritimen Fähigkeiten im Mittelpunkt der strategischen Interessen und Rüstungsbestrebungen der aufstrebenden Staaten.

Die maritimen Nadelöhre in Asien liegen an sicherheitspolitischen Hotspots im Indischen Ozean. Im Westen – direkt an der Zufahrt zum Suez-Kanal, dem Golf von Aden und Bab el-Mandeb – liegen mit Somalia und Jemen zwei der fragilsten Staaten der Welt. Die dortige Instabilität wirkt sich auf den maritimen Raum aus, zumal sich sowohl Somalia als auch der Jemen derzeit mit Bürgerkrieg, Terrorismus und transnational operierender organisierter Kriminalität konfrontiert sehen. Am östlichen Ende des Indischen Ozeans befindet sich mit der Straße von Malakka die wichtigste Seeverbindung zwischen Asien, Afrika und Europa, in der zugleich seit 2013 die meisten Piratenangriffe stattfinden.[92]

Viele westliche NATO-Staaten beteiligen sich im Indischen Ozean an der EUNAVFOR Atalanta im Indischen Ozean zur Durchsetzung der maritimen Sicherheit in der Region um das Horn von Afrika. Zudem engagieren sich führende Forschungsnationen, wie Deutschland, zunehmend im Bereich der Tiefseeforschung und verfügen derzeit über ein Lizenzgebiet südlich der Insel Rodrigues. Beispielsweise werden unter der Schirmherrschaft des Bundesministeriums für Wirtschaft und Energie durch die Bundesanstalt für Geowissenschaften und Rohstoffe gemeinsam mit Wissenschaftlern anderer Institutionen die Möglichkeiten des Abbaus von marinen Massivsulfiden erkundet. Diese Elemente sind für hochtechnologische Anwendungen im Bereich erneuerbarer Energien sowie für die Herstellung von High-Tech-Geräten essentiell. Die Tiefseerohstoffe können somit künftig einen wichtigen Beitrag zur Rohstoffversorgung Deutschlands leisten. Deutschland bemüht sich derzeit um weitere Lizenzen zur Erkundung und Erschließung maritimer Rohstoffquellen.[93] Aufgrund ihrer exportorientierten Wirtschaft, der Abhängigkeit vom freien Seehandel und dem Fokus auf die Erschließung neuer Rohstoffquellen in der Tiefsee ist es im elementaren Interesse der EU- und NATO-Staaten, durch politische Beiträge zur Stabilität, vorwiegend im indisch-asiatischen, jedoch auch im asiatisch-pazifischen Raum, beizutragen. Asien und der Pazifik stellen zur Wahrung der maritimen Sicherheit, unter Berücksichtigung der maritimen Sicherheitsinteressen der Staaten der Weltgemeinschaft, eine der wichtigsten maritimen Regionen dar. Die maritimen Sicherheitsinteressen in dem Seegebiet umfassen die Krisen- und Konfliktprävention, sicherheitspolitische Kooperationen zur Aufrechterhaltung des ungehinderten Seehandels, die Sicherung von Wirtschaftsinteressen, Unterstützungsleistungen im Bereich des State Building sowie umfassende humanitäre Hilfe und Wiederaufbauleistungen im Falle von Natur- oder anderen Katastrophen. Zudem haben die westlichen Nationen ein hohes Interesse daran, dass internationales Recht eingehalten wird und dass internationale Abkommen erweitert und ver-

[92] Masala et al. 2015, S. 2.
[93] Ebd.

tieft werden. Die Möglichkeiten eines stärkeren Engagements, etwa der EU, liegen im zivilen und politischen Fokus. Militärisches Engagement liegt dabei nicht im Hauptinteresse des Engagements, Militärberatung und -austausch werden komplementär im Rahmen eines ganzheitlichen Ansatzes maritimer Außenpolitik verstanden und dienen vor allem der gesteigerten Einflussnahme durch vertrauensbildende Maßnahmen mit ausgewählten Schlüsselstaaten.

Die internationalen Beziehungen im indisch-asiatisch-pazifischen Raum werden voraussichtlich zukünftig zunehmend durch die Dominanz Chinas gekennzeichnet sein. Dies kann eine Verschiebung der bisherigen regionalen Machtverhältnisse einschließen, auch dahingehend, dass die USA als bisheriger Inhaber der regionalen Hegemonie und Seemacht an Bedeutung und Einfluss in dem Maße verlieren, wie Chinas Rolle zunimmt. Chinas Aktivitäten veranlassen regionale Akteure, wie Australien, zum Handeln, deren Interesse die Eindämmung der chinesischen Machtausweitung zur Sicherung der eigenen strategischen Interessen ist. Ostasien ist eine der Regionen, die derzeit im sicherheitspolitischen Interesse der Weltgemeinschaft liegt. Dies ist nicht nur der in der Region stattfindenden wirtschaftlichen Entwicklung, etwa in China oder Vietnam, geschuldet, sondern besonders den häufiger in den letzten Jahren auftretenden bewaffneten Zwischenfällen in den Seegebieten rund um Japan, China und Korea, die Ausdruck der konfliktbehafteten Situation im ostasiatischen Raum sind. Neben den lokalen Akteuren treten hier die USA als Verbündete Japans und Südkoreas in Erscheinung, verbunden mit vitalen Interessen. Besonders die genannten westlichen bzw. demokratischen Staaten und teilweise China setzen sich für eine Konfliktlösung bzw. -eindämmung und somit eine stabile Region ein, jedoch sind deren Aktivitäten diesbezüglich von eher mäßigem, stark periodisch schwankendem Erfolg gekrönt, da eigene Machtbestrebungen die Handlungsoptionen tangieren.

In der internationalen Wahrnehmung bzgl. des Themas Asien geht es vorwiegend um die dominierenden Konflikte in der Region Ostasien und die Frage nach den Auswirkungen auf das internationale System, häufig aus dem Blickwinkel der wirtschaftlichen Prosperität. In der Frage um die Sicherheit in den Regionen Asiens ist festzuhalten, dass eine Machtverschiebung von dem bisherigen regionalen Hegemoniehaltern hin zu den asiatischen Akteuren erkennbar ist. Damit verbunden ist jedoch auch ein asiatisch-interner Konkurrenzkampf, vorwiegend zwischen China und Indien. Zusätzlich stellt sich zunehmend die Frage nach der Rolle der Demokratischen Volksrepublik Korea (DVR) und der Haltung Chinas ihr gegenüber. Diese wird zunehmend kritisch, aufgrund der vielfältigen Zwischenfälle an der Grenze zu Südkorea und der Aussetzung der Sechser-Gespräche bzgl. des Nuklearwaffenprogramms. Darin eingeschlossen ist ebenfalls die Abkühlung der ohnehin schwierigen Beziehungen zwischen Süd- und Nordkorea, die bereits seit der Durchführung von Raketentests Nordkoreas im Frühsommer 2016 als gefährdet angesehen werden und die sich seit den Grenzvorfällen im Südchinesischen Meer im Jahre 2010 weiter verschlechtern. Im Fokus der chinesischen maritimen geopolitischen Interessen stehen neben der territorialen Integrität Taiwans die Senkaku/Diaoyutai-Inseln im Ostchinesischen Meer, die zwar zu Japan gehören, jedoch von

China beansprucht werden. Als Beispiel ist der Zwischenfall zwischen einem chinesischen Fischtrawler und zwei japanischen Patrouillenbooten der japanischen Küstenwache am 7. September 2010 zu nennen, der zu einer Aussetzung der beginnenden vertrauensbildenden Verständigung der beiden Nationen führte. Im Ergebnis des Vorfalls, der mit einer Inhaftierung des Fischtrawlerkapitäns, dem Abbruch der Wirtschaftsverhandlungen bezüglich der Ausbeutung von Erdgas und -öl in einem benachbarten Seegebiet und letztlich zur chinesischen Verweigerung eines Treffens zwischen den damaligen Ministerpräsidenten der beiden Staaten am Rande der UN-Vollversammlung führte, zeigt sich die Sensibilität und unnachgiebige Haltung beider Nationen hinsichtlich ihrer territorialen Ansprüche. Seit dem Zwischenfall patrouillieren chinesische und japanische Küstenwachfahrzeuge als Fischereischutz im Seegebiet und unterstreichen so die politische Position der jeweiligen Regierungen. Die gewaltsamen Protestaktionen im Sommer 2012 in China vor der japanischen Botschaft und jährliche Seemanöver in den Gewässern rund um die Inseln unterstreichen die Lage in der Region. Eine Nebenrolle nehmen hier die USA ein, die einerseits Einbußen in ihrer regionalen Machtstellung, in dem Fall als Verbündete Japans, sehen und das chinesische Selbstverständnis wahrnehmen. Die USA können dahingehend ihre Position in Japan festigen, dass der Bau der US-Militärbasis auf Okinawa, der in Japan durchaus umstritten ist, durch den Inselstreit in der japanischen Öffentlichkeit positiver gesehen wird. Da die regionalen Organisationen mit Bezug auf die maritime Sicherheit vorwiegend in der indisch-asiatischen Region verortet sind, sind diese für die asiatischen Seegebiete als Austausch- und Koordinierungsplattform essentiell und werden durch die Staaten auch so angesehen. Es existieren verschiedene regionale Institutionen mit Bezug zur maritimen Sicherheitsarchitektur. In jüngerer Zeit lassen sich verstärkt Bestrebungen zur Erweiterung bestehender Foren und Institutionen und zur Gründung neuer Kooperationsinitiativen beobachten. Ein Großteil der von Anrainerstaaten gegründeten Initiativen bezieht externe Akteure mit ein. Hierzu zählt insbesondere die Indian Ocean Rim Association (IORA), aber auch das Expanded ASEAN Maritime Forum, die jährlichen Milan-Treffen und das Forum Regional Cooperation Agreement on Combating Piracy and Armed Robbery against Ships in Asia (ReCAAP). In jüngerer Zeit versucht insbesondere China in Bezug auf maritime Fragestellungen eine stärkere Einbindung in ASEAN zu erreichen. Das primäre Interesse Chinas sowie maritimer ASEAN-Foren liegt tendenziell aber auf dem Südchinesischen Meer und nicht auf dem Indischen Ozean, obwohl Staaten wie Australien ihre maritimen Aktivitäten im Indischen Ozean verstärken. Nach einschlägiger Bewertung[94] besitzt Australien die maritime Hoheit über die größte Fläche unter allen Anrainerstaaten des Indischen Ozeans und verfügt darüber hinaus über eine der fähigsten Marinen in der Region. Maritime Interessen beziehen sich auf strategisch wichtige Inselterritorien, Seewege, die Verhinderung illegaler Einwanderung sowie große offshore Öl- und Gasvorkommen vor der Nordwestküste Australiens. Ähnlich verhält es sich mit Indonesien, das sich vom Indischen Ozean in Richtung Osten erstreckt, womit auch ein großer Anteil am indonesischen Handelsvolumen auf Süd- und Ostasien entfällt. Bisher lag das pri-

[94] Masala et al. 2015, S. 3.

märe strategische Interesse auf dem Pazifik. Derzeit lässt sich erkennen, dass sich jedoch ein zunehmendes Interesse am Indischen Ozean abzeichnet. Dies spiegelt sich auch in einer Erklärung des indonesischen Präsidenten im Shangri-La-Dialog im Jahr 2012 in Singapur wider.[95] Für die Philippinen, die sich nach Osten in den Pazifik erstrecken, ist der asiatisch-pazifische Raum sowohl wirtschaftlich als auch strategisch von Interesse. Darauf ausgerichtet sind die maritimen Aktivitäten des Landes. Der indisch-asiatische und asiatisch-pazifische Raum avanciert aufgrund der vielen maritimen staatlichen und regionalen Akteure zu einem der wichtigsten Räume im maritimen internationalen System. Nicht nur wegen des hohen Seehandelsaufkommens, sondern auch aufgrund des sichtbaren maritimen Konfliktpotenzials und der damit verbundenen massiven maritimen Rüstungsvorhaben und Neuausrichtung der maritimen Fähigkeiten der Streitkräfte. Kennzeichnend für die Region ist, dass die Staaten gewillt sind, glaubwürdig ihre maritimen Ansprüche mit Seestreitkräften durchzusetzen. In keinem anderen Seegebiet ist die Durchsetzung und Beibehaltung von regionaler Seemacht mittels Seestreitkräften, als Instrument der Durchsetzung des außenpolitischen Willens der Anrainerstaaten, so präsent zu beobachten. Es ist davon auszugehen, dass Seemacht in dem Seegebiet auch noch weit ins 21. Jahrhundert hinein das dominierende Thema der dortigen Außen- und Sicherheitspolitik sein wird. Ebenso ist davon auszugehen, dass Räume und Territorien und deren Beherrschung, insbesondere im Süd- und Ostchinesischem Meer, für die Akteure relevant bleiben. China ist hier einer der dominierenden Player. Die Aktivitäten in der Stützpunktpolitik untermauern nicht nur das Streben nach regionaler Seemacht. Sie dienen zudem dazu, physischen Raum gewinnen und vorwiegend Seegebiete dem chinesischen Staatsgebiet zuschlagen zu können. Dies fällt unter die Aspekte der Raumtheorie der umkämpften herrenlosen Territorien. Mit der Aufschüttung künstlicher Inseln in den genannten Seegebieten wird nicht nur Land selbst in die Seegebiete, einschließlich der dazugehörigen Territorialgewässer und ausschließlichen Wirtschaftszonen, projiziert, sondern auch chinesisches Rechtsverständnis dort auferlegt. Dadurch ist zu erwarten, dass bei weiterer Umsetzung von Stützpunktbauvorhaben die gesamte Region als chinesisches Territorialgewässer verzeichnet wird. China verfolgt hier die Politik der »frontiers«. Die umkämpften Räume im Süd- und Ostchinesischem Meer würden damit automatisch in der Ordnung des chinesischen Staates aufgehen und diese ergänzen. Gleichzeitig wird so unterbunden, dass es einen Kampf um Räume im Sinne von Land-/Seewegnahmen gibt, etwa durch die USA oder andere regionale Akteure. Hier ist eine Ausrichtung auf zwei verschiedene machtpolitische Handlungsstränge durch die VR China erkennbar. Zum einen erfolgt eine Ausrichtung auf die Entfaltung von Seemacht mittels der Seestreitkräfte, also eine akteursfokussierte Politik. Anderseits werden Räume genutzt, um die angestrebte Vormachtstellung und die Entfaltung von Seemacht, und teilweise Luftmacht, zu unterstützen. Diese Räume bzw. Territorien werden dem chinesischem Recht unterworfen und somit in das Staatsgefüge eingebunden. Hier ist somit eine raumfokussierte Politik erkennbar. Beide Anteile lassen sich politiktheoretisch in den Ansätzen des Neorealismus nach

[95] Ebd., S. 4.

Waltz, der Seestrategietheorien nach Mahan und Kirchhoff und der politischen Raumtheorie nach Schmitt erklären. Der Ansatz zu umkämpften Räumen in einer Raumkonkurrenzsituation ergibt sich für das Süd- und Ostchinesische Meer vorerst nicht, da etwaige (Gegen-)Akteure, mit Blick auf eine nicht auszuschließende militärische Eskalation, die Wegnahme des Raumes aus der chinesischen Einflusssphäre nicht in Erwägung ziehen. Anders verhält es sich im indisch-asiatischen Raum, in dem China in einer Raumkonkurrenz zu Indien steht. Hier existiert ein, heute noch verdeckter und wenig militärisch ausgeprägter, Kampf um Räume. Mit Blick auf die Projektion von Jurisdiktion sind jedoch auch hier Ansätze erkennbar, dass China, zwar noch enklavenhaft, seine Rechtsordnung projiziert, indem etwa außerheimische Stützpunkte, wie im pakistanischen Gwar, geschaffen werden. Gleiches trifft für die USA zu, die mit ihrem Stützpunkt Diego Garcia die US-Staatsordnung in den indisch-asiatischen Raum transferierten, und so Raum eingenommen haben. Erkennbar ist aus theoretischer Sicht, dass Ansätze, deren Vorstellungen Mitte des 20. Jahrhunderts entstanden sind, heute mehr als in ihrer Entstehungszeit relevant sind und sich staatliches Handeln ergänzend zur realpolitischen Praxis danach analysieren lässt.

8.3. Synopse des Kapitels

Aus den strategischen Dokumenten der betrachteten Staaten und der außenpolitischen und seestrategischen Konstellationen in den dargestellten Seegebieten wird ersichtlich, dass das sicherheitspolitische Handeln, auch in entlegenen, klimatisch extremen Regionen, durch die Protektion strategischer Güter und Interessen und durch Bestrebungen zur Machtmaximierung in den Einflusssphären geleitet ist. Als Konsequenz daraus nimmt die Projektion von Seestreitkräften eine dominierende und zunehmende Rolle ein. Es ist erkennbar, dass der Fokus im Engagement hierbei auf der Abschreckung liegt, um vorwiegend die jeweiligen politischen und wirtschaftlichen Interessen wahren zu können. Aus strategischen Dokumenten lässt sich die räumliche Orientierung der maritimen Hauptakteure ableiten. Für die EU ist eine europainterne, verbunden mit einer bilateralen Ausrichtung und Kooperation erkennbar sowie eine Partnerschaft zur NATO und zu einzelnen Staaten. Dabei steht die Partnerschaft zur USA als einer der Grundpfeiler des europäischen politischen Verständnisses im Zentrum. Das maritime Bewusstsein der EU ist seit der Formulierung europäischer maritimer Interessen und Ziele in der EUMSS und der Global Strategy gegenüber den Jahren vor 2014 ausgeprägter denn je. Für die NATO ist die transatlantische Wahrnehmung wieder verstärkt im gemeinsamen Bewusstsein der Mitglieder. Zudem wird auf die Entwicklungen im Ostseeraum und im Schwarzen Meer reagiert. Sowohl mit der AMS als auch dem Ostsee- und Schwarzmeer-Dialog betont die NATO ausdrücklich die maritime Dimension in ihrer Politik, die nur noch in den Strategien einzelner Staaten zu finden ist. Für die USA steht der pazifische Raum im Vordergrund allen sicherheitspolitischen Handelns. Dieser Sachverhalt manifestiert sich in der QDR 2014. Dies bedeutet nicht, insbesondere vor dem Hintergrund des russischen Erstarkens, dass die USA die transatlantische Partnerschaft in den Hintergrund rücken lassen. Mit ihren Initiativen im Baltikum und in Polen signalisieren sie weiteres Interesse am europäischen Raum und an einer stabilen transatlantischen Partnerschaft. Die pazifische Sicht der USA ist den Entwicklungen im asiatisch-pazifischen Raum geschuldet. Das Engagement Chinas in Ostasien, die Streitigkeiten im Ost- und Südchinesischen Meere, die Rüstungsbestrebungen Nordkoreas, der Schutz Japans und Südkoreas und das russische Arktisengagement über die Beringstraße lassen den Fokus der USA in die Region rücken. Hier können vitale Interessen der USA bedroht werden, was auch die Eindämmung oder den Verlust von regionaler Hegemonie und damit verbundener Seemacht nach sich ziehen kann. Für die Russische Föderation sind machtanspruchsorientierte Entwicklungen erkennbar. Eine dieser orientiert sich nach Ostasien. Bedingt durch territoriale Streitigkeiten mit Japan und dem Ziel einer Kontrolle des Zugangs zur Beringstraße engagiert sich Russland in dem Raum Nordostasien besonders. Des Weiteren zeigt sich eine Fokussierung auf den europäischen Raum bzw. das Baltikum, einschließlich der Ostsee. Die Gründe dafür sind auch in den engen Wirtschaftsbeziehungen zur EU, insbesondere zu Deutschland, jedoch vorwiegend in der Gegenmachtbildung zur Stationierung von NATO-Truppen in Polen und dem Baltikum und in der Debatte um das Verhältnis zu den Ostseeanrainern zu suchen. Die europäische Dimension der russischen Politik wird vorwiegend durch die strategische Partnerschaft zu Deutschland manifestiert. Auch die VR China unterhält eine Partnerschaft mit Deutschland als eines der Ergebnisse der Orientierung ihrer Politik nach Europa. Der Grund ist hier das Interesse Chinas an der Erlangung von Hochtechnologie sowie der Erschließung neuer Absatzmärkte für eigene Produkte. Ergänzt wird die europäische Polarisierung auch durch die chinesischen Arktisambitionen. Im Mittelpunkt aller politischen Aktivitäten des Landes liegt jedoch der ostasiatische Raum, für den China Ansprüche auf die regionale Hegemonie und Seemacht im Ost- und Südchinesischen Meer hegt. Es zeigt sich im chinesischen Engagement das Streben nach Ausdehnung der chinesischen Einflusssphäre in den indischen-asiatischen Raum hinein, als eines der langfristigen chinesischen Interessen bzw. Ziele. Verbunden damit kann der Wunsch nach der Kontrolle wichtiger Seehandelszugänge in der Region sein. Die Partnerschaft zu Indiens Rivalen Pakistan als Gegenpol zu Indien, aus Chinas Sicht der Konkurrent im Indischen Ozean mit ähnlichen regionalen Ambitionen, unterstreicht die Interessen des Landes.

Zu Indien ist festzuhalten, dass die Nation keine überregionalen Absichten verfolgt. Allerdings wird der gesamte Indische Ozean als Vorhof des eigenen Staatsgebietes angesehen, in dem regionale Seemacht ausgeübt werden soll. Die Überschneidungen mit den chinesischen Interessen in dieser Region können zu einer Projektion von offensiven Seestreitkräften beider Seiten führen. Indien ist hier bereit, die Wahrung seiner Interessen und die Behauptung der regionalen Seemacht sowohl gegenüber China als auch gegenüber dem Nachbarn Pakistan offensiv militärisch zu unterstreichen. Die aufgelegten Rüstungsprogramme belegen dies. Die relevanten Seegebiete werden im 21. Jahrhundert sowohl wirtschaftlich als auch sicherheitspolitisch an Bedeutung gewinnen. Zudem ist davon auszugehen, dass zur glaubwürdigen Durchsetzung der Interessen der Akteure die Projektion von Seestreitkräften in diesen Gebieten zunehmen wird. Besonders das nördliche Polargebiet und das Ost- und Südchinesische Meer nehmen dabei eine herausragende und sichtbare Rolle ein. Dass bedeutet jedoch nicht, dass die Ostsee im außen- und sicherheitspolitischen Diskurs irrelevant ist.

Die Verminderung der Meereisbedeckung im arktischen Sommer lässt neue Fragestellungen für die internationale und nationale Politik, einschließlich daraus hervorgehender nationaler Interessen und denen der EU und der NATO aufkommen. Eines der zentralen Elemente darin ist die Energiefrage sowie die Wahrnehmung des Machtverständnisses der Russischen Föderation. Mit Blick auf die in den nationalen Dokumenten publizierten maritimen Interessen sind in der Zukunft der Ausbau der seestrategischen Position einzelner Staaten, insbesondere von Russland, und die damit einhergehende maritime Fähigkeitsentwicklung nicht mehr auszuschließen. Dies gilt besonders hinsichtlich des Schutzes der Ressourcennutzung in der Arktis. Dieser leitet sich nicht nur aus Ansprüchen der Anrainerstaaten, sondern auch aus dem Interesse und den Aktivitäten von aufstrebenden Staaten wie China, Indien und Brasilien an den arktischen Rohstoffvorkommen in der Region, mit dem Ziel der Sicherung langfristiger Nutzungsrechte, analog zu den bereits in Afrika existierenden, ab. Bisher ist es nicht gelungen, hinsichtlich der arktischen Nutzung durch die Anrainerstaaten eine belastbare Rechtsvorschrift multilateral abzustimmen und zu erlassen. Nationale Vorschriften und Regelwerke existieren und wurden bezüglich des Umweltschutzes in arktischen Gewässern von Kanada und der Russischen Föderation verfasst. Der Arktische Rat, als politisches Gremium 1996 gegründet, befasst sich zwar mit allen die Arktis betreffenden Sachverhalten, jedoch sind dessen Beschlüsse nicht rechtsverbindlich, sodass mögliche regionale Risiken schwer kalkulierbar werden könnten.[96] Durch die fehlende Rechtsverbindlichkeit ist anzunehmen, dass zukünftig die strategischen Interessen mittels starker maritimer Präsenz der involvierten Staaten, entweder durch Wirtschaftsstandorte oder, wahrscheinlicher, durch Streitkräfte demonstriert werden. Ziel wird es hierbei sein, die Gebiete für den Ressourcenabbau abzusichern und gegenseitige militärische Abschreckung darzustellen bzw. aufzubauen. Die unterschiedlichen Auffassungen bezüglich der nationalen Zugehörigkeit der nördlichen Seewege, besonders unter den Anrainerstaaten selbst, jedoch auch innerhalb der EU, werden in den nächsten Jahren zu Projektionsstreben führen. Es ist davon auszugehen, dass die freie Passage des Schiffsverkehrs unbeeinträchtigt bleibt, jedoch unter Kontrolle stehen wird, besonders durch die Russische Föderation und Kanada.[97] Die Bundesrepublik Deutschland nimmt, gemäß ihrer Leitlinien deutscher Arktispolitik, hinsichtlich ihrer arktischen Interessen vermutlich weiterhin eine untergeordnete Rolle ein und behält ihren bisherigen Status im Arktischen Rat bei. In Fragen der Nutzung der Arktis wird Deutschland nach wie vor keine entscheidende und gewichtige Rolle zufallen, vorwiegend bedingt durch die geografischen Entfernungen und das außenpolitische Verständnis, welches in den

96 Albrecht 2013, S. 264.
97 Ebd., S. 265.

Leitlinien zur deutschen Arktispolitik formuliert ist. Es wird jedoch erkennbar, dass sich Deutschland seiner Fähigkeiten in der Polarforschung und dem Eisbrecherbau bewusst ist. Hier kann es sich beispielsweise durch seine umfassende Kompetenz in die Klimadiskussion um die Arktis einbringen. Als Vertragsstaat des 1920 vereinbarten Spitzbergen-Vertrags ist Deutschland indirekt in die Gesamtdiskussion über die Arktis involviert. Die politischen Handlungs- und Interessenfelder der Bundesrepublik Deutschland sind jedoch im Rahmen der EU und der NATO berücksichtigt und im EU-Vertrag eingebunden. Mit der Reflektion darauf erfolgt auch die Ausrichtung zu einer präventiven Sicherheitspolitik.

Nationales Seemachtstreben ist von Deutschland nicht zu erwarten. Es wird sich jedoch an der Durchsetzung von Seemacht auf multilateraler, hier EU-, NATO- und UN-Ebene, beteiligen und neben den präferierten zivilen Mitteln auch Seestreitkräfte als Instrument multilateraler Außenpolitik zur Verfügung stellen. Die Entfaltung von Seemacht in verschiedenen Seegebieten durch verschiedene Staaten kann aus der Sicht der Akteur etwa aufgrund der Exportorientierung der westlichen Welt oder Chinas und Japans erforderlich werden mit dem Ziel, die Sicherheit der Handelsströme im Seeverkehr zu sichern. Erkennbar ist auch, dass potenzielle regionale Mächte, wie Indien, peripher auch Pakistan, und China im Kampf um Territorien und Ressourcen wie Wasser und Energie verstärkt in Erscheinung treten. Hier werden maritime militärische Fähigkeiten zur Sicherstellung bzw. Unterstreichung des außenpolitischen Willens aktiviert und ggf. eingesetzt. In der Zusammenschau gewinnt für das Thema Seemacht die Betrachtung von Seegebieten und Strategien von Einzelstaaten und Bündnissen rasant an Bedeutung. Die vielen Facetten der maritimen Fragen der Zukunft erlauben jedoch kein Einzelfeldengagement, etwa fokussiert auf Seemacht, sondern erfordern zwingend die Etablierung des Systems der vernetzten maritimen Sicherheit und Kooperation als Sicherheitsregime, um auf aktuelle Spannungsfelder eindämmend und auf zukünftige präventiv wirken zu können. Mit Blick auf die politische Analyse wird sichtbar, dass sich machtpolitische Erwägungen auf zwei Säulen abstützen, zum einen die instrumentalisierte Entfaltung von Seemacht durch Erwägungen aus der Fähigkeits- und Bündnisentwicklung und zum anderen die Entfaltung von Seemacht durch Erwägungen und Bestrebungen der Land-/Seenahme, also der Einnahme von Seeräumen auf der Grundlage eines Aktes von staatlicher Souveränität. Mit dem Ergebnis, dass durch die Projektion der Rechtsnormen und der staatlichen Ordnung des einnehmenden Landes, hier vorwiegend von China, eine veränderte Ordnung im internationalen System geschaffen wird. Aufgrund fehlender Möglichkeiten oder diplomatischer Erwägungen, die im Falle der USA vordergründig sein dürften, wird den Bestrebungen nichts essentiell und glaubwürdig entgegensetzt, sodass sich das veränderte Raum- und Rechtssystem durchsetzt, ohne Beachtung etwaiger völkerrechtlicher Verstöße.

9. Strategische Handlungsfelder maritimer Sicherheitspolitik im 21. Jahrhundert

Die Ausrichtung der maritimen Sicherheit im außen- und sicherheitspolitischen Kontext, unter der Einbeziehung der Rolle von Seestreitkräften, ist in den sicherheitspolitischen und strategischen Dokumenten, von denen im vorangegangenen Kapitel einige dargestellt wurden, festgehalten. Grundlegend für die Handlungsfelder in der maritimen Sicherheitspolitik sind nationenübergreifende, multinationale Maßnahmen, um maritime Sicherheit im umfassenden und vernetzten Ansatz zu gewährleisten und, wo erforderlich oder vorgegeben, regionale Seemacht zu entfalten. Dieser Ansatz muss aus Sicht der westlichen bzw. westlich orientierten europäischen Staaten im Einklang mit der Globalen Sicherheitsstrategie der EU, der Europäischen Maritimen Sicherheitsstrategie, deren korrespondierendem Aktionsplan sowie mit der Alliance Maritime Strategy (AMS) stehen. Gleichzeitig gilt es in den Handlungsfeldern die Kohärenz mit Politikbereichen auf der nationalen, der EU-, NATO- und G7-Ebene, insbesondere mit der integrierten Meerespolitik der EU, der Gemeinsamen Sicherheits- und Verteidigungspolitik und der Strategie der inneren Sicherheit der EU herzustellen und zu wahren. Die Grundsätze können auch dazu dienen, die Themen der maritimen Sicherheit und maritimen Abschreckung in übergeordnete internationale Gremien wie etwa die UN zu transportieren.

Die strategischen Handlungsfelder maritimer Sicherheit, auch gegen Seemacht oder maritime Macht, müssen so formuliert werden, dass potenzielle und existente Gefährdungen für die staatliche Sicherheit, hier mit dem Schwerpunkt der äußeren Sicherheit, identifiziert sowie zentrale Handlungsfelder der einzelnen Akteure als Beitrag zum außen- und sicherheitspolitischen maritimen Engagement von NATO, EU und Einzelstaaten benannt werden. Durch die Verknüpfung von Interessen, Zielen, Gefährdungen und daraus abgeleiteten strategischen Handlungsfeldern wird damit das handlungsleitende Rational des sicherheits- und verteidigungspolitischen Engagements einer Organisation und eines Staates in der maritimen Sicherheit unter Berücksichtigung des effizienten Einsatzes verfügbarer Ressourcen, wie etwa der Seestreitkräfte, beschrieben. Die strategische Bedeutung der maritimen Sicherheit für Deutschland, die NATO und Europa ist in den vergangenen Jahren deutlich gestiegen. Beispiele hierfür sind die Initiativen am Golf von Guinea, die durch Deutschland und die EU dort zur Gewährleistung des freien Seeverkehrs unterstützt werden, die Einbringung und Förderung deutscher und von EU-Positionen in den Ostsee- und Schwarzes-Meer-Dialog der NATO sowie die Förderung und Umsetzung der Europäischen Maritimen Sicherheitsstrategie. Trotz politischer Konsolidierung und Koordinierung von Maßnahmen zur Verbesserung der maritimen Sicherheit u.a. zwischen EU, NATO, UN, G7 und einzelnen Nationen bestehen vielfältige humanitäre und sicherheitspolitische Herausforderungen fort oder haben sich neu ausgeprägt. Aus dem Anspruch, globaler maritimer Akteur zu sein und gleichzeitig eine wertegeleitete Außen- und Sicherheitspolitik zu betreiben, folgt für EU und NATO die Verpflichtung, bei der Überwindung maritimer Krisen ganzheitlich, vorausschauend und multilateral mitzuwirken. Das gilt für die Bekämpfung humanitärer Notlagen ebenso wie allgemein für die Gewährleistung eines sicheren maritimen Umfelds. Tragfähige und nachhaltige Lösungen für die vielfach komplexen maritimen Herausforderungen können nur gemeinsam mit den Bündnispartnern sowie weiteren Partnerländern entwickelt und umgesetzt werden. Daher muss es das primäre Ziel des sicherheitspolitischen Engagements sein, maritime Spannungsfelder abzubauen, eine kooperative maritime Sicherheit durch Partnerschaften, Dialog und Kooperation zu stärken und regionale maritime Akteure zur eigenverantwortlichen Übernahme von Verantwortung zu befähigen.

Neben der intensiven Zusammenarbeit mit den regionalen Partnern muss es das erklärte Ziel der Akteure sein, noch intensiver als bisher mit europäischen und internationalen Verbündeten und Partnern zusammenzuarbeiten, um gemeinsamen sicherheitspolitischen Herausforderungen erfolgreich zu begegnen. Die laufende Konsolidierung gemeinsamer Interessen und darauf aufgesetzter Initiativen sind vielversprechende Ansatzpunkte effektiven und effizienten Engagements und geeignet, schneller und nachhaltiger positive Wirkungen zu erzielen, als dies durch unilaterales Engagement möglich wäre. Zugleich muss es jedoch auf nationaler Ebene der jeweiligen Staaten das Ziel bleiben, die verfügbaren Ressourcen und außenpolitischen Instrumente, von denen Seestreitkräfte nur eines sind, noch besser als bisher im Sinne eines vernetzten, ganzheitlichen und ressortgemeinsamen Ansatzes zu verbinden und ihren Einsatz ständig auf diesen Anspruch hin zu überprüfen. Parallel dazu wenden sich andere staatliche maritime Akteure wie Russland, Indien und China ebenfalls strategischen Handlungsfeldern im maritimen Raum zu. Diese sind häufig gegensätzlich zu denen der westlichen Bündnisse und Staaten formuliert und operationalisiert. Dies bedeutet nicht, dass es nicht in Einzelthemen zu Kooperationen kommen kann bzw. kommt. Festzuhalten ist jedoch, dass der grundsätzliche Gegensatz zwischen den westlichen Staaten, insbesondere Europas, und China, Russland und Indien darin liegt, Machtgewinne und -maximierung in regionalen Seeräumen zu erlangen und dafür Seestreitkräfte als das wesentliche Instrument der hegemoniegeleiteten Außen- und Sicherheitspolitik anzusehen und einzusetzen. Viele der Handlungsfelder beziehen daher Streitkräfte und die mit ihnen zu entfaltende Seemacht in den jeweiligen Interessensphären ein.

9.1. Strategische Handlungsfelder der NATO und EU

Durch die Veränderungen im sicherheitspolitischen Umfeld und im durch ihm beeinflussten maritimen Raum besinnt sich die NATO wieder auf die Bündnisverteidigung. Dies ist auch den maritimen Entwicklungen in den Randmeeren und in den Teilen des Arktischen Ozeans im NATO-Bündnisgebiet und den regionalen Seemachtambitionen verschiedener Akteure, wie z.B. Russland und China, geschuldet. Mit den beiden anderen Schlüsselbereichen des strategischen Konzeptes der NATO, Konfliktverhütung und Krisenbewältigung sowie Partnerschaft und Kooperation, bilden diese gemeinsam unverändert die Kernaufgaben der Allianz, für die Fähigkeiten, hier die maritimen, entwickelt und bereitgestellt werden müssen. Hier herein fließen die Aufgaben Rückversicherung, Abschreckung und Verteidigung. Darauf ausgerichtet wird das Streitkräftedispositiv der NATO stetig überprüft und angepasst. Dies gilt insbesondere für die Dispositive derjenigen Mitgliedsstaaten, die sich bislang vorrangig auf Konfliktverhütung und Krisenbewältigung und Partnerschaft und Kooperation konzentriert haben. Ihre Forderungen an die gemeinsame Verteidigungsplanung hat die NATO zuletzt beispielsweise in den Minimum Capability Requirements (MCR) von 2016 aufgestellt.

Während des Kalten Krieges standen sich massive konventionelle Armeen der NATO sowie der Warschauer Vertragsorganisation entlang der gesamten Bündnisgrenzen gegenüber. Die Europäische Union war kein sicherheitspolitischer Akteur mit militärischen Fähigkeiten. Der NATO-Verteidigungsplan (Standing Defence Plan, SDP) war sofort operationalisierbar. Die Einsatzräume waren den Verbänden zugewiesen und bekannt, wurden erkundet und vorbereitet. Aus deutscher Sicht musste die operative oder strategische Verlegung von Kräften in das Einsatzgebiet nicht ausgeplant werden. Der Status der Einsatzbereitschaft und Verfügbarkeit der eigenen Kräfte folgte dem Frühwarnsystem der NATO. Die Durchhaltefähigkeit wurde über feste Strukturen und Verfahren gewährleistet. Heute stellen potenzielle symmetrische Gegner immer noch ein Bedrohungspotenzial für das Bündnisgebiet mit größeren Verbänden konventioneller Kräfte und deutlich verbesserten technologischen Fähigkeiten dar, allerdings nicht mehr in dem zahlenmäßigen Umfang wie zu Zeiten des Kalten Krieges. Für deren militärische Aktionen können schnell räumliche Schwerpunkte gebildet werden. Eine symmetrische Bedrohung wird aber nicht mehr entlang der gesamten Bündnisgrenze gleichzeitig aufwachsen. Deshalb kann das Vorgehen der konventionellen Kräfte eingebettet sein in eine hochagile hybride Gesamtstrategie unter dem Einsatz heutiger spitzentechnologischer Möglichkeiten, sodass letztlich das ganze Bündnisgebiet im gesamten Spektrum der Möglichkeiten, welches sich von Diplomatie, Information, Militär, Wirtschaft, Finanzen, Aufklärung über Nachrichtengewinnung und Recht erstreckt, in rascher Abfolge das Ziel gegnerischer Aktionen werden kann. Komplementiert wird dies durch die nach wie vor doktrinär hinterlegte Androhung des möglichen Einsatzes von nuklearen Waffen. Wegen dieser möglichen Bedrohung werden derzeit in der NATO aktuelle Graduated Response Plans (GRP) entwickelt, um sehr schnell, örtlich flexibel und mit abgestufter Intensität auf mögliche Bedrohungen reagieren zu können. Verbesserte strategische Effekte werden durch z.T. taktische militärische Aktionen im Rahmen der Rückversicherung (z.B. Air Policing im baltischen Luftraum) sowie der glaubhaften Abschreckung (»Deter«; z.B. Very High Readiness Joint Task Force VJTF, Standing NATO Maritime Groups SNMG) erzielt. Auch die letzte Intensitätsstufe, die militärische Verteidigung, besitzt insofern einen neuen Charakter, als sie mit relativ schnell verfügbaren größeren multinationalen Verbänden konventioneller Kräfte örtlich flexibel und damit aus nicht vorerkundeten, nicht vorbereiteten Einsatzräumen heraus geführt werden muss. Gleich geblieben ist hingegen die Abschreckung durch bzw. die Fähigkeit zum Einsatz nuklearer Waffen, für Deutschland ausschließlich die Fähigkeit zur Nuklearen Teilhabe.

Strategische Fähigkeiten, die nicht nur für Seestreitkräfte gelten, wie sehr schnelle Verfügbarkeit, örtliche Flexibilität und multinationale Verbände, erfordern ein eigenes gesichertes, umfassendes und aktuelles Lagebild, einen hohen Grad der Einsatzbereitschaft der eigenen Kräfte, einen hohen Status der Verfügbarkeit der eigenen Kräfte und die Fähigkeit, diese Kräfte zügig an jeden Ort des Bündnisgebietes verlegen und die entsprechenden Verbindungswege schützen zu können. Zudem sind die Fähigkeit zur schnellen taktischen, operativen und strategischen Verlegung alliierter Kräfte in Operationsgebiete entlang der Bündnisgrenze, eine hohe Durchhaltefähigkeit der eigenen Kräfte und eingespielte administrative und logistische Verfahren sowie ein hohes Maß an Interoperabilität zwingende Anforderungen, die in der strategischen Planung betrachtet werden müssen. Ein besonderes Handlungsfeld bei der glaubhaften Ausgestaltung der Fähigkeiten stellt das Verhältnis zwischen NATO und EU dar. Die beschriebenen Aspekte gelten nur für die NATO. Darüber hinaus sind NATO- und EU-Bündnisgebiete nicht deckungsgleich. Beide Organisationen nutzen jedoch einen analogen Mechanismus zu Bündnisverpflichtung und kollektiver Verteidigung. Zudem fällt der EU automatisch auch im Falle der NATO-Bündnisverteidigung auf dem europäischen Kontinent unmittelbar eine sicherheitspolitische Rolle zu. Daher sind die bestehenden strategischen Partnerschaften zu intensivieren, weitere Konsultationsmechanismen zu implementieren und eine Duplizierung von Kräften, Mitteln, Fähigkeiten und Strukturen zwischen NATO und EU weiterhin weitestgehend zu vermeiden.

Die Anforderungen an Seestreitkräfte erfordern in den kommenden Jahrzehnten neue Fähigkeiten und damit den Zulauf neuer Waffensysteme, die der hohen Bedeutung von küstennahen Seegebieten in Operationen zur Bündnisverteidigung auch bei Anfangsoperationen im Rahmen von Konfliktverhütung und Krisenbewältigung und dem gravierenden technologischen Fortschritt Rechnung tragen. Eine gemeinsame Definition von operationellen Forderungen für Seestreitkräfte würde hier eine Grundlage für eine mögliche multinationale Fähigkeitsentwicklung, Beschaffung und Nutzung von Seekriegsmitteln erlauben bzw. diese politisch fördern. Die Realisierung könnte im Rahmen von Kooperationsinitiativen der NATO wie Smart Defence, Pooling & Sharing oder das Framework Nation Concept erfolgen, da hierin der politische Bereich der NATO und das NATO-Hauptquartier SACT eingebunden wären. Sowohl aus Sicht der NATO als auch der EU sind als besondere Aspekte der maritimen Sicherheit weiterhin die Sicherheit der Handelsrouten, Piraterie, die politische Stabilität in den Anrainerstaaten am Golf von Guinea, das Horn von Afrika, der Ostseeraum, das Mittelmeer und Schwarzes Meer sowie die durch Bürgerkriege und Migration verursachte Flüchtlingsproblematik im Mittelmeer von Bedeutung. Hier sehen sowohl NATO als auch EU die Ausweitung ihrer Aktivitäten über Frontex, EUNAVFOR MED Sophia und die SNMG 2 hinaus als künftige

Handlungsfelder. Damit verbunden sind auch die weitere Operationalisierung der Maritimen Strategie der NATO (aus dem Jahr 2011) sowie die Harmonisierung mit der EUMSS (aus dem Jahre 2014). Wobei letztere einer Prüfung auf Revision unterzogen werden muss, da Aspekte wie die Flüchtlingssituation im Mittelmeerraum sowie die offensiv geprägten Militäraktionen Russlands im Ostseeraum, am Schwarzen Meer und in der Arktis noch nicht entsprechend berücksichtigt sind. Grundlegend erscheint dabei, dass die maritimen Sicherheitsstrategien von EU und NATO als komplementär angesehen werden und deren Operationalisierung im Rahmen von Aktionsplänen[1] und Operationen[2] außen- und sicherheitspolitisch breit unterstützt wird. Im Rahmen der Entwicklungen im Ostseeraum und am Schwarzen Meer bietet sich eine enge politische und militärische Partnerbeteiligung von Enhanced Opportunities Partnern der NATO, wie beispielsweise Finnland, Schweden und Georgien, für die weitere Beratung und Bearbeitung der Sicherheitslagen im Ostseeraum und am Schwarzen Meer an. Hinsichtlich des außen- und sicherheitspolitischen Instrumentes Seestreitkräfte folgen die Initiativen des Ausbaues der SNMGs, also der stehenden maritimen Einsatzverbände der NATO zur maritimen »schnellen Speerspitze« der Allianz, hier im Rahmen der RAP- und VJTF-Konzepte der NATO, konsequent dem Ansatz einer glaubwürdigen und eskalationsdominierenden Operationalisierung der politischen Vorgaben. Ausführliche Betrachtungen zu den Perspektiven der NATO werden in der neueren Literatur angestellt.[3]

9.2. Strategische Handlungsfelder der USA

Die USA sehen zunehmend strategische Handlungsfelder in der außen- und sicherheitspolitischen Reaktion auf Aktivitäten nichtstaatlicher Akteure, auf die Proliferation von Massenvernichtungswaffen, die Verschiebung der Machtverhältnisse im ostasiatischen Raum inklusive der Aufrüstung Chinas und Indiens sowie die Bewältigung von globalen Auswirkungen regionaler Konflikte. Aus Sicht der USA wird auch durch die internationale Informationsvernetzung und Cyber-Kriegführung die internationale Sicherheit beeinflusst, wodurch das Thema »Cyberdefence« als strategisches Handlungsfeld an Bedeutung gewinnt.

In der internationalen Zusammenarbeit wird zukünftig stärker untersucht, ob die mögliche Zusammenarbeit zwischen Staaten und Organisationen Ansatzpunkte für die US-Sicherheitsinteressen erkennen lässt. Die Kooperation wird sich von der Bekämpfung der organisierten Kriminalität bis hin zur Sicherung der internationalen Seewege erstrecken. Die Zusammenarbeit beinhaltet aus Sicht der USA auch das Handlungsfeld der Stationierung von Streitkräften im Ausland, die sich in den kommenden fünf Jahren zumindest an den nachstehend beschriebenen Richtwerten orientiert, und den Fokus der sicherheitspolitischen Interessen der USA widerspiegelt. Im Gegensatz zur vergangenen Truppenzusammenstellung sind für Europa,

---

1 EUMSS, Golf von Guinea, Beteiligungen G7++ Gulf of Guinea, Horn von Afrika.
2 In 2016 Operation Active Endeavour, EUNAVFOR Atalanta und EUNAVFOR MED Sophia.
3 Seidler 2015, S. 289.

insbesondere Osteuropa, also an der Grenze zu Russland, mittlere flexible Kräfte vorgesehen, während für den pazifischen Raum weiterhin schlagkräftige Verbände zur erweiterten Verteidigung Japans und Südkoreas aufwachsen sollen. Zusätzlich ist der Ausbau der Pazifik-Stützpunkte priorisiert. Die Aktivitäten im pazifischen Raum unter Vernachlässigung von Interessen und Verminderung von Fähigkeiten in anderen Erdteilen deuten auch darauf hin, dass etwa für Europa und Afrika nur wenige übergreifende und die US-Interessen nachhaltig betreffende Konflikte erwartet werden, auch wenn man die Ambitionen Russlands in Europa, hier im Ostseeraum und der Schwarzmeerregion, genau verfolgt.

9.3. Strategische Handlungsfelder der Russischen Föderation

Aus russischer Sicht ist die internationale Entwicklung durch eine Verschärfung der globalen Konkurrenz, der Spannungen auf verschiedenen Gebieten des zwischenstaatlichen und zwischenregionalen Zusammenwirkens, durch die Rivalität der Wertesysteme und Entwicklungsmodelle sowie durch die Labilität der ökonomischen und politischen Entwicklung auf globaler und regionaler Ebene vor dem Hintergrund der allgemeinen Kompliziertheit der internationalen Beziehungen gekennzeichnet. Es wird eine schrittweise Neuverteilung des machtpolitischen Einflusses zugunsten neuer Zentren des ökonomischen Wachstums und politischen Schwergewichtes gesehen. Für Russland ist erkennbar, dass viele regionale Konflikte ohne Regulierung bestehen bleiben und die bestehende Architektur der internationalen Sicherheit nicht die gleiche Sicherheit für alle Staaten gewährleistet. Das betrifft auch Interessensphären der Russischen Föderation. Obwohl die Entfesselung eines Krieges als wenig wahrscheinlich erachtet wird, sieht Russland eine Tendenz der Verlagerung der militärischen Gefahren und militärischen Bedrohungen auf den informationellen Raum und in seine Interessensphären, sodass hier von einer verstärkten militärischen Gefahr ausgegangen wird. Kriterien für die Bewertung sind aus russischer Sicht:

1. Die Verstärkung des Machtpotentials der NATO durch globale Funktionen, die unter Verletzung der Normen des Völkerrechtes umgesetzt werden, sowie das Heranrücken der militärischen Infrastruktur der NATO-Mitgliedstaaten an die Grenzen Russlands durch die NATO-Erweiterung, hier sind vorwiegend Polen, die baltischen Staaten und die NATO-Anrainer des Schwarzen Meeres im Fokus;
2. die Destabilisierung einzelner Staaten und Regionen, um das strategische Gleichgewicht zu untergraben;
3. die Entfaltung militärischer Kontingente ausländischer Staaten auf Territorien der Staaten, die an Russland und an mit ihm verbündete Staaten angrenzen oder in anliegenden Gewässern mit dem Zweck, politischen und militärischen Druck auf Russland auszuüben;

4. die Schaffung und Entfaltung eines Systems der strategischen Raketenabwehr, das die globale Stabilität untergräbt und das bestehende Kräfteverhältnis in der Raketen-Kernwaffen-Sphäre zerstört;
5. die Absicht, Waffen im Weltraum zu stationieren, sowie die Entfaltung strategischer nichtnuklearer Systeme von Präzisionswaffen.[4]

Die Außen- und Sicherheitspolitik Russlands ist nach den Ausführungen in den russischen Strategie-Dokumenten darauf gerichtet, ein Wettrüsten zu unterbinden, militärischen Konflikten vorzubeugen und diese zu verhindern, den Einsatz der Streitkräfte zu vervollkommnen, die Mobilmachungsbereitschaft im Interesse der Gewährleistung der Verteidigung und Sicherheit zu erhöhen und die Interessen der russischen Verbündeten zu fördern. Diese Handlungsfelder sind in Übereinstimmung mit dem Völkerrecht und den internationalen Verträgen zu entwickeln. Ebenfalls im Fokus russischer strategischer Handlungsfelder ist die Verhinderung eines nuklearen militärischen Konfliktes ebenso wie die eines beliebigen anderen militärischen Konfliktes. Im Rahmen der internationalen Zusammenarbeit in der Außen- und Sicherheitspolitik strebt Russland zukünftig die Ausweitung des Kreises von Partnerstaaten und die Entwicklung der Zusammenarbeit mit ihnen auf der Grundlage gemeinsamer Interessen zur Festigung der internationalen Sicherheit an. Hierbei sollen die Aktivitäten stets in Übereinstimmung mit der Charta der Vereinten Nationen, den allgemein anerkannten Prinzipien und Normen des Völkerrechts und internationalen Verträgen erfolgen. Zudem ist die Vertiefung des Zusammenwirkens mit den Teilnehmerstaaten BRICS ein weiteres strategisches Handlungsfeld. Ebenso sind die Festigung des Systems der kollektiven Sicherheit im Rahmen der Organisation des Vertrages über kollektive Sicherheit (OVKS) und die Stärkung ihres Potenzials, die Verstärkung der Zusammenarbeit auf dem Gebiet der internationalen Sicherheit im Rahmen der Gemeinschaft Unabhängiger Staaten (GUS), der Organisation für Sicherheit und Zusammenarbeit in Europa (OSZE) und der Schanghai Organisation für Zusammenarbeit (SOZ) und das Zusammenwirken mit den Republiken Abchasien und Südossetien zum Zweck der Gewährleistung der gemeinsamen Verteidigung und Sicherheit von strategischer Bedeutung für Russland. Trotz der häufig verschiedenen Ansätze ist es für Russland wichtig, den gleichberechtigten Dialog auf dem Gebiet der europäischen Sicherheit mit der Europäischen Union und der NATO aufrechtzuerhalten. Mit Blick auf die asiatischen Entwicklungen unterstützt Russland zukünftig den Aufbau eines Sicherheitsmodells in der asiatisch-pazifischen Region, das sich auf kollektive Blockfreiheit bzw. Bündnispflicht gründet. Die Entwicklung der russischen Streitkräfte geht damit einher. Diese sind ausgerichtet auf die Abwehr einer militärischen Operation anderer Staaten, Aggression gegen Russland oder seine Verbündeten und auf die Beteiligung an Operationen zur Erhaltung bzw. Wiederherstellung des internationalen Friedens und der Sicherheit, auf die Verhinderung bzw. Beseitigung von Bedrohungen für den Frieden sowie auf die Niederhaltung von Aggressionsakten auf der Basis der Beschlüsse des Sicherheitsrates der Vereinten Nationen oder anderer Organe, die

[4] Cartwright 2010.

derartige Beschlüsse in Übereinstimmung mit dem Völkerrecht fassen dürfen. Aus maritimer Sicht wird die Entwicklung der Seestreitkräfte neben den obigen generellen Handlungsfeldern für Streitkräfte darauf ausgerichtet, am Kampf gegen die Piraterie teilzunehmen und die Sicherheit der Seefahrt und der wirtschaftlichen Tätigkeit Russlands auf den Weltmeeren zu gewährleisten. Dies zielt vornehmlich auf die Sicherung der Aktivitäten in der Arktis ab. Die Streitkräfte werden vornehmlich darauf ausgerichtet, eine Aggression gegen Russland und seine Verbündeten abzuwehren und wenn nötig die gegnerischen Streitkräfte einzudämmen und zu schlagen. Diese Ausrichtung blickt vorwiegend in Richtung NATO und USA, trotz der diplomatischen Dialogbereitschaft. Russlands strategische Handlungsfelder sind zusammenfassend gesehen also eher offensiv und militärpolitisch bzw. militärisch einzustufen, um machtpolitische Interessen in den Interessensphären glaubwürdig durchsetzen zu können. Die Projektion von Seestreitkräften nimmt dabei eine wesentliche Rolle ein, da viele der Interessensphären maritime Räume sind.

9.4. Strategische Handlungsfelder der Volksrepublik China

Als wichtigste strategische Handlungsfelder der VR China können die angesehen werden, die sich mit maritimen Aspekten der Sicherheits- und Rüstungspolitik befassen. China richtet seine Planungen darauf aus, eine regionale Seemacht der Zukunft zu werden. Dies zeigt sich auch in den Ausführungen im 13. Fünfjahrplan zur militärstrategischen Relevanz vom Frühjahr 2016 deutlich. China besitzt zwar Kernwaffen, wird jedoch keinen Erstschlag führen wollen. Es ist an einer Kooperation mit Russland, der EU und den USA, teilweise auch mit Indien interessiert. Diese Kooperationen dienen vornehmlich dazu, den technologischen Rückstand abzubauen. Regional liegen die Schwerpunkte der strategischen Handlungsfelder auf dem asiatischen Kontinent, der Sicherheit und Stabilität der Grenzregionen und der Wirtschaftskorridore und im maritimen Raum in der substantiellen Beschneidung amerikanischer Interventionsfähigkeiten, hier mittels der See- und Luftstreitkräfte.

Im globalen Rahmen werden chinesische Interessen analog zu den westlichen Mächten verfolgt, jedoch nicht in unergiebiger und kostspieliger Rivalität zu ihnen. Hier sieht China eine Begrenzung seines Handlungsrahmens. Im Weltraum strebt China beispielsweise kein Wettrüsten an. Es möchte vielmehr die national unterschiedlichen Abhängigkeiten von raumgestützten Systemen ausnutzen. Dem Informationsraum wird eine entscheidende strategische Dimension zugemessen, in dem Chinas führende Position im Bereich der militärischen Cyberfähigkeiten nachhaltig ausgebaut werden muss. Die subsidiären Aufgaben, wie Natur- und Katastrophenschutz, Aufbau von Verkehrs- und Versorgungsinfrastruktur, medizinische Versorgung und Lebensmittelverteilung in unterentwickelten Regionen, werden als entscheidende Faktoren der Verankerung der Streitkräfte in der Bevölkerung sowie zur »moralischen Festigung der Truppe« stringent verfolgt.

Für die Streitkräfte, insbesondere die Seestreitkräfte und die Luftstreitkräfte, werden regionale »area/sea denial«-Fähigkeiten entwickelt, um in den westpazifischen

Randmeeren die militärischen Potenziale anderer Staaten, insbesondere der USA, von Chinas lebensnotwendigen Seegebieten abzudrängen bzw. fernzuhalten, um die dortigen politischen und ökonomischen Optionen und Interessen Chinas militärisch absichern zu können. Darüber hinaus sollen militärische Fähigkeiten für begrenzte Operationen zur Unterstützung politischer, militärischer, ökonomischer und humanitärer Interessen, einschließlich solcher im Rahmen der Coercive Diplomacy, in außerheimischen Gewässern verfügbar sein, nicht aber für ausgreifende, durchsetzungsfähige Machtprojektion, um mit den USA und ihren Verbündeten um globale maritime Dominanz bzw. Seemacht oder Seeherrschaft zu konkurrieren. Die Landesverteidigung einschließlich der wichtigen Fähigkeit, see- und luftgestützte Elemente der amerikanischen Raketenabwehr auf Distanz zu halten und die eigenen seegestützten strategischen Potenziale abzuschirmen, ist als klassische militärstrategische Zielsetzung und als ein Handlungsfeld seit langer Zeit, auch schon seit dem 20. Jahrhundert, unverändert erhalten. Die strategischen Handlungsfelder weisen darauf hin, dass China keine globalen Seemachtvisionen entwickelt, sondern primär auf regionale Dominanz ausgerichtet ist, die mit einem breiten Spektrum von militärischen und zivilen Instrumenten zunächst darauf abzielt, in Ost- und Südostasien eine »asiatische« maritime Regionalhegemonie und Seemacht aufzubauen. Die Handlungsfelder zeigen das Bestreben nach sichtbarem chinesischem machtpolitischem Handeln auf See, insbesondere im Ost- und Südchinesischen Meer und verdeutlichen den strategischen Ansatz des Landes bzw. der Partei- und Staatsführung. Die strategischen Handlungsfelder zeigen jedoch auch, dass ökonomische Prosperität und politische Handlungsfähigkeit in ihrem Mittelpunkt stehen und die militärische Komponente, hier vorwiegend die Seestreitkräfte, die Rolle eines Sicherheitsgaranten und -instruments für Landesverteidigung und Durchsetzung, d.h. Machtprojektion im asiatisch-pazifischen Raum einnimmt.

9.5. Strategische Handlungsfelder Deutschlands

Für Deutschland ist das strategische Handeln im Weißbuch vom 2016 und in den Verteidigungspolitischen Richtlinien von 2011 verankert. Daraus leiten sich die Handlungsfelder des maritimen außen- und sicherheitspolitischen Engagements ab.

Ausgehend von den Zielen und Grundsätzen und unter Berücksichtigung des deutschen maritimen Engagements ergeben sich Handlungsfelder für Erhalt und Stärkung des deutschen Engagements im maritimen Raum. Die Stärke Deutschlands liegt in der Bandbreite der ihm zur Verfügung stehenden Instrumente zur Gewährleistung der maritimen Sicherheit. Dazu gehören der politische Dialog mit internationalen, regionalen und bilateralen Partnern, das Engagement in multilateralen Foren, die Entwicklungszusammenarbeit, Menschenrechte und Völkerrecht, die Unterstützung für einen regionalen maritimen Kapazitäts- und Fähigkeitsaufbau sowie zivile und militärische Maßnahmen im Rahmen der GSVP und NATO. Deutschland unterstützt und beteiligt sich seit einiger Zeit am Konzept der EU für Operationen zum Schutz des Seeverkehrs, z.B. Maritime Security Operations (MSO). Darin enthalten sind bereits Optionen dazu, wie Seestreitkräfte zur Prävention im maritimen Raum beitragen können. Unter der Nutzung aller zur Verfügung stehenden Instrumente im Rahmen eines umfassenden und vernetzten Ansatzes kann Deutschland, gemeinsam mit Verbündeten und Partnern, maritime Bedrohungen und Risiken auf und von See aus wirksam angehen. Die Maßnahmen müssen sich unter anderem auf politische und wirtschaftliche Aktivitäten sowie die Entwicklungszusammenarbeit, den Ausbau regionaler maritimer Kapazitäten und maritime Missionen und Operationen der EU, NATO oder UN abstützen. Dies schlägt sich in den strategischen Dokumenten nieder, hier steht etwa:

> »Im Rahmen eines umfassenden und vernetzten Ansatzes und als Teil kollektiver internationaler, völkerrechtlich abgesicherter Krisenbewältigung ist die Bundesregierung bereit, sich bei schwerwiegenden Krisen zur Herstellung von Frieden und Sicherheit auch unmittelbar zu engagieren.«[5]

Zur Gewährleistung der eigenen schnellen Handlungsfähigkeit ist es von zentraler Bedeutung, Handlungsoptionen frühzeitig zu identifizieren und diese hinsichtlich der daraus erwachsenden Handlungsfelder politisch und militärisch zu bewerten.

Hierzu ist die Entwicklung von Partnerschaften mit internationalen Organisationen unerlässlich. Die Zusammenarbeit mit EU, NATO, UN, der AU, G7 und ASEAN sowie zahlreichen zivilen Kooperationsplattformen hat unmittelbaren Einfluss auf die Fähigkeit Deutschlands, seine maritimen Interessen zu schützen und die regionale und internationale maritime Sicherheit zu stärken.

Ergänzend sind, vorwiegend in Verantwortung des Auswärtigen Amtes, bilaterale Beziehungen zu Staaten zu intensivieren, die von Deutschland als regionale Stabilitätsanker, hinsichtlich der Wahrung deutscher maritimer Interessen, identifiziert worden sind. Hier können u.a. die in den Botschaften angesiedelten Militärattaché-Stäbe und Ausbildungsprogramme die Träger einer verlässlichen und vertrauensvollen Kooperation bilden und somit als weitere wesentliche Elemente bei der Herstellung einer substanziellen Basis für das deutsche maritime sicherheitspolitische Engagement fungieren.

Das sicherheitspolitische Engagement und die sicherheitspolitische Betrachtung des maritimen Raumes orientieren sich an folgenden Kriterien:

1. Der Stärkung der Kohärenz zwischen allen zivilen und militärischen Instrumenten und Strategien Deutschlands, der EU, der NATO und die Koordinierung zwischen den nachgeordneten Gremien und Diensten wie dem Europäischen Auswärtigen Dienst (EAD), dem Militärausschuss der Europäischen Union (EUMC), dem Internationalen Militärstab der NATO (IMS), einschließlich der Agenturen, und den beteiligten Mitgliedsstaaten, sowohl auf See als auch an Land, im Einklang mit der GSVP und dem Readiness Action Plan[6];
2. dem internationalen und politischen Gewicht für die Entwicklungen im maritimen Raum;
3. den Aufbaumöglichkeiten von maritimen Fähigkeiten in Drittstaaten und regionalen Organisationen;

---

5 Bundesregierung 2014, S. 15.
6 NATO 2014.

4. der Fähigkeit, die Weiterentwicklung von maritimen Friedens- und Sicherheitsarchitekturen zu befördern und eine entscheidende Rolle in der eigenverantwortlichen Wahrnehmung friedenserhaltender und friedensschaffender Maßnahmen zu spielen;
5. dem Beitrag zur Herstellung und Aufrechterhaltung eines entscheidungsrelevanten sicherheitspolitischen Lagebildes mit maritimem Fokus;
6. dem Beitrag zur Verbesserung der ressortübergreifenden Zusammenarbeit, Standardisierung/Normung und zivil-militärischen Interoperabilität auf nationaler, EU- und NATO-Ebene, mit dem Ziel der Entwicklung eines gemeinsamen Informationsraumes;
7. der Bedeutung im Kontext deutscher maritimer sicherheitspolitischer Interessen;
8. dem auf den maritimen Raum wirkenden Risiko- und Bedrohungspotenzial;
9. der Förderung einer gemeinsamen Aus- und Fortbildung zwischen zivilen und militärischen Foren;
10. der Förderung einer zivil-militärischen Agenda für maritime Sicherheitsforschung, einschließlich der Entwicklung von sowohl zivil als auch militärisch nutzbaren Fähigkeiten.

Die deutsche maritime Politik agiert seit jeher im Verständnis eines alle Ressorts einbeziehenden, umfassenden und vernetzten Ansatzes, ist und bleibt dabei in den EU- und NATO-Rahmen eingebettet und wahrt Kohärenz mit dem Handeln der Vereinten Nationen. Dies beinhaltet beispielsweise auch die Beteiligung an der Entwicklung von EU-Regionalstrategien und die Umsetzung des Aktionsplans zur Maritimen Sicherheitsstrategie der Europäischen Union und die Weiterentwicklung der Alliance Maritime Strategy der NATO.

Im maritimen Raum ist neben den staatlichen Akteuren und Regionalorganisationen eine Vielzahl weiterer Akteure aktiv. In diesem Zusammenhang sind internationale Organisationen, Nichtregierungsorganisationen, transnationale Konzerne und weitere nicht- bzw. parastaatliche Akteure für die deutsche maritime Außen- und Sicherheitspolitik als Partner interessant. Diese vielschichtige Akteurskonstellation erfordert jedoch eine fortlaufende Informationsgewinnung und Lageauswertung. Ein vertiefter Austausch und eine enge Abstimmung mit anderen Ressorts, den Partnern und anderen Akteuren im maritimen Raum und angrenzenden und tangierenden Räumen sind daher unerlässlich.

Diese vorwiegend zivil ausgerichteten außen- und sicherheitspolitischen Handlungsfelder lassen das Instrument Seestreitkräfte in den Hintergrund rücken, insbesondere hinsichtlich des nationalen Engagements. Dies ist jedoch auch der Tatsache geschuldet, dass Deutschland seine Streitkräfte fast ausschließlich im multinationalen Rahmen und damit in multinationalen Verbänden einsetzt. In diesen sind und bleiben deutsche Seestreitkräfte präsent. Deren Entwicklung erfolgt somit in Kohärenz mit den Vorgaben aus dem multinationalen Umfeld, hier besonders von NATO und EU.

9.6. Synopse des Kapitels

Die verschiedenen Handlungsfelder der einzelnen Staaten ergeben sich aus dem veränderten maritimen Umfeld mit seinen vielschichten Dimensionen. Es zeigen sich zwei übergeordnete Aspekte, besonders hinsichtlich der sicherheitspolitischen Handlungsfelder: Dies ist einerseits die Krisenprävention durch (See)-Streitkräfte in entlegenen, klimatisch extremen Regionen sowie in Interessensphären und anderseits die Protektion und Durchsetzung von strategischen Gütern und Interessen, vorzugsweise im Bündnisrahmen oder bilateral.

Die Handlungsfelder im maritimen Umfeld des 21. Jahrhunderts werden zukünftig durch die folgenden Aspekte geleitet werden:

1. Es ist davon auszugehen, dass die maritime Umwelt sowohl wirtschaftlich als auch politisch noch weiter an Bedeutung gewinnen wird. Besonders das nördliche Polargebiet wird durch die zu erwartenden klimatischen Veränderungen in den Mittelpunkt der nationalen und der Bündnisinteressen rücken.
2. Zukünftig ist, besonders durch wirtschaftliche und ökologische Aspekte bedingt, eine stärkere Nachfrage nach innovativen, umweltfreundlichen und sicheren maritimen Technologien und damit korrespondierenden Strategien zu erwarten. Dies impliziert, dass maritime Märkte der Zukunft in weitaus höherem Maße global angesiedelt sein werden. Dadurch ist zu erwarten, dass besonders die westlichen Industrienationen mit zurzeit kaum abschätzbaren maritimen globalen Risiken konfrontiert werden können. Für alle maritim agierenden Nationen folgt aus dem maritimen Umfeld und den strategischen Interessen, dass ein höheres Bedürfnis an Schutz und Unterstützung existiert, dem die Handlungsfelder entsprechen müssen. Dies liegt darin begründet, dass eine große Anzahl zukünftiger Handlungsfelder in Ländern mit Krisenpotenzial bzw. Spannungen schon heute liegen und strategische Güter, wie Energie- und Wasserversorgung einschließlich deren sensibler Infrastruktur, langfristig zu sichern sein werden. Hierin nehmen Seestreitkräfte als Instrument der Durchsetzung eine wesentliche Rolle ein.
3. Bedingt durch die Außenhandelsorientierung Deutschlands und Europas, jedoch auch der USA und Russlands, wird es erforderlich werden, die Sicherheit der Handelsströme im Seeverkehr zum einen durch NATO oder EU und zum anderen durch multi- bzw. bilaterale Projekte, in Ausnahmen auch einzeln, durch Staaten zu gewährleisten. Hierzu werden ebenfalls Seestreitkräfte alleine oder im Verbund mit Luft- und Landstreitkräften in den Handlungsfeldern berücksichtigt bzw. eingeplant.
4. Die Formulierung der Interessen und die Ableitung der Handlungsfelder lassen darauf schließen, dass im Zuge der Etablierung des Systems der vernetzen Sicherheit im maritimen Umfeld mit einer Zunahme der Bedeutung von maritimen Behörden wie Küstenwachen, Wasserschutzpolizei und Zoll und eben auch von Seestreitkräften zu rechnen ist.

Mit Blick auf die Entwicklungen im maritimen Umfeld des 21. Jahrhunderts sind politische Spannungen, die aus der Ressourcennutzung in der Arktis, dem machtpolitischen Willen der Aufrechterhaltung eines Kräftegleichgewichtes zwischen Staaten sowie der Machtmaximierung bzw. der Erlangung einer günstigeren seestrategischen oder gesamtstrategischen Position resultieren, zu erwarten. Sie werden nicht zwingend militärisch ausgetragen. So werden die Interessengegensätze in der Arktis mit hoher Wahrscheinlichkeit diplomatisch kanalisiert werden. Anders geartet könnten Spannungen unter ungünstigen Bedingungen gegenüber der Machtprojektion Russlands ausgetragen werden, wobei hier anzumerken ist, das die russischen strategischen Handlungsfelder vornehmlich in der friedlichen Bewältigung liegen. Es treten zusätzlich zu den globalen Akteuren regionale Mächte wie Iran, China, Indien und Pakistan im Kampf um Gebiete und Ressourcen und um regionale Hegemonie in Erscheinung. Hier ist davon auszugehen, dass militärische maritime Fähigkeiten, also Seestreitkräfte, zur Sicherstellung bzw. Unterstreichung der politischen Interessen und als Instrument von Handlungsfeldern aktiviert und projiziert werden. Dem davon ggf. ausgehenden Bedrohungspotenzial für die Sicherung der maritimen strategischen Güter der globalen maritimen Akteure wird durch diese vorwiegend mit strategischen und militärpolitischen Instrumenten begegnet werden. Auch wenn die Handlungsfelder zur maritimen strategischen Sicherheit teilweise im außen- und sicherheitspolitischen Handeln noch nicht fest etabliert und präsent sind, ist anzunehmen, dass diese bis ca. 2030 rasant an Bedeutung gewinnen und somit, wie auch schon jetzt erkennbar, einen fest verankerten nationalen und internationalen Stellenwert im sicherheitspolitischen maritimen Denken und Handeln einnehmen müssen.

10. Sicherheitspolitische Handlungsoptionen im maritimen Raum

Sicherheitspolitische Handlungsoptionen für den maritimen Raum werden vornehmlich durch Seestreitkräfte operationalisiert. Sie leisten einen Beitrag zur Verteidigung und zum Schutz der territorialen Integrität von Bündnissen wie EU und NATO und Staaten wie der Bundesrepublik Deutschland. Die Aufgabe der Marinen beinhaltet die Kontrolle der dortigen Territorialgewässer, der AWZ und der maritimen Infrastruktur. Dabei ergibt sich die besondere Verantwortung unmittelbar aus dem jeweiligen Verfassungsauftrag. Die territoriale Integrität wird mit der Unterstützung durch und im Gegenzug auch für Bündnispartner sichergestellt.

Diese Anforderungen erfordern jedoch eine glaubhafte Abschreckung durch Marinen, die befähigt sein müssen, im gesamten Spektrum der (Konflikt-) Intensität eingesetzt zu werden. Die Deutsche Marine und die meisten Marinen der Bündnispartner beschränken sich dabei auf konventionelle Seekriegsmittel. Dies ist auch systembestimmend für deren Ausrüstung, Fähigkeiten, Ausbildung und Betrieb. Im Bereich der Landesverteidigung sind die Marinen auf die Abwehr klassischer Bedrohungen und neuartiger Risiken ausgerichtet. Diese Ausrichtung berücksichtigt, auch aus den Erfahrungen der vergangenen und laufenden Einsätze, asymmetrische und hybrid agierende Akteure, die sich nicht an völkerrechtliche Normen und Landesgrenzen gebunden sehen. Daher sind heutige Seestreitkräfte auch daran auszurichten, dass sie, mit ihren Seekriegsmitteln und im Verbund mit anderen Teilstreitkräften, Spezialoperationen abwehren, maritimem Terrorismus vorbeugen und den Schutz kritischer Infrastruktur sowie der eigenen Informationsnetzwerke gewährleisten können. Zusätzlich ist eine weitere sicherheitspolitische Handlungsoption, die nicht nur für den maritimen Raum gilt, die Früherkennung möglicher Bedrohungen und Risiken im maritimen Umfeld. Die Operationalisierung dieser Handlungsoptionen muss im vernetzten Ansatz, sowohl mit als auch ohne Seestreitkräfte, vornehmlich durch Zusammenarbeitsbeziehungen zwischen staatlichen und nichtstaatlichen Akteuren erfolgen bzw. gestaltet werden. Hier werden verschiedene Handlungsoptionen der Außen- und Sicherheitspolitik betrachtet. Der Schwerpunkt liegt auf den Gestaltungsmöglichkeiten für das Wirken von Seestreitkräften als politischem Instrument. Dabei ist es essentiell, mögliche maritime Fähigkeiten zu diskutieren, da letztlich die Rolle der Seestreitkräfte für die Politik über diese festgelegt wird. Nur Seestreitkräfte mit Fähigkeiten, die den außen- und sicherheitspolitischen Vorgaben entsprechen und so in Seekriegsmitteln operationalisiert werden, bieten sich für die Politik als glaubwürdiges und wirksames Instrument an.

Die hier erfolgte Eingrenzung auf NATO und EU sowie auf die Bundesrepublik Deutschland ist gewählt, um einerseits exemplarisch maritime sicherheitspolitische Möglichkeiten eines Bündnisses und eines Nationalstaates darzustellen und andererseits den unmittelbaren Bezug zur für den Leser relevanten Sicherheitspolitik herzustellen.

10.1. Handlungsoptionen für die NATO und EU

Die geografische Lage und die sicherheitspolitischen Verflechtungen der meisten NATO-und aller EU-Staaten bestimmen die Handlungsoptionen im Rahmen des maritimen Engagements im Bündnis. Es ist davon auszugehen, dass die Bündnispartner ihren maritimen Verpflichtungen weiterhin nachkommen. Sowohl für die NATO als auch die EU rücken die Randmeere in Mittel- und Osteuropa, wie die Ost- und Nordsee, wieder in den Fokus. Aufgrund der geografischen Betroffenheit der dortigen NATO-Partner nimmt die Bündnisverteidigung, besonders im Ostseeraum, zukünftig eine besondere Rolle ein. Dies schlägt sich nicht nur im Ostseedialog der NATO, auch mit Nicht-NATO-Staaten wie Schweden, nieder, sondern auch in der gemeinsamen Entwicklung von maritimen Fähigkeiten für dieses Seegebiet. Eine effektive Bündnisverteidigung mit wirksamen und durchsetzungsfähigen Seestreitkräften erlaubt eine glaubhafte Demonstration außen- und sicherheitspolitischer Geschlossenheit und Durchsetzungsfähigkeit. Sowohl die NATO als auch die EU schließen zukünftig Operationen mit höherer bzw. hoher Intensität nicht aus. Die Seestreitkräfte müssen diesem bündnisgemeinsam gerecht werden. Daher werden regelmäßig multilaterale Übungen hoher Intensität wie BALTOPS und Northern Coast durchgeführt sowie Schiffe und Boote durch die Staaten in die ständigen Einsatzverbände der NATO abgestellt. Dies erfordert ein hohes Maß an Interoperabilität im Bündnis, dem die Marinen untereinander bereits heute weitestgehend gerecht werden. Durch die Überlagerungen zum Luftraum und urbanen Umfeld und die Interdependenzen zwischen Land-, Luft- und Seestreitkräften sowie dem heute, insbesondere in der Planung von hoch intensiven Operationen, geforderten und umzusetzenden Anspruch an die Streitkräftegemeinsamkeit, muss sich die Interoperabilität auch für die Luftwaffe und das Heer erweitern. Hier ist der Bezug zu der Auffassung, dass Seestreitkräfte sich nur effizient und dauerhaft entfalten können, wenn sie durch die Lufthoheit der eigenen Luftwaffe und die Hoheit bzw. den operativen Vorteil an Land durch das eigene Heer unterstützt bzw. gedeckt werden, herstellbar. In diesem Kontext müssen heutige Seestreitkräfte auch befähigt sein, Luft- und Landoperationen, für die Deckung der Luftwaffe und des Heeres, zu unterstützen. Letztlich fördert dies auch den Anspruch auf Seemacht, in Verbindung mit Luft- und Landmacht. Anzumerken ist jedoch, dass NATO und EU, gemäß ihren Strategien, keine Macht- und Territorialansprüche erheben werden, die mit Streitkräften durchzusetzen wären. Seemacht, in Verbindung mit Luft- und Landmacht, wird ausschließlich als Mittel des Konfliktmanagements der NATO und EU, zu dem auch die Eindämmung von gegnerischen Streitkräften zählt, ausgeübt bzw. entfaltet. NATO und EU werden diesem Anspruch sowohl konzeptionell etwa mit dem Framework Nation Concept als auch operationell mit der Einrichtung eines Baltic Maritime Coordination Centre und der Einrichtung der NATO Force Integrated Units (NFIU) gerecht. Zudem berücksichtigen der NATO Defence Planning Process und der EU Capability Developement Mechanism, als die strategischen Prozesse, bündnisgemeinsame maritime Fähigkeiten.

Operationell wird die NATO im konzeptionellen Rahmen die Implementierung der AMS und des RAP als Schwerpunkt setzen. Die Implementierung unterstützt vorwiegend das Conceptual Framework of Alliance Operations (CFAO) auf der operativen Ebene, hier u.a. mit den Arbeiten zur Verbesserung der Koordination maritimer Akteure und der Maritime Situational Awareness (MSA). Sowohl die NATO als auch die EU bearbeiten somit, hauptsächlich im Rahmen von MarSur (NATO) und EU CISE, eine der vordringlichsten operationellen Maßnahmen, die für beide essentiell für das Wirken im maritimen Raum sind.

Aus den Veränderungen der sicherheitspolitischen Lage ergeben sich bündnisgemeinsame Handlungsoptionen, um den Handlungsfeldern zur Erhöhung der Verfügbarkeit von Kräften für NATO und EU, zur Optimierung der Nutzung der maritimen Fähigkeiten durch bessere Abstimmung und Zusammenarbeit und zur Kräftegestellung im Rahmen der Force Generation zu entsprechen. Hierzu zählt auch eine ggf. notwendige Neuordnung der ständigen maritimen Einsatzverbände der NATO, um bei krisenhaften Entwicklungen schnell verfügbare Seestreitkräfte einsetzen zu können, die dann auch das Potenzial bieten, binnen kurzer Zeit verstärkt zu werden. Die Gestellung der ständigen maritimen Einsatzverbände als maritimer Anteil an der VJTF der NATO folgt dem Ansatz der schnellen Verfügbarkeit von Streitkräften als Instrument des Konfliktmanagements der NATO.

Auch hinsichtlich der Operationsdurchführung sind veränderte Handlungsstränge erkennbar. So wird beispielsweise die Operation Active Endeavour in eine Nachfolgeoperation Sea Guardian überführt. Das bedeutet, dass die NATO ihre Artikel-5-Operation Active Endeavour in der bisherigen Form nicht weiterführen wird. Die Staats- und Regierungschefs haben während des NATO-Gipfels Anfang Juli 2016 in Warschau beschlossen, diese in eine »Nicht-Artikel 5«-Maritime Sicherheitsoperation (MSO) zu überführen. Die Nachfolgeoperation mit dem Namen Sea Guardian wird durch die mit der operativen Ausplanung befassten Gremien der NATO vorbereitet. In Sea Guardian wird die NATO ihre Erfahrungen aus Operation Active Endeavour einbringen. Durch die ständige Präsenz der NATO-Einsatzverbände trug die Operation zur maritimen Sicherheit im Mittelmeer und zur Glaubwürdigkeit des Durchsetzungswillens der NATO im maritimen Raum bei und hat zudem faktisch die Rolle eines präventiven Ordnungsfaktors übernommen. Die NATO war aufgrund ihrer Erfahrung, ihrer Mittel und Fähigkeiten, also zusammengefasst durch die Rolle ihrer Seestreitkräfte, in der Lage, einen entscheidenden Beitrag zur maritimen Sicherheit im Mittelmeer zu leisten. Diese operative Freiheit sollte und wird die NATO in die neue Operation mitnehmen. Durch die Fähigkeit zum präventiven Ordnungsfaktor im Mittelmeer hat die NATO zukünftig die Möglichkeit, mittels ihrer Seestreitkräfte stärker Sea Control auszuüben.

Die Aufhebung des Artikel-5-Einsatzes bietet zukünftig für die NATO die Möglichkeit, auf der Grundlage der geänderten militärischen Rahmenbedingungen und des sich verändernden Charakters der Operation schrittweise die neue Operation in eine Maritime Security Operation weiterzuentwickeln. Die militärischen Aufgaben der NATO in der Mittelmeerregion sind somit mit Beendigung der Operation Active Endeavour nicht abgeschlossen. Im Hinblick auf Einsatzrealität und Bedrohungslage im maritimen Raum wird der maritime Handlungsbedarf mit der Operation Sea Guardian zukünftig als maritime Sicherheitsoperation, in einen neuen Ansatz eingebettet, fortgesetzt werden. Daran werden sich auch die maritime Fähigkeitsentwicklung und die Aufstellung von Seestreitkräften orientieren. Da die meisten EU-Staaten auch NATO-Staaten sind, ergeben sich für die maritimen Handlungsoptionen keine anderen Schwerpunkte als die der NATO. Deren maritime Fähigkeiten werden synergetisch in die laufenden EU Operationen EUNAVFOR MED Sophia und EUNAVFOR Atalanta eingebracht. Ebenso wird in der Streitkräfteplanung verfahren. Somit ist die hauptsächlich durch die NATO erfolgte und zu erfolgende Umsetzung der maritim-sicherheitspolitischen Handlungsfelder hinsichtlich der Seestreitkräfte für die EU als komplementär anzusehen. Hier wird eine zwischen NATO, EU und auch einzelnen Nationen abgestimmte Position und Ausgestaltung der Erfordernisse im maritimen Raum erfolgen und tragfähig sein. Zusammenfassend sind die Schwerpunkte von NATO und EU:

1. Eine verlässliche Unterstützung von NATO Partnern im regionalen und globalen Rahmen, insbesondere im Ostseeraum und Mittelmeer;
2. eine Beteiligung an maritimen Initiativen und Maßnahmen im Rahmen der GSVP;
3. die Durchführung von gemeinsamen Übungen hoher Intensität insbesondere im NATO-Rahmen;
4. die Interoperabilität und Verlässlichkeit der Gestellung von Seestreitkräften der Bündnisnationen in NATO- und EU-Operationen bzw. Einsatzverbände.

10.2. Handlungsoptionen für die Bundesrepublik Deutschland

Deutschland wird sein Instrument Seestreitkräfte, trotz seiner Verantwortung als maritimer globaler Akteur, nicht einsetzen, um Seemacht im nationalen Sinne zu entfalten. Als Teilhaber von multinationalen Einsätzen setzt die Bundesrepublik Deutschland seit Jahrzehnten, und wird es auch weiterhin tun, ihre Seestreitkräfte ein, um zur Seemacht eines Bündnisses, wie EU oder NATO, beizutragen. Dabei stehen jedoch keine nationalen Interessen im Vordergrund. Die Beteiligung an der Entfaltung von Seemacht ist davon geleitet, Krisen und Konflikte, wenn notwendig, mit Seestreitkräften zu bewältigen, einzudämmen oder zu verhindern. Die deutsche Beteiligung an der Entfaltung von Seemacht ist somit als eine Beteiligung am Konfliktmanagement der Bundesregierung zur Durchführung friedenssichernder Maßnahmen zu bewerten. Statt Seemachtentfaltung betreibt die Bundesrepublik die Gewährleistung der maritimen Sicherheit, in die die Seestreitkräfte eingebunden sind. Darauf ausgerichtet, und in Reflektion der strategischen Handlungsfelder Deutschlands und der EU und NATO, sind die außen- und sicherheitspolitischen Optionen im maritimen Raum. Die Bundesrepublik Deutschland entwickelt somit maritime Fähigkeiten zur Gewährleistung der maritimen Sicherheit wie beispielsweise die Schaffung eines Maritimen Sicherheitszentrums für ein gemeinsames maritimes Lagebild, der Bau neuer seegehender Einheiten sowie nationale und multinationale Ausbildung weiter und stärkt somit die eigene maritime Reaktionsfähigkeit im Bündnis- und Partnerrahmen sowie im nationalen, regionalen und globalen Maßstab. Die erlangte Reaktionsfähigkeit kann auch dazu beitragen, regionale (nichtdeutsche) Strategien, Instrumente, Initiativen, Ausbildungsphasen, maritime sicherheitspolitische Beratung und Ausrüstung von Streit- und Sicherheitskräften zu unterstützen. Gleichzeitig kann durch neue maritime militärische Fähigkeiten die schnellere Verfügbarkeit von Seestreitkräften zur Gestellung für Einsätze und für die Durchführung von Friedensmissionen verstärkt werden.

Neben multilateralen Initiativen werden bilaterale Maßnahmen auch zukünftig ein wichtiger Baustein des deutschen maritimen Engagements zur Befähigung von Partnern sein, wobei auch diese vorwiegend in Abstimmung mit der EU und der NATO erfolgen werden.

Die Fähigkeit zu effektiver Sicherheitsvorsorge und wirkungsvollem Krisenmanagement im maritimen Raum ist aufgrund Unterfinanzierung und schlechter Ausstattung von Küstenwachen und Seestreitkräften in einigen Partnerstaaten und -organisationen, insbesondere in Afrika und Asien, jedoch auch bei einzelnen Bündnispartnern begrenzt. In diesem Spannungsfeld muss sich Deutschland zur Zusammenarbeit mit solchen Staaten und Organisationen bereit zeigen, die einen Beitrag zu regionaler Sicherheitsvorsorge und Krisenbewältigung, auch über den maritimen Raum hinaus, leisten können bzw. wollen und gleichzeitig anschlussfähig für die wertegeleitete deutsche Außen- und Sicherheitspolitik sind.

Zu den erforderlichen und erfolgreichen sicherheitspolitischen Instrumenten der Bundesrepublik Deutschland zählen gegenwärtig Militärattaché-Stäbe, Kooperationen im Rahmen bilateraler Jahresprogramme, Militärberater, Militärische Ausbildungshilfe und Beratergruppen im Rahmen des Ausstattungshilfeprogramms der Bundesregierung für ausländische Streitkräfte. Die Vermittlung von Kompetenz durch die vor Ort eingesetzten Militärberater und die Teilnahme an militärischen, nicht nur maritimen, Übungen wie Obangame Express am Golf von Guinea, sind ebenfalls Bestandteil der Ausgestaltung der deutschen Kooperationsbeziehungen.

Diese nationalen Instrumente unterstreichen den deutschen Willen zur gemeinsamen Reaktionsfähigkeit und stärken die gemeinsamen maritimen Kapazitäten. Bei Unterstützungsmaßnahmen wie z.B. Materiallieferungen ist eine maximale Nachhaltigkeit durch die abgestimmte Begleitung durch Beratergruppen von EU, NATO, G7, AU und Deutschland anzustreben. Sollte dies aufgrund beschränkter finanzieller Ressourcen nicht umsetzbar sein, ist es denkbar, die Ausrüstungshilfe durch begleitende Maßnahmen im Rahmen bilateraler Jahresprogramme und Militärischer Ausbildungshilfe zu flankierten. Hier ist ein Abgleich zwischen den durch die Maßnahmen zu erreichenden Zielen und den haushälterischen Kriterien, hier bezogen auf maritime Instrumente und Strategien, notwendig, um zukünftig die Kohärenz zwischen nationalen ressortgemeinsamen und internationalen sowohl zivilen als auch militärischen Fähigkeiten stärken zu können. Neben diesen klassischen sicherheitspolitischen Instrumenten, die ihre Wirkung in mittel- bis langfristiger Perspektive entfalten, wird es jedoch notwendig sein, Möglichkeiten zur Schaffung eines Instruments der Bundesregierung zur kurzfristigen Reaktion auf Krisen zum Zweck der Stabilisierung, auch über den maritimen Raum hinaus, zu entwickeln. Dieses Stabilisierungsinstrument sollte einen finanziellen und organisatorischen Rahmen für kurzfristig zu erbringende Unterstützungsleistungen der Streitkräfte bieten und sich in einen ressortgemeinsamen Ansatz zur Krisenbewältigung lageangepasst einfügen können. Seestreitkräften kann hier eine Multiplikator- und Vorreiterrolle zukommen.

Da das deutsche maritime Engagement, so wie auch andere Felder und Bereiche deutschen außen- und sicherheitspolitischen Engagements, einem ressortgemeinsamen, d.h. ministerienübergreifenden Ansatz verpflichtet ist, bedarf es zu dessen Umsetzung der konsequenten und ressortübergreifend abgestimmten Operationalisierung des maritimen Engagements Deutschlands. Die dazu etablierten und neu aufgestellten politischen Prozesse müssen diesem Anspruch zwingend genügen. Darüber hinaus ist es notwendig, maritim-militärische Erkenntnisse und Vorstellungen in Ressortkreise, in Ressortabstimmungen und Arbeitsgruppen einzubringen, um so das zur Verfügung stehende Instrumentarium, zu dem auch Seestreitkräfte gehören, im Sinne der Ziele der Verteidigungspolitischen Richtlinien und des Weißbuches 2016 einzusetzen. Darüber hinaus ist die Erarbeitung eines ressortgemeinsamen Lagebilds notwendig, um damit die Voraussetzungen für den effektiven Einsatz von Instrumenten, wie den Seestreitkräften und Küstenwachen/ Bundespolizei, weiter zu verbessern. Das ressortgemeinsame Lagebild sollte zentral eingerichtet und über das Auswärtige Amt hinaus durch Beiträge verschiedener maritim engagierter Ministerien und Behörden, wie der Bundesministerien der Verteidigung, für wirtschaftliche Zusammenarbeit, des Inneren, für Verkehr und Infrastruktur, der Finanzen sowie Wirtschaft und digitale Infrastruktur, unterstützt werden. Mit dem Mitte 2016 gegründeten Maritimen Sicherheitszentrum ist ein geeignetes Instrument für das Lagebild in deutschen Hoheitsgewässern vorhanden. Auf Grundlage dieses Lagebildes können Beiträge zur Umsetzung der maritimen Sicherheit im Sinne der vernetzten Sicherheit noch stärker in den ressortgemeinsamen Ansatz integriert werden und so über das bisherige, schon hohe Maß hinaus zu einem wirksamen und kohärenten Handeln der Bundesregierung in Afrika, Asien, dem MENA-Raum und an der Peripherie zu Europa bzw. in Europa beitragen. Der ressortgemeinsame Ansatz für das Engagement im maritimen Raum ermöglicht zudem die zügige nationale Umsetzung des Aktionsplans der EUMSS und die Einbringung einer abgestimmten nationalen Position zur maritimen Sicherheit in das G7-Format und die NATO. Somit wird auch der Rahmen für die Rolle deutscher Seestreitkräfte klar festgelegt.

Mit Bezug auf die Fähigkeiten, die Seestreitkräfte haben müssen, um ihrer Rolle als durchsetzungsfähiges Instrument der Außen- und Sicherheitspolitik gerecht zu werden, ist es notwendig, gemeinsam mit EU- und NATO-Partnern ein breites Aufgaben- und Fähigkeitsspektrum im maritimen Raum abzudecken.

Die Deutsche Marine muss mit Bezug auf diesen Anspruch in der Lage sein, einen Beitrag zur Abschreckung von konventionellen Gegnern und zur Bündnis- und Landesverteidigung an Land, zu Wasser und in der Luft leisten zu können. Die Abdeckung dieser drei Dimensionen folgt der in dem vorhergehenden Kapitel entwickelten Auffassung, dass nur eine Überlegenheit an Land, in der Luft und auf See zusammen wirksam politische Interessen unterstreicht. Auch wenn die Bundesrepublik Deutschland keine nationalen Seemachtinteressen hat, existiert jedoch im Bündnisrahmen durchaus eine Teilhabe an Seemacht durch die Beteiligung von deutschen Seestreitkräften an Operationen von NATO und EU. Zudem ist zu erwarten, dass zukünftig im Zuge der größeren Bedeutung der Landesverteidigung der Aufmarsch von Seestreitkräften stärker in die sicherheitspolitische Debatte rückt. Luftmacht, Landmacht und die mit ihnen verbundenen militärischen Fähigkeiten sowie ihr Zusammenwirken mit Seemacht sind letztlich als Gesamtinstrument zur Wahrung eines Machtgleichgewichtes oder sogar einer Machtüberlegenheit anzusehen und erfordern eine Betrachtung und Einbindung in die Konzeption von Seestreitkräften. Die Entwicklung von gesamtheitlichen Fähigkeiten ist daher folgerichtig. Die Marine, die seit Jahrzehnten als außen- und sicherheitspolitisches Instrument agiert und Erfahrungen besitzt, kann für die Gestaltung und Umsetzung der maritimen Sicherheitspolitik im 21. Jahrhundert sowohl Multiplikator als auch maßgeblicher Akteur sein bzw. dazu avancieren. Dies schließt ein, dass die Marine die nationalen und internationalen Aufgaben im Rahmen von Friedenseinsätzen und humanitären Missionen zur Konfliktverhütung und Konfliktbewältigung, zum Kampf gegen Piraterie, maritimen Terrorismus, Proliferation und Cyberbedrohungen gegen maritime Ziele und die dreidimensionale verbundene Seekriegführung bewältigen und beherrschen muss. Um den außen- und sicherheitspolitischen Entwicklungen im maritimen Raum des 21. Jahrhunderts als Akteur mit dem Instrument Seestreitkräfte begegnen zu können, muss die Deutsche Marine sowohl die Rolle einer Expeditionary Navy für Auslandseinsätze als auch jene einer Constabulary Navy für Schutzaufgaben in den Küstengewässern übernehmen können und folgende maritime Fähigkeiten erhalten und ausbauen:

1. Die Fähigkeit zur Abwendung von maritimen Bedrohungen und die Prävention von Risiken am Ort ihrer Entstehung;
2. die erweiterte Abschreckung von zwischenstaatlichen Konflikten durch maritime Präsenz, Projektion und technologische Dominanz in Zusammenarbeit mit EU- und NATO-Partnern und durch einen maritimen Beitrag zu einem Raketenabwehrsystem;
3. die Seekontrolle zur Dominanz auf See (Sea Control) und Aussperrung gegnerischer Seestreitkräfte (Sea Denial) innerhalb der AWZ der EU und des NATO-Bündnisgebietes;
4. die Machtprojektion an Land (Power Projection) zur Unterstützung von Landstreitkräften im Rahmen von Kriseninterventionen oder Friedenseinsätzen durch Seestreitkräfte;

5. die Bereitstellung von Seetransportkapazitäten und die Gewährleistung der Versorgung von See her und auf See in Zusammenarbeit mit alliierten Marinen;
6. die glaubwürdige Durchsetzung der maritimen Sicherheit zur Abwendung von Piraterie, zur Bekämpfung des maritimen Terrorismus und zur Verfolgung von Proliferation, Drogenhandel sowie sonstigen illegalen Aktivitäten wie z.B. illegaler Migration durch Schleuserorganisationen;
7. die Durchführung von kooperativen Einsätzen mit Marinen und Küstenwachen weltweit im Rahmen von Embargos und Friedensmissionen;
8. die Durchführung von humanitären Missionen und Katastrophenreaktionsmaßnahmen im Zuge multilateraler Kooperation sowie die Entsendung von Unterstützungskräften weltweit und die Durchführung von Evakuierungen auf und von See;
9. Ausbau und Betrieb von maritimen Aufklärungs-, Überwachungs- und Frühwarnsystemen;
10. mit Blick auf die Entwicklungen im Bereich der fernöstlichen Seegebiete, auf die in der Peripherie Europas sowie in Unterstreichung der Möglichkeit von zwischenstaatlichen Konflikten: Der Aufbau von Fähigkeiten für einen Einsatz im hohen Intensitätsbereich, besonders hinsichtlich einer Präventions- und Abschreckungsfähigkeit sowie der damit verbundenen Eskalationsdominanz.

Für die Fortentwicklung von bündnisgemeinsamen maritimen Fähigkeiten erwachsen aus den sicherheitspolitischen Vorgaben Fähigkeiten zur Konfliktbeendigung:

1. Die Teilhabe an Expeditionary Operations und an der ballistischen Raketenabwehr;
2. darüber hinaus ist es wahrscheinlich, dass die Seestreitkräfte der NATO- und der EU-Mitgliedsstaaten geeignet sein müssen, so unterschiedliche Aufgaben wie einen Einsatz in der Nordpolregion, den Schutz von Handelsschiffsflotten und die Luftverteidigung im Verbund von See aus wahrzunehmen, wofür wiederum eine moderne Interoperabilität zwingend erforderlich ist;
3. unbenommen von den dargestellten Neuausprägungen für das Wirken von Seestreitkräften müssen, sowohl im Bündnisrahmen als auch national, die Fähigkeiten zur verbundenen dreidimensionalen Seekriegführung und analog zur Führung des Gefechts der verbundenen Waffen für Land- und Luftstreitkräfte erhalten und fortentwickelt werden, um, auch langfristig gesehen, der Möglichkeit des Aufflammens zwischenstaatlicher Konflikte Rechnung tragen zu können.

Durch die mit einer Überprüfung und Anpassung der maritimen Fähigkeiten verbundene Stärkung der Rolle der Seestreitkräfte wird es ermöglicht, dass die Bundesrepublik Deutschland den Anforderungen an die sicherheitspolitischen Herausforderungen im maritimen Raum des 21. Jahrhunderts glaubhaft und wirkungsvoll gerecht werden kann.

10.3. Synopse des Kapitels

Im vorliegenden Kapitel sind Handlungsmöglichkeiten für die Ausgestaltung der sicherheitspolitischen Handlungsfelder mit Blick auf EU, NATO und Bundesrepublik Deutschland diskutiert worden. Dies erfolgte vor dem Hintergrund der Betrachtung von globalen maritimen Akteuren, die eine starke maritime Abhängigkeit besitzen und somit von der Gestaltung im maritimen Raum abhängen. Zudem verfügen die drei Akteure über Seestreitkräfte, die weltweit in das maritime Geschehen eingreifen bzw. eingreifen können. Für die EU ist die Besonderheit, dass sie großenteils auf die gleichen Marinen zurückgreift wie die NATO. Dass bedeutet, dass hier ein Fähigkeitssharing und -pooling stattfindet. Deutschland nimmt mit seiner Marine ebenfalls eine tragende Rolle ein, da es die größte, mit den meisten maritimen Fähigkeiten ausgerüstete Marine in Mittel- und Osteuropa besitzt und seit Jahrzehnten in internationale Schiffsverbände Schiffe und Boote abstellt. In den Formulierungen der Handlungsoptionen wird ersichtlich, dass Prävention und Konfliktmanagement sowie die Protektion von strategischen Gütern im maritimen Raum dominierend sind. Diese Möglichkeiten zur Umsetzung der strategischen Handlungsfelder im Sinne der Außen- und Sicherheitspolitik alleine würden jedoch nicht das Instrument Seestreitkräfte rechtfertigen. Daher ist eine der wichtigsten Möglichkeiten für die Durchsetzung des politischen Willens die Durchführung von Eskalationsdominanz und die damit verbundene dreidimensionale verbundene Seekriegführung. Es ist erkennbar, dass die Handlungsoption Einsatz von Seekriegsmitteln, die Ende des 20. und zu Beginn des 21. Jahrhunderts fast aus der politischen Debatte entschwunden war, wieder an Aktualität gewonnen hat und Staaten und Bündnisse bereit sind, auf Seestreitkräfte zurückzugreifen. Somit ist erkennbar, dass der Wert und die Rolle von Seestreitkräften für die politischen Entscheidungsträger als glaubwürdiges Instrument zur Protektion und Projektion sowie zur Durchsetzung von Entscheidungen im internationalen System gestiegen sind. Regierungen sind wieder gewillt, im Sinne der Erhaltung oder Herstellung eines Machtgleichgewichtes Seestreitkräfte und die mit ihnen verbundene maritime Macht oder Seemacht zu projizieren und zu entfalten. Der maritime Raum wird jedoch nicht nur alleine durch den Einsatz von Marinen gestaltet. Vielmehr sind diese in einen ressortgemeinsamen, in der EU als sektorübergreifend bezeichneten multinationalen Rahmen eingebunden. Um diesem Anspruch gerecht zu werden, ist eine Interoperabilität zwischen Staaten und Organisationen notwendig. Die genannten Rahmenbedingungen für die Handlungsoptionen lassen sich auf die zivilen Bereiche des maritimen Krisenmanagements und, allgemeiner ausgedrückt, des maritimen Gestaltungsrahmens erweitern. Ebenso gelten Ressortgemeinsamkeit und Interoperabilität zwischen zivilen und militärischen Bereichen als essentiell für die Gestaltung im maritimen Raum. Nur ein Mix der genannten Möglichkeiten erlaubt eine umfassende, präventive und glaubwürdige maritime Außen- und Sicherheitspolitik.

11. Schlussfolgerungen und Ausblick

In diesem Kapitel werden die Erkenntnisse zusammengefasst und Schlussfolgerungen gezogen sowie Anregungen für weitere Untersuchungen gegeben. Entsprechend dem politikwissenschaftlichen Kontext der Arbeit erfolgt dies nachstehend für die Bereiche Seemacht, Sicherheitspolitik und Strategie, Seestreitkräfte und Wehrtechnik.

11.1. Sicherheitspolitik

Das maritime Umfeld im 21. Jahrhundert ist durch vielschichtige Rahmenbedingungen charakterisiert. Es ist davon auszugehen, dass die sicherheits-, umwelt- und wirtschaftspolitischen Interessen der einzelnen Staaten oder von Staatenbündnissen, hier vornehmlich die der global agierenden politischen und wirtschaftlichen Akteure, zunehmend durch maritime Abhängigkeit bestimmt sind. Zur Unterstreichung ihrer maritimen Interessen haben diese Akteure häufig maritime Strategien publiziert und setzen diese mittels ihrer politischen Instrumente, zu denen auch Seestreitkräfte gehören, um. Die maritimen Interessen und die maritim orientierte Außen- und Sicherheitspolitik sind grundlegend nach drei Leitlinien oder Hauptsäulen ausgerichtet. Der Vergleich zwischen den Staaten zeigt, dass die Leitlinien für alle Staaten Gültigkeit haben und sich aus dem maritimen Umfeld, den es beeinflussenden Faktoren und den parallel angesiedelten und tangierenden Umfeldern ableiten lassen. Hiernach richten sich auch die Entscheidung und das Handeln für die Entfaltung von Seemacht und die damit verbundene außenpolitische Wahrnehmung als Staat mit einem Anspruch auf maritime Macht und Seemacht bzw. als Akteur mit Gestaltungswillen und -potenzial im maritimen Raum.

Die drei grundlegenden und sicherheitspolitisch leitenden Interessen sind die Protektion der Bevölkerung und der strategischen Güter, die Deeskalation und Friedenserzwingung durch Streitkräfte, einschließlich der militärischen Abschreckung, sowie die Konfliktprävention auch in entfernten Gebieten, um dort erforderliche Maßnahmen zur Aufrechterhaltung und Wiederherstellung einer friedlichen Weltordnung durchsetzen zu können. Der Einsatz von Streitkräften, im maritimen Raum von Seestreitkräften, nimmt bei der Umsetzung dieser Interessen eine tragende Rolle ein, die erkennbar zukünftig für die politischen Entscheidungsträger noch stärker zum Tragen kommen wird.

Seestreitkräfte werden zukünftig maritime Macht oder Seemacht entfalten, um in maritimen Szenarien zwei Schwerpunkten entsprechen zu können: Diese sind einerseits von dem Bestreben zur Sicherung dauerhafter Zugriffsmöglichkeiten auf immer knapper werdende Ressourcen, insbesondere die zur Energieversorgung notwendigen, und andererseits von der Notwendigkeit, die freie Passage auf Seehandelswegen zu gewährleisten, wobei hier die arktische Nordost- bzw. Nordwestpassage und die Seewege im Indischen Ozean besonderes Augenmerk verdienen, geleitet. Dies gilt sowohl für die globalen maritimen als auch für regionale Akteure. Diesem Streben entgegen steht eine Vielzahl staatlicher oder nichtstaatlicher Akteure, die eine punktuelle, regionale Kontrolle der Seewege zur Unterstreichung ihrer Absichten und Interessen anstreben. Etwas allgemeiner formuliert ist damit zu rechnen, dass einige aufstrebende Staaten auf der Basis machtpolitischer Interessen einerseits offensiv orientierte Rüstungsanstrengungen unternehmen, sowie anderseits, auch abseits der bisherigen Bündnisphilosophie, Allianzen etablieren und damit die Fähigkeit zu regional und zeitlich begrenzter Machtprojektion erlangen werden und diese mittels der Entfaltung von Seemacht demonstrieren und durchsetzen. Seestreitkräfte dienen als Instrument der Seemacht in zweierlei Hinsicht, zum einen als Instrument für die politischen Akteure und zum anderen als Instrument der (völkerrechtlichen) Raum(ein)nahme. Seestreitkräfte und Seemacht sind somit sowohl akteurs- als auch rauminduziert. Für die Entfaltung von Seemacht, insbesondere für die vornehmlich strategischen Interessen eines Seemacht anstrebenden oder erhaltenden Staates, ist die zweiteilige Induktion bestimmend. Akteure und Räume bedingen einander, um längerfristig oder dauerhaft Seemacht entfalten zu können. Die Raumnahme selbst ist für die Entfaltung von Seemacht essentiell, da Seemacht nur in Räumen ausgeübt werden kann und die Ausübung bzw. Entfaltung dem Ziel der Beherrschung von Räumen dient.

In der Betrachtung der Küstenzonen ist davon auszugehen, dass dort u.a. infolge unumkehrbarer Veränderungen und durch Kriege Lebensräume wegfallen und somit Migrationsszenarien größeren Ausmaßes initiiert bzw. verstärkt werden könnten, die je nach Region Konfliktpotenzial beinhalten können. Für die Bewältigung möglicher damit verbundener Krisen ist die Durchsetzung von maritimer Macht und Seemacht eine realpolitische und praktische Option für politische Entscheidungsträger als Instrument ihres außen- und sicherheitspolitischen Konfliktmanagements. Seestreitkräfte dienen in diesem Kontext als Kontroll-, Rettungs- und Eindämmungsinstrument. Dem Einsatz der Streitkräfte vorgeschaltet sein muss ein diplomatisches Konfliktmanagement. Dafür ist es notwendig, auf der multilateralen politischen Ebene durch einzelne Staaten, wie etwa die Bundesrepublik Deutschland in der EU, Einfluss zu nutzen, um Anstöße für Strukturänderungen innerhalb von Organisationen und Bündnissen zu erwirken mit dem Ziel, auf diese Weise beispielsweise Konzepte für Vermeidungsstrategien für potenzielle Konfliktgebiete entwickeln zu können.

In der Debatte um die Nordpolarregion sind neben den wirtschaftlichen und geopolitischen Intentionen auch machtpolitische ein Bewegmoment, welches sich auf den Fortgang des Konfliktes auswirken wird. Bisher ist jedoch nicht davon auszugehen, dass militärisches Handeln von einem oder mehreren Akteuren, vornehmlich aus der Gruppe der Arctic Five heraus, als Option der Außen- und Sicherheitspolitik in Betracht gezogen wird. Vielmehr wird gegenwärtig der diplomatische Dialog untereinander gesucht. Zusätzlich bietet sich im Zuge der multilateralen Zusammenarbeit die Option der gemeinsamen Entwicklung von maritimen Regimen an, die den Seeverkehr steuern und Regularien für Seegebiete festlegen. Sollte dies umfassend gelingen, existiert eine international verbindliche Regelung für die nördlichen Regionen und dämmt somit die Gefahr einer Verschärfung der Streitigkeiten ein. Bisher ist eine derartige Regelung jedoch nicht absehbar, sodass aus heutiger Sicht eine Eskalation der Lage im 21. Jahrhundert nicht auszuschließen ist. Diese wäre dann in die Kategorie des klassischen zwischenstaatlichen Konfliktes bzw. sogar eines Krieges mit hohem Intensitätsniveau anzusiedeln. Die Projektion von Seemacht in den arktischen Raum, die seit mehreren Jahren sichtbar ist, unterstreicht diese Annahme. Sie dient der Raumnahme eines unbeherrschten Raumes im Schmitt'schen Verständnis. Dies wird deshalb betont, weil im 21. Jahrhundert kaum noch unbeherrschte und völkerrechtlich offene Territorien existieren. Somit stellt die Arktis im raumtheoretischen und völkerrechtlichen Kontext betrachtet eine Ausnahme dar. Die gesamten Aktivitäten der Akteure und der Raumnahme lassen den Schluss zu, dass die arktischen Anrainer gewillt sind, für ihre strategischen Interessen in der Arktis Seemacht mittels militärischer Instrumente zu entfalten. Dies erfolgt auch vor dem Hintergrund der Herstellung eines Machtgleichgewichtes und Raumgleichgewichtes zwischen den Akteuren im Sinne einer Balance of Power. Der häufig publizierten Meinung zur Abwesenheit von zwischenstaatlichen Konflikten und Kriegen im 21. Jahrhundert kann mit Blick auf diese Entwicklung nicht gefolgt werden. In der Arktis scheint auch abwegig, dass vorwiegend zivile Instrumente des Krisenmanagements zur Beilegung von Streitigkeiten eingesetzt werden. Erkennbar ist vielmehr das Gegenteil, dass Staaten sich immer häufiger ihrer militärischen Instrumente bedienen, um Machtgleichgewichte herzustellen und zu halten, um Räume einzunehmen und zu beherrschen, um Konflikte einzudämmen, um humanitäre Hilfe zu leisten und um eigene und, wo gegeben, bündnisrelevante strategische Interessen zu verfolgen. In der politikwissenschaftlichen Debatte sollten daher Ansätze, die sich mit dem Macht- und dem Raumbegriff befassen, stärker herangezogen werden, um den derzeitigen Entwicklungen im maritimen Raum, und darüber hinaus, Rechnung tragen zu können. In der Gesamtbetrachtung des maritimen Umfeldes im 21. Jahrhundert zeigt sich, dass Asien, hier besonders Ostasien, zukünftig die primäre Region für maritimes Handeln und für die Projektion von Seestreitkräften zur Entfaltung von regionaler Seemacht sein wird. Der indisch-asiatische und der asiatisch-pazifische Raum bieten neben den positiven Entwicklungen der wirtschaftlichen Prosperität erhebliches Spannungspotenzial in der Frage der territorialen Aufteilung von Interessen- und Machtsphären. Das bereits vorhandene und absehbar zunehmende Potenzial für bewaffnete Konflikte in den Regionen wächst und wird gefördert durch die massiven Rüstungsbestrebungen und schon vorhandenen Streitkräfteansammlungen der regionalen Akteure. Als Hauptakteur ist hier China festzustellen, sowohl gegenüber Indien als auch gegenüber den USA und Japan. Die VR China kooperiert zwar mit Japan, ist mit den USA auf wirtschaftlicher Basis verbunden und versucht so augenscheinlich äußerst zurückhaltend und transparent im internationalen System als Akteur aufzutreten. Das kann jedoch nicht darüber hinwegtäuschen, dass es Ziel der Partei- und Staatsführung bleibt, chinesische Machtansprüche in bestimmten Interessenregionen vorwiegend im asiatisch-pazifischen Raum durchzusetzen. China scheut sich dabei auch nicht, diese Absichten ggf. mit der Androhung oder dem realen Einsatz von Seestreitkräften zu unterstreichen. In der Bewertung dieser Aktivitäten kann davon ausgegangen werden, dass China nach regionaler Seemacht in Ostasien strebt. Eine so entstehende chinesische Dominanz in den fernöstlichen Seegebieten würde zur Einschränkung der freien Seehandelswege führen, somit die Außenhandelstätigkeit der westlichen Industrienationen stören und in der letzten Konsequenz eine Konfrontation, insbesondere mit den USA, unumgänglich machen. Diese Annahme stützt sich auch darauf, dass im US-amerikanischen Verständnis ein Macht- bzw. Kräftegleichgewicht in der Region vorherrschen muss und somit Streitkräfteprojektion notwendig ist. Den Seestreitkräften kommt hierbei eine dominierende Rolle hinsichtlich ihrer Eindämmungs- und Abschreckungsfähigkeit zu. Ein Konflikt in Ostasien wäre, analog zur Arktis, in die Kategorie der zwischenstaatlichen Konflikte einzuordnen. Obwohl massive Seestreitkräfte in Ostasien disloziert sind, sind sich die politischen Entscheidungsträger der negativen Tragweite eines militärischen Konfliktes bewusst. Daher erscheint zum heutigen Zeitpunkt eine militärische Eskalation in Asien in näherer Zukunft unwahrscheinlich. Das Wirken von Seestreitkräften als außen- und sicherheitspolitisches Instrument trägt hierzu entscheidend mit bei.

Die politiktheoretische Betrachtung des Seestreitkräftepotenzials und des Seemachtstrebens von asiatischen Akteuren mittels des neorealistischen Ansatzes erscheint zukünftig vielversprechend, da es sich hierbei um klassische Macht- und Gegenmachtbildung im internationalen System im Sinne des Neorealismus handelt. Die Hegemonie-Bestrebungen der Akteure mit einer dominierenden pazifischen Dimension in ihrer Sicherheitspolitik, hier besonders die USA und China, erlauben darin eine Akzentuierung der theoretischen Debatte. Analog ist die Einbindung der Schmitt'schen Raumevolution für die Debatte um den asiatischen Seeraum angebracht, da es sich hier um die Einnahme von Territorien zur Erlangung von Hegemonie handelt.

Bei der Bestandsaufnahme der strategischen Interessen einzelner Nationen und Bündnisse wird ersichtlich, dass die sicherheitspolitische Komponente des politischen Denkens und Handels weitestgehend eine maritime Dimension aufweist und diese praxisbezogen unterstreicht. Darauf aufbauend haben Staaten und Allianzen ihre maritimen Fähigkeiten formuliert. Die Politik untermauert somit die planungsrelevanten und -geleiteten Felder der Sicherheit und Verteidigung mit einer maritimen Dimension. Aussagen zu diesem Wirkungskreis haben zudem für eine weitere Entwicklung der Außenwirtschaft der Akteure essentielle Relevanz. Beispielsweise können so der starken Seehandelsabhängigkeit Rechnung getragen und maritime wirtschaftliche Aktionspläne für die Wirtschaft aufgesetzt werden.

Wesentliche Gesichtspunkte im maritimen Gestaltungsraum sind, mit Blick auf den Einsatz der Seestreitkräfte, die Territorialansprüche einzelner Staaten und der Umgang mit starken Migrationsbewegungen, die Formulierung von Möglichkeiten der Mandatierung und die völkerrechtliche Gesetzgebung für den Einsatz von Seestreitkräften als Ableitung aus den maritimen Strategien. Diese müssen darauf abzielen, verbindliche Rechtssicherheit in den Operationen zu schaffen. Hier bleibt zu klären, ob Seestreitkräfte als Küstenwache agieren dürfen, um strategische Güter zu schützen. Auch im Zuge der Migrationsströme in Richtung Europa ergibt sich die Notwendigkeit einer solchen Rechtssicherheit. Zur Sicherung von Seegrenzen und Küstenzonen, beispielsweise im Mittelmeerraum, müssen Maßnahmen und Regelungen abgestimmt werden, die über den bereits existierenden Rahmen hinaus reichen. Das bestehende Frontex-Abkommen und dessen praktische Umsetzung sowie die Operation EUNAVFOR MED Sophia sind nur als Anfänge anzusehen, die Symptome bekämpfen, jedoch keine Ursachen. Daher sind sie nicht ausreichend und erfordern eine Erweiterung oder Revision.

Aus der Themenbearbeitung ist feststellbar, dass die Durchsetzung der Interessen im maritimen Raum unter der Entfaltung von Seemacht und mittels militärischer Instrumente im Verständnis des außen- und sicherheitspolitischen Handelns der meisten politischen Entscheidungsträger verankert ist. Zudem zeigt sich, dass die bereits im 19. und Anfang des 20. Jahrhunderts publizierten Ansätze zum Thema Seemacht von Mahan und Kirchhoff heute noch ihre Gültigkeit besitzen und diese die politischen Akteure leiten oder zumindest beeinflussen. Ebenfalls in diesem Kontext ist festzustellen, dass Seemacht als alleinige Machtdimension für eine umfassende und durchschlagfähige maritime Sicherheitspolitik und für den wirksamen Einsatz von Seestreitkräften nicht ausreicht. Eine gleichzeitige Anwesenheit von Luft- und/oder Landmacht ist für den Bestand von Seemacht zwingend erforderlich. Die heutigen Ansätze für das Wirken von Streitkräften sind von Streitkräftegemeinsamkeit und Multinationalität gekennzeichnet, dadurch ist das gemeinsame Wirken von Land-, Luft- und Seestreitkräften gegeben und somit sichergestellt, sodass ein erfolgreiches Zusammenspiel und die damit verbundene Entfaltung der drei Machtdimensionen an Land, in der Luft und auf See gefördert werden.

Aus der umfassenden politischen Debatte der maritimen Abhängigkeit, einschließlich der Energieabhängigkeit, erwachsen Handlungsfelder, die zukünftig nicht nur eines politischen Dialogs bedürfen, sondern verstärkt finanzielle und materielle Anstrengungen zur Sicherstellung der wirtschaftlichen und politischen Bedürfnisse erfordern und sich in maritimen Fähigkeiten, auch für Seestreitkräfte, wiederfinden müssen.

11.2. Maritime Fähigkeiten

Aus dem maritimen Umfeld und der Rolle von Seestreitkräften erwachsen neue Anforderungen an maritime staatliche Fähigkeiten, besonders an die der Streitkräfte. Aus der Analyse der Interessen der staatlichen Akteure im 21. Jahrhundert erscheint die Präventions- und Abschreckungsfähigkeit sowie die Mobilität in entlegenen, klimatisch extremen Gebieten eine der am wichtigsten zu entwickelnden Fähigkeiten zu sein. Künftige Seestreitkräfte sollten sowohl schiffbaulich als auch seitens der Führungs- und Waffentechnik beispielweise für einen Einsatz in der Nordpolregion geeignet sein. Exemplarisch dafür ist die Eisrandfähigkeit von Schiffen mit einer

Verdrängung von mindestens 4000 BRT einschließlich der Einsatzfähigkeit aller darauf befindlichen Anlagen, Sensoren und Effektoren bei tiefen Temperaturen zu nennen. Der Erhalt und Ausbau von Rohrwaffensystemen ist in diesem Kontext eine der weiteren essentiellen Fähigkeitsforderungen für Seestreitkräfte. Ebenso wie Fokussierung der wehrtechnische Konzeption auf die Kopplung der Waffensysteme mit Sensorsystemen, inklusive der, mit Blick auf die Arktis für helle und kalte Hintergrundstrahlung anzupassenden, Auswertealgorithmen. Aus schiffbaulicher Sicht sind beispielsweise für arktische Einsätze neue Überlegungen bezüglich der ggf. notwendigen Anpassungen der Rohrkühlung und Munitionslagerung anzustellen. Für derartige Fragestellung, die Marinen in der NATO und EU über die der Arktisanrainer hinaus betreffen, können Lösung nur in einem bündnisgemeinsamen Ansatz erzielt werden, der sich auch dann in der Projektion von NATO-Seestreitkräften in die Nordpolarregion niederschlägt. Seestreitkräfte könnten somit ihre Kontroll- und Abschreckungsfunktion, auch im Sinne des Verständnisses der Aufrechterhaltung eines Machtgleichgewichtes und der Einnahme von Räumen, in einem für mehrere Staaten strategisch relevanten Seegebiet nachkommen.

Die Einbindung von Nicht-NATO-Partnern bzw. »Partnership for Peace Program«-Nationen (PfP) sowie Truppenstellern im Rahmen der UNO, beispielsweise bei UNIFIL, erfordert eine uneingeschränkte Operabilität zwischen den Marinen der verschiedenen Staaten. Daher ist die Interoperabilität nicht nur zwischen den Marinen, sondern auch mit den anderen Teilstreitkräften und zivilen Akteuren herzustellen und zu gewährleisten. Dadurch wird das Wirken von Seestreitkräften in zweierlei Hinsicht für die Politik operationalisiert. Einerseits kann unter dem vernetzten Ansatz ein kombiniertes Konfliktmanagement ausgestaltet und umgesetzt werden, andererseits wirken hier Seestreitkräfte als Multiplikator für die Schaffung von Allianzen und erfüllen gleichzeitig die diplomatische Funktion im Sinne der Außenpolitik, gemäß dem Ansatz, dass Seefahrt verbindet und als Botschafter in blau Seestreitkräfte unter dem Aspekt eine deeskalierende Wirkung haben, vorausgesetzt, sie besitzen Fähigkeiten, die sie auch glaubwürdig und eindrucksvoll ausgestalten.

Für die Fortentwicklung von bündnisgemeinsamen maritimen Fähigkeiten erwachsen aus den sicherheitspolitischen Vorgaben Fähigkeiten zur Abschreckung sowie Konflikteindämmung und -beendigung. Die Teilhabe an Expeditionary Operations zählt hier ebenso dazu wie die Teilhabe an der ballistischen Raketenabwehr. Darüber hinaus ist es wahrscheinlich, dass die Seestreitkräfte der NATO- und der EU-Mitgliedstaaten geeignet sein müssen, so unterschiedliche Aufgaben wie einen Einsatz in der Nordpolregion oder in sehr heißen Seegebieten, den Schutz von Handelsschiffsflotten, die Feuerunterstützung an Land für die Landstreitkräfte oder die Luftverteidigung im maritimen Kampfverbund wahrzunehmen, wofür wiederum die Interoperabilität vorausgesetzt ist. Für die Neuausprägungen maritimer Fähigkeiten müssen, sowohl im Bündnisrahmen als auch national, die Fähigkeiten zur verbundenen dreidimensionalen Seekriegführung, und analog zur Führung des Gefechts der verbundenen Waffen für Land- und Luftstreitkräfte, erhalten werden, um, langfristig gesehen, der Möglichkeit des Aufflammens zwischenstaatlicher Konflikte im maritimen Raum Rechnung tragen zu können und zudem dem

Anspruch des Zusammenspiels von See-, Land- und Luftmacht zu folgen. Zur Unterstützung des politischen Entscheidungsprozesses, beim maritimen Umfeld beginnend bis hin zu einer maritimen Strategie und den daraus abgeleiteten maritimen Fähigkeiten, können durch die frühzeitige Erkennung von Sicherheitsrisiken und Bedrohungen sowie eine frühzeitige langfristige Fähigkeitsidentifizierung für verschiedene Operationsarten für Streitkräfte modellbasierte sicherheitspolitische Entscheidungsinstrumente eingesetzt werden. Die Entwicklung dieser ist nur in einem umfassenden transdisziplinären, wissenschaftlichen Ansatz realisierbar, um so eine breite Akzeptanz auf der politischen Entscheidungsebene und Vertrauen in die Modellergebnisse zu erreichen.

Die Konzeption und Operationalisierung des Entscheidungsinstrumentes muss über die Betrachtungen des maritimen Umfeldes hinausgehen. Es ist erforderlich, ein Gesamtkonzept zu entwickeln, in dem einer der Bausteine das maritime Umfeld ist. Ziel dieser muss es sein, einen hotspot-bezogenen Krisen-Fähigkeitsmanagementatlas mit IT-Unterstützung zu erstellen und diesen sowohl im strategischen und operativen Krisenmanagement als auch im strategischen Fähigkeitsmanagement und Rüstungsprozess anzusiedeln und zu etablieren. Somit wäre eine Möglichkeit gegeben, zukünftig streitkräftegemeinsam Fähigkeitsanforderungen plausibel, reproduzierbar und anhand von abgesicherten Erkenntnissen ableiten und formulieren zu können. Dadurch würden u.a. das Fähigkeitsprofil und die Verfügbarkeit des Instrumentes Streitkräfte, hier im Kontext der Seestreitkräfte, geschärft und gestärkt werden. Es könnte weiterhin somit sichergestellt werden, dass eine Einheit zwischen den Fähigkeitsforderungen der Streitkräfte aus den politischen Vorgaben und den auf fundierter wissenschaftlicher Basis abgeleiteten Realisierungsmöglichkeiten für Wehrtechnik hergestellt ist. Des Weiteren würden die Fähigkeitsforderungen auf abgesicherten wissenschaftlichen Ergebnissen und Empfehlungen aus der Politik- und Ingenieurwissenschaft beruhen.

11.3. Schlussbemerkungen

Das in der Abhandlung dargestellte Bild des maritimen Umfeldes im 21. Jahrhundert ist komplex. Daraus ergibt sich für Regierungen die Notwendigkeit, um sicherheitspolitisch handlungsfähig zu bleiben, maritime Fähigkeiten für ihre Seestreitkräfte präzise und abgesichert zu formulieren. Es zeigt sich, dass nur eine Kombination verschiedener Methoden, Denkschulen und die Berücksichtigung verschiedener Dimensionen die Thematik erfassen kann. Bei Verfolgung dieses umfassenden Ansatzes ergibt sich die Möglichkeit, den Entscheidungsträgern im strategischen und militärischen Führungsprozess und im Rüstungsprozess zukünftig einen breiten Handlungs- bzw. Gestaltungsrahmen zu ermöglichen. Des Weiteren bietet sich die Möglichkeit, neben der Entwicklung von maritimen Fähigkeiten der Streitkräfte im ressortübergreifenden und multinationalen Kontext, die Debatte aufzunehmen, welche Teilhabe am Fähigkeitsspektrum andere, zivile Bereiche übernehmen oder ergänzen können und wie diese Fähigkeiten, etwa im Sinne von Pooling und Sharing der GSVP, in die multinationale Streitkräfte-/Fähigkeitsplanung von EU, NATO und UN einfließen können. So wird nicht nur die Rolle der Seestreitkräfte als sicherheitspolitisches Instrument, sondern die Rolle als maritimer Akteur mit einem Anspruch an einen vernetzten Ansatz glaubwürdig und durchsetzungsfähig gestärkt.

Es zeigt sich, dass das Thema maritime Macht und Seemacht, obwohl es kaum wissenschaftlich diskutiert wird, eines der aktuellen sicherheits- und militärpolitischen Themen ist und bleibt. Staaten nutzten und nutzen Seestreitkräfte zur Entfaltung von Seemacht, um so ihre strategischen Interessen und Güter durchzusetzen und zu erhalten. Sichtbare Beispiele dafür sind das Engagement Chinas im Ost- und Südchinesischen Meer verbunden mit der Projektion von Streitkräften und dem Stützpunktbau auf künstlichen Inseln, der Stützpunktpolitik der Russischen Föderation im Bereich der Arktis und des Ausbaus des US-Stützpunktes in Okinawa. Es ist zu erwarten, auch in Reflektion der Strategiedokumente der maritimen staatlichen Akteure, dass die Rolle von Seestreitkräften zur Seeraumkontrolle, Eindämmung und Abschreckung von anderen, in die maritime Interessensphäre eindringenden Akteuren und Seestreitkräften, zunehmen wird und dass weitere Eskalationen auf See nicht auszuschließen sind. Das geht mit der Annahme einher, dass maritime Akteure im internationalen System im 21. Jahrhundert an Bedeutung gewinnen werden und Machtgewinn und -gleichgewicht von Staaten und Bündnissen im maritimen Raum ausgetragen und entschieden werden. Somit wird die politische Gestaltung des maritimen Raumes gleichzeitig eine für das internationale System sein, u.a. auch deshalb, weil der maritime Raum auf andere Umfelder und Räume reflektiert und Independenzen existieren, die wiederum auf das internationale System wirken.

Das internationale System ist derzeit ungeordnet und alte Ordnungsmerkmale treffen nicht mehr vollends zu – so eine in der Literatur zuweilen vertretene These. Diese Ansicht wird geteilt, jedoch ist für das maritime Umfeld von heute und wahrscheinlich auch zukünftig ein Grundordnungsprinzip erkennbar bzw. vorhanden. Mit Bezug auf die obige Aussage zur Reflektion des maritimen Umfelds auf das internationale System ist es möglich, dass das maritime Ordnungsprinzip, welches ein Teil des Ordnungsprinzips des internationalen Systems ist, Impulse für die Um-/Neuordnung des internationalen Systems gibt. Das maritime Umfeld mit seinen vielen facettenreichen Akteuren und Instrumenten kann hierzu also eine Multiplikator- und Moderatorfunktion ausüben. Die Debatte um das maritime Umfeld ist mit dieser Abhandlung nicht abgeschlossen. Das Thema Seemacht wird auch zukünftig in der sicherheitspolitischen Debatte verortet bleiben. Dies trifft umso mehr zu, wenn auf regionale Entwicklungen im maritimen Raum geblickt wird. Eine stärkere Präsenz von maritimen Themen ist hingegen in der wissenschaftlichen Debatte notwendig, um mit den darin erzielten Ergebnissen den politischen Entscheidungsträgern wissenschaftlich transdisziplinär angelegte Erkenntnisse und Handlungsoptionen anbieten zu können. Insbesondere im Zusammenwirken zwischen Politikwissenschaft und Ingenieurwissenschaft besteht erheblicher Bedarf, einerseits maritime Themen anzugehen und anderseits die transdisziplinäre Interaktion zu suchen. Dies wirkt auf dem ersten Blick nicht einsichtig, da in der weitverbreiteten wissenschaftlichen Perzeption beide Wissenschaften nichts miteinander zu tun haben. Bei genauer Betrachtung ergeben sich jedoch Gemeinsamkeiten, die insbesondere für einen praxisorientierten Politikansatz im Sinne der vernetzten Sicherheit zu nutzen sind. Mit Blick etwa auf maritime Fähigkeiten wäre der Ansatz folgerichtig, da er eine stringente und transparente Analyse und Umsetzung von den sicherheitspolitischen Gegebenheiten über die politischen Vorgaben bis zu den Anforderungen an Fähigkeiten und den Bedarf für die Operationalisierung und Instrumentalisierung der Politik, der auch in der Form von Seestreitkräften bestehen kann, zulässt. Aus Sicht der Wissenschaft ergibt sich so die Chance, in einem in der öffentlichen Debatte und in der praktischen außen- und Sicherheitspolitik präsentem Thema Impulse zu setzen und politische Prozesse und technische Entwicklungen mitzugestalten. Die Wissenschaftsdisziplinen erführen zudem eine nachhaltige Bereicherung und breite Akzeptanz in der Wissenschaft.

Um die maritime Zukunftsfähigkeit und das damit verbundene Wirken von Seestreitkräften gewährleisten zu können, bedarf es transdisziplinärer Forschungsprojekte und experimenteller Vorhaben auf einer ressortübergreifenden Basis. Deren Ziel muss es sein, im Ergebnis materiell-technische Neuerungen sowie an die veränderten Rahmenbedingungen angepasste Verfahrensweisen für das Wirken von Seestreitkräften als Antwort auf die veränderte Rolle von Seestreitkräften hervorzubringen.

Im Rahmen dieser Abhandlung konnten nicht alle Aspekte diskutiert werden. Dafür sind sowohl die Facetten des maritimen Umfelds als auch die des Wirkens von Seestreitkräften zu vielfältig. Die hier dargelegten Aspekte können jedoch Ausgangspunkt für die weitere Forschung zu Auswirkungen des maritimen Umfeldes im Zusammenhang mit anderen Umfeldern auf das internationale System, zur Fähigkeitsentwicklung oder auch zur Auswirkung der Entfaltung von regionaler Seemacht auf das internationale System sein. Des Weiteren ergibt sich Untersuchungsbedarf hinsichtlich der Adaptierbarkeit des Ansatzes über die maritimen Fragen hinaus. Beispielsweise wurde das Thema Land- und Luftmacht, beide sind in der sicherheitspolitischen Praxis im 21. Jahrhundert bei jedem Einsatz der Streitkräfte eine der dringlichsten Aspekte, kaum wissenschaftlich diskutiert. In den genannten offenen wissenschaftlichen Fragen, die sich aus den hiesigen Ausführungen ergeben, liegt das Weiterentwicklungspotenzial der Abhandlung. Es muss den zukünftigen Forschungsarbeiten auch überlassen werden, vertiefende Erkenntnisse zur maritimen Rüstungskontrolle und deren Auswirkungen auf maritime Fähigkeiten und die Rolle von Seestreitkräften sowie zu den maritimen Regimen entlang der Welthandelsrouten auf See zu erarbeiten.

Mit der vorliegenden Abhandlung zum Thema Seemacht, aus einem Gesamtansatz heraus, werden auf einer eher mittelfristigen Zeitachse konzeptionell geprägte Ideen für noch zu identifizierende bzw. bereits identifizierte Erfordernisse und Möglichkeiten des Handelns vorgeschlagen, die bedingt durch die Dynamik im maritimen Raum und darüber hinaus nicht manifestiert sind. Somit ist es erforderlich, weiter offen zu sein, vorhandene, noch nicht erkannte Facetten des maritimen Umfeldes zu erkennen oder erkennen zu wollen und diese auch auf andere Umfelder zu projizieren. Die Politikwissenschaft mit ihrer Fähigkeit, komplexe Systeme und

Strömungen zu erkennen, zu analysieren, zu bewerten und in verschiedene Bereiche des öffentlichen Lebens zu transportieren und zu moderieren, bietet sich hierfür bestens an.

12. Zusammenfassung

In der vorliegenden Abhandlung werden die Rolle von Seestreitkräften, ihre Wirkung als Instrument der Außen- und Sicherheitspolitik im 20. und 21. Jahrhundert, die Möglichkeiten der Entfaltung von Seemacht und die wehrtechnischen Möglichkeiten für Seestreitkräfte dargestellt und analysiert. Dabei wird von einer Bestandsaufnahme des maritimen Umfeldes und dem Seemachtverständnis in der Politikwissenschaft ausgegangen sowie der Unterschied der Rolle von Seestreitkräften im 20. und 21. Jahrhundert herausgearbeitet. Darüber hinaus werden – über die Reflektion auf die strategischen Vorgaben und Möglichkeiten für maritime Fähigkeiten – Handlungsempfehlungen für die sicherheitspolitische Gestaltung im maritimen Raum erarbeitet. Da die Betrachtung von Akteuren und Räumen im Kontext von Seemacht den Inhalt der Abhandlung wesentlich bestimmen, erfolgt eine politiktheoretische Einordnung und Analyse der Konzepte von Raumevolution und Machtgewinn und -gleichgewicht. Das maritime Umfeld im 21. Jahrhundert ist durch vielschichtige Rahmenbedingungen charakterisiert. Es ist davon auszugehen, dass die sicherheits-, umwelt- und wirtschaftspolitischen Interessen einzelner Nationen oder von Staatenbündnissen, hier vornehmlich die der global agierenden politischen und wirtschaftlichen Akteure, zunehmend durch eine maritime Abhängigkeit bestimmt werden. Zur Unterstreichung ihrer maritimen Interessen haben diese Akteure häufig maritime Strategien publiziert und setzen diese mittels ihrer politischen Instrumente, zu denen auch Seestreitkräfte gehören, durch. Die maritimen Interessen und die maritim orientierte Außen- und Sicherheitspolitik sind grundlegend nach drei Leitlinien oder Hauptsäulen ausgerichtet. Der Vergleich zwischen den Nationen zeigt, dass die Leitlinien für alle Nationen Gültigkeit haben und sich aus dem maritimen Umfeld und den es beeinflussenden Faktoren und den parallel angesiedelten und tangierenden Umfeldern ableiten lassen. Hiernach richten sich auch die Entscheidung und das Handeln für die Entfaltung von Seemacht und die damit verbundene außenpolitische Wahrnehmung als Nation mit einem Anspruch auf maritime Macht und Seemacht bzw. als Akteur mit Gestaltungswillen und -potenzial im maritimen Raum. Die drei grundlegenden und sicherheitspolitisch leitenden Interessen von politischen Akteuren sind:

- die Protektion der Bevölkerung und der strategischen Güter,
- die Deeskalation und Friedenserzwingung durch Streitkräfte, einschließlich der militärischen Abschreckung, sowie
- die Konfliktprävention auch in entfernten Gebieten, um dort die erforderlichen Maßnahmen zur Aufrechterhaltung und Wiederherstellung einer friedlichen Weltordnung durchsetzen zu können.

Der Einsatz von Streitkräften, im maritimen Raum von Seestreitkräften, nimmt bei der Umsetzung dieser Interessen eine tragende Rolle ein, welche zukünftig für die politischen Entscheidungsträger Relevanz gewinnen wird. Seestreitkräfte werden verstärkt maritime Macht oder Seemacht entfalten, um in maritimen Szenarien zwei Schwerpunkten entsprechen zu können: Diese sind von dem Bestreben zur Sicherung dauerhafter Zugriffsmöglichkeiten auf immer knapper werdende Ressourcen und von der Notwendigkeit die freie Passage auf Seehandelswegen zu gewährleisten geleitet. Dies gilt sowohl für die globalen maritimen als auch für regionale Akteure. Diesem Streben entgegen steht eine Vielzahl staatlicher oder nichtstaatlicher Akteure, die eine punktuelle, regionale Kontrolle der Seewege zur Wahrung ihrer subjektiven Interessen anstreben. Etwas allgemeiner formuliert ist damit zu rechnen, dass einige aufstrebende Staaten auf der Basis machtpolitischer Interessen einerseits offensiv orientierte Rüstungsanstrengungen unternehmen, sowie anderseits, auch abseits der bisherigen Bündnisphilosophie, Allianzen etablieren und damit die Fähigkeit zu regional und zeitlich begrenzter Machtprojektion erlangen werden und diese mittels der Entfaltung von Seemacht demonstrieren und durchsetzen. Seestreitkräfte dienen als Instrument der Seemacht in zweierlei Hinsicht: zum einen als Instrument für die politischen Akteure und zum anderen als Instrument der (völkerrechtlichen) Raum(ein)nahme. Seestreitkräfte und Seemacht sind somit sowohl akteurs- als auch rauminduziert. Für die Entfaltung von Seemacht, insbesondere für die vornehmlichen strategischen Interessen eines Seemacht anstrebenden oder erhaltenden Staates, ist diese zweiteilige Induktion bestimmend. Akteure und Räume bedingen einander, um längerfristig oder dauerhaft Seemacht entfalten zu können. Die Raumeinnahme selbst ist für die Entfaltung von Seemacht essentiell, da Seemacht nur in Räumen ausgeübt werden kann und die Ausübung bzw. Entfaltung dem Ziel der Beherrschung von Räumen dient. In der Betrachtung der Küstenzonen ist davon auszugehen, dass dort, u.a. infolge unumkehrbarer Veränderungen und durch Kriege, Lebensräume wegfallen und somit Migrationsszenarien größeren Ausmaßes, wie seit 2014, insbesondere 2015, beobachtbar, initiiert bzw. verstärkt werden könnten, die durchaus ein erhebliches Konfliktpotenzial beinhalten können. Für die Bewältigung möglicher damit verbundener Krisen ist die Durchsetzung von maritimer Macht und Seemacht eine realpolitische und praktische Option für politische Entscheidungsträger. Seestreitkräfte dienen in diesem Kontext bereits heute als Kontroll-, Rettungs- und Eindämmungsinstrument. Dem Einsatz der Streitkräfte vorgeschaltet sein muss ein diplomatisches Konfliktmanagement. Dafür ist es notwendig auf der multilateralen politischen Ebene durch einzelne Staaten, wie etwa durch die Bundesrepublik Deutschland in der EU, Einfluss zu nehmen, um Anstöße für Strukturänderungen innerhalb von Organisationen und Bündnissen zu erwirken, mit dem Ziel, auf diese Weise bspw. Konzepte für Vermeidungsstrategien für potenzielle Konfliktgebiete entwickeln zu können.

In der Analyse des maritimen Umfeldes im 21. Jahrhundert zeigt sich, dass Asien, hier besonders Ostasien, zukünftig die primäre Region für maritimes Handeln und für die Projektion von Seestreitkräften zur Entfaltung von regionaler Seemacht sein wird. Der indisch-asiatische und der asiatisch-pazifische Raum bieten, neben den positiven Entwicklungen der wirtschaftlichen Prosperität, erhebliches Spannungspotenzial in der Frage der territorialen Aufteilung von Interessen- und Machtsphären. Das bereits vorhandene und absehbar zunehmende Potenzial für bewaffnete Konflikte in den Regionen wächst und wird gefördert durch die massiven Rüstungsbestrebungen und schon vorhandenen Streitkräfteansammlungen der regionalen Akteure. Trotzdem massive Seestreitkräfte insbesondere in Ostasien disloziert sind, sind sich die politischen Entscheidungsträger der negativen Tragweite eines militärischen Konfliktes bewusst. Daher erscheint zum heutigen Zeitpunkt eine militärische Eskalation in Asien als unwahrscheinlich. Das Wirken von Seestreitkräften, als außen- und sicherheitspolitisches Instrument, trägt hierfür mit entscheidend bei. Aus der Themenbearbeitung ist auch feststellbar, dass die Durchsetzung der Interessen im maritimen Raum unter der Entfaltung von Seemacht und mittels militärischer Instrumente im Verständnis des außen- und sicherheitspolitischen Handelns der meisten politischen Entscheidungsträger verankert ist. Zudem zeigt sich, dass die bereits im 19. und Anfang des 20. Jahrhunderts publizierten Ansätze zum Thema Seemacht von Mahan und Kirchhoff heute noch Relevanz haben und diese die politischen und militärischen Akteure leiten oder zumindest beeinflussen. Ebenfalls in diesem Kontext ist festzustellen, dass Seemacht als alleinige Machtdimension für eine umfassende und durchschlagfähige maritime Sicherheitspolitik und für den wirksamen Einsatz von Seestreitkräften nicht ausreicht. Eine gleichzeitige Anwesenheit von Luft- und/oder Landmacht ist für den Bestand von Seemacht zwingend erforderlich. Die heutigen Ansätze für das Wirken von Streitkräften sind von Streitkräftegemeinsamkeit und Multinationalität gekennzeichnet, dadurch ist das gemeinsame Wirken von Land-, Luft- und Seestreitkräften gegeben und somit sichergestellt, sodass ein erfolgreiches Zusammenspiel und die damit verbundene Entfaltung der drei Machtdimensionen, an Land, in der Luft und auf See, gefördert werden. Aus der umfassenden politischen Debatte der maritimen Abhängigkeit, einschließlich der Energieabhängigkeit, erwachsen Handlungsfelder, die zukünftig nicht nur eines politischen Dialogs bedürfen, sondern verstärkt finanzielle und materielle Anstrengungen zur Sicherstellung der wirtschaftlichen und politischen Bedürfnisse erfordern und sich in maritimen Fähigkeiten, auch diese für die Seestreitkräfte, wiederfinden müssen. Aus der heutigen Rolle von Seestreitkräften erwachsen neue Anforderungen an maritime staatliche Fähigkeiten, besonders an die der Streitkräfte. Aus der Analyse der Interessen der staatlichen Akteure im 21. Jahrhundert erscheint die Präventions- und Abschreckungsfähigkeit sowie die Mobilität in entlegenen, klimatisch extremen Gebieten eine der am wichtigsten zu entwickelnden Fähigkeiten zu sein. Die Abhandlung zeigt ein komplexes Bild des maritimen Umfeldes im 21. Jahrhundert. Daraus ergibt sich für politische Akteure die Notwendigkeit, um sicherheitspolitisch handlungsfähig zu bleiben, maritime Fähigkeiten für ihre Seestreitkräfte präzise und abgesichert zu formulieren. Es zeigt sich, dass hierfür nur eine Kombination verschiedener Methoden, Denkschulen und die Berücksichtigung verschiedener Dimensionen die Thematik erfassen kann. Bei Verfolgung dieses umfassenden Ansatzes ergibt sich die Möglichkeit den Entscheidungsträgern im strategischen und militärischen Führungsprozess und im Rüstungsprozess zukünftig einen breiten Handlungs- bzw. Gestaltungsrahmen zu ermöglichen. Es zeigt sich in der Zusammenschau, dass das Thema maritime Macht und Seemacht, obwohl es kaum wissenschaftlich diskutiert wird, eines der aktuellen sicherheits- und militärpolitischen Themen ist und bleibt. Staaten nutzten und nutzen Seestreitkräfte zur Entfaltung von Seemacht, um so ihre strategischen Interessen und Güter durchzusetzen und zu erhalten. Sichtbare Beispiele dafür sind das Engagement Chinas im Ost- und Südchinesischen Meer verbunden mit der Projektion von Streitkräften und dem Stützpunktbau auf künstlichen Inseln, der Stützpunktpolitik der Russischen Föderation im Bereich der Arktis und des Ausbaus des US-Stützpunktes in Okinawa. Es ist zu erwarten, auch in Reflektion der Strategiedokumente der maritimen staatlichen Akteure, dass die Rolle von Seestreitkräften zur Seeraumkontrolle, Eindämmung und Abschreckung von anderen, in die maritime Interessensphäre eindringenden Akteuren und Seestreitkräften zunehmen wird und Eskalationen auf See nicht auszuschließen sind. Das geht mit der Annahme einher, dass maritime Akteure im internationalen System des 21. Jahrhundert an Bedeutung gewinnen werden und Machtgewinn und -gleichgewicht von Staaten und Bündnissen im maritimen Raum ausgetragen und entschieden werden. Somit wird die politische Gestaltung des maritimen Raumes gleichzeitig eine für das internationale System sein, u.a. auch deshalb, weil der maritime Raum auf andere Umfelder und Räume reflektiert und Independenten existieren, die wiederum auf das internationale System wirken. Mit Bezug auf den in Deutschland kaum stattfindenden wissenschaftlichen Diskurs zu Seemacht ist eine stärkere Präsenz von maritimen Themen in der wissenschaftlichen Debatte notwendig, um mit den darin erzielten Ergebnissen den politischen Entscheidungsträgern wissenschaftlich, transdisziplinär angelegte Erkenntnisse und Handlungsoptionen anbieten zu können. Insbesondere im Zusammenwirken zwischen Politikwissenschaft und Ingenieurwissenschaft steht erheblicher Bedarf einerseits maritime Themen anzugehen und anderseits die interdisziplinäre Interaktion zu suchen. Dies wirkt auf dem ersten Blick nicht einsichtig, da in der weitverbreiteten wissenschaftlichen Perzeption beide Wissenschaften nur bedingt miteinander in Verbindung stehen. Bei genauer Betrachtung ergeben sich jedoch Gemeinsamkeiten, die insbesondere für einen praxisorientierten Politikansatz im Sinne der vernetzten Sicherheit zu nutzen sind. Mit Blick etwa auf maritime Fähigkeiten wäre der Ansatz folgerichtig, da er eine stringente und transparente Analyse und Umsetzung von den sicherheitspolitischen Gegebenheiten über die politischen Vorgaben bis zu den Anforderungen an Fähigkeiten und den Bedarf für die Operationalisierung und Instrumentalisierung der Politik, der auch in der Form von Seestreitkräften bestehen kann, zulässt. Aus Sicht der Wissenschaft ergibt sich so die Chance in einem in der öffentlichen Debatte und in der praktischen außen- und Sicherheitspolitik präsentem Thema Impulse zu setzen und politische Prozesse und technische Entwicklungen mitzugestalten. Die Wissenschaftsdisziplinen erführen zudem eine nachhaltige Bereicherung und breite Akzeptanz in der Wissenschaft.

Mit der vorliegenden Abhandlung zum Thema der Seemacht, aus einem Gesamtansatz heraus, werden auf einer eher mittelfristigen Zeitachse konzeptionell geprägte Ideen für noch zu identifizierende bzw. bereits identifizierte Erfordernisse und Möglichkeiten des Handelns vorgeschlagen, die bedingt durch die Dynamik im maritimen Raum und darüber hinaus nicht manifestiert sind. Somit ist es erforderlich, weiter offen zu sein, vorhandene, noch nicht erkannte Facetten des maritimen Umfeldes zu erkennen oder erkennen zu wollen und diese auch auf andere Umfelder zu projizieren. Die Politikwissenschaft mit ihrer Fähigkeit, komplexe Systeme und Strömungen zu erkennen, zu analysieren, zu bewerten und in verschiedene Bereiche des öffentlichen Lebens zu transportieren und zu moderieren, ist prädestiniert hierfür.

13.1. Abbildungsverzeichnis

Abbildung 1:
Seekriegspotenziale der VR China im Zeitraum 2010/11 92
Abbildung 2:
Seekriegspotenziale der VR China im Jahre 2016 93
Abbildung 3:
Seekriegspotenziale der Republik Indien im Zeitraum 2010/11 95
Abbildung 4:
Seekriegspotenziale der Republik Indien im Jahre 2016 96
Abbildung 5:
Seekriegspotenziale Pakistans im Zeitraum 2010/11 97
Abbildung 6:
Seekriegspotenziale Pakistans im Jahre 2016 98
Abbildung 7:
Seekriegspotenziale Russlands im Zeitraum 2010/11 99
Abbildung 8:
Seekriegspotenziale Russlands im Jahre 2016 100
Abbildung 9:
Seekriegspotenziale Russlands im Jahre 2016 101
Abbildung 10:
Entwicklung der Seekriegspotenziale Chinas in den
Jahren 2000/01, 2005/06 und 2010/11 103
Abbildung 11:
Seekriegspotenziale Australiens im Zeitraum 2010/11 104
Abbildung 12:
Entwicklung der Seekriegspotenziale Australiens in den
Jahren 2000/01, 2005/06 und 2010/11 105
Abbildung 13:
Seekriegspotenziale Australiens im Jahre 2016 106
Abbildung 14:
Seekriegspotenziale Japans im Zeitraum 2010/11 107
Abbildung 15:
Seekriegspotenziale Japans im Jahre 2016 108
Abbildung 16a–d:
Seekriegspotenziale der USA, Großbritannien, Frankreich und
Italien im Jahre 2016 110–113

Abbildung 17a–h:
Seekriegspotenziale der Ostseeanrainer-Staaten im Jahre 2016 114–116
Abbildung 18:
Standorte der Deutschen Marine 160
Abbildung 19:
Die wichtigsten Fischereinationen nach Fangmenge in Millionen Tonnen, Stand: 2007 180
Abbildung 20:
Die wichtigsten Fischereinationen nach Fangmenge in Millionen Tonnen, Stand: 2010 181

13. Anhang

13.2. Quellen und Literatur

1. Quellen

Gedruckte Quellen

(VI. Haager) Abkommen vom 18.10.1907 über die Behandlung der feindlichen Kauffahrteischiffe beim Ausbruche der Feindseligkeiten. In: RGBl. 1910, S. 181

(VII. Haager) Abkommen vom 18.10.1907 über die Umwandlung von Kauffahrteischiffen in Kriegsschiffe. In: RGBl. 1910, S. 207

(VIII. Haager) Abkommen vom 18.10.1907 über die Legung von unterseeischen selbsttätigen Kontaktminen. In: RGBl. 1910, S. 231

(IX. Haager) Abkommen vom 18.10.1907, betreffend die Beschießung durch Seestreitkräfte in Kriegszeiten. In: RGBl. 1910, S. 256

(XI. Haager) Abkommen vom 18.10.1907 über gewisse Beschränkungen in der Ausübung des Beuterechts im Seekriege. In: RGBl. 1910, S. 316

(XIII. Haager) Abkommen vom 18.10.1907 über die Rechte und Pflichten der Neutralen im Falle eines Seekrieges. In: RGBl. 1910, S. 343

Admiralty Sailing Directions NP 12. Arctic Pilot, Bd 3, hrsg. von United Kingdom Hydrographic Office, Taunton 2007

Admiralty Sailing Directions NP 10. Arctic Pilot, Bd 1, hrsg. von United Kingdom Hydrographic Office, Taunton 2010

Annual Report 2009, hrsg. von International Energy Agency, Paris 2009

Annual Report 2010, hrsg. von International Energy Agency, Paris 2010

Bundesministerium für Wirtschaft und digitale Infrastruktur, Berlin 2011

Charta der Vereinten Nationen vom 26.6.1945 i. d. F. vom 20.12.1971. In: BGBI. 1973 II 431; 1974 II 770; 1980 II 1252

Der Einsatz von Seestreitkräften im Dienst der auswärtigen Politik, hrsg. vom Deutschen Marine Institut, Herford u.a. 1983

Einführungsvortrag des Befehlshabers der Flotte, Vizeadmiral Fromm, zur 21. Historisch-Taktischen Tagung der Flotte, 1981, hrsg. vom Deutschen Marine Institut, Bonn 1983 (= Schriftenreihe des Deutschen Marineinstituts, 3)

Energy and Climate Change. World Energy Outlook Special Report, hrsg. von International Energy Agency, Paris 2015

German Peak Oil (Studie), hrsg. von Zentrum für Transformation der Bundeswehr, Strausberg 2010

II. Genfer Abkommen vom 12.8.1949 zur Verbesserung des Loses der Verwundeten, Kranken und Schiffbrüchigen der Streitkräfte zur See. In: BGBl. 1954 II, S. 813

Jahresbericht 2009. Fakten und Zahlen zur maritimen Abhängigkeit der Bundesrepublik Deutschland, hrsg. im Auftr. des Bundesministeriums der Verteidigung vom Flottenkommando, Glücksburg 2009

Jahresbericht 2010. Fakten und Zahlen zur maritimen Abhängigkeit der Bundesrepublik Deutschland, hrsg. im Auftrag des Bundesministeriums für Verteidigung vom Flottenkommando, Glücksburg 2010

Jahresbericht 2015. Fakten und Zahlen zur maritimen Abhängigkeit der Bundesrepublik Deutschland, hrsg. im Auftrag des Bundesministeriums für Verteidigung vom Marinekommando MSchffLtg, Glücksburg 2015

Konzeption der Bundeswehr (KdB), hrsg. vom Bundesministerium der Verteidigung, Berlin 2004, <www.bmvg.de/resource/blob/26546/befaf450b146faa515e19328e659fa1e/20180731-broschuere-konzeption-der-bundeswehr-data.pdf> (letzter Zugriff 20.8.2019)

Marinedoktrin der Russischen Föderation für den Zeitraum bis zum Jahre 2020. Bestätigt durch den Präsidenten der Russischen Föderation am 27. Juli 2001, hrsg. von Dresdner Studiengemeinschaft für Sicherheitspolitik, übersetzt von Joachim Klopfer und Egbert Lemcke, Dresden, 2002 (= DSS-Arbeitspapiere, 51.7)

Militärdoktrin der Russischen Föderation. Bestätigt durch den Präsidenten der Russischen Föderation am 5. Februar 2010, hrsg. von Dresdner Studiengemeinschaft für Sicherheitspolitik, übersetzt von Rainer Böhme, Egbert Lemcke und Frank Preiß, Dresden 2010 (= DSS-Arbeitspapiere, 99)

Militärdoktrin der Russischen Föderation. Bestätigt durch den Präsidenten der Russischen Föderation vom Dezember 2014, hrsg. von Dresdner Studiengemeinschaft für Sicherheitspolitik, übersetzt von Rainer Böhme, Dresden 2015 (= DSS-Arbeitspapiere, 113)

National Military Strategy Juni 2015, hrsg. von Joint Chiefs of Staff USA, Washington D.C. 2015

National Security Strategy and Strategic Defence and Security Review, hrsg. von Parliament by the Prime Minister by Command of Her Majesty, London 2015.

National Security Strategy, hrsg. von Parliament by the Prime Minister by Command of Her Majesty, London 2010

Nationale Masterplan Maritime Technologien (NMMT), hrsg. vom Bundesministerium für Wirtschaft und digitale Infrastruktur, Berlin 2011

New Building Blocks in the North. The next Step in the Governments High North Strategy, hrsg. von Norwegian Ministry of Foreign Affairs, Oslo 2009

Pariser Erklärung vom 16.4.1856 über gewisse Seerechtsregeln in Kriegszeiten. In: PreußGS 1856, S. 585

Quadrennial Defense Review März 2014, hrsg. von Department of Defense USA, Washington D.C. 2014

Quadrennial Defense Review Report Januar 2010, hrsg. vom US Department of Defense, Washington D.C. 2010
Quadrennial Defense Review Report März 2014, hrsg. von US Department of Defense, Washington D.C. 2014
Sicherheitspolitik und Streitkräfte der Russischen Föderation. Militärdoktrin der Russischen Föderation. Präzisierte Redaktion, hrsg. von Dresdner Studiengemeinschaft für Sicherheitspolitik, Dresden 2015 (= DSS-Arbeitspapiere, 113)
Strategie der nationalen Sicherheit der Russischen Föderation bis zum Jahr 2020. Bestätigt durch den Präsidenten der Russischen Föderation am 12. Mai 2009, hrsg. von Dresdner Studiengemeinschaft für Sicherheitspolitik, übersetzt von Egbert Lemcke und Frank Preiß, Dresden 2009 (= DSS-Arbeitspapiere, 96)
Thukydides, Geschichte des Peloponnesischen Krieges, hrsg. von Rüegg, Walter, Zürich und Stuttgart 1960 (= Die Bibliothek der Alten Welt)
Vernetzte Operationsführung. Informationsbedarf für Joint Effects/Joint Fires. Abschlussbericht der Studie »Vernetzte Operationsführung – Informationsbedarf für Joint Effects/Joint Fires«, hrsg. von European Aeronautic Defence and Space, Friedrichshafen 2005
Weißbuch zur Sicherheitspolitik der Bundesrepublik Deutschland der Bundesregierung, hrsg. vom Bundesministerium der Verteidigung, Berlin 2006
Weißbuch zur Sicherheitspolitik der Bundesrepublik Deutschland der Bundesregierung vom Juli 2016, hrsg. vom Bundesministerium der Verteidigung, Berlin 2016
Zusatzprotokoll in der Fassung vom 30.11.1993 zu den Genfer Abkommen vom 12.8.1949 über den Schutz der Opfer internationaler bewaffneter Konflikte (Protokoll I) vom 8.6.1977 in der Fassung vom 30.11.1993. In: BGBl. Genf 1990 II, S. 1551 und 1997 II, S. 1367

Ungedruckte Quellen

Auswärtiges Amt, Bundesministerium der Verteidigung: Rahmenvereinbarung für die Ertüchtigung von Partnern im Bereich Sicherheit, Verteidigung und Stabilisierung. 18. November 2015
A Global Strategy for the European Foreign and Security Policy. Hrsg. Von EU-Kommission, Hohe Vertreterin für Außenbeziehungen und Sicherheitspolitik, Brüssel Sicherheitspolitik, Brüssel 2016, <https://eeas.europa.eu/sites/eeas/files/eugs_review_web_0.pdf> (letzter Zugriff 13.6.2016)
Air-Sea Battle Concept (Zusammenfassung), hrsg. von US Department of Defence, <http://archive.defense.gov/pubs/ASB-ConceptImplementation-Summary-May-2013.pdf>, (letzter Zugriff 20.8.2019)
Aktionsplan EUMSS vom 16.12.2014, Brüssel 2014, hrsg. vom Rat der EU, Brüssel 2016, <http://data.consilium.europa.eu/doc/document/ST-10494-2018-INIT/en/pdf> (letzter Zugriff 13.6.2016)
Annual Report 2006, hrsg. von Frontex, <www.frontex.europa.eu/annual_report> (letzter Zugriff 13.6.2016)

Annual Report 2009, hrsg. von World Trade Organization, Genf 2009, <www.wto.org/english/res_e/booksp_e/anrep_e/anrep09_e.pdf> (letzter Zugriff 20.8.2019)

Annual Report 2010, hrsg. von World Trade Organization, Genf 2010, <www.wto.org/english/res_e/booksp_e/anrep_e/anrep10_e.pdf> (letzter Zugriff 20.8.2019)

Annual Report 2015, hrsg. von Frontex, <http://frontex.europa.eu/assets/Publications/Risk_Analysis/Annual_Risk_Analysis_2015.pdf> (letzter Zugriff 13.6.2016)

Antrag der Bundesregierung an den Deutschen Bundestag über die deutsche Beteiligung an der »United Nations Interim Force in Lebanon« (UNIFIL). Bundestagsdrucksache 19/9956, hrsg. vom Deutschen Bundestag, Berlin 2006, <http://dip21.bundestag.de/dip21/btd/19/099/1909956.pdf> (letzter Zugriff 28.8.2019)

Antrag der Bundesregierung an den Deutschen Bundestag über die deutsche Beteiligung an der EU-Operation EUNAVFOR MED. Bundestagsdrucksache 18/6013, hrsg. vom Deutschen Bundestag, Berlin 2015, <http://dip21.bundestag.de/dip21/btd/18/060/1806013.pdf> (letzter Zugriff 28.8.2019)

Antrag der Bundesregierung an den Deutschen Bundestag über die Fortsetzung der deutschen Beteiligung an der EU-geführten Operation Atalanta. Bundestagsdrucksache 18/4769, hrsg. vom Deutschen Bundestag, Berlin 2015, <http://dip21.bundestag.de/dip21/btd/18/047/1804769.pdf> (letzter Zugriff 28.8.2019)

Antrag der Bundesregierung an den Deutschen Bundestag über die Fortsetzung der deutschen Beteiligung an der EU-geführten Operation Atalanta. Bundestagsdrucksache 18/1282, hrsg. vom Deutschen Bundestag, Berlin 2014, <http://dip21.bundestag.de/dip21/btd/18/012/1801282.pdf> (letzter Zugriff 28.8.2019)

Antrag der Bundesregierung an den Deutschen Bundestag über die Fortsetzung der deutschen Beteiligung an der EU-geführten Operation Atalanta. Bundestagsdrucksache 17/13111, hrsg. vom Deutschen Bundestag, Berlin 2013, <http://dip21.bundestag.de/dip21/btd/17/131/1713111.pdf> (letzter Zugriff 28.8.2019)

Antrag der Bundesregierung an den Deutschen Bundestag über die Fortsetzung der deutschen Beteiligung an der EU-geführten Operation Atalanta. Bundestagsdrucksache 17/9339, hrsg. vom Deutschen Bundestag, Berlin 2012, <http://dip21.bundestag.de/dip21/btd/17/093/1709339.pdf> (letzter Zugriff 28.8.2019)

Antrag der Bundesregierung an den Deutschen Bundestag über die Fortsetzung der deutschen Beteiligung an der EU-geführten Operation Atalanta vom 16. November 2011, hrsg. vom Deutschen Bundestag, Berlin 2011, <http://dip21.bundestag.de/dip21/btd/17/077/1707742.pdf> (letzter Zugriff 28.8.2019)

Antrag der Bundesregierung an den Deutschen Bundestag über die Fortsetzung der deutschen Beteiligung an der »United Nations Interim Force in Lebanon« (UNIFIL). Bundestagsdrucksache 18/8624, hrsg. vom Deutschen Bundestag,

Berlin 2016, <http://dip21.bundestag.de/dip21/btd/18/086/1808624.pdf> (letzter Zugriff 28.8.2019)

Antrag der Bundesregierung an den Deutschen Bundestag über die Fortsetzung der deutschen Beteiligung an der »United Nations Interim Force in Lebanon« (UNIFIL). Bundestagsdrucksache 18/5054, hrsg. vom Deutschen Bundestag, Berlin 2015, <http://dip21.bundestag.de/dip21/btd/18/050/1805054.pdf> (letzter Zugriff 28.8.2019)

Antrag der Bundesregierung an den Deutschen Bundestag über die Fortsetzung der deutschen Beteiligung an der »United Nations Interim Force in Lebanon« (UNIFIL). Bundestagsdrucksache 18/1417, hrsg. vom Deutschen Bundestag, Berlin 2014, <http://dip21.bundestag.de/dip21/btd/18/014/1801417.pdf> (letzter Zugriff 28.8.2019)

Antrag der Bundesregierung an den Deutschen Bundestag über die Fortsetzung der deutschen Beteiligung an der »United Nations Interim Force in Lebanon« (UNIFIL). Bundestagsdrucksache 17/9873, hrsg. vom Deutschen Bundestag, Berlin 2013, <http://dip21.bundestag.de/dip21/btd/17/098/1709873.pdf> (letzter Zugriff 28.8.2019)

Antrag der Bundesregierung an den Deutschen Bundestag über die Fortsetzung der deutschen Beteiligung an der »United Nations Interim Force in Lebanon« (UNIFIL). Bundestagsdrucksache 17/9873, hrsg. vom Deutschen Bundestag, Berlin 2012, <http://dip21.bundestag.de/dip21/btd/17/098/1709873.pdf> (letzter Zugriff 28.8.2019)

Antrag der Bundesregierung an den Deutschen Bundestag über die Fortsetzung der deutschen Beteiligung an der »United Nations Interim Force in Lebanon« (UNIFIL). Bundestagsdrucksache 17/5864, hrsg. vom Deutschen Bundestag, Berlin 2011, <http://dip21.bundestag.de/dip21/btd/17/058/1705864.pdf> (letzter Zugriff 28.8.2019)

Antrag der Bundesregierung an den Deutschen Bundestag über die Fortsetzung der deutschen Beteiligung an der »United Nations Interim Force in Lebanon« (UNIFIL). Bundestagsdrucksache 17/1905, hrsg. vom Deutschen Bundestag, Berlin 2010, <http://dip21.bundestag.de/dip21/btd/17/019/1701905.pdf> (letzter Zugriff 28.8.2019)

Antrag der Bundesregierung an den Deutschen Bundestag über die Fortsetzung der deutschen Beteiligung an der »United Nations Interim Force in Lebanon« (UNIFIL). Bundestagsdrucksache 17/40, hrsg. vom Deutschen Bundestag, Berlin 2009, <http://dip21.bundestag.de/dip21/btd/17/000/1700040.pdf> (letzter Zugriff 28.8.2019)

Antrag der Bundesregierung an den Deutschen Bundestag über die Fortsetzung der deutschen Beteiligung an der »United Nations Interim Force in Lebanon« (UNIFIL). Bundestagsdrucksache 16/10207, hrsg. vom Deutschen Bundestag, Berlin 2008, <http://dip21.bundestag.de/dip21/btd/16/102/1610207.pdf> (letzter Zugriff 28.8.2019)

Antrag der Bundesregierung an den Deutschen Bundestag über die Fortsetzung der deutschen Beteiligung an der »United Nations Interim Force in Lebanon«

(UNIFIL). Bundestagsdrucksache 16/6278, hrsg. vom Deutschen Bundestag, Berlin 2007, <http://dip21.bundestag.de/dip21/btd/16/062/1606278.pdf> (letzter Zugriff 28.8.2019)

Antrag der Bundesregierung an den Deutschen Bundestag zur Fortsetzung und Erweiterung über die deutsche Beteiligung an der EU-Operation EUNAVFOR MED. Bundestagsdrucksache 18/8878, hrsg. vom Deutschen Bundestag, Berlin 2016, <http://dip21.bundestag.de/dip21/btd/18/088/1808878.pdf> (letzter Zugriff 28.8.2019)

Antrag der Bundesregierung über die Fortsetzung der deutschen Beteiligung an der EU-geführten Operation EU NAVFOR Atalanta. Bundestagsdrucksache 18/8091, hrsg. vom Deutschen Bundestag, Berlin 2016, <http://dip21.bundestag.de/dip21/btd/18/080/1808091.pdf> (letzter Zugriff 28.8.2019)

Beschluss (GASP) 2015/778 des Rates der EU vom 18. Mai 2015 über eine Militäroperation der Europäischen Union im südlichen zentralen Mittelmeer (EUNAVFOR MED Operation SOPHIA), hrsg. vom Rat der EU, Brüssel 2015, <https://op.europa.eu/en/publication-detail/-/publication/b044077d-83b0-45fe-8200-561f163c7f65> (letzter Zugriff 8.1.2020)

Climate Change and International Security, Paper from the High Representative and the European Commission to the European Council. Dokument S111/08 vom 3.3.2008, hrsg. vom Rat der EU und der EU-Kommission, Brüssel 2008, <https://op.europa.eu/en/publication-detail/-/publication/489ee3e8-41d1-4af1-bdcf-fa42f3355af1> (letzter Zugriff 8.1.2020)

Defending Australia in the Asia Pacific Century Force 2030. Im Auftrag des Commonwealth of Australia hrsg. von Australian Department of Defence, Canberra 2009, <www.defence.gov.au/whitepaper/2009/docs/defence_white_paper_2009.pdf> (letzter Zugriff 20.8.2019).

Defense of Japan 2016, hrsg. von Ministry of Defense of Japan, Tokyo 2016, <www.mod.go.jp/e/publ/w_paper/2016.html> (letzter Zugriff 28.9.2016).

Deutschlands Energiekonsens – Ein Gemeinschaftswerk Energiezukunft Deutschland. Bericht der Ethikkommission »Sichere Energieversorgung«, hrsg. vom Presse- und Informationsamt der Bundesregierung, Berlin 2011, <www.bundesregierung.de/ContentArchiv/DE/Archiv17/_Anlagen/2011/07/2011-07-28-abschlussbericht-ethikkommission.pdf> (letzter Zugriff 28.8.2019)

Ensuring Secure Seas. Indian Maritime Security Strategy, Integrated Headquarters, hrsg. von Indian Ministry of Defence, Neu Delhi 2015 (= Naval Strategic Publication 1.2), <http://indiannavy.nic.in/sites/default/files/Indian_Maritime_Security_Strategy_Document_25Jan16.pdf> (letzter Zugriff 27.9.2016)

EU Maritime Strategy (EUMSS) vom 20.6.2014, hrsg. vom Rat der EU, Brüssel 2014, <https://ec.europa.eu/maritimeaffairs/sites/maritimeaffairs/files/leaflet-european-union-maritime-security-strategy_en.pdf> (letzter Zugriff 13.6.2016).

Indias Maritime Military Strategy – Freedom to use the seas, hrsg. von Indian Ministry of Defence, Neu-Dehli 2007, <http://indiannavy.nic.in/maritime_strat.pdf> (letzter Zugriff 3.10.2015)

Integrated European Union policy for the Arctic. Joint Communication to the European Parliament and the Council, hrsg. von EU-Kommission, Hohe Vertreterin für Außenbeziehungen und Sicherheitspolitik, Brüssel 2016, <https://op.europa.eu/en/publication-detail/-/publication/4b591893-0d25-11e6-ba9a-01aa75ed71a1> (letzter Zugriff 8.1.2020)

Joint communication to the European Parliament and the Concil, hrsg. von EU-Kommission, Hohe Vertreterin für Außenbeziehungen und Sicherheitspolitik, Brüssel 2016, <https://eur-lex.europa.eu/legal-content/EN/TXT/PDF/?uri=CELEX:52018JC0005&from=EN> (letzter Zugriff 10.10.2018)

Leitlinien der Arktispolitik der Bundesregierung von 2018, <www.auswaertiges-amt.de/blob/2239806/0c93a2823fcff8ce9f6bce5b6c87c171/190821-arktisleitlinien-download-data.pdf> (letzter Zugriff 28.8.2019)

Middle East (UNIFIL). Resolution 2236 (2015), hrsg. von UN-Sicherheitsrat, <http://unscr.com/files/2015/02236.pdf> (letzter Zugriff 20.8.2019)

Middle East. Resolution 2115 (2013), hrsg. von UN-Sicherheitsrat, <http://unscr.com/files/2013/02115.pdf> (letzter Zugriff 20.8.2019)

Middle East. Resolution 2172 (2014), hrsg. von UN-Sicherheitsrat, <http://unscr.com/files/2014/02172.pdf> (letzter Zugriff 20.8.2019)

Mobile Offshore Base (MOB) Science and Technology Program – Final Report, hrsg. von Naval Facilities Engineering Service Center, Port Hueneme 2000, <https://apps.dtic.mil/docs/citations/ADA398863> (letzter Zugriff 20.8.2019)

National Security Strategy of the United States of America, hrsg. von White House, Washington D.C. 2017. In: White House, <www.whitehouse.gov/wp-content/uploads/2017/12/NSS-Final-12-18-2017-0905.pdf> (letzter Zugriff 8.1.2020)

National Security Strategy of the United States of America, hrsg. von White House, Washington D.C. 2015, <https://obamawhitehouse.archives.gov/sites/default/files/docs/2015_national_security_strategy_2.pdf> (letzter Zugriff 8.1.2020)

Nationaler Masterplan Maritime Technologien des BMWi seit 2010 fortlaufend, hrsg. vom Bundesministerium für Wirtschaft und digitale Infrastruktur, Berlin 2018, <www.bmwi.de/Redaktion/DE/Publikationen/Technologie/nationaler-masterplan-maritime-mechnologien-maritime-branche-broschuere.pdf?__blob=publicationFile&v=2> (letzter Zugriff 20.8.2019)

Report of the Implementation of the European Security Strategy. Providing Security in a Changing World, Dokument 17104/08, hrsg. von Europäischer Kommission, Brüssel 2008, <www.consilium.europa.eu/uedocs/cms_data/docs/pressdata/en/reports/104630.pdf> (letzter Zugriff 13.6.2016)

Report of the Multi-year Expert Meeting on Transport and Trade Facilitation on its first session, hrsg. von United Nations Conference on Trade and Development, Genf 2009, <https://unctad.org/en/Docs/cimem1d3_en.pdf> (letzter Zugriff 20.8.2019)

Review of Maritime Transport 2015, hrsg. von United Nations Conference on Trade and Development, Genf 2015, <https://unctad.org/en/PublicationsLibrary/rmt2015_en.pdf> (letzter Zugriff 20.8.2019)

Second IMO GHG Study 2009, hrsg. von International Maritime Organization, London 2009

Seerechtsübereinkommen der Vereinten Nationen, vom 10.12.1982. Deutsche Übersetzung (28.3.2018), hrsg. vom Bundesrat / Portal der Schweizer Regierung, Bern 2018, <www.admin.ch/opc/de/classified-compilation/20040579/201803280000/0.747.305.15.pdf> (letzter Zugriff 20.8.2019)

Somalia. Resolution 1838 (2008), hrsg. von UN-Sicherheitsrat, <http://unscr.com/files/2008/01838.pdf> (letzter Zugriff 8.1.2020)

Somalia. Resolution 2125 (2013), hrsg. von UN-Sicherheitsrat, <http://unscr.com/files/2013/02125.pdf> (letzter Zugriff 20.8.2019)

Somalia. Resolution 2184 (2014), hrsg. von UN-Sicherheitsrat, <http://unscr.com/files/2014/02184.pdf> (letzter Zugriff 20.8.2019)

Somalia. Resolution 2246 (2015), hrsg. von UN-Sicherheitsrat, <http://unscr.com/files/2015/02246.pdf> (letzter Zugriff 20.8.2019)

Steinmeier, Frank-Walter, Klimawandel: Eine internationale Herausforderung. Rede beim 2. EnBW Klimakongress am 23.10.2007, <www.auswaertiges-amt.de/de/newsroom/071023-enbw-klimakongress-rede/219354> (letzter Zugriff 20.8.2019)

The Secretary General's Annual Report 2015, hrsg. von NATO, Brüssel 2016. In: NATO, <www.nato.int/nato_static_fl2014/assets/pdf/pdf_2016_01/20160128_SG_AnnualReport_2015_en.pdf> (letzter Zugriff 8.1.2020)

The Situation in Somalia. Resolution 1814 (2008), hrsg. von UN-Sicherheitsrat, <http://unscr.com/files/2008/01814.pdf> (letzter Zugriff 8.1.2020)

The Situation in Somalia. Resolution 1816 (2008), hrsg. von UN-Sicherheitsrat, <http://unscr.com/files/2008/01816.pdf> (letzter Zugriff 8.1.2020)

The Situation in Somalia. Resolution 1838 (2008), hrsg. von UN-Sicherheitsrat, <http://unscr.com/files/2008/01838.pdf> (letzter Zugriff 20.8.2019)

The Situation in Somalia. Resolution 1846 (2008), hrsg. von UN-Sicherheitsrat, <http://unscr.com/files/2008/01846.pdf> (letzter Zugriff 8.1.2020)

The Situation in Somalia. Resolution 1897 (2009), hrsg. von UN-Sicherheitsrat, <http://unscr.com/files/2009/01897.pdf> (letzter Zugriff 20.8.2019).

The Situation in Somalia. Resolution 2020 (2011), hrsg. von UN-Sicherheitsrat, <http://unscr.com/files/2011/02020.pdf> (letzter Zugriff 20.8.2019)

The Situation in Somalia. Resolution 2064 (2012), hrsg. von UN-Sicherheitsrat, <http://unscr.com/files/2011/02020.pdf> (letzter Zugriff 20.8.2019)

The Situation in Somalia. Resolution 2077 (2012) hrsg. von UN-Sicherheitsrat, <http://unscr.com/files/2012/02077.pdf> (letzter Zugriff 20.8.2019)

The Situation in Somalia. UN-Resolution 1851 (2008), hrsg. von UN-Sicherheitsrat, <http://unscr.com/files/2008/01851.pdf> (letzter Zugriff 20.8.2019)

The Situation in the Middle East (UNIFIL). Resolution 2305 (2016), hrsg. von UN-Sicherheitsrat, <http://unscr.com/files/2016/02305.pdf> (letzter Zugriff 20.8.2019)

The Situation in the Middle East, including the Palestinian question.Resolution 1850 (2009), hrsg. von UN-Sicherheitsrat, <http://unscr.com/files/2008/01850.pdf> (letzter Zugriff 20.8.2019)
The Situation in the Middle East. Resolution 1701 (2006), hrsg. von UN-Sicherheitsrat, <http://unscr.com/files/2006/01701.pdf> (letzter Zugriff 20.8.2019)
The Situation in the Middle East. Resolution 1773 (2007), hrsg. von UN-Sicherheitsrat, <http://unscr.com/files/2007/01773.pdf> (letzter Zugriff 20.8.2019)
The Situation in the Middle East. Resolution 1832 (2008), hrsg. von UN-Sicherheitsrat, <http://unscr.com/files/2008/01832.pdf> (letzter Zugriff 20.8.2019)
The Situation in the Middle East. Resolution 1884 (2009), hrsg. von UN-Sicherheitsrat, <http://unscr.com/files/2009/01884.pdf> (letzter Zugriff 20.8.2019)
The Situation in the Middle East. Resolution 1937 (2010), hrsg. von UN-Sicherheitsrat, <http://unscr.com/files/2010/01937.pdf> (letzter Zugriff 20.8.2019)
The Situation in the Middle East. Resolution 2004 (2011), hrsg. von UN-Sicherheitsrat, <http://unscr.com/files/2011/02004.pdf> (letzter Zugriff 20.8.2019)
The UN Refugee Agency 2007, hrsg. von United Nations High Commissioner for Refugees, Genf 2008, <www.unhcr.org/statistics/unhcrstats/4852366f2/2007-global-trends-refugees-asylum-seekers-returnees-internally-displaced.html> (letzter Zugriff 20.8.2019)
Unterrichtung durch die Bundesregierung. Bericht der Bundesregierung zum Stand der Bemühungen um Rüstungskontrolle, Abrüstung und Nichtverbreitung sowie über die Entwicklung der Streitkräftepotenziale (Jahresabrüstungsbericht 2016). Bundestagsdrucksache 18/11968, hrsg. vom Deutschen Bundestag, Berlin 2017, <http://dip21.bundestag.de/dip21/btd/18/119/1811968.pdf> (letzter Zugriff 15.2.2020)
Verteidigungspolitische Richtlinien des Bundesministeriums für Verteidigung, hrsg. vom Bundesministerium der Verteidigung, Berlin 2011, <www.bmvg.de/resource/blob/13568/28163bcaed9f30b27f7e3756d812c280/g-03-download-die-verteidigungspolitische-richtlinien-2011-data.pdf> (letzter Zugriff 20.8.2019)

2. Literatur

Adebajo, Adekeye, Building Peace in West Africa: Liberia, Sierra Leone and Guinea Bissau, Boulder 2002
Albrecht, Torsten et al., Ballistic Analysis in Extreme Climate Derived from the Maritime Security Environment. In: Naval Forces, 1/2016, S. 36–39
Albrecht, Torsten et al., Variations of CH2O and C2H2 determined from ground-based FTIR measurements and comparison with model results. In: Advances in Space Research 29 (2002), 11, S. 1713–1718
Albrecht, Torsten, und Jens Beckmann, Die maritime Realität bis 2030. In: Griephan Special 1/2010

Albrecht, Torsten, und Ralf Brauner, Alternative Treibstoffe und deren Einsatz in der Seeschifffahrt als Beitrag zur technischen und umweltrelevanten maritimen Sicherheit – ein transdisziplinärer Ansatz. In: Marineforum, 4/2016, S. 38 f.

Albrecht, Torsten, Atmosphäre und Ozean im nördlichen Polargebiet, hrsg. im Auftrag des Amtes für Geoinformationswesen der Bundeswehr, Euskirchen 2010 (= Schriftenreihe des Geoinformationsdienstes der Bundeswehr 4/2010)

Albrecht, Torsten, Ballistische Untersuchungen im Extremklima als Teilprozess der sicherheitspolitischen Gesamtanalyse, Plenumsvortrag auf dem 18. Marine-Workshop der Deutschen Gesellschaft für Wehrtechnik, Linstow, 28.9.2016

Albrecht, Torsten, Die Faktoren des maritimen Umfeldes und deren sicherheitspolitische Auswirkungen bis 2030+, München 2013 (= Dissertation, Universität der Bundeswehr München)

Albrecht, Torsten, Die konzeptionelle Ableitung von Anforderungen an die maritime Wehrtechnik für den Einsatz in der Arktis, Hamburg 2014 (= Habilitation, Helmut-Schmidt-Universität Hamburg)

Albrecht, Torsten, Europäische Maritime Sicherheitsstrategie. Beitrag Deutschlands zur Gewährleistung der Maritimen Sicherheit. In: Marineforum, 4/2016, S. 28

Albrecht, Torsten, Carlo Masala, und Konstantinos Tsetsos, Maritime Sicherheit in der Arktis – eine Fallstudie. In: Maritime Sicherheit im 21. Jahrhundert, Hrsg. von Heinz Dieter Jopp, Baden-Baden 2014, S. 207–226

Algieri, Franco, und Walter Feichtinger, Glaubwürdigkeit auf dem Prüfstand: Anmerkungen zur Zukunft der Sicherheits- und Verteidigungspolitik der EU. In: Sicherheit und Frieden 28 (2010), 3, S. 134–139

Art, Robert J., A Grand Strategy for America, London 2003

Assessing Regional Integration in Africa II. Rationalizing Regional Economic Communities, hrsg. von Economic Commission for Africa, Addis Ababa 2006

Ayissi, Anatole, Cooperating for Peace in West Africa – An Agenda for the 21st Century, Genf 2001

Bächler, Günther, Zivile Konfliktbearbeitung in Afrika – Grundelemente für die Friedensstörungspolitik der Schweiz, Bern 1998 (= Schweizerische Friedensforschung – Institut für Konfliktforschung, Working Paper 27)

Baev, Pavel, Russia's Race for the Arctic and the Geopolitics of the North Pole, Washington D.C. 2007

Barandat, Jörg, Wasser. Regionaler Konfliktstoff weltweiter Bedeutung, Hamburg 1995 (= Hamburger Beiträge zur Friedensforschung und Sicherheitspolitik, 96)

Barnett, Jon, Security and Climate Change, Manchester 2001 (= Tyndall Centre Working Paper, 7)

Berger, Bernt, Viel Lärm im maritimen Asien. In: SWP-Aktuell, Januar 2011, S. 14

Bräuner, Oliver, und Janka Oertel, Entspannung in der Taiwanstraße? Berlin 2009 (= SWP-Zeitschriftenschau 2009, 2)

Brauner, Ralf, Meteorologie und Grundlagen der Ozeanographie. In: Berking, Bernhard, Handbuch Nautik, Hamburg 2010, S. 247–318

Bröning, Michael, Politischer Islam in Westafrika. In: Ders. und Weiss, Holger (Hrsg.), Politischer Islam in Westafrika, Berlin 2006, S. 7–17

Brubaker, R. Douglas, Regulation of navigation and vessel-source pollution in the Northern Sea Route. Article 234 and state practice. In: Protecting the Polar Marine Environment, hrsg. von Davir Vidas, Cambridge 2000, S. 1–221

Bruns, Sebastian, Herausforderungen für NATO-Marinen in Zeiten der Euro- und Wirtschaftskrise, Kiel 2012 (= Kieler Analysen zur Sicherheitspolitik, 32), <www.ispk.uni-kiel.de/de/publikationen/upload-working-paper/kazs_32.pdf> (letzter Zugriff 20.8.2019)

Bruns, Sebastian, Seemacht USA. Marinestrategie, Politik und Einsatz 1981–2011, Kiel 2015 (= Kieler Analysen zur Sicherheitspolitik, 39), <www.ispk.uni-kiel.de/en/publications/working-papers/sebastian-bruns-seemacht-usa-2013-marinestrategie-politik-und-einsatze-198120132011> (letzter Zugriff 20.8.2019)

Bryden, Alan, N'Diaye, Boubacar und Olonisakin, 'Funmi, Addressing the Challenges of Security Sector Governance in West Africa. In: Challenges of Security Sector Governance in West Africa, hrsg. von Bryden, Alan, N'Diaye, Boubacar und Olonisakin, 'Funmi, Zürich 2008, S. 325–341

Carlucci, Donald E., and Sidney S. Jacobson, Ballistics. Theory and Design of Guns and Ammunition, New York 2007

Cernicky, Jan, Regionale Integration in Westafrika. Eine Analyse der Funktionsweise von ECOWAS und UEMOA, Bonn 2008

Chang, Yale, Hydrocode Analysis at APL. In: Johns Hopkins APL technical Digest 19 (1998), 1, S. 72–81. In: Johns Hopkins University Applied Physics Laboratory Online, <www.jhuapl.edu/Content/techdigest/pdf/V19-N01/19-01-Chang.pdf> (letzter Zugriff 20.8.2019)

Chelluru, Sai Kiran, Finite Elements Simulations of Ballistic Impact on Metal and Composite Plates, Wichita 2007 (= MSc-Thesis, Wichita State University)

Christensen, Svend Aage, Are the Northern Sea Routes really the shortest? Maybe a too rose-coloured Picture of the blue Arctic Ocean, hrsg. vom Danish Institute for International Studies, Kopenhagen 2009. In: Danish Institutes for International Studies, <http://pure.diis.dk/ws/files/57805/sac_northern_searoutes.pdf> (letzter Zugriff 20.8.2019)

Climate Change 2013. Summary for Policymakers, hrsg. von Intergovernmental Panel on Climate Change, Cambridge 2013

Climate Change 2013. The Physical Science Basis, hrsg. von Intergovernmental Panel on Climate Change, Cambridge 2013

Compagnon, D., Political Decay in Somalia: From Personal Rule to Warlordism. In: Refuge 12 (1992), 5, S. 8–13

Daw, Tim and Tim Gray, Fisheries science and sustainability in international policy. A study of failure in the European Union's Common Fisheries Policy. In: Marine Policy 29 (2005), 3, S. 189–197

Diedrich, Torsten, Die DDR zwischen den Blöcken. Der Einfluss des Warschauer Paktes auf Staat, Militär und Gesellschaft der DDR, Berlin 2009

Diedrich, Torsten, Zur Rolle der Nationalen Volksarmee der DDR in der operativen Planung des Warschauer Paktes unter besonderer Berücksichtigung der 1960er Jahre, Berlin 2009

Diez, Thomas, Die Konflikttheorie postmoderner Theorien internationaler Beziehungen. In: Sozialwissenschaftliche Konflikttheorien, hrsg. von Thorsten Bonacker, 4. Aufl., Wiesbaden 2008, S. 187–204

Dolata-Kreutzkamp, Petra, The Arctic is Ours. Kanadas Arktispolitik zwischen Souveränität und Klimawandel. In: Fokus Kanada 2009, 2, S. 16

Donnelly, Jack, Realism and International Relations, Cambridge 2000

Dünne, Jörg et al., Raumtheorie, Grundlagentexte aus Philosophie und Kulturwissenschaften, Frankfurt a.M. 2006

Duppler, Jörg, Seemacht, Seestrategie, Seeherrschaft. In: Seemacht und Seestrategie im 19. und 20. Jahrhundert, hrsg. im Auftr. des Militärgeschichtlichen Forschungsamtes von Jörg Duppler, Kühlungsborn 1999, S. 13–20

Edi, E. M., Globalization and Politics in the ECOWAS Countries, Durham, NC 2007

Francis, David J., The politics of economic regionalism: Sierra Leone in ECOWAS, Aldershot 2001

Fritz-Vannahme, Joachim, Aufrüsten für die Arktis. In: Die Zeit Online, 3.9.2008, <www.zeit.de/online/2008/36/arktis-bodenschaetze-konflikte> (letzter Zugriff 20.8.2019)

Froese, Rainer, Keep it simple. Three Indicators to deal with Overfishing. In: Fish and Fisheries 5 (2004), 1, S. 86–91

Frost, Hans und Peder Andersen, The Common Fishery Policy of the European Union and Fisheries Economics. In: Marine Policy, 30 (2006), S. 731–746

Geden, Oliver, Andreas Goldthau, und Timo Noetzel, Energie-NATO und Energie-KSZE. Instrumente der Versorgungssicherheit, Berlin 2007

Geiger, Danilo, Frontier Encounters. Indigenous Communities and Settlers in Asia and Latin America, Kopenhagen 2008

Geiger, Gebhard, Klimawandel – Ein Fall für die Internationale Sicherheitspolitik?, Berlin 2009 (= SWP-Diskussionspapier, FG3-DP02)

Gerdes, Rüdiger, und Cornelia Köberle, Comparison of Arctic sea ice thickness variability in IPCC Climate of the 20th Century experiments and in ocean – sea ice hindcasts. In: Journal of Geophysical Research 112 (2007), S. 1–11

Germond, Basil, The EU's security and the sea. Defining a maritime security strategy. In: European Security 20 (2011), 4, S. 563–584

Giese, Daniel, Die SED und ihre Armee. Die NVA zwischen Politisierung und Professionalismus 1956–1965, Berlin 2002 (= Schriftenreihe der Vierteljahrshefte für Zeitgeschichte, 85)

Gore, Al, Die unbequeme Wahrheit, München 2007

Gorschkow, Sergei Georgijewitsch, Seemacht Sowjetunion, deutsche Ausgabe, Hamburg 1978

Grove, Eric, The Future of the Sea Power, London 1990

Günzel, Stephan, und Franziska Kümmerling, Raum. Ein interdisziplinäres Handbuch, Stuttgart und Weimar 2010

Haas, Christian et al., Reduced Ice Thickness in Arctic Transpolar Drift favors rapid Ice Retreat. In: Geophysical Research Letter 35 (2009), S. 1–5

Haftendorn, Helga, Auf dünnem Eis. Fragile Sicherheit in der Arktis. In: Internationale Politik 2009, Juli/August, S. 1–14

Hauck, Günter, Äußere Ballistik – Eine Einführung in die Theorie der Geschoßbewegung, Berlin (DDR) 1972

Hauck, Günter, Der Flug ungelenkter Geschosse und Raketen, 3. Auflage, Berlin (DDR) 1990

Hayhurst, Colin J. et al., The Application of SPH techniques in AUTODYN-2D to ballistic impact problems, In: Proccedings of the 16th International symposium on Ballistics, San Francisco 1996, S. 1–10

Heise, Rene, Torsten Albrecht, R. Berger, und Matthias Glosa, GeoInfo-Unterstützung im Rahmen der Experimentierung im des CD&E-Vorhaben Vernetzte Operationsführung, In: cpm 2/2016, S. 60–63

Homer-Dixon, Thomas F., On the Threshold Environmental Changes as Causes of Acute Conflicts. In: International Security 16 (1991), S. 76–116

Howard, R., Russia's New Front Line. In: Survival. Global Politics and Strategy 52 (2010), S. 141–156

Igue, John, Economic Integration in West Africa. In: Sustainable Regional Integration in West Africa, hrsg. von Corsino Tolentino und Michael Vogl, Bonn 2011, S. 35–45

Inegbedion, E. John, ECOMOG in comparative perspective. In: The political economy of foreign policy in ECOWAS, hrsg. von Timothy M. Shaw und Julius E. Okolo, London 1994, S. 218–244

Introduction of Mega-Float, hrsg. von Shipbuilding Research Centre of Japan, Tokyo 2015. In: Shipbuilding Research Centre of Japan, <www.srcj.or.jp/html/megafloat_en/> (letzter Zugriff 22.6.2016)

Ivashentsov, Gleb, The Korean Issue and Security in Northeast Asia. In: International Affairs, Minneapolis. A Russian journal of world politics, diplomacy and international relations, 56 (2010), 5, S. 128–139

Jablonsky, Walter, Die NVA in den Vereinten Streitkräften des Warschauer Paktes. In: NVA. Anspruch und Wirklichkeit in ausgewählten Dokumenten, hrsg. von Klaus Naumann, Berlin und Bonn 1996

Jablonsky, Walter, Die quantitative und strukturelle Entwicklung der maritimen Kräfte der DDR. In: Die Volksmarine der DDR: deutsche Seestreitkräfte im Kalten Krieg, hrsg. von Friedrich Elchlepp, Walter Jablonsky, Fritz Minow und Manfred Rösenberg, Hamburg 1999

Jacob, Daniela, Holger Göttel, Sven Kotlarski, Philip Lorenz, und Kevin Sieck, Klimaauswirkungen und Anpassung in Deutschland, Phase 1: Erstellung regionaler Klimaszenarien für Deutschland, hrsg. vom Umweltbundesamt, Berlin 2008 (= Climate Change, 11/08)

Jun, Liang, China Displays its First Large Floating Structure. In: People's Daily online, 30.7.2015, <http://en.people.cn/n/2015/0730/c90000-8928991.html> (letzter Zugriff 22.6.2016)

Kaack, Jann C., et al., DACH-Dokument Marine – Gemeinsam. Meer. Verantwortung. Chancen gestalten im maritimen Raum des 21. Jahrhunderts, Rostock 2016

Kaim, Markus, Die sicherheitspolitischen Folgen des Klimawandels. Kanada und die Frage der arktischen Souveränität, Berlin 2008

Kaldor, Mary, New Types of Conflict. In: Gewalt und Konflikt in einer globalisierten Welt, hrsg. von Ruth Stanley, Wiesbaden 2001

Kaps, Hermann, Technische Schiffsführung-Schiffbau, Klassifikation, Bauaufsicht. In: Handbuch Nautik II: Technische und betriebliche Schiffsführung, hrsg. von Knud Benedict und Christoph Wand, Hamburg 2011, S. 13–64

Kefferpütz, Roderick, On Thin Ice? (Mis-)interpreting Russian policy in the High North. In: CEPS Policy Brief 2010, Nr. 205. S. 1–10

Kempin, Ronja, Die GSVP vor der Erosion? In: SWP-Aktuell, Mai 2011, S. 25

Kirchhoff, Hermann, Seemacht in der Ostsee, Bd 2: Ihre Einwirkung auf die Geschichte der Ostseeländer im 19. Jahrhundert, Kiel 1908, digitaler Nachdruck 2010

Kirchhoff, Hermann, Seemacht in der Ostsee, Bd 1: Ihre Einwirkung auf die Geschichte der Ostseeländer im 17. und 18. Jahrhundert, Kiel 1907, digitaler Nachdruck 2010

Klein, Bernd, FEM. Grundlagen und Anwendungen der Finite-Element-Methode im Maschinen- und Fahrzeugbau, 7. Auflage, Wiesbaden, 2007

Kleiner, Jürgen, Korea. Auf steinigem Pfad, 2. Auflage, Berlin 1992

Knittel, Siegfried, Showdown in Ostasien. In: Blätter für deutsche und internationale Politik, 55 (2010), 11, S. 27–30

Kohler-Koch, Beate, Zur Empirie und Theorie internationaler Regime. In: Regime in den internationalen Beziehungen, hrsg. von Beate Kohler-Koch, Baden-Baden 1989, S. 17–85

Korf, Benedikt, und Conrad Schetter, Räume des Ausnahmezustands. Carl Schmitts Raumphilosophie. In: PERIPHERIE 32 (2012), 126 f., S. 147–170

Kreile, Michael, Regime und Regimewandel in den internationalen Wirtschaftsbeziehungen. In: Regime in den internationalen Beziehungen, hrsg. von Beate Kohler-Koch, Baden-Baden 1989, S. 89–103

Krüger, Steffen, Benin. In: Die Außenpolitik der Staaten Afrikas. Von Ägypten bis Zentralafrikanische Republik, hrsg. von Wolfgang Gieler, Paderborn 2007, S. 65–71

Krumpen, Thomas et al., Recent Summer Sea Ice Thickness surveys in Fram Strait and associated Ice Volume Fluxes. In: The Cryosphere 10 (2016), 2, S. 523–534, <www.the-cryosphere.net/10/523/2016/> (letzter Zugriff 20.8.2019)

Kwok, Ronald, und D. A. Rothrock, Variability of Fram Strait Ice Flux and North Atlantic Oscillation. In: Journal of Geophysical Research 104 (1999), C3, S. 5177–5189

Lambach, Daniel, Staatszerfall und regionale Sicherheit, Baden-Baden 2008 (= Internationale Beziehungen, 10)
Lang, Kai-Olaf, Das Ende des neuen Europas, Berlin 2009 (= SWP-Aktuell, 2009/A 55)
Lang, Kai-Olaf, Problemzone und Vorreiterregion, Der Ostseeraum im Spannungsfeld energiepolitischer Kontroversen und Kooperationsvorhaben, Berlin 2010 (= SWP-Studie S 26)
Lautsch, Siegfried, Kriegsschauplatz Deutschland, Erfahrungen und Erkenntnisse eines NVA-Offiziers, Potsdam 2013
Lindsey, George, Strategy in the Arctic, Oxford 1989
Link, Werner, Überlegungen zu einer strukturellen Konflikttheorie. In: Frieden und Konflikt in den Internationalen Beziehungen, hrsg. von Gert Krell und Harald Müller, Frankfurt a.M. 1994, S. 99–115
Link, Werner, Überlegungen zum Begriff Konflikt in den internationalen Beziehungen. In: Politische Vierteljahresschrift, 20 (1979), 1, S. 33–50
Lippke, Hajo, Die Zukunft der Deutschen Marine, Frankfurt a.M. 2009 (= Analysen zur Sicherheitspolitik an der CAU Kiel, 5)
Macnab, Ron, Delimiting the Juridical Continental Shelf in the Arctic Ocean. A Confluence of Law Science, and Politics. In: Meridian 12 (2007), S. 6–11
Magassa, Hamidou, Islam und Demokratie in Westafrika – der Fall Mali. In: Politischer Islam in Westafrika, hrsg. von Michael Bröning und Holger Weiss, Berlin 2006, S. 115–152
Mahan, Alfred Thayer, The Influence of Sea Power upon History 1660–1783, New York 1890, digitaler Nachdruck 2011
Mahan, Alfred Thayer, The Influence of Sea Power upon the French Revolution and Empire 1793–1812, Bd 1, New York 1892, digitaler Nachdruck 2013
Mahncke, Dieter, und Hans-Peter Schwarz, Seemacht und Außenpolitik, Frankfurt a.M. 1974
Major, Claudia, Außen-, Sicherheits- und Verteidigungspolitik der EU nach Lissabon, Berlin 2010 (= SWP-Aktuell, 2010/A07)
Manusama, Kenneth, The United Nations Security Council in the Post-Cold War Era, Leiden 2008
Masala, Carlo, und Konstantinos Tsetsos, Die maritime Dimension der Sicherheits- und Verteidigungspolitik der Europäischen Union und Deutschlands im 21. Jahrhundert. Maritime Sicherheit der Europäischen Union (MAREU), Zürich 2012 (= ISPSW Strategy Series: Focus on Defense and International Security, 229)
Masala, Carlo, Konstantinos Tsetsos, und Tim Tepel, Maritime Sicherheit im Indischen Ozean, hrsg. von Konrad-Adenauer-Stiftung, Sankt Augustin 2015 (= Analysen und Argumente, 172)
Masala, Carlo, Weltunordnung, eine Analyse des Versagens des Westens, München 2016

Mattler, Michael J., A View from the U.S. Senate. In: International Energy Policy, the Arctic and the Law of the Sea, hrsg. von Myron H. Nordquist, John Norton Moore und Alexander S. Skaridov, Leiden und Boston 2005, S 33–40
Mearsheimer, John J., China vs. USA. Der aufziehende Sturm. In: Blätter für deutsche und internationale Politik, 55 (2010), 10, S. 87–100
Meinert, T., Verbesserung von Wetterdaten für die Feuerleitrechnung in der Artillerie, Hamburg 2011 (= Dissertation, Helmut-Schmidt-Universität)
Molitz, Hellmuth, und Reinhold Strobel, Äußere Ballistik, Berlin (BRD) et al. 1963
Möller, Kay, Maritime Sicherheit und die Suche nach politischem Einfluss in Südostasien, Berlin 2006 (= SWP-Studie, S 35/2006)
Mölling, Christian, Ständige Strukturierte Zusammenarbeit in der EU-Sicherheitspolitik Berlin 2010 (= SWP-Aktuell, 2010/A 13)
Moretani, Giulio, Die Bodenschätze der Arktis. In: Die Arktis-Ressourcen, Interessen und Probleme, hrsg. von Bernd Rill, München 2010, S. 9–20
Münkler, Herfried, Der Wandel des Krieges – Von der Symmetrie zur Asymmetrie, Weilerswist 2006
Münkler, Herfried, Die neuen Kriege, Hamburg 2004
Münkler, Herfried, Neues vom Chamäleon Krieg. In: APuZ 16–17, Berlin 2007, S. 3–9
Nimitz, Chester W., und Elmar B. Potter, Seemacht. Eine Seekriegsgeschichte von der Antike bis zur Gegenwart, deutsche Fassung, hrsg. im Auftr. des Arbeitskreises für Wehrforschung von Jürgen Rohwer, Herrsching 1982
Notholt, Justus et al., Latitudinal variations of trace gas concentrations in the free troposphere measured by solar absorption spectroscopy during a ship cruise. In: Journal of Geophysical Research, 105 (2000) D1, S. 1337–1349
Notholt, Justus, Räumliche und zeitliche Variation atmosphärischer Spurengase aus bodengebundenen Messungen mit Hilfe eines Michelson Interferometers, Berlin 1998 (= Habilitationsschrift, FU Berlin)
Nünlist, Christian, Die westliche Allianz und Chruščëvs Außenpolitik im Jahre 1955. In: Der Warschauer Pakt. Von der Gründung bis zum Zusammenbruch 1955–1991, hrsg. von Torsten Diedrich, Winfried Heinemann und Christian F. Ostermann, Berlin 2009, S. 9–26
NVA. Ein Rückblick für die Zukunft. Zeitzeugen berichten über ein Stück deutscher Militärgeschichte, hrsg. von Manfred Backerra, Köln 1992
Ohlendorf, Laura, Widerstreitende Interessen und Strategien im Hohen Norden im 21. Jahrhundert, Kiel 2016 (= Kieler Analysen zur Sicherheitspolitik, 44)
Olonisakin, 'Funmi, Challenges of Transforming Africa's Multilateral Security Institutions. ECOWAS and the African Union. In: The African Union and New Strategies for Development in Africa, hrsg. von Said Adejumobi und Olukoshi Adebayo, Amherst 2008, S. 347–372
Overland, James, E. et al., The recent Arctic warm period. In: Tellus 60A (2008), 4, S. 589–597

Pahl, Uwe, Kapitän auf einem Forschungsschiff – die Sicht des Nautikers. In: Polarstern. 25 Jahre Forschung in Arktis und Antarktis, hrsg. von Dieter K. Fütterer, Bielefeld 2008, S. 51–58

Parkinson, Claire et al., Arctic sea ice extends areas, and trends 1978–1996. In: Journal of Geophysical Research, 104 (1999), S. 20837–20856

Paul, Michael, Die amerikanische Schwerpunktverlagerung nach Asien, Die militärische Dimension, Berlin 2015 (= SWP-Studien, S 5)

Pellens, Sabine, Entwicklungsgemeinschaften in der WTO, Berlin 2008

Petretto, Kerstin, Piraterie als Problem der internationalen Politik. In: Piraterie und maritime Sicherheit, hrsg. von Stefan Mair, Berlin 2010 (= SWP-Studien, S 8), S. 10–19

Pflügler, Friedbert, Eine neue Ära des Energieimperialismus. Für Europa gilt: Von China lernen heißt siegen lernen. In: Internationale Politik, 2010, 3, S. 76–83

Pierrot, Olivier, Die Rolle der Francophonie in den franko-afrikanischen Beziehungen, Berlin 2006

Piraterie und maritime Sicherheit, hrsg. von Stefan Mair, Berlin 2010 (= SWP-Studie, S 18)

Platonov, N.G., Fluctuating Arctic Ice Thickness Changes Estimated by an In Situ Learned and Empirically Forced Neutral Network Model. In: Journal of Climate, 21 (2008), S. 716–728

Polmare, Norman, and Kenneth J. Moore, Cold War Submarines. The Design and Construction of U.S. and Soviet Submarine, Washington D.C. 2004

Polymeropoulos, Elli-Katharina et al., Asiatische Großmächte. China, Indien und Japan als Akteure regionaler und internationaler Ordnungspolitik, Berlin 2011 (= SWP-Studien, S 11)

Ponick, Klaus et al., Handbuch für den Seefunkdienst, Sport und Berufsschifffahrt, Bielefeld 2006

Pradetto, August, Neue Kriege. In: Handbuch für Militär und Sozialwissenschaft, hrsg. von Sven Gareis und Paul Klein, Wiesbaden 2004

Rahmstorf, Stefan et al., Stability of the thermohaline circulation. In: The Warm Water Sphere of the North Atlantic Ocean, hrsg. von Wolfgang Krauß, Berlin und Stuttgart 1996, S. 129–158

Report Scientific Assessment of Ozone Development 1994, hrsg. von World Metereological Organization, Genf 1995 (= Report, 38)

Riedel, Sabine, Illegale Migration im Mittelmeerraum, Berlin 2011 (= SWP-Studien, S 10)

Roloff, Rolf, Die Konflikttheorie des Neorealismus. In: Sozialwissenschaftliche Konflikttheorien, Eine Einführung, hrsg. von Thomas Bonacker, 4. Auflage, Wiesbaden 2008, S. 99–121

Routledge Handbook of Naval Strategy and Security, hrsg. Joachim Krause und Sebastian Bruns, London 2016

Rudloff, Bettina und Weber, Annette, Somalia und der Golf von Aden. In: Piraterie und maritime Sicherheit, hrsg. von Stefan Mair, Berlin 2010 (= SWP-Studien, S 18), S. 36–45

Sawyer, Amos, Governance and Democratization. In: West Africa's Security Challenges, hrsg. von Adekeye Adebajo und Ismail Rashid, London 2004, S. 93–116
Schicho, Walter, Geschichte Afrikas, Stuttgart 2010
Schmitt, Carl, Der Nomos der Erde, Erstveröffentlichung 1950, Berlin 1997
Schmitt, Carl, Land und Meer, Erstveröffentlichung 1942, Stuttgart 2008
Schmitt, Carl, Staat, Großraum, Nomos. Arbeiten aus den Jahren 1916–1960, hrsg. von Günther Maschke, Berlin 1995
Schmitt, Carl, Theorie der Partisanen. Zwischenbemerkung zum Begriff des Politischen, Erstveröffentlichung 1963, Berlin 2006
Schmitt, Carl, Völkerrechtliche Großraumordnung mit Interventionsverbot für raumfremde Mächte, Erstveröffentlichung 1941, Berlin 1991
Schneider, Volker, und Frank Janning, Politikfeldanalyse: Akteure, Diskurse und Netzwerke in der öffentlichen Politik, Wiesbaden 2006
Schöring, Niklas, Neorealismus. In: Theorien der Internationalen Beziehungen, hrsg. von Siegfried Schieder und Manuela Spindler, 2. Auflage, Opladen und Farmington Hills 2006
Schultheis, Antje, Politische Ökonomie internationaler Investitionsabkommen. Diskurs und Forum-Shifting der EU, Münster 2010
Sea Power and the Asia-Pacific, hrsg. von Geoffrey Till und Patrick C. Bratton, London 2012
Seidler, Christoph, Arktisches Monopoly. Der Kampf um die Rohstoffe der Polarregion, München 2009
Seidler, Felix F., Maritime Herausforderungen der NATO, Kiel 2015 (= Kieler Analysen zur Sicherheitspolitik, 8)
Seifert, T., Raison d'être und Realität – Die Marine im Spannungsfeld zwischen konzeptionellem Anspruch und operativen Ansatz. Volksmarine und Warschauer Pakt, Vortrag zur HiTaTa 2017, Rostock 2017
Siedschlag, Alexander, Konflikte und Konflikttheorien nach dem Ende des Ost-West-Konflikts. Neue Ansätze und Neue Herausforderungen. In: Herausforderungen der Realpolitik. Beiträge zur Theoriedebatte in der Internationalen Politik, hrsg. von Carlo Masala und Rolf Roloff, Köln 1998, S. 195–225
Siedschlag, Alexander, Konflikte und Konflikttheorien nach dem Ende des Ost-West-Konflikts, Neue Ansätze und neue Herausfolgerung, 2. Aufl., Stuttgart 1988
Siedschlag, Alexander, Anja Opitz, Jodok Troy, und Anita Kuprian, Grundelemente der internationalen Politik, Wien 2007
Siedschlag, Alexander, Realistische Perspektiven der Internationalen Politik, Opladen 2001
Singer, K, The Meaning of Conflict. In: Australasian Journal of Philosophy, 27 (1949), S. 145–170
Stevenson, C., Hans Off! The Struggle for Hans Island and the Potential Ramification for International Border Dispute Resolution. In: Boston College International and Comparative Law Journal 30 (2007), 1, S. 263–275

Stöckmann, B., Die Folgen für die Sicherheit Europas anhand konfliktrelevanter Wirkungen der globalen Klimaänderung an seiner Peripherie, Hamburg 2001 (= Lehrgangsarbeit, LGAN 99 Luftwaffe, Führungsakademie der Bundeswehr Hamburg)

Suarez de Vivero, J.L., und J.C. Rodrıguez Mateos, Maritime Europe and EU enlargement. A geopolitical perspective. In: Marine Policy, 30 (2006), 2, S. 167–172

Tamminga, Oliver, Umgang mit hybriden Bedrohungen. Auf dem Weg zu einer nationalen Resilienzstrategie, Berlin 2015 (= SWP-Aktuell, 2015/A 92)

Tavares, Rodrigo, Regional Security – The Capacity of Organizations, New York 2009

The Military Balance, The Annual Assessment of Global Military Capabilities and Defense Economic, hrsg. von International Institute for Strategic Studies, Milton Park 2016

Till, Geoffrey, Seapower. A Guide to the Twenty-First Century, 3. überarb. Aufl., London 2013

Timtchenko, Leonid, The Russian Arctic Sectoral Concept: Past And Present. In: Arctic, 50 (1996) 1, S. 29–35

Touval, Saadia, Somali Nationalism – International Politics and the drive for Unity in the Horn of Africa, Erstveröffentlichung 1963, Neuauflage Cambridge 1999

Tsetsos, Konstantinos, Carlo Masala, und Torsten Albrecht, Sicherheitspolitische Entwicklungen in Westafrika bis 2017. Drei Szenarien zur Wider Golf von Guinea Region, BMVg 2014

Waltz, Kenneth N., Man, the state and war. A theoretical analysis, New York und London 1959

Waltz, Kenneth N., Theory of International Politics, New York 1979, Neuauflage 2010

Wand, Christoph, Schiffsführung in Eisgebieten. In: Handbuch Nautik II: Technische und betriebliche Schiffsführung, hrsg. von Knud Benedict und Christoph Wand, Hamburg 2011, S. 457–461

Wand, Christoph, Schiffstheorie. Bd 2, Herne 2008

Wandelt, R, Konventionelle Navigation. In: Handbuch Nautik, hrsg. von Bernhard Berking und Werner Huth, Hamburg 2010

Wang, Q. et al., An Assessment of the Arctic Ocean in a Suite of interannual CORE-II Simulations. Part II: Liquid freshwater. In: Ocean Modelling, 99, 2016, S. 86–109

Warner, Koko, Charles Ehrhart, Alex de Sherbinin, Susana Adamo, und Tricia Chai-Onn, In Search of Shelter, Mapping the Effects of Climate Change on Human Migration and Displacement, Bonn et al. 2009. In: Center for International Earth Science Information Network, <ciesin.columbia.edu/documents/ClimMigr-rpt-june09.pdf> (letzter Zugriff 20.8.2019)

Water for Food. Water for Life. A Comprehensive Assessment of Water Management in Agriculture, im Auftrag des International Water Management Institute hrsg. von David Molden, London 2007. In: International Water Management

Institute, <www.iwmi.cgiar.org/Assessment/files_new/synthesis/Summary_SynthesisBook.pdf> (letzter Zugriff 20.8.2019)

Wegener, Edward, Moskaus Offensive zur See, Bonn und Bad Godesberg 1972

Welt im Wandel, Sicherheitsrisiko Klimawandel. Zusammenfassung für Entscheidungsträger, hrsg. vom Wissenschaftlichen Beirat der Bundesregierung Globale Umweltveränderungen, Berlin 2007

Welzer, Harald, Klimakriege. Wofür im 21. Jahrhundert getötet wird, Frankfurt a.M. 2008

Wenzke, Rüdiger, Nationale Volksarmee. Die Geschichte, München 2014

Willebrand, Jürgen et al., Circulation Characteristics in three eddy-permitting Models of the North Atlantic. In: Progress in Oceanography, 48 (2001), S. 123–161

Winkelmann, Ingo, Feste Regeln zur Aufteilung des Arktischen Ozeans, Berlin 2008 (= SWP-Aktuell, A 53)

Wolfrum, Rüdiger, Das Rechtsregime der Arktis, Berlin 2008

Zartman, William I, The African State. In: Towards Africa's Renewal, hrsg. von Jeggan C. Senghor und Nana Poku, Burlington 2008, S. 17–34

Zukas, Jonas A., Introduction to Hydrocodes, Amsterdam und Boston 2004 (= Studies in applied mechanics, 49)

13.3. Abkürzungen

ACM	Alliance Coordination Mechanism
ACT	Allied Command for Transformation
AD	Area Denial
AHT	Anchor Handling Tug (Ankerziehschlepper)
AHTS	Anchor Handling Tug Supply (Ankerziehschlepper mit Versorgungsfunktion)
AIS	Automatic Identification System
AIM	Africa's Integrated Maritime Strategy
AJP	Allied Joint Publication
AKP	Afrika-Karibik-Pazifik-Staaten
AOC	Air Operation Centre
AQIM	Organisation Al-Qaida des Islamischen Maghreb
A2/AD	Anti Access/Area Denial
AMG	Alliance Maritime Governance
AMISOM	African Union Mission in Somalia
AMS	Alliance Maritime Strategy
ASEAN	Association of Southeast Asian Nations
ASMD	Anti Ship Missile Defence
ATP	Allied Tactic Publication
AU	Afrikanische Union
AUSMIN	Australia-United States Ministerial Consultations
AWZ	Ausschließliche Wirtschaftszonen
BCC	Baltic Commanders Conference
BKA	Bundeskriminalamt
BMCC	Baltic Maritime Coordination Center
BMVg	Bundesministerium der Verteidigung
BMWi	Bundesministerium für Wirtschaft und digitale Infrastruktur
BPolG	Bundespolizeigesetz
BRF	Baltischen Rotbannerflotte
BRICS	Föderative Republik Brasilien, Russische Föderation, Republik Indien, Volksrepublik China und Südafrikanische Republik
BUNR	Bundesministerium für Umwelt, Naturschutz und Raumordnung

CETA	Comprehensive Economic and Trade Agreement
CFD	Computational Fluid Dynamics
CFAO	Conceptual Framework of Alliance Operations
CFP	Common Fishery Policy
CH4	Methan
CH2O	Formaldehyd
CIA	Central Intelligence Agency
CISE	Common Information Sharing Environment
CO	Kohlenmonoxid
COS	Carbonylsulfid
COSPAS/SARSAT	Satelliten Tracking System für Schiffe und Flugzeuge in Seenot
CTF	Combined Task Force
DCRC	Deployable Control and Reporting Center
DDR	Deutsche Demokratische Republik
DGSM	Deutsche Gesellschaft für Schiffahrts- und Marinegeschichte e.V.
DLR	Deutsches Zentrum für Luft- und Raumfahrt e.V.
DOM	digitale Oberflächenmodelle
DPP	Defence Planning Package
DPPC	Defence Policy and Planning Committee
DSS	Dresdner Studiengemeinschaft für Sicherheitspolitik
DVR	Demokratische Volksrepublik Korea
EAD	Europäischer Auswärtiger Dienst
EADS	European Aeronautic Defence and Space
EAV	Einsatzausbildungsverband
EC	Europäische Kommission
ECA	Economic Commission for Africa
ECCAS	Economic Community of Central African States
ECOWAS	Westafrikanische Wirtschaftsgemeinschaft
EGV	Einsatzgruppenversorger
ENP	Europäische Nachbarschaftspolitik
EPIRB	Emergency Position Indicating Radio Beacon
ERRV	Emergency Response and Rescue Vessel
ESS	Europäische Sicherheitsstrategie
ESVP	Europäische Sicherheits- und Verteidigungspolitik
EU	Europäische Union
EUCAP	EU Capability Building
EUMSS	Europäische Maritime Sicherheitsstrategie
EUMC	Militärausschuss der Europäischen Union
EUNAVFOR	European Union Naval Force

EUNAVFOR MED	European Union Naval Force Mediterranean
EU-OHQ	Europäisches Operationshauptquartier
EUTM	European Union Training Mission Somalia
FAO	Ernährungs- und Landwirtschaftsorganisation der Vereinten Nationen
FAZ	Frankfurter Allgemeine Zeitung
FCE	Forward Coordination Element
FNC	Framework Nations Concepts
FoP	Freundesgruppe der Präsidentschaft
FRONTEX	Frontières extérieures, EU-Grenzschutzbehörde
FTIR	Fourier Transform InfraRed-Spektroskopie
GASP	Gemeinsame Außen- und Sicherheitspolitik
GMDSS	Global Maritime Distress and Safety System
GMLRS	Guided Multiple Launch Rocket System
GoG	Gulf of Guinea
GRP	Graduated Response Plans
GSVP	Gemeinsame Sicherheits- und Verteidigungspolitik
GUS	Gemeinschaft Unabhängiger Staaten
G7	Gruppe der Sieben
G8	Gruppe der Acht
G20	Gruppe der Zwanzig
HLG	High Level Group
ICE	Initial Command Element
IEA	International Energy Agency
IfW	Institut für Weltwirtschaft
IIP	Integrated Investment Program
IMO	International Maritime Organisation
IMP	Integrierte Meerespolitik
IMS	Internationaler Militärstab der NATO
IORA	Indian Ocean Rim Association
IPCC	Intergovernmental Panel for Climate Change
IS	Islamischer Staat (Organisation)
ISAF	International Security Assistance Force
ISI	Inter Service Intelligence
ISIL	Islamischer Staat (Organisation) in Lybien
ISPS	International Ship and Port Facility Security (Code)
IWMI	International Water Management Institute
JAM-GC	Joint Concept for Access and Maneuver in the Global Commons

JFAH HQ	Joint Forces Air Component Headquarters
JSDF	Japanische Selbstverteidigungsstreitkräfte
JFSCG	Joint Fire Support Coordination Group
JMOD	Japan Ministry of Defense
KE	Kinetische Energie-Munition
KPCh	Kommunistische Partei China
KPdSU	Kommunistische Partei der Sowjetunion
LCS	Littorial Combat Ships
MAOC	Maritime Air Operations Centre
MarOps	(UNIFIL-)Maritime Operation
MARPOL	International Convention for the Prevention of Marine Pollution from Ships
MARSUR	European Maritime Surveillance
MC	Military Committee
MCMFORNORTH	Mine Countermeasures Force Northern Europe
MCR	Minimum Capability Requirements
MENA	Middle East North Africa
MEND	Movement for the Emancipation of the Nigerdelta
MDA	Maritime Domain Awareness
MDWP	Mediterranean Dialogue Work Programme
MIO	Maritime Interdiction Operations
MMR	Minimum Military Requirements
MNC	Multinationalen Korps
MoD	Ministry of Defense
MONARC	Modular Naval Artillery Concept
MoU	Memorandum of Understanding
MOWCA	Maritime Organization for West and Central Africa
MPA	Maritime Patrol Aircrafts
MRCC	Maritime Rescue Coordination Centre
MSA	Maritime Situational Awareness
MSO	Maritime Sicherheitsoperation
MSCHOA	Maritime Security Centre Horn of Africa
MSPA	Maritime Security Patrol Area
MSSIS	Maritime Safety and Security Information System
MSY	Maximum Sustainable Yield
MSZ	Maritimes Sicherheitszentrum
NAC	North Atlantic Council
NATINEAD	NATO Integrated Extended Air Defence
NatKrV	Nationale Krisen- und Risikovorsorge
NATO	North Atlantic Treaty Organization

NATO-STANAG	NATO Standardization Agreement
NAVFOR	EU-Operation am Horn von Afrika
NCAGS	Naval Cooperation and Guidance for Shipping
NFIU	NATO Force Integration Units
nm	nautische Meilen
NMHC	Nichtmethankohlenwasserstoffe
NMS	National Military Strategy of the United States of America
NPR	Nuclear Posture Review
NRF	NATO Response Force
NSC	NATO Shipping Center
NSIDC	National Snow and Ice Data Center
NSS	National Security Strategy der USA
OAE	Operation Active Endeavour
OEF	Operation Enduring Freedom
OHQ	Operationshauptquartier
OPV	Offshore Patrol Vessel
OSZE	Organisation für Sicherheit und Zusammenarbeit in Europa
OVKS	Organisation des Vertrages über kollektive Sicherheit
PACFLT	US Pacific Fleet
PACAF	US Pacific Air Force
PfP	Partnership for Peace
PSKF	Polnische Seekriegsflotte
PSV	Platform Supply Vessel
QDR	Quadrennial Defense Review
RAP	Readiness Action Plan
ReCAAP	Regional Cooperation Agreement on Combating Piracy and Armed Robbery against Ships in Asia
RfAA	Rat für Allgemeine Angelegenheiten
RIC	Russland, Indien, China
RWM	Rheinmetall AG Divisionen Waffen und Munition (Weapons and Ammunition)
SACEUR	Supreme Allied Commander Europe
SACT	Supreme Allied Commander Transformation
SAR	Search and Rescure
SARSAT	Search and Rescue Satellite Aided Tracking
SATCOM	Satellitenkommunikation
SAMOC	Surface to Air Missile Operations Centre
SDP	Standing Defence Plan

SED	Sozialistische Einheitspartei Deutschlands
SFV	Solarenergie-Förderverein Deutschland e.V.
SLOC	Seelinien der Kommunikation
SNF	Standing Naval Force
SNFL	Standing Naval Force Atlantic
SNFM	Standing Naval Force Mediterranean
SNMCMG	Standing NATO Mine Countermeasures Group
SNMG	Standing NATO Maritime Group
SOLAS	Safety of Life at Sea
SOZ	Schanghai Organisation für Zusammenarbeit
SRÜ	Seerechtsübereinkommen
SSG	Schiffsschlaggruppen
STANAG	Standardization Agreement
STANAVFORCHAN	Standing Naval Force Channel
STANAVFORLANT	Standing Naval Force Atlantic
STANAVFORMED	Standing Naval Force Mediterranean
SUCBAS	Sea Surveillance Cooperation Baltic Sea
SV	Supply Vessel (Versorgungsschiff)
SWP	Stiftung Wissenschaft und Politik
TOM	TrueOrthoPhotoMosaics
TTIP	Transatlantic Trade and Investment Partnership
T-RMN	Trans-Regional Maritime Network
TURF	Territorial Use Rights in Fisheries
UAS	Unmanned Aerial Systems
UAV	Unmanned Air Vehicle
UdSSR	Union der Sozialistischen Sowjetrepubliken
UIG	Union der Islamischen Gerichte
UN/UNO	United Nations (Organization)
UNCLOS	UN Convention on the Law oft the Sea
UNCTAD	UN Conference on Trade and Development
UNFCCC	United Nations Framework Convention on Climate Change
UNEP	UN Environmental Programme
UNIFIL	UN Interim Force in Lebanon
US/USA	United States (of America)
USARPAC	US Army Pacific
US-BALTOPS	US Baltic Operations
USPACOM	US Pacific Command
USMC	US Marine Corps
USCG	US Coast Guard
VAE	Vereinigte Arabische Emirate

VDS	Schiffsortungssysteme
VEO	Violent Extremist Organizations
VJTF	Very High Readiness Joint Task Force
VMS	Schiffsüberwachungssysteme
VOF	Verbündete bzw. Vereinte Ostseeflotte
VPR	Verteidigungspolitische Richtlinien
VSK	Vereinte Streitkräfte
V-RMTC	Virtual Regional Maritime Traffic Centre
WBGU	Wissenschaftlicher Beirat der Bundesregierung für Globale Umweltveränderungen
WFP	Welternährungsprogramm
WMO	World Meteorological Organization
WSSD	Weltgipfel für nachhaltige Entwicklung
WTO	World Trade Organization
WOR	World Ocean Review

13.4. Faktoren der maritimen Sicherheit

Natur/Klimaveränderung/Küstenzone

Erwartete Szenarien/ Bedingungen	Sicherheitspolitische Implikationen	Politische Instrumente	Politische und/oder operationelle Fähigkeitsanforderung	Vorhandene operationelle Fähigkeit
1. Veränderungen der Küstenstreifen, Zunahme von Starkwetterereignissen/ Sturmfluten, Verwüstungen in der Küstenzone, Ansammlung von Offshoretechnologie in der Küstenzone, Veränderung des Lebensraums Küstenzone 2. Temperaturanstieg, besonders bemerkbar in den Polargebieten und den Tropen 3. Größeres Niederschlagsaufkommen sowie Anstieg des Meeresspiegels, dadurch großflächige Überschwemmungen möglich, Vernichtung von Lebensraum 4. Reduzierung der Eisbedeckung im Arktischen Ozean 5. Aussüßung des Ozeanwassers aufgrund von Eis- und Gletscherschmelze im Nordpolarbereich und des erhöhten Eistransports durch die Framstraße im Nordatlantik 6. Vermehrte Wüstenbildung und Bodenerosion in den Tropen und Subtropen 7. Reduktion der Fischbestände und -arten infolge ihrer Überfischung 8. Auswirkungen des Spurenstoffeintrags in der Atmosphäre und im Ozean 9. Zunahme der Umweltmigration 10. Ansteigender Migrationsdruck	1. Verschärfung von bereits vorhandenen klimainduzierten Konflikten in der Region Subsahara Afrika (maritim untergeordnete Implikation) 2. Entstehung neuer Konfliktsituation im nördlichen Polargebiet aufgrund der Erschließung neuer Rohstoffquellen 3. Positionierung der deutschen Politik zum Thema Arktis und daraus ableitend Positionierung in der NATO und EU sowie in den Rahmendokumenten der deutschen Außen- und Sicherheitspolitik, siehe Arktispolitische Leitlinien der Bundesregierung 4. Klimakonflikte als Teil des strategischen Konzepts der NATO von 2011 5. Verminderte Einnahmen durch verminderten Fischfang, berufliche Umorientierung der Fischer, ggf. potenzielle Piraterie als Einnahmequelle, illegale Fischerei in Schutzzonen, Fischereischutzprojektion 6. Veränderte Leitlinien und Konzeptionen zur militär-politischen Handhabung von möglichen Ressourcenkonflikten in Afrika und Asien 7. Ressort-/bündnisgemeinsame Positionierung zum Schutz strategischer Güter, z.B. regenerativer Energien 8. Sicherheits-/militärpolitische Formulierungen für Fähigkeiten in extremen Klimaten 9. Mögliche Destabilisierung der klimaveränderten Regionen	1. Afrikapolitische Leitlinien der Bundesregierung 2. Arktispolitische Leitlinien der Bundesregierung 3. Klimaabkommen vom Dezember 2016 4. Klimaschutzziele der Bundesregierung 2020, inklusive Emissionshandel 5. EEG 2011 6. EUMSS 2014 7. AMS 8. Deutsche Polarforschung als Botschafter 9. DEU Beobachterstatus im Arktischen Rat 10. Mitgliedschaft bei UNEP 11. Working Groups in den NATO Gremien (z.B. MarOps) für deutsche Ableitungen aus der ATP 17 »Operations in the Arctic« hinsichtlich der deutschen militärpolitischen Position zur Arktis 12. Klimarat der Bundesregierung 13. G7-, G20-Prozess 14. NATO VM/AM Treffen 15. Plattform Nationale Maritime Konferenz 16. Münchener Sicherheitskonferenz 17. Weltwirtschaftsforum	1. Bereitstellung von maritimen Fähigkeiten, wie Logistikbasen auf See und in Häfen, mobile medizinische Versorgungs-/Stabseinrichtungen zur Durchführung, Unterstützung und Koordinierung von humanitären Hilfeleistungen 2. Bereitstellung von maritimen Fähigkeiten zum Schutz von Objekten und Einrichtungen, sowie in der Bewegung, um z.B. im Falle von Naturkatastrophen zu unterstützen 3. Fähigkeit zur Detektion und Aufarbeitung von Umweltbedingungen als Warnfunktion in Zusammenarbeit mit zivilen Behörden 4. Fähigkeit zur interoperablen und behördenübergreifenden Zusammenarbeit 5. Entwicklung einer Mitigation auf nationaler oder internationaler EU/ NATO-Ebene für militärpolitisch relevante Klimaregionen (Arktis, Subsahara-Afrika, Deutschland) 6. Spezifizierung von militärpolitischen Erfordernissen im Krisen- und Risikomanagement und Anpassung an mögliche naturbedingte Extremereignisse und Festlegung von Hotspot-Regionen (Krisenprävention)	1. Militärische Evakuierungsoperationen – Fähigkeit national und multinational vorhanden 2. Maritime Fähigkeit materiell mit Schiffen, Booten und Luftfahrzeugen gegeben, besonders Einsatzgruppenversorger als Plattform geeignet 3. Doktrinen und Verfahrensentwicklung innerhalb der NATO (AJP 3-Reihe) in laufender Bearbeitung 4. Eisrandfähige Seekriegsmittel und Verfahren für Einsätze in polaren Gebieten liegen nicht vor und sind nicht geplant 5. Fähigkeit zur interoperablen und behördenübergreifenden Zusammenarbeit rudimentär vorhanden im Maritimen Sicherheitszentrum sowie in der Ausrüstung der Einheiten 6. Maritime Surveillance, Common Information Sharing Environment 2020, Fähigkeitsausbau zur Erstellung maritimer Lagebilder 7. Militärpolitischer Planungsprozess, Krisenfrüherkennung und Krisenmanagement im BMVg 8. Teilnahme DEU am NATO Artic Strategic Round Table 9. Teilnahme DEU am nationalen Arktisdialog

Erwartete Szenarien/ Bedingungen	Sicherheitspolitische Implikationen	Politische Instrumente	Politische und/oder operationelle Fähigkeitsanforderung	Vorhandene operationelle Fähigkeit
	10. Erfordernis nach Abmilderungs-strategien für die betroffenen Regionen 11. Ethnische Verschiebungen durch innerkontinentale Migration	18. African Integrated Maritime Strategy (AIM) 2050 19. EUMSS Gulf of Guinea (GoG) 20. IPCC 2013 21. Arctic Strategy der EU vom 26.4.2016, 24. NATO Arctic Strategic Round Table 22. Ressortgemeinsamer nationaler Arktisdialog 23. Hohe Vertreterin für Außenange-legenheiten der EU (Positionspapier Energie der EU) 24. EU Global Strategy 2016		

Migration

Erwartete Szenarien/ Bedingungen	Sicherheitspolitische Implikationen	Politische Instrumente	Politische und operationelle Fähigkeitsanforderung	Vorhandene operationelle Fähigkeit
1. Zunahme des Migrationsdruckes aufgrund sich ändernder Umweltfaktoren, daraus erwachsener Konflikte und wirtschaftlicher Entwicklungen 2. Zunahme der Migration von Küsten in Binnenregionen 3. Ökonomisch induzierte Verteilungskämpfe 4. Zunahme gesellschaftlicher Polarisierung	1. Verschärfung von bereits vorhandenen migrationsbedingten Konflikten 2. Entstehung neuer Konfliktsituation in Afrika, Asien und Europa 3. Destabilisierung von betroffenen Regionen, sowohl Fluchtregionen als auch Zufluchtsregionen 4. Einführung oder Verschärfung von Grenzregimen 5. Forderung nach Aussetzung des Schengenabkommens 6. Forderung nach EU CG/Frontex-Ausbau 7. Integrationsmaßnahmen 8. Forderung nach Maßnahmen zur Vermeidung von Fluchtursachen 9. »Neue Kriege« 10. Entstaatlichung von Regionen 11. Hochprozentige Anzahl der Einwohnerminimierung 12. Dispute im östlichen Mittelmeer als Hindernis für Grenzsicherung der EU	1. Afrikapolitische Leitlinien der Bundesregierung 2. Arktispolitische Leitlinien der Bundesregierung 3. Klimaabkommen vom Dezember 2016 4. Klimaschutzziele der Bundesregierung 2020, inklusive Emissionshandel 5. EEG 2011 6. EUMSS 7. AMS 8. Klimarat der Bundesregierung 9. G7-, G20-Prozess 10. NATO VM/AM Treffen 11. Plattform Nationale Maritime Konferenz 12. Münchener Sicherheitskonferenz 13. Weltwirtschaftsforum 14. EUMSS Gulf of Guinea (GoG) 15. Friends of the Presidency GoG 16. Friends 18. AIM-African Integrated Maritime Strategy 2050 17. IPCC 2013 of the Presidency EUMSS 18. AHP 19. Ertüchtigungsinitiative 20. Hohe Vertreterin für Außenangelegenheien der EU (Positionspapier Energie der EU) 21. UNCLOS	1. Bereitstellung von maritimen Fähigkeiten wie Logistikbasen auf See und in Häfen, mobile medizinische Versorgungs-/Stabseinrichtungen zur Durchführung, Unterstützung und Koordinierung von humanitären Hilfeleistungen 2. Bereitstellung von maritimen Fähigkeiten zum Schutz von Objekten und Einrichtungen sowie in der Bewegung, um z.B. im Falle von Naturkatastrophen zu unterstützen 3. Fähigkeit zur Detektion und Aufarbeitung von Umweltbedingungen als Warnfunktion in Zusammenarbeit mit zivilen Behörden 4. Fähigkeit zur interoperablen und behördenübergreifenden Zusammenarbeit 5. Entwicklung einer Mitigation auf nationaler oder internationaler/EU/NATO-Ebene für militärpolitisch relevante Klimaregionen (Arktis, Subsahara-Afrika, Deutschland) 6. Spezifizierung von militärpolitischen Erfordernissen im Krisen- und Risikomanagement und Anpassung an mögliche naturbedingte Extremereignisse und Festlegung von Hotspot Regionen (Krisenprävention) 7. Gründung einer EU-Küstenwache	1. MEO-Fähigkeit national und multinational vorhanden 2. Maritime Fähigkeit materiell mit Schiffen, Booten und Luftfahrzeugen gegeben, besonders Einsatzgruppenversorger als Plattform geeignet 3. Doktrinen und Verfahrensentwicklung innerhalb der NATO (AJP 3-Reihe) in laufender Bearbeitung 4. Fähigkeit zur interoperablen und behördenübergreifenden Zusammenarbeit rudimentär vorhanden im Maritimen Sicherheitszentrum sowie in der Ausrüstung der Einheiten MarSur, CISE 2020, Fähigkeitsausbau zur Erstellung maritimer Lagebilder 5. Militärpolitischer Planungsprozess, Krisenfrüherkennung und Krisenmanagement im BMVg

Erwartete Szenarien/ Bedingungen	Sicherheitspolitische Implikationen	Politische Instrumente	Politische und operationelle Fähigkeitsanforderung	Vorhandene operationelle Fähigkeit
		22. Hotspots für Registrierung von Flüchtlingen innerhalb und außerhalb der EU 23. EU Global Strategy 2016 24. African Integrated Maritime Strategy 2050		

Seeverkehr/-wirtschaft/Havarien auf See

Erwartete Szenarien/ Bedingungen	Sicherheitspolitische Implikationen	Politische Instrumente	Politische und/oder operationelle Fähigkeitsanforderung	Vorhandene operationelle Fähigkeit
1. Zunahme der Schiffsbewegungen, insbesondere im Arktischen Ozean zwischen den Arktischen Häfen und Intensivierung der Schiffsrouten Nordostpassage und Nordwestpassage 2. Veränderte Verkehrsströme 3. Zunahme der (eisbrechenden) Schiffsbauten 4. Höhere Frachtraten 5. Bestrebungen zur regiolen Kontrolle von SLOGs, z.B. Südchinesisches Meer, Nordost-/Nordwestpassage, Ostsee 6. Potenzieller Anstieg der Havarien auf See durch Zunahme des Seeverkehrs 7. Potenziell höhere Gefährdung durch Extremwetterereignisse	1. Festschreibung von maritimen Sicherheitsgesetzmäßigkeiten national und multinational 2. Ableitung von möglichen Erfordernissen aus der AMS und EUMSS 3. Multilaterale Abkommen zur Rüstungsbegrenzung in der nördlichen Polarregion, vorerst konventionelle Rüstung 4. Stationierung von arktisfähigen Bodentruppen der Anrainerstaaten in der Arktis möglich 5. Zuspitzung der Streitigkeiten über Hoheitsgebiete in der Arktis 6. Potenzielles Eintreten von Bündnisfällen (Artikel 5 des NATO-Vertrags) 7. Regionales Hegemoniebestreben in Asien, im MENA-Raum und in Arktis/Subarktis 8. Projektionsbestrebungen der Ostseeanrainer (NATO, RUS)	1. EUMSS 2. AMS 3. AIM 2050 4. Nationaler Masterplan Maritime Technologien 5. Nationale Maritime Konferenz 6. Ressortkreis Maritime Sicherheit 7. Ostseedialog der NATO 8. Schwarzmeerdialog der NATO 9. NATO-Russland-Rat (derzeit ruhend) 10. G7/G20 11. EU Global Strategy 2016 12. Arctic Strategy der EU vom 26.4.2016	1. Schutz von beweglichen Objekten/Schiffen 2. Hohe Mobilität und Durchhaltefähigkeit in klimatisch extremen Bedingungen (Arktis, Tropen) 3. Wirkung gegen kleine schnelle Ziele 4. Gesicherte und zuverlässige Geo-Info-Daten 5. Fähigkeit zum Unopposed und Opposed Boarding 6. Fähigkeit zur interoperablen und behördenübergreifenden Zusammenarbeit 7. Ausbau Bw-Anteil MSZ 8. Maritime Lagebildanteile Arktis und weltweit, Einbindung dieser in das MSZ/MOC 9. Aktivierung NATO-Russland Rat, Herstellung der Handlungsfähigkeit	1. Fähigkeit zur Protektion und Prävention durch Fregatten/MKS 180 gegeben, Einschränkung: keine Eisrandfähigkeit der Schiffe für Protektion in der Arktis bzw. entlang der arktischen Seewege 2. Projektionsfähigkeit in küstennahen Seegebieten (Confined and Shallow Waters) 3. Fähigkeit zur interoperablen und behördenübergreifenden Zusammenarbeit rudimentär vorhanden im Maritimen Sicherheitszentrum sowie in der Ausrüstung der Einheiten (NATO-Marineintern vorhanden) 4. Wirkung gegen kleine Ziele vorhanden (z.B. MLG, MASS, LRAD-500) 5. Durch GALILEO-Satelliten gesicherte und unabhängige Geo-Informationen und Aufklärungsergebnisse vorhanden 6. Vorhandene Terra SAR X Daten als Lagebilder (derzeit nur Nutzung durch Bundespolizei) 7. Mobile küstennahe Überwachung vorhanden

Maritime Wirtschaft

Erwartete Szenarien/ Bedingungen	Sicherheitspolitische Implikationen	Politische Instrumente	Politische und/oder operationelle Fähigkeitsanforderung	Vorhandene operationelle Fähigkeit
1. Etablierung neuer Hafen-/Umschlagregionen 2. Entstehung und Stärkung neuer Wirtschaftszweige (Offshore Wirtschaft, Energiewirtschaft) 3. Erhöhtes Schutzbedürfnis für sensible Infrastruktur	1. Eintritt von Nichtanrainerstaaten der Arktis in die Streitigkeiten aufgrund geostrategischer und wirtschaftlicher Interessen 2. Veränderte Leitlinien und Konzeptionen zur militär-politischen Handhabung von möglichen Ressourcenkonflikten in Afrika und Asien 3. Ressort-/Bündnisgemeinsame Positionierung zum Schutz strategischer Güter 4. Betrachtung von Fähigkeiten, die Operationen in extremen Klimaten erlauben 5. Erfordernis nach maritimer Prävention/Abschreckung u.a. durch bi-/multilaterale Abkommen mit afrikanischen und asiatischen Staaten über die Zusammenarbeit zur Bekämpfung der Piraterie 6. Erfordernis einer nationalen maritimen Sicherheit, die beinhaltet u.a. die maritime sicherheits- und wirtschaftspolitische Fokussierung auf einzelne Regionen/Erdteile (z.B. Ostseeraum, Mittelmeerraum, Horn von Afrika) sowie Strategien zum Schutz von sensibler Infrastruktur im Ostseeraum (Ostseepipeline RUS-DEU) und die Einbindung von Ostseestaaten in die Sicherheitsstrukturen, über SUCBAS hinaus	1. EUMSS 2. Nationaler Masterplan Maritime Technologien 3. Nationale Maritime Konferenz 4. Nationale Maritime Strategie des Bundesministerium für Wirtschaft und digitale Infrastruktur (BMWi) 5. EEG	1. Schutz von festen Einrichtungen und Objekten und sensibler Infrastruktur 2. Schutz von Handelsrouten und -strömen 3. Hohe Mobilität und Durchhaltefähigkeit unter extremen Klimabedingungen 4. Fähigkeit zur schnellen Prävention und Protektion 5. Fähigkeit zur interoperablen und behördenübergreifenden Zusammenarbeit	1. Fähigkeit zur Protektion und Prävention durch Seestreitkräfte gegeben, Einschränkung: keine Eisrandfähigkeit der Schiffe für Protektion in der Arktis bzw. entlang der arktischen Seewege 2. Fähigkeit zur interoperablen und behördenübergreifenden Zusammenarbeit vorhanden im Maritimen Sicherheitszentrum sowie in der Ausrüstung der Einheiten (NATO-marine-intern vorhanden) 3. Fähigkeit zum Schutz von Objekten und Einrichtungen vorhanden

Fischerei

Erwartete Szenarien/ Bedingungen	Sicherheitspolitische Implikationen	Politische Instrumente	Politische und/oder operationelle Fähigkeitsanforderung	Vorhandene operationelle Fähigkeit
1. Aufwertung der Fischereiindustrie zur Großindustrie 2. Überfischung der Fischgründe 3. Veränderungen der Fischbestände hinsichtlich des Artenbestands und der Einwanderung von nicht endemischen Fischarten 4. Konkurrenz zwischen den Fischereiflotten und Staaten 5. Einbeziehung der Fischereirechte in die regionalen Hegemoniebestrebungen 6. Veränderungen hinsichtlich der Fischereifangrechte und -quoten 7. Daraus ableitend: zunehmende Aquakulturwirtschaft 8. Wegfall angestammter Einnahmequellen aus dem Fischfang	1. Forderung nach maritimer Prävention/Abschreckung, um die freien Handelsströme und den Fischereischutz sicherzustellen (illegale Fischerei, Verstoß gegen Fangquoten im Indischen und Atlantischen Ozean und ggf. Eingrenzung des freien Seeverkehrs in der Arktis), dies beinhaltet u.a. bi-/multilaterale Abkommen mit afrikanischen und asiatischen Staaten über die Zusammenarbeit zur Bekämpfung der Piraterie und illegalen Fischerei (z.B. im Shangri-La-Dialog Asien/Pazifik, ASEAN) 2. Erfordernis eines multinationalen Fischereiabkommens 3. Gefahr der Zunahme von maritimer Kriminalität (z.B. Schleusertätigkeit, Piraterie) und somit ggf. Einschränkung des freien Seeverkehrs	1. EUMSS 2. EUMSS GoG 3. AHP der Bundesregierung 4. Ertüchtigungsinitiative 5. Fischereiabkommen der EU von 2012 6. Afrikapolitische Leitlinien	1. Schutz von beweglichen Objekten/ Schiffen 2. Hohe Mobilität und Durchhaltefähigkeit in klimatisch extremen Bedingungen (Arktis, Tropen) 3. Wirkung gegen kleine schnelle Ziele 4. Gesicherte und zuverlässige Geo-Info-Daten 5. Fähigkeit zur schnellen Prävention und Protektion	1. Fähigkeit zur Protektion und Prävention durch Fregatten gegeben, Einschränkung: keine Eisrandfähigkeit der Schiffe für Protektion in der Arktis bzw. entlang der arktischen Seewege 2. Fähigkeit zur interoperablen und behördenübergreifenden Zusammenarbeit rudimentär vorhanden im Maritimen Sicherheitszentrum sowie in der Ausrüstung der Einheiten 3. Wirkung gegen kleine Ziele vorhanden (z.B. MLG, MASS, LRAD-500) 4. Durch GALILEO-Satelliten gesicherte und unabhängige Geo-Informationen und Aufklärungsergebnisse vorhanden sowie Wetterberatung etabliert 5. Eigen- und Verbandsschutzfähigkeit durch die schwimmenden und fliegenden Seekriegsmittel auf See und auf Reede gegeben, Sicherstellung hafenseitig und seeseitiger Schutz durch See-Bataillon

Landwirtschaft

Erwartete Szenarien/ Bedingungen	Sicherheitspolitische Implikationen	Politische Instrumente	Politische und/oder operationelle Fähigkeitsanforderung	Vorhandene operationelle Fähigkeit
1. Verminderte Erträge sowie Vernichtung von Anbaugebieten bzw. landwirtschaftlichen Nutzflächen infolge von Bodenerosionen 2. Verknappung des Lebensmittelangebots 3. Landarmut/-flucht 4. Migration	1. Entstehung neuer Konfliktsituationen durch verstärkte Degradation 2. Spezifizierung von sicherheits-/militärpolitischen Erfordernissen im Krisen- und Risikomanagement und Anpassung an mögliche naturbedingte Extremereignisse 3. Verteilungskonflikt, auch ethnisch beeinflusst, über Boden und Nahrung 4. Konfliktbild der »Neuen Kriege« 5. Entstaatlichung von Regionen	1. EUMSS 2. EUMSS GoG 3. AHP der Bundesregierung 4. Ertüchtigungsinitiative der Bundesregierung 5. Fischereiabkommen der EU von 2012 6. Afrikapolitische Leitlinien	1. (Maritime) Fähigkeit im Rahmen der Unterstützung, Logistik, Mobilität, z.B. Lufttransport, Logistikbasis, medizinische Versorgung 2. Fähigkeiten zur Konflikttrennung	1. (Maritime) Fähigkeit zur Unterstützung materiell gegeben durch schwimmende und fliegende Seekriegsmittel, insbesondere durch EGV, medizinische Versorgung im Rahmen des Marinesanitätsdienstes vorhanden 2. Logistische Fähigkeiten durch Einsatzlogistik Marine

Geologische Rohstoffe

Erwartete Szenarien/ Bedingungen	Sicherheitspolitische Implikationen	Politische Instrumente	Politische und/oder operationelle Fähigkeitsanforderung	Vorhandene operationelle Fähigkeit
1. Sondierung und Konkurrenz um den Rohstoffreichtum, besonders in Extremklimaregionen wie der Arktis 2. Intensivierung des Tiefsee-/Offshore-Bergbaus, einschließlich der nötigen Infrastruktur 3. Stationierung von sensiblen Förder- und Produktionsanlagen auf See und an den Küsten 4. Erdöl/-gasförderung leicht stagnierend	1. Veränderte Leitlinien zur militärpolitischen Handhabung von möglichen Ressourcenkonflikten in Afrika und Asien, ggf. in der Arktis 2. Gemeinsame Vorgaben zur Begegnung des Phänomens der Umweltflüchtlinge 3. Potenzielle Spannungen um die Ressourcenvorherrschaft 4. Festigung der politischen und militärischen Stellung Chinas in Asien und Afrika sowie Bestrebungen zum Ausbau dieser in der Arktis 5. Spannungspotenzial in der Ostsee durch fehlende Akzeptanz der DEU-RUS-Kooperation (Ostseepipeline) durch Ostseeanrainer 6. Spannungspotenzial im Schwarzen Meer durch fehlende Akzeptanz der TUR-RUS-Kooperation (Baku-Tiflis-Ceyhan oder Transkaukasische Pipeline) durch Anrainer	1. Afrikapolitische Leitlinien 2. Arktisleitlinien der Bundesregierung 3. SUCBAS 4. Ostseedialog der NATO 5. Schwarzmeerdialog der NATO 6. NATO-Russland-Rat	1. Schutz von festen Einrichtungen und Objekten und sensibler Infrastruktur 2. Schutz von Handelsrouten und -strömen 3. Gesicherte und zuverlässige Geo-Info-Daten 4. Schutz von sensiblen Anlagen 5. Fähigkeit zur schnellen Prävention und Protektion 6. Belebung NATO-Russland-Rat 7. Einbindung RUS in Ostsee-/ Schwarzmeerdialog 8. G20	1. Fähigkeit zum Schutz von Objekten und Einrichtungen 2. Fähigkeit zur Protektion und Prävention durch Fregatten gegeben, Einschränkung: keine Eisrandfähigkeit der Schiffe für Protektion in der Arktis bzw. entlang der arktischen Seewege 3. Fähigkeit zur interoperablen und behördenübergreifenden Zusammenarbeit rudimentär vorhanden im Maritimen Sicherheitszentrum sowie in der Ausrüstung der Einheiten 4. Wirkung gegen kleine Ziele vorhanden (z.B. MLG, MASS, LRAD-500) 5. Eigen- und Verbandsschutzfähigkeit durch die schwimmenden und fliegenden Seekriegsmittel auf See und auf Reede gegeben, Sicherstellung durch See-Bataillon (Btl) hafenseitig und seeseitig 6. Seit Zulauf der GALILEO-Satelliten gesicherte und unabhängige Geo-Informationen und Aufklärungsergebnisse vorhanden sowie Geoinformationsberatung etabliert

Ressource Wasser

Erwartete Szenarien/ Bedingungen	Sicherheitspolitische Implikationen	Politische Instrumente	Politische und/oder operationelle Fähigkeitsanforderung	Vorhandene operationelle Fähigkeit
1. Zunahme von Wassermangel durch veränderte Umweltbedingungen 2. Potenzielle Konflikte um Trinkwasser und Wasserquellen für Tierzucht 3. Veränderungen in der Wasserentnahme und Rückführung in Küstenregionen, Auswirkungen auf Wasserführung und Wasserbau in Küstengebieten 4. Veränderungen in der Binnenwasserwirtschaft/Binnenwasserstraßenführung 5. Veränderte Abflussregime 6. Zunahme der Entsalzung von Meerwasser, zunehmende Bedeutung der Wassergewinnung aus dem Meer/Entsalzung (Bsp. Arabische Staaten) 7. Folgen aus dem Wassermangel: Migration gen Europa, Kämpfe vor Ort 8. Zuleitung über weitere Strecken von den Küstenregionen ins Binnenland/in Trockengebiete, Bau von empfindlicher Infrastruktur und deren Schutz nötig 9. Bildung von Konfliktpotenzial, Einsatz von Streitkräften zur Stabilisierung vor Ort und an den Grenzen zu Europa und im Nahen Osten 10. Zunahme der strategischen Bedeutung der Ressource Wasser	1. Potenziell zunehmende Instabilität in Sahel-Subsahara, Afrika und Ostafrika 2. Wasser als Kriegs- und Verhandlungsmittel der politischen Kräfte 3. Streitigkeiten um Durchfahrtrechte 4. Streitigkeiten um Wasserstaurechte und Staudammbauten auf zwischenstaatlicher Ebene 5. Streitkräfteprojektion zum Schutz der Wasserressourcen 6. Große Wasserflotten mit Entsalzungsschiffen im Pazifik durch China (CHN) führen zu sicherheitspolitischen Spannungen mit NZL und AUS 7. Entstaatlichung von Konflikten/ Spannungen 8. Einschaltung/Einmischung von Drittstaaten/Akteuren	1. Afrikapolitische Leitlinien (LL) der Bundesregierung (BR) 2. Ausstattungshilfeprogramm (AHP) der BR 3. Ertüchtigungsinitiative der BR 4. EU TM Somalia 5. EU NAVFOR Atalanta 6. EUMSS 7. EUMSS GoG 8. AIM 2050 9. EU TM Mali 10. MINUSMA 11. UNOSOM 12. Militärberater 13. IPCC 2013 14. Hohe Vertreterin für Außenangelegenheiten der EU (Positionspapier Energie der EU)	1. Erstellung eines neuen Weißbuches, mit Berücksichtigung der maritimen und klimatischen Faktoren, der Alliance Maritime Strategy der NATO, des strategischen Konzepts der NATO, der EUMSS, der neuen ESS 2016 2. Fähigkeit zum Schutz von Objekten und Einrichtungen durch Bundeswehr (See-Bataillone und ggf. Objektschutzkräfte Luftwaffe) 3. Fähigkeit zur Protektion und Prävention durch Seekräfte 4. Fähigkeit zur interoperablen und behördenübergreifenden Zusammenarbeit 5. Hohe Mobilität und Durchhaltefähigkeit unter extremen Klimabedingungen (Tropen) 6. Schutz von festen Einrichtungen und Objekten, sensibler Infrastruktur 7. Fähigkeit zum Küsten-/Grenzschutz sowohl mit aktiven als auch passiven Schutzsystemen 8. Fähigkeit im Rahmen der Unterstützung, Logistik, Mobilität, z.B. Lufttransport, Logistikbasis, medizinische Versorgung zur Durchführung, Unterstützung und Koordinierung von humanitären Hilfeleistungen	1. Seit Zulauf der GALILEO-Satelliten gesicherte und unabhängige Geo-Informationen und Aufklärungsergebnisse vorhanden, sowie Wetterberatung etabliert 2. Interoperabilität 3. Logistik, Wasseraufbereitung, Sanitätsdienst 4. Maritime Fähigkeit zur Unterstützung materiell gegeben durch schwimmende und fliegende Seekriegsmittel, insbesondere durch EGV, medizinische Versorgung im Rahmen des Marinesanitätsdienstes 5. Logistische Fähigkeiten durch Einsatzlogistik SKB und Marine

Energie

Erwartete Szenarien/ Bedingungen	Sicherheitspolitische Implikationen	Politische Instrumente	Politische und/oder operationelle Fähigkeitsanforderung	Vorhandene operationelle Fähigkeit
1. Windenergie von See 2. Errichtung von Offshore-Windparks in Nachbarstaaten 3. Entstehung von veränderten Küstenzonen durch regenerative Energiequellen 4. Gezeitenkraftnutzung (Gezeitenkraftwerke) 5. Verstärkte Gewinnung von Energie aus der Meeresströmung und der bodennahen Strömung im Meer (Meereswellenkraftwerke) 6. Meereswärmenutzung für Energiegewinnung (Meeresoberfläche als Sonnenkollektor) 7. Etablierung neuer Industriezweige 8. Vermarktung der Energie weltweit, bis 2050 große Wachstumspotenziale, neue Marktströme 9. Energie als strategisches Gut 10. Schutzbedürfnis von sensibler Infrastruktur durch Streitkräfte bzw. innerhalb der vernetzten Sicherheit 11. Energie als politische Waffe/Druckmittel 12. Destabilisierung der öl-/gasfördernden Staaten durch potenziellen Wohlstandsverlust	1. Zwischenstaatliche Spannungen bzgl. Hoheitsgebietsansprüche 2. Notwendigkeit von völkerrechtlichen Abstimmungsprozessen 3. Macht- und Streitkräfteprojektion, dadurch Ungleichgewicht der Balance of Power 4. Energieversorgung als politisches Druckmittel 5. Zunehmendes Schutzbedürfnis der Energieanlagen 6. Zwischenstaatliche Energieabkommen	1. EEG 2. ESS 2016 3. Nationaler Masterplan Maritime Technologien 4. EUMSS 5. Strategisches Konzept der NATO 6. Weißbuch der BR 7. VPR der BR 8. IPCC 2013 9. Strategische Partnerschaft RUS-DEU 10. Strategische Partnerschaft CHN-EU 11. Arktischer Rat 12. Klimarat der BR 13. Hohe Vertreterin für Außenangelegenheiten der EU (Positionspapier Energie der EU) 14. NATO-Russland-Rat 15. Frontex/EU Coast Guard (Forum) 16. Global Strategy der EU 2016 17. Arctic Strategy der EU vom 26.4.2016	1. Schutz von festen Einrichtungen und Objekten und sensibler Infrastruktur 2. Hohe Mobilität und Durchhaltefähigkeit unter extremen Klimabedingungen 3. Wirkung gegen kleine schnelle Ziele 4. Fähigkeit zur schnellen Prävention und Protektion 5. Fähigkeit zur interoperablen und behördenübergreifenden Zusammenarbeit 6. Fähigkeit zur Luftverteidigung, inkl. FK-Abwehr (BMD-Fähigkeit) 7. Fähigkeit zum Schutz von Objekten und Einrichtungen durch Bundeswehr gegeben 8. Fähigkeit zur Protektion und Prävention durch Fregatten gegeben, Einschränkung: Eisrandfähigkeit der Schiffe für Protektion in der Arktis bzw. entlang der arktischen Seewege 9. Fähigkeit zur interoperablen und behördenübergreifenden Zusammenarbeit, nur vorhanden im maritimen Sicherheitszentrum sowie in der Ausrüstung der Einheiten 10. Maritime Fähigkeit zur Unterstützung durch schwimmende und fliegende Seekriegsmittel, insbesondere durch EGV, medizinische Versorgung im Rahmen des Marinesanitätsdienstes 11. Ggf. VJTF der NATO zum Schutz des strategischen Guts Energie in den NATO Staaten 12. Klimaabkommen 2015, Paris Dezember 2015	1. Verbandsschutzfähigkeit (auch Luftverteidigung und ASMD) durch die schwimmenden und fliegenden Seekriegsmittel auf See und auf Reede sowie zum Schutz sensibler Einrichtungen gegeben, Sicherstellung durch See-Bataillone land-/plattformseitig, seeseitiger Schutz 2. Seit Zulauf der GALILEO-Satelliten gesicherte und unabhängige Geo-Informationen und Aufklärungsergebnisse vorhanden, sowie Wetterberatung etabliert 3. Logistische Fähigkeiten durch Einsatzlogistik Marine/SKB 4. Wirkung gegen kleine Ziele vorhanden (z.B. MLG, MASS, LRAD-500)

Erwartete Szenarien/ Bedingungen	Sicherheitspolitische Implikationen	Politische Instrumente	Politische und/oder operationelle Fähigkeitsanforderung	Vorhandene operationelle Fähigkeit
			13. EU Energiestrategie 14. Aktivierung NATO-Russland-Rat	

Tourismus

Erwartete Szenarien/ Bedingungen	Sicherheitspolitische Implikationen	Politische Instrumente	Politische und/oder operationelle Fähigkeitsanforderung	Vorhandene operationelle Fähigkeit
1. Zunahme der Sportschifffahrt und Kreuzfahrtindustrie 2. Fahrten in unsichere Meeresgebiete, jedoch Zunahme der Fahrten in Ost- und Nordsee sowie in den nördlichen Nordatlantik (auch vor dem Hintergrund der Klimaveränderungen), im Indik, Karibik und Südatlantik 3. Gefahr von Piraterie/Kidnapping 4. Erhöhtes Sicherheitsbedürfnis der Reedereien 5. Potenzielle Polizeiaktionen von Streitkräften 6. Zunahme Kreuzfahrtschiffbau	1. Einschränkung der freien Seefahrt durch Schließung von Seestraßen und Kanälen 2. Bilaterale Abkommen zum Schutz der Küstengewässer 3. Verstärkte Wahrnehmung und Schutz der nationalen Interessen von Meeresanrainerstaaten zur Kontrolle des Seeverkehrs 4. Mehr Präsenz von SeeSK	1. Grundsatzweisung MEO/HRO 2. Bundespolizeigesetz 3. EUMSS 4. EUMSS GoG 5. FoP GoG 6. FoP EUMSS 7. EU NAVFOR Atalanta 8. Frontex/EU Coast Guard (Forum) 9. Ostseedialog 10. Schwarzmeerdialog	1. Schutz von festen Einrichtungen und Objekten und beweglichen Objekten/ Schiffen 2. Hohe Mobilität und Durchhaltefähigkeit unter extremen Klimabedingungen 3. Wirkung gegen kleine schnelle Ziele 4. Fähigkeit zur schnellen Prävention und Protektion 5. Fähigkeit zur interoperablen und behördenübergreifenden Zusammenarbeit 6. Fähigkeit zur MEO und HRO 7. Ressortabstimmungen 8. Gem. fusioniertes Lagebild im MSZ aller dortigen Ressorts	1. Fähigkeit zum Schutz von Objekten und Einrichtungen durch Bundeswehr gegeben 2. Fähigkeit zur Protektion und Prävention durch Seekriegsmittel gegeben, Einschränkung: keine Eisrandfähigkeit der Schiffe für Protektion in der Arktis bzw. entlang der arktischen Seewege 3. Fähigkeit zur interoperablen und behördenübergreifenden Zusammenarbeit im Maritimen Sicherheitszentrum sowie in der Ausrüstung der Einheiten 4. Wirkung gegen kleine Ziele vorhanden (z.B. MLG, MASS, LRAD-500) 5. Seit Zulauf der GALILEO-Satelliten gesicherte und unabhängige Geo-Informationen und Aufklärungsergebnisse vorhanden 6. Maritime Fähigkeit zur Unterstützung durch schwimmende und fliegende Seekriegsmittel, insbesondere durch EGV, medizinische Versorgung im Rahmen des Marinesanitätsdienstes

Piraterie/Kriminalität auf See

Erwartete Szenarien/ Bedingungen	Sicherheitspolitische Implikationen	Politische Instrumente	Politische und/oder operationelle Fähigkeitsanforderung	Vorhandene operationelle Fähigkeit
1. Durch wegfallende Einkommensgrundlagen im Indik (Ostküste Afrika, Indonesische Inselwelt, Südchinesisches Meer) und Südatlantik (Westküste Afrika, Ostküste Mittel-/Südamerika) zunehmendes Potenzial für Piraterie 2. Zunahme von Piratenübergriffen im Zuge der Befahrbarkeit der nördlichen Seewege 3. Zunahme der Kriminalität auf sensible maritime Industrie-/Energieanlagen im Zusammenhang mit boykottierenden/terroristischen Intentionen 4. Illegale Nutzung von Fischrechten, daraus folgend gewaltsame Auseinandersetzungen möglich 5. Zunahme der verdeckten Kriminalität aufgrund der umweltschützenden Auflagen 6. Menschenhandel über See, aufgrund des Migrationsdruckes aus Afrika, Asien und Mittel-/Südamerika 7. Umweltvergehen auf See (z.B. Verklappung) 8. Maritimer Terroranschlag (Nadelöhr, int. Hafen, Kreuzfahrtschiff) 9. Cyberangriff auf internationale Häfen	1. Forderung nach maritimer Prävention/Abschreckung, um die freien Handelsströme und den Fischereischutz sicherzustellen (illegale Fischerei, Verstoß gegen Fangquoten im Indischen und Atlantischen Ozean und ggf. Eingrenzung des freien Seeverkehrs in der Arktis und an maritimen Hotspots), dies beinhaltet u.a. bi-/multilaterale Abkommen mit afrikanischen und asiatischen Staaten über die Zusammenarbeit zur Bekämpfung der Piraterie und illegalen Fischerei (z.B. im Shangri-La-Dialog Asien/Pazifik, ASEAN) 2. Erfordernis nach Ertüchtigung der betroffenen Staaten im Rahmen der bilateralen Zusammenarbeit 3. Seebezogener Terrorismus 4. Cybervulnerabilität kritischer Infrastrukturen und Häfen	1. EUMSS 2. EUMSS GoG 3. AHP der Bundesregierung 4. Ertüchtigungsinitiative der Bundesregierung 5. Fischereiabkommen der EU von 2012 6. Afrikapolitische Leitlinien 7. AMS 8. BPolG 9. AIM 2050 10. Abkommen über die bilaterale Zusammenarbeit, z.B. durch Militärberater 11. Frontex 12. EU NAVFOR Atalanta und EUNAVFOR MED Sophia 13. G7/G20 14. Global Strategy der EU 2017 15. Arctic Strategy der EU vom 26.4.2016	1. Fähigkeiten zur Protektion und Prävention durch Fregatten gegeben, Einschränkung: keine Eisrandfähigkeit der Schiffe für Protektion in der Arktis bzw. entlang der arktischen Seewege 2. Fähigkeit zur interoperablen und behördenübergreifenden Zusammenarbeit rudimentär vorhanden im Maritimen Sicherheitszentrum sowie in der Ausrüstung der Einheiten 3. Wirkung gegen kleine Ziele vorhanden (z.B. MLG, MASS, LRAD-500) 4. Seit Zulauf der GALILEO-Satelliten gesicherte und unabhängige Geo-Informationen und Aufklärungsergebnisse vorhanden 5. Stärkung der SNMG/NRF	1. Schutz von beweglichen Objekten und Schiffen 2. Hohe Mobilität und Durchhaltefähigkeit unter extremen Klimabedingungen 3. Wirkung gegen kleine schnelle Ziele 4. Fähigkeit zur schnellen Prävention und Protektion 5. Fähigkeit zur interoperablen und behördenübergreifenden Zusammenarbeit 6. Maritime Fähigkeit im Rahmen der Unterstützung, Logistik, Mobilität, z.B. Lufttransport, Logistikbasis, medizinische Versorgung 7. Fähigkeit zum gemeinsamen Küsten-/Grenzschutz mit passiven und aktiven Schutzsystemen 8. SK-gemeinsame Verfahren für Lagebilderkennung und Gewahrsamnahme 9. Etablierte Einbindung der SKB (Bsp.: Feldjäger) 10. Lücken in der rechtlichen Abdeckung und Verfahrensweise sowie zwischenstaatlichen Abstimmung 11. Bisher unzureichendes maritimes Gesamtlagebild vorhanden 12. Missionsmodularität

Seegebiets-/Hoheitsgrenzen/Küstenschutz/Seerecht/Völkerrecht (globale, regionale Lagebilder)

Erwartete Szenarien/ Bedingungen	Sicherheitspolitische Implikationen	Politische Instrumente	Politische und operationelle Fähigkeitsanforderung	Vorhandene operationelle Fähigkeit
1. Streitigkeiten um Grenzfestlegungen in der Arktis durch die Anrainerstaaten, bisher kein multilaterales völkerrechtlich belastbares Abkommen 2. Streitigkeiten um die Nutzung der Wirtschaftszonen, Fischereirechte, Bergbaugebiete 3. Unkontrollierte Migration in die EU 4. Hegemoniebestrebungen und damit verbundene Spannungen um Territorien, Hoheitsgrenzen 5. Kanalisierung des Seeverkehrs 6. Abgeschlossene bzw. fortgeschrittene Entwicklung und Durchsetzung eines gemeinsamen Vollzugsrechts auf See 7. EU-gemeinsame Etablierung von einheitlichen Zugriffsrechten auf See 8. Multilateraler politischer Konsens hinsichtlich einer gemeinsamen Küstenwache und deren hoheitsrechtliche Aufgabenwahrnehmung im Zuge der Grenzüberwachung sowohl im Mittelmeer, Atlantikinseln, Nord- und Ostsee 9. Multilateraler diplomatischer Konsens hinsichtlich der Grenzziehung der Arktis-Anrainerstaaten bis 2050 nicht erzielt, aufgrund der unterschiedlichen Positionen von CAN, NOR, RUS, DEN und USA 10. Einheitliche strafrechtliche Handhabung für den Fall der Piraterie bis 2030 (Erzielung möglich) 11. Etablierung eines Seesicherheitsgesetzes auf EU-Basis bis 2050	1. Störung der Balance of Power 2. Interventionen im Arktischen Rat 3. Nichtratifizierung von UNCLOS 4. Entstehung von regionaler Hegemonie 5. Aussetzung des Schengenabkommens in der EU 6. Fokussierung auf nationale Souveränität in der EU 7. Einigung im Arktischen Rat offen 8. Bestrebungen des Beobachterstatus der EU im Arktischen Rat 9. Aussagen zu Hoheitsgrenzen und Interessensphären in den nationalen Sicherheitsstrategien (QDR 2014, NSS 2015, India MS 2016, CHN Weißbuch 2015) 10. Abkommen in der EU über EU Coast Guard 11. Einflussnahme und zunehmender Einfluss von Drittstaaten auf Hoheitsrechte von potenziellen Rohstoffstaaten/-regionen 12. Streitigkeiten/Bestrebungen zur Nutzung der Antarktis durch Aushöhlung des Antarktisvertrages	1. EUMSS 2. EUMSS GoG 3. AHP der Bundesregierung 4. Ertüchtigungsinitiative der Bundesregierung 5. Fischereiabkommen der EU von 2012 6. Afrikapolitische Leitlinien 7. AMS 8. BPolG 9. AIM 2050 10. Abkommen über die bilaterale Zusammenarbeit, z.B. durch Militärberater 11. Frontex 12. EU Coast Guard Forum 13. QDR 2014 14. NSS 2015 15. Arktischer Rat 16. Arctic Five 17. Spitzbergenvertrag von 1920 18. Antarktisvertrag von 1957/58, 1961 19. Ostseedialog 20. Schwarzmeerdialog 21. AMS 22. Strategisches Konzept NATO 23. SUCBAS 24. MarSur	1. Schutz von festen Einrichtungen und Objekten und sensibler Infrastruktur 2. Schutz von Handelsrouten und -strömen 3. Hohe Mobilität und Durchhaltefähigkeit 4. Wirkung gegen kleine schnelle Ziele 5. Fähigkeiten zur Luftverteidigung, inkl. Flugkörperabwehr 6. Gesicherte und zuverlässige Geo-Info-Daten 7. Fähigkeit zur schnellen Prävention und Protektion 8. Fähigkeit zur interoperablen und behördenübergreifenden Zusammenarbeit 9. Maritime Fähigkeit im Rahmen der Unterstützung, Logistik, Mobilität, bspw. Lufttransport, Logistikbasis, medizinische Versorgung 10. Fähigkeit zum gemeinsamen Küsten-/Grenzschutz mit passiven und aktiven Schutzsystemen 11. Fähigkeit zur Umfassenden vernetzten Lagebilderfassung 12. Fähigkeit zur Nachrichtengewinnung und Aufklärung in allen Dimensionen und Entfernungen, einschließlich satellitengestützte NG&A 13. Verstärkter Küstenschutz der europäischen Küsten (Mittelmeerraum als Fokus) mit aktiven und passiven Schutzmaßnahmen 14. Vernetzte Sicherheit im Küstenschutz notwendig	1. Fähigkeit zur Protektion und Prävention durch Fregatten gegeben, Einschränkung: keine Eisrandfähigkeit der Schiffe für Protektion in der Arktis bzw. entlang der arktischen Seewege 2. Fähigkeit zur interoperablen und behördenübergreifenden Zusammenarbeit rudimentär vorhanden im Maritimen Sicherheitszentrum sowie in der Ausrüstung der Einheiten 3. Wirkung gegen kleine Ziele vorhanden (bspw. MLG, MASS, LRAD-500) 4. Seit Zulauf der GALILEO-Satelliten gesicherte und unabhängige Geo-Informationen und Aufklärungsergebnisse vorhanden 5. SK-gemeinsame Verfahren 6. Etablierte Einbindung der SKB (Bsp.: Feldjäger) 7. Lücken in der rechtliche Abdeckung und Verfahrensweise sowie zwischenstaatlichen Abstimmung 8. Bisher ein unzureichendes maritimes Gesamtlagebild (im MSZ) 9. Geringe Küstenüberwachungssensorik (Küstenradarorganisation) 10. Fähigkeit zum Schutz von Objekten und Einrichtungen durch See-Btl und ggf. ObjSchKr Lw gegeben 11. Eigen- und Verbandsschutzfähigkeit (auch Luftverteidigung und ASMD) durch die schwimmenden und fliegenden Seekriegsmittel auf See und auf Reede gegeben, Sicherstellung durch See-Btl hafenseitig gegeben, seeseitiger Schutz durch See-Btl rudimentär, aufgrund fehlender schneller Einsatz-Boote

Erwartete Szenarien/ Bedingungen	Sicherheitspolitische Implikationen	Politische Instrumente	Politische und operationelle Fähigkeitsanforderung	Vorhandene operationelle Fähigkeit
12. Zunehmende Notwendigkeit eines globalen maritimen Lagebildes 13. EU/NATO-weites Lagebildzentrum mit multilateral konsolidierten Befugnissen 14. Vernetzung von mehreren Zuständigkeiten und Mitteln, besonders in Brennpunktregionen 15. Einbindung von nichtmaritimen Lagebildanteilen in die Gesamtbetrachtung und Entscheidungsfindung			15. Ratifizierung von UNCLOS/SRÜ (1982) durch alle Arctic Five 16. Durchsetzung der EU als Beobachter im Arktischen Rat 17. Vertrag über die Arktis analog zu Antarktisvertrag 18. Erneuerung des Antarktisvertrages 19. Verbindung/Harmonisierung CISE 2020 und MarSur 20. Stärkung/Harmonisierung zwischen den Ressorts im Ressortkreis maritime Sicherheit 21. Rechtliche Abdeckung und Verfahrensweise sowie zwischenstaatliche rechtliche Abdeckung und Verfahrensweise sowie zwischenstaatliche Vereinbarungen/Kooperationen 22. Fusionierung der Lagebildanteile im MSZ zu einem Lagebild 23. Stärkere Kompetenz Bw im Maritimen Sicherheitszentrum 24. Abstimmung, besonders hinsichtlich der Seegrenzenfestlegung und Nutzungsrechte im nördlichen Polargebiet	12. Gemeinsame Küstenüberwachung gering 13. Keine bzw. sehr wenige gemeinsame Küstenwachschiffe/-boote 14. Küstenüberwachungssensorik (Küstenradarorganisation) gering ausgeprägt 15. Kaum militärische Kompetenz im Maritimen Sicherheitszentrum 16. Ansätze eines gemeinsamen Lagebildverbundes zwischen den Behörden im Maritimen Sicherheitszentrum

Abwehr ballistischer Raketen/Seekriegsmittel/Rüstung/ABC-Seebedrohung

Erwartete Szenarien/ Bedingungen	Sicherheitspolitische Implikationen	Politische Instrumente	Politische und operationelle Fähigkeitsanforderung	Vorhandene operationelle Fähigkeit
1. Raketenabwehrschirm über Land und See, daher seeseitige Stationierung mittels Schiffen, d.h. Stationierung von Luftverteidigungsseestreitkräften der NATO-Partner in europäischen Gewässern 2. Stationierung von RUS-Raketentruppen an der Grenze zum NATO-Bündnisgebiet 3. Einsatz spezieller Seekriegsmittel zum Schutz von Handelsschiffen und Kreuzfahrtschiffen 4. Einsatz speziell ausgerüsteter Küstenfahrzeuge 5. Eisrandfähige Seekriegsmittel/Fahrzeuge mit hoher Eisklasse 6. Einsatz von Schiffen zur Wahrnehmung der Luftverteidigungsaufgaben 7. Möglichkeit der Bestückung russischer Kriegsschiffe, besonders der Baltischen Flotte und Nordmeerflotte, mit Raketen mit nuklearen Sprengköpfen als Antwort auf die Stationierung von defensiven Waffensystemen der NATO an der Peripherie zu Russland 8. Entwicklung von Seekriegsmitteln zum Schutz sensibler Infrastruktur sowie Entstehung neuer nuklearer Bedrohungspotenziale in Asien durch bestehende Atommächte (Pakistan, Indien, China, Nordkorea) und potenzieller Atommächte (Iran), besonders im Wettlauf um Wasserressourcen (China) 9. Zunahme des Einsatzes von unbemannten Waffensystemen bis 2050	1. Möglichkeit der Aussetzung des START-II-Abkommens RUS/USA von 2013 2. Kündigung des KSE-Vertrages von 1992 durch RUS am 10.3.2015 3. Regionale Hegemoniebestrebungen RUS als Gegenpol zur NATO 4. Regionale Hegemoniebestrebungen CHN und IND im indisch-asiatischen und asiatisch-pazifischen Raum 5. Möglichkeit der Proliferation von MVV über See	1. Vertrag über die Konventionellen Streitkräfte in Europa von 1992 2. START-II-Abkommen 3. Strategisches Konzept der NATO 4. AMS 5. ESS 2003 6. Global Strategy der EU 2016 7. QDR 2014 8. NSS 2015 9. Weißbuch 2016 10. Ostseedialog 11. Schwarzmeerdialog 12. Strategische Partnerschaft DEU-RUS 13. NATO-Russland-Rat 14. Petersberger Dialog 15. SUCBAS 16. Baltic Commanders Conference 17. Indias Maritime Strategy 2016 18. CHN Weißbuch 2015 19. ASEAN 20. RUS Marinedoktrin 2030 (von 2015) 21. G7/G20 22. OSZE	1. Hohe Mobilität und Durchhaltefähigkeit 2. Wirkung gegen kleine schnelle Ziele 3. Fähigkeit zur Flugkörper- und Raketen-Abwehr 4. Fähigkeit zur verbundenen Luftverteidigung 5. Gesicherte und zuverlässige Geo-Info-Daten 6. Fähigkeit zur schnellen Prävention und Protektion 7. Fähigkeit zur interoperablen Zusammenarbeit bzw. Aufklärung, Führung und Wirkung sowohl streitkräftegemeinsam als auch NATO-weit 8. Rechtliche Abdeckung und Verfahrensweise sowie zwischenstaatliche Abstimmung 9. Belebung des NATO-Russland-Rates 10. Nutzung der strategischen Partnerschaft DEU-RUS 11. Neuratifizierung des KSE-Vertrages durch RUS 12. Nutzung der strategischen Partnerschaft DEU-CHN 13. Wiederaufnahme der Sechsergespräche (mit Nordkorea) zur atomaren Rüstung in Asien 14. EU-Flottenverband	1. Fähigkeit zur Protektion und Prävention durch Fregatten gegeben, Einschränkung: keine Eisrandfähigkeit der Schiffe für Protektion in der Arktis bzw. entlang der arktischen Seewege 2. Fähigkeit zur interoperablen und behördenübergreifenden Zusammenarbeit rudimentär vorhanden im Maritimen Sicherheitszentrum sowie in der Ausrüstung der Einheiten 3. Seit Zulauf der GALILEO-Satelliten gesicherte und unabhängige Geo-Informationen und Aufklärungsergebnisse vorhanden 4. Rudimentäre Fähigkeit zur Abwehr von Raketen innerhalb der Marine (F 124) 5. Durchführung nur im NATO- und SK-gemeinsamen Rahmen realisierbar 6. Rudimentäre SK-gemeinsame taktische Weisungen 7. Bisher ein unzureichendes maritimes Gesamtlagebild vorhanden 8. Kaum SK-gemeinsame ABC-Abwehrfähigkeit und Verfahren 9. Kaum effektive Seekriegsmittel für JFS und STF 10. Eigen- und Verbandsschutzfähigkeit (auch Luftverteidigung und ASMD) durch die schwimmenden und fliegenden Seekriegsmittel auf See und auf Reede gegeben, Sicherstellung durch See-Btl hafenseitig und seeseitig gegeben

Erwartete Szenarien/ Bedingungen	Sicherheitspolitische Implikationen	Politische Instrumente	Politische und operationelle Fähigkeitsanforderung	Vorhandene operationelle Fähigkeit
10. Existenz eines realen Gefährdungs-/ Konfliktpotenzial zwischen den Arktis-Anrainerstaaten (konventionelle Waffen) 11. Projektion von Streitkräften in wirtschaftlich und hegemonieseitig lukrative Interessengebiete (Bsp. Süd-chinesisches Meer, Arktis)				

13.5. Autoren

Priv.-Doz. Dr. rer. nat. habil. Dr. rer. pol. Torsten Albrecht

Fregattenkapitän Torsten Albrecht studierte Meteorologie an der Freien Universität Berlin und wurde dort in maritimer Atmosphärenphysik promoviert. 2014 erfolgte die Habilitation und Erteilung der Lehrbefugnis im Fach Maritime Wehrtechnik an der Helmut-Schmidt-Universität/Universität der Bundeswehr Hamburg. Zusätzlich wurde er an der Universität der Bundeswehr München am Lehrstuhl für Internationale Politik zu einem Thema der maritimen Sicherheitspolitik promoviert. Er ist als Lehrbeauftragter für ein Seminar zur maritimen Sicherheit im 21. Jahrhundert an der Professur für Militärgeschichte und Kulturgeschichte der Gewalt der Universität Potsdam und am Institut für Meteorologie der Freien Universität Berlin einen Kurs zur Wettervorhersage betreuend tätig.

Torsten Albrecht ist Mitautor in Sammelbänden zur maritimen Sicherheitspolitik und Autor von zahlreichen Artikeln zum Thema maritimes Umfeld und maritime Sicherheit.

Prof. Dr. phil. habil. Carlo Masala

Carlo Masala ist Politikwissenschaftler und Inhaber des Lehrstuhls für Internationale Politik an der Fakultät für Staats- und Sozialwissenschaften der Universität der Bundeswehr München. Masala ist Mitherausgeber der Zeitschrift für Politik (ZfP), der Zeitschrift für Internationale Beziehungen (ZIB) und der Zeitschrift für Strategische Analysen (ZfSA). Ferner ist er Mitglied im wissenschaftlichen Beirat der Bundesakademie für Sicherheitspolitik, des NATO Defence College sowie der Clausewitz-Gesellschaft. Er befasst sich seit mehr als einem Jahrzehnt mit maritim-sicherheitspolitischen Themen.

Carlo Masala ist Mitautor in Sammelbänden zur maritimen Sicherheitspolitik und Autor von zahlreichen Artikeln zum Thema maritimes Umfeld und maritime Sicherheit.

Dr. phil. Konstantinos Tsetsos

Konstantinos Tsetsos ist seit 2010 wissenschaftlicher Mitarbeiter an der Professur Internationale Politik an der Universität der Bundeswehr München. Seine Forschungsschwerpunkte sind Theorien der Internationalen Beziehungen, Kriegstheorien, asymmetrische Kriegsführung, maritime Sicherheit und Sicherheitspolitik, Militärgeschichte sowie (sicherheits-)strategische Beratung.

Konstantinos Tsetsos ist Mitautor in Sammelbänden zur maritimen Sicherheitspolitik und Autor von zahlreichen Artikeln zum Thema maritimes Umfeld und maritime Sicherheit.